FROMM

Kraftfahrzeug-Pflichtversicherung

SAMMLUNG GUTTENTAG

223

Pflichtversicherung für Kraftfahrzeughalter und Kraftfahrversicherungsbedingungen

Kommentar

2. neubearbeitete und erweiterte Auflage von

G. E. Fromm
Senatspräsident a. D.

BERLIN 1961

WALTER DE GRUYTER & CO.

vormals G. J. Göschen'sche Verlagshandlung — J. Guttentag, Verlagsbuchhandlung — Georg Reimer — Karl J. Trübner — Veit & Comp.

Archiv-Nr. 21 1 223/61

Satz und Druck: Berliner Buchdruckerei „Union" GmbH, Berlin SW 61

Vorwort zur zweiten Auflage

Die 1. Auflage ist kurz nach Inkrafttreten des Pflichtversicherungsgesetzes im Jahre 1941 erschienen. Die 2. Auflage war schon vor längeren Jahren in Angriff genommen worden. Infolge der überaus schnellen Entwicklung des Kraftfahrzeugwesens in Verbindung mit den in der Zwischenzeit zahlreich aufgetretenen Rechtsfragen war eine völlig neue umfassende Bearbeitung des Erläuterungsbuches notwendig. Die Fülle des Stoffes hat die Grenzen des ursprünglichen Zwecks des Erläuterungsbuches, lediglich einen Einblick in das Rechtsgebiet zu schaffen, gesprengt. Das Erläuterungsbuch bietet sich nunmehr als eingehender den neuesten Stand von Rechtsprechung und Schrifttum berücksichtigender Kommentar dar. Leider hat die starke berufliche Inanspruchnahme des Verfassers infolge neuer Aufgabengebiete die Arbeiten am Kommentar des öfteren unterbrochen und ihn daran gehindert, seinen Beitrag zu manchen Rechtsfragen beizusteuern, die ihn als Mitglied des früheren Reichsaufsichtsamtes für das Versicherungswesen und als Mitarbeiter am Pflichtversicherungsgesetz, der Novelle zur Straßenverkehrs-Zulassungs-Ordnung vom 8. April 1940 und den Allgemeinen Bedingungen für die Kraftfahrversicherung besonders interessierten.

Im einzelnen darf darauf hingewiesen werden, daß die Begründung zum Pflichtversicherungsgesetz auch in der 2. Auflage wieder abgedruckt worden ist, da die Kenntnis der Begründung zum Verständnis der Absichten des Gesetzgebers notwendig erscheint, die amtliche Veröffentlichung in der Deutschen Justiz 1939 jedoch nicht jedem Interessenten greifbar ist. Entsprechendes gilt für die Begründung zum Gesetz vom 24. Juli 1956 betreffend ausländische Kraftfahrzeuge. Abgedruckt, z. T. in Auszügen, sind ferner die einschlägigen Gesetze und Verordnungen (Versicherungsvertragsgesetz, Straßenverkehrs-Zulassungs-Ordnung, Straßenverkehrsgesetz u. a.), darunter die Preisverordnung Nr. 15/59 und die Grundregeln, die für die Versicherungsverhältnisse in der Kraftfahrversicherung wesentlich sind. Die gesonderte Erläuterung der durch das Pflichtversicherungsgesetz geänderten Vorschriften des Kraftfahrzeuggesetzes (jetzt Straßenverkehrsgesetzes) und der allgemeinen Vorschriften des Versicherungsvertragsgesetzes ist fallen gelassen. Soweit erforderlich, sind diese Änderungen im Rahmen der Vorschriften des Pflichtversicherungsgesetzes oder der Bestimmungen der Allgemeinen Kraftfahrversicherungsbedingungen erläutert worden. Von der noch kaum zu übersehenden Rechtsprechung sind die wesentlichen und grundsätzlichen Entscheidungen – auch aus früheren Jahrzehnten – angeführt worden. Soweit sich Zusammenstellungen von Rechtsprechung und Schrifttum in Entscheidungen etwa des Bundesgerichthofes finden, ist nach Möglichkeit hierauf verwiesen worden, statt die Entscheidungen und Zitate selbst aufzuzählen. Im Interesse der Übersichtlichkeit ist ferner eine Auswahl unter einer Vielzahl von Entscheidungen der Gerichte des 1. oder 2. Rechtszuges getroffen worden, wenn sie den gleichen Rechtsstoff betrafen und in gleicher Richtung entschieden.

Bad Schwalbach, im Juli 1961

G. E. Fromm

Inhaltsverzeichnis

B. Erläuterungen der gesetzlichen Vorschriften

C. Erläuterungen der Allgemeinen Versicherungsbedingungen in der Kraftverkehrsversicherung

Abkürzungen

a. a. O.	am angeführten Ort
AG	Amtsgericht
AHB	Allgemeine Versicherungsbedingungen für die Haftpflichtversicherung
AKB	Allgemeine Versicherungsbedingungen für die Kraftfahrversicherung
AKHB	Allgemeine Versicherungsbedingungen für die Kraftfahrhaftpflichtversicherung
a. M.	anderer Meinung
Anh.	Anhang
Anm.	Anmerkung
ArbG	Arbeitsgericht
Art.	Artikel
AUB	Allgemeine Versicherungsbedingungen für die Unfallversicherung
AVB	Allgemeine Versicherungsbedingungen
BAG	Bundesarbeitsgericht
Bayer ObLG	Bayerisches Oberstes Landesgericht
BAV	Bundesaufsichtsamt für das Versicherungs- und Bausparwesen
BB	Der Betriebsberater
Begr.	Amtliche Begründung zum Pflichtversicherungsgesetz
Beschl.	Beschluß
Betrieb	Der Betrieb
BFM	Der Bundesfinanzminister
BGB	Bürgerliches Gesetzbuch
BGBl.	Bundesgesetzblatt, Teil I und II
BGHZ	Bundesgerichtshof in Zivilsachen (amtliche Sammlung)
BGHSt	Bundesgerichtshof in Strafsachen (amtliche Sammlung)
Bl.	Blatt
Bruck	Komm. zum Reichsgesetz über den Versicherungsvertrag, 7. Aufl., 1932
Bruck-Möller	Komm. zum Reichsgesetz über den Versicherungsvertrag, 8. Aufl., 1953 ff., neubearbeitet von Möller
Buchst.	Buchstabe

Bundesanz.	Bundesanzeiger
BVerwG	Bundesverwaltungsgericht
BVM	Bundesverkehrsminister
DA	Dienstanweisung
DAR	Deutsches Auto-Recht
DJ	Deutsche Justiz
DJZ	Deutsche Juristenzeitung
DÖV	Deutsche öffentlich-rechtliche Versicherung
DR	Deutsches Recht
DVO	Durchführungsverordnung
Ehrenzweig	Deutsches (Oesterreichisches) Versicherungsvertragsrecht, 1952
Ehrenzweig Logik.	Die Rechtslehre des Versicherungsvertrages und die klassische Logik, 1954
Einl.	Einleitung
Fromm, 1. Aufl. .	Fromm, Pflichtversicherungsgesetz für Kraftfahrzeughalter und Kraftfahrversicherungsbedingungen, 1. Aufl., 1941
Fromm, VVG ...	Fromm, Gesetz über den Versicherungsvertrag nebst den Allgemeinen Versicherungsbedingungen, 1941
G	Gesetz
Geigel	Haftpflichtprozeß, 9. Aufl., 1957
Gerhard Hagen u. a.	Komm. zum Reichsgesetz über den Versicherungsvertrag, 1908
GeschBer.	Geschäftsbericht
GG	Grundgesetz
v. Gierke	Versicherungsrecht I (1. Hälfte) 1937, II (2. Hälfte) 1947
GKG	Gerichtskostengesetz
Gruchot	Beiträge zur Erläuterung des Deutschen Rechts
GüKG	Güterkraftverkehrsgesetz
GVBl.	Gesetz- und Verordnungsblatt für Berlin
GVG	Gerichtsverfassungsgesetz
Hagen	Versicherungsrecht (Ehrenbergs Handbuch des Handelsrechts VIII (1 u. 2), 1922
Hans RGZ	Hanseatische Rechts- und Gerichtszeitschrift (vor 1928 Hanseatische Rechtszeitschrift)
HRR	Höchstrichterliche Rechtsprechung
Hueck-Nipperdey	Lehrbuch des Arbeitsrechts, 6. Aufl., 1955/1958
Hüschelrath	Betrachtungen zum neuen Bedingungsrecht der Kraftfahrt-Haftpflichtversicherung, 1941

HUK–Verbd	Verband der Haftpflicht-, Unfall- und Kraftverkehrsversicherer
Jannott	Sicherung der Rechte des Geschädigten beim Verkehrsunfall, 1939
JRPV	Juristische Rundschau für die Privatversicherung
JW	Juristische Wochenschrift
JZ	Juristenzeitung
KG	Kammergericht
KVO	Kraftverkehrsordnung
LAG	Landesarbeitsgericht
LG	Landgericht
LM	Lindenmaier-Möhring, das Nachschlagewerk des BGH
LuftVG	Luftverkehrsgesetz
LZ	Leipziger Zeitschrift für Deutsches Recht
Malchow	Die Rechtsstellung des geschädigten Dritten im Falle des § 158 c VVG, Hamburg. Unveröffentlichte Diss., zit. nach Johannsen Vers Arch 1960 S. 279 ff.
MDR	Monatsschrift für Deutsches Recht
Möller Rechtsgutachten	Rechtsgutachten v. 2. 5. 1955 zur Frage, ob der Staat, der einem Beamten Versorgung gewährt, Dritter im Sinne des § 158 c VVG ist (unveröffentlicht, zit. nach Johannsen Vers Arch 1956 S. 279 ff.)
Müller	Straßenverkehrsrecht, 21. Aufl., 1959
n. F.	neue Fassung
NJW	Neue Juristische Wochenschrift
Oberbach	Allgemeine Versicherungsbedingungen für Haftpflichtversicherung, 1. u. 2. Teil, 1938/1947
OGH	Oberster Gerichtshof für die britische Zone (amtliche Sammlung)
OLG	Oberlandesgericht u. Entscheidungen der Oberlandesgerichte in Zivilsachen
Palandt	Bürgerliches Gesetzbuch, 16. Aufl., 1956
Praxis	Praxis des Versicherungsrechts, Beilage zur „öffentlich rechtlichen Versicherung"
PflVG	Pflichtversicherungsgesetz
Pienitz	Allgemeine Bedingungen für die Kraftfahrversicherung, 1951 (kürzlich ist die 2. Aufl. erschienen)
Prölss	Komm. zum Versicherungsvertragsgesetz, 12. Aufl., 1960. Prölss AHB, AKB, AUB = Erläuterungen zu den Allgemeinen Versicherungsbedingungen im Anhang zu den entsprechenden Paragraphen des VVG
RAfP	Reichsaufsichtsamt für Privatversicherung

Abkürzungen

RdErl	Runderlaß
RdK	Das Recht des Kraftfahrers
Recht	Das Recht
RGBl.	Reichsgesetzblatt, Teil I und II
RGZ	Entscheidungen des Reichsgerichts in Zivilsachen
RJM	Reichsjustizminister
RVkBl.	Reichsverkehrsblatt
RVO	Reichsversicherungsordnung
S.	Seite
s. a.	siehe auch
R. Schmidt	Die Obliegenheiten, 1953
Schmidt-Tüngler	Das Recht der Kraftfahrtversicherung, 3. Aufl., 1951
SeuffA	Seufferts Archiv für Entscheidungen der Obersten Gerichte
Sieg	Ausstrahlungen der Haftpflichtversicherung, 1952
s. o.	siehe oben
StGB	Strafgesetzbuch
Stiefel - Wussow	Komm. zu den Allgemeinen Bedingungen für die Kraftverkehrsversicherung, 4. Aufl., 1959
StPO	Strafprozeßordnung
StVG	Straßenverkehrsgesetz
StVZO	Straßenverkehrs-Zulassungs-Ordnung
s. u.	siehe unten
Thees-Hagemann	Das Recht der Kraftfahrzeug-Haftpflichtversicherung, Komm., 1. Aufl. (1940); 2. Aufl., neubearbeitet von Fleischmann-Deiters, 1958 mit Nachtrag 1960
VAE	Verkehrsrechtliche Abhandlungen und Entscheidungen
VAG	Gesetz über die Beaufsichtigung der privaten Versicherungsunternehmungen und Bausparkassen
VerAfP	Veröffentlichungen des Reichsaufsichtsamts für Privatversicherung, ab 1947 des Zonenamts für das Versicherungswesen (Hamburg)
VerBAV	Veröffentlichung des Bundesaufsichtsamts für das Versicherungswesen
Verf	Verfasser
VerkMit	Verkehrsrechtliche Mitteilungen
VersArch	Versicherungswissenschaftliches Archiv
VersPrax	Versicherungspraxis
VersR	Versicherungsrecht
vgl.	vergleiche
VkBl.	Verkehrsblatt

VO	Verordnung
VRS	Verkehrsrechtssammlung
VVG	Versicherungsvertragsgesetz
VW	Versicherungswirtschaft
WarnRspr	Warneyer, Jahrbuch der Entscheidungen
Wirth-Fromm ..	Das Versicherungsgeschäft, Grundriß der Betriebswirtschaftslehre, Bd. 14, 1935
WJ	Wussow, Informationen zum Versicherungs- und Haftpflichtrecht
Wussow	Allgemeine Versicherungsbedingungen für die Unfallversicherung, 1959
ZfV	Zeitschrift für Versicherungswesen
ZGesVWiss	Zeitschrift für die gesamte Versicherungswissenschaft
ZHR	Zeitschrift für das gesamte Handelsrecht
ZPO	Zivilprozeßordnung
Zusatzh.	Zusatzheft
ZHR	Zeitschrift für das gesamte Handelsrecht

Pflichtversicherung
für
Kraftfahrzeughalter

A.
Wortlaut der Vorschriften und Bedingungen

1.
Gesetz über die Einführung der Pflichtversicherung für Kraftfahrzeughalter und zur Änderung des Gesetzes über den Verkehr mit Kraftfahrzeugen sowie des Gesetzes über den Versicherungsvertrag.

Vom 7. November 1939 (RGBl. I S. 2223), in der Fassung des Gesetzes über Maßnahmen auf dem Gebiete des Verkehrsrechts und Verkehrshaftpflichtrechts vom 16. Juli 1957 (BGBl. I S. 710).

Um den Schutz der Verkehrsopfer wirksamer zu gestalten, hat die *Reichs*regierung vorbehaltlich einer abschließenden Neuordnung des gesamten Straßen- und Kraftverkehrsrechts im *Großdeutschen Reich* das folgende Gesetz beschlossen, das hiermit verkündet wird.

Artikel I

§ 1

Der Halter eines Kraftfahrzeugs oder eines Anhängers, die ihren regelmäßigen Standort im Inland haben, ist verpflichtet, für sich und den berechtigten Fahrer eine Haftpflichtversicherung zur Deckung der durch den Gebrauch des Fahrzeugs verursachten Sach- und Personenschäden nach den folgenden Bestimmungen abzuschließen und aufrechtzuerhalten.

§ 2[1]

(1) § 1 gilt nicht für

a) die Bundesrepublik Deutschland,

b) die Länder,

c) die Gemeinden mit mehr als einhunderttausend Einwohnern,

d) die Gemeindeverbände sowie Zweckverbände, denen ausschließlich Körperschaften des öffentlichen Rechts angehören.

(2) Die nach Absatz 1 von der Versicherungspflicht befreiten Fahrzeughalter haben, sofern nicht auf Grund einer von ihnen zugunsten des berech-

[1] In der Fassung des Gesetzes vom 16. 7. 1957 (BGBl. I S. 710), Artikel 8. Bisherige Fassung des § 2: § 1 gilt nicht für das Reich, die Länder und Gemeinden sowie für exterritoriale Personen und Berufskonsuln, wenn sie nicht deutsche Staatsangehörige sind. Vgl. ferner hierzu S. 44 und S. 237.

tigten Fahrers abgeschlossenen und den Vorschriften dieses Gesetzes entsprechenden Versicherung Haftpflichtversicherungsschutz gewährt wird, bei Inanpruchnahme des Fahrers aus Schäden der in § 1 bezeichneten Art in gleicher Weise und in gleichem Umfange einzutreten wie ein Versicherer bei Bestehen einer nach diesem Gesetz ausreichenden Haftpflichtversicherung. Die Vorschriften des Sechsten Titels des Zweiten Abschnitts des Gesetzes über den Versicherungsvertrag sowie die von der Aufsichtsbehörde genehmigten Allgemeinen Versicherungsbedingungen für die Kraftfahrversicherung sind sinngemäß anzuwenden. Erfüllt der Fahrzeughalter nach Satz 1 Schadensersatzverpflichtungen des Fahrers, so gilt § 158 f des Gesetzes über den Versicherungsvertrag entsprechend, wenn bei ausreichender Versicherung der Versicherer gegenüber dem Fahrer leistungsfrei gewesen wäre; im übrigen ist der Rückgriff des Halters gegenüber dem berechtigten Fahrer ausgeschlossen.

§ 3

(1) Die Haftpflichtversicherung kann nur bei einer im *Deutschen Reich*[2]) zum Geschäftsbetrieb befugten Versicherungsunternehmung genommen werden. Die Versicherungsunternehmungen sind verpflichtet, dem Halter und Fahrer eines Fahrzeugs nach den gesetzlichen Bestimmungen Versicherung gegen Haftpflicht zu gewähren. Das Nähere bestimmt der *Reichswirtschaftsminister.*[3])

(2) Der Versicherungsvertrag muß den von der Aufsichtsbehörde genehmigten allgemeinen Versicherungsbedingungen entsprechen.

§ 4

(1) Die Mindesthöhe der Versicherungssummen wird durch Verordnung bestimmt.

(2) Im Falle des § 2 Abs. 2 wird die dort bezeichnete Verpflichtung durch den Betrag der amtlich festgesetzten Mindestversicherungssummen begrenzt.[4])

§ 5

Mit Gefängnis oder mit Haft, neben denen auf Geldstrafe erkannt werden kann, oder mit Geldstrafe allein wird bestraft, wer vorsätzlich oder fahrlässig ein Fahrzeug im Sinne des § 1, für das ein Haftpflichtversicherungsschutz nach diesem Gesetz nicht besteht, auf öffentlichen Wegen oder Plätzen gebraucht oder den Gebrauch eines solchen Fahrzeugs gestattet.

Artikel II

Das **Gesetz über den Verkehr mit Kraftfahrzeugen** vom 3. Mai 1909 (RGBl. S. 437)[5]) in der Fassung des Gesetzes vom 21. Juli 1923 (RGBl. I S. 743), der Verordnungen vom 5. und 6. Februar 1924 (RGBl. I S. 43 und 42) sowie

---

[2]) Gebiet der Bundesrepublik Deutschland.
[3]) Jetzt Bundesminister für Wirtschaft.
[4]) Eingefügt durch Art. 8 Nr. 1 b des Gesetzes vom 16. 7. 1957 (BGBl. I S. 710).
[5]) Vgl. jetzt Straßenverkehrsgesetz v. 19. 12. 1952 (BGBl. I S. 837) in der Fassung der Gesetze v. 16. 7. 1957 (BGBl. I S. 709, 710); Abdruck S. 33.

vom 12. Dezember 1924 (RGBl. I S. 775) und der Gesetze vom 13. Dezember 1933 (RGBl. I S. 1058) und vom 10. August 1937 (RGBl. I S. 901) wird wie folgt geändert:

1. **§ 4 Abs. 1** erhält folgende Fassung:[6])

2. **§ 7 Abs. 3** erhält folgende Fassung:

„Benutzt jemand das Fahrzeug ohne Wissen und Willen des Fahrzeughalters, so ist er an Stelle des Halters zum Ersatz des Schadens verpflichtet; daneben bleibt der Halter zum Ersatz des Schadens verpflichtet, wenn die Benutzung des Fahrzeugs durch sein Verschulden ermöglicht worden ist. Satz 1 findet keine Anwendung, wenn der Benutzer vom Fahrzeughalter für den Betrieb des Kraftfahrzeugs angestellt ist oder wenn ihm das Fahrzeug vom Halter überlassen worden ist."

3. § 8 erhält folgende Fassung:

„§ 8[7])

Die Vorschriften des § 7 gelten nicht, wenn der Unfall durch ein Fahrzeug verursacht wurde, das auf ebener Bahn mit keiner höheren Geschwindigkeit als 20 Kilometer in der Stunde fahren kann, oder wenn der Verletzte bei dem Betriebe des Kraftfahrzeugs tätig war.

4. **§ 12 Abs. 1 Nr. 2** erhält folgende Fassung:[8])

„2. im Falle der Tötung oder Verletzung mehrerer Menschen durch dasselbe Ereignis, unbeschadet der in Nr. 1 bestimmten Grenzen, nur bis zu einem Kapitalbetrage von insgesamt fünfundsiebzigtausend Reichsmark[9]) oder bis zu einem Rentenbetrage von insgesamt viertausendfünfhundert Reichsmark[9]); diese Beschränkung gilt, wenn die getöteten oder verletzten Menschen durch ein dem öffentlichen Verkehr dienendes Kraftfahrzeug gegen Entgelt befördert worden sind, nicht für den ersatzpflichtigen Halter dieses Fahrzeugs,"

5. **§ 12 Abs. 2** erhält folgende Fassung:

„Übersteigen die Entschädigungen, die mehreren auf Grund desselben Ereignisses nach Abs. 1 Nr. 1, 3 zu leisten sind, insgesamt die in Nr. 2 Halbsatz 1 und Nr. 3 bezeichneten Höchstbeträge, so verringern sich die einzelnen Entschädigungen in dem Verhältnis, in welchem ihr Gesamtbetrag zu dem Höchstbetrag steht."

6. **§ 19** fällt weg.

7. **Betraf § 22 Abs. 1 Satz 1**[10])

---

[6]) Neue Fassung durch das Straßenverkehrssicherungsgesetz v. 19. 12. 1952 (BGBl. I S. 832) in der Fassung des Gesetzes vom 16. 7. 1957 (BGBl. I S. 710) – vgl. S. 33.

[7]) Abs. 2 gestrichen und § 8a (vgl. S. 37) eingefügt durch Gesetz vom 16. 7. 1957 (BGBl. I S. 710).

[8]) Die durch diese Fassung festgesetzten Höchstbeträge gelten nur, wenn das schädigende Ereignis vor dem 19. 7. 1957 eingetreten ist. Für Ereignisse nach dem 19. 7. 1957 gelten gemäß Art. 6 des Gesetzes vom 16. 7. 1957 (BGBl. I S. 710) die in der Neufassung durch das gleiche Gesetz heraufgesetzten Höchstbeträge (vgl. Wortlaut S. 39), es sei denn, daß Art. 7 des Gesetzes vom 16. 7. 1957 (vgl. Wortlaut S. 43) Platz greift.

[9]) Jetzt Deutsche Mark auf Grund von § 2 des Währungsgesetzes.

[10]) § 22 ist durch Art. II Nr. 2 der VO v. 2. 4. 1940 (RGBl. I S. 606) aufgehoben worden; Nr. 7 und 8 des Gesetzes entfallen. Gleichzeitig ist durch Art. I Nr. 4 derselben Verordnung in das Strafgesetzbuch ein – nicht lediglich den Kraftfahrer, sondern jeden Ver-

8. **Betraf § 22 Abs. 2 Satz 1**[10])

9. § **26** fällt weg.

Artikel III

Das **Gesetz über den Versicherungsvertrag** vom 30. Mai 1908 (RGBl. S. 263) in der Fassung des Gesetzes, betreffend die Aufhebung des Hilfskassengesetzes, vom 20. Dezember 1911 (RGBl. S. 985) und der Verordnung zur Änderung des Gesetzes über den Versicherungsvertrag vom 12. Februar 1924 (RGBl. I S. 65) wird wie folgt geändert:[11])

1. § 6 erhält folgende Fassung:

„§ 6[12])

(1) Ist im Vertrag bestimmt, daß bei Verletzung einer Obliegenheit, die vor dem Eintritt des Versicherungsfalls dem Versicherer gegenüber zu erfüllen ist, der Versicherer von der Verpflichtung zur Leistung frei sein soll, so tritt die vereinbarte Rechtsfolge nicht ein, wenn die Verletzung als eine unverschuldete anzusehen ist. Der Versicherer kann den Vertrag innerhalb eines Monats, nachdem er von der Verletzung Kenntnis erlangt hat, ohne Einhaltung einer Kündigungsfrist kündigen, es sei denn, daß die Verletzung als eine unverschuldete anzusehen ist. Kündigt der Versicherer innerhalb eines Monats nicht, so kann er sich auf die vereinbarte Leistungsfreiheit nicht berufen.

(2) Ist eine Obliegenheit verletzt, die von dem Versicherungsnehmer zum Zwecke der Verminderung der Gefahr oder der Verhütung einer Gefahrerhöhung dem Versicherer gegenüber zu erfüllen ist, so kann sich der Versicherer auf die vereinbarte Leistungsfreiheit nicht berufen, wenn die Verletzung keinen Einfluß auf den Eintritt des Versicherungsfalls oder den Umfang der ihm obliegenden Leistung gehabt hat.

(3) Ist die Leistungsfreiheit für den Fall vereinbart, daß eine Obliegenheit verletzt wird, die nach dem Eintritt des Versicherungsfalls dem Versicherer gegenüber zu erfüllen ist, so tritt die vereinbarte Rechtsfolge nicht ein, wenn die Verletzung weder auf Vorsatz noch auf grober Fahrlässigkeit beruht. Bei grobfahrlässiger Verletzung bleibt der Versicherer zur Leistung insoweit verpflichtet, als die Verletzung Einfluß weder auf die Feststellung des Versicherungsfalls noch auf die Feststellung oder den Umfang der dem Versicherer obliegenden Leistung gehabt hat.

(4) Eine Vereinbarung, nach welcher der Versicherer bei Verletzung einer Obliegenheit zum Rücktritt berechtigt sein soll, ist unwirksam.

---

kehrsteilnehmer treffender — § 139a eingefügt worden (betr. Flucht nach Verkehrsunfall), der durch Art. 2 des Dritten Strafrechtsänderungsgesetzes v. 4. 8. 1953 (BGBl. I S. 735) § 142 geworden ist.

[11]) Weitere Änderungen durch die Verordnungen vom 19. Dezember 1939 (RGBl. I S. 2443), 3. November 1942 (RGBl. I S. 636), 28. Dezember 1942 (RGBl. I S. 740), 6. April 1943 (RGBl. I S. 178) und 25. Oktober 1944 (RGBl. I S. 278).

[12]) Der hier nicht mehr abgedruckte § 6 Abs. 5 ist durch den Ersten Abschnitt Nr. 3 der Verordnung zur Vereinheitlichung des Rechts der Vertragsversicherung vom 19. Dezember 1939 (RGBl. I S. 2443) fortgefallen. Er kehrt inhaltlich in dem durch die gleiche Verordnung eingefügten § 15a VVG wieder.

2. **§ 32 Satz 2** wird gestrichen.

3. Hinter § 35 werden als § 35 a und § 35 b eingefügt:

„§ 35 a

(1) Fällige Prämien oder sonstige ihm auf Grund des Vertrags gebührende Zahlungen muß der Versicherer vom Versicherten bei der Versicherung für fremde Rechnung, ferner vom Bezugsberechtigten, der ein Recht auf die Leistung des Versicherers erworben hat, sowie vom Pfandgläubiger auch dann annehmen, wenn er nach den Vorschriften des bürgerlichen Rechts die Zahlung zurückweisen könnte.

(2) Ein Pfandrecht an der Versicherungsforderung kann auch wegen der Beträge und ihrer Zinsen geltend gemacht werden, die der Pfandgläubiger zur Entrichtung von Prämien oder sonstigen dem Versicherer auf Grund des Vertrags gebührenden Zahlungen verwendet hat.

§ 35 b

Der Versicherer kann den Betrag einer fälligen Prämienforderung oder einer anderen ihm aus dem Vertrag zustehenden Forderung von der ihm nach diesem Vertrag obliegenden Leistung in Abzug bringen, auch wenn er die Leistung nicht dem Versicherungsnehmer, sondern einem Dritten schuldet."

4. Im Zweiten Abschnitt wird hinter der Überschrift des Sechsten Titels: „Haftpflichtversicherung" eingefügt:

„I. Allgemeine Vorschriften"

5. Im **§ 150 Abs. 1** wird hinter Satz 2 folgender Satz eingefügt:
„Die Versicherung umfaßt auch die Kosten der Verteidigung in einem Strafverfahren, das wegen einer Tat eingeleitet wurde, welche die Verantwortlichkeit des Versicherungsnehmers einem Dritten gegenüber zur Folge haben könnte, sofern diese Kosten auf Weisung des Versicherers aufgewendet wurden."
Abs. 2 Satz 1 erhält folgende Fassung:
„(2) Ist eine Versicherungssumme bestimmt, so hat der Versicherer Kosten, die in einem auf seine Veranlassung geführten Rechtsstreit entstehen, und Kosten der Verteidigung nach Abs. 1 Satz 3 auch insoweit zu ersetzen, als sie zusammen mit der übrigen Entschädigung die Versicherungssumme übersteigen."

6. § 153 erhält folgende Fassung:

„§ 153

(1) Der Versicherungsnehmer hat innerhalb einer Woche die Tatsachen anzuzeigen, die seine Verantwortlichkeit gegenüber einem Dritten zur Folge haben könnten. § 6 Abs. 3, § 33 Abs. 2 gelten sinngemäß.

(2) Macht der Dritte seinen Anspruch gegenüber dem Versicherungsnehmer geltend, so ist dieser zur Anzeige innerhalb einer Woche nach der Erhebung des Anspruchs verpflichtet.

(3) Durch die Absendung der Anzeige werden die Fristen gewahrt.

(4) Wird gegen den Versicherungsnehmer ein Anspruch gerichtlich geltend gemacht, das Armenrecht nachgesucht oder wird ihm gerichtlich der Streit verkündet, so hat er, wenngleich die Fristen noch laufen, die Anzeige unverzüglich zu erstatten. Das gleiche gilt, wenn gegen ihn wegen des den Anspruch begründenden Ereignisses ein Ermittlungsverfahren eingeleitet wird."

7. **§ 154 Abs. 2** erhält folgende Fassung:

„(2) Eine Vereinbarung, nach welcher der Versicherer von der Verpflichtung zur Leistung frei sein soll, wenn ohne seine Einwilligung der Versicherungsnehmer den Dritten befriedigt oder dessen Anspruch anerkennt, ist unwirksam, falls nach den Umständen der Versicherungsnehmer die Befriedigung oder die Anerkennung nicht ohne offenbare Unbilligkeit verweigern konnte."

8. § 156 erhält folgende Fassung:

„§ 156

(1) Verfügungen über die Entschädigungsforderung aus dem Versicherungsverhältnis sind dem Dritten gegenüber unwirksam. Der rechtsgeschäftlichen Verfügung steht eine Verfügung gleich, die im Wege der Zwangsvollstreckung oder der Arrestvollziehung erfolgt.

(2) Ist die von dem Versicherungsnehmer an den Dritten zu bewirkende Leistung durch Vergleich, Anerkenntnis oder Urteil festgestellt, so ist der Versicherer nach vorheriger Benachrichtigung des Versicherungsnehmers berechtigt und auf Verlangen des Versicherungsnehmers verpflichtet, die Zahlung an den Dritten zu bewirken.

(3) Sind mehrere Dritte vorhanden und übersteigen ihre Forderungen aus der die Verantwortlichkeit des Versicherungsnehmers begründenden Tatsache die Versicherungssumme, so hat der Versicherer nach Maßgabe des Abs. 2 die Forderungen nach dem Verhältnis ihrer Beträge zu berichtigen. Ist hierbei die Versicherungssumme erschöpft, so kann sich ein Dritter, der bei der Verteilung nicht berücksichtigt worden ist, nachträglich auf die Vorschrift des Abs. 1 nicht berufen, wenn der Versicherer mit der Geltendmachung dieser Ansprüche entschuldbarerweise nicht gerechnet hat."

9. Hinter § 158 wird als § 158 a eingefügt:

„§ 158 a

Auf Vereinbarungen, durch die von den Vorschriften des § 153, § 154 Abs. 1, § 156 Abs. 2 zum Nachteil des Versicherungsnehmers abgewichen wird, kann sich der Versicherer nicht berufen."

10. Hinter § 158 a werden mit der Überschrift

„II. Besondere Vorschriften für die Pflichtversicherung"

als §§ 158 b bis 158 h eingefügt:

„§ 158 b

Für eine Haftpflichtversicherung, zu deren Abschluß eine gesetzliche Verpflichtung besteht (Pflichtversicherung), gelten die besonderen Vorschriften der §§ 158 c bis 158 h.

§ 158 c

(1) Ist der Versicherer von der Verpflichtung zur Leistung dem Versicherungsnehmer gegenüber ganz oder teilweise frei, so bleibt gleichwohl seine Verpflichtung in Ansehung des Dritten bestehen.

(2) Ein Umstand, der das Nichtbestehen oder die Beendigung des Versicherungsverhältnisses zur Folge hat, wirkt in Ansehung des Dritten erst mit dem Ablauf eines Monats, nachdem der Versicherer diesen Umstand der hierfür zuständigen Stelle angezeigt hat. Das gleiche gilt, wenn das Versicherungsverhältnis durch Zeitablauf endigt. Der Lauf der Frist beginnt nicht vor der Beendigung des Versicherungsverhältnisses.

(3) Der Versicherer haftet nur im Rahmen der amtlich festgesetzten Mindestversicherungssummen und der von ihm übernommenen Gefahr.

(4) Der Versicherer haftet nicht, insoweit ein anderer Haftpflichtversicherer dem Versicherungsnehmer haftet.

(5) Ein Recht des Dritten, den Versicherer unmittelbar in Anspruch zu nehmen, wird durch diese Vorschriften nicht begründet.

§ 158 d

(1) Macht der Dritte seinen Anspruch gegen den Versicherungsnehmer geltend, so hat er dies dem Versicherer innerhalb von zwei Wochen schriftlich anzuzeigen.

(2) Macht der Dritte den Anspruch gegen den Versicherungsnehmer gerichtlich geltend, so hat er dies dem Versicherer unverzüglich schriftlich anzuzeigen.

(3) Der Versicherer kann von dem Dritten Auskunft verlangen, soweit sie zur Feststellung des Schadensereignisses und der Höhe des Schadens erforderlich ist. Zur Vorlegung von Belegen ist der Dritte nur insoweit verpflichtet, als ihm die Beschaffung billigerweise zugemutet werden kann.

§ 158 e

(1) Verletzt der Dritte die Verpflichtungen nach § 158 d Abs. 2, 3, so beschränkt sich die Haftung des Versicherers nach § 158 c auf den Betrag, den er auch bei gehöriger Erfüllung der Verpflichtungen zu leisten gehabt hätte. Liegt eine Verletzung der Verpflichtung nach § 158 d Abs. 3 vor, so tritt diese Rechtsfolge nur ein, wenn der Dritte vorher ausdrücklich und schriftlich auf die Folgen der Verletzung hingewiesen worden ist.

(2) Die Vorschrift des Abs. 1 Satz 1 gilt sinngemäß, wenn der Versicherungsnehmer mit dem Dritten ohne Einwilligung des Ver-

sicherers einen Vergleich schließt oder dessen Anspruch anerkennt; § 154 Abs. 2 findet entsprechende Anwendung.

§ 158 f

Soweit der Versicherer den Dritten nach § 158 c befriedigt, geht die Forderung des Dritten gegen den Versicherungsnehmer auf ihn über. Der Übergang kann nicht zum Nachteil des Dritten geltend gemacht werden.

§ 158 g

§ 35 b findet in Ansehung des Dritten keine Anwendung.

§ 158 h

Die Vorschriften über die Veräußerung der versicherten Sache gelten sinngemäß."

Artikel IV

Übergangsvorschriften

1. Artikel I und III finden auf die zur Zeit des Inkrafttretens dieses Gesetzes bestehenden Versicherungsverhältnisse mit folgender Maßgabe Anwendung: Im Falle des § 153 Abs. 1 beginnt der Lauf der Frist mit dem Tage des Inkrafttretens dieses Gesetzes, sofern die Tatsache, die die Verantwortlichkeit des Versicherungsnehmers einem Dritten gegenüber zur Folge haben könnte, vor diesem Zeitpunkt eingetreten ist.

2. Die sich aus diesem Gesetz ergebenden Änderungen des Versicherungsverhältnisses sind in einem Nachtrag zum Versicherungsschein niederzulegen, der dem Versicherungsnehmer auszuhändigen ist.[1])

Artikel V

Schlußbestimmungen

1. Dieses Gesetz tritt mit dem 1. Juli 1940 in Kraft[2]), Artikel II jedoch bereits mit dem 1. April 1940. Die zu seiner Durchführung erforderlichen Maßnahmen können schon vorher getroffen werden. Mit dem gleichen Zeitpunkt treten Vorschriften, die den Bestimmungen dieses Gesetzes widersprechen oder den gleichen Gegenstand regeln, außer Kraft.

2. ...

3. Wo auf Vorschriften verwiesen wird, die durch dieses Gesetz oder auf Grund dieses Gesetzes ergangene Bestimmungen aufgehoben oder geändert werden, erhält die Verweisung ihren Inhalt aus den entsprechenden neuen Vorschriften. Einer Verweisung steht es gleich, wenn die Anwendbarkeit der vorbezeichneten Vorschriften stillschweigend vorausgesetzt wird.

---

1) Hiervon kann bis auf weiteres abgesehen werden (vgl. die Verordnung vom 13. April 1940, unter Nr. 5 S. 24 abgedruckt).

2) Hierin hat sich für die Kraftfahrversicherung auch nichts durch die nachstehend unter Nr. 6 (S. 25) abgedruckte Verordnung vom 13. Juni 1940 (RGBl. I S. 872) – vgl. dort § 2 – geändert.

4. Die zuständigen Reichsminister[3]) erlassen die zur Durchführung und Ergänzung dieses Gesetzes erforderlichen Rechts- und Verwaltungsvorschriften.

2.

Amtliche Begründung

zum Gesetz über die Einführung der Pflichtversicherung für Kraftfahrzeughalter und zur Änderung des Gesetzes über den Verkehr mit Kraftfahrzeugen sowie des Gesetzes über den Versicherungsvertrag vom 7. November 1939 (RGBl. I S. 2223).

RJM. 3432/1 a – V.a 7 1511; Deutsche Justiz 1939 S. 1771)

Die fortschreitende Motorisierung erfordert einen erweiterten Schutz der Verkehrsopfer. Diesem Ziele dient das vorliegende Gesetz. Es sieht zunächst den Zwang zum Abschluß einer Kraftfahrzeughaftpflichtversicherung vor. Im Anschluß daran wird im Interesse der Schaffung eines einheitlichen Rechts im *Großdeutschen Reich* das materielle Haftungsrecht des Kraftfahrzeughalters geändert. Außerdem erfährt das Recht der Haftpflichtversicherung zum Schutze des Geschädigten eine durchgreifende Änderung und Ergänzung.

Zu Artikel I

§ 1

Die Vorschrift legt dem Halter eines Kraftfahrzeugs oder eines Anhängers die Verpflichtung zum Abschluß eines Haftpflichtversicherungsvertrags auf. Es ist in Aussicht genommen, diesem Zwang alle zulassungspflichtigen Fahrzeuge zu unterwerfen. Das Gesetz sieht vor, daß die Haftpflichtversicherung alle durch den Gebrauch des Fahrzeugs verursachten Sach- und Personenschäden decken muß. Diese Fassung bringt zum Ausdruck, daß auch die Schäden unter die Versicherung fallen müssen, die von nicht mit dem Kraftfahrzeug verbundenen Anhängern verursacht werden. Sie besagt weiter, daß die Versicherung nicht nur die Haftung des Halters nach § 7 des Gesetzes über den Verkehr mit Kraftfahrzeugen[1]), sondern auch dessen Haftung für Verschulden zu decken hat. Die Versicherung hat sich nicht nur auf die Haftung des angestellten, sondern auf die jedes berechtigten Fahrers zu erstrecken.

§ 2[2])

Die Vorschrift enthält gewisse Ausnahmen vom Versicherungszwang. Die Frage, ob und inwieweit im Wege der Durchführungsvorschrift die

[3]) Jetzt Bundesminister.
[1]) Jetzt Straßenverkehrsgesetzes.
[2]) Vgl. neue Fassung S. 1 und Anm. 1 dort.

Gemeinden dem Versicherungszwang unterstellt werden sollen, läßt das Gesetz offen. Es wird noch der Klärung bedürfen, ob der Schutz von Personen, die durch gemeindeeigene Fahrzeuge Schaden erleiden, nicht auf andere Weise, z. B. durch kommunale Schadensausgleiche, gewährleistet werden kann.

§ 3

Nach Absatz 1 kann die Versicherung bei den privaten und den öffentlich-rechtlichen Versicherungsunternehmungen, die im *Deutschen Reich* zum Geschäftsbetrieb befugt sind, genommen werden. Diese Unternehmungen sind grundsätzlich zur Gewährung von Versicherungsschutz verpflichtet.

Nach Absatz 2 müssen alle auf Grund eines Zwanges geschlossenen Haftpflichtverichérungsverträge im Interesse der Einheitlichkeit des Schutzes des Dritten den von der Aufsichtsbehörde genehmigten Bedingungen entsprechen.

§ 4[3])

Die Bestimmung der Mindestversicherungssummen, bei deren Höhe namentlich auf die Sitzzahl des Fahrzeugs abgestellt werden muß, soll im Verordnungswege erfolgen, um etwa später notwendig werdende Ergänzungsmaßnahmen zu vereinfachen.

§ 5

Das Gesetz sieht zur Erzwingung des Abschlusses und der Aufrechterhaltung einer Kraftfahrzeughaftpflichtversicherung Strafbestimmungen vor. Der weitgespannte Strafrahmen gibt die Möglichkeit, sämtlichen auftretenden Fällen gerecht zu werden.

Zu Artikel II

Zu Nr. 1[4]):

1. Um den in Rechtsprechung und Schrifttum aufgetretenen Erörterungen darüber, ob die Entziehung der Fahrerlaubnis aus § 4 Kraftfahrzeuggesetz (KFG) oder aus § 3 Straßenverkehrs-Zulassungs-Ordnung (StVZO) zu beurteilen sei, die praktische Bedeutung zu nehmen, empfiehlt es sich, möglichste Übereinstimmung der beiden Wortlaute herbeizuführen. Durch die neue Fassung wird klargestellt, daß durch Tatsachen der Beweis der Ungeeignetheit erbracht sein muß.

2. Nach der Rechtsprechung des Preußischen Oberverwaltungsgerichts kann die Fahrerlaubnis auch jetzt noch auf bestimmte Zeit mit der Wirkung entzogen werden, daß sie nach Ablauf der Zeit ohne weiteres von selbst wiederauflebt. Das ist unerwünscht, weil es zur Folge hat, daß wegen in der Zwischenzeit hervorgetretener Tatsachen, die die Ungeeignetheit auch über den Zeitpunkt des Wiederauflebens hinaus begründen, ein neues Entziehungsverfahren notwendig wird.

Diese Rechtsprechung entsprach, wie sich auch aus der amtlichen Begründung zur Änderung vom 13. Dezember 1933 (Reichsanzeiger 1933 Nr. 295) ergibt, nicht dem Zwecke dieses Gesetzes. Durch die neue Fassung soll der Rechtsansicht entgegengetreten werden, dem Kraftfahrer brauche nicht die ganze Fahrerlaubnis entzogen zu werden, sondern nur der auf die Zeit entfallende Teil, während der später liegende Teil der Fahrerlaubnis ihm von vornherein nicht mitentzogen, sondern belassen werde (vgl. Vesper, Verkehrsrechtliche Abhandlungen und Entscheidungen 1938 S. 123). Mit dem Wort „erlischt" soll klargestellt werden, daß nach der Entziehung nur im Wege der Durchführung eines neuen Verfahrens auf Wiedererteilung eine Fahrerlaubnis bestehen kann.

---

3) Vgl. neue Fassung S. 2 und Anm. 4 dort.

4) Vgl. Anm. 6 auf S. 3. Die Begründung ist auch mit Bezug auf die neue Fassung des § 4 Abs. 1 StVG von Interesse.

2. Amtliche Begründung v. 7. 11. 39

Zu Nr. 2:

§ 7 Abs. 3 des Gesetzes in seiner bisherigen Fassung macht bei der Haftung für Unfälle auf Schwarzfahrten keinen Unterschied darin, ob der Schwarzfahrer sich eigenmächtig in den Besitz des Fahrzeugs gesetzt hat, oder ob ihm der Halter den Wagen zu einem bestimmten Zwecke anvertraut hat und er die Schwarzfahrt erst bei oder nach Erledigung dieser Zweckbestimmung ausgeführt hat. Er macht ferner keinen Unterschied darin, ob der Schwarzfahrer eine völlig fremde dritte Person ist oder ein Vertrauensmann des Halters, etwa dessen Kraftwagenlenker. Dieser Zustand hat zu Unbilligkeiten geführt, insbesondere mit Rücksicht auf die nicht sehr glückliche Fassung des Absatzes 3, die die Rechtsprechung vor eigentlich unlösbare Aufgaben gestellt hat.

Das Gesetz will dies ändern. Es beläßt es bei dem bisherigen Zustand nur insoweit, als der Halter zwar für Unfälle auf solchen Schwarzfahrten nicht haftet, die ein Dritter, der sich eigenmächtig ohne Verschulden des Halters in den Besitz des Wagens gesetzt hat, verursacht. Hier würde in der Inanspruchnahme des Halters eine nicht zu rechtfertigende Härte liegen, und die Haftung für derartige Unfälle würde den Besitz eines Kraftwagens zu einer ständigen Gefahrenquelle machen.

Dagegen entspricht es unzweifelhaft dem Rechtsempfinden des Volkes, daß der Halter für Schwarzfahrten solcher Personen, denen er die Führung des Wagens ermöglicht hat, haftet. Denn er ist für die Auswahl der Personen, denen er sein Vertrauen schenkt, verantwortlich. Mißbrauchen sie das Vertrauen, so muß er den Schaden tragen, nicht aber der bei dem Unfall verletzte Volksgenosse, der nach bisherigem Recht nur einen Anspruch gegen den regelmäßig vermögenslosen Schwarzfahrer hat. Dementsprechend sieht das Gesetz vor, daß der Halter für Unfälle auf Schwarzfahrten immer dann haftet, wenn der Schwarzfahrer vom Fahrzeughalter für den Betrieb des Kraftfahrzeugs angestellt ist, oder wenn er dem Fahrer das Fahrzeug überlassen hat.

Eine unbillige Härte für den Halter liegt in dieser Regelung jetzt um so weniger, als er für diese Unfälle Versicherungsschutz genießt.

Zu Nr. 3[5]):

In Abweichung von den Vorschriften des Reichshaftpflichtgesetzes hat das Kraftfahrzeuggesetz den Personen und Sachen, die in dem Kraftfahrzeug selbst befördert werden, seinen besonderen Schutz versagt, d. h. für Verletzung und Beschädigung dieser Personen und Sachen wird nur nach den allgemeinen Vorschriften, also bei Verschulden, gehaftet. Diese Regelung findet ihre Erklärung darin, „daß das Gesetz nur bezweckte, das Publikum vor den ihm aufgedrungenen Gefahren des Automobilbetriebs zu schützen. ... Die Vergünstigung des Gesetzes sollte nicht eintreten, wenn eine Person, die das Fahrzeug zur Beförderung benutzt, eine Verletzung erleidet. ... Im Falle der Personenbeförderung ist für

5) Die Begründung zu Nr. 3 bleibt von Interesse, da der bisherige § 8 StVG unverändert geblieben ist und der Grundgedanke des neuen § 8 a StVG (vgl. S. 37) mit dem des bisherigen § 8 Abs. 2 übereinstimmt.

eine Anwendung der Grundsätze des Gesetzes um so weniger Veranlassung, als hier der Verletzte die Gefahr freiwillig übernommen hat. Die Gründe, aus denen der im Reichshaftpflichtgesetz vorgesehene Schutz ... auch den Reisenden gewährt worden ist, namentlich der Gesichtspunkt, daß die Eisenbahn ein für den Verkehr unentbehrliches Beförderungsmittel bildet und der gleichzeitigen Beförderung einer größeren Zahl von Menschen zu dienen bestimmt ist, treffen für den Betrieb von Kraftfahrzeugen wenigstens zur Zeit nicht zu." (Begründung des Entwurfs des Kraftfahrzeuggesetzes). Gerade diese Begründung zeigt deutlich, daß die im Jahre 1909 getroffene Regelung heute schlechterdings nicht mehr vertretbar ist. Der Kraftwagen ist, insbesondere soweit er dem öffentlichen Verkehr dient, ein absolut notwendiges Verkehrsmittel geworden, und es ist nicht zu verantworten, die Personen und Güter, die derartige Kraftwagen (Droschken, Autobusse) benutzen, schlechter zu stellen als die von der Eisenbahn oder Straßenbahn beförderten. Aus diesem Grunde konnte § 8 Nr. 1, der den Schutz des Gesetzes jeder mit dem Kraftfahrzeug beförderten Person oder Sache versagte, nicht aufrechterhalten bleiben. Anderseits erschien es aber auch nicht notwendig, hier allzu weit zu gehen und jedem Insassen eines Kraftfahrzeugs den Schutz der Gefährdungshaftung zu geben, da hierin z. B. bei Gefälligkeitsfahrten eine übermäßige und ungerechtfertigte Belastung des Halters liegen könnte. Deswegen beschränkt sich das Gesetz darauf, die Haftung aus dem Kraftfahrzeuggesetz denjenigen Personen und Sachen zugute kommen zu lassen, die durch ein dem öffentlichen Verkehr dienendes Kraftfahrzeug entgeltlich befördert werden. Um zu verhindern, daß den durch Kraftfahrzeuge beförderten Personen der erhöhte Schutz, den das Gesetz vorsieht, durch Benutzungsordnungen oder vertragliche Vereinbarungen entgegen der Absicht des Gesetzgebers wieder entzogen wird, wird bestimmt, daß die Haftung aus § 7 für Personenschäden unabdingbar ist.

Zu Nr. 4[6]):

Aus der gleichen Erwägung heraus, aus der das Gesetz die Insassenhaftung einführt, muß auch die Bestimmung des § 12 Abs. 1 Nr. 2, nach der die Haftsumme im Falle der Tötung oder Verletzung mehrerer Menschen auf einen Kapitalbetrag von insgesamt 75 000 RM[7]) oder auf einen Gesamtrentenbetrag von 4500 RM[7]) beschränkt wird, für die Insassenhaftung ausgeschlossen werden. Wird die Unentbehrlichkeit der hier in Frage stehenden Beförderungsarten einmal anerkannt, so muß weiter auch anerkannt werden, daß der Unternehmer (Halter) den in seinem Betrieb beförderten Personen angemessen haften muß, d. h. die Höchstsumme der Haftung darf nicht auf einen Satz beschränkt werden, der unter Zugrundelegung der Sätze des § 12 Abs. 1 Nr. 1 der Tötung oder Verletzung von drei Personen entspricht, sondern die Haftsumme muß stets der tatsächlichen Zahl der verletzten oder getöteten Personen ent-

---

6) Vgl. S. 8 Anm. 3.

7) Jetzt Deutsche Mark auf Grund von § 2 des Währungsgesetzes. Die Beträge sind auf 150 000 DM und 9000 DM erhöht worden (vgl. neue Fassung auf Grund des Gesetzes vom 16. 7. 1957, S. 39).

sprechen. Es wäre auch nicht zu rechtfertigen, den Unternehmer, der Kraftwagenbeförderung im öffentlichen Verkehr gegen Entgelt betreibt, besser zu stellen als den Unternehmer von Eisenbahnen oder Straßenbahnen. Daraus ergibt sich die im Gesetz vorgesehene Änderung des § 12 Abs. 1 Nr. 2. An der Beschränkung der Hafthöhe durch § 12 Abs. 1 Nr. 1 und 3 wird jedoch nichts geändert, weil die hier gegebenen Grenzen unter allen Umständen angemessen erscheinen.

Zu Nr. 5:

Die Neufassung des § 12 Abs. 2 dient lediglich der Klarstellung.

Zu Nr. 6 und 9:

Die bisherigen §§ 19 und 26 werden als überholt gestrichen.

Zu Nr. 7[8]): ...

Zu Artikel III

Zu Nr. 1 und 2:

§ 6 regelt die Rechtsfolgen der Verletzung von Obliegenheiten durch den Versicherungsnehmer. Dabei werden Bestimmungen des österreichischen Rechts, die den Versicherungsnehmer günstiger stellen, übernommen.

Absatz 1 behandelt die Obliegenheiten, die vor dem Eintritte des Versicherungsfalls dem Versicherer gegenüber zu erfüllen sind. Wie nach bisherigem Recht kann sich der Versicherer auf die an die Verletzung einer solchen Obliegenheit vereinbarungsgemäß geknüpfte Leistungsfreiheit nur berufen, wenn die Verletzung verschuldet ist. Das Recht zum Rücktritt vom Vertrage ist dem Versicherer genommen (Absatz 4). Statt dessen wird ihm kraft Gesetzes das Recht zur Kündigung eingeräumt. Übt er dieses Recht nicht innerhalb eines Monats nach Kenntnis von der Verletzung aus, so kann er sich auf die vereinbarte Leistungsfreiheit nicht berufen. Dem Versicherer ist damit die Möglichkeit genommen, sich noch nach einem längeren Zeitraum seiner Leistungspflicht zu entziehen, gleichwohl aber inzwischen die Prämien zu erheben. Er muß sich also in Zukunft alsbald entscheiden, ob er aus einer ihm bekanntgewordenen Obliegenheitsverletzung Rechte herleiten will oder nicht.

Absatz 2 deckt sich mit der bisherigen Regelung im § 32. Die Umstellung erfolgt aus systematischen Gründen, da es sich um Obliegenheiten handelt, die vor dem Eintritte des Versicherungsfalls zu erfüllen sind. § 32 Satz 2 hat demnach wegzufallen.

Absatz 3 behandelt die Obliegenheiten, die nach dem Eintritte des Versicherungsfalls dem Versicherer gegenüber zu erfüllen sind. Wie nach bisherigem Recht tritt eine etwa vereinbarte Leistungsfreiheit des Versicherers bei Verletzung dieser Obliegenheiten nicht ein, wenn die Verletzung weder auf Vorsatz noch auf grober Fahrlässigkeit beruht. Neu ist, daß bei grobfahrlässiger Verletzung das das Versicherungsrecht beherrschende Alles-oder-Nichts-Prinzip durchbrochen wird.

[8]) Vgl. Anm. 10 auf S. 3.

A. Wortlaut der Vorschriften und Bedingungen

Zu Nr. 3:

§ 35 a schließt eine Lücke des bisherigen Rechts. Nach § 267 Abs. 2 BGB kann der Versicherer die Leistung durch einen Dritten ablehnen, wenn der Versicherungsnehmer widerspricht. Zugunsten der an der Aufrechterhaltung der Versicherung interessierten Personen ist es dem Versicherungsnehmer in Zukunft benommen, die Beseitigung der durch seinen Zahlungsverzug entstandenen Rechtsfolgen zu verhindern. Die Ergänzung geht auf § 26 des österreichischen Versicherungsvertragsgesetzes zurück.

§ 35 b ist dem österreichischen Recht entnommen (§ 27 VVG). Die Vorschrift enthält eine erweiterte Aufrechnungsmöglichkeit des Versicherers. Das nach bürgerlichem Recht erforderliche Merkmal der Gegenseitigkeit der Forderungen ist beseitigt. Die Aufrechnung mit einer Forderung gegen den Versicherungsnehmer ist auch einem Dritten gegenüber zulässig, wenn nur Forderung und Gegenforderung demselben Versicherungsvertrag entspringen. In der Pflichthaftpflichtversicherung ist die Vorschrift nicht anwendbar (§ 158 g).

Zu Nr. 5:

Die Ergänzung des § 150 Abs. 1 entspricht dem § 121 des österreichischen und dem § 116 des tschechoslowakischen Versicherungsvertragsgesetzes sowie der Regelung in den Allgemeinen Versicherungsbedingungen für die Haftpflichtversicherung. Die Tätigkeit des Verteidigers in einem wegen des Schadensereignisses eingeleiteten Strafverfahren dient mit dazu, dem Haftpflichtanspruch des Dritten gegen den Versicherungsnehmer die Rechtsgrundlage zu entziehen. Es ist daher billig, daß der Versicherer die Kosten der Verteidigung insoweit zu ersetzen hat, als sie auf seine Weisung aufgewendet werden. Ergibt die Weisung des Versicherers nichts Gegenteiliges, so sind nur die gebührenordnungsmäßigen Kosten der Verteidigung zu erstatten.

Die Ergänzung des Absatzes 2 stellt klar, daß auch die Kosten der Verteidigung über eine etwa bestimmte Versicherungssumme hinaus zu ersetzen sind.

Zu Nr. 6:

§ 153 Abs. 1 bringt eine Neuregelung der Anzeigepflicht des Versicherungsnehmers. Bisher hatte die Anzeige innerhalb einer Woche nach dem Zeitpunkte zu erfolgen, in dem der Dritte seinen Anspruch gegen den Versicherungsnehmer geltend machte. Diese Regelung wird den Bedürfnissen der Haftpflichtversicherung nicht gerecht. Im Interesse der Schadensverhütung und der Schadensminderung muß der Versicherer alsbald von dem Schadensereignis, das unter Umständen lange Zeit vor der Anspruchserhebung durch den Dritten eingetreten ist, Kenntnis erhalten. Die Frage, wann der Versicherungsfall in der Haftpflichtversicherung eintritt, wird durch die Neuregelung nicht entschieden. Ihre Beantwortung bleibt der Wissenschaft und Rechtsprechung überlassen. Aus diesem Grunde wird § 6 Abs. 3 nicht für unmittelbar, sondern nur für entsprechend anwendbar erklärt. Aus der sinngemäßen Anwendung des § 33 Abs. 2 folgt, daß der

Versicherer bei Verletzung der Anzeigepflicht von der Verpflichtung zur Leistung nicht frei ist, wenn er auf andere Weise Kenntnis von dem Schadensereignis erlangt hat.

Absätze 2 bis 4 enthalten im wesentlichen nur eine der Klarstellung dienende Neufassung des bisherigen Rechts. Dabei sind der Antrag auf Gewährung des Armenrechts für einen Rechtsstreit gegen den Versicherungsnehmer sowie die gegen ihn erfolgte gerichtliche Streitverkündung der gerichtlichen Geltendmachung des Haftpflichtanspruchs gleichgestellt. Die Ergänzung ist geboten, weil meist schon in diesen Verfahren eine weitgehende Klärung des Sachverhalts erfolgt. Schließlich wird klargestellt, daß die Einleitung eines Strafverfahrens immer anzuzeigen ist, und zwar ohne Rücksicht darauf, ob eine Buße verlangt wird oder nicht.

Zu Nr. 7:

§ 154 Abs. 2 war bisher zugunsten des Versicherungsnehmers halbzwingend; es erscheint angezeigt, die Vorschrift schlechthin für zwingend zu erklären.

Zu Nr. 8:

Die Vorschrift des § 156 dient dem Schutze des Dritten. Die Verfügungsbeschränkung des Absatzes 1 gewährleistet, daß die Entschädigung unter allen Umständen dem Dritten zugute kommt. Von der Einführung eines gesetzlichen Pfandrechts des Dritten an der Entschädigungsforderung ist aus verschiedenen Gründen abgesehen worden. Einmal hat das Pfandrecht im *Altreich* einen anderen Inhalt als das Pfandrecht in Österreich ... Seine wenig übersichtliche Ausgestaltung würde ..., namentlich bei der Notwendigkeit von Anpassungsvorschriften, zu großen Schwierigkeiten bei der Rechtsanwendung führen. Diese werden bei der Verfügungsbeschränkung vermieden. Schließlich führt das deutsche Pfandrecht zur unmittelbaren Klage des Dritten gegen den Versicherer. Diese widerspricht dem Wesen des Haftpflichtversicherungsvertrages, der lediglich Rechtsbeziehungen zwischen dem Versicherer und dem Versicherungsnehmer begründet.

Absatz 2 entspricht inhaltlich dem bisherigen § 156. Die Neufassung berücksichtigt die Ergebnisse der Rechtsprechung.

Absatz 3 regelt den Ausgleich der Interessen mehrerer durch e i n e n Haftpflichtfall geschädigter Personen. Das Gesetz lehnt das Prioritätsprinzip ab, weil dieses dem sozialen Gedanken der Haftpflichtversicherung widerspricht. Demgemäß sind mehrere Geschädigte anteilsmäßig zu befriedigen, sofern ihre Ansprüche die Versicherungssumme übersteigen. Die Auszahlung der Versicherungssumme hat im Interesse der Geschädigten beschleunigt zu erfolgen. Dabei muß eine Hinterlegung durch den Versicherer möglichst vermieden werden. Ein Dritter kann daher nach dem Gesetz nachträglich nur dann an den Versicherer herantreten, wenn dieser ihn bei einer voraufgegangenen Zahlung, durch die die Versicherungssumme erschöpft ist, in nicht entschuldbarer Weise unberücksichtigt gelassen hat. Dies gilt auch für den Fall der Erhöhung eines bereits früher geltend gemachten Anspruchs. In Anlehnung an die Entscheidung des Reichsgerichts vom 25. Oktober 1938 – VII 75/38 – (RG Bd. 158 S. 284) hat der Versicherer nicht j e d e Fahrlässigkeit zu vertreten. Er hat vielmehr nur die Sorgfalt zu beobachten, die unter den Umständen des besonderen Falles von einem vernünftigen und praktischen Versicherer verlangt und angewendet wird. Demnach darf der Versicherer insbesondere auf das Interesse der ihm rechtzeitig bekanntgewordenen Geschädigten an alsbaldiger Befriedigung ihrer Ansprüche Rücksicht nehmen.

Zu Nr. 9:

§ 158 a faßt die halbzwingenden Bestimmungen des Haftpflichtversicherungsrechts zusammen. Im Gegensatz zum bisherigen Recht sind dabei zugunsten des Versicherungsnehmers auch § 154 Abs. 1, § 156 Abs. 2 für halbzwingend erklärt.

Zu Nr. 10:

§ 158 b

Soweit der Abschluß einer Haftpflichtversicherung von Gesetzes wegen vorgeschrieben ist oder künftig vorgeschrieben wird, ist eine einheitliche Ausgestaltung erforderlich. Diesem Erfordernis tragen die §§ 158 b bis 158 h Rechnung, ihr Hauptanwendungsbereich ist die Kraftfahrzeughaftpflichtversicherung. Soweit es nachträglich erforderlich wird, einzelne Bestimmungen des Pflichtversicherungsrechts den besonderen Bedürfnissen anderer Haftpflichtversicherungszweige anzupassen, wird dies durch das Gesetz nicht ausgeschlossen.

Die gesamten Vorschriften über die Pflichtversicherung sind ihrer Natur nach zugunsten des Versicherungsnehmers und des Dritten zwingend.

§ 158 c

§ 158 c enthält die grundlegenden Bestimmungen über die Ausgestaltung der Pflichtversicherung für den Fall, daß der Versicherer nach dem Vertrage zur Leistung an den Versicherungsnehmer nicht verpflichtet ist. Die Regelung soll, unbeschadet der gesetzlichen und vertraglichen Risikoausschlüsse, einen möglichst lückenlosen Schutz des Dritten gewährleisten.

Absatz 1 setzt ein bestehendes Versicherungsverhältnis voraus, bei dem der Versicherer infolge Obliegenheitsverletzung, Nichtzahlung der Prämie oder nicht rechtzeitiger Klageerhebung durch den Versicherungsnehmer von der Verpflichtung zur Leistung ganz oder teilweise frei ist. Bei einer Pflichtversicherung darf der geschädigte Dritte unter den Folgen eines derartigen Verhaltens des Versicherungsnehmers nicht leiden. Daher ist bestimmt, daß der Versicherer i n A n s e h u n g d e s D r i t t e n zur Leistung auch dann verpflichtet bleibt, wenn er an sich nach dem Vertrage nicht zur Leistung an den Versicherungsnehmer verpflichtet wäre. Der Haftpflichtversicherungsanspruch besteht nach dem Gesetz nur insoweit fort, als dies zur Befriedigung d e s D r i t t e n erforderlich ist. Demnach kann der Versicherungsnehmer den Anspruch nicht etwa in eigenem Namen geltend machen. Andererseits kann auch der Dritte den H a f t p f l i c h t -

prozeß nicht gegen den Versicherer unmittelbar führen (Absatz 5), er muß vielmehr genau wie in den Fällen, wo das Versicherungsverhältnis in Ordnung ist, im Streitfalle wegen Klärung der Haftpflichtfrage zunächst den Versicherungsnehmer verklagen. Die Natur des Haftpflichtversicherungsverhältnisses wird also voll gewahrt. Ein Anlaß, hiervon abzugehen, liegt nicht vor, da der Dritte auch bei der Regelung des Gesetzes voll zu seinem Recht kommt. Die Erfahrung zeigt, daß Deckungsprozesse äußerst selten sind. Ist also die Haftpflichtfrage einwandfrei geklärt, so wird der Dritte in aller Regel zu gerichtlichen Schritten gegen den Versicherer keinen Anlaß finden.

Absatz 2 setzt voraus, daß das Schadensereignis zu einer Zeit eintritt, in der ein Versicherungsverhältnis nicht oder nicht mehr besteht. Es kommen also namentlich die Fälle in Betracht, wo der Haftpflichtversicherungsvertrag von vornherein nichtig oder nachträglich angefochten ist. Daneben sind insbesondere die Fälle zu erwähnen, in denen der Vertrag durch Kündigung, Rücktritt oder Zeitablauf endigt. Voraussetzung für die Anwendung von Absatz 2 ist lediglich, daß ein Vertrag vorliegt, der den Rechtsschein der Gültigkeit für sich hat. Trifft dies zu, so haftet der Versicherer in Ansehung des Dritten noch einen Monat, nachdem er den Umstand, der das Nichtbestehen oder die Beendigung des Versicherungsverhältnisses zur Folge hat, der hierfür zuständigen Stelle angezeigt hat. Diese Erstreckung des Versicherungsschutzes ist im Interesse des Dritten notwendig. Nach Ablauf des Monats wird in aller Regel entweder ein ordnungsmäßiger Haftpflichtversicherungsvertrag abgeschlossen oder aber dem Säumigen die Möglichkeit zur Anrichtung von Haftpflichtschäden durch behördliche Maßnahmen genommen sein. Die Regelung der Frage, inwieweit dem Versicherer, dessen Haftung sich über die nach den allgemeinen Vorschriften ergebende Dauer hinaus erstreckt, die Prämie zustehen soll, ist den allgemeinen Versicherungsbedingungen überlassen.

Nach Absatz 3 beschränkt sich entsprechend dem Sinne der Pflichtversicherung die Haftung des Versicherers, der nach Absatz 1, 2 in Anspruch genommen wird, auf die amtlich festgesetzten Mindestversicherungssummen. Gesetzliche oder vertragliche Risikoausschlüsse haben auch in Ansehung des Dritten Geltung.

Absatz 4 regelt die Fälle, in denen ein anderer Versicherer aus einem ordnungsmäßigen Versicherungsvertrage haftet. Hier entfällt die Haftung nach den besonderen Vorschriften des § 158 c, da für sie ein Bedürfnis nicht besteht.

§ 158 d

§ 158 d regelt die Anzeige- und Auskunftspflicht des Dritten. Diese dient der Minderung der Schadenshöhe, sie soll weiter auch die Gefahr jeder Prämienerhöhung mit beseitigen helfen. Die Regelung ist für den Dritten zumutbar, weil die Pflichtversicherung nahezu ausschließlich seinem Interesse dient. Die Einführung der Anzeigepflicht ist auch deswegen notwendig, weil sonst der Versicherer häufig die notwendige Kenntnis von dem Schadensereignis überhaupt nicht oder erst dann erhalten würde, wenn

Feststellungen über den Schadensfall nicht mehr möglich sind. Er müßte also haften, ohne auch nur annähernd den Schadenshergang überprüfen zu können. Die Vorschrift erweist sich somit als ein notwendiges Gegenstück zu der erweiterten Haftung des Versicherers. Sie findet Anwendung sowohl dann, wenn der Versicherer dem Versicherungsnehmer gegenüber aus irgendwelchen Gründen von der Verpflichtung zur Leistung frei ist, wie auch dann, wenn ein gültiger Vertrag vorliegt.

§ 158 e

Absatz 1 regelt abschließend die Rechtsfolgen der Verletzung der Anzeige- und Auskunftspflicht durch den Dritten.

Die Verletzung der Anzeigepflicht nach § 158 d Abs. 1 löst, unbeschadet der Vorschrift des § 156 Abs. 3 Satz 2, keine Rechtsfolgen aus. Bei Verletzung der Pflichten nach § 158 d Abs. 2, 3 tritt nicht etwa Leistungsfreiheit des Versicherers schlechthin ein, vielmehr erhält der Dritte immer den Betrag, den er bei gehöriger Erfüllung der Verpflichtungen zu beanspruchen gehabt hätte, also in aller Regel den Betrag, der seinem wirklichen Schaden entspricht. Nur den etwa durch seine Säumnis entstehenden Mehrschaden muß er unter Umständen selbst tragen. Zu seinem Schutze ist weiter bestimmt, daß ein Nachteil bei Verletzung der Auskunftspflicht nur eintritt, wenn er vorher ausdrücklich und schriftlich auf die Folgen der Verletzung hingewiesen worden ist. Darüber hinaus folgt aus allgemeinen Rechtsgrundsätzen, daß die Verletzung dem Dritten nicht schadet, wenn der Versicherer auf andere Weise Kenntnis von dem Schadensereignis und dessen Folgen oder von der gerichtlichen Geltendmachung des Anspruchs erlangt hat. Im übrigen treten die Rechtsnachteile nur ein, wenn eine Haftung des Versicherers nach § 158 c in Frage kommt.

Nach Absatz 2 soll für die Fälle des § 158 c ein Vergleich, den der Versicherungsnehmer ohne Einwilligung des Versicherers mit dem Dritten schließt, oder ein Anerkenntnis, das er ohne dessen Einwilligung abgibt, den Versicherer nicht ohne weiteres binden. Diese Vorschrift soll verhindern, daß Versicherungsnehmer und Dritter sich zu unlauteren Machenschaften zum Nachteile des Versicherers zusammentun. Wird der Versicherer bei der Regelung des Haftpflichtschadens übergangen, so tritt kraft Gesetzes eine Beschränkung seiner Haftung auf den Betrag ein, der der wahren Sach- und Rechtslage entspricht. Der Dritte muß sich alsdann gefallen lassen, daß die Grundlagen seines Haftpflichtanspruchs und dessen Höhe trotz Vorliegens eines Vergleichs oder eines Anerkenntnisses noch einmal nachgeprüft werden.

Durch die entsprechende Anwendbarkeit von § 154 Abs. 2 ist klargestellt, daß diese Regelung nicht für Vergleiche und Anerkenntnisse gilt, die sich als nicht offenbar unbillig darstellen.

§ 158 f

Hat der Versicherer den Dritten befriedigt, obwohl er dazu nur nach § 158 c verpflichtet war, so geht nach § 158 f die Forderung des Dritten gegen den Versicherungsnehmer auf ihn über. Diese Vorschrift entspricht der Billigkeit, da der Versicherer ohne vertragliche Verpflichtung eine Schuld des Versicherungsnehmers bezahlt. Inwieweit der Versicherer wegen sonstiger Auslagen sich an den Versicherungsnehmer halten kann, bleibt den allgemeinen Bedingungen und der Rechtsprechung überlassen.

§ 158 g

Nach § 158 g gilt die im § 35 b vorgesehene erweiterte Aufrechnungsmöglichkeit des Versicherers in der Pflichtversicherung nicht gegenüber dem Dritten. Unabhängig davon, ob der Versicherer bereits nach den allgemeinen Vorschriften des Haftpflichtversicherungsrechts oder nach § 158 c haftet, darf die dem Dritten zu gewährende Leistung nicht durch abzugsfähige Forderungen des Versicherers gegen den Versicherungsnehmer geschmälert werden.

§ 158 h

Nach bisherigem Recht gelten die Vorschriften über die Veräußerung der versicherten Sache (§§ 69 bis 73) nicht für die Haftpflichtversicherung. Im Interesse eines lückenlosen Schutzes des Dritten erscheint ihre sinngemäße Anwendung für die Pflichtversicherung angezeigt. Dem entspricht § 158 h. Die Regelung bedeutet für den Erwerber keine unbillige Härte, weil er das Versicherungsverhältnis, an dessen Aufrechterhaltung er kein Interesse hat, kündigen kann. Ist der Veräußerer im Besitze einer Sammelpolice, so geht das Vertragsverhältnis bei Veräußerung eines einzelnen Gegenstandes auf den Erwerber nicht über.

Zu Artikel IV

Die Anwendung von Artikel I und III auf die bestehenden Versicherungsverhältnisse ist unbedenklich und im Interesse der Einheitlichkeit des Rechts geboten.

Zu Artikel V

Da die Einführung der Pflichtversicherung umfangreiche Verwaltungsmaßnahmen auf den verschiedensten Gebieten erforderlich macht, ist bestimmt, daß Artikel I und III des Gesetzes erst am 1. Juli 1940 in Kraft treten, während Artikel II bereits am 1. April 1940 in Kraft tritt. Es kann erwartet werden, daß bis zum 1. Juli 1940 alle Maßnahmen getroffen sind, die eine reibungslose Anwendung des Gesetzes gewährleisten.

. . . . .

3.

Verordnung

zur Durchführung und Ergänzung des Gesetzes über die Einführung der Pflichtversicherung für Kraftfahrzeughalter und zur Änderung des Gesetzes über den Verkehr mit Kraftfahrzeugen sowie des Gesetzes über den Versicherungsvertrag.

A. Wortlaut der Vorschriften und Bedingungen

Vom 6. April 1940 (RGBl. I S. 617) in der Fassung der Verordnungen vom 3. Oktober 1941 (RGBl. I S. 616) und vom 21. März 1942 (RGBl. I S. 137) sowie des Art. 8 des Gesetzes vom 16. 7. 1957 (RGBl. I S. 710).[1]

Auf Grund von Artikel I §§ 3, 4 und Artikel V des Gesetzes über die Einführung der Pflichtversicherung für Kraftfahrzeughalter und zur Änderung des Gesetzes über den Verkehr mit Kraftfahrzeugen sowie des Gesetzes über den Verkehr mit Kraftfahrzeugen sowie des Gesetzes über den Versicherungsvertrag vom 7. November 1939 (RGBl. I S. 2223) wird verordnet:

Artikel I

Anwendungsbereich der Pflichtversicherung für Kraftfahrzeughalter

§ 1[1]

Der Versicherungspflicht (Artikel I § 1 des Gesetzes) unterliegen nicht die Halter von

a) Kraftfahrzeugen, deren Höchstgeschwindigkeit 6 Kilometer je Stunde nicht übersteigt,

b) selbstfahrenden Arbeitsmaschinen (§ 18 Abs. 2 Nr. 1 der Straßenverkehrs-Zulassungs-Ordnung vom 13. November 1937 – RGBl. I S. 1215 –)[2], deren Höchstgeschwindigkeit 20 Kilometer je Stunde nicht übersteigt, wenn sie zu einer vom *Reichs*verkehrsminister[3]) bestimmten Art solcher Fahrzeuge gehören,

c) Anhängern, die den Vorschriften über das Zulassungsverfahren nicht unterliegen,

d) maschinell angetriebenen Krankenfahrstühlen.

§ 2[4]

.....

Artikel II

§ 3

Gewährung des Versicherungsschutzes

(1) Der Antrag auf Abschluß eines Versicherungsvertrags gilt als angenommen, wenn die Versicherungsunternehmung ihn nicht innerhalb einer Frist von fünf Tagen vom Eingang des Antrags an dem Antragsteller gegenüber schriftlich ablehnt. Durch die Absendung der Ablehnungserklärung wird die Frist gewahrt.

(2) Die Ablehnung des Antrags ist nur zulässig, wenn sachliche oder örtliche Beschränkungen im Geschäftsplan der Versicherungsunternehmung dem Abschluß des Vertrags entgegenstehen oder wenn der Antragsteller bereits bei der Versicherungsunternehmung versichert war und die Versicherungsunternehmung nach dem 30. Juni 1940

---

[1]) Die bisherigen Nr. 1 bis 3 des § 1 und der § 2 dieser Verordnung sind durch Artikel 8 Nr. 2 des Gesetzes vom 16. Juli 1957 – BGBl. I S. 710 – (vgl. S. 44) aufgehoben worden. Nr. 1 und 2 des § 1 sind überholt; der Nr. 3 entspricht jetzt der § 2 Abs. 1 d PflVG in der Fassung des Gesetzes vom 16. 7. 1957.

[2]) Jetzt in der Fassung v. 6. 12. 1960 (BGBl. I S. 897).

[3]) Jetzt Bundesminister für Verkehr.

[4]) Vgl. S. 44 Art. 8. Dem bisherigen § 2 entspricht jetzt der § 2 Abs. 1 c PflVG in der Fassung des Gesetzes vom 16. 7. 1957.

a) den Versicherungsvertrag wegen Drohung oder arglistiger Täuschung angefochten hat,

b) vom Versicherungsvertrag wegen Verletzung der vorvertraglichen Anzeigepflicht oder wegen Nichtzahlung der ersten Prämie zurückgetreten ist,

c) den Versicherungsvertrag wegen Prämienverzugs oder nach Eintritt eines Versicherungsfalls gekündigt hat.

§ 4

(1) Die Versicherungsunternehmung hat dem Versicherungnehmer bei dem Beginn des Versicherungsschutzes eine Versicherungsbestätigung auszuhändigen. Die Aushändigung kann von der Zahlung der ersten Prämie abhängig gemacht werden.

(2) Bei bereits bestehenden Versicherungsverhältnissen hat die Versicherungsunternehmung dem Versicherungsnehmer die Versicherungsbestätigung spätestens bis zum 31. Dezember 1942 auszuhändigen.[5])

§ 5

(1) Um den Versicherungsschutz nach Artikel I § 3 Abs. 1 Satz 2 des Gesetzes in jedem Falle sicherzustellen, werden die Versicherungsunternehmungen, die die Kraftfahrzeughaftpflichtversicherung betreiben, zu einer Versicherergemeinschaft zusammengeschlossen.

(2) Die Geschäftsführung der Versicherergemeinschaft sowie die Beteiligung der der Versicherergemeinschaft angehörenden Versicherungsunternehmungen werden durch eine Satzung geregelt. Die Satzung erläßt die *Wirtschaftsgruppe Kraftfahrtversicherung*[6]); sie bedarf der Genehmigung des *Reichsaufsichtsamts für Privatversicherung.*[7])

§ 6

Die Haftpflichtversicherung nach Maßgabe des Gesetzes und seiner Durchführungs- und Ergänzungsvorschriften kann auch bei dem Allgemeinen kommunalen Haftpflichtschaden-Ausgleich, der Haftpflichtgemeinschaft deutscher Straßen- und Kleinbahnen in Berlin, der Straßenbahn-Haftpflicht-Vereinigung in Dortmund und dem Versicherungsverband deutscher Eisenbahnen und Kleinbahnen in Berlin im Rahmen ihrer Satzung genommen werden.

Artikel III

Mindestversicherungssummen

§ 7

(1) Die Mindesthöhe der Versicherungssumme (Artikel I § 4 des Gesetzes) für Personenschäden beträgt:

---

[5]) Abs. 2 eingefügt durch die VO zur weiteren Durchführung der Pflichtversicherung für Kraftfahrzeughalter v. 3. 10. 1941 (RGBl. I S. 616); vgl. auch RVkBl. B 1941 S. 174.

[6]) Vgl. hierzu S. 213.

[7]) Jetzt Bundesaufsichtsamt für das Versicherungs- und Bausparwesen.

1. bei Personenfahrzeugen
   a) bis zu 6 Plätzen .... 100 000 Deutsche Mark[8]),
   b) mit 7 bis 10 Plätzen .... 150 000 Deutsche Mark[8]),
   c) mit 11 bis 80 Plätzen .... 150 000 Deutsche Mark[8]),
   zuzüglich je 8000 Deutsche Mark[8]) für den 11. und jeden weiteren Platz,
2. bei Anhängern, die für die Beförderung von Personen bestimmt sind, bis zu 80 Plätzen für jeden Platz .... 8000 Deutsche Mark[8]),
3. bei Güterfahrzeugen, Zug- und Arbeitsmaschinen, einschließlich der Anhänger,[9])
   für Personenschäden .... 150 000 Deutsche Mark[8]),
   für Sachschäden .... 15 000 Deutsche Mark[8]),
   für Vermögensschäden .... 6 000 Deutsche Mark[8]),
4. bei Omnibussen, die ausschließlich zu Lehrzwecken benutzt werden (Lehromnibussen)[10]) .... 100 000 Deutsche Mark[8]).

(2) Die Mindesthöhe der Versicherungssumme bei Anhängern beträgt für Personenschäden, die mit dem Betrieb des Kraftfahrzeugs im Sinne des § 7 des Gesetzes über den Verkehr mit Kraftfahrzeugen[11]) nicht im Zusammenhang stehen, 100 000 Deutsche Mark[8]).

(3) Zu welcher der im Abs. 1 genannten Gruppen das Fahrzeug gehört, richtet sich nach der Eintragung im Fahrzeugbrief.

§ 8

(1) Werden die im § 7 Abs. 1 Nr. 3 genannten Fahrzeuge zur Beförderung von nicht mehr als acht Personen benutzt, so erhöht sich die Mindestversicherungssumme für Personenschäden um 50 000 Deutsche Mark[8]).

(2) Werden die Fahrzeuge zur Beförderung von mehr als acht Personen benutzt, so muß die Mindestversicherungssumme für Personenschäden den für Personenfahrzeuge oder für Anhänger vorgeschriebenen Beträgen (§ 7 Abs. 1 Nr. 1, 2) entsprechen.

§ 9

Die Mindesthöhe der Versicherungssumme für Sachschäden beträgt den zehnten Teil der Mindestversicherungssumme für Personenschäden.

---

8) Deutsche Mark anstelle von Reichsmark auf Grund von § 2 des Währungsgesetzes.

9) Erhöhung der Versicherungssummen von 100 000 (RM) DM auf 150 000 (RM) DM für Personenschäden auf Grund der Bekanntmachung des Reichskommissars für die Preisbildung zum Einheitstarif für Kraftfahrtversicherungen vom 10. 3. 1943 (Dtsch. Reichsanzeiger Nr. 70 v. 25. 3. 1943) mit Wirkung vom 1. 4. 1943 – auch für laufende Versicherungsverträge – erhöht. Ferner bekanntgemacht durch Erlaß des Reichsverkehrsministers v. 11. 6. 1943 – K 1. 12 187 (RVkBl. 1943 B S. 81). Weitere Gültigkeit bestätigt durch Bekanntmachung der Hauptverwaltung der Straßen der amerikanischen und britischen Besatzungsgebiete v. 21. 2. 1947 – 4 Nr. 1187 V/47 – (VkBl. 1947 Nr. 3 S. 3).

10) Eingefügt auf Grund der 2. VO zur Durchführung der Pflichtversicherung für Kraftfahrzeughalter v. 21. 3. 1942 (RGBl. I S. 137).

11) Jetzt Straßenverkehrsgesetzes; vgl. S. 2 Anm. 5.

§ 10[12])

Die Mindestversicherungssummen für Fahrzeuge mit mehr als 80 Plätzen werden durch das *Reichsaufsichtsamt für Privatversicherung*[13]) festgesetzt; die Festsetzung ist im *Deutschen Reichsanzeiger* und *Preußischen Staatsanzeiger*[14]) bekanntzumachen.

§ 11

Die Leistungspflicht der Versicherungsunternehmung für den einer einzelnen Person zugefügten Schaden beschränkt sich für Personenschäden auf 100 000 Deutsche Mark[15]).

Artikel IV

Ermächtigung für den Reichsverkehrsminister [16])

§ 12

Der *Reichsverkehrsminister*[16]) wird ermächtigt, Kraftfahrzeuge und Anhänger, die im Inland verkehren, ohne dort ihren regelmäßigen Standort zu haben, den Vorschriften des Gesetzes und dieser Verordnung zu unterstellen.

Artikel V

Übergangsbestimmungen, Außerkrafttreten von Vorschriften, Inkrafttreten der Verordnung

§ 13

(1) Soweit die Allgemeinen Versicherungsbedingungen, die den vor dem Inkrafttreten des Gesetzes und dieser Verordnung abgeschlossenen Versicherungsverträgen zugrunde liegen, mit Bestimmungen des bisher geltenden Versicherungsvertragsgesetzes inhaltlich übereinstimmen, treten die entsprechenden Bestimmungen des Gesetzes oder dieser Verordnung an ihre Stelle.

(2) .....

§ 14

Diese Verordnung tritt mit dem 1. Juli 1940 in Kraft.

4.

Bekanntmachung des Präsidenten des Reichsaufsichtsamts für Privatversicherung vom 20. Juni 1940 zu § 10 der Durchführungs- und Ergänzungsverordnung vom 6. April 1940.

(Deutscher Reichsanzeiger und Preußischer Staatsanzeiger Nr. 145 vom 24. Juni 1940)

Auf Grund des § 10 der Verordnung zur Durchführung und Ergänzung des Gesetzes über die Einführung der Pflichtversicherung für Kraftfahrzeughalter

12) Hierzu vgl. die Bekanntmachung des Präsidenten des Reichsaufsichtsamts für Privatversicherung vom 20. 6. 1940, die nachstehend unter Nr. 4 abgedruckt ist.
13) Jetzt Bundesaufsichtsamt für das Versicherungs- und Bausparwesen.
14) Jetzt Bundesanzeiger.
15) s. S. 22 Anm. 8.
16) Jetzt Bundesminister für Verkehr.

und zur Änderung des Gesetzes über den Verkehr mit Kraftfahrzeugen sowie des Gesetzes über den Versicherungsvertrag vom 6. April 1940 (RGBl. I S. 617) ordne ich an:

Bei Fahrzeugen mit mehr als 80 Plätzen ist die Mindestversicherungssumme für Personenschäden gleich der Mindestversicherungssumme für 80 Plätze zuzüglich je 6000 Deutsche Mark[1]) für den 81. und jeden weiteren Platz.

Die Mindesthöhe der Versicherungssummen für Sachschäden beträgt bei diesen Fahrzeugen den zehnten Teil der Mindestversicherungssumme für Personenschäden.

5.

Verordnung

des Reichsministers der Justiz über die Erteilung von Nachträgen zum Versicherungsschein.

Vom 13. April 1940 (RGBl. I S. 638).

Auf Grund von Artikel V des Gesetzes über die Einführung der Pflichtversicherung für Kraftfahrzeughalter und zur Änderung des Gesetzes über den Verkehr mit Kraftfahrzeugen sowie des Gesetzes über den Versicherungsvertrag vom 7. November 1939 (RGBl. I S. 2223) und des Fünften Abschnitts der Verordnung zur Vereinheitlichung des Rechts der Vertragsversicherung vom 19. Dezember 1939 (RGBl. I S. 2443) verordne ich:

§ 1

Von der Aushändigung eines Nachtrags zum Versicherungsschein (Artikel IV Nr. 2 des Gesetzes über die Einführung der Pflichtversicherung für Kraftfahrzeughalter und zur Änderung des Gesetzes über den Verkehr mit Kraftfahrzeugen sowie des Gesetzes über den Versicherungsvertrag vom 7. November 1939 – RGBl. I S. 2223 – und Dritter Abschnitt Nr. 2 der Verordnung zur Vereinheitlichung des Rechts der Vertragsversicherung vom 19. Dezember 1939 – RGBl. I S. 2443 –) kann bis auf weiteres abgesehen werden.

§ 2

Ich bestimme im Verwaltungswege, wann diese Verordnung außer Kraft tritt.

---

[1]) Vgl. S. 22 Anm. 8.

6.

Verordnung über das Inkrafttreten der Verordnung zur Vereinheitlichung des Rechts der Vertragsversicherung und von Artikel III des Gesetzes über die Einführung der Pflichtversicherung für Kraftfahrzeughalter und zur Änderung des Gesetzes über den Verkehr mit Kraftfahrzeugen sowie des Gesetzes über den Versicherungsvertrag.

Vom 13. Juni 1940 (RGBl. I S. 872).[1])

Auf Grund des Fünften Abschnitts der Verordnung zur Vereinheitlichung des Rechts der Vertragsversicherung vom 19. Dezember 1939 (RGBl. I S. 2443) wird im Einvernehmen mit dem Reichswirtschaftsminister verordnet:

§ 1

(1) Die Verordnung zur Vereinheitlichung des Rechts der Vertragsversicherung vom 19. Dezember 1939 (RGBl. I S. 2443) und Artikel III des Gesetzes über die Einführung der Pflichtversicherung für Kraftfahrzeughalter und zur Änderung des Gesetzes über den Verkehr mit Kraftfahrzeugen sowie des Gesetzes über den Versicherungsvertrag vom 7. November 1939 (RGBl. I S. 2223) treten mit Wirkung vom 1. Oktober 1940 in Kraft.

(2) Soweit in der Verordnung vom 19. Dezember 1939 auf den 30. Juni 1940 oder den 1. Juli 1940 als Stichtag verwiesen wird, tritt der 30. September 1940 oder der 1. Oktober 1940 an ihre Stelle.

§ 2

Die Vorschrift des § 1 gilt nicht für die Kraftfahrtversicherung.

7.

Gesetz über die Haftpflichtversicherung für ausländische Kraftfahrzeuge und Kraftfahrzeuganhänger.

Vom 24. Juli 1956 (BGBl. I S. 667)

Der Bundestag hat mit Zustimmung des Bundesrates das folgende Gesetz beschlossen:

§ 1

Notwendigkeit und Nachweis des Versicherungsschutzes

(1) Kraftfahrzeuge (auch Fahrräder mit Hilfsmotor) und Kraftfahrzeuganhänger, die im Inland keinen regelmäßigen Standort haben, dürfen im Geltungsbereich dieses Gesetzes auf öffentlichen Straßen oder Plätzen nur gebraucht werden, wenn für den Halter und den Führer zur Deckung der durch den Gebrauch verursachten Personen- und Sachschäden eine Haftpflichtversicherung nach den §§ 2 bis 6 besteht.

---

1) Die Zweite Verordnung vom 27. September 1940 (RGBl. I S. 1298), die u. a. den Zeitpunkt des 1. Oktober 1940 auf den 1. Januar 1941 verschiebt, läßt § 2 der hier abgedruckten Verordnung unberührt.

(2) Der Führer des Fahrzeugs hat eine Bescheinigung des Versicherers über die Haftpflichtversicherung (Versicherungsbescheinigung) mitzuführen. Sie ist auf Verlangen den zuständigen Beamten zur Prüfung auszuhändigen.

(3) Besteht keine diesem Gesetz entsprechende Haftpflichtversicherung oder führt der Führer des Fahrzeugs die Versicherungsbescheinigung nicht mit, so darf der Halter des Fahrzeugs nicht anordnen oder zulassen, daß das Fahrzeug im Geltungsbereich dieses Gesetzes auf öffentlichen Straßen oder Plätzen gebraucht wird.

(4) Fehlt bei der Einreise eines Fahrzeugs die Versicherungsbescheinigung, so müssen es die Grenzzollstellen zurückweisen. Stellt sich der Mangel während des Gebrauchs heraus, so kann das Fahrzeug sichergestellt werden, bis die Bescheinigung vorgelegt wird.

(5) Die Absätze 1 bis 4 gelten nicht für die Fahrzeuge der ausländischen Streitkräfte, die zum Aufenthalt im Geltungsbereich dieses Gesetzes befugt sind.

§ 2
Zugelassene Versicherer

(1) Die Haftpflichtversicherung kann genommen werden

a) bei einem im Geltungsbereich dieses Gesetzes zum Geschäftsbetrieb befugten Versicherer,

b) bei einem anderen Versicherer nur dann, wenn neben ihm ein im Geltungsbereich dieses Gesetzes zum Geschäftsbetrieb befugter Versicherer oder ein Verband solcher Versicherer die Pflichten eines Haftpflichtversicherers nach den folgenden Vorschriften übernimmt.

(2) Für die Zwecke dieses Gesetzes können sich Versicherer, die im Geltungsbereich dieses Gesetzes die Kraftfahrzeughaftpflichtversicherung betreiben, zu einer Versicherergemeinschaft zusammenschließen. Die Satzung der Versicherergemeinschaft bedarf der Genehmigung des Bundesaufsichtsamts für das Versicherungs- und Bausparwesen.

§ 3
Pflicht der Versicherer zum Vertragsschluß

(1) Die Versicherer, die im Geltungsbereich dieses Gesetzes zum Abschluß von Verträgen über die Haftpflichtversicherung für Kraftfahrzeuge und Anhänger befugt sind, haben den Haltern und Führern der in § 1 genannten Fahrzeuge nach den gesetzlichen Bestimmungen Versicherung gegen Haftpflicht zu gewähren.

(2) Der Versicherer darf den Antrag auf Abschluß eines Versicherungsvertrags nur ablehnen, wenn sachliche oder örtliche Beschränkungen im Geschäftsplan des Versicherers dem Abschluß entgegenstehen oder wenn der Antragsteller bei dem Versicherer bereits versichert war und dieser

a) den Versicherungsvertrag wegen Drohung oder arglistischer Täuschung angefochten hat oder

b) vom Versicherungsvertrag wegen Verletzung der vorvertraglichen Anzeigepflicht oder wegen Nichtzahlung der ersten Prämie zurückgetreten ist oder

c) den Versicherungsvertrag wegen Prämienverzugs oder nach Eintritt eines Versicherungsfalls gekündigt hat.

§ 4

Versicherungsbedingungen und Mindestversicherungssummen

(1) Der Versicherungsvertrag nach § 3 muß den allgemeinen Versicherungsbedingungen entsprechen, die von der Aufsichtsbehörde genehmigt sind.

(2) Die Bestimmungen über die Mindestversicherungssummen für Kraftfahrzeuge und Anhänger, die ihren regelmäßigen Standort im Inland haben, gelten sinngemäß.

§ 5

Befristung der Versicherungsbescheinigung, Vorauszahlung der Prämie

Der Versicherer kann die Geltung der Versicherungsbescheinigung (§ 1) befristen und die Aushändigung von der Zahlung der Prämie für den angegebenen Zeitraum abhängig machen. Wird die Geltung nicht befristet, so kann der Versicherer die Aushändigung von der Zahlung der ersten Prämie abhängig machen.

§ 6

Haftung in Ansehung von Dritten

(1) § 158 c Abs. 2 des Gesetzes über den Versicherungsvertrag ist nicht anzuwenden.

(2) Ein Umstand, der das Nichtbestehen oder die Beendigung des Versicherungsverhältnisses zur Folge hat, wirkt in Ansehung von Dritten nur, wenn er aus der Versicherungsbescheinigung ersichtlich oder wenn die Versicherungsbescheinigung dem Versicherer zurückgegeben worden ist.

§ 7

Durchführungsbestimmungen

Zur Durchführung der §§ 1 bis 5 können erlassen

a) der Bundesminister für Verkehr mit Zustimmung des Bundesrates Rechtsverordnungen über den Inhalt und die Prüfung der Versicherungsbescheinigungen und die beim Fehlen der Bescheinigung nötigen Sicherungsmaßnahmen,

b) der Bundesminister für Wirtschaft ohne Zustimmung des Bundesrates Rechtsverordnungen über die Maßnahmen der Versicherer zur Gewährleistung der Möglichkeit, Versicherungsverträge nach diesem Gesetz zu schließen,

c) der Bundesminister für Verkehr mit Zustimmung des Bundesrates allgemeine Verwaltungsvorschriften.

§ 8
Ausnahmen

(1) Zur Pflege der Beziehungen mit dem Ausland kann der Bundesminister für Verkehr Einzelausnahmen von diesem Gesetz oder den auf § 7 Buchstabe a beruhenden Rechtsverordnungen genehmigen, wenn die Entschädigung der Verkehrsopfer gewährleistet bleibt.

(2) Zu demselben Zweck und unter derselben Voraussetzung kann der Bundesminister für Verkehr durch Rechtsverordnung ohne Zustimmung des Bundesrates nach Anhörung der zuständigen obersten Landesbehörden allgemeine Ausnahmen von § 1 Abs. 1 bis 4 oder von den Vorschriften über den Inhalt von Versicherungsbescheinigungen genehmigen

a) für Fahrzeuge ausländischer Staaten, ausländischer Gemeinden oder anderer ausländischer Körperschaften des öffentlichen Rechts,

b) für Fahrzeuge von Personen, die im Dienst dieser Staaten, Gemeinden oder Körperschaften des öffentlichen Rechts stehen.

§ 9
Strafvorschriften, Ordnungswidrigkeiten, gebührenpflichtige Verwarnungen

(1) Mit Gefängnis oder mit Haft, neben denen auf Geldstrafe erkannt werden kann, oder mit Geldstrafe allein wird bestraft, wer vorsätzlich oder fahrlässig ein Fahrzeug im Sinne des § 1, für das ein nach diesem Gesetz erforderlicher Haftpflichtversicherungsschutz nicht besteht, im Geltungsbereich dieses Gesetzes auf öffentlichen Wegen oder Plätzen gebraucht oder einen derartigen Gebrauch gestattet.

(2) Ordnungswidrig handelt,

a) wer vorsätzlich oder fahrlässig gegen § 1 Abs. 2 verstößt oder als Halter des Fahrzeugs den Verstoß duldet,

b) wer als Führer oder Halter eines Fahrzeugs vorsätzlich oder fahrlässig einer Rechtsverordnung zuwiderhandelt, die nach § 7 Buchstabe a ergangen ist, sofern diese ausdrücklich auf die Bußgeldbestimmung dieses Gesetzes verweist.

Die Ordnungswidrigkeit kann, wenn sie vorsätzlich begangen ist, mit einer Geldstrafe bis zu eintausend Deutsche Mark, wenn sie fahrlässig begangen ist, mit einer Geldbuße bis zu fünfhundert Deutsche Mark geahndet werden. Zuständige Verwaltungsbehörde im Sinne des § 73 Abs. 1 des Gesetzes über Ordnungswidrigkeiten ist die Straßenverkehrsbehörde; sie nimmt auch die Befugnisse der obersten Verwaltungsbehörde im Sinne des § 66 Abs. 2 des Gesetzes über Ordnungswidrigkeiten wahr. § 22 des Straßenverkehrsgesetzes gilt sinngemäß.

§ 10
Geltung in Berlin

Dieses Gesetz gilt nach Maßgabe des § 13 Abs. 1 des Dritten Überleitungsgesetzes vom 4. Januar 1952 (BGBl. I S. 1) auch im Land Berlin.

Rechtsverordnungen, die auf Grund dieses Gesetzes erlassen werden, gelten im Land Berlin nach § 14 des Überleitungsgesetzes.

§ 11

Inkrafttreten

Dieses Gesetz tritt am ersten Tage des auf die Verkündung folgenden sechsten Kalendermonats in Kraft.

8.

Begründung

des Gesetzes über die Haftpflichtversicherung für ausländische Kraftfahrzeuge und Kraftfahrzeuganhänger

vom 24. Juli 1956 (vgl. VkBl. 1956 S. 563)

Der internationale Kraftfahrzeugverkehr ist im Gebiet der Bundesrepublik in den letzten Jahren erheblich angewachsen und wird voraussichtlich noch zunehmen. Diese Entwicklung bringt es mit sich, daß ausländische Kraftfahrzeuge in wachsendem Umfang an Unfällen beteiligt sind. Bei solchen Unfällen haben sich für die Geschädigten besondere Härten ergeben, weil für ausländische Kraftfahrzeuge und Kraftfahrzeuganhänger bisher im Gegensatz zu deutschen Fahrzeugen im Inland keine Haftpflichtversicherung vorgeschrieben war und die Rechtsverfolgung im Ausland oft schwierig ist.

Das neue Gesetz soll den Gebrauch unversicherter ausländischer Kraftfahrzeuge und Kraftfahrzeuganhänger auf öffentlichen Straßen oder Plätzen verbieten. Den Führern ausländischer Kraftfahrzeuge oder Kraftfahrzeuganhänger soll auferlegt werden, bei Fahrten im Inland das Bestehen einer ausreichenden Haftpflichtversicherung nachzuweisen. Wegen der besonderen Verhältnisse im internationalen Verkehr können die für inländische Fahrzeuge geltenden versicherungsrechtlichen Vorschriften allerdings nicht in vollem Umfang übernommen werden.

Zu § 1

Während Art. I § 1 des Pflichtversicherungsgesetzes vom 7. November 1939 (RGBl. I S. 2223) dem Halter eines inländischen Kraftfahrzeugs oder Anhängers den Abschluß und die Aufrechterhaltung einer Haftpflichtversicherung auferlegt, wendet sich § 1 des Entwurfs in erster Linie an den Kraftfahrzeugführer und fordert von ihm den Nachweis des Bestehens einer Haftpflichtversicherung ohne Rücksicht darauf, wer die Versicherung abzuschließen oder aufrechtzuerhalten hat. Berücksichtigt wird, daß die Anforderungen bei ausländischen Fahrzeugen sich auf den Verkehr im Inland beschränken müssen und daß der Halter, der an der Fahrt im Inland nicht immer teilnehmen wird, nicht in allen Fällen erfaßt werden kann. Die Vereinbarkeit der Verpflichtung des Kraftfahrzeugführers mit den internationalen Verträgen ergibt sich aus Art. 8 des Internationalen

Abkommens über Kraftfahrzeugverkehr vom 24. April 1926 (RGBl. 1930 II S. 1233) und aus Art. 5 des Genfer Abkommens über den Straßenverkehr vom 19. September 1949.

Der Geltungsbereich des § 1 erstreckt sich auf alle Fahrzeuge, die im Inland keinen regelmäßigen Standort haben; ob im Ausland ein solcher Standort besteht, ist nicht wesentlich. Die Pflichtversicherung gilt deshalb auch für Fahrzeuge, die auf eigenen Rädern in das Ausland ausgeführt werden sollen, ohne vorher im Inland zugelassen gewesen zu sein (vgl. § 7 Abs. 2 der Verordnung über internationalen Kraftfahrzeugverkehr vom 12. November 1934 – RGBl. I S. 1137). Dagegen werden die Fahrzeuge nicht erfaßt, die ihren regelmäßigen Standort außerhalb des Geltungsbereichs des neuen Gesetzes, jedoch im Inland haben; auf sie ist das Pflichtversicherungsgesetz von 1939 anzuwenden.

§ 1 Abs. 4 gehört zu den Bestimmungen über das Kraftfahrwesen im Sinne des Art. 74 Nr. 22 GG und soll in Ergänzung des § 9 für alle Beteiligten klären, was bei Verstößen gegen § 1 Abs. 1 und 2 zu geschehen hat.

§ 1 Abs. 5 berücksichtigt die besondere Stellung der ausländischen Streitkräfte im Geltungsbereich dieses Gesetzes.

Zu § 2

Während Art. I § 3 des Pflichtversicherungsgesetzes von 1939 bestimmt, daß der Halter die Haftpflichtversicherung nur bei einem im Inland zum Geschäftsbetrieb befugten Versicherer nehmen kann, muß man im internationalen Verkehr der Tatsache Rechnung tragen, daß auf Vorschlag der Wirtschaftskommission für Europa die Spitzenverbände der Kraftverkehrs-Versicherer einer Reihe von europäischen Ländern vereinbart haben, einander bei der Erfüllung der im internationalen Verkehr entstandenen Verbindlichkeiten zu helfen. Die Mitglieder der Verbände überlassen den Versicherten grüne Ausweise (Karten), die u. a. die Anschriften der Büros enthalten, an die sich der Versicherte im Ausland mit der Bitte wenden kann, die Verbindlichkeiten zu regeln. Wird der Ausweis vorgelegt, so übernehmen diese Büros die weitere Bearbeitung des Falles. Der Verband der Haftpflicht-, Unfall- und Kraftverkehrs-Versicherer e. V. in Hamburg hat sich als Vertreter der Versicherer des Bundesgebiets und Westberlins dem System dieser internationalen Vereinbarungen angeschlossen. Über die Pflichten, die sich für ihn aus der Anerkennung der Grünen Karte ergeben, heißt es in den Eingangsworten des Vordrucks dieses Ausweises:

> „In jedem besuchten Lande übernimmt das Büro dieses Landes hinsichtlich des Gebrauchs des in dieser Versicherungskarte bezeichneten Fahrzeugs die Verpflichtungen eines Haftpflichtversicherers, und zwar in Übereinstimmung mit den Gesetzen über die Pflichtversicherung in diesem Lande."

Befindet sich der ausländische Kraftfahrzeugführer, der sein Fahrzeug auf öffentlichen Straßen des Bundesgebiets lenkt, im Besitz der Grünen Karte, so besteht für das Verkehrsopfer die Gewißheit, daß eine in der

Bundesrepublik ansässige Organisation den Schaden unter Beachtung der deutschen Bestimmungen über die Pflichtversicherung regeln wird.

Die Fassung des § 2 ist deshalb weiter als die des Art. I § 3 Abs. 1 Satz 1 des Pflichtversicherungsgesetzes von 1939. Sie berücksichtigt im übrigen nicht nur die Grüne Karte, sondern bestimmt u. a. auch, wann eine Versicherung anerkannt werden kann, die bei einem im deutschen Inland, jedoch nicht im Geltungsbereich dieses Gesetzes zugelassenen Versicherer genommen worden ist.

Die Gewährleistung der Möglichkeit, Versicherungsverträge an den Grenzübergängen abzuschließen, setzt eine enge Zusammenarbeit zwischen Versicherern und Grenzzollstellen voraus. Um die Verhandlungen zwischen den Zollbehörden und den Versicherern zu vereinfachen, haben die Versicherer bereits zugesagt, sich zu einer Gemeinschaft zusammenzuschließen. Die Durchführung des Gesetzes wird dadurch wesentlich erleichtert werden; die Bildung der Gemeinschaft wird deshalb im Gesetz ausdrücklich vorgesehen. § 7 Abs. 2 des Versicherungsaufsichtsgesetzes bleibt unberührt. Da die Gemeinschaft nicht die Rechtsform einer Aktiengesellschaft erhalten wird, wird sie nicht selbst Vertragspartei des Versicherungsvertrages werden, sondern nur im Auftrag der ihr angeschlossenen Versicherer tätig sein.

Zu § 3

Soll der internationale Kraftfahrzeugverkehr durch die Forderung einer Haftpflichtversicherung nicht behindert werden, so muß man die Möglichkeit gewährleisten, in Deutschland Versicherungsverträge abzuschließen. § 3 des Entwurfs sieht deshalb ebenso wie Art. I § 3 des Pflichtversicherungsgesetzes von 1939 den Kontrahierungszwang für die inländischen Versicherer vor. § 3 der Durchführungsverordnung zum Pflichtversicherungsgesetz vom 6. April 1940 (RGBl. I S. 617) wird mit einer Vereinfachung übernommen, die darauf beruht, daß Versicherungsverträge im internationalen Verkehr, die nach der Einreise in das Inland abgeschlossen werden, nur von kurzer Geltungsdauer sein werden und daß es vor allem bei Anträgen an den Grenzübergängen nicht vertretbar sein wird, den Vertragsschluß um einen Tag oder mehrere Tage zu verzögern.

Zu § 4

Diese Vorschriften entsprechen dem Art. I § 3 Abs. 2 und § 4 des Pflichtversicherungsgesetzes von 1939.

Zu § 5

Daß der Versicherer dem Versicherungsnehmer eine Versicherungsbescheinigung aushändigen muß (vgl. § 4 Abs. 1 Satz 1 der DV zum Pflichtversicherungsgesetz), wird nicht besonders bestimmt, weil es sich aus § 1 des Entwurfs ergibt.

Die Befristung der Geltungsdauer der Versicherungsbestätigung ist im Bereich des Pflichtversicherungsgesetzes von 1939 nicht üblich, bei der Versicherungsbescheinigung nach dem Gesetzentwurf jedoch zur Klärung der Rechtslage zweckmäßig (vgl. § 6).

Die Vorschrift, daß der Versicherer die Vorauszahlung der Prämie verlangen kann, entspricht dem Gedanken des § 4 Abs. 1 Satz 2 der DV zum Pflichtversicherungsgesetz.

Zu § 6

§ 6 schließt die Anwendung des § 158 c Abs. 2 des Versicherungsvertragsgesetzes in der Fassung des Pflichtversicherungsgesetzes von 1939 aus, weil es bei Verträgen nach den §§ 2 bis 6 des Entwurfs nicht sinnvoll wäre, eine Behörde zur Entgegennahme von Anzeigen über Umstände zu zwingen, die das Nichtbestehen oder die Beendigung des Versicherungsverhältnisses zur Folge haben. In der Regel würde die Behörde den Aufenthalt des Fahrzeugs nicht oder nur mit großen Schwierigkeiten ermitteln können und meist darauf verzichten müssen, die Versicherungsbescheinigung einzuziehen. Solange der Kraftfahrzeugführer jedoch im Besitz der Bescheinigung ist, müssen die kontrollierenden Beamten ihm die Weiterfahrt gestatten, wenn nicht aus der Bescheinigung selbst hervorgeht, daß die Versicherung – z. B. durch Zeitablauf – erloschen ist. Der Entwurf erklärt deshalb den Besitz und den Inhalt der Versicherungsbescheinigung für maßgebend hinsichtlich der Haftung in Ansehung des geschädigten Dritten. Die Versicherer werden sich durch eine Befristung der Geltungsdauer der Bescheinigung schützen können, im übrigen von ihren Rückgriffsrechten Gebrauch machen müssen.

Zu § 7

§ 7 ermöglicht es dem Bundesminister für Verkehr, mit Zustimmung des Bundesrates durch Rechtsverordnungen und allgemeine Verwaltungsvorschriften die gleichmäßige und wirksame Anwendung des neuen Gesetzes sicherzustellen. Dies entspricht dem § 6 des Straßenverkehrsgesetzes.

Für den Fall, daß den Versicherern Pflichten auferlegt werden müssen, um die Möglichkeit des Vertragsschlusses an den Grenzübergängen zu gewährleisten, wird der Bundesminister für Wirtschaft in Übereinstimmung mit Art. I § 3 Abs. 1 Satz 3 des Pflichtversicherungsgesetzes von 1939 zum Erlaß von Rechtsverordnungen ermächtigt. Seine weitere Befugnis, die Höhe der Prämien durch Rechtsverordnung festzusetzen, ergibt sich aus den allgemeinen preisrechtlichen Vorschriften; eine besondere Bestimmung erübrigt sich insoweit.

Zu § 8

Soweit es sich nicht um Fahrzeuge ausländischer Streitkräfte handelt (vgl. § 1 Abs. 5), sieht der Entwurf davon ab, allgemeine Ausnahmen zu formulieren, wie sie in Art. I § 2 des Pflichtversicherungsgesetzes von 1939 und Art. I § 1 der DV zu diesem Gesetz vorgesehen sind; die Entschädigung der Verkehrsopfer ist nicht in allen Fällen gewährleistet, in denen eine ausländische Körperschaft öffentlichen Rechts Fahrzeughalterin ist. Ist die Entschädigung dieser Opfer jedoch gesichert, so kann die Pflege der Beziehungen mit dem Ausland die Gewährung von Ausnahmen erfordern, vor allem wenn die Gegenseitigkeit verbürgt ist.

§ 8 ermächtigt deshalb den Bundesminister für Verkehr, Ausnahmen vom Versicherungszwang oder Erleichterungen zu gewähren, wenn dies zur Pflege der Beziehungen zum Ausland geboten erscheint.

Zu § 9

Für Führer von Kraftfahrzeugen und Kraftahrzeuganhängern, die diese Fahrzeuge ohne ausreichenden Versicherungsschutz auf öffentlichen Straßen lenken, sieht § 9 dieselben Strafen vor wie Art. 1 § 5 des Pflichtversicherungsgesetzes von 1939 ...

Zu § 10

Die Verhältnisse im Land Berlin erfordern keine Sonderregelung.

Zu § 11

Zwischen der Verkündung und dem Inkrafttreten des neuen Gesetzes muß ein Zeitraum liegen, der nicht nur den deutschen Behörden und den deutschen Versicherern, sondern auch dem internationalen Straßenverkehr eine ausreichende Möglichkeit bietet, sich auf die neue Rechtslage einzustellen.

9.

Straßenverkehrsgesetz.

Vom 19. Dezember 1952 (BGBl. I S. 837)

in der Fassung des Gesetzes zur Änderung des Straßenverkehrsgesetzes und des Gesetzes zur Sicherung des Straßenverkehrs vom 16. Juli 1957 (BGBl. I S. 709) und des Gesetzes über Maßnahmen auf dem Gebiete des Verkehrsrechts und Verkehrshaftpflichtrechts vom 16. Juli 1957 (BGBl. I S. 710)

I. Verkehrsvorschriften

§ 1

(1) Kraftfahrzeuge, die auf öffentlichen Wegen oder Plätzen in Betrieb gesetzt werden sollen, müssen von der zuständigen Behörde zum Verkehr zugelassen sein; Ausnahmen bestimmt der Bundesminister für Verkehr. Der Bundesminister für Verkehr kann die Zulassung von Kraftfahrzeugen inländischer Herstellung von der Anwendung der deutschen Normen, insbesondere der Normen für den Kraftfahrzeugbau, abhängig machen.

(2) Als Kraftfahrzeuge im Sinne dieses Gesetzes gelten Landfahrzeuge, die durch Maschinenkraft bewegt werden, ohne an Bahngleise gebunden zu sein.

§ 2

(1) Wer auf öffentlichen Wegen oder Plätzen ein Kraftfahrzeug führen will, bedarf der Erlaubnis der zuständigen Behörde; Ausnahmen bestimmt der Bundesminister für Verkehr. Die Erlaubnis gilt für das Inland; sie ist zu erteilen, wenn der Nachsuchende seine Befähigung durch eine

Prüfung dargetan hat und nicht Tatsachen vorliegen, die die Annahme rechtfertigen, daß er zum Führen von Kraftfahrzeugen ungeeignet ist.

(2) Den Nachweis der Erlaubnis hat der Führer durch eine Bescheinigung (Führerschein) zu erbringen.

§ 3

(1) Wer zum Zwecke der Ablegung der Prüfung (§ 2 Abs. 1 Satz 2) sich in der Führung von Kraftfahrzeugen übt, muß dabei auf öffentlichen Wegen oder Plätzen von einer mit dem Führerschein versehenen, durch die zuständige Behörde zur Ausbildung von Führern ermächtigten Person begleitet und beaufsichtigt sein. Das gleiche gilt für die Fahrten, die bei Ablegung der Prüfung vorgenommen werden. Ausnahmen bestimmt der Bundesminister für Verkehr.

(2) Bei den Übungs- und Prüfungsfahrten, die gemäß der Vorschrift des Absatzes 1 stattfinden, gilt im Sinne dieses Gesetzes der Begleiter als Führer des Kraftfahrzeugs.

§ 4[1]

(1) Erweist sich jemand als ungeeignet zum Führen von Kraftfahrzeugen, so muß ihm die Verwaltungsbehörde die Fahrerlaubnis entziehen; sie erlischt mit der Entziehung.

(2) Solange gegen den Inhaber der Fahrerlaubnis ein Strafverfahren anhängig ist, in dem die Entziehung der Fahrerlaubnis nach § 42 m des Strafgesetzbuchs in Betracht kommt, darf die Verwaltungsbehörde den Sachverhalt, der Gegenstand des Strafverfahrens ist, in dem Entziehungsverfahren nicht berücksichtigen. Dies gilt nicht für eine Fahrerlaubnis, die auf Grund von Rechtsverordnungen oder allgemeinen Verwaltungsvorschriften gemäß § 6 Abs. 1 von einer Dienststelle der Bundeswehr, der Deutschen Bundesbahn, der Deutschen Bundespost, des Bundesgrenzschutzes oder der Polizei zu dienstlichen Zwecken erteilt worden ist.

(3) Will die Verwaltungsbehörde in dem Entziehungsverfahren einen Sachverhalt berücksichtigen, der Gegenstand der Urteilsfindung in einem Strafverfahren gegen den Inhaber der Fahrerlaubnis gewesen ist, so kann sie zu dessen Nachteil von dem Inhalt des Urteils soweit nicht abweichen, als es sich auf die Feststellung des Sachverhalts oder die Beurteilung der Schuldfrage oder der Eignung zum Führen von Kraftfahrzeugen bezieht. Eine gerichtliche Entscheidung, durch die die Eröffnung des Hauptverfahrens abgelehnt wird, steht einem Urteil gleich.

(4) Die Verwaltungsbehörde kann Fristen und Bedingungen für die Wiedererteilung der Fahrerlaubnis festsetzen. Nach der Entziehung ist der Führerschein der Behörde abzuliefern.

(5) Die Entziehung der Fahrerlaubnis ist für das Inland wirksam.

§ 5

(1) Gegen die Versagung der Fahrerlaubnis ist, wenn sie aus anderen Gründen als wegen ungenügenden Ergebnisses der Befähigungsprüfung

[1]) § 4 Abs. 2 Satz 2 eingefügt durch das Gesetz vom 16. 7. 1957 (BGBl I S. 710).

erfolgt, der Rekurs zulässig. Das gleiche gilt von der Entziehung der Fahrerlaubnis; der Rekurs hat aufschiebende Wirkung, sofern dies nicht ausdrücklich bei der ersten Entscheidung ausgeschlossen wird.

(2) Die Zuständigkeit der Behörden und das Verfahren bestimmen sich nach den Landesgesetzen und, soweit landesgesetzliche Vorschriften nicht vorhanden sind, nach den §§ 20, 21 der Reichs-Gewerbeordnung.

§ 5 a

Gefährliche Stellen an Wegstrecken, die dem Durchgangsverkehr dienen, sind von den Landesbehörden durch Warnungstafeln zu kennzeichnen.

§ 6[2])

(1) Der Bundesfinanzminister für Verkehr erläßt mit Zustimmung des Bundesrates Rechtsverordnungen und allgemeine Verwaltungsvorschriften über

1. die Ausführung der §§ 1 bis 5 a, insbesondere über das Mitführen von Anhängern, über Mindestbedingungen und zeitliche Befristung der Fahrerlaubnis und über Gesundheitsprüfungen zum Zweck der Feststellung mangelnder Eignung zur Führung von Kraftfahrzeugen;
2. die Zulassung ausländischer Kraftfahrzeuge und Kraftfahrzeugführer;
3. die sonstigen zur Erhaltung der Ordnung und Sicherheit auf den öffentlichen Wegen oder Plätzen, zur Verhütung einer über das verkehrsübliche Maß hinausgehenden Abnutzung der Straßen oder zur Verhütung von Belästigungen erforderlichen Maßnahmen über den Straßenverkehr, insbesondere
   a) über die Beschaffenheit, die Ausrüstung, die Prüfung und die Kennzeichnung der Fahrzeuge,
   b) über das Feilbieten, den Erwerb und die Verwendung von Fahrzeugteilen, die in einer amtlich genehmigten Bauart ausgeführt sein müssen,
   c) über das Mindestalter der Führer von Fahrzeugen und ihr Verhalten,
   d) über den Schutz der Nachtruhe und der Erholungssuchenden gegen Störung durch den Kraftfahrzeugverkehr und über Beschränkungen des Verkehrs an Sonn- und Feiertagen,
   e) über die Anforderungen an Fahrlehrer und Sachverständige im Kraftfahrzeugverkehr,
   f) über Ortstafeln und Wegweiser,
   g) über das Verbot von Werbung und Propaganda durch Bildwerk, Schrift, Beleuchtung oder Ton, soweit sie geeignet sind, außerhalb geschlossener Ortschaften die Aufmerksamkeit der Verkehrsteilnehmer in einer die Sicherheit des Verkehrs gefährdenden Weise abzulenken oder die Leichtigkeit des Verkehrs zu beeinträchtigen,
   h) über die Beförderung gefährlicher Güter auf Straßen;

[2]) In der Fassung des Gesetzes vom 16. 7. 1957 (BGBl. I S. 710); Abs. 1 Nr. 3c in der Fassung des Gesetzes vom 16. 7. 1957 (BGBl I S. 709).

4. die tägliche Höchstzeit der Lenkung eines Lastkraftwagens, einer Zugmaschine oder eines Kraftomnibusses und die erforderlichen Ruhepausen für alle Personen einschließlich derjenigen, die ein solches Kraftfahrzeug nicht auf Grund eines Beschäftigungsverhältnisses führen;
5. Gebühren für behördliche oder amtlich angeordnete Maßnahmen im Straßenverkehr bei Durchführung der auf Grund dieses Gesetzes erlassenen Verordnungen. Die Gebühren sind nach den tatsächlichen Aufwendungen zu bemessen.

Rechtsverordnungen des Bundesministers für Verkehr zur Durchführung der Vorschriften über die Beschaffenheit, die Ausrüstung und die Prüfung von Fahrzeugen und Fahrzeugteilen sowie Rechtsverordnungen über allgemeine Ausnahmen von den auf diesem Gesetz beruhenden Rechtsvorschriften bedürfen jedoch nicht der Zustimmung des Bundesrates; vor ihrem Erlaß sind die zuständigen obersten Landesbehörden zu hören.

(2) Soweit auf Grund von Rechtsverordnungen oder allgemeinen Verwaltungsvorschriften nach Absatz 1 die Bundeswehr, die Deutsche Bundesbahn, die Deutsche Bundespost, der Bundesgrenzschutz oder die Polizei Personen, die sie als Führer von Kraftfahrzeugen verwenden, die Fahrerlaubnis versagt oder entzogen haben, finden die Vorschriften des § 5 keine Anwendung.

§ 6 a[3])

(1) Der Bundesminister für Verkehr erläßt mit Zustimmung des Bundesrates Rechtsvorschriften und allgemeine Verwaltungsvorschriften über die karteimäßige Erfassung von rechtskräftigen Entscheidungen der Strafgerichte, soweit sie wegen einer in Zusammenhang mit der Teilnahme am Straßenverkehr begangenen, mit Strafe bedrohten Handlung auf Strafe oder andere gerichtliche Maßnahmen erkennen oder einen Schuldspruch enthalten. Dasselbe gilt für Entscheidungen, durch welche die vorläufige Entziehung der Fahrerlaubnis angeordnet wird.

(2) Das Gericht ordnet an, daß die Verurteilung wegen einer Übertretung in die Kartei nicht eingetragen wird, wenn die Voraussetzungen für die Erteilung einer gebührenpflichtigen Verwarnung nach § 22 vorlagen oder diese nur deshalb nicht erteilt worden ist, weil der Verurteilte mit ihr nicht einverstanden oder zur sofortigen Zahlung der Gebühr nicht bereit war. Bei Urteilen ergeht die Anordnung durch Beschluß, der mit dem Urteil zu verkünden ist. Die Anordnung ist nachzuholen, wenn sie unterblieben ist.

(3) Eintragungen in die Kartei sind spätestens zu tilgen, wenn nach gesetzlicher Vorschrift die entsprechenden Vermerke im Strafregister der beschränkten Auskunft unterworfen oder dort zu tilgen sind. Für die Tilgung von Eintragungen, die im Strafregister nicht vermerkt werden, ist eine für den Betroffenen günstigere Regelung vorzusehen. Dabei darf die Tilgungsfrist bei Übertretungen, die mit Geldstrafe geahndet worden sind,

---

[3]) Eingefügt durch das Gesetz vom 16. 7. 1957 (BGBl. I S. 710).

nicht mehr als zwei Jahre betragen, wenn keine weiteren Eintragungen über den Verurteilten in der Kartei enthalten sind.

(4) Die Tilgung nach Absatz 3 unterbleibt, solange die Erteilung einer neuen Fahrerlaubnis untersagt ist.

(5) Die Kartei darf nur für Zwecke der Strafverfolgung, für Verwaltungsmaßnahmen auf Grund dieses Gesetzes oder der auf ihm beruhenden Rechtsvorschriften und für die Vorbereitung von Rechts- und allgemeinen Verwaltungsvorschriften auf dem Gebiete des Straßenverkehrs verwertet werden.

(6) Auskünfte an die Gerichte und Behörden der Staatsanwaltschaft sind so zu erteilen, daß diese die Akten über die Verurteilungen beiziehen können.

II. Haftpflicht

§ 7

(1) Wird bei dem Betrieb eines Kraftfahrzeugs ein Mensch getötet, der Körper oder die Gesundheit eines Menschen verletzt oder eine Sache beschädigt, so ist der Halter des Fahrzeugs verpflichtet, dem Verletzten den daraus entstehenden Schaden zu ersetzen.

(2) Die Ersatzpflicht ist ausgeschlossen, wenn der Unfall durch ein unabwendbares Ereignis verursacht wird, das weder auf einem Fehler in der Beschaffenheit des Fahrzeugs noch auf einem Versagen seiner Verrichtungen beruht. Als unabwendbar gilt ein Ereignis insbesondere dann, wenn es auf das Verhalten des Verletzten oder eines nicht bei dem Betrieb beschäftigten Dritten oder eines Tieres zurückzuführen ist und sowohl der Halter als der Führer des Fahrzeugs jede nach den Umständen des Falles gebotene Sorgfalt beobachtet hat.

(3) Benutzt jemand das Fahrzeug ohne Wissen und Willen des Fahrzeughalters, so ist er an Stelle des Halters zum Ersatz des Schadens verpflichtet; daneben bleibt der Halter zum Ersatz des Schadens verpflichtet, wenn die Benutzung des Fahrzeugs durch sein Verschulden ermöglicht worden ist. Satz 1 findet keine Anwendung, wenn der Benutzer vom Fahrzeughalter für den Betrieb des Kraftfahrzeugs angestellt ist oder wenn ihm das Fahrzeug vom Halter überlassen worden ist.

§ 8[4]

Die Vorschriften des § 7 gelten nicht, wenn der Unfall durch ein Fahrzeug verursacht wurde, das auf ebener Bahn mit keiner höheren Geschwindigkeit als zwanzig Kilometer in der Stunde fahren kann, oder wenn der Verletzte bei dem Betrieb des Kraftfahrzeugs tätig war.

§ 8 a[5]

(1) Ist eine durch ein Kraftfahrzeug beförderte Person getötet oder verletzt worden, so haftet der Halter dieses Fahrzeugs nach § 7 nur dann,

[4] Abs. 2 durch Art. 1 Nr. 4a des Gesetzes vom 16. 7. 1957 (BGBl. I S. 710) gestrichen. Vgl. jetzt § 8a.

[5] Eingefügt durch das Gesetz vom 16. 7. 1957 (BGBl. I S. 710).

wenn es sich um entgeltliche, geschäftsmäßige Personenbeförderung handelt. Ist eine durch ein Kraftfahrzeug beförderte Sache beschädigt worden, so haftet der Halter dieses Fahrzeugs nach § 7 nur, wenn eine durch das Kraftfahrzeug unter den Voraussetzungen des Satzes 1 beförderte Person die Sache an sich trägt oder mit sich führt. Die Geschäftsmäßigkeit einer Personenbeförderung im Sinne der Sätze 1 und 2 wird nicht dadurch ausgeschlossen, daß die Beförderung von einer Körperschaft oder Anstalt des öffentlichen Rechts betrieben wird.

(2) Die Verpflichtung des Halters, wegen Tötung oder Verletzung beförderter Personen Schadensersatz nach Absatz 1 Satz 1 in Verbindung mit § 7 zu leisten, darf weder ausgeschlossen noch beschränkt werden. Entgegenstehende Bestimmungen und Vereinbarungen sind nichtig.

§ 9

Hat bei der Entstehung des Schadens ein Verschulden des Verletzten mitgewirkt, so finden die Vorschriften des § 254 des Bürgerlichen Gesetzbuchs mit der Maßgabe Anwendung, daß im Falle der Beschädigung einer Sache das Verschulden desjenigen, welcher die tatsächliche Gewalt über die Sache ausübt, dem Verschulden des Verletzten gleichsteht.

§ 10

(1) Im Falle der Tötung ist der Schadensersatz durch Ersatz der Kosten einer versuchten Heilung sowie des Vermögensnachteils zu leisten, den der Getötete dadurch erlitten hat, daß während der Krankheit seine Erwerbsfähigkeit aufgehoben oder gemindert oder eine Vermehrung seiner Bedürfnisse eingetreten war. Der Ersatzpflichtige hat außerdem die Kosten der Beerdigung demjenigen zu ersetzen, dem die Verpflichtung obliegt, diese Kosten zu tragen.

(2) Stand der Getötete zur Zeit der Verletzung zu einem Dritten in einem Verhältnis, vermöge dessen er diesem gegenüber kraft Gesetzes unterhaltspflichtig war oder unterhaltspflichtig werden konnte, und ist dem Dritten infolge der Tötung das Recht auf Unterhalt entzogen, so hat der Ersatzpflichtige dem Dritten insoweit Schadensersatz zu leisten, als der Getötete während der mutmaßlichen Dauer seines Lebens zur Gewährung des Unterhalts verpflichtet gewesen sein würde. Die Ersatzpflicht tritt auch dann ein, wenn der Dritte zur Zeit der Verletzung erzeugt, aber noch nicht geboren war.

§ 11

Im Falle der Verletzung des Körpers oder der Gesundheit ist der Schadensersatz durch Ersatz der Kosten der Heilung sowie des Vermögensnachteils zu leisten, den der Verletzte dadurch erleidet, daß infolge der Verletzung zeitweise oder dauernd seine Erwerbsfähigkeit aufgehoben oder gemindert oder eine Vermehrung seiner Bedürfnisse eingetreten ist.

§ 12[6])

(1) Der Ersatzpflichtige haftet

1. im Falle der Tötung oder Verletzung eines Menschen nur bis zu einem Kapitalbetrag von fünfzigtausend Deutsche Mark oder bis zu einem Rentenbetrag von jährlich dreitausend Deutsche Mark,
2. im Falle der Tötung oder Verletzung mehrerer Menschen durch dasselbe Ereignis, unbeschadet der in Nummer 1 bestimmten Grenzen, nur bis zu einem Kapitalbetrag von insgesamt einhundertfünfzigtausend Deutsche Mark oder bis zu einem Rentenbetrag von insgesamt neuntausend Deutsche Mark; diese Beschränkung gilt in den Fällen des § 8 a Absatz 1 Satz 1 nicht für den ersatzpflichtigen Halter des Kraftfahrzeugs,
3. im Falle der Sachbeschädigung, auch wenn durch dasselbe Ereignis mehrere Sachen beschädigt werden, nur bis zum Betrag von zehntausend Deutsche Mark.

(2) Übersteigen die Entschädigungen, die mehreren auf Grund desselben Ereignisses nach Absatz 1 Nummern 1, 3 zu leisten sind, insgesamt die in Nummer 2 Halbsatz 1 und Nummer 3 bezeichneten Höchstbeträge, so verringern sich die einzelnen Entschädigungen in dem Verhältnis, in welchem ihr Gesamtbetrag zu dem Höchstbetrag steht.

§ 13

(1) Der Schadensersatz wegen Aufhebung oder Minderung der Erwerbsfähigkeit und wegen Vermehrung der Bedürfnisse des Verletzten sowie der nach § 10 Abs. 2 einem Dritten zu gewährende Schadensersatz ist für die Zukunft durch Entrichtung einer Geldrente zu leisten.

(2) Die Vorschriften des § 843 Abs. 2 bis 4 des Bürgerlichen Gesetzbuchs und des § 708 Nr. 6 der Zivilprozeßordnung finden entsprechende Anwendung.

(3) Ist bei der Verurteilung des Verpflichteten zur Entrichtung einer Geldrente nicht auf Sicherheitsleistung erkannt worden, so kann der Berechtigte gleichwohl Sicherheitsleistung verlangen, wenn die Vermögensverhältnisse des Verpflichteten sich erheblich verschlechtert haben; unter der gleichen Voraussetzung kann er eine Erhöhung der in dem Urteil bestimmten Sicherheit verlangen.

§ 14

(1) Die in den §§ 7 bis 13 bestimmten Ansprüche auf Schadensersatz verjähren in zwei Jahren von dem Zeitpunkt an, in welchem der Ersatzberechtigte von dem Schaden und von der Person des Ersatzpflichtigen Kenntnis erlangt, ohne Rücksicht auf diese Kenntnis in dreißig Jahren von dem Unfall an.

(2) Schweben zwischen dem Ersatzpflichtigen und dem Ersatzberechtigten Verhandlungen über den zu leistenden Schadensersatz, so ist die Verjährung gehemmt, bis der eine oder der andere Teil die Fortsetzung der Verhandlungen verweigert.

---

6) In der Fassung des Gesetzes vom 16. 7. 1957 (BGBl. I S. 710).

(3) Im übrigen finden die Vorschriften des Bürgerlichen Gesetzbuchs über die Verjährung Anwendung.

§ 15

Der Ersatzberechtigte verliert die ihm auf Grund der Vorschriften dieses Gesetzes zustehenden Rechte, wenn er nicht spätestens innerhalb zweier Monate, nachdem er von dem Schaden und der Person des Ersatzpflichtigen Kenntnis erhalten hat, dem Ersatzpflichtigen den Unfall anzeigt. Der Rechtsverlust tritt nicht ein, wenn die Anzeige infolge eines von dem Ersatzberechtigten nicht zu vertretenden Umstandes unterblieben ist oder der Ersatzpflichtige innerhalb der bezeichneten Frist auf andere Weise von dem Unfall Kenntnis erhalten hat.

§ 16

Unberührt bleiben die bundesrechtlichen Vorschriften, nach welchen der Fahrzeughalter für den durch das Fahrzeug verursachten Schaden in weiterem Umfang als nach den Vorschriften dieses Gesetzes haftet oder nach welchem ein anderer für den Schaden verantwortlich ist.

§ 17

(1) Wird ein Schaden durch mehrere Kraftfahrzeuge verursacht und sind die beteiligten Fahrzeughalter einem Dritten kraft Gesetzes zum Ersatz des Schadens verpflichtet, so hängt im Verhältnis der Fahrzeughalter zueinander die Verpflichtung zum Ersatz sowie der Umfang des zu leistenden Ersatzes von den Umständen, insbesondere davon ab, inwieweit der Schaden vorwiegend von dem einen oder dem anderen Teil verursacht worden ist. Das gleiche gilt, wenn der Schaden einem der beteiligten Fahrzeughalter entstanden ist, von der Haftpflicht, die für einen anderen von ihnen eintritt.

(2) Die Vorschriften des Absatzes 1 finden entsprechende Anwendung, wenn der Schaden durch ein Kraftfahrzeug und ein Tier oder durch ein Kraftfahrzeug und eine Eisenbahn verursacht wird.

§ 18

(1) In den Fällen des § 7 Abs. 1 ist auch der Führer des Kraftfahrzeugs zum Ersatz des Schadens nach den Vorschriften der §§ 8 bis 15 verpflichtet. Die Ersatzpflicht ist ausgeschlossen, wenn der Schaden nicht durch ein Verschulden des Führers verursacht ist.

(2) Die Vorschrift des § 16 findet entsprechende Anwendung.

(3) Ist in den Fällen des § 17 auch der Führer eines Fahrzeugs zum Ersatz des Schadens verpflichtet, so finden auf diese Verpflichtung in seinem Verhältnis zu den Haltern und Führern der anderen beteiligten Fahrzeuge, zu dem Tierhalter oder Eisenbahnunternehmer die Vorschriften des § 17 entsprechende Anwendung.

§ 19

(weggefallen)

§ 20

Für Klagen, die auf Grund dieses Gesetzes erhoben werden, ist auch das Gericht zuständig, in dessen Bezirk das schädigende Ereignis stattgefunden hat.

III. Strafen und gebührenpflichtige Verwarnungen[7]

§ 21[7]

Wer den Anordnungen zuwiderhandelt, die über den Straßenverkehr zur Erhaltung der Ordnung und Sicherheit auf den öffentlichen Wegen oder Plätzen, zur Verhütung einer über das verkehrsübliche Maß hinausgehenden Abnutzung der Straßen oder zur Verhütung von Belästigungen erlassen worden sind, wird mit Geldstrafe bis zu einhundertfünfzig Deutsche Mark oder mit Haft bestraft.

§ 22[7]

(1) Bei leichteren Übertretungen, die nach diesem Gesetz oder den auf Grund dieses Gesetzes erlassenen Rechtsvorschriften strafbar sind, kann ein Polizeibeamter, der hierzu ermächtigt ist und sich durch seine Dienstkleidung oder auf andere Weise ausweist, den auf frischer Tat betroffenen Täter verwarnen und eine Gebühr von einer bis zu fünf Deutsche Mark erheben. Die Verwarnung ist nur zulässig, wenn der Betroffene nach Belehrung über sein Weigerungsrecht mit ihr einverstanden und zur sofortigen Zahlung der Gebühr bereit ist. Über die Verwarnung und die Zahlung der Gebühr ist eine Bescheinigung zu erteilen.

(2) Nach Zahlung der Gebühr kann die Zuwiderhandlung nicht mehr als Übertretung verfolgt werden.

(3) Die oberste Dienstbehörde des Polizeibeamten oder die von ihr bestimmte Behörde erteilt die Ermächtigung nach Absatz 1.

§ 23

(1) Mit Geldstrafe bis zu zehntausend Deutsche Mark oder mit Gefängnis bis zu zwei Monaten wird bestraft, wer auf öffentlichen Wegen oder Plätzen ein Kraftfahrzeug führt, das nicht von der zuständigen Behörde zum Verkehr zugelassen ist.

(2) Die gleiche Strafe trifft den Halter eines nicht zum Verkehr zugelassenen Kraftfahrzeugs, wenn er vorsätzlich oder fahrlässig dessen Gebrauch auf öffentlichen Wegen oder Plätzen gestattet.

§ 24

(1) Mit Geldstrafe bis zu zehntausend Deutsche Mark oder mit Gefängnis bis zu zwei Monaten wird bestraft,

1. wer ein Kraftfahrzeug führt, ohne einen Führerschein zu besitzen,
2. wer ein Kraftfahrzeug führt, obwohl ihm die Fahrerlaubnis entzogen ist,

---

7) In der Fassung des Gesetzes vom 16. 7. 1957 (BGBl. I S. 710).

3. wer nicht seinen Führerschein der Behörde, die ihm die Fahrerlaubnis entzogen hat, auf ihr Verlangen abliefert.

(2) Die gleiche Strafe trifft den Halter des Kraftfahrzeugs, wenn er vorsätzlich oder fahrlässig eine Person zur Führung des Fahrzeugs bestellt oder ermächtigt, die sich nicht durch einen Führerschein ausweisen kann oder der die Fahrerlaubnis entzogen ist.

§ 25[8])

(1) Wer in rechtswidriger Absicht

1. ein Kraftfahrzeug oder einen Kraftfahrzeuganhänger, für die ein amtliches Kennzeichen nicht ausgegeben oder zugelassen worden ist, mit einem Zeichen versieht, das geeignet ist, den Anschein amtlicher Kennzeichnung hervorzurufen,
2. ein Kraftfahrzeug oder einen Kraftfahrzeuganhänger mit einer anderen als der amtlich für das Fahrzeug ausgegebenen oder zugelassenen Kennzeichnung versieht,
3. das an einem Kraftfahrzeug oder einem Kraftfahrzeuganhänger angebrachte amtliche Kennzeichen verändert, beseitigt, verdeckt oder sonst in seiner Erkennbarkeit beeinträchtigt,

wird, sofern nicht nach den Vorschriften des Strafgesetzbuchs eine höhere Strafe verwirkt ist, mit Geldstrafe oder mit Gefängnis bis zu drei Monaten bestraft.

(2) Die gleiche Strafe trifft Personen, welche auf öffentlichen Wegen oder Plätzen von einem Kraftfahrzeug oder einem Kraftfahrzeuganhänger Gebrauch machen, von denen sie wissen, daß die Kennzeichnung in der in Absatz 1 Nr. 1 bis 3 bezeichneten Art gefälscht, verfälscht oder unterdrückt worden ist.

§ 26

Mit Geldstrafe oder mit Gefängnis bis zu drei Monaten wird bestraft, wer vorsätzlich oder fahrlässig

1. als Führer eines Kraftfahrzeugs den Vorschriften über das Mitführen von Anhängern zuwiderhandelt,
2. als Fahrzeughalter das unzulässige Mitführen von Anhängern anordnet oder zuläßt,
3. ein Kraftfahrzeug führt oder einen Kraftfahrzeuganhänger mitführt, bei denen das Gesamtgewicht des einzelnen Fahrzeugs das zulässige Gesamtgewicht um mehr als zehn vom Hundert überschreitet,
4. als Fahrzeughalter die Inbetriebnahme eines nach Nummer 3 überladenen Fahrzeugs anordnet oder zuläßt oder
5. Fahrzeugteile, die in einer vom Kraftfahrt-Bundesamt genehmigten Bauart ausgeführt sein müssen, gewerbsmäßig feilbietet, welche nicht mit einem amtlich vorgeschriebenen und zugeteilten Prüfzeichen gekennzeichnet sind.

---

8) In der Fassung des Gesetzes vom 16. 7. 1957 (BGBl. I S. 710).

IV. Kleinkrafträder

§ 27[9])

(1) Die Vorschriften im Teil I gelten mit Ausnahme des § 1 Abs. 2 und des § 6 Abs. 1 Nr. 5 nicht für Kleinkrafträder und Fahrräder mit Hilfsmotor. Der Bundesminister für Verkehr bestimmt durch Rechtsverordnung mit Zustimmung des Bundesrates, welche Arten von Fahrzeugen dazu gehören; er hat dabei internationale Regelungen zu beachten und zu berücksichtigen, welche Fahrzeuge nach dem jeweiligen Stande der Technik eine geringere Gefährdung verursachen.

(2) Wird die Erlaubnis zur Führung eines Kleinkraftrades entzogen oder kommt ihre Entziehung in Betracht, so gilt § 4 Abs. 2 und 3.

(3) Der Bundesminister für Verkehr erläßt mit Zustimmung des Bundesrates Rechtsverordnungen und allgemeine Verwaltungsvorschriften über den Verkehr mit Kleinkrafträdern und Fahrrädern mit Hilfsmotor. Die Rechtsverordnungen dürfen keine strengeren Anforderungen vorsehen, als für den Verkehr mit anderen Krafträdern gelten. § 6 Abs. 1 letzter Satz gilt entsprechend.

10.

Auszug aus dem Gesetz über Maßnahmen auf dem Gebiete des Verkehrsrechts und Verkehrshaftpflichtrechts vom 16. Juli 1957 (BGBl. I S. 710):

Artikel 1–5

. . . .

Artikel 6

Die in Artikel 1 Nr. 5[1]) und in den Artikeln 2 und 4[2]) bestimmten Beträge gelten vorbehaltlich des Artikels 7 nur, wenn das schädigende Ereignis nach dem Inkrafttreten dieses Gesetzes[3]) eingetreten ist.

Artikel 7

(1) Ist nach den Vorschriften des Straßenverkehrsgesetzes wegen der Tötung oder Verletzung eines Menschen Schadensersatz zu leisten, so kann der Ersatzberechtigte, soweit es nach seinen Verhältnissen aus Billigkeitsgründen erforderlich ist und dem Ersatzpflichtigen zugemutet werden kann, Schadensersatz bis zur Höhe der in Artikel 1 Nr. 5[1]) bestimmten Beträge auch dann verlangen, wenn das schädigende Ereignis vor dem Inkrafttreten dieses Gesetzes eingetreten ist. Soweit der Schadenersatz durch Entrichtung einer Geldrente zu leisten ist, gilt dies nur für diejenigen Rentenbeträge, die nach dem Inkrafttreten dieses Gesetzes fällig werden.

---

[9]) s. S. 42 Anm. 8.
[1]) = Neufassung des § 12 StVG.
[2]) Betrifft das Gesetz über die Haftpflicht der Eisenbahnen und Straßenbahnen für Sachschaden vom 29. April 1940 (RGBl. I S. 691) und das Luftverkehrsgesetz.
[3]) d. i. am 19. Juli 1957.

(2) Absatz 1 ist auch anzuwenden, wenn der Ersatzpflichtige und der Ersatzberechtigte sich vor dem Inkrafttreten dieses Gesetzes dahin geeinigt haben, daß der Ersatz durch Entrichtung einer Geldrente zu leisten ist; dies gilt nicht, wenn und soweit die bisherigen Haftungshöchstbeträge für die Bestimmung der Höhe der Rentenbeträge nicht maßgebend waren oder wenn sich aus den Vereinbarungen der Beteiligten etwas anderes ergibt.

(3) Absatz 1 gilt nicht,

1. wenn vor dem Inkrafttreten dieses Gesetzes dem Ersatzberechtigten durch rechtskräftiges Urteil statt einer Geldrente ein Kapitalbetrag auf Grund der bisher geltenden Vorschriften zuerkannt worden ist, oder
2. wenn der Ersatzpflichtige und der Ersatzberechtigte sich vor dem Inkrafttreten dieses Gesetzes dahin geeinigt haben, daß als Schadensersatz für die Zukunft ein Kapitalbetrag zu entrichten ist, oder
3. wenn und soweit die Ersatzansprüche auf einen anderen übergegangen sind.

(4) Ist durch rechtskräftiges Urteil auf Entrichtung einer Geldrente erkannt oder ist eine Verpflichtung zur Zahlung einer Geldrente in einem gerichtlichen Vergleich oder in einer vollstreckbaren Urkunde (§ 794 Nr. 1 und 5 der Zivilprozeßordnung) übernommen, so kann der Ersatzberechtigte im Wege der Klage eine den vorstehenden Vorschriften entsprechende Abänderung verlangen; die Vorschriften des § 323 Abs. 2 und 3 der Zivilprozeßordnung sind entsprechend anzuwenden.

(5) Der sich aus Absatz 1 ergebende Anspruch verjährt in zwei Jahren von dem Zeitpunkt an, in welchem der Ersatzberechtigte Kenntnis von den Umständen erlangt, aus denen sich der Anspruch ergibt, jedoch frühestens vom Inkrafttreten dieses Gesetzes an. Im übrigen gelten für die Verjährung die Vorschriften des § 14 Abs. 2, 3 des Straßenverkehrsgesetzes entsprechend.

(6) Der in Absatz 1 bestimmte Anspruch kann insoweit nicht geltend gemacht werden, als auf dem Straßenverkehrsgesetz beruhende Schadensersatzansprüche gemäß §§ 14, 15 des Straßenverkehrsgesetzes nicht geltend gemacht werden können.

Artikel 8

1. Artikel I des Gesetzes über die Einführung der Pflichtversicherung für Kraftfahrzeughalter und zur Änderung des Gesetzes über den Verkehr mit Kraftfahrzeugen sowie des Gesetzes über den Versicherungsvertrag vom 7. November 1939 (Reichsgesetzbl. I S. 2223) wird wie folgt geändert:

(Die neue Fassung des § 2 und die Einfügung eines neuen Absatzes 2 in § 4 des Gesetzes sind in der auf S. 1 abgedruckten Fassung des Pflichtversicherungsgesetzes berücksichtigt).

2. § 1 Nr. 1 bis 3 und § 2 der Verordnung zur Durchführung und Ergänzung des Gesetzes über die Einführung der Pflichtversicherung für Kraftfahrzeughalter und zur Änderung des Gesetzes über den Verkehr

mit Kraftfahrzeugen sowie des Gesetzes über den Versicherungsvertrag vom 6. April 1940 (Reichsgesetzbl. I S. 617) werden aufgehoben.

Artikel 9

Dieses Gesetz gilt nach Maßgabe des § 13 Abs. 1 des Dritten Überleitungsgesetzes vom 4. Januar 1952 (Bundesgesetzbl. I S. 1) auch im Land Berlin. Rechtsverordnungen, die auf Grund der in diesem Gesetz enthaltenen Ermächtigungen erlassen werden, gelten im Land Berlin nach § 14 des Dritten Überleitungsgesetzes.

Artikel 10

Dieses Gesetz tritt am Tage nach seiner Verkündung in Kraft, hinsichtlich des Artikels 1 Nr. 7 und 9 jedoch im Land Berlin erst am Tage nach der Verkündung des Übernahmegesetzes im Gesetz- und Verordnungsblatt für Berlin.

11.
Auszug
aus der Verordnung über die Zulassung von Personen und Fahrzeugen zum Straßenverkehr (Straßenverkehrs-Zulassungs-Ordnung — StVZO) vom 13. 11. 1936 (RGBl. I S. 1215)

in der Fassung der Bekanntmachung vom 29. 3. 1956 (BGBl. I S. 271, 510) und der Verordnungen vom 16. 10. 1956 (BGBl. I S. 814), 21. 2. 1957 (BGBl. I S. 35), 25. 7. 1957 (BGBl. I S. 777) und 7. 7. 1960 (BGBl. I S 485); Neufassung v. 6. 12. 1960 (BGBl. I S. 897).

B. Fahrzeuge
I. Zulassung von Fahrzeugen im allgemeinen

§ 16

Grundregel der Zulassung

Zum Verkehr auf öffentlichen Straßen sind alle Fahrzeuge zugelassen, die den Vorschriften dieser Verordnung und der Straßenverkehrs-Ordnung entsprechen, soweit nicht für die Zulassung einzelner Fahrzeugarten ein Erlaubnisverfahren vorgeschrieben ist.

§ 17[1])

Einschränkung oder Entziehung der Zulassung

(1) Erweist sich ein Fahrzeug als nicht vorschriftsmäßig, so kann die Verwaltungsbehörde dem Eigentümer oder Halter eine angemessene Frist zur Behebung der Mängel setzen und nötigenfalls den Betrieb des Fahrzeugs im öffentlichen Verkehr untersagen oder beschränken; der Betroffene hat das Verbot oder die Beschränkung zu beachten.

1) Neufassung durch VO v. 7. 7. 1960 (BGBl. I S. 485).

(2) Nach Untersagung des Betriebs eines Fahrzeugs, für das ein amtliches Kennzeichen zugeteilt ist, hat der Fahrzeughalter unverzüglich das Kennzeichen von der Behörde entstempeln zu lassen. Kraftfahrzeug- oder Anhängerschein oder – bei zulassungsfreien auch kennzeichenfreien Fahrzeugen – der nach § 18 Abs. 5 erforderliche Nachweis über die Betriebserlaubnis sind abzuliefern. Handelt es sich um einen Anhänger, so sind der Behörde die etwa ausgefertigten Anhängerverzeichnisse zur Eintragung der Entstempelung des Kennzeichens vorzulegen.

(3) Besteht Anlaß zur Annahme, daß das Fahrzeug den Vorschriften dieser Verordnung nicht entspricht, so kann die Verwaltungsbehörde zur Vorbereitung einer Entscheidung nach Absatz 1, § 23 Abs. 2 oder § 27 Abs. 2 oder 3 je nach den Umständen

1. die Beibringung eines Sachverständigengutachtens darüber, ob das Fahrzeug den Vorschriften dieser Verordnung entspricht, oder
2. die Vorführung des Fahrzeugs

anordnen und wenn nötig mehrere solcher Anordnungen treffen.

II. Zulassungsverfahren für Kraftfahrzeuge und ihre Anhänger

§ 18

Zulassungspflichtigkeit

(1) Kraftfahrzeuge mit einer durch die Bauart bestimmten Höchstgeschwindigkeit von mehr als 6 Kilometern je Stunde und ihre Anhänger (hinter Kraftfahrzeugen mitgeführte Fahrzeuge mit Ausnahme von betriebsunfähigen Fahrzeugen, die abgeschleppt werden, und von Abschleppachsen) dürfen auf öffentlichen Straßen nur in Betrieb gesetzt werden, wenn sie durch Erteilung einer Betriebserlaubnis und durch Zuteilung eines amtlichen Kennzeichens für Kraftfahrzeuge oder Anhänger von der Verwaltungsbehörde (Zulassungsstelle) zum Verkehr zugelassen sind.

(2)[2]) Ausgenommen von den Vorschriften über das Zulassungsverfahren sind

1. selbstfahrende Arbeitsmaschinen (Fahrzeuge, die nach ihrer Bauart und ihren besonderen, mit dem Fahrzeug fest verbundenen Einrichtungen zur Leistung von Arbeit, nicht zur Beförderung von Personen oder Gütern bestimmt und geeignet sind), die zu einer vom Bundesminister für Verkehr bestimmten Art solcher Fahrzeuge gehören;
2. einachsige Zugmaschinen, wenn sie nur für land- oder forstwirtschaftliche Zwecke verwendet werden;
3. einachsige Zug- oder Arbeitsmaschinen, die von Fußgängern an Holmen geführt werden;
4. Kleinkrafträder und Fahrräder mit Hilfsmotor;
5. maschinell angetriebene Krankenfahrstühle (zum Gebrauch durch körperlich gebrechliche oder behinderte Personen nach der Bauart bestimmte Kraftfahrzeuge mit höchstens 2 Sitzen, einem Leergewicht von

---

[2]) Vgl. Anm. S. 45.

nicht mehr als 300 kg und einer durch die Bauart bestimmten Höchstgeschwindigkeit von nicht mehr als 30 km/h);

6. folgende Arten von Anhängern:
   a) Anhänger in land- oder forstwirtschaftlichen Betrieben, wenn die Anhänger nur für land- oder forstwirtschaftliche Zwecke verwendet und mit einer Geschwindigkeit von nicht mehr als 20 km/h hinter Zugmaschinen oder hinter selbstfahrenden Arbeitsmaschinen einer vom Bundesminister für Verkehr nach Nummer 1 bestimmten Art mitgeführt werden. Beträgt die durch die Bauart bestimmte Höchstgeschwindigkeit des ziehenden Fahrzeugs mehr als 20 km/h, so sind diese Anhänger nur dann zulassungsfrei, wenn sie für eine Höchstgeschwindigkeit von nicht mehr als 20 km/h in der durch § 58 vorgeschriebenen Weise gekennzeichnet oder – beim Mitführen hinter Zugmaschinen mit einer Geschwindigkeit von nicht mehr als 8 km/h (Betriebsvorschrift) – eisenbereift sind;
   b) land- oder forstwirtschaftliche Arbeitsgeräte sowie hinter land- oder forstwirtschaftlichen einachsigen Zug- oder Arbeitsmaschinen mitgeführte Sitzkarren;
   c) Anhänger hinter Straßenwalzen;
   d) Maschinen für den Straßenbau, die von Kraftfahrzeugen mit einer Geschwindigkeit von nicht mehr als 20 km/h mitgeführt werden. Buchstabe a letzter Satz gilt entsprechend;
   e) Wohnwagen und Packwagen im Gewerbe nach Schaustellerart, die von Zugmaschinen mit einer Geschwindigkeit von nicht mehr als 20 km/h mitgeführt werden. Buchstabe a letzter Satz gilt entsprechend;
   f) Anhänger, die lediglich der Straßenreinigung dienen;
   g) eisenbereifte Möbelwagen;
   h) einachsige Anhänger hinter Krafträdern;
   i) Anhänger für Feuerlöschzwecke;
   k) Anhänger des Abwehrdienstes gegen den Kartoffelkäfer;
   l) Arbeitsmaschinen;
   m) Spezialfahrzeuge zur Beförderung von Segelfluggerät und Segelflugzeugen;
   n) Anhänger, die als Verladerampen dienen;
   o) fahrbare Baubuden, die von Kraftfahrzeugen mit einer Geschwindigkeit von nicht mehr als 20 km/h mitgeführt werden. Buchstabe a letzter Satz gilt entsprechend.

(3) Fahrzeuge, die nach Absatz 2 von den Vorschriften über das Zulassungsverfahren ausgenommen sind, dürfen auf öffentlichen Straßen nur in Betrieb gesetzt werden, wenn die zuständige Behörde für sie eine Betriebserlaubnis erteilt hat. Ausgenommen sind

1. Fahrräder mit Hilfsmotor, deren durch die Bauart bestimmte Höchstgeschwindigkeit nicht mehr als 20 km/h beträgt oder die vor dem 1. Januar 1957 erstmals in den Verkehr gekommen sind;
2. Kleinkrafträder mit regelmäßigem Standort im Saarland, wenn sie vor dem 1. Oktober 1960 im Saarland erstmals in den Verkehr gekommen sind, sowie Fahrzeuge, die nach der Übergangsvorschrift des § 72 zu § 18 Abs. 2 Nr. 4 wie Kleinkrafträder zu behandeln sind;
3. Anhänger hinter Fahrrädern mit Hilfsmotor, wenn die durch die Bauart bestimmte Höchstgeschwindigkeit des ziehenden Fahrzeugs 20 km/h nicht überschreitet oder der Anhänger vor dem 1. April 1961 erstmals in den Verkehr gekommen ist;
4. einachsige Zug- oder Arbeitsmaschinen, die von Fußgängern am Holmen geführt werden;
5. land- oder forstwirtschaftliche Arbeitsgeräte sowie hinter land- oder forstwirtschaftlichen einachsigen Zug- oder Arbeitsmaschinen mitgeführte Sitzkarren (Absatz 2 Nr. 6 Buchstabe b).

(4) Die nach Absatz 3 betriebserlaubnispflichtigen selbstfahrenden Arbeitsmaschinen, einachsigen Zugmaschinen und maschinell angetriebenen Krankenfahrstühle müssen beim Verkehr auf öffentlichen Straßen amtliche Kennzeichen führen, wenn ihre durch die Bauart bestimmte Höchstgeschwindigkeit 20 km/h überschreitet; dasselbe gilt für Kleinkrafträder mit einer durch die Bauart bestimmten Höchstgeschwindigkeit von mehr als 40 km/h. Die Bestimmungen über die Kennzeichnung der im Zulassungsverfahren zu behandelnden Kraftfahrzeuge sind mit Ausnahme des § 23 Abs. 1 Satz 2 und Satz 4 Buchstaben c und d entsprechend anzuwenden. Fahrräder mit Hilfsmotor und Kleinkrafträder mit einer durch die Bauart bestimmten Höchstgeschwindigkeit von nicht mehr als 40 km/h sind nach § 67 b zu kennzeichnen. Für die Kennzeichnung von betriebserlaubnispflichtigen selbstfahrenden Arbeitsmaschinen und einachsigen land- oder forstwirtschaftlichen Zugmaschinen mit einer durch die Bauart bestimmten Höchstgeschwindigkeit von nicht mehr als 20 km/h gilt § 64 b entsprechend.

(5) Wer ein nach Absatz 3 betriebserlaubnispflichtiges Fahrzeug führt oder mitführt, muß bei sich haben und zuständigen Personen auf Verlangen zur Prüfung aushändigen

die Ablichtung oder den Abdruck einer Allgemeinen Betriebserlaubnis (§ 20) oder

eine Betriebserlaubnis im Einzelfall (§ 21), die von der Zulassungsstelle durch den Vermerk „Betriebserlaubnis erteilt" auf dem Gutachten eines amtlich anerkannten Sachverständigen für den Kraftfahrzeugverkehr ausgestellt ist;

bei den in Absatz 2 Nr. 2 und Nr. 6 Buchstabe a genannten Fahrzeugen genügt es, daß der Fahrzeughalter einen dieser Nachweise aufbewahrt und zuständigen Personen auf Verlangen zur Prüfung aushändigt. Handelt es sich um eine Allgemeine Betriebserlaubnis, so muß deren Inhaber oder ein amtlich anerkannter Sachverständiger oder Prüfer für den Kraftfahrzeugverkehr auf der Ablichtung oder dem Abdruck unter Angabe der

Fahrgestellnummer bestätigt haben; daß das Fahrzeug dem genehmigten Typ entspricht. In allen Fällen muß auf dem Nachweis das etwa zugeteilte amtliche Kennzeichen von der Zulassungsstelle vermerkt sein.

(6) Wer ein Fahrzeug der in Absatz 3 Nr. 1 oder 2 genannten Art führt, muß bei sich haben und zuständigen Personen auf Verlangen zur Prüfung aushändigen

die Ablichtung oder den Abdruck einer Allgemeinen Betriebserlaubnis für den Motor (§ 20)

oder

die Bescheinigung eines amtlich anerkannten Sachverständigen für den Kraftfahrzeugverkehr über den Hubraum des Motors sowie darüber, daß der Motor mit seinen zugehörigen Teilen den Vorschriften dieser Verordnung entspricht.

Handelt es sich um eine Allgemeine Betriebserlaubnis, so muß deren Inhaber oder ein amtlich anerkannter Sachverständiger oder Prüfer für den Kraftfahrzeugverkehr auf der Ablichtung oder dem Abdruck unter Angabe der Motornummer bestätigt haben, daß der Motor dem genehmigten Typ entspricht.

(7) Auf Antrag können für die in Absatz 2 genannten Fahrzeuge Kraftfahrzeug- oder Anhängerbriefe ausgestellt werden; die Fahrzeuge sind dann in dem üblichen Zulassungsverfahren zu behandeln.

§ 23

Zuteilung der amtlichen Kennzeichen

(1) Die Zuteilung des amtlichen Kennzeichens für ein Kraftfahrzeug oder einen Kraftfahrzeuganhänger hat der Verfügungsberechtigte bei der Verwaltungsbehörde (Zulassungsstelle) zu beantragen, in deren Bezirk das Fahrzeug seinen regelmäßigen Standort (Heimatort) haben soll. Mit dem Antrag ist der Kraftfahrzeug- oder Anhängerbrief vorzulegen und, wenn noch keine Betriebserlaubnis erteilt ist, diese zugleich zu beantragen. Als Kraftfahrzeug- oder Anhängerbrief dürfen nur die amtlich hergestellten Vordrucke mit einem für die Bundesdruckerei geschützten Wasserzeichen verwendet werden. Der Antrag muß enthalten

a) Namen, Geburtstag und -ort, genaue Angabe von Beruf, Gewerbe oder Stand und Anschrift dessen, für den das Fahrzeug zugelassen werden soll, – die Richtigkeit dieser Personalien ist der Zulassungsstelle auf Verlangen nachzuweisen – und den regelmäßigen Standort des Fahrzeugs,
b) Art des Fahrzeugs,
c) Nummer des beigefügten Kraftfahrzeug- oder Anhängerbriefs,
d) genaue Anschrift dessen, dem die Zulassungsstelle den Brief aushändigen soll,
e) den Nachweis, daß eine ausreichende Kraftfahrzeughaftpflichtversicherung (§ 29 a) besteht oder daß der Halter der Versicherungspflicht nicht unterliegt.

Bei den Angaben zu Buchstabe b sind Kraftwagen mit einem zulässigen Gesamtgewicht von nicht mehr als 2,8 Tonnen als Kombinationskraftwagen zu bezeichnen, wenn sie nach ihrer Bauart und Einrichtung geeignet und bestimmt sind, im Innenraum – mit Ausnahme des für die Mitnahme von Reisegepäck bestimmten Raums – wahlweise oder gleichzeitig der Beförderung von nicht mehr als 8 Fahrgästen und von Gütern zu dienen; das nach der Bauart vorgesehene Herausnehmen oder Anbringen von Sitzplätzen und das Vorhandensein fest eingebauter Sitze neben dem Führersitz berührt die Eigenschaft des Fahrzeugs als Kombinationskraftwagen nicht.

(2) Das von der Zulassungsstelle zuzuteilende Kennzeichen enthält das Unterscheidungszeichen für den Verwaltungsbezirk und die Erkennungsnummer, unter der das Fahrzeug bei der Zulassungsstelle eingetragen ist. Das Unterscheidungszeichen für den Verwaltungsbezirk besteht aus einem bis drei Buchstaben nach dem Plan in Anlage I. Die Erkennungsnummer besteht aus Buchstaben und Zahlen. Sie ist in fortlaufender Folge nach der Einteilung in Anlage II in der Reihenfolge der Buchstabentafel der Anlage III auszugeben. Die Fahrzeuge der Bundes- und Landesorgane und des Diplomatischen Corps werden nach dem Plan in Anlage IV gekennzeichnet. Die Erkennungsnummern dieser Fahrzeuge, der Fahrzeuge der unter Abschnitt A und B der Anlage IV nicht angegebenen Behörden und des Personals der diplomatischen und konsularischen Vertretungen bestehen nur aus Zahlen; die Zahlen dürfen nicht mehr als fünf – bei Fahrzeugen der Bundeswehr sechs – Stellen haben.

(3) Das Kennzeichen ist nach § 60 auszugestalten und anzubringen.

(4) Amtliche Kennzeichen müssen mit dem Dienststempel der Zulassungsstelle oder einer von ihr beauftragten Behörde versehen sein; die an zulassungsfreien Anhängern nach § 60 Abs. 5 zu führenden Kennzeichen dürfen nicht amtlich abgestempelt werden. Als Abstempelung gilt auch die Anbringung von Stempelplaketten; die Plaketten müssen so beschaffen sein und so befestigt werden, daß sie beim Ablösen in jedem Falle zerstört werden[3]). Zur Abstempelung des Kennzeichens ist das Fahrzeug vorzuführen, wenn die Zulassungsstelle nicht darauf verzichtet. Bei der Abstempelung ist zu prüfen, ob das Kennzeichen, insbesondere seine Ausgestaltung und seine Anbringung, den Rechtsvorschriften entspricht. Fahrten zur Abstempelung der Kennzeichen und Rückfahrten nach Entfernung des Stempels dürfen mit ungestempelten Kennzeichen ausgeführt werden. Die Zulassungsstelle kann das zugeteilte Kennzeichen ändern und hierbei das Fahrzeug vorführen lassen.

Dienstanweisung zu § 23 Abs. 1:

(1) Bei Anwendung der Bestimmung, daß Antragsteller der Eigentümer[4]) sein soll, haben die Zulassungsstellen den Begriff „Eigentümer" nicht im engen bürgerlich-rechtlichen Sinn auszulegen. Ein Vorbehaltseigentümer kann den Antrag ebensowohl stellen, wie derjenige, der ein Fahrzeug unter Vorbehalt des Eigentums eines anderen bis zur vollen Bezahlung des Kaufpreises erworben hat. Zu beachten ist, daß der Antragsteller nicht derjenige sein muß, für den das Fahrzeug zugelassen werden soll. Wer vom Eigentümer als Inhaber

[3]) Geändert durch VO v. 7. 7. 1960 (BGBl. I S. 485).

[4]) Seit der Fassung v. 24. 8. 1953 der „Verfügungsberechtigte".

der Zulassung angegeben wird, ist zunächst als Halter des Fahrzeuges zu betrachten, der besonders für die Erfüllung der in §§ 17, 27 Abs. 1 und 31 begründeten Pflichten verantwortlich zu machen ist.

(2) Ohne Kraftfahrzeugbrief (Anhängerbrief) darf kein Kraftfahrzeug (Anhänger) zugelassen werden. Ein Fahrzeug, das zu einer durch Typschein genehmigten Gattung gehört, darf nur auf Grund eines Briefes zugelassen werden, den der dazu berechtigte Hersteller (Inhaber des Typscheins) ausgestellt hat.

(3) Der vorgelegte Brief ist auf ordnungsmäßige Ausführung zu prüfen.

(4) . . . .

(5) . . . .

Dienstanweisung vom 25. 4. 1940:

(1) Der Versicherungsnachweis ist gemäß § 29 b zu erbringen. Der Nachweis, daß der Halter der Versicherungspflicht nicht unterliegt, ist an keine Form gebunden; er ist geführt, wenn sich bei der Zulassungsstelle nach pflichtmäßigem Ermessen die Überzeugung gebildet hat, daß es sich um einen der in § 2 des Gesetzes oder in § 1 der Durchführungsverordnung bezeichneten Halter handelt; dabei ist § 2 der Durchführungsverordnung zu beachten.

(2) Soll ein Kraftfahrzeug (Anhänger) auf einen anderen Halter umgeschrieben werden, so hat die Zulassungsstelle wegen der Versicherung nichts zu veranlassen; der Versicherungsschutz des Veräußerers des Kraftfahrzeugs (Anhängers) geht kraft Gesetzes auf den Erwerber über. Ein Händler, der ein Fahrzeug zum Wiederverkauf erwirbt (§ 27 Abs. 3 am Ende), kann den Nachweis ausreichender Versicherung durch eine Sammelbestätigung gemäß Abs. 4 der DA. zu § 29 b erbringen.

(3) Erhält eine Zulassungsstelle die Mitteilung, daß ein Fahrzeug wegen Verlegung des regelmäßigen Standorts ein neues Kennzeichen erhalten hat (DA. zum § 27 Abs. 2), so hat sie die Versicherungsbestätigung der neuen Zulassungsstelle zu übersenden. Geht ihr später eine Anzeige des Versicherers gemäß § 29 c zu, so hat sie diese gleichfalls der neuen Zulassungsstelle unverzüglich weiterzugeben.

§ 24

Ausfertigung des Kraftfahrzeug- oder Anhängerscheins

Auf Grund der Betriebserlaubnis und nach Zuteilung des Kennzeichens wird der Kraftfahrzeugschein (Muster 2, 2 a oder 2 b) oder Anhängerschein (Muster 3 oder 3 a) ausgefertigt und ausgehändigt; fehlt noch die Betriebserlaubnis, wird sie durch Ausfertigung des Kraftfahrzeug- oder Anhängerscheins erteilt; einer besonderen Ausfertigung der Betriebserlaubnis bedarf es nur, wenn umfangreiche Bedingungen gestellt werden, auf die im Kraftfahrzeug- oder Anhängerschein alsdann hinzuweisen ist. Die Scheine sind mitzuführen und den zuständigen Personen[5]) auf Verlangen zur Prüfung auszuhändigen. Sind für denselben Halter mehrere Anhänger zugelassen, so kann statt des Anhängerscheins ein von der Zulassungsstelle ausgestelltes Verzeichnis der für den Halter zugelassenen Anhänger mitgeführt und zur Prüfung ausgehändigt werden: aus dem Verzeichnis müssen Name, Vornamen und genaue Anschrift des Halters sowie Hersteller, Tag der ersten Zulassung[6]), Art, Leergewicht, zulässiges Gesamtgewicht, Fahrgestellnummer und amtliches Kennzeichen der Anhänger ersichtlich sein.

---

5) Geändert durch VO v. 7. 7. 1960 (BGBl. I S. 485).
6) Ergänzt durch VO v. 7. 7. 1960 (BGBl. I S. 485).

§ 25

Behandlung der Kraftfahrzeug- und Anhängerbriefe bei den Zulassungsstellen

(1) Die Zulassungsstelle hat das amtliche Kennzeichen des Fahrzeugs und die Personalien dessen, für den das Fahrzeug zugelassen wird, in den Kraftfahrzeug- oder Anhängerbrief einzutragen. Sie hat den Brief unverzüglich dem im Antrag nach § 23 Abs. 1 Buchstabe d bezeichneten Empfänger zu übergeben. Dieser hat grundsätzlich seinen Brief bei der Zulassungsstelle selbst abzuholen und dabei den Empfang zu bescheinigen; tut er dies innerhalb von zwei Wochen nicht, so ist der Brief unter „Einschreiben" gebührenpflichtig zu übersenden.

(2) Der Verlust eines Vordrucks für einen Kraftfahrzeug- oder Anhängerbrief ist der Ausgabestelle für den Vordruck, der Verlust eines ausgefertigten Briefs ist der für das Fahrzeug zuständigen Zulassungsstelle und durch diese dem Kraftfahrt-Bundesamt zu melden. Vor Ausfertigung eines neuen Briefs ist der verlorene Brief unter Festsetzung einer Frist für die Vorlage bei der Zulassungsstelle auf Kosten des Antragstellers im „Verkehrsblatt" aufzubieten, wenn nicht im Einzelfall eine Ausnahme unbedenklich ist[7]). Das Verfahren wird durch Verwaltungsanweisung geregelt.

(3) Sind in einem Kraftfahrzeug- oder Anhängerbrief die für die Eintragung der Zulassungen des Fahrzeugs bestimmten Seiten ausgefüllt oder ist der Brief beschädigt, so darf er nicht durch Einfügung selbstgefertigter Blätter ergänzt werden. Vielmehr ist ein neuer Brief gebührenpflichtig auszustellen. Die Zulassungsstelle macht auf Grund des alten Briefs in dem neuen Brief die Angaben über die Beschreibung des Fahrzeugs, über Typschein und amtliches Gutachten, vermerkt darin, für wen das Fahrzeug früher zugelassen war und bescheinigt in ihm, daß er als Ersatz für den als erledigt eingezogenen Brief ausgestellt worden ist.

(4) Die mit den Kraftfahrzeug- und Anhängerbriefen befaßten Behörden haben bei der Entgegennahme von Anträgen und bei der Aushändigung der Briefe über auftretende privatrechtliche Ansprüche nicht zu entscheiden; Rechtsansprüche sind gegebenenfalls mit Hilfe der ordentlichen Gerichte zu verfolgen. Zur Sicherung des Eigentums oder anderer Rechte am Fahrzeug ist der Brief bei jeder Befassung der Zulassungsstelle mit dem Fahrzeug, besonders bei Meldungen über den Eigentumswechsel (§ 27 Abs. 3), vorzulegen. Sofern es sich nicht um den Nachweis der Verfügungsberechtigung eines Antragstellers handelt, ist zur Vorlage des Briefs neben dem Halter und dem Eigentümer bei Aufforderung durch die Zulassungsstelle jeder verpflichtet, in dessen Gewahrsam der Brief sich befindet[8]). Wird das Fahrzeug ohne Änderung seines regelmäßigen Standorts vorübergehend aus dem Verkehr gezogen oder nach einer vorübergehenden Zurückziehung aus dem Verkehr wieder in den Verkehr gebracht, so kann die Zulassungsstelle auf die Vorlage des Briefes verzichten.

[7]) Geändert durch VO v. 7. 7. 1960 (BGBl. I S. 485).
[8]) Ergänzt durch VO v. 7. 7. 1960 (BGBl. I S. 485).

§ 27

Meldepflichten der Eigentümer und Halter von Kraftfahrzeugen oder Anhängern; Zurückziehung aus dem Verkehr und erneute Zulassung

(1) Die Angaben im Kraftfahrzeug- oder Anhängerbrief, im Kraftfahrzeug- oder Anhängerschein und in den Anhängerverzeichnissen müssen ständig den tatsächlichen Verhältnissen entsprechen; Änderungen sind unter Einreichung des Briefs und Scheins und gegebenenfalls der Anhängerverzeichnisse unverzüglich der zuständigen Zulassungsstelle zu melden. Verpflichtet zur Meldung ist der Eigentümer und, wenn er nicht zugleich Halter ist, auch dieser. Die Verpflichtung besteht, bis die Behörde durch einen der Verpflichteten Kenntnis von den meldepflichtigen Tatsachen erhalten hat.

(2) Wird der regelmäßige Standort des Fahrzeugs für mehr als drei Monate in den Bezirk einer anderen Zulassungsstelle verlegt, so ist bei dieser unverzüglich die Zuteilung eines neuen Kennzeichens zu beantragen; ist die Verlegung voraussichtlich nur vorübergehend, so genügt eine Anzeige an die Zulassungsstelle, die dem Fahrzeug ein Kennzeichen zugeteilt hat.

(3) Wird ein Fahrzeug veräußert, so hat der Veräußerer unverzüglich der für das Fahrzeug zuständigen Zulassungsstelle die Anschrift des Erwerbers anzuzeigen; er hat dem Erwerber zur Weiterbenutzung des Fahrzeugs Kraftfahrzeugschein und -brief (Anhängerschein und -brief) gegen Empfangsbestätigung auszuhändigen und letztere seiner Anzeige beizufügen. Der Erwerber hat unverzüglich bei der für den neuen Standort des Fahrzeugs zuständigen Zulassungsstelle die Ausfertigung eines neuen Kraftfahrzeug- oder Anhängerscheins und, wenn dem Fahrzeug bisher ein Kennzeichen von einer anderen Zulassungsstelle zugeteilt war, auch die Zuteilung eines neuen Kennzeichens zu beantragen; wenn ein Händler das Fahrzeug zum Wiederverkauf erwirbt, so genügt eine Anzeige an die Zulassungsstelle, die dem Fahrzeug ein Kennzeichen zugeteilt hat. Kommt der Erwerber diesen Pflichten nicht nach, so kann die Zulassungsstelle für die Zeit bis zur Erfüllung der Pflichten den Betrieb des Fahrzeugs im öffentlichen Verkehr untersagen. Der Betroffene hat das Verbot zu beachten; § 17 Abs. 2 gilt entsprechend[9]).

(4) Dem Antrag nach den Absätzen 2 und 3 ist der bisherige Kraftfahrzeugschein (Anhängerschein) oder eine amtlich beglaubigte Abschrift beizufügen; der bisherige Schein ist jedenfalls vor Übergabe des neuen abzuliefern. Wird ein neues Kennzeichen erteilt, so gilt für das bisherige Kennzeichen Absatz 5 Satz 1 entsprechend.

(5)[10]) Wird ein Fahrzeug für mehr als ein Jahr aus dem Verkehr gezogen, so hat der Halter dies der Zulassungsstelle unter Vorlage des Briefes, des Scheines und gegebenenfalls der Anhängerverzeichnisse, bei zulassungsfreien Fahrzeugen, für die ein amtliches Kennzeichen zugeteilt ist, unter Vorlage des Nachweises über die Zuteilung des Kennzeichens (§ 18 Abs. 5)

---

9) Eingefügt durch VO v. 7. 7. 1960 (BGBl. I S. 485).
10) Neufassung und Ergänzung durch die Abs. 6 und 7 durch VO v. 7. 7. 1960 BGBl. I S. 485).

unverzüglich anzuzeigen und das amtliche Kennzeichen entstempeln zu lassen, es sei denn, daß die Zulassungsstelle eine Frist bewilligt. Der Brief ist von der Zulassungsstelle durch Zerschneiden unbrauchbar zu machen und – ebenso wie nötigenfalls die Anhängerverzeichnisse – mit einem Vermerk über die Zurückziehung aus dem Verkehr zurückzugeben. Lassen sich der Brief, der Schein oder die Bescheinigung über die Zuteilung des amtlichen Kennzeichens nicht beiziehen, so sind sie auf Kosten des Halters unter Festsetzung einer Frist für die Vorlage bei der Zulassungsstelle im „Verkehrsblatt" aufzubieten, wenn nicht im Einzelfall eine Ausnahme unbedenklich ist. Wird kein Ersatzbrief ausgefertigt (§ 25 Abs. 2), so erteilt die Zulassungsstelle dem Halter auf Antrag eine Bescheinigung über das Fehlen des Briefes sowie über die Erfolglosigkeit der Aufbietung oder den Verzicht auf die Aufbietung.

(6) Absatz 5 gilt nicht

1. für Fahrzeuge, die durch Ablieferung des Scheines und durch Entstempelung des amtlichen Kennzeichens vorübergehend stillgelegt worden sind, wenn die Zulassungsstelle die Stillegung im Brief vermerkt hat,
2. für zulassungsfreie Fahrzeuge, die durch Ablieferung der amtlichen Bescheinigung über die Zuteilung des Kennzeichens und durch Entstempelung des amtlichen Kennzeichens vorübergehend stillgelegt worden sind,
3. für Fahrzeuge, für die nach dem 1. Mai 1956 kein amtliches Kennzeichen neuen Rechts zugeteilt worden ist.

Die Fahrzeuge zu 1 und 2 gelten nach Ablauf eines Jahres seit der Stillegung, die Fahrzeuge zu 3 in allen Fällen als endgültig aus dem Verkehr zurückgezogen; die Vermerke über sie können aus den Karteien entfernt werden, ohne daß die Vorlage der Briefe zu verlangen ist.

(7) Soll ein endgültig aus dem Verkehr gezogenes zulassungspflichtiges Fahrzeug wieder zum Verkehr zugelassen werden, so sind der Brief oder – falls dieser noch unauffindbar ist – die in Absatz 5 letzter Satz vorgesehene Bescheinigung vorzulegen und von der Zulassungsstelle einzuziehen; ein neuer Brief ist auszufertigen.

§ 28

Prüfungsfahrten, Probefahrten, Überführungsfahrten

(1) Fahrten anläßlich der Prüfung des Fahrzeugs durch einen amtlich anerkannten Sachverständigen für den Kraftfahrzeugverkehr können ohne Betriebserlaubnis mit vom Sachverständigen zugeteilten und amtlich abgestempelten roten Kennzeichen ausgeführt werden. Als Fahrten anläßlich der Prüfung können auch Fahrten zur Verbringung des Fahrzeugs an den Prüfungsort und von dort zurück behandelt werden. Nach Anmeldung eines Fahrzeugs zur Prüfung übersendet der Sachverständige eine Vorladung, die als Ausweis auf der Fahrt mitzuführen ist, und gegebenenfalls

ein rotes Kennzeichen. Die roten Kennzeichen für Prüfungsfahrten hat der amtlich anerkannte Sachverständige für den Kraftfahrzeugverkehr zu beschaffen; er kann für Überlassung des Kennzeichens eine Gebühr erheben. Die Erkennungsnummern teilt dem Sachverständigen die für seinen Wohnsitz zuständige Zulassungsstelle zu, deren Unterscheidungszeichen (§ 23 Abs. 2) zu verwenden ist.

(2) Fahrten zur Feststellung und zum Nachweis der Gebrauchsfähigkeit von Kraftfahrzeugen oder Anhängern (Probefahrten) und Fahrten, die in der Hauptsache zur Überführung des Kraftfahrzeugs oder des Anhängers an einen anderen Ort dienen (Überführungsfahrten), dürfen auch ohne Betriebserlaubnis unternommen werden. Auf solchen Fahrten müssen rote Kennzeichen an den Fahrzeugen geführt werden. Für die mit roten Kennzeichen versehenen Kraftfahrzeuge sind besondere Kraftfahrzeugscheine (Muster 4), für die in dieser Weise gekennzeichneten Anhänger besondere Anhängerscheine (Muster 5) mitzuführen. Als Probefahrten gelten auch Fahrten zur allgemeinen Anregung der Kauflust durch Vorführung in der Öffentlichkeit, nicht aber Fahrten gegen Vergütung für Benutzung des Kraftfahrzeugs oder Anhängers.

(3) Für die besonderen Kennzeichen während Probe-, Überführungs- und Prüfungsfahrten gelten die Bestimmungen für allgemeine Kennzeichen entsprechend. Jedoch bestehen die Erkennungsnummern aus einer Null (0) mit einer oder mehreren nachfolgenden Ziffern; das Kennzeichen ist in roter Schrift auf weißem, rot gerandetem Grund herzustellen; es braucht am Fahrzeug nicht fest angebracht zu sein.

(4) Kennzeichen und Kraftfahrzeug- oder Anhängerscheine für Probe- und Überführungsfahrten hat die Zulassungsstelle bei nachgewiesenem Bedürfnis auszugeben; nach Verwendung sind sie unverzüglich wieder abzuliefern; sie können jedoch für wiederkehrende Verwendung, auch bei verschiedenen Fahrzeugen und auch ohne vorherige Bezeichnung eines bestimmten Fahrzeugs durch die Zulassungsstelle im Kraftfahrzeug- oder Anhängerschein, an zuverlässige Hersteller, Händler oder Handwerker ausgegeben werden. Der Empfänger dieser Scheine hat die Bezeichnung des Fahrzeugs vor Verwendung des Scheins in diesen und in ein Verzeichnis der Scheine einzutragen; jede einzelne Fahrt ist zu verzeichnen. Die Verzeichnisse sind zuständigen Personen auf Verlangen zur Prüfung auszuhändigen. Das den Verbleib der ausgestellten Scheine nachweisende Verzeichnis und etwa innerhalb eines Jahres nicht verwendete Scheine sind der Zulassungsstelle einzureichen.

(5) Rote Kennzeichen (Absatz 1 bis 4) sind erst auszugeben, wenn der Nachweis erbracht ist, daß eine ausreichende Kraftfahrzeughaftpflichtversicherung (§ 29 a) besteht oder daß der Halter der Versicherungspflicht nicht unterliegt.

Aus der Dienstanweisung vom 25. 4. 1940:

(2) Für die Zuteilung eines roten Kennzeichens für wiederkehrende Verwendung (§ 28 Abs. 4 Halbsatz 3) genügt der Nachweis einer Haftpflichtversicherung über 100 000 Reichsmark[11]) für Personen- und 10 000 Reichsmark[11]) für Sachschäden. Diese Verfahrensvorschrift befreit den Halter nicht von der Erfüllung etwa bestehender Pflicht zum Abschluß einer Versicherung über höhere Summen (vgl. §§ 7–10 der Durchführungsverordnung); die Zulassungsstelle hat das Bestehen und die Erfüllung dieser weitergehenden Pflicht nicht zu prüfen.

(3) Wenn ein Betrieb des Kraftfahrzeughandels oder -handwerks die Zuteilung eines roten Kennzeichens (für einmalige oder für wiederkehrende Verwendung) beantragt, genügt eine Sammelbestätigung (vgl. Abs. 4 der DA. zu § 29 b).

II a. Pflichtversicherung

§ 29 a

Ausreichende Kraftfahrzeughaftpflichtversicherung

Ausreichend ist eine Kraftfahrzeughaftpflichtversicherung, die dem Gesetz über die Einführung der Pflichtversicherung für Kraftfahrzeughalter und zur Änderung des Gesetzes über den Verkehr mit Kraftfahrzeugen sowie des Gesetzes über den Versicherungsvertrag vom 7. November 1939 (RGBl. I S. 2223) und den zu seiner Durchführung ergangenen Vorschriften entspricht.

§ 29 b

Versicherungsnachweis

(1) Der Nachweis, daß eine ausreichende Kraftfahrzeughaftpflichtversicherung besteht, ist durch eine vom Versicherer zu erteilende Versicherungsbestätigung nach Muster 6 zu erbringen; Betriebe des Kraftfahrzeughandels und -handwerks dürfen den Nachweis durch eine Sammelbestätigung (Muster 7) führen, wenn es sich bei dem Fahrzeug nicht um einen Kraftomnibus oder eine Kraftdroschke handelt. Der Versicherer ist verpflichtet, dem Versicherungsnehmer bei dem Beginn des Versicherungsschutzes die Versicherungsbestätigung kostenlos zu erteilen. Verlangt der Versicherungsnehmer die nochmalige Ausfertigung einer Versicherungsbestätigung, so ist diese als „Zweite Ausfertigung" zu bezeichnen.

(2) Die Zulassungsstelle hat dem Versicherer das dem Fahrzeug zugeteilte amtliche Kennzeichen mitzuteilen.

(3) Die Zulassungsstelle kann jederzeit die Vorlage des Versicherungsscheins und den Nachweis über die Zahlung des letzten Beitrags verlangen.

(4) Hat der Halter zur vorübergehenden Stillegung des Fahrzeugs den Kraftfahrzeug- oder Anhängerschein an die Zulassungsstelle abgeliefert und das amtliche Kennzeichen entstempeln lassen, so kann die Zulassungsstelle die Aushändigung des Scheins und die Abstempelung des amtlichen Kennzeichens von der Bestätigung des Versicherers abhängig machen, daß ihm die Absicht mitgeteilt worden ist, das Fahrzeug wieder in Betrieb zu nehmen.

Dienstanweisung

(1) Die Versicherungsbestätigung ist mit einem Formblatt nach folgendem Muster zu erteilen:

---

11) Jetzt Deutsche Mark; vgl. S. 22 Anm. 8.

Muster 6
(§ 29 b)

Bestätigung des Bestehens einer Haftpflichtversicherung nach § 29 b Absatz 1 Satz 1 Halbsatz 1 StVZO (für die Verwaltungsbehörde – Zulassungsstelle – bestimmt)

Amtliches Kennzeichen: (von der Zulassungsstelle auszufüllen)		
Versicherungssumme für Personenschäden DM	Beginn des Versicherungsschutzes	Nummer des Versicherungsscheins
Anschrift des Versicherten		
Art des Fahrzeugs	Hersteller des Fahrgestells	Fabriknummer des Fahrgestells

....

(Unterschrift des Versicherers)

Muster 7
(§ 29 b)

Bestätigung des Bestehens einer Haftpflichtversicherung nach § 29 b Abs. 1 Satz 1 Halbsatz 2 StVZO (für die Verwaltungsbehörde – Zulassungsstelle – bestimmt)

Versicherungssumme für Personenschäden DM	Beginn des Versicherungsschutzes	Nummer des Versicherungsscheins

Anschrift des Versicherten

Maschinell angetriebene Landfahrzeuge und ihre Anhänger, ausgenommen Omnibusse und Droschken

....
(Unterschrift des Versicherers)

(2) Die Formblätter dürfen nicht handschriftlich oder mit Schreibmaschine hergestelllt, sondern müssen — zur Verhütung von Mißbräuchen — gedruckt sein. Auch Firma und Unterschrift des Versicherers müssen gedruckt (letztere faksimiliert) sein. Wird eine in der Form vorschriftsmäßige Versicherungsbestätigung vorgelegt, so hat die Zulassungsstelle weder zu prüfen, ob der die Bestätigung ausstellende Versicherer im Deutschen Reich zum Geschäftsbetrieb befugt ist, noch ob die Unterschrift von einer zu verbindlicher Unterschrift befugten Person stammt. Unvorschriftsmäßige Versicherungsbestätigungen hat die Zulassungsstelle zurückzuweisen.

(3) Die Zulassungsstelle hat zu prüfen, ob die in der Versicherungsbestätigung eingetragene Versicherungssumme für Personenschäden mindestens so hoch ist, wie in § 7 Abs. 1 und 2 und § 10 der Durchführungsverordnung bestimmt; dabei sind im Sinne dieser Vorschriften unter Plätzen auch Stehplätze zu verstehen. Die Zulassungsstelle hat nicht zu prüfen, ob die Voraussetzungen der §§ 8 und 9 der Durchführungsverordnung erfüllt sind. Ist die Versicherungssumme für Personenschäden nicht ausreichend, so hat die Zulassungsstelle die Versicherungsbestätigung zurückzuweisen.

(4) Wenn ein Betrieb des Kraftfahrzeug h a n d e l s oder - h a n d w e r k s die Zulassung eines Kraftfahrzeugs (Anhängers) außer einem Kraftomnibus oder einer Kraftdroschke beantragt, kann der Nachweis ausreichender Kraftfahrzeughaftpflichtversicherung durch eine S a m m e l b e s t ä t i g u n g[12]) erbracht werden. Dabei gelten die vorstehenden Absätze 1 und 2 mit der Maßgabe, daß an Stelle der Angaben über Art des Fahrzeugs, Hersteller des Fahrgestells und Fabriknummer des Fahrgestells eingedruckt ist „Fahrzeuge aller Art mit schwarzen und roten Kennzeichen (Zulassungszeichen) mit Ausnahme von Omnibussen und Droschken". In der Sammelbestätigung ist ein amtliches Kennzeichen nicht anzugeben.

(5) Die Versicherungsbestätigung bleibt bei der Zulassungsstelle. Der Fahrzeughalter oder -führer braucht im Straßenverkehr einen Nachweis über das Bestehen einer ausreichenden Kraftfahrzeughaftpflichtversicherung nicht zu erbringen. Die Zulassungsstelle hat dem geschädigten Dritten, dessen Angehörigen oder Beauftragten oder Sozialversicherungsträgern auf Verlangen Namen und Anschrift des Versicherers mitzuteilen.

(6) Die in § 29 b Abs. 2 vorgeschriebene Mitteilung hat die Zulassungsstelle unter Benutzung der der Versicherungsbestätigung anhängenden Durchschrift[13]) zu machen. Zur Verhinderung von Mißbrauch darf die Mitteilung dem Fahrzeughalter nicht ausgehändigt werden. Auch bei einer Sammelbestätigung ist die anhängende Durchschrift an den Versicherer abzusenden, jedoch ohne Eintragung eines amtlichen Kennzeichens (Zulassungszeichens). Die Mitteilung der Zulassungsstelle ist Voraussetzung für die Erfüllung der dem Versicherer in § 29 c auferlegten Anzeigepflicht, sie ist daher sofort nach Zuteilung des amtlichen Kennzeichens abzusenden, und zwar freigemacht (d. h. mit dem Gebührenablösungsvermerk oder mit Postwertzeichen versehen).

Amtliche Begründung zu Abs. 4:

In den Fällen der Steuerabmeldung (§ 7 des Kraftfahrzeugsteuergesetzes) ist es üblich, daß die Versicherer einen entsprechenden Nachlaß der Prämien gewähren, weil der Gebrauch des Kraftfahrzeugs während der Geltungsdauer der Steuerabmeldung unzulässig ist. Zweifelhaft kann sein, ob dann noch eine ausreichende Versicherung im Sinne des Pflichtversicherungsgesetzes im Verhältnis zwischen den Parteien des Versicherungsvertrages vorliegt. Die neue Bestimmung des § 29 b Abs. 4 StVZO erlaubt, ohne Rücksicht auf solche Zweifel von der Anforderung einer neuen Versicherungsbestätigung abzusehen, wenn eine Anzeige nach § 29 c nicht erstattet worden ist. Sie gewährt die Möglichkeit zu klären, ob die Parteien das bisherige Versicherungsverhältnis fortsetzen wollen.

---

[12]) Vgl. das vorstehende Muster 7.

[13]) Vgl. S. 225.

§ 29 c

Anzeigepflicht des Versicherers

Der Versicherer hat der zuständigen Zulassungsstelle mit Formblatt nach Muster 8 Anzeige zu erstatten, sobald die Versicherungsbestätigung (§ 29 b Abs. 1) ihre Geltung verloren hat. Kennt er die zuständige Zulassungsstelle nicht, so genügt die Anzeige an diejenige Zulassungsstelle, die ihm das amtliche Kennzeichen mitgeteilt hat (§ 29 b Abs. 2).

Dienstanweisung

(1) Die Anzeige ist nach folgendem Muster zu erstatten, wobei die Formvorschriften in Abs. 2 der DA zu § 29 b nicht erfüllt zu sein brauchen:

Muster 8
(§ 29 c) (Format: DIN A 6)

Anzeige des Versicherers an die Verwaltungsbehörde (Zulassungsstelle) nach § 29 c StVZO

Die von uns ausgestellte Versicherungsbestätigung (Sammelbestätigung)[1] mit den nachstehenden Merkmalen hat ihre Geltung verloren. Tag der Beendigung des Versicherungsverhältnisses: Anschrift des Versicherten:	Amtliches Kennzeichen[2]) Nummer des Versicherungsscheins

Art des Fahrzeugs[2])	Hersteller des Fahrgestellls[2])	Fabriknummer des Fahrgestells[2])

Wir bitten um baldigen Bescheid über das Weitere mittels anhängender Antwortkarte. Diese dient uns als Beleg für die Erfüllung der Anzeigepflicht nach § 29 c StVZO.

...., den...................................... 19..........

....
(Unterschrift des Versicherers)

[1]) Nichtzutreffendes ist zu streichen.
[2]) Entfällt bei Sammelbestätigungen.

(2) Die Anzeige wird erst erstattet und ist von der Zulassungsstelle erst entgegenzunehmen, n a c h d e m die Versicherungsbestätigung ihre Geltung verloren hat. Die Zulassungsstelle hat daher u n v e r z ü g l i c h nach dem Eingang der Anzeige die Außerbetriebsetzung des Fahrzeugs zu veranlassen (§ 29 d Abs. 2). Die Zulassungsstelle ist nicht berechtigt, dem Fahrzeughalter einen Aufschub zu bewilligen. Die Außerbetriebsetzung des Fahrzeugs kann nach Eingang der Anzeige nur durch s o f o r t i g e Vorlage einer neuen Versicherungsbestätigung abgewendet werden, nicht aber z. B. durch das Versprechen des Fahrzeughalters, eine solche alsbald nachzureichen. (Die Rechte eines etwa zwischen Ungültigwerden der Versicherungsbestätigung und Außerbetriebsetzung des Fahrzeugs verletzten Dritten werden dadurch gewahrt, daß der Versicherer gemäß § 158 c Abs. 2 des Versicherungsvertragsgesetzes noch während einer bestimmten kurzen Frist nach Erstattung der Anzeige haftet.)

(3) Der Anzeige des Versicherers hängt eine Antwortkarte nach nachstehendem Muster an:

(Format: DIN A 6)

Bescheid der Verwaltungsbehörde (Zulassungsstelle) an den umseitig bezeichneten Versicherer auf die Anzeige nach § 29 c StVZO

Betrifft:	Amtliches Kennzeichen:
	Nummer des Versicherungsscheins

Die Anzeige vom ist am eingegangen.

Das Fahrzeug ist ab aus dem Verkehr genommen worden.*)

Durch Vorlage einer neuen Versicherungsbestätigung ist der Nachweis erbracht worden, daß für das bezeichnete Fahrzeug mit Wirkung vom bei einem anderen Versicherer ausreichender Versicherungsschutz besteht.*)

.................................., den .... 19..........

....

Stempel und Unterschrift
der Verwaltungsbehörde (Zulassungsstelle)

*) Nichtzutreffendes ist zu streichen.

Der Bescheid dient dem Versicherer nicht nur als Beleg für die Erfüllung seiner Anzeigepflicht, sondern ist auch mit Rücksicht auf den Klammervermerk am Ende des vorstehenden Absatzes 2 für den Versicherer von erheblicher Bedeutung; die Zulassungsstelle hat ihn daher möglichst bald als gebührenpflichtige Dienstsache an den Versicherer abzusenden.

§ 29 d[14])

Maßnahmen beim Fehlen des Versicherungsschutzes

(1) Besteht für ein Fahrzeug, für das ein amtliches Kennzeichen zugeteilt ist, zugunsten des Halters und des berechtigten Führers die vorgeschriebene Kraftfahrzeughaftpflichtversicherung nicht, so gilt § 17 Abs. 2 entsprechend.

(2) Erfährt die Zulassungsstelle durch eine Anzeige (§ 29 c) oder auf andere Weise, daß für das Fahrzeug zugunsten des Halters und des berechtigten Führers die vorgeschriebene Kraftfahrzeughaftpflichtversicherung nicht besteht, so hat sie unverzüglich den Kraftfahrzeug- oder Anhängerschein oder — bei zulassungsfreien Fahrzeugen, für die ein amtliches Kennzeichen zugeteilt ist — die amtliche Bescheinigung über die Zuteilung des Kennzeichens einzuziehen und das Kennzeichen zu entstempeln. Handelt es sich um einen Anhänger, so ist die Entstempelung in den etwa ausgefertigten Anhängerverzeichnissen zu vermerken.

Dienstanweisung

Zum Abs. 1. Wenn eine neue Betriebserlaubnis notwendig ist (§ 19 Abs. 2), ist zu überwachen, ob der Versicherungsschutz noch ausreicht (vgl. Abs. 3 der DA. zu § 29 b).

Zum Abs. 2 vgl. Abs. 2 der DA. zu § 29 c. Die Zulassungsstelle hat auch dann nach Abs. 2 zu verfahren, wenn sie auf andere Weise als durch Anzeige des Versicherers (§ 29 c) oder des Halters (§ 29 d Abs. 1 Satz 1) erfährt, daß eine ausreichende Kraftfahrzeughaftpflichtversicherung nicht besteht.

IV. Kleinkrafträder und Fahrräder mit Hilfsmotor

§ 67 a[14])

(1) Kleinkrafträder im Sinne des § 27 des Straßenverkehrsgesetzes vom 19. Dezember 1952 (Bundesgesetzbl. I S. 837) sind Krafträder (Zweiräder, auch mit Beiwagen) mit einem Hubraum von nicht mehr als 50 cm^3.

(2) Fahrräder mit Hilfsmotor sind Fahrzeuge, die hinsichtlich der Gebrauchsfähigkeit die üblichen Merkmale von Fahrrädern aufweisen, jedoch zusätzlich als Antriebsmaschine einen Verbrennungsmotor mit einem Hubraum von nicht mehr als 50 cm^3 haben. Die üblichen Merkmale von Fahrrädern gelten als vorhanden, wenn

a) der Durchmesser des Hinterrades einschließlich der Bereifung nicht kleiner ist als 580 mm,

b) die wirksame Länge der Tretkurbel mindestens 125 mm beträgt,

c) die durch die Bauart bestimmte Höchstgeschwindigkeit des Fahrzeugs 40 km/h nicht überschreitet.

(3) Wie Fahrräder mit Hilfsmotor werden beim Vorliegen der sonstigen Voraussetzungen des Absatzes 2 behandelt

---

[14]) Neufassung durch VO v. 7. 7. 1960 (BGBl. I S. 485).

a) Fahrzeuge mit einem Hubraum von mehr als 50 cm^3, wenn sie vor dem 1. September 1952 erstmals in den Verkehr gekommen sind und die durch die Bauart bestimmte Höchstleistung ihres Motors 1 PS nicht überschreitet,

b) Fahrzeuge mit einer durch die Bauart bestimmten Höchstgeschwindigkeit von mehr als 40 km/h, wenn sie vor dem 1. Januar 1957 erstmals in den Verkehr gekommen sind und das Gewicht des betriebsfähigen Fahrzeugs mit dem Hilfsmotor, jedoch ohne Werkzeug und ohne den Inhalt des Kraftstoffbehälters, bei Fahrzeugen, die für die Beförderung von Lasten eingerichtet sind, auch ohne Gepäckträger, 33 kg nicht übersteigt; diese Gewichtsgrenze gilt nicht bei zweisitzigen Fahrzeugen (Tandems) und Fahrzeugen mit drei Rädern.

(4) Für Fahrräder mit Hilfsmotor und für Kleinkrafträder mit einer durch die Bauart bestimmten Höchstgeschwindigkeit von nicht mehr als 40 km/h gelten die Vorschriften für Kleinkrafträder. § 45 Abs. 1 Satz 3 und § 50 Abs. 2 bis 6 sind nicht anzuwenden. Die Fahrzeuge müssen mit einem Scheinwerfer für Dauerabblendlicht ausgerüstet sein, dessen Beleuchtungsstärke in einer Entfernung von 25 m vor dem Scheinwerfer auf einer Ebene senkrecht zur Fahrbahn in Höhe der Scheinwerfermitte und darüber nicht mehr als 1 Lux beträgt. Die Leistungsaufnahme der Glühlampe im Scheinwerfer muß 15 W betragen. Statt § 55 gilt § 64 a. Die Ausrüstung mit Pedalrückstrahlern (§ 67 Abs. 3) ist zulässig. Beträgt bei Fahrrädern mit Hilfsmotor die durch die Bauart bestimmte Höchstgeschwindigkeit nicht mehr als 20 km/h, so sind auch die §§ 38 a und 57 nicht anzuwenden, jedoch gelten § 65 statt § 41, § 66 statt § 56 und statt der Vorschriften dieses Absatzes über Scheinwerfer für Dauerabblendlicht die Vorschriften des § 67 Abs. 1; außerdem ist § 67 Abs. 2 bis 7 statt der §§ 49 a, 53 und 54 anzuwenden.

(5) Anhänger hinter den in den Absätzen 2 und 3 bezeichneten Fahrzeugen werden bei Anwendung der Bau- und Betriebsvorschriften wie Anhänger hinter Fahrrädern behandelt, wenn

1. die durch die Bauart bestimmte Höchstgeschwindigkeit des ziehenden Fahrzeugs 20 km/h nicht überschreitet oder
2. die Anhänger vor dem 1. April 1961 erstmals in den Verkehr gekommen sind.

Auf andere Anhänger hinter den in den Absätzen 2 und 3 bezeichneten Fahrzeugen sind die Vorschriften über Anhänger hinter Kleinkrafträdern anzuwenden.

§ 67 b[15])

Kennzeichen für Fahrräder mit Hilfsmotor

(1) Fahrräder mit Hilfsmotor und Kleinkrafträder mit einer durch die Bauart bestimmten Höchstgeschwindigkeit von nicht mehr als 40 km/h

15) Eingefügt durch VO v. 21. 2. 1957 (BGBl. I S. 35) und geändert durch VO v. 7. 7. 1960 (BGBl. I S. 485).

dürfen, wenn ihr regelmäßiger Standort sich im Geltungsbereich dieser Verordnung befindet, auf öffentlichen Straßen nur in Betrieb gesetzt werden, wenn sie ein gültiges Versicherungskennzeichen (Absätze 2 bis 7) oder ein amtliches Kennzeichen (Absatz 8) führen.

(2) Durch das Versicherungskennzeichen wird nachgewiesen, daß für das Fahrzeug eine ausreichende Haftpflichtversicherung (§ 29 a) besteht. Der Versicherer händigt dem Halter auf Antrag ein Versicherungskennzeichen aus und erteilt hierüber eine Bescheinigung; für den Nachweis von Namen und Anschrift des Halters gilt § 23 Abs. 1 Buchstabe a sinngemäß. Der Führer des Fahrzeugs hat die Bescheinigung mitzuführen und zuständigen Personen auf Verlangen zur Prüfung auszuhändigen. Versicherungskennzeichen und Bescheinigung dürfen dem Halter erst nach Entrichtung der Prämie für das Verkehrsjahr ausgehändigt werden, für das sie gelten sollen; sie verlieren ihre Geltung mit dem Ablauf dieses Verkehrsjahres. Als Verkehrsjahr gilt der Zeitraum vom 1. März bis zum Ablauf des nächsten Monats Februar.

(3) Das Versicherungskennzeichen besteht aus einer Tafel, die eine Erkennungsnummer und das Zeichen des zuständigen Verbandes der Kraftverkehrsversicherer oder, wenn kein Verband zuständig ist, das Zeichen des Versicherers trägt sowie das Verkehrsjahr angibt, für welches das Versicherungskennzeichen gelten soll. Die Erkennungsnummer setzt sich aus nicht mehr als drei Ziffern und nicht mehr als drei Buchstaben zusammen. Die Ziffern sind in einer Zeile über den Buchstaben anzugeben. Die Nummer ist so zu wählen, daß jedes für das laufende Verkehrsjahr ausgegebene Versicherungskennzeichen sich von allen anderen gültigen Versicherungskennzeichen unterscheidet. Das Verkehrsjahr ist durch die Angabe des Kalenderjahres zu bezeichnen, in welchem es beginnt. Der zuständige Verband der Kraftverkehrsversicherer oder, wenn kein Verband zuständig ist, das Kraftfahrt-Bundesamt teilt mit Genehmigung des Bundesministers für Verkehr den Versicherern die Erkennungsnummern zu.

(4) Die Beschriftung der Versicherungskennzeichen ist im Verkehrsjahr 1960 schwarz auf weißem Grund, im Verkehrsjahr 1961 blau auf weißem Grund und im Verkehrsjahr 1962 grün auf weißem Grund; die Farben wiederholen sich in den folgenden Verkehrsjahren jeweils in dieser Reihenfolge und Zusammensetzung. Der Rand hat dieselbe Farbe wie die Schriftzeichen. Form, Größe und Ausgestaltung des Versicherungskennzeichens müssen dem Muster und den Angaben in Anlage VI entsprechen.

Das Versicherungskennzeichen ist an der Rückseite des Fahrzeugs möglichst unter der Schlußleuchte fest anzubringen. § 60 Abs. 1 Satz 3 und 4, Abs. 2 Satz 3, 4 und 7, Abs. 6 und Abs. 7 Satz 1 Halbsatz 1 gilt entsprechend. Wird ein Anhänger mitgeführt, so ist die Erkennungsnummer des Versicherungskennzeichens an der Rückseite des Anhängers so zu wiederholen, daß sie in einem Winkelbereich von je 45 Grad beiderseits der Fahrzeuglängsachse bei Tageslicht auf eine Entfernung von mindestens 15 Metern lesbar ist; die Farben der Schrift und ihres Untergrundes müssen denen des Versicherungskennzeichens des ziehenden Fahrzeugs entsprechen. Eine Einrichtung zur Beleuchtung des Versicherungskennzeichens am ziehenden Fahrzeug und der Erkennungsnummer am Anhänger ist zulässig, jedoch nicht erforderlich.

(5) Der Versicherer meldet dem Kraftfahrt-Bundesamt auf einer Karteikarte, deren Muster vom Kraftfahrt-Bundesamt genehmigt ist,

a) die Erkennungsnummer des ausgehändigten Versicherungskennzeichens,
b) Namen und Anschrift des Halters,
c) den Hersteller des Fahrzeugs,
d) die Fabriknummer des Fahrgestells,
e) den Zeitpunkt der Beendigung des Versicherungsverhältnisses gemäß § 158 c Abs. 2 des Versicherungsvertragsgesetzes.

(5 a) Fahrten zur Feststellung und zum Nachweis der Gebrauchsfähigkeit von Fahrrädern mit Hilfsmotor (Probefahrten) und Fahrten, die in der Hauptsache zur Überführung des Fahrrades mit Hilfsmotor an einen anderen Ort dienen (Überführungsfahrten) dürfen mit Versicherungskennzeichen unternommen werden, deren Beschriftung und Rand rot sind; § 28 Abs. 2 letzter Satz ist entsprechend anzuwenden. Für die Meldung solcher Versicherungskennzeichen gilt Abs. 5 Buchstaben e und d nicht; als Halter ist der Versicherungsnehmer anzugeben.

(6) Das Kraftfahrt-Bundesamt erteilt im Einzelfall auf Antrag Behörden und bei Darlegung eines berechtigten Interesses auch Privatpersonen Auskunft über die Fahrzeuge, die Halter und die Versicherer.

(7) Endet das Versicherungsverhältnis vor dem Ablauf des Verkehrsjahres, das auf dem Versicherungskennzeichen angegeben ist, so hat der Versicherer den Halter zur unverzüglichen Rückgabe des Versicherungskennzeichens und der darüber erteilten Bescheinigung aufzufordern. Kommt der Halter der Aufforderung nicht nach, so hat der Versicherer hiervon die zuständige Behörde (§ 68) in Kenntnis zu setzen. Die Behörde zieht das Versicherungskennzeichen und die Bescheinigung ein.

(8) Ist der Halter eines der in Absatz 1 genannten Fahrzeuge nicht verpflichtet, bei einem Versicherer, der im Inland zum Geschäftsbetrieb befugt ist, eine Haftpflichtversicherung zu nehmen, so teilt ihm die Zulassungsstelle auf Antrag ein amtliches Kennzeichen zu. Form, Größe und Ausgestaltung des amtlichen Kennzeichens müssen dem Muster und den Angaben in Anlage VII oder den Vorschriften entsprechen, die Anlage V für Kleinkrafträder enthält. Im übrigen gelten mit Ausnahme von § 23 Abs. 4 Satz 1 bis 5 die Bestimmungen über die amtlichen Kennzeichen von Kleinkrafträdern mit einer durch die Bauart bestimmten Höchstgeschwindigkeit von mehr als 40 km/h entsprechend. Die Zuteilung des amtlichen Kennzeichens muß von der Zulassungsstelle auf dem Nachweis eingetragen sein, den der Führer des Fahrzeugs nach § 18 Abs. 5 oder 6 mitführt. Eine Einrichtung zur Beleuchtung des amtlichen Kennzeichens ist zulässig, jedoch nicht erforderlich.

A. Wortlaut der Vorschriften und Bedingungen

In § 72 der Neufassung durch die VO v. 7. 7. 1960 (BGBl. I S. 485) sind das Inkrafttreten und die Übergangsbestimmungen geregelt. Es werden nachstehend die im Rahmen der Pflichtversicherung interessierenden Vorschriften aufgeführt. Im übrigen empfiehlt sich Einsicht in die hier nicht aufgeführten Bestimmungen.

§ 72
Inkrafttreten und Übergangsbestimmungen

(1) Diese Verordnung tritt am 1. Januar 1938 in Kraft.

(2) Zu den nachstehend bezeichneten Vorschriften gelten folgende Bestimmungen:

§ 18 Abs. 2 Nr. 4 (Kleinkrafträder)

Krafträder mit einem Hubraum von mehr als 50 cm^3 sind wie Kleinkrafträder zu behandeln, wenn sie vor dem 1. September 1952 erstmals in den Verkehr gekommen sind und die durch die Bauart bestimmte Höchstleistung ihres Motors 1 PS nicht überschreitet.

§ 18 Abs. 3 (Betriebserlaubnis für zulassungsfreie Fahrzeuge) gilt

ab sofort für Kleinkrafträder sowie für Kraftfahrzeuge der Klasse 5, mit Ausnahme der Krankenfahrstühle,

ab 1. Juli 1961 für Fahrzeuge, die erstmals in den Verkehr kommen,

ab 1. Januar 1964 für die anderen Kraftfahrzeuge,

von einem vom Bundesminister für Verkehr zu bestimmenden Tage an für die anderen Anhänger.

Beim Führen von selbstfahrenden Arbeitsmaschinen, einachsigen land- oder forstwirtschaftlichen Zugmaschinen und maschinell angetriebenen Krankenfahrstühlen genügt es bis zum Inkrafttreten des § 18 Abs. 3, statt eines der in § 18 Abs. 5 vorgeschriebenen Nachweise eine Bescheinigung der Zulassungsstelle darüber mitzuführen, daß das Fahrzeug den Vorschriften dieser Verordnung entspricht. Die Bescheinigung darf für Arbeits- und Zugmaschinen mit einer durch die Bauart bestimmten Höchstgeschwindigkeit von mehr als 20 km/h nur erteilt werden, wenn der Zulassungsstelle nachgewiesen worden ist, daß eine ausreichende Kraftfahrzeughaftpflichtversicherung (§ 29 a) besteht oder daß der Halter der Versicherungspflicht nicht unterliegt; vom 1. Oktober 1960 an muß auf ihr das etwa zugeteilte amtliche Kennzeichen von der Zulassungsstelle vermerkt sein. Die Zulassungsstelle kann die Beibringung des Gutachtens eines amtlich anerkannten Sachverständigen für den Kraftfahrzeugverkehr über die vorschriftsmäßige Beschaffenheit des Fahrzeugs anordnen.

§ 18 Abs. 4 Satz 1 Halbsatz 2 (Kennzeichenpflicht für Kleinkrafträder) gilt für Kleinkrafträder mit regelmäßigem Standort im Saarland vom 1 Oktober 1960 an.

§ 18 Abs. 5 Satz 3 (Bescheinigung über die Zuteilung eines amtlichen Kennzeichens) gilt ab 1. Oktober 1960.

12. Auszug aus dem Versicherungsvertragsgesetz v. 30. 5. 08

§ 27 Abs. 1 (Berichtigung der Fahrzeugpapiere)
Hat die Zulassungsstelle bei der bis zum 30. Juni 1958 (im Saarland: bis zum 31. Dezember 1958) durchzuführenden Umkennzeichnung der Fahrzeuge auf die Vorlage eines Fahrzeugbriefs verzichtet, so genügt es, wenn sie den Brief berichtigt, sobald er aus anderem Anlaß vorgelegt wird.

§ 28 (Prüfungsfahrten, Probefahrten, Überführungsfahrten)
Im Saarland dürfen bis zum 1. Januar 1961 Kennzeichen auf Grund der Dritten Verordnung zur Änderung der Straßenverkehrs-Zulassungs-Ordnung vom 3. Januar 1950 (Amtsblatt des Saarlandes Seite 293) zugeteilt werden; sie werden spätestens am 1. Juli 1961 ungültig.

§ 67 b (Kennzeichen für Fahrräder mit Hilfsmotor und für Kleinkrafträder mit einer durch die Bauart bestimmten Höchstgeschwindigkeit von nicht mehr als 40 km/h)
gilt für Fahrzeuge mit regelmäßigem Standort im Saarland erst vom 1. Oktober 1960 an. Solange § 67 b danach nicht anzuwenden ist, haben die Führer der Fahrzeuge eine Bestätigung des Versicherers über die Dauer der Kraftfahrzeughaftpflichtversicherung mitzuführen und zuständigen Personen auf Verlangen zur Prüfung auszuhändigen.

12.

Auszug aus dem Gesetz über den Versicherungsvertrag
Vom 30. Mai 1908

(RGBl. S. 263)[1]

abgeändert durch Gesetz vom 20. Dezember 1911 (RGBl. S. 985), Verordnung vom 12. Februar 1924 (RGBl. I S. 65), Gesetz vom 7. November 1939 (RGBl. I S. 2223)[2], Verordnung vom 19. Dezember 1939 (RGBl. I S. 2443), Verordnung vom 3. November 1942 (RGBl. I S. 636), Verordnung vom 28. Dezember 1942 (RGBl. I S. 740) und Verordnung vom 6. April 1943 (RGBl. I S. 178)

Erster Abschnitt

Vorschriften für sämtliche Versicherungszweige
Erster Titel. Allgemeine Vorschriften

§ 1

Bei der Schadensversicherung ist der Versicherer verpflichtet, nach dem Eintritte des Versicherungsfalls dem Versicherungsnehmer den dadurch

---

1) Begr. Reichstagsdrucksache Nr. 364, 12. Legislaturperiode I. Session 1907; ferner Gerhard, Hagen u. a., Kommentar zum Versicherungsvertragsgesetz, Berlin 1908.
2) Pflichtversicherungsgesetz; Text und Begr. S. 1 ff.

verursachten Vermögensschaden nach Maßgabe des Vertrags zu ersetzen. Bei der Lebensversicherung und der Unfallversicherung sowie bei anderen Arten der Personenversicherung ist der Versicherer verpflichtet, nach dem Eintritte des Versicherungsfalls den vereinbarten Betrag an Kapital oder Rente zu zahlen oder die sonst vereinbarte Leistung zu bewirken.

Der Versicherungsnehmer hat die vereinbarte Prämie zu entrichten. Als Prämien im Sinne dieses Gesetzes gelten auch die bei Versicherungsunternehmungen auf Gegenseitigkeit zu entrichtenden Beiträge.

§ 2

Die Versicherung kann in der Weise genommen werden, daß sie in einem vor der Schließung des Vertrags liegenden Zeitpunkte beginnt.

Weiß in diesem Falle der Versicherer bei der Schließung des Vertrags, daß die Möglichkeit des Eintritts des Versicherungsfalls schon ausgeschlossen ist, so steht ihm ein Anspruch auf die Prämie nicht zu. Weiß der Versicherungsnehmer bei der Schließung des Vertrags, daß der Versicherungsfall schon eingetreten ist, so ist der Versicherer von der Verpflichtung zur Leistung frei; dem Versicherer gebührt, sofern er nicht bei der Schließung von dem Eintritte des Versicherungsfalls Kenntnis hatte, die Prämie bis zum Schlusse der Versicherungsperiode, in welcher er diese Kenntnis erlangt.

Wird der Vertrag durch einen Bevollmächtigten oder einen Vertreter ohne Vertretungsmacht geschlossen, so kommt in den Fällen des Abs. 2 nicht nur die Kenntnis des Vertreters, sondern auch die des Vertretenen in Betracht.

§ 5[3]

Weicht der Inhalt des Versicherungsscheins von dem Antrage oder den getroffenen Vereinbarungen ab, so gilt die Abweichung als genehmigt, wenn der Versicherungsnehmer nicht innerhalb eines Monats nach Empfang des Versicherungsscheins schriftlich widerspricht.

Diese Genehmigung ist jedoch nur dann anzunehmen, wenn der Versicherer den Versicherungsnehmer bei Aushändigung des Versicherungsscheins darauf hingewiesen hat, daß Abweichungen als genehmigt gelten, wenn der Versicherungsnehmer nicht innerhalb eines Monats nach Empfang des Versicherungsscheins schriftlich widerspricht. Der Hinweis hat durch besondere schriftliche Mitteilung oder durch einen auffälligen Vermerk in dem Versicherungsschein, der aus dem übrigen Inhalt des Versicherungsscheins hervorgehoben ist, zu geschehen; auf die einzelnen Abweichungen ist besonders aufmerksam zu machen.

Hat der Versicherer den Vorschriften des Abs. 2 nicht entsprochen, so ist die Abweichung für den Versicherungsnehmer unverbindlich und der Inhalt des Versicherungsantrags insoweit als vereinbart anzusehen.

---

[3]) In der Fassung der VO v. 19. 12. 1939.

12. Auszug aus dem Versicherungsvertragsgesetz v. 30. 5. 08

Eine Vereinbarung, durch welche der Versicherungsnehmer darauf verzichtet, den Vertrag wegen Irrtums anzufechten, ist unwirksam.

§ 6[4])

Ist im Vertrag bestimmt, daß bei Verletzung einer Obliegenheit, die vor dem Eintritt des Versicherungsfalls dem Versicherer gegenüber zu erfüllen ist, der Versicherer von der Verpflichtung zur Leistung frei sein soll, so tritt die vereinbarte Rechtsfolge nicht ein, wenn die Verletzung als eine unverschuldete anzusehen ist. Der Versicherer kann den Vertrag innerhalb eines Monats, nachdem er von der Verletzung Kenntnis erlangt hat, ohne Einhaltung einer Kündigungsfrist kündigen, es sei denn, daß die Verletzung als eine unverschuldete anzusehen ist. Kündigt der Versicherer innerhalb eines Monats nicht, so kann er sich auf die vereinbarte Leistungsfreiheit nicht berufen.

Ist eine Obliegenheit verletzt, die von dem Versicherungsnehmer zum Zwecke der Verminderung der Gefahr oder der Verhütung einer Gefahrerhöhung dem Versicherer gegenüber zu erfüllen ist, so kann sich der Versicherer auf die vereinbarte Leistungsfreiheit nicht berufen, wenn die Verletzung keinen Einfluß auf den Eintritt des Versicherungsfalls oder den Umfang der ihm obliegenden Leistung gehabt hat.

Ist die Leistungsfreiheit für den Fall vereinbart, daß eine Obliegenheit verletzt wird, die nach dem Eintritt des Versicherungsfalls dem Versicherer gegenüber zu erfüllen ist, so tritt die vereinbarte Rechtsfolge nicht ein, wenn die Verletzung weder auf Vorsatz noch auf grober Fahrlässigkeit beruht. Bei grobfahrlässiger Verletzung bleibt der Versicherer zur Leistung insoweit verpflichtet, als die Verletzung Einfluß weder auf die Feststellung des Versicherungsfalls noch auf die Feststellung oder den Umfang der dem Versicherer obliegenden Leistung gehabt hat.

Eine Vereinbarung, nach welcher der Versicherer bei Verletzung einer Obliegenheit zum Rücktritt berechtigt sein soll, ist unwirksam.

§ 9

Als Versicherungsperiode im Sinne dieses Gesetzes gilt, falls nicht die Prämie nach kürzeren Zeitabschnitten bemessen ist, der Zeitraum eines Jahres.

§ 10

Hat der Versicherungsnehmer seine Wohnung geändert, die Änderung aber dem Versicherer nicht mitgeteilt, so genügt für eine Willenserklärung,

---

4) In der Fassung des Pflichtversicherungsgesetzes vom 7. 11. 1939 und der Verordnungen v. 19. 12. 1939 und 28. 12. 1942.

die dem Versicherungsnehmer gegenüber abzugeben ist, die Absendung eines eingeschriebenen Briefes nach der letzten dem Versicherer bekannten Wohnung. Die Erklärung wird in dem Zeitpunkte wirksam, in welchem sie ohne die Wohnungsänderung bei regelmäßiger Beförderung dem Versicherungsnehmer zugegangen sein würde.

Hat der Versicherungsnehmer die Versicherung in seinem Gewerbebetriebe genommen, so finden bei einer Verlegung der gewerblichen Niederlassung die Vorschriften des Abs. 1 entsprechende Anwendung.

§ 11[5])

Geldleistungen des Versicherers sind mit Beendigung der zur Feststellung des Versicherungsfalls und des Umfangs der Leistung des Versicherers nötigen Erhebungen fällig.

Sind diese Erhebungen bis zum Ablaufe eines Monats seit der Anzeige des Versicherungsfalls nicht beendet, so kann der Versicherungsnehmer in Anrechnung auf die Gesamtforderung Abschlagzahlungen in Höhe des Betrages verlangen, den der Versicherer nach Lage der Sache mindestens zu zahlen hat.

Der Lauf der Frist ist gehemmt, solange die Beendigung der Erhebungen infolge eines Verschuldens des Versicherungsnehmers gehindert ist.

Eine Vereinbarung, durch welche der Versicherer von der Verpflichtung, Verzugszinsen zu zahlen, befreit wird, ist unwirksam.

§ 12[5a])

Die Ansprüche aus dem Versicherungsvertrage verjähren in zwei Jahren, bei der Lebensversicherung in fünf Jahren. Die Verjährung beginnt mit dem Schluß des Jahres, in welchem die Leistung verlangt werden kann.

Ist ein Anspruch des Versicherungsnehmers bei dem Versicherer angemeldet worden, so ist die Verjährung bis zum Eingange der schriftlichen Entscheidung des Versicherers gehemmt.

Der Versicherer ist von der Verpflichtung zur Leistung frei, wenn der Anspruch auf die Leistung nicht innerhalb von sechs Monaten gerichtlich geltend gemacht wird. Die Frist beginnt erst, nachdem der Versicherer dem Versicherungsnehmer gegenüber den erhobenen Anspruch unter Angabe der mit dem Ablaufe der Frist verbundenen Rechtsfolge schriftlich abgelehnt hat.

Zweiter Titel. Anzeigepflicht. Gefahrerhöhung

§ 16

Der Versicherungsnehmer hat bei der Schließung des Vertrags alle ihm bekannten Umstände, die für die Übernahme der Gefahr erheblich sind, dem Versicherer anzuzeigen. Erheblich sind die Gefahrumstände, die geeignet sind, auf den Entschluß des Versicherers, den Vertrag überhaupt oder zu

---

5) In der Fassung der VO v. 19. 12. 1939.
5a) Abs. 2 und 3 in der Fassung der VO v. 19. 12. 1939.

dem vereinbarten Inhalt abzuschließen, einen Einfluß auszuüben. Ein Umstand, nach welchem der Versicherer ausdrücklich und schriftlich gefragt hat, gilt im Zweifel als erheblich.[6])

Ist dieser Vorschrift zuwider die Anzeige eines erheblichen Umstandes unterblieben, so kann der Versicherer von dem Vertrage zurücktreten. Das gleiche gilt, wenn die Anzeige eines erheblichen Umstandes deshalb unterblieben ist, weil sich der Versicherungsnehmer der Kenntnis des Umstandes arglistig entzogen hat.

Der Rücktritt ist ausgeschlossen, wenn der Versicherer den nicht angezeigten Umstand kannte oder wenn die Anzeige ohne Verschulden des Versicherungsnehmers unterblieben ist.

§ 17

Der Versicherer kann von dem Vertrag auch dann zurücktreten, wenn über einen erheblichen Umstand eine unrichtige Anzeige gemacht worden ist.

Der Rücktritt ist ausgeschlossen, wenn die Unrichtigkeit dem Versicherer bekannt war oder die Anzeige ohne Verschulden des Versicherungsnehmers unrichtig gemacht worden ist.

§ 18[7])

Hatte der Versicherungsnehmer die Gefahrumstände an der Hand schriftlicher von dem Versicherer gestellter Fragen anzuzeigen, so kann der Versicherer wegen unterbliebener Anzeige eines Umstandes, nach welchem nicht ausdrücklich gefragt worden ist, nur im Falle arglistiger Verschweigung zurücktreten.

§ 19

Wird der Vertrag von einem Bevollmächtigten oder von einem Vertreter ohne Vertretungsmacht geschlossen, so kommt für das Rücktrittsrecht des Versicherers nicht nur die Kenntnis und die Arglist des Vertreters, sondern auch die Kenntnis und die Arglist des Versicherungsnehmers in Betracht. Der Versicherungsnehmer kann sich darauf, daß die Anzeige eines erheblichen Umstandes ohne Verschulden unterblieben oder unrichtig gemacht ist, nur berufen, wenn weder dem Vertreter noch ihm selbst ein Verschulden zur Last fällt.

§ 20

Der Rücktritt kann nur innerhalb eines Monats erfolgen. Die Frist beginnt mit dem Zeitpunkt, in welchem der Versicherer von der Verletzung der Anzeigepflicht Kenntnis erlangt.

Der Rücktritt erfolgt durch Erklärung gegenüber dem Versicherungsnehmer. Im Falle des Rücktritts sind, soweit dieses Gesetz nicht in Ansehung der Prämie ein anderes bestimmt, beide Teile verpflichtet, einander die empfangenen Leistungen zurückzugewähren; eine Geldsumme ist von der Zeit des Empfanges an zu verzinsen.

§ 21

Tritt der Versicherer zurück, nachdem der Versicherungsfall eingetreten ist, so bleibt seine Verpflichtung zur Leistung gleichwohl bestehen, wenn der

6) Abs. 1 Satz 2 und 3 in der Fassung der VO v. 19. 12. 39.
7) Abs. 1 ist durch die VO v. 19. 12. 39 gestrichen worden (jetzt § 16 Abs. 1 Satz 3).

Umstand, in Ansehung dessen die Anzeigepflicht verletzt ist, keinen Einfluß auf den Eintritt des Versicherungsfalls und auf den Umfang der Leistung des Versicherers gehabt hat.

§ 22

Das Recht des Versicherers, den Vertrag wegen arglistiger Täuschung über Gefahrumstände anzufechten, bleibt unberührt.

§ 23

Nach dem Abschlusse des Vertrags darf der Versicherungsnehmer nicht ohne Einwilligung des Versicherers eine Erhöhung der Gefahr vornehmen oder deren Vornahme durch einen Dritten gestatten.

Erlangt der Versicherungsnehmer Kenntnis davon, daß durch eine von ihm ohne Einwilligung des Versicherers vorgenommene oder gestattete Änderung die Gefahr erhöht ist, so hat er dem Versicherer unverzüglich Anzeige zu machen.

§ 24

Verletzt der Versicherungsnehmer die Vorschrift des § 23 Abs. 1, so kann der Versicherer das Versicherungsverhältnis ohne Einhaltung einer Kündigungsfrist kündigen. Beruht die Verletzung nicht auf einem Verschulden des Versicherungsnehmers, so braucht dieser die Kündigung erst mit dem Ablauf eines Monats gegen sich gelten zu lassen.

Das Kündigungsrecht erlischt, wenn es nicht innerhalb eines Monats vom dem Zeitpunkt an ausgeübt wird, in welchem der Versicherer von der Erhöhung der Gefahrt Kenntnis erlangt, oder wenn der Zustand wiederhergestellt ist, der vor der Erhöhung bestanden hat.

§ 25

Der Versicherer ist im Falle einer Verletzung der Vorschrift des § 23 Abs. 1 von der Verpflichtung zur Leistung frei, wenn der Versicherungsfall nach der Erhöhung der Gefahr eintritt.

Die Verpflichtung des Versicherers bleibt bestehen, wenn die Verletzung nicht auf einem Verschulden des Versicherungsnehmers beruht. Der Versicherer ist jedoch auch in diesem Falle von der Verpflichtung zur Leistung frei, wenn die im § 23 Abs. 2 vorgesehene Anzeige nicht unverzüglich gemacht wird und der Versicherungsfall später als einen Monat nach dem Zeitpunkt, in welchem die Anzeige dem Versicherer hätte zugehen müssen, eintritt, es sei denn, daß ihm in diesem Zeitpunkte die Erhöhung der Gefahr bekannt war.

Die Verpflichtung des Versicherers zur Leistung bleibt auch dann bestehen, wenn zur Zeit des Eintritts des Versicherungsfalls die Frist für die Kündigung des Versicherers abgelaufen und eine Kündigung nicht erfolgt ist oder wenn die Erhöhung der Gefahr keinen Einfluß auf den Eintritt des Versicherungsfalls und auf den Umfang der Leistung des Versicherers gehabt hat.

12. Auszug aus dem Versicherungsvertragsgesetz v. 30. 5. 08

§ 26

Die Vorschriften der §§ 23 bis 25 finden keine Anwendung, wenn der Versicherungsnehmer zu der Erhöhung der Gefahr durch das Interesse des Versicherers oder durch ein Ereignis, für welches der Versicherer haftet, oder durch ein Gebot der Menschlichkeit veranlaßt wird.

§ 27

Tritt nach dem Abschlusse des Vertrags eine Erhöhung der Gefahr unabhängig von dem Willen des Versicherungsnehmers ein, so ist der Versicherer berechtigt, das Versicherungsverhältnis unter Einhaltung einer Kündigungsfrist von einem Monate zu kündigen. Die Vorschriften des § 24 Abs. 2 finden Anwendung.

Der Versicherungsnehmer hat, sobald er von der Erhöhung der Gefahr Kenntnis erlangt, dem Versicherer unverzüglich Anzeige zu machen.

§ 28

Wird die im § 27 Abs. 2 vorgesehene Anzeige nicht unverzüglich gemacht, so ist der Versicherer von der Verpflichtung zur Leistung frei, wenn der Versicherungsfall später als einen Monat nach dem Zeitpunkt eintritt, in welchem die Anzeige dem Versicherer hätte zugehen müssen.

Die Verpflichtung des Versicherers bleibt bestehen, wenn ihm die Erhöhung der Gefahr in dem Zeitpunkte bekannt war, im welchem ihm die Anzeige hätte zugehen müssen. Das gleiche gilt wenn zur Zeit des Eintritts des Versicherungsfalls die Frist für die Kündigung des Versicherers abgelaufen und eine Kündigung nicht erfolgt ist oder wenn die Erhöhung der Gefahr keinen Einfluß auf den Eintritt des Versicherungsfalls und auf den Umfang der Leistung des Versicherers gehabt hat.

§ 32[8])

Eine Vereinbarung, durch welche der Versicherungsnehmer bestimmte Obliegenheiten zum Zwecke der Verminderung der Gefahr oder zum Zwecke der Verhütung einer Gefahrerhöhung übernimmt, wird durch die Vorschriften dieses Titels nicht berührt.

§ 33

Nach dem Eintritte des Versicherungsfalls hat der Versicherungsnehmer, sobald er von dem Eintritte Kenntnis erlangt, dem Versicherer unverzüglich Anzeige zu machen.

Auf eine Vereinbarung, nach welcher der Versicherer von der Verpflichtung zur Leistung frei sein soll, wenn der Pflicht zur Anzeige des Versicherungsfalls nicht genügt wird, kann sich der Versicherer nicht berufen, sofern er in anderer Weise von dem Eintritte des Versicherungsfalls rechtzeitig Kenntnis erlangt hat.

---

8) Satz 2 ist durch das Pflichtversicherungsgesetz v. 7. 11. 1939 gestrichen worden. Jetzt § 6 Abs. 2 VVG.

§ 34

Der Versicherer kann nach dem Eintritte des Versicherungsfalls verlangen, daß der Versicherungsnehmer jede Auskunft erteilt, die zur Feststellung des Versicherungsfalls oder des Umfanges der Leistungspflicht des Versicherers erforderlich ist.

Belege kann der Versicherer insoweit fordern, als die Beschaffung dem Versicherungsnehmer billigerweise zugemutet werden kann.[9]

§ 34 a[10]

Auf eine Vereinbarung, durch welche von den Vorschriften der §§ 16 bis 29 a und des § 34 Abs. 2 zum Nachteile des Versicherungsnehmers abgewichen wird, kann sich der Versicherer nicht berufen. Jedoch kann für die dem Versicherungsnehmer obliegenden Anzeigen die schriftliche Form bedungen werden.

Dritter Titel. Prämie

§ 35

Der Versicherungsnehmer hat die Prämie und, wenn laufende Prämien bedungen sind, die erste Prämie sofort nach dem Abschlusse des Vertrags zu zahlen. Er ist zur Zahlung nur gegen Aushändigung des Versicherungsscheins verpflichtet, es sei denn, daß die Ausstellung eines Versicherungsscheins ausgeschlossen ist.

§ 35 a[11]

Fällige Prämien oder sonstige ihm auf Grund des Vertrags gebührende Zahlungen muß der Versicherer vom Versicherten bei der Versicherung für fremde Rechnung, ferner vom Bezugsberechtigten, der ein Recht auf die Leistung des Versicherers erworben hat, sowie vom Pfandgläubiger auch dann annehmen, wenn er nach den Vorschriften des bürgerlichen Rechts die Zahlung zurückweisen könnte.

Ein Pfandrecht an der Versicherungsforderung kann auch wegen der Beträge und ihrer Zinsen geltend gemacht werden, die der Pfandgläubiger zur Entrichtung von Prämien oder sonstigen dem Versicherer auf Grund des Vertrags gebührenden Zahlungen verwendet hat.

§ 35 b[11]

Der Versicherer kann den Betrag einer fälligen Prämienforderung oder einer anderen ihm aus dem Vertrag zustehenden Forderung von der ihm nach diesem Vertrag obliegenden Leistung in Abzug bringen, auch wenn er die Leistung nicht dem Versicherungsnehmer, sondern einem Dritten schuldet.

---

[9] Abs. 2 Satz 2 ist durch die VO v. 19. 12. 1939 gestrichen worden. Jetzt § 34 a Satz 1.
[10] Eingefügt durch VO v. 19. 12. 1939.
[11] Eingefügt durch das Pflichtversicherungsgesetz v. 7. 11. 1939.

12. Auszug aus dem Versicherungsvertragsgesetz v. 30. 5. 08

§ 38[12])

Wird die erste oder einmalige Prämie nicht rechtzeitig gezahlt, so ist der Versicherer, solange die Zahlung nicht bewirkt ist, berechtigt, vom Vertrage zurückzutreten. Es gilt als Rücktritt, wenn der Anspruch auf die Prämie nicht innerhalb von drei Monaten vom Fälligkeitstage an gerichtlich geltend gemacht wird.

Ist die Prämie zur Zeit des Eintritts des Versicherungsfalls noch nicht gezahlt, so ist der Versicherer von der Verpflichtung zur Leistung frei.

§ 39[12])

Wird eine Folgeprämie nicht rechtzeitig gezahlt, so kann der Versicherer dem Versicherungsnehmer auf dessen Kosten schriftlich eine Zahlungsfrist von mindestens zwei Wochen bestimmen; zur Unterzeichnung genügt eine Nachbildung der eigenhändigen Unterschrift. Dabei sind die Rechtsfolgen anzugeben, die nach Abs. 2, 3 mit dem Ablaufe der Frist verbunden sind. Eine Fristbestimmung, die ohne Beachtung dieser Vorschriften erfolgt, ist unwirksam.

Tritt der Versicherungsfall nach dem Ablaufe der Frist ein, und ist der Versicherungsnehmer zur Zeit des Eintritts mit der Zahlung der Prämie oder der geschuldeten Zinsen oder Kosten im Verzuge, so ist der Versicherer von der Verpflichtung zur Leistung frei.

Der Versicherer kann nach dem Ablaufe der Frist, wenn der Versicherungsnehmer mit der Zahlung im Verzuge ist, das Versicherungsverhältnis ohne Einhaltung einer Kündigungsfrist kündigen. Die Kündigung kann bereits bei der Bestimmung der Zahlungsfrist dergestalt erfolgen, daß sie mit Fristablauf wirksam wird, wenn der Versicherungsnehmer in diesem Zeitpunkte mit der Zahlung im Verzuge ist; hierauf ist der Versicherungsnehmer bei der Kündigung ausdrücklich hinzuweisen. Die Wirkungen der Kündigung fallen fort, wenn der Versicherungsnehmer innerhalb eines Monats nach der Kündigung oder, falls die Kündigung mit der Fristbestimmung verbunden worden ist, innerhalb eines Monats nach dem Ablaufe der Zahlungsfrist die Zahlung nachholt, sofern nicht der Versicherungsfall bereits eingetreten ist.

Soweit die in Abs. 2, 3 bezeichneten Rechtsfolgen davon abhängen, daß Zinsen oder Kosten nicht gezahlt worden sind, treten sie nur ein, wenn die Fristbestimmung die Höhe der Zinsen oder den Betrag der Kosten angibt.

§ 40[12])

Wird das Versicherungsverhältnis wegen Verletzung einer Obliegenheit oder wegen Gefahrerhöhung auf Grund der Vorschriften des zweiten Titels durch Kündigung oder Rücktritt aufgehoben oder wird der Versicherungsvertrag durch den Versicherer angefochten, so gebührt dem Versicherer gleichwohl die Prämie bis zum Schluß der Versicherungsperiode, in der er von der Verletzung der Obliegenheit, der Gefahrerhöhung oder von dem

---

12) In der Fassung der VO v. 19. 12. 1939.

Anfechtungsgrunde Kenntnis erlangt hat. Wird die Kündigung erst in der folgenden Versicherungsperiode wirksam, so gebührt ihm die Prämie bis zur Beendigung des Versicherungsverhältnisses.

Wird das Versicherungsverhältnis wegen nicht rechtzeitiger Zahlung der Prämie nach § 39 gekündigt, so gebührt dem Versicherer die Prämie bis zur Beendigung der laufenden Versicherungsperiode. Tritt der Versicherer nach § 38 Abs. 1 zurück, so kann er nur eine angemessene Geschäftsgebühr verlangen. Ist mit Genehmigung der Aufsichtsbehörde in den Versicherungsbedingungen ein bestimmter Betrag für die Geschäftsgebühr festgesetzt, so gilt dieser als angemessen.

Endigt das Versicherungsverhältnis nach § 13 oder wird es vom Versicherer auf Grund einer Vereinbarung nach § 14 gekündigt, so kann der Versicherungsnehmer den auf die Zeit nach der Beendigung des Versicherungsverhältnisses entfallenden Teil der Prämie unter Abzug der für diese Zeit aufgewendeten Kosten zurückfordern.

§ 41

Ist die dem Versicherungsnehmer bei der Schließung des Vertrags obliegende Anzeigepflicht verletzt worden, das Rücktrittsrecht des Versicherers aber ausgeschlossen, weil dem anderen Teile ein Verschulden nicht zur Last fällt, so kann der Versicherer, falls mit Rücksicht auf die höhere Gefahr eine höhere Prämie angemessen ist, von dem Beginne der laufenden Versicherungsperiode an die höhere Prämie verlangen. Das gleiche gilt, wenn bei der Schließung des Vertrags ein für die Übernahme der Gefahr erheblicher Umstand dem Versicherer nicht angezeigt worden ist, weil er dem anderen Teile nicht bekannt war.

Wird die höhere Gefahr nach den für den Geschäftsbetrieb des Versicherers maßgebenden Grundsätzen auch gegen eine höhere Prämie nicht übernommen, so kann der Versicherer das Versicherungsverhältnis unter Einhaltung einer Kündigungsfrist von einem Monate kündigen. § 40 Abs. 1 gilt sinngemäß.[13])

Der Anspruch auf die höhere Prämie erlischt, wenn er nicht innerhalb eines Monats von dem Zeitpunkt an geltend gemacht wird, in welchem der Versicherer von der Verletzung der Anzeigepflicht oder von dem nicht angezeigten Umstande Kenntnis erlangt. Das gleiche gilt von dem Kündigungsrechte, wenn es nicht innerhalb des bezeichneten Zeitraums ausgeübt wird.

§ 41 a[14])

Ist wegen bestimmter, die Gefahr erhöhender Umstände eine höhere Prämie vereinbart, so kann der Versicherungsnehmer, wenn diese Umstände in der Zeit zwischen Stellung und Annahme des Antrags oder nach Abschluß des Vertrags wegfallen oder ihre Bedeutung verlieren, verlangen, daß die Prämie für die künftigen Versicherungsperioden angemessen herabgesetzt wird.

---

13) Abs. 2 Satz 2 durch VO v. 19. 12. 1939 eingefügt.
14) Eingefügt durch VO v. 19. 12. 1939.

Das gleiche gilt, wenn die Bemessung der höheren Prämie durch irrtümliche Angaben des Versicherungsnehmers über einen solchen Umstand veranlaßt worden ist.

§ 42[15])

Auf eine Vereinbarung, durch welche von den Vorschriften der §§ 37 bis 41 a zum Nachteile des Versicherungsnehmers abgewichen wird, kann sich der Versicherer nicht berufen.

Vierter Titel. Versicherungsagenten

§ 43[16])

Ein Versicherungsagent gilt, auch wenn er nur mit der Vermittelung von Versicherungsgeschäften betraut ist, als bevollmächtigt, in dem Versicherungszweige, für den er bestellt ist:

1. Anträge auf Schließung, Verlängerung oder Änderung eines Versicherungsvertrags sowie den Widerruf solcher Anträge entgegenzunehmen;
2. die Anzeigen, welche während der Versicherung zu machen sind, sowie Kündigungs- und Rücktrittserklärungen oder sonstige das Versicherungsverhältnis betreffende Erklärungen von dem Versicherungsnehmer entgegenzunehmen;
3. die von dem Versicherer ausgefertigten Versicherungsscheine oder Verlängerungsscheine auszuhändigen;
4. Prämien nebst Zinsen und Kosten anzunehmen, sofern er sich im Besitz einer vom Versicherer unterzeichneten Prämienrechnung befindet; zur Unterzeichnung genügt eine Nachbildung der eigenhändigen Unterschrift.

§ 44

Soweit nach den Vorschriften dieses Gesetzes die Kenntnis des Versicherers von Erheblichkeit ist, steht die Kenntnis eines nur mit der Vermittelung von Versicherungsgeschäften betrauten Agenten der Kenntnis des Versicherers nicht gleich.

§ 45

Ist ein Versicherungsagent zum Abschlusse von Versicherungsverträgen bevollmächtigt, so ist er auch befugt, die Änderung oder Verlängerung solcher Verträge zu vereinbaren sowie Kündigungs- und Rücktrittserklärungen abzugeben.

§ 46

Ist der Versicherungsagent ausdrücklich für einen bestimmten Bezirk bestellt, so beschränkt sich seine Vertretungsmacht auf Geschäfte und Rechtshandlungen, welche sich auf Versicherungsverträge über die in dem Bezirke befindlichen Sachen oder mit den im Bezirke gewöhnlich sich aufhaltenden Personen beziehen. In Ansehung der von ihm vermittelten oder abgeschlossenen Verträge bleibt der Agent ohne Rücksicht auf diese Beschränkung zur Vornahme von Geschäften und Rechtshandlungen ermächtigt.

---

15) In der Fassung der VO v. 19. 12. 1939.
16) Nr. 4 in der Fassung der VO v. 19. 12. 1939.

A. Wortlaut der Vorschriften und Bedingungen

§ 47

Eine Beschränkung der dem Versicherungsagenten nach den Vorschriften der §§ 43 bis 46 zustehenden Vertretungsmacht braucht ein Dritter nur dann gegen sich gelten zu lassen, wenn er die Beschränkung bei der Vornahme des Geschäfts oder der Rechtshandlung kannte oder infolge grober Fahrlässigkeit nicht kannte. Auf eine abweichende Vereinbarung kann sich der Versicherer nicht berufen.

§ 48

Hat ein Versicherungsagent den Vertrag vermittelt oder abgeschlossen, so ist für Klagen, die aus dem Versicherungsverhältnisse gegen den Versicherer erhoben werden, das Gericht des Ortes zuständig, wo der Agent zur Zeit der Vermittelung oder Schließung seine gewerbliche Niederlassung oder in Ermangelung einer gewerblichen Niederlassung seinen Wohnsitz hatte.

Die nach Abs. 1 begründete Zuständigkeit kann durch Vereinbarung nicht ausgeschlossen werden.

Zweiter Abschnitt

Schadensversicherung

Erster Titel. Vorschriften für die gesamte Schadensversicherung

I. Inhalt des Vertrages

§ 61

Der Versicherer ist von der Verpflichtung zur Leistung frei, wenn der Versicherungsnehmer den Versicherungsfall vorsätzlich oder durch grobe Fahrlässigkeit herbeiführt.

§ 62[1])

Der Versicherungsnehmer ist verpflichtet, bei dem Eintritte des Versicherungsfalls nach Möglichkeit für die Abwendung und Minderung des Schadens zu sorgen und dabei die Weisungen des Versicherers zu befolgen; er hat, wenn die Umstände es gestatten, solche Weisungen einzuholen. Sind mehrere Versicherer beteiligt und sind von ihnen entgegenstehende Weisungen gegeben, so hat der Versicherungsnehmer nach eigenem pflichtmäßigen Ermessen zu handeln.

Hat der Versicherungsnehmer diese Obliegenheiten verletzt, so ist der Versicherer von der Verpflichtung zur Leistung frei, es sei denn, daß die Verletzung weder auf Vorsatz noch auf grober Fahrlässigkeit beruht. Bei grobfahrlässiger Verletzung bleibt der Versicherer zur Leistung insoweit verpflichtet, als der Umfang des Schadens auch bei gehöriger Erfüllung der Obliegenheiten nicht geringer gewesen wäre.

---

1) Abs. 2 eingefügt durch VO v. 19. 12. 1939.

12. Auszug aus dem Versicherungsvertragsgesetz v. 30. 5. 08

§ 63

Aufwendungen, die der Versicherungsnehmer gemäß § 62 macht, fallen, auch wenn sie erfolglos bleiben, dem Versicherer zur Last, soweit der Versicherungsnehmer sie den Umständen nach für geboten halten durfte. Der Versicherer hat Aufwendungen, die in Gemäßheit der von ihm gegebenen Weisungen gemacht worden sind, auch insoweit zu ersetzen, als sie zusammen mit der übrigen Entschädigung die Versicherungssumme übersteigen. Er hat den für die Aufwendungen erforderlichen Betrag auf Verlangen des Versicherungsnehmers vorzuschießen.

Bei einer Unterversicherung sind die Aufwendungen nur nach dem in den §§ 56, 57 bezeichneten Verhältnisse zu erstatten.

§ 64

Sollen nach dem Vertrag einzelne Voraussetzungen des Anspruchs aus der Versicherung oder die Höhe des Schadens durch Sachverständige festgestellt werden, so ist die getroffene Feststellung nicht verbindlich, wenn sie offenbar von der wirklichen Sachlage erheblich abweicht. Die Feststellung erfolgt in diesem Falle durch Urteil. Das gleiche gilt, wenn die Sachverständigen die Feststellung nicht treffen können oder wollen oder sie verzögern.

Sind nach dem Vertrage die Sachverständigen durch das Gericht zu ernennen, so ist für die Ernennung das Amtsgericht zuständig, in dessen Bezirke der Schaden entstanden ist. Durch eine ausdrückliche Vereinbarung der Beteiligten kann die Zuständigkeit eines anderen Amtsgerichts begründet werden. Eine Anfechtung der Verfügung, durch welche dem Antrag auf Ernennung der Sachverständigen stattgegeben wird, ist ausgeschlossen.

Eine Vereinbarung, durch welche von der Vorschrift des Abs. 1 Satz 1 abgewichen wird, ist nichtig.

§ 67

Steht dem Versicherungsnehmer ein Anspruch auf Ersatz des Schadens gegen einen Dritten zu, so geht der Anspruch auf den Versicherer über, soweit dieser dem Versicherungsnehmer den Schaden ersetzt. Der Übergang kann nicht zum Nachteile des Versicherungsnehmers geltend gemacht werden. Gibt der Versicherungsnehmer seinen Anspruch gegen den Dritten oder ein zur Sicherung des Anspruchs dienendes Recht auf, so wird der Versicherer von seiner Ersatzpflicht insoweit frei, als er aus dem Anspruch oder dem Rechte hätte Ersatz erlangen können.

Richtet sich der Ersatzanspruch des Versicherungsnehmers gegen einen mit ihm in häuslicher Gemeinschaft lebenden Familienangehörigen, so ist der Übergang ausgeschlossen; der Anspruch geht jedoch über, wenn der Angehörige den Schaden vorsätzlich verursacht hat.

§ 68[2])

Besteht das versicherte Interesse bei dem Beginn der Versicherung nicht oder gelangt, falls die Versicherung für ein künftiges Unternehmen oder

[2]) In der Fassung der VO v. 6. 4. 1943.

sonst für ein künftiges Interesse genommen ist, das Interesse nicht zur Entstehung, so ist der Versicherungsnehmer von der Verpflichtung zur Zahlung der Prämie frei; der Versicherer kann eine angemessene Geschäftsgebühr verlangen.

Fällt das versicherte Interesse nach dem Beginn der Versicherung weg, so gebührt dem Versicherer die Prämie, die er hätte erheben können, wenn die Versicherung nur bis zu dem Zeitpunkt beantragt worden wäre, in welchem der Versicherer von dem Wegfall des Interesses Kenntnis erlangt.

Fällt das versicherte Interesse nach dem Beginn der Versicherung durch ein Kriegsereignis oder durch eine behördliche Maßnahme aus Anlaß eines Krieges weg oder ist der Wegfall des Interesses die unvermeidliche Folge eines Krieges, so gebührt dem Versicherer nur der Teil der Prämie, welcher der Dauer der Gefahrtragung entspricht.

Fällt das versicherte Interesse weg, weil der Versicherungsfall eingetreten ist,so gebührt dem Versicherer die Prämie für die laufende Versicherungsperiode.

§ 68 a[3])

Auf eine Vereinbarung, durch welche von den Vorschriften des § 51 Abs. 1, 2 und der §§ 62, 67, 68 zum Nachteile des Versicherungsnehmers abgewichen wird, kann sich der Versicherer nicht berufen.

II. Veräußerung der versicherten Sache

§ 69

Wird die versicherte Sache von dem Versicherungsnehmer veräußert, so tritt an Stelle des Veräußerers der Erwerber in die während der Dauer seines Eigentums aus dem Versicherungsverhältnisse sich ergebenden Rechte und Pflichten des Versicherungsnehmers ein.

Für die Prämie, welche auf die zur Zeit des Eintritts laufende Versicherungsperiode entfällt, haften der Veräußerer und der Erwerber als Gesamtschuldner.

Der Versicherer hat in Ansehung der durch das Versicherungsverhältnis gegen ihn begründeten Forderungen die Veräußerung erst dann gegen sich gelten zu lassen, wenn er von ihr Kenntnis erlangt; die Vorschriften der §§ 406 bis 408 des Bürgerlichen Gesetzbuchs finden entsprechende Anwendung.

§ 70[4])

Der Versicherer ist berechtigt, dem Erwerber das Versicherungsverhältnis unter Einhaltung einer Frist von einem Monate zu kündigen. Das Kündigungsrecht erlischt, wenn der Versicherer es nicht innerhalb eines Monats von dem Zeitpunkt an ausübt, in welchem er von der Veräußerung Kenntnis erlangt.

Der Erwerber ist berechtigt, das Versicherungsverhältnis zu kündigen; die Kündigung kann nur mit sofortiger Wirkung oder auf den Schluß der

[3]) Eingefügt durch VO v. 19. 12. 1939; in der Fassung der VO v. 6. 4. 1943.
[4]) Abs. 2 Satz 1 in der Fassung der VO v. 19. 12. 1939.

laufenden Versicherungsperiode erfolgen. Das Kündigungsrecht erlischt, wenn es nicht innerhalb eines Monats nach dem Erwerb ausgeübt wird; hatte der Erwerber von der Versicherung keine Kenntnis, so bleibt das Kündigungsrecht bis zum Ablauf eines Monats von dem Zeitpunkt an bestehen, in welchem der Erwerber von der Versicherung Kenntnis erlangt.

Wird das Versicherungsverhältnis auf Grund dieser Vorschriften gekündigt, so hat der Veräußerer dem Versicherer die Prämie zu zahlen, jedoch nicht über die zur Zeit der Beendigung des Versicherungsverhältnisses laufende Versicherungsperiode hinaus; eine Haftung des Erwerbers für die Prämie findet in diesen Fällen nicht statt.

§ 71

Die Veräußerung ist dem Versicherer unverzüglich anzuzeigen. Wird die Anzeige weder von dem Erwerber noch von dem Veräußerer unverzüglich gemacht, so ist der Versicherer von der Verpflichtung zur Leistung frei, wenn der Versicherungsfall später als einen Monat nach dem Zeitpunkt eintritt, in welchem die Anzeige dem Versicherer hätte zugehen müssen.

Die Verpflichtung des Versicherers zur Leistung bleibt bestehen, wenn ihm die Veräußerung in dem Zeitpunkte bekannt war, in welchem ihm die Anzeige hätte zugehen müssen. Das gleiche gilt, wenn zur Zeit des Eintritts des Versicherungsfalls die Frist für die Kündigung des Versicherers abgelaufen und eine Kündigung nicht erfolgt ist.

§ 72

Auf eine Bestimmung des Versicherungsvertrags, durch welche von den Vorschriften der §§ 69 bis 71 zum Nachteile des Erwerbers abgewichen wird, kann sich der Versicherer nicht berufen. Jedoch kann für die Kündigung, zu der nach § 70 Abs. 2 der Erwerber berechtigt ist, sowie für die Anzeige der Veräußerung die schriftliche Form bedungen werden.

§ 73

Bei einer Zwangsversteigerung der versicherten Sache finden die Vorschriften der §§ 69 bis 72 entsprechende Anwendung.

III. Versicherung für fremde Rechnung

§ 74

Die Versicherung kann von demjenigen, welcher den Vertrag mit dem Versicherer schließt, im eigenen Namen für einen anderen, mit oder ohne Benennung der Person des Versicherten, genommen werden (Versicherung für fremde Rechnung).

Wird die Versicherung für einen anderen genommen, so ist, auch wenn der andere benannt wird, im Zweifel anzunehmen, daß der Vertragschließende nicht als Vertreter, sondern im eigenen Namen für fremde Rechnung handelt.

§ 75

Bei der Versicherung für fremde Rechnung stehen die Rechte aus dem Versicherungsvertrage dem Versicherten zu. Die Aushändigung eines Versicherungsscheins kann jedoch nur der Versicherungsnehmer verlangen.

Der Versicherte kann ohne Zustimmung des Versicherungsnehmers über seine Rechte nur verfügen und diese Rechte nur gerichtlich geltend machen, wenn er im Besitz eines Versicherungsscheins ist.

§ 76

Der Versicherungsnehmer kann über die Rechte, welche dem Versicherten aus dem Versicherungsvertrage zustehen, im eigenen Namen verfügen.

Ist ein Versicherungsschein ausgestellt, so ist der Versicherungsnehmer ohne Zustimmung des Versicherten zur Annahme der Zahlung sowie zur Übertragung der Rechte des Versicherten nur befugt, wenn er im Besitze des Scheines ist.

Der Versicherer ist zur Zahlung an den Versicherungsnehmer nur verpflichtet, wenn dieser ihm gegenüber nachweist, daß der Versicherte seine Zustimmung zu der Versicherung erteilt hat.

§ 77

Der Versicherungsnehmer ist nicht verpflichtet, dem Versicherten oder, falls über das Vermögen des Versicherten der Konkurs eröffnet ist, der Konkursmasse den Versicherungsschein auszuliefern, bevor er wegen der ihm gegen den Versicherten in bezug auf die versicherte Sache zustehenden Ansprüche befriedigt ist. Er kann sich für diese Ansprüche aus der Entschädigungsforderung gegen den Versicherer und nach der Einziehung der Forderung aus der Entschädigungssumme vor dem Versicherten und dessen Gläubigern befriedigen.

§ 78[5])

§ 79[5a])

Soweit nach den Vorschriften dieses Gesetzes die Kenntnis und das Verhalten des Versicherungsnehmers von rechtlicher Bedeutung ist, kommt bei der Versicherung für fremde Rechnung auch die Kenntnis und das Verhalten des Versicherten in Betracht.

Auf die Kenntnis des Versicherten kommt es nicht an, wenn der Vertrag ohne sein Wissen geschlossen worden ist oder eine rechtzeitige Benachrichtigung des Versicherungsnehmers nicht tunlich war.

Hat der Versicherungsnehmer den Vertrag ohne Auftrag des Versicherten geschlossen und bei der Schließung den Mangel des Auftrags dem Versicherer nicht angezeigt, so braucht dieser den Einwand, daß der Vertrag ohne Wissen des Versicherten geschlossen ist, nicht gegen sich gelten zu lassen.

---

5) Durch VO v. 19. 12. 1939 weggefallen (vgl. aber jetzt § 35 b).
5a) In der Fassung der VO v. 19. 12. 1939 (berichtigt durch VO v. 28. 12. 1942).

12. Auszug aus dem Versicherungsvertragsgesetz v. 30. 5. 08

§ 80

Ergibt sich aus den Umständen nicht, daß die Versicherung für einen anderen genommen werden soll, so gilt sie als für eigene Rechnung genommen.

Ist die Versicherung für Rechnung „wen es angeht" genommen oder ist sonst aus dem Vertrage zu entnehmen, daß unbestimmt gelassen werden soll, ob eigenes oder fremdes Interesse versichert ist, so kommen die Vorschriften der §§ 75 bis 79 zur Anwendung, wenn sich ergibt, daß fremdes Interesse versichert ist.

Sechster Titel. Haftpflichtversicherung
I. Allgemeine Vorschriften[6])

§ 149

Bei der Haftpflichtversicherung ist der Versicherer verpflichtet, dem Versicherungsnehmer die Leistung zu ersetzen, die dieser auf Grund seiner Verantwortlichkeit für eine während der Versicherungszeit eintretende Tatsache an einen Dritten zu bewirken hat.

§ 150[7])

Die Versicherung umfaßt die gerichtlichen und außergerichtlichen Kosten, die durch die Verteidigung gegen den von einem Dritten geltend gemachten Anspruch entstehen, soweit die Aufwendung der Kosten den Umständen nach geboten ist. Dies gilt auch dann, wenn sich der Anspruch als unbegründet erweist. Die Versicherung umfaßt auch die Kosten der Verteidigung in einem Strafverfahren, das wegen einer Tat eingeleitet wurde, welche die Verantwortlichkeit des Versicherungsnehmers einem Dritten gegenüber zur Folge haben könnte, sofern diese Kosten auf Weisung des Versicherers aufgewendet wurden. Der Versicherer hat die Kosten auf Verlangen des Versicherungsnehmers vorzuschießen.

Ist eine Versicherungssumme bestimmt, so hat der Versicherer Kosten, die in einem auf seine Veranlassung geführten Rechtsstreit entstehen, und Kosten der Verteidigung nach Abs. 1 Satz 3 auch insoweit zu ersetzen, als sie zusammen mit der übrigen Entschädigung die Versicherungssumme übersteigen. Das gleiche gilt von Zinsen, die der Versicherungsnehmer infolge einer vom Versicherer veranlaßten Verzögerung der Befriedigung des Dritten diesem zu entrichten hat.

Ist dem Versicherungsnehmer nachgelassen, die Vollstreckung einer gerichtlichen Entscheidung durch Sicherheitsleistung oder Hinterlegung abzuwenden, so hat auf sein Verlangen der Versicherer die Sicherheitsleistung oder Hinterlegung zu bewirken. Diese Verpflichtung besteht nicht über den Betrag der Versicherungssumme hinaus; haftet der Versicherer nach Abs. 2 für einen höheren Betrag, so tritt der Versicherungssumme der

6) Überschrift eingefügt durch das Pflichtversicherungsgesetz v. 7. 11. 1939.
7) Abs. 1 und 2 in der Fassung des Pflichtversicherungsgesetzes v. 7. 11. 1939.

Mehrbetrag hinzu. Der Versicherer ist von der Verpflichtung frei, wenn er den Anspruch des Dritten dem Versicherungsnehmer gegenüber als begründet anerkennt.

§ 151

Ist die Versicherung für die Haftpflicht aus einem geschäftlichen Betriebe des Versicherungsnehmers genommen, so erstreckt sie sich auf die Haftpflicht der Vertreter des Versicherungsnehmers sowie auf die Haftpflicht solcher Personen, welche er zur Leitung oder Beaufsichtigung des Betriebs oder eines Teiles des Betriebs angestellt hat. Die Versicherung gilt insoweit als für fremde Rechnung genommen.

Wird im Falle des Abs. 1 das Unternehmen an einen Dritten veräußert oder auf Grund eines Nießbrauchs, eines Pachtvertrags oder eines ähnlichen Verhältnisses von einem Dritten übernommen, so tritt an Stelle des Versicherungsnehmers der Dritte in die während der Dauer seiner Berechtigung sich aus dem Versicherungsverhältnis ergebenden Rechte und Pflichten ein. Die Vorschriften des § 69 Abs. 2, 3 und der §§ 70, 71 finden entsprechende Anwendung.

§ 152

Der Versicherer haftet nicht, wenn der Versicherungsnehmer vorsätzlich den Eintritt der Tatsache, für die er dem Dritten verantwortlich ist, widerrechtlich herbeigeführt hat.

§ 153[8])

Der Versicherungsnehmer hat innerhalb einer Woche die Tatsachen anzuzeigen, die seine Verantwortlichkeit gegenüber einem Dritten zur Folge haben könnten. § 6 Abs. 3, § 33 Abs. 2 gelten sinngemäß.

Macht der Dritte seinen Anspruch gegenüber dem Versicherungsnehmer geltend, so ist dieser zur Anzeige innerhalb einer Woche nach der Erhebung des Anspruchs verpflichtet.

Durch die Absendung der Anzeige werden die Fristen gewahrt.

Wird gegen den Versicherungsnehmer ein Anspruch gerichtlich geltend gemacht, das Armenrecht nachgesucht oder wird ihm gerichtlich der Streit verkündet, so hat er, wenngleich die Fristen noch laufen, die Anzeige unverzüglich zu erstatten. Das gleiche gilt, wenn gegen ihn wegen des den Anspruch begründenden Ereignisses ein Ermittlungsverfahren eingeleitet wird.

§ 154[9])

Der Versicherer hat die Entschädigung binnen zwei Wochen von dem Zeitpunkt an zu leisten, in welchem der Dritte von dem Versicherungsnehmer befriedigt oder der Anspruch des Dritten durch rechtskräftiges Urteil, durch Anerkenntnis oder Vergleich festgestellt worden ist. Soweit gemäß § 150 Kosten zu ersetzen sind, ist die Entschädigung binnen zwei Wochen von der Mitteilung der Berechnung an zu leisten.

---

[8]) In der Fassung des Pflichtversicherungsgesetzes v. 7. 11. 1939.
[9]) Abs. 2 in der Fassung des Pflichtversicherungsgesetzes v. 7. 11. 1939.

12. Auszug aus dem Versicherungsvertragsgesetz v. 30. 5. 08

Eine Vereinbarung, nach welcher der Versicherer von der Verpflichtung zur Leistung frei sein soll, wenn ohne seine Einwilligung der Versicherungsnehmer den Dritten befriedigt oder dessen Anspruch anerkennt, ist unwirksam, falls nach den Umständen der Versicherungsnehmer die Befriedigung oder die Anerkennung nicht ohne offenbare Unbilligkeit verweigern konnte.

§ 155

Ist der Versicherungsnehmer dem Dritten zur Gewährung einer Rente verpflichtet, so kann er, wenn die Versicherungssumme den Kapitalwert der Rente nicht erreicht, nur einen verhältnismäßigen Teil der Rente verlangen.

Hat der Versicherungsnehmer für die von ihm geschuldete Rente dem Dritten kraft Gesetzes Sicherheit zu leisten, so erstreckt sich die Verpflichtung des Versicherers auf die Leistung der Sicherheit.

§ 156[10])

Verfügungen über die Entschädigungsforderung aus dem Versicherungsverhältnis sind dem Dritten gegenüber unwirksam. Der rechtsgeschäftlichen Verfügung steht eine Verfügung gleich, die im Wege der Zwangsvollstrekkung oder der Arrestvollziehung erfolgt.

Ist die von dem Versicherungsnehmer an den Dritten zu bewirkende Leistung durch Vergleich, Anerkenntnis oder Urteil festgestellt, so ist der Versicherer nach vorheriger Benachrichtigung des Versicherungsnehmers berechtigt und auf Verlangen des Versicherungsnehmers verpflichtet, die Zahlung an den Dritten zu bewirken.

Sind mehrere Dritte vorhanden und übersteigen ihre Forderungen aus der die Verantwortlichkeit des Versicherungsnehmers begründenden Tatsache die Versicherungssumme, so hat der Versicherer nach Maßgabe des Abs. 2 die Forderungen nach dem Verhältnis ihrer Beträge zu berichtigen. Ist hierbei die Versicherungssumme erschöpft, so kann sich ein Dritter, der bei der Verteilung nicht berücksichtigt worden ist, nachträglich auf die Vorschrift des Abs. 1 nicht berufen, wenn der Versicherer mit der Geltendmachung dieser Ansprüche entschuldbarerweise nicht gerechnet hat.

§ 157

Ist über das Vermögen des Versicherungsnehmers der Konkurs eröffnet, so kann der Dritte wegen des ihm gegen den Versicherungsnehmer zustehenden Anspruchs abgesonderte Befriedigung aus der Entschädigungsforderung des Versicherungsnehmers verlangen.

§ 158

Hat nach dem Eintritt eines Versicherungsfalls der Versicherer dem Versicherungsnehmer gegenüber seine Verpflichtung zur Leistung der Entschädigung anerkannt oder die Leistung der fälligen Entschädigung verweigert, so ist jeder Teil berechtigt, das Versicherungsverhältnis zu kündigen. Das gleiche gilt, wenn der Versicherer dem Versicherungsnehmer die Weisung

10) In der Fassung des Pflichtversicherungsgesetzes v. 7. 11. 1939.

erteilt, es über den Anspruch des Dritten zum Rechtsstreite kommen zu lassen.

Die Kündigung ist nur innerhalb eines Monats seit der Anerkennung der Entschädigungspflicht oder der Verweigerung der Entschädigung oder seit der Rechtskraft des im Rechtsstreite mit dem Dritten ergangenen Urteils zulässig. Der Versicherer hat eine Kündigungsfrist von einem Monat einzuhalten. Der Versicherungsnehmer kann nicht für einen späteren Zeitpunkt als den Schluß der laufenden Versicherungsperiode kündigen.

Kündigt der Versicherungsnehmer, so gebührt dem Versicherer gleichwohl die Prämie für die laufende Versicherungsperiode. Kündigt der Versicherer, so gebührt ihm nur derjenige Teil der Prämie, welcher der abgelaufenen Versicherungszeit entspricht.

§ 158 a[11])

Auf Vereinbarungen, durch die von den Vorschriften des § 153, § 154 Abs. 1, § 156 Abs. 2 zum Nachteil des Versicherungsnehmers abgewichen wird, kann sich der Versicherer nicht berufen.

II. Besondere Vorschriften für die Pflichtversicherung[11])

§ 158 b[11])

Für eine Haftpflichtversicherung, zu deren Abschluß eine gesetzliche Verpflichtung besteht (Pflichtversicherung), gelten die besonderen Vorschriften der §§ 158 c bis 158 h.

§ 158 c[11])

Ist der Versicherer von der Verpflichtung zur Leistung dem Versicherungsnehmer gegenüber ganz oder teilweise frei, so bleibt gleichwohl seine Verpflichtung in Ansehung des Dritten bestehen.

Ein Umstand, der das Nichtbestehen oder die Beendigung des Versicherungsverhältnisses zur Folge hat, wirkt in Ansehung des Dritten erst mit dem Ablauf eines Monats, nachdem der Versicherer diesen Umstand der hierfür zuständigen Stelle angezeigt hat. Das gleiche gilt, wenn das Versicherungsverhältnis durch Zeitablauf endigt. Der Lauf der Frist beginnt nicht vor der Beendigung des Versicherungsverhältnisses.

Der Versicherer haftet nur im Rahmen der amtlich festgesetzten Mindestversicherungssummen und der von ihm übernommenen Gefahr.

Der Versicherer haftet nicht, insoweit ein anderer Haftpflichtversicherer dem Versicherungsnehmer haftet.

Ein Recht des Dritten, den Versicherer unmittelbar in Anspruch zu nehmen, wird durch diese Vorschriften nicht begründet.

§ 158 d[11])

Macht der Dritte seinen Anspruch gegen den Versicherungsnehmer geltend, so hat er dies dem Versicherer innerhalb von zwei Wochen schriftlich anzuzeigen.

---

[11]) Überschrift und §§ 158 a–h eingefügt durch das Pflichtversicherungsgesetz v. 7. 11. 1939.

Macht der Dritte den Anspruch gegen den Versicherungsnehmer gerichtlich geltend, so hat er dies dem Versicherer unverzüglich schriftlich anzuzeigen.

Der Versicherer kann von dem Dritten Auskunft verlangen, soweit sie zur Feststellung des Schadensereignisses und der Höhe des Schadens erforderlich ist. Zur Vorlegung von Belegen ist der Dritte nur insoweit verpflichtet, als ihm die Beschaffung billigerweise zugemutet werden kann.

§ 158 e[12])

Verletzt der Dritte die Verpflichtungen nach § 158 d Abs. 2, 3, so beschränkt sich die Haftung des Versicherers nach § 158 c auf den Betrag, den er auch bei gehöriger Erfüllung der Verpflichtungen zu leisten gehabt hätte. Liegt eine Verletzung der Verpflichtung nach § 158 d Abs. 3 vor, so tritt diese Rechtsfolge nur ein, wenn der Dritte vorher ausdrücklich und schriftlich auf die Folgen der Verletzung hingewiesen worden ist.

Die Vorschrift des Abs. 1 Satz 1 gilt sinngemäß, wenn der Versicherungsnehmer mit dem Dritten ohne Einwilligung des Versicherers einen Vergleich schließt oder dessen Anspruch anerkennt; § 154 Abs. 2 findet entsprechende Anwendung.

§ 158 f[12])

Soweit der Versicherer den Dritten nach § 158 c befriedigt, geht die Forderung des Dritten gegen den Versicherungsnehmer auf ihn über. Der Übergang kann nicht zum Nachteil des Dritten geltend gemacht werden.

§ 158 g[12])

§ 35 b findet in Ansehung des Dritten keine Anwendung.

§ 158 h[12])

Die Vorschriften über die Veräußerung der versicherten Sache gelten sinngemäß.

Vierter Abschnitt

Unfallversicherung

§ 179[1])

Die Unfallversicherung kann gegen Unfälle, die dem Versicherungsnehmer, oder gegen Unfälle, die einem anderen zustoßen, genommen werden.

Eine Versicherung gegen Unfälle, die einem anderen zustoßen, gilt im Zweifel als für Rechnung des anderen genommen. Die Vorschriften der §§ 75 bis 79 finden entsprechende Anwendung.

Wird eine Versicherung gegen Unfälle, die einem anderen zustoßen, von dem Versicherungsnehmer für eigene Rechnung genommen, so ist zur Gültigkeit des Vertrags die schriftliche Einwilligung des anderen erforderlich. Ist der andere geschäftsunfähig oder in der Geschäftsfähigkeit beschränkt

[12]) Eingefügt durch das Pflichtversicherungsgesetz v. 7. 11. 1939.
[1]) Abs. 4 in der Fassung der VO v. 19. 12. 1939.

und steht die Vertretung in den seine Person betreffenden Angelegenheiten dem Versicherungsnehmer zu, so kann dieser den anderen bei der Erteilung der Einwilligung nicht vertreten.

Soweit im Falle des Abs. 3 die Kenntnis und das Verhalten des Versicherungsnehmers nach den Vorschriften dieses Gesetzes von rechtlicher Bedeutung ist, kommt auch die Kenntnis und das Verhalten des anderen in Betracht.

§ 180

Ist als Leistung des Versicherers die Zahlung eines Kapitals vereinbart, so gelten die Vorschriften der §§ 166 bis 168.

§ 181

Der Versicherer ist von der Verpflichtung zur Leistung frei, wenn der von dem Unfalle Betroffene den Unfall vorsätzlich herbeigeführt hat. Das gleiche gilt, wenn im Falle des § 179 Abs. 3 der Versicherungsnehmer vorsätzlich durch eine widerrechtliche Handlung den Unfall herbeigeführt hat.

Ist ein Dritter als Bezugsberechtigter bezeichnet, so gilt die Bezeichnung als nicht erfolgt, wenn der Dritte vorsätzlich durch eine widerrechtliche Handlung den Unfall herbeiführt.

§ 182

Die Pflicht zur Anzeige des Versicherungsfalls liegt, wenn das Recht auf die Leistung einem bezugsberechtigten Dritten zusteht, diesem ob; das gleiche gilt von der Pflicht zur Auskunft und zur Beschaffung von Belegen.

§ 183

Der Versicherungsnehmer hat für die Abwendung und Minderung der Folgen des Unfalls nach Möglichkeit zu sorgen und dabei die Weisungen des Versicherers zu befolgen, soweit ihm nicht etwas Unbilliges zugemutet wird. Auf eine Vereinbarung, durch welche von dieser Vorschrift zum Nachteile des Versicherungsnehmers abgewichen wird, kann sich der Versicherer nicht berufen.

§ 184

Sollen nach dem Vertrag einzelne Voraussetzungen des Anspruchs aus der Versicherung oder das Maß der durch den Unfall herbeigeführten Einbuße an Erwerbsfähigkeit durch Sachverständige festgestellt werden, so ist die getroffene Feststellung nicht verbindlich, wenn sie offenbar von der wirklichen Sachlage erheblich abweicht. Die Feststellung erfolgt in diesem Falle durch Urteil. Das gleiche gilt, wenn die Sachverständigen die Feststellung nicht treffen können oder wollen oder sie verzögern.

Sind nach dem Vertrage die Sachverständigen durch das Gericht zu ernennen, so finden auf die Ernennung die Vorschriften des § 64 Abs. 2 entsprechende Anwendung.

Eine Vereinbarung, durch welche von der Vorschrift des Abs. 1 Satz 1 abgewichen wird, ist nichtig.

§ 185

Der Versicherer hat dem Versicherungsnehmer die Kosten, welche durch die Ermittelung und Feststellung des Unfalls sowie des Umfanges der Leistungspflicht des Versicherers entstehen, insoweit zu erstatten, als ihre Aufwendung den Umständen nach geboten war.

13.

Bekanntmachung des Präsidenten des Bundesaufsichtsamtes für das Versicherungs- und Bausparwesen über die Änderungen der Allgemeinen Bedingungen für die Kraftfahrversicherung.

Vom 24. Juni 1960 (Bundesanz. Nr. 130 v. 9. 7. 1960)

Die in der Bekanntmachung des Reichsaufsichtsamtes für Privatversicherung vom 31. Juli 1940 (Reichsanzeiger Nr. 187 vom 12. August 1940) wiedergegebenen Allgemeinen Bedingungen für die Kraftfahrversicherung (AKB) – ergänzt durch die vom Sonderausschuß Versicherungsaufsicht unter dem 12. September 1950 veröffentlichte Verwaltungsordnung der Versicherungsaufsichtsbehörden (Bundesanzeiger Nr. 183 vom 22. September 1950) – sind mit Genehmigung der Versicherungsaufsichtsbehörden in den §§ 4, 6, 12, 13, 16 und 17 geändert worden. Das Bundesaufsichtsamt – zugleich als die für Berlin (West) zuständige Versicherungsaufsichtsbehörde und im Namen der übrigen zuständigen Versicherungsaufsichtsbehörden der Länder der Bundesrepublik – gibt nachstehend die derzeit gültige Fassung der von den Kraftfahrversicherern verwendeten AKB bekannt.

Allgemeine Bedingungen für die Kraftfahrversicherung (AKB).

Die Kraftfahrversicherung bezieht sich je nach dem Inhalt des Versicherungsvertrages auf:

I. die gesetzliche Haftpflicht (B §§ 10, 11);
II. das Fahrzeug (C §§ 12–15);
III. die Unfälle von Personen (D §§ 16–21);
IV. das Gepäck (E § 22).

A. Allgemeine Bestimmungen

§ 1

Beginn des Versicherungsschutzes

(1) Der Versicherungsschutz beginnt mit Einlösung des Versicherungsscheines durch Zahlung des Beitrages und der Versicherungssteuer, jedoch nicht vor dem vereinbarten Zeitpunkt.

(2) Soll der Versicherungsschutz schon vor Einlösung des Versicherungsscheines beginnen, bedarf es einer besonderen Zusage des Versicherers oder der hierzu bevollmächtigten Personen (vorläufige Deckung). Die

vorläufige Deckung endet mit der Einlösung des Versicherungsscheines. Sie tritt rückwirkend außer Kraft, wenn der Antrag unverändert angenommen, der Versicherungsschein aber nicht unverzüglich eingelöst wird. Der Versicherer ist berechtigt, die vorläufige Deckung mit Frist von einer Woche schriftlich zu kündigen. Dem Versicherer gebührt in diesem Falle der auf die Zeit des Versicherungsschutzes entfallende anteilige Beitrag.

§ 2

Einschränkung des Versicherungsschutzes

(1) Die Versicherung gilt für Europa.

(2) Der Versicherer ist von der Verpflichtung zur Leistung frei,

a) wenn das Fahrzeug zu einem anderen als dem im Antrag angegebenen Zweck verwendet wird;

b) wenn der Fahrer des Fahrzeugs bei Eintritt des Versicherungsfalles nicht die vorgeschriebene Fahrerlaubnis hat. Die Verpflichtung zur Leistung bleibt gegenüber dem Versicherungsnehmer oder Halter bestehen, wenn dieser das Vorliegen der Fahrerlaubnis bei dem berechtigten Fahrer ohne Verschulden annehmen durfte, oder wenn ein unberechtigter Fahrer das Fahrzeug geführt hat.

(3) Versicherungsschutz wird nicht gewährt

a) für Schäden, die mit Aufruhr, inneren Unruhen, Kriegsereignissen, Verfügungen von hoher Hand und Erdbeben unmittelbar oder mittelbar zusammenhängen;

b) für Schäden, die bei Beteiligung an Fahrtveranstaltungen, bei denen es auf Erzielung einer Höchstgeschwindigkeit ankommt, und bei den dazugehörigen Übungsfahrten, entstehen.

§ 3

Rechtsverhältnis am Vertrage beteiligter Personen

(1) Die in § 2 Abs. 2, §§ 5, 7, 8, 9, 10 Abs. 5, § 11 Ziff. 4 und 6, § 13 Abs. 5, § 14 Abs. 2 und 5, §§ 15, 20 Abs. 3 und 4, § 21 Abs. 1 und § 22 für den Versicherungsnehmer getroffenen Bestimmungen gelten sinngemäß für mitversicherte und sonstige Personen, die Ansprüche aus dem Versicherungsvertrag geltend machen.

(2) Die Ausübung der Rechte aus dem Versicherungsvertrag steht, wenn nichts anderes vereinbart ist (siehe insbesondere §§ 10 Abs. 2 und 16 Abs. 5), ausschließlich dem Versicherungsnehmer zu; dieser ist neben dem Versicherten für die Erfüllung der Obliegenheiten verantwortlich.

(3) Die Versicherungsansprüche können vor ihrer endgültigen Feststellung ohne ausdrückliche Genehmigung des Versicherers weder abgetreten noch verpfändet werden.

§ 4

Vertragsdauer, Kündigung

(1 a) Beträgt die vereinbarte Vertragsdauer mindestens ein Jahr, so verlängert sich der Vertrag jeweils um ein Jahr, wenn er nicht drei Monate

vor Ablauf gekündigt wird. Beträgt die Vertragsdauer weniger als ein Jahr, so endigt der Vertrag, ohne daß es einer Kündigung bedarf.

(1 b) Auf Verträge, die sich auf ein Fahrzeug beziehen, welches ein Versicherungskennzeichen führen muß, findet keine Anwendung die Bestimmung unter (1 a) Satz 1, wenn die Parteien die Verlängerung des Vertrages ausgeschlossen haben und die Bestimmung unter (1 a) Satz 2, sofern die Parteien vereinbart haben, daß der Vertrag sich jeweils um ein Jahr verlängert, wenn er nicht drei Monate vor Ablauf gekündigt wird.

(2) Hat nach dem Eintritt eines Versicherungsfalles der Versicherer dem Versicherungsnehmer gegenüber seine Verpflichtung zur Leistung der Entschädigung anerkannt oder die Leistung der fälligen Entschädigung verweigert, so ist jeder Teil berechtigt, den Versicherungsvertrag zu kündigen. Das gleiche gilt, wenn der Versicherer dem Versicherungsnehmer die Weisung erteilt, es über den Anspruch des Dritten zum Rechtsstreite kommen zu lassen, oder wenn der Ausschuß (§§ 14, 20) angerufen wird.

(3) Die Kündigung im Versicherungsfall ist nur innerhalb eines Monats seit der Anerkennung der Entschädigungspflicht oder der Verweigerung der Entschädigung, seit der Rechtskraft des im Rechtsstreite mit dem Dritten ergangenen Urteils oder seit der Zustellung des Spruchs des Ausschusses zulässig. Der Versicherer hat eine Kündigungsfrist von einem Monat einzuhalten. Der Versicherungsnehmer kann nicht für einen späteren Zeitpunkt als den Schluß des laufenden Versicherungsjahres (bzw. der vereinbarten kürzeren Vertragsdauer) kündigen.

(4) Kündigt der Versicherungsnehmer im Versicherungsfall, so gebührt dem Versicherer gleichwohl der Beitrag für das laufende Versicherungsjahr bzw. die vereinbarte kürzere Vertragsdauer. Kündigt der Versicherer, so gebührt ihm derjenige Teil des Beitrages, welcher der abgelaufenen Versicherungszeit entspricht.

(5) Eine Kündigung kann sich sowohl auf den gesamten Vertrag als auch auf einzelne Versicherungsarten beziehen; sie kann ferner, wenn sich ein Vertrag auf mehrere Fahrzeuge bezieht, sowohl für alle als auch für einzelne Fahrzeuge erklärt werden. Ist der Versicherungsnehmer mit der Kündigung von Teilen des Vertrages nicht einverstanden, was er dem Versicherer innerhalb von zwei Wochen nach Empfang der Teilkündigung mitzuteilen hat, so gilt der gesamte Vertrag als gekündigt.

(6) Ist in der Haftpflichtversicherung der Versicherer in Ansehung des Dritten zur Leistung verpflichtet, obgleich der Versicherungsvertrag nicht besteht oder beendet ist, so gebührt dem Versicherer der Beitrag für die Zeit dieser Verpflichtung.

(7) Alle Kündigungen sollen durch eingeschriebenen Brief ausgesprochen werden.

§ 5

Vertragsunterbrechung

Wird das Fahrzeug vorübergehend aus dem Verkehr genommen, so wird dadurch der Versicherungsvertrag grundsätzlich nicht berührt. Der Versicherungsnehmer kann jedoch eine Unterbrechung des Versicherungsschutzes verlangen, wenn ihm durch eine gegen ihn oder einen Mitversicherten unmittelbar wirkende behördliche Maßnahme (jedoch nicht durch Entziehung der Fahrerlaubnis, Entstempelung des Kennzeichens oder irgendwelche Maßnahmen strafrechtlicher Art) für mehr als einen Monat die Verfügungsgewalt über das Fahrzeug oder die Möglichkeit zu seiner Benutzung genommen wird und der Versicherungsschutz nicht auf einen Verfügungsberechtigten übergeht. In diesem Falle wird der Versicherungsvertrag um die Dauer der Unterbrechung verlängert.

§ 6

Wagniswegfall

(1) Wird das Fahrzeug veräußert, so tritt der Erwerber in die Rechte und Pflichten des Versicherungsnehmers aus dem Versicherungsvertrag ein; dies gilt nicht für Unfallversicherungen, die sich nicht ausschließlich auf das veräußerte Fahrzeug beziehen (§ 16 Abs. 2 b, c, 3). Für den Beitrag, welcher auf das zur Zeit der Veräußerung laufende Versicherungsjahr entfällt, haften Veräußerer und Erwerber als Gesamtschuldner. Die Veräußerung ist dem Versicherer unverzüglich anzuzeigen.

(2) Im Falle der Veräußerung sind Versicherer und Erwerber berechtigt, den Versicherungsvertrag zu kündigen. Das Kündigungsrecht des Versicherers erlischt, wenn es nicht innerhalb eines Monats, nachdem er von der Veräußerung Kenntnis erlangt, dasjenige des Erwerbers, wenn es nicht innerhalb eines Monats nach dem Erwerb bzw. nachdem er Kenntnis von dem Bestehen der Versicherung erlangt, ausgeübt wird. Der Erwerber kann nur mit sofortiger Wirkung oder zum Ende des laufenden Versicherungsjahres (bzw. der vereinbarten kürzeren Vertragsdauer), der Versicherer mit einer Frist von einem Monat kündigen. Kündigt der Erwerber, so hat der Veräußerer den Beitrag für das Vesicherungsjahr (bzw. die vereinbarte kürzere Vertragsdauer) zu zahlen, das zur Zeit der Beendigung des Versicherungsvertrages läuft. Kündigt der Versicherer, so wird gemäß Absatz 3 verfahren. § 4 Abs. 5 bis 7 findet Anwendung.

(3) In allen sonstigen Fällen eines dauernden Wegfalls des versicherten Wagnisses wird entweder innerhalb eines Jahres der über den Tag des Wagniswegfalls hinaus gezahlte Beitrag auf eine gleichartige Kraftverkehrsversicherung angerechnet oder für die Zeit vom Beginn des letzten Versicherungsjahres bis zum Wagniswegfall der Beitrag nach Kurztarif berechnet.

(4) Kündigt der Versicherer einen Vertrag, der sich auf ein Fahrzeug bezieht, welches ein Versicherungskennzeichen führen muß, gilt Absatz 2 Satz 4 entsprechend. Absatz 2 Satz 5 findet insoweit keine Anwendung. Für diese Verträge gilt auch nicht Absatz 3.

§ 7

Obliegenheiten im Versicherungsfall

I. (1) Versicherungsfall im Sinne dieses Vertrages ist das Ereignis, das einen unter die Versicherung fallenden Schaden verursacht oder – bei der Haftpflichtversicherung – Ansprüche gegen den Versicherungsnehmer zur Folge haben könnte.

(2) Jeder Versicherungsfall ist dem Versicherer (§ 9) unverzüglich, spätestens innerhalb einer Woche, schriftlich anzuzeigen. Der Versicherungsnehmer ist verpflichtet, alles zu tun, was zur Aufklärung des Tatbestandes und zur Minderung des Schadens dienlich sein kann. Er hat hierbei die etwaigen Weisungen des Versicherers zu befolgen. Wird ein Ermittlungsverfahren eingeleitet oder eine Strafverfügung oder ein Zahlungsbefehl erlassen, so hat der Versicherungsnehmer dem Versicherer unverzüglich Anzeige zu erstatten, auch wenn er den Versicherungsfall selbst bereits angezeigt hat.

II. (1) Bei **Haftpflichtschäden** ist der Versicherungsnehmer nicht berechtigt, ohne vorherige Zustimmung des Versicherers einen Anspruch ganz oder zum Teil anzuerkennen oder zu befriedigen.

(2) Macht der Geschädigte seinen Anspruch gegenüber dem Versicherungsnehmer geltend, so ist dieser zur Anzeige innerhalb einer Woche nach der Erhebung des Anspruches verpflichtet.

(3) Wird gegen den Versicherungsnehmer ein Anspruch gerichtlich geltend gemacht, das Armenrecht nachgesucht oder wird ihm gerichtlich der Streit verkündet, so hat er außerdem unverzüglich Anzeige zu erstatten. Das gleiche gilt im Falle eines Arrestes, einer einstweiligen Verfügung oder eines Beweissicherungsverfahrens.

(4) Gegen Zahlungsbefehl, Arrest und einstweilige Verfügung hat der Versicherungsnehmer zur Wahrung der Fristen, ohne die Weisung des Versicherers abzuwarten, die erforderlichen Rechtsbehelfe zu ergreifen.

(5) Wenn es zu einem Rechtsstreit kommt, hat der Versicherungsnehmer die Führung des Rechtsstreites dem Versicherer zu überlassen, auch dem vom Versicherer bestellten Anwalt Vollmacht und jede verlangte Aufklärung zu geben.

III. Bei einem unter die **Fahrzeug- oder die Gepäckversicherung** fallenden Schaden hat der Versicherungsnehmer vor Beginn der Wiederinstandsetzung die Weisung des Versicherers einzuholen, soweit ihm dies billigerweise zugemutet werden kann. Ein Entwendungs- oder Brandschaden ist auch der Polizeibehörde unverzüglich anzuzeigen.

IV. (1) Bei einem **Unfallschaden** ist spätestens am vierten Tage ein staatlich zugelassener Arzt zuzuziehen und die ärztliche Behandlung bis zum Abschluß des Heilverfahrens regelmäßig fortzusetzen; ebenso ist für angemessene Krankenpflege zu sorgen.

(2) Die behandelnden sowie diejenigen Ärzte, von denen der Unfallgeschädigte aus anderen Anlässen behandelt oder untersucht worden ist, sind zu ermächtigen und zu veranlassen, die vom Versicherer geforderten Berichte zu liefern. Auf Verlangen des Versicherers hat der Unfallgeschädigte sich den von der Gesellschaft bezeichneten Ärzten sowie dem Ärzteausschuß (§ 20, 2) zur Untersuchung zu stellen. Im Falle aufgeschobener Feststellung der Arbeitsbehinderung (§ 19, II, 4) braucht diesem Verlangen nur von sechs zu sechs Monaten entsprochen werden.

(3) Ein Todesfall ist dem Vorstand des Versicherers innerhalb 24 Stunden telegraphisch anzuzeigen, auch wenn der Unfall selbst bereits angezeigt

ist. Der Versicherer hat das Recht, die Leiche durch Ärzte besichtigen und öffnen zu lassen.

V. Wird eine dieser Obliegenheiten verletzt, so ist der Versicherer dem Versicherungsnehmer gegenüber von der Verpflichtung zur Leistung frei, es sei denn, daß die Verletzung weder auf Vorsatz noch auf grober Fahrlässigkeit beruht. Bei grobfahrlässiger Verletzung bleibt der Versicherer zur Leistung insoweit verpflichtet, als die Verletzung Einfluß weder auf die Feststellung des Versicherungsfalles noch auf die Feststellung oder den Umfang der dem Versicherer obliegenden Leistung gehabt hat[1]).

§ 8

Klagefrist. Gerichtsstand

(1) Hat der Versicherer einen Anspruch auf Versicherungsschutz dem Grunde nach abgelehnt, so ist der Anspruch vom Versicherungsnehmer zur Vermeidung des Verlustes innerhalb sechs Monaten durch Klage bei dem zuständigen Gericht geltend zu machen. Die Frist beginnt erst, nachdem der Versicherer den Anspruch unter Angabe der mit dem Ablauf der Frist verbundenen Rechtsfolgen schriftlich abgelehnt hat.

(2) Für alle aus diesem Vertrag entstehenden Rechtsstreitigkeiten sind neben den sonstigen gesetzlich zuständigen Gerichten die Gerichte des Wohnsitzes des Versicherungsnehmers zuständig, sofern er nicht im Auslande liegt.

§ 9

Anzeigen und Willenserklärungen

Alle Anzeigen und Erklärungen des Versicherungsnehmers sind schriftlich an den Vorstand des Versicherers oder an die im Versicherungsschein als zuständig bezeichnete Stelle zu richten; sonstige Vermittler sind zu deren Entgegennahme nicht bevollmächtigt. Für Anzeigen im Todesfall gilt jedoch § 7, IV, 3.

§ 9 a

Beitrag

(1) Verträge über die Versicherung von Kraftfahrzeugen dürfen nur nach dem amtlich festgesetzten Einheitstarif für Kraftfahrtversicherungen abgeschlossen werden.

(2) Änderungen des Einheitstarifes für Kraftfahrtversicherungen haben von ihrem Inkrafttreten an Wirkung auch für bereits bestehende Versicherungsverhältnisse.

---

1) In der Veröffentlichung heißt es zu Unrecht „weder Einfluß . . .“

B. Haftpflichtversicherung

§ 10

Umfang der Versicherung

(1) Die Versicherung umfaßt die Befriedigung begründeter und die Abwehr unbegründeter Entschädigungsansprüche, die auf Grund gesetzlicher Haftpflichtbestimmungen pivatrechtlichen Inhalts gegen den Versicherungsnehmer, den Halter und den berechtigten Fahrer erhoben werden, wenn durch den Gebrauch des Fahrzeugs

a) Personen verletzt oder getötet werden,

b) Sachen beschädigt oder zerstört werden oder abhanden kommen,

c) reine Vermögensschäden herbeigeführt werden, die weder mit einem Personen- noch mit einem Sachschaden mittelbar oder unmittelbar zusammenhängen.

(2) Mitversicherte Personen können ihre Versicherungsansprüche selbständig geltend machen.

(3) Der Versicherer gilt als bevollmächtigt, alle ihm zur Befriedigung oder Abwehr der Ansprüche zweckmäßig erscheinenden Erklärungen im Namen der versicherten Personen abzugeben.

(4) Für die Leistung des Versicherers bilden die vereinbarten Versicherungssummen die Höchstgrenze bei jedem Schadenereignis. Mehrere zeitlich zusammenhängende Schäden aus derselben Ursache gelten als ein Schadenereignis. Übersteigen die Haftpflichtansprüche die Versicherungssummen, so hat der Versicherer Kosten eines Rechtsstreites nur im Verhältnis der Versicherungssumme zur Gesamthöhe der Ansprüche zu tragen. Der Versicherer ist berechtigt, sich durch Hinterlegung der Versicherungssumme und des hierauf entfallenden Anteils an den entstandenen Kosten von weiteren Leistungen zu befreien.

(5) Falls die von dem Versicherer verlangte Erledigung eines Haftpflichtanspruchs durch Anerkenntnis, Befriedigung oder Vergleich an dem Verhalten des Versicherungsnehmers scheitert, ist der Versicherer für den von der Weigerung an entstehenden Mehrschaden an Hauptsache, Zinsen und Kosten dem Versicherungsnehmer gegenüber von der Verpflichtung zur Leistung frei.

§ 11

Ausschlüsse

Ausgeschlossen von der Versicherung sind:

1. Haftpflichtansprüche, soweit sie auf Grund Vertrags oder besonderer Zusage über den Umfang der gesetzlichen Haftpflicht hinausgehen;
2. Haftpflichtansprüche gegen Halter, die der Versicherungspflicht nicht unterliegen und nicht Versicherungsnehmer sind;
3. Haftpflichtansprüche des Versicherungsnehmers, des Halters oder – bei Vermietung ohne Stellung eines Fahrers – des Mieters und der Personen, denen der Mieter das Fahrzeug überläßt, gegen mitversicherte Personen;

4. Haftpflichtansprüche aus Schadenfällen von Angehörigen des Versicherungsnehmers, denen er auf Grund gesetzlicher Verpflichtung zur Zeit des Versicherungsfalles Unterhalt gewährt;
5. bei Gesellschaften, juristischen Personen, geschäftsunfähigen und beschränkt geschäftsfähigen Personen Haftpflichtansprüche aus Schadenfällen von gesetzlichen Vertretern und deren Angehörigen im Sinne der Ziffer 4;
6. Haftpflichtansprüche wegen Beschädigung, Zerstörung oder Abhandenkommen von Sachen, die dem Versicherungsnehmer oder seinen Angestellten zur Beförderung übergeben oder zur Benutzung überlassen worden sind oder die sich zu anderen Zwecken in ihrem Gewahrsam befanden;
7. Haftpflichtansprüche aus solchen reinen Vermögensschäden, die auf bewußt gesetz- oder vorschriftswidriges Handeln des Versicherten sowie auf Nichteinhaltung von Liefer- und Beförderungsfristen zurückzuführen sind.

C. Fahrzeugversicherung

§ 12

Umfang der Versicherung

(1) Die Fahrzeugversicherung umfaßt die Beschädigung, die Zerstörung und den Verlust des Fahrzeugs und seiner unter Verschluß verwahrten oder an ihm befestigten Teile

I. in der Teilversicherung

a) durch Brand oder Explosion;

b) durch Entwendung, insbesondere Diebstahl, unbefugten Gebrauch durch betriebsfremde Personen, Raub und Unterschlagung. Die Unterschlagung durch denjenigen, an den der Versicherungsnehmer das Fahrzeug unter Vorbehalt seines Eigentums veräußert hat, oder durch denjenigen, dem es zum Gebrauch oder zur Veräußerung überlassen wurde, ist von der Versicherung ausgeschlossen;

c) durch unmittelbare Einwirkung von Sturm, Hagel, Blitzschlag oder Überschwemmung auf das Fahrzeug. Eingeschlossen sind Schäden, die dadurch verursacht werden, daß durch diese Naturgewalten Gegenstände auf oder gegen das Fahrzeug geworfen werden. Ausgeschlossen sind Schäden, die auf ein durch diese Naturgewalten veranlaßtes Verhalten des Fahrers zurückzuführen sind;

II. in der Vollversicherung darüber hinaus

d) durch Unfall, d. h. durch ein unmittelbar von außen her plötzlich mit mechanischer Gewalt einwirkendes Ereignis; Brems-, Betriebs- und reine Bruchschäden sind keine Unfallschäden;

e) durch mut- oder böswillige Handlungen betriebsfremder Personen.

(2) Der Versicherungsschutz erstreckt sich in der Voll- und Teilversicherung auch auf Bruchschäden an der Verglasung des Fahrzeugs.

(3) Eine Beschädigung oder Zerstörung der Bereifung wird nur ersetzt, wenn sie durch ein Ereignis erfolgt, das gleichzeitig auch andere versicherungspflichtige Schäden an dem Fahrzeug verursacht hat.

§ 13

Ersatzleistung

(1) Der Versicherer ersetzt einen Schaden bis zur Höhe des gemeinen Wertes des Fahrzeugs oder seiner Teile am Tage des Schadens (Zeitwert).

(2) In diesem Rahmen ersetzt der Versicherer die erforderlichen Kosten der Wiederherstellung und die hierfür notwendigen einfachen Fracht- und sonstigen Transportkosten. Von den Kosten der Ersatzteile und der Lackierung wird ein dem Alter und der Abnutzung entsprechender Abzug gemacht (neu für alt). Der Abzug beschränkt sich bei Krafträdern, Personen- und Kombinationswagen sowie Omnibussen bis zum Schluß des vierten, bei allen übrigen Fahrzeugen bis zum Schluß des dritten auf das Baujahr des Fahrzeugs folgenden Kalenderjahres auf Bereifung, Batterie und Lackierung.

(3) Werden entwendete Gegenstände innerhalb zweier Monate nach Eingang der Schadenanzeige wieder zur Stelle gebracht, so ist der Versicherungsnehmer verpflichtet, sie zurückzunehmen. Nach Ablauf dieser Frist werden sie Eigentum des Versicherers.

(4) Veränderungen, Verbesserungen, Verschleißarbeiten, Minderung an Wert, äußerem Ansehen oder Leistungsfähigkeit, Nutzungsausfall oder Kosten eines Ersatzwagens und Treibstoff ersetzt der Versicherer nicht.

(5) Altteile verbleiben dem Versicherungsnehmer und werden ihm zum Zeitwert auf die Ersatzleistung angerechnet.

(6) Eine vereinbarte Selbstbeteiligung gilt für jedes versicherte Fahrzeug besonders. Sie gilt aber nur für die Vollversicherung, und hierbei auch nur insoweit, als der Versicherungsschutz in der Vollversicherung sich über die Teilversicherung hinaus erstreckt.

§ 14

Sachverständigenverfahren

(1) Bei Meinungsverschiedenheit über die Höhe des Schadens oder über den Umfang der erforderlichen Wiederherstellungsarbeiten entscheidet ein Sachverständigenausschuß.

(2) Der Ausschuß besteht aus zwei Mitgliedern, von denen der Versicherer und der Versicherungsnehmer je eines benennt. Wenn der eine Vertragsteil innerhalb zweier Wochen nach schriftlicher Aufforderung sein Ausschußmitglied nicht benennt, so wird auch dieses von dem anderen Vertragsteil benannt.

(3) Soweit sich die Ausschußmitglieder nicht einigen, entscheidet innerhalb der durch ihre Abschätzung gegebenen Grenzen ein Obmann, der vor

Beginn des Verfahrens von ihnen gewählt werden soll. Einigen sie sich über die Person des Obmanns nicht, so wird er durch das zuständige Amtsgericht ernannt.

(4) Ausschußmitglieder und Obleute dürfen nur Sachverständige für Kraftfahrzeuge sein.

(5) Bewilligt der Sachverständigenausschuß die Forderung des Versicherungsnehmers, so hat der Versicherer die Kosten voll zu tragen. Kommt der Ausschuß zu einer Entscheidung, die über das Angebot des Versicherers nicht hinausgeht, so sind die Kosten des Verfahrens vom Versicherungsnehmer voll zu tragen. Liegt die Entscheidung zwischen Angebot und Forderung, so tritt eine verhältnismäßige Verteilung der Kosten ein.

§ 15

Zahlung der Entschädigung

Die Entschädigung wird innerhalb zweier Wochen nach ihrer Feststellung gezahlt, im Falle der Entwendung jedoch nicht vor Ablauf der Zweimonatsfrist (§ 13 Abs. 3). Ist die Höhe eines unter die Versicherung fallenden Schadens bis zum Ablauf eines Monats nicht festgestellt, werden auf Verlangen des Versicherungsnehmers angemessene Vorschüsse geleistet.

D. Unfallversicherung

§ 16

Versicherte Personen

(1) Bei der Insassenversicherung ist jeder berechtigte Insasse des im Vertrag bezeichneten Fahrzeugs unter Ausschluß von Kraftfahrern und Beifahrern, die beim Versicherungsnehmer als solche angestellt sind (Berufsfahrer), mit dem der Anzahl der Versicherten entsprechenden Teilbetrag der versicherten Summe gedeckt, sofern keine andere nach dem Tarif mögliche Vereinbarung getroffen ist. Berechtigte Insassen sind Personen, die sich mit Wissen und Willen der über die Verwendung des Fahrzeugs Verfügungsberechtigten in oder auf dem versicherten Fahrzeug befinden oder im ursächlichen Zusammenhang mit ihrer Beförderung beim Gebrauch des Fahrzeugs im Rahmen des § 17 Abs. 1 tätig werden.

(2) Die Berufsfahrerversicherung bezieht sich entweder

a) auf den jeweiligen Kraftfahrer oder Beifahrer des im Vertrag bezeichneten Fahrzeugs oder

b) unabhängig von einem bestimmten Fahrzeug auf namentlich bezeichnete Kraftfahrer und Beifahrer oder

c) unabhängig von einem bestimmten Fahrzeug und ohne Namensnennung auf sämtliche beim Versicherungsnehmer angestellten Kraftfahrer oder Beifahrer.

(3) Die namentliche Versicherung sonstiger Personen ist unabhängig von einem bestimmten Fahrzeug.

(4) Ist eine Unfallversicherung für eine bestimmte Zahl von Personen oder Plätzen abgeschlossen worden und sind zur Zeit des Unfalls mehr Personen versichert als Personen oder Plätze angegeben sind, so wird die Entschädigung für die einzelne Person entsprechend gekürzt.

(5) Namentlich versicherte Personen können ihre Versicherungsansprüche selbständig geltend machen.

§ 17

Umfang der Versicherung

(1) Die Versicherung bezieht sich auf Unfälle im ursächlichen Zusammenhang mit dem Lenken, Benutzen, Behandeln, dem Be- und Entladen sowie Abstellen des Kraftfahrzeugs oder Anhängers. Unfälle beim Ein- und Aussteigen sind mitversichert.

(2) Die Versicherung umfaßt die Gesundheitsschädigung, die der Versicherte durch ein plötzlich von außen auf seinen Körper einwirkendes Ereignis unfreiwillig erleidet. Eine Erkrankung infolge psychischer Einwirkung gilt nicht als Unfall.

(3) Ausgeschlossen von der Versicherung sind

a) Unfälle, die der Versicherte erleidet bei der Ausführung oder dem Versuch von Verbrechen oder Vergehen,

b) Unfälle bei Fahrten, die ohne Wissen und Willen des Halters vorbereitet, ausgeführt oder ausgedehnt werden.

(4) Der Versicherungsschutz erstreckt sich nicht auf Personen, die von Geisteskrankheit, völliger Blindheit oder Taubheit, von einer Lähmung durch Schlaganfall, von Epilepsie oder schwerem Nervenleiden befallen oder durch Unfall oder Krankheit mehr als 70 v. H. dauernd arbeitsbehindert sind.

§ 18

Ersatzleistung

I. (1) Die Leistung des Versicherers richtet sich nach den Versicherungssummen, die im Vertrag

a) für den Fall vorübergehender Unfallfolgen,

b) für den Fall dauernder Unfallfolgen,

c) für den Fall des Todes

vereinbart sind und bei vorübergehenden oder dauernden Unfallfolgen nach dem Grad der Arbeitsbehinderung (§ 19).

(2) Haben bei den Unfallfolgen Krankheiten oder Gebrechen mitgewirkt, so ist die Leistung entsprechend dem Anteil der Krankheit oder des Gebrechens zu kürzen, sofern dieser Anteil mindestens 25 v. H. beträgt.

(3) Der Versicherer übernimmt die erforderlichen Kosten, die durch die Erfüllung der im § 7, IV, Abs. 2, 3 bestimmten Obliegenheiten entstehen.

II. (1) Im Falle **vorübergehender Unfallfolgen** werden nach dem Inhalt des Vertrages längstens für ein Jahr von dem Unfalle an Heilkosten oder Tagegeld gezahlt.

(2) Sind Heilkosten versichert, so werden die für die Behandlung der Unfallfolgen erwachsenen erforderlichen Kosten des Heilverfahrens bis zur versicherten Höhe unter Ausschluß von Nahrungs- und Genußmitteln, Erholungs- und Badereisen ersetzt.

(3) Ist Tagegeld versichert und wird geltend gemacht, daß der Versicherte auch nach dem Abschluß der ärztlichen Behandlung noch arbeitsbehindert sei, so sind weitere Leistungen des Versicherers davon abhängig, daß die Fortdauer der Behinderung in angemessenen Zeiträumen ärztlich bescheinigt wird. Die Kosten dieser Bescheinigung hat der Versicherte zu tragen.

(4) Ist Tagegeld versichert und keine Arbeitsbehinderung eingetreten, so werden für die Dauer der ärztlichen Behandlung, längstens für ein Jahr, die erforderlichen Kosten bis zu einem Viertel des Tagegeldes vergütet.

(5) Bei Personen unter 16 Jahren werden ohne Rücksicht auf etwaigen Verdienstausfall statt des Tagegeldes die erforderlichen Kosten der ärztlichen Behandlung bis zur Höhe des versicherten Tagegeldes ersetzt.

III. (1) Ergibt sich innerhalb eines Jahres, vom Unfalle an gerechnet, daß eine **dauernde Arbeitsbehinderung** zurückbleibt, so wird von der für dauernde Unfallfolgen versicherten Leistung der dem Grade der Arbeitsbehinderung entsprechende Betrag gezahlt.

(2) Ein Anspruch auf Entschädigung für dauernde Arbeitsbehinderung ist innerhalb von drei Monaten nach Ablauf des auf den Unfall folgenden Jahres anzumelden und unter Vorlage eines ärztlichen Gutachtens zu begründen.

(3) Bei Personen über 65 Jahre wird die Entschädigung für dauernde Unfallfolgen in Form einer Rente gewährt; die Rente beträgt 10 v. H. der nach dem Grade der Arbeitsbehinderung in Betracht kommenden Summe.

IV. (1) Tritt innerhalb eines Jahres vom Unfall an gerechnet **der Tod** als Folge des Unfalls ein, so wird die für den Todesfall versicherte Summe gezahlt.

(2) Bei Personen unter 16 Jahren beträgt die Entschädigung für den Todesfall höchstens DM 1000,–.

(3) Auf die Todesfallentschädigung werden Zahlungen, die für dauernde Unfallfolgen aus demselben Ereignis geleistet worden sind, angerechnet.

§ 19

Feststellung des Grades der Arbeitsbehinderung

I. Im Falle vorübergehender Unfallfolgen (§ 18, II) ist für die Bemessung des Grades der Arbeitsbehinderung die Berufstätigkeit und Beschäftigung des Versicherten maßgebend.

II. (1) Im Falle dauernder Unfallfolgen (§ 18, III) gelten für die Bemessung der Leistung unter Ausschluß des Nachweises einer höheren oder geringeren Arbeitsfähigkeit folgende Grade der Arbeitsbehinderung:

Bei völligem Verlust oder völliger Gebrauchsunfähigkeit

eines Armes oder einer Hand	60 v. H.
eines Beines oder eines Fußes	50 v. H.
eines Daumens	20 v. H.
eines Zeigefingers	10 v. H.
eines anderen Fingers	5 v. H.
einer großen Zehe	5 v. H.
einer anderen Zehe	2 v. H.
bei völligem Verlust der Sehkraft beider Augen	100 v. H.
bei völligem Verlust der Sehkraft eines Auges	30 v. H.
sofern jedoch die Sehkraft des anderen Auges vor Eintritt des Versicherungsfalls bereits verloren war	60 v. H.
bei völligem Verlust des Gehörs auf beiden Ohren	60 v. H.
bei völligem Verlust des Gehörs auf einem Ohr	15 v. H.
sofern jedoch das Gehör auf dem anderen Ohr vor Eintritt des Versicherungsfalls bereits verloren war	30 v. H.

(2) Bei teilweisem Verlust oder teilweiser Gebrauchsunfähigkeit der vorgenannten Glieder oder Sinnesorgane werden die vorstehenden Sätze entsprechend herabgesetzt. Bei dem Verlust oder der Gebrauchsunfähigkeit von mehreren der vorgenannten Glieder oder Sinnesorgane werden die vorstehenden Sätze bis höchstens 100 v. H. zusammengerechnet.

(3) Ist die Arbeitsbehinderung auf andere als die vorerwähnten Ursachen zurückzuführen, so ist maßgebend, inwieweit der Versicherte imstande ist, Erwerb durch eine seinen Kräften und Fähigkeiten entsprechende Tätigkeit zu erzielen, die ihm unter billiger Berücksichtigung seiner Ausbildung und seines bisherigen Berufes zugemutet werden kann.

(4) Der Versicherer ist berechtigt, den Grad der Arbeitsbehinderung während der ersten drei Jahre nach Abschluß der ärztlichen Behandlung, längstens jedoch vier Jahre vom Unfalltage an, jährlich neu festzustellen. Will er von diesem Recht später als nach zwei Jahren vom Unfalltage an Gebrauch machen, so ist dazu ein Gutachten des Ärzteausschusses (§ 20 Abs. 3) erforderlich; die Kosten hierfür trägt der Versicherer.

III. Wenn vor Eintritt des Unfalles der Versicherte schon durch Krankheit oder Gebrechen in seiner Arbeitsfähigkeit dauernd behindert war oder Glieder oder Sinnesorgane ganz oder teilweise verloren oder gebrauchsunfähig gewesen sind, so wird von dem Grad der Arbeitsbehinderung ein Abzug gemacht, der der schon vorher vorhandenen Arbeitsbehinderung entspricht. Für deren Bemessung werden die Grundsätze unter II mit der Maßgabe angewandt, daß auch ein höherer Grad der Arbeitsbehinderung als 100 v. H. angenommen werden kann, sofern der Versicherte für einen Unfall nicht schon von dem gleichen Versicherer entschädigt worden ist.

IV. Für psychische und nervöse Störungen, durch die der Versicherte nach einem Unfall in seiner Arbeitsfähigkeit behindert ist, wird eine Entschädigung nur gewährt, wenn und soweit diese Störungen auf eine durch den Unfall verursachte organische Erkrankung des Nervensystems oder auf eine Epilepsie zurückzuführen sind, die durch den Unfall neu entstanden ist.

§ 20

Feststellung der Entschädigung

(1) Der Versicherer ist verpflichtet, bei Ansprüchen auf Heilkosten, Tagegeld oder Todesfallentschädigung innerhalb eines Monats, bei Ansprüchen auf Entschädigung für dauernde Arbeitsbehinderung innerhalb dreier Monate zu erklären, ob und inwieweit er eine Entschädigungspflicht anerkennt. Die Fristen beginnen mit Eingang der Nachweise über den Abschluß des Heilverfahrens und die Unfallfolgen.

(2) Bei Meinungsverschiedenheiten über Art und Umfang der Unfallfolgen und darüber, ob und in welchem Umfang der eingetretene Schaden auf den Versicherungsfall zurückzuführen ist, entscheidet ein Ärzteausschuß.

(3) Der Ausschuß besteht aus zwei Mitgliedern, von denen der Versicherer und der Versicherungsnehmer je eines benennt, und aus dem für den Wohnort des Verletzten zuständigen Kreis-, Amts- oder Bezirksarzt als Obmann. Ist dieser behindert oder behandelnder Arzt, so tritt an seine Stelle der beamtete Arzt eines Nachbarbezirks. Zum Obmann kann auf Verlangen eines Vertragsteiles an Stelle des beamteten Arztes der leitende Arzt einer öffentlichen Heilanstalt oder ein deutscher Hochschullehrer berufen werden. Seine Benennung ist Sache des Versicherers. Dem Versicherungsnehmer steht innerhalb zweier Wochen, nachdem ihm die Benennung zugegangen ist, das Recht der Ablehnung zu. Im Falle der Ablehnung wird der Obmann von dem Vorsitzenden der für den inländischen Wohnsitz des Versicherten zuständigen Ärztekammer ernannt. Hat der Versicherte einen inländischen Wohnsitz nicht, so ist die Ärztekammer am Sitz des Versicherers zuständig. Wenn der eine Vertragsteil innerhalb zweier Wochen nach schriftlicher Aufforderung sein Ausschußmitglied nicht benennt, so wird dieses von der nach vorigem zuständigen Ärztekammer ernannt.

(4) Ist die Entscheidung des Ärzteausschusses für den Versicherten günstiger als das vor seinem Zusammentritt vom Versicherer gemachte Angebot, so sind die Kosten voll von diesem zu tragen; andernfalls werden sie dem Versicherungsnehmer auferlegt, jedoch höchstens je nach dem Streitfall bis zu 10 v. H. der versicherten Heilkosten oder bis zum 20fachen des versicherten Tagegeldes oder bis zu 2 v. H. der für Dauerbehinderung oder Todesfall versicherten Summe.

§ 21

Zahlung der Entschädigung

(1) Die Entschädigung wird innerhalb zweier Wochen nach ihrer endgültigen Feststellung gezahlt. Steht die Entschädigungspflicht dem Grunde nach fest, so werden nach Ablauf eines Monats von der Anzeige des Unfalls an auf Verlangen des Versicherungsnehmers angemessene Vor-

schüsse geleistet. Vorher können auf Verlangen des Versicherungsnehmers schon nach Ablauf je eines Monats Vorschüsse auf Heilkosten und Tagegeld geleistet werden; jedoch kann hieraus die Anerkennung einer Entschädigungspflicht weder dem Grunde noch der Höhe nach hergeleitet werden.

(2) Macht der Versicherer von seinem Recht gemäß § 19, II, 4 Gebrauch, so hat er von der noch ausstehenden Entschädigungssumme, die dem vorläufig festgestellten Grad der Arbeitsbehinderung entspricht, jährlich 4 v. H. Zinsen in vierteljährlichen Teilbeträgen zu entrichten. Stirbt der Versicherte nach Ablauf des auf den Unfall folgenden Jahres, aber vor endgültiger Feststellung der Entschädigung, so hat der Versicherer nach dem zuletzt festgestellten Grad der Arbeitsbehinderung Entschädigung zu leisten.

E. Gepäckversicherung

§ 22

(1) Die Versicherung bezieht sich auf Gegenstände, die der Versicherungsnehmer oder seine Fahrgäste oder der Wagenführer zum persönlichen Bedarf in oder am Fahrzeug mit sich führen, einschließlich der am Körper getragenen Kleidung.

(2) Bargeld, Banknoten und Urkunden jeder Art gelten nicht als Gepäck; Schmucksachen und Gegenstände aus Edelmetall sind bis zu einem Viertel der Versicherungssumme, höchstens DM 2000,–, in die Versicherung eingeschlossen.

(3) Die bezeichneten Gegenstände sind gegen die Schäden versichert, die sie erleiden durch einen Unfall des Fahrzeugs, mut- und böswilliger Handlungen betriebsfremder Personen, Brand, Diebstahl oder Unterschlagung ganzer Gepäckstücke, Einbruchsdiebstahl in verschlossene Gepäckstücke oder verschlossene Räume und Raub. Der Aufenhalt in Unterkunftsräumen, Gasthäusern oder Wohnungen außerhalb des Wohnortes des Versicherungsnehmers ist in die Versicherung eingeschlossen.

(4) Ist eine Faltgarage in die Gepäckversicherung eingeschlossen, so gilt sie sowohl zusammengefaltet als auch um das Kraftfahrzeug gelegt als versichert.

(5) §§ 13, 15 finden sinngemäße Anwendung.

Die **Allgemeinen Bedingungen für die Kraftfahrhaftpflichtversicherung** (AKHB) entsprechen grundsätzlich den §§ 1–11 AKB. Auf den Abdruck wird daher verzichtet.

14.

Rundschreiben des Reichsaufsichtsamts für Privatversicherung vom 31. Juli 1940 – R. 48/40, A I 2050 – an alle die Kraftfahrversicherung betreibenden Versicherungsunternehmungen.

Betrifft: Pflichtversicherung für Kraftfahrzeughalter

Die künftig in der Kraftfahrversicherung zu verwendenden allgemeinen Versicherungsbedingungen (AKB, AKHB)[1]) werden im Deutschen Reichsanzeiger veröffentlicht. Ihre Anwendung auf bestehende Verträge wird durch besondere Anordnung vorgeschrieben[2]).

Zwecks einheitlicher Handhabung der Kraftfahrversicherung ordnen wir folgendes an:

1. Versicherungsantrag

Für die Antragsvordrucke ist das von der Wirtschaftsgruppe Kraftfahrtversicherung herausgegebene Muster zu verwenden[3]). Im Antrag ist die Bindungsfrist anzugeben; sie darf zwei Wochen nicht überschreiten. Dem Versicherungsnehmer ist bei der Antragsaufnahme eine Abschrift des Antrags auszuhändigen[4]).

Nach § 3 der Durchführungsverordnung vom 6. April 1940 zum Pflichtversicherungsgesetz gilt ein Antrag als angenommen, wenn er nicht innerhalb von fünf Tagen abgelehnt wird. Eine Ablehnung ist nur zulässig, wenn einer der in § 3 Abs. 2 genannten Gründe vorliegt. Diese Beschränkung gilt nur für ordnungsmäßige Anträge, das sind solche, die den gesetzlichen, aufsichtsbehördlichen und tariflichen Bestimmungen entsprechen.

2. Allgemeine Versicherungsbedingungen

a) Es dürfen nur die von uns im Deutschen Reichsanzeiger veröffentlichten allgemeinen Versicherungsbedingungen (AKB und AKHB) verwendet werden, und zwar, wenn nur Haftpflichtversicherung beantragt ist, die allgemeinen Bedingungen für die Kraftfahrhaftpflichtversicherung (AKHB), in den anderen Fällen die allgemeinen Bedingungen für die Kraftfahrversicherung (AKB). Soweit im Rahmen von Betriebshaftpflichtversicherungen Kraftfahrhaftpflichtversicherungen auf Grund des Pflichtversicherungsgesetzes abgeschlossen werden, sind für diese die AKHB zu verwenden.

Von den genehmigten Bedingungen darf nur abgewichen werden im Falle des § 2 Abs. 2 bei Verwendung des Fahrzeugs zu Fahrschulzwecken und des § 2 Abs. 3, in beiden Fällen nur zugunsten des Versicherungsnehmers, sowie – ausnahmsweise in besonderen Fällen – von § 16 Abs. 5 AKB.

---

[1]) Vgl. o. S. 89.
[2]) Vgl. S. 108.
[3]) Abgedruckt S. 111.
[4]) Gilt nach vorübergehender kriegsbedingter Aufhebung wieder seit dem 1. 7. 1950 (VeröffVw 1950 S. 72).

Ferner sind Abweichungen zulässig für folgende Wagnisse: Kraftfahrzeughandel und Handwerk, Fahrlehrer und Fahrschulen, Kraftfahrzeughersteller, Benutzen fremder Fahrzeuge.

Für Zugmaschinen und Raupenschlepper in Betrieben nach Schaustellerart genehmigen wir folgende Sonderbedingung:

„Haftpflichtansprüche, die aus der Verwendung der Zugmaschine als örtliche Kraftquelle entstehen, sind nicht Gegenstand der Versicherung."

Zu etwaigen weiteren Abweichungen von den Bedingungen ist unsere ausdrückliche Genehmigung einzuholen; diese kann nur für Sammelverträge von besonderer Bedeutung in Aussicht gestellt werden.

b) **Wagniswegfall**

In § 6 Abs. 3 AKB und AKHB ist für die Anrechnung des Beitrags eine Frist von einem Jahr vorgesehen. Da viele Versicherungsnehmer wegen der gegenwärtigen tatsächlichen und rechtlichen Umstände bei der Wiederbeschaffung eines Kraftfahrzeuges diese Frist nicht einhalten können, dürfen die Unternehmungen sich bis zu einem Zeitpunkt, den wir noch bekanntgeben werden, auf diese Frist nicht berufen.

c) Abdrucke der Versicherungsbedingungen dürfen nur auf weißem Papier mit schwarzem Druck erfolgen. Als Druckgröße ist mindestens Petit mit einem Punkt Durchschuß zu verwenden.

d) Eine Aushändigung der Versicherungsbedingungen zusammen mit dem Versicherungsschein wünschen wir nicht. Sie erübrigt sich infolge der Bekanntgabe im Deutschen Reichsanzeiger und der im Versicherungsschein enthaltenen Verhaltensregeln. Jedoch sind die Bedingungen den Beteiligten auf Verlangen auszuhändigen.

3. Versicherungsschein

Für die Versicherungsscheine sind Vordrucke zu verwenden, die inhaltlich dem von der Wirtschaftsgruppe herausgegebenen Muster entsprechen[5]), das deshalb zweckmäßigerweise unverändert angewendet wird. Es ist gestattet, auf der Schauseite die grundsätzliche Gestaltung nicht berührende Änderungen in der Anordnung und der Raumgestaltung vorzunehmen; derartige Abweichungen sind vorher der Wirtschaftsgruppe vorzulegen.

Der Versicherungsschein muß neben den erforderlichen Angaben über den Versicherungsnehmer, das Fahrzeug, den Umfang, den Beginn und die Dauer der Versicherung enthalten:

a) die Kündigungsklausel gemäß § 4 Abs. 1 und 7 AKB bzw. AKHB,

b) den Hinweis, daß die gegenseitigen Rechte und Pflichten sich nach dem Antrag, den allgemeinen Bedingungen für die Kraftfahrversicherung (AKB bzw. AKHB), die vom Reichsaufsichtsamt genehmigt und im Reichsanzeiger veröffentlicht sind, und nach den sonstigen gesetzlichen Bestimmungen richten; ferner ist darauf hinzuweisen, daß die Versicherungsbedingungen auf Verlangen ausgehändigt werden,

---

5) Abgedruckt S. 109.

c) den Hinweis auf etwaige Abweichungen vom Antrag und auf das Widerspruchsrecht des Versicherungsnehmers,

d) den Hinweis, daß der Versicherungsnehmer jederzeit Abschriften der von ihm abgegebenen Erklärungen verlangen kann,

e) folgende „Verhaltungsregeln":
Die .... steht Dir helfend zur Seite.
Du erleichterst ihr die Arbeit, wenn Du folgende

Verhaltungsregeln

genau beachtest:

1. Zahle stets pünktlich Deinen Beitrag.

2. Richte alle für uns bestimmten **Anzeigen und Mitteilungen** an:
(Platz zum Einstempeln der zuständigen Verwaltungsstelle.)
(Beachte aber Ziffer 11!) Vergiß nie, die **Nummer des Versicherungsscheins** anzugeben.

3. Lasse niemanden ans Steuer, ehe Du Dich überzeugt hast, daß er die **erforderliche Fahrerlaubnis** hat.

4. Zeige uns **jede Änderung** am Fahrzeug oder in seiner Benutzung unverzüglich an.

5. Tue bei Schadenereignissen alles, was zur **Aufklärung** des Tatbestandes und zur **Minderung** des Schadens erforderlich ist, z. B. stelle die Namen von Zeugen fest, ziehe die Polizei zu, veranlasse bei größeren Unfällen photographische Aufnahmen, mache Skizzen von der Unfallstelle und stelle Fahr- und Bremsspuren fest, möglichst unter Mitwirkung von Zeugen.

6. Zeige uns sofort an
   a) jedes **Ereignis,** das einen Schaden verursacht oder Schadenersatzansprüche eines andern zur Folge haben **könnte,**
   b) jeden **Anspruch,** der tatsächlich erhoben wird,
   c) jede **gerichtliche oder polizeiliche Maßnahme,** die mit einem Schadenereignis zusammenhängt,

   und richte Dich nach den Weisungen, die Dir dann zugehen.

7. Lege gegen **Zahlungsbefehle, einstweilige Verfügungen, Arreste** zur Wahrung der Fristen Widerspruch ein.

8. **Greife unserer Entschließung nicht** dadurch **vor,** daß Du den Anspruch des Geschädigten anerkennst oder befriedigst.

9. **Warte** vor Wiederherstellung des Fahrzeugs **unsere Weisung ab.** Nur in Fällen, in denen die Kosten geringfügig sind, kannst Du davon absehen.

10. Benachrichtige von **Entwendungs- und Brandschäden** sofort auch die Polizei.

11. Ziehe bei Unfällen von Personen sofort einen **Arzt** zu Rate und melde einen **Todesfall innerhalb 24 Stunden** telegraphisch der ....

12. Zeige uns die **Veräußerung** Deines Fahrzeugs unverzüglich mit Angabe des Erwerbers an und übergib ihm diesen Versicherungsschein.

Wenn Du die Verhaltungsregeln nicht beachtest, läufst Du Gefahr, Deinen Versicherungsschutz zu verlieren.

4. Vorläufige Deckungszusage

Die vorläufigen Deckungszusagen müssen mit § 1 Abs. 2 und § 4 Abs. 6 der AKB bzw. AKHB übereinstimmen. Für die schriftlichen Deckungszusagen ist das von der Wirtschaftsgruppe im Einvernehmen mit uns herausgegebene Muster zu verwenden[6]). Es ist zulässig, die Erteilung der Deckungszusage von einer Zahlung abhängig zu machen; es dürfen aber keine Deckungszusagen mit einem von den Versicherungsbedingungen abweichenden Inhalt erteilt werden, z. B. der Bestimmung, daß die Zusage nur wirksam sein oder bleiben soll, wenn sofort oder innerhalb von fünf Tagen eine Zahlung erfolgt.

5. Veräußerung des Fahrzeugs

Wird ein Fahrzeug veräußert, mit dem eine Kraftfahrversicherung verbunden ist, so darf die Unternehmung von ihrem Kündigungsrecht nach § 6 Abs. 2 der AKB bzw. AKHB nur Gebrauch machen, wenn sie hinsichtlich des Erwerbers begründete erhebliche Bedenken hat.

Liegen bei dem Erwerber nicht die nach dem Geschäftsplan erforderlichen persönlichen oder örtlichen Voraussetzungen vor, so ist der Versicherungsvertrag gemäß § 6 Abs. 2 der AKB bzw. AKHB zu kündigen. Es ist gestattet, die Versicherung im Einvernehmen mit dem Erwerber bis zum Ablauf des Versicherungsjahres fortzusetzen.

6. Beschränkte Unfallversicherung

Einzelne Unternehmungen haben Unfallversicherungen abgeschlossen, bei denen der Versicherungsschutz auf den Fall beschränkt ist, daß dem Fahrzeug selbst ein Unfall zustößt. Solche Versicherungen bleiben bestehen (vgl. § 17 Abs. 1 AKB), sie dürfen aber nicht verlängert und nicht neu abgeschlossen werden.

Wir ersuchen, uns den Empfang dieses Rundschreibens zu bestätigen.

---

[6]) Abgedruckt S. 115 f.

15.

Verordnung über die Anwendung Allgemeiner Versicherungsbedingungen

Vom 29. November 1940 (RGBl. I S. 1543)

Auf Grund von Artikel V des Gesetzes über die Einführung der Pflichtversicherung für Kraftfahrzeughalter und zur Änderung des Gesetzes über den Verkehr mit Kraftfahrzeugen sowie des Gesetzes über den Versicherungsvertrag vom 7. November 1939 (RGBl. I S. 2223) und auf Grund des Fünften Abschnitts der Verordnung zur Vereinheitlichung des Rechts der Vertragsversicherung vom 19. Dezember 1939 (RGBl. I S. 2443) wird verordnet:

Das Reichsaufsichtsamt für Privatversicherung kann anordnen, daß Allgemeine Versicherungsbedingungen (Zusatzbedingungen, Sonderbedingungen) mit Wirkung für bestehende Versicherungsverhältnisse bei sämtlichen im Deutschen Reich zum Geschäftsbetrieb befugten Versicherungsunternehmungen an die Stelle der bisher geltenden Versicherungsbedingungen treten. Es ist berechtigt, Ausnahmen zuzulassen. Die Anordnung ist im Deutschen Reichsanzeiger und Preußischen Staatsanzeiger bekanntzumachen.

16.

Anordnung des Präsidenten des Reichsaufsichtsamts für Privatversicherung vom 28. Dezember 1940 über die Anwendung Allgemeiner Versicherungsbedingungen für die Kraftfahrversicherung

Auf Grund der Verordnung über die Anwendung Allgemeiner Versicherungsbedingungen vom 29. November 1940 (RGBl. I S. 1543) ordne ich für die Kraftfahrversicherung an:

Vom 1. Januar 1941 ab treten mit Wirkung für bestehende Versicherungsverhältnisse bei sämtlichen im Deutschen Reich zum Geschäftsbetrieb befugten privaten und öffentlich-rechtlichen Versicherungsunternehmungen an die Stelle der bisher geltenden Allgemeinen Versicherungsbedingungen die in Nr. 187 des Deutschen Reichsanzeigers und Preußischen Staatsanzeigers vom 15. August 1940 bekanntgegebenen Allgemeinen Bedingungen für die Kraftfahr- und Kraftfahrhaftpflichtversicherung (AKB und AKHB). Dies gilt auch für Zusatzbedingungen und Sonderbedingungen, soweit sie mit den AKB oder AKHB in Widerspruch stehen.

Die Anordnung des Absatzes 1 gilt nicht für Versicherungsfälle (vgl. § 7 Abs. 1 AKB und AKHB), die vor dem 1. Januar 1941 eingetreten sind.

(Name des Versicherers)

KRAFTFAHRT-VERSICHERUNGSSCHEIN

Nummer: Kr.	Geschäftszeichen:	

Name u. Anschrift des Versicherungsnehmers	

Versichertes Fahrzeug	Art und Verwendung (vergl. Antrag)	Hersteller des Fahrgestells	Kennziffer	amtl. Kennzeichen
	Fahrgestell-Nr.	Motor-Nr.	Baujahr	Hubraum, PS, Nutzlast Plätze

	Jahresbeitrag bzw. Teiljahresbeitrag DM	DM
Die Versicherung bezieht sich, sofern nebenstehend ein Betrag dafür berechnet ist, auf		
I. die gesetzliche Haftpflicht Versicherungssumme für Personenschäden DM ...., für Sachschäden ein Zehntel*), für reine Vermögensschäden ein Fünfundzwanzigstel davon. *) Werden höhere als die gesetzlichen Mindestversicherungssummen beantragt, beträgt die Versicherungssumme für Sachschäden ein Fünftel der Versicherungssumme für Personenschäden Ist für Personenschäden nur die gesetzliche Mindestversicherungssumme beantragt, und ist diese höher als DM 100 000,–, so beschränkt sich die Leistungspflicht für eine Person auf DM 100 000,–.	....	....
II. das Fahrzeug		
a) Teilversicherung	....	....
b) Vollversicherung (Beschädigung, Zerstörung, Verlust) mit DM .... Selbstbeteiligung	....	....
c) Fahrzeugruheversicherung	....	....

III. die Unfälle von Personen

	Versicherungssummen in DM: Tod	Dauerfolgen (Inval.)	Heilkosten	Tagegeld	Jahresbeitrag DM	DM
a) berechtigte Insassen (bei Güterfahrzeugen nur im Führerhaus) außer angestellten Kraftfahrern und Beifahrern höchstens je Person / je Platz	....	....	....	....	....	....
b) jeweiliger Kraftfahrer	....	....	....	....	....	....
c) jeweilige Beifahrer Anzahl je	....	....	....	....	....	....

IV. das Gepäck (Gegenstände zum persönlichen Bedarf ausschl. Muster) Versicherungssumme DM	....	....

Fortsetzung des Kraftfahrt-Versicherungsscheins

Versicherungsbeginn: .... 0 Uhr, Dauer ....
Beträgt die vereinbarte Vertragsdauer mindestens ein Jahr, so verlängert sich der Vertrag jeweils um ein Jahr, wenn er nicht drei Monate vor Ablauf gekündigt wird. Die Kündigung soll durch eingeschriebenen Brief ausgesprochen werden. Beträgt die Vertragsdauer weniger als ein Jahr, so endet der Vertrag, ohne daß es einer Kündigung bedarf.

Der Beitrag wird jährlich, halbjährlich, vierteljährlich mit .... % Zuschlag bezahlt und ist jeweils am .... eines jeden Versicherungsjahres in Höhe des rechts ausgeworfenen Betrages fällig.

Die gegenseitigen Rechte und Pflichten richten sich nach dem Antrag, den Allgemeinen Bedingungen für die Kraftverkehrsversicherung (AKB bzw. AKHB), nach den sonstigen gesetzlichen Bestimmungen und etwaigen Sonderbedingungen. **DIE BEDINGUNGEN WERDEN AUF VERLANGEN AUSGEHÄNDIGT.**

Einziehungsgebühr und Vers.-Steuer	
Insgesamt	

Prämie für die Zeit

vom .... **bis** ....:

An den rot kenntlich gemachten Stellen weicht der Versicherungsschein von dem Antrag ab. Wenn nicht innerhalb eines Monats nach Empfang des Versicherungsscheines schriftlich widersprochen wird, gelten die Abweichungen als genehmigt.

	Haftpflicht-Versicherung	Fahrzeug-Teil-/Voll-Versicherung	Unfall-Versicherung	Gepäck-Versicherung		
	DM	DM	DM	DM		
Rückprämie für die Zeit						
vom .... bis .... aus					5 v. H. Steuer und Gebühr	Insgesamt
					DM	DM
Nettoprämie						

Vorstehenden Einlösungsbetrag erhalten

...................., den ....

................................, den ....

(Name des Versicherers)

*) siehe umstehende Sonderbedingungen

Der Versicherungsnehmer kann jederzeit auf seine Kosten Abschriften der Erklärungen fordern, die er mit Bezug auf den Versicherungsvertrag abgegeben hat.

Bemerkung:

Auf der Rückseite des Versicherungsscheins befinden sich die Verhaltungsregeln sowie mitunter Sonderbedingungen (z. B. für das Heimateinstellungs-Risiko in der Haftpflicht- und Fahrzeugversicherung; vgl. S. 356) und Hinweise.

(Name des Versicherers)

Antrag auf Kraftfahrtversicherung

K

(Hier die Nr. der Bestätigungskarte einsetzen)

Der Antragsteller ist allein für die Richtigkeit und Vollständigkeit der Angaben verantwortlich, auch wenn eine andere Person deren Niederschrift vornimmt.
Striche oder sonstige Zeichen oder Nichtbeantwortung gelten als Verneinung.

Vor- und Zuname bzw. Firmenbezeichnung:	....
Beruf oder Art des Unternehmens:	....
Postalisch vollständige Anschrift:	....

Erlischt mit Beginn dieses Vertrages eine für Sie laufende Versicherung ja/nein	Bei welcher Gesellschaft .... Versicherungs-Schein-Nr.	Wer hat den Vertrag gekündigt? Sie? ja/nein Die Gesellschaft ja/nein

Wurde dem Antragsteller bereits eine K-Versicherung abgelehnt oder gekündigt? ....
Wenn ja, aus welchem Anlaß? ....

Art des Fahrzeuges[1])	Hersteller des Fahrgestells bzw. des Hilfsmotors		Kennziffer	amtl. Kennzeichen
Fahrgestell-Nr.	Motor-Nr.	Baujahr	Hubraum, PS, Nutzlast[2])	Plätze[2])

Verwendung des Fahrzeuges (Zutreffendes mit ja beantworten):

Personenwagen/Kombinationswagen/Kraftrad außer Omnibussen)
Siehe Anmerkung f. Kleinomnibusse!*)
Eigenverwendung ohne Vermietung ....
Selbstfahrervermietfahrzeug.............. ......[3])
Mietwagen ....[4])
Droschke ....[5])
zu 4) und 5): Einwohnerzahl d. Standortes: ....
....

Omnibus/Kleinomnibus*) (auch Omnibus - Anhänger zur Personenbeförderung)
Linienverkehr ....
Gelegenheitsverkehr ......
Oberleitungsomnibus ......
Hotelomnibus ....[7])
Werkomnibus ....[8])
Ersatzomnibus ....[9])

*) Bei Kleinomnibussen, die als PKW zugelassen werden, ist stets auch die Anzahl der Plätze anzugeben.

Güterfahrzeug (Lieferwagen, Lastkraftwagen, Sattelschlepper, Zugmaschine, Anhänger[15])
Bei gemischten Betrieben jede Verkehrsart angeben!
Werkverkehr . . . . [10])
Gewerblicher Güternahverkehr . . . . [11a])
Gewerblicher Güterfernverkehr bis
150 km . . . . }
über 150 km . . . . } [11b])
Möbelfernverkehr . . .. }
Beförderung von mehr als 8 Personen .... }
Höchstzahl der beförderten Personen . . . . } [12])
Landw. Zugmaschinen oder deren Anhänger .... [13])
Schausteller-Zugmaschinen . . . . [14])

Wenn das Fahrzeug zu einem anderen als dem angegebenen Zweck verwendet wird, ist der Versicherer von der Verpflichtung zur Leistung frei

Nur für Krafträder über 50 ccm Hubraum	Soll ein Nachlaß von 10 % bei Verzicht auf Berücksichtigung der Stilllegung infolge vorübergehender behördlicher Abmeldung gewährt werden?	ja / nein	**Jahresbeitrag bzw. Teiljahresbeitrag bis zur anderweitigen Festsetzung einschl. Ratenzuschlag***

Der Antrag bezieht sich, sofern nebenstehend ein Betrag dafür berechnet ist, auf

I. Haftpflichtversicherung Versicherungssumme für:

Nach dem Bürgerlichen Gesetzbuch haften Sie in unbegrenzter Höhe!

Personenschäden	Sachschäden	Vermögensschäden	
DM 500 000	50 000,–	20 000,–	....
DM 250 000	25 000,–	10 000,–	....

Gesetzliche Mindestversicherungssummen DM ....

II. Fahrzeug-Teilversicherung (nur Brand und Entwendung) ....
„ **-Vollversicherung** mit DM .... Selbstbeteiligung ....
Sonderaufbau/Sonderausstattung[16])? .... Wert derselben? ....
(Zuschlag!) ....

III. Unfallversicherung

	Versicherungssummen in DM				
	Tod	Dauerfolgen (Inval.)	Heilkosten	Tagegeld	
a) berechtigte **Insassen** (bei Güterfahrzeugen nur im Führerhaus) außer angestellten Kraftfahrern und angestellten Beifahrern. . höchstens je Person/Platz					....
b) jeweiliger angestellter **Kraftfahrer**					....
c) jeweiliger angestellter **Beifahrer** Anzahl .... je					....

IV. Gepäckversicherung, (Gegenstände z. persönl. Bedarf ausschl. Muster) Vers. Sa. DM ....

Beginn .... **0 Uhr, Dauer** ....

Gesamtbeitrag DM:

* **Zuschlag:**
3% bei 1/2jährl.
5% bei 1/4jährl.
Zahlung

Gebühr ....
zus. ....
5 % Steuer ....
Insgesamt ....

Für den Kreditgeber ....
soll ein Sicherungsschein ausgestellt werden.
Für diesen Fall gilt die umstehende Erklärung[18]) als gegeben.
Fälligkeit des letzten Wechsels bzw. Ende des Kredits? ....
Für welche Zeit ist der Beitrag mitfinanziert? ....

Besondere Vereinbarungen: (Mündliche Abmachungen haben keine Gültigkeit)

Hiermit erteilen wir für diese Versicherung zu umstehender Bedingung[17]) vorläufige Deckung ...., ... Uhr.

den .... 19......

(Name des Versicherers)

Der Antragsteller hält sich an diesen Antrag zwei Wochen gebunden.
Die Haftpflichtversicherung im Umfang des Pflichtversicherungsgesetzes gilt als angenommen, wenn der Versicherer die Annahme nicht binnen fünf Tagen abgelehnt hat.
Maßgebend für den Versicherungsvertrag sind die Allgemeinen Bedingungen für die Kraftverkehrsversicherung (AKB).

Der Empfang einer vorläufigen Zahlung von DM .... wird bescheinigt.

.........., den ....

Unterschrift des Vermittlers

.........., den .... 19......

....

Eigenhändige Unterschrift des Antragstellers

Bemerkung: Die Anm. 1–16 betr. die Begriffsbestimmungen (S. 113), 17 die vorläufige Deckungszusage (S. 115), 18 die Erklärung des Antragstellers für die Ausfertigung eines Sicherungsscheines (S. 341).

Begriffsbestimmungen

Begriffsbestimmungen zu den tariflichen Erkennungsmerkmalen (siehe umstehende Fußnotenzeichen 1–14)

A) Allgemeines

1. **Art des Fahrzeuges:** Fahrrad mit Hilfsmotor (Moped), Kleinkraftrad, Motorroller, Kraftrad, Personenwagen (auch Kabinenroller), Kombinationswagen, Elektropersonenwagen, Lieferwagen, Lastkraftwagen, Elektrogüterfahrzeug, Omnibus, Zugmaschine, Sattelzugmaschine, Raupenschlepper, Anhänger, Auflieger, Abschleppwagen, Arbeitsmaschine, Autoschütter, fahrbare Küche, Feuerwehrmannschafts- und -gerätewagen, Straßenreinigungs- und Sprengwagen, Krankenwagen, Leichenwagen, Müll- und Fäkalienabfuhrwagen, Polizeimannschaftswagen.

2. a) **Hubraum** bei Fahrrädern mit Hilfsmotor (Mopeds), Kleinkrafträdern, Motorrollern, Krafträdern und bei Lieferwagen bis 500 ccm;
   b) **Brems-PS** bei Personenwagen (auch Kabinenrollern), Kombinationswagen, bei Lieferwagen über 500 ccm, bei Zugmaschinen, Sattelzugmaschinen und Raupenschleppern;
   c) **Nutzlast** bei Lastkraftwagen, bei Anhängern und Aufliegern zur Güterbeförderung;
   d) **Plätze einschließlich Stehplätze** bei Omnibussen, Omnibusanhängern, sowie -aufliegern und Polizeimannschaftswagen.

B) Personenwagen, Kombinationswagen, Krafträder, Motorroller, Kleinkrafträder und Fahrräder mit Hilfsmotor (Mopeds)

3. **Selbstfahrervermietfahrzeuge** sind
   a) Krafträder, Motorroller, Kleinkrafträder und Mopeds, die gewerbsmäßig an Selbstfahrer vermietet werden;
   b) Personenwagen und Kombinationswagen, die gewerbsmäßig ohne Stellung eines Fahrers vermietet werden.

4. **Mietwagen** sind Kraftwagen, mit denen ein nach dem Personenbeförderungsgesetz genehmigungspflichtiger Gelegenheitsverkehr gewerbsmäßig betrieben wird (unter Ausschluß der Droschken, Omnibusse, Güterfahrzeuge und Selbstfahrervermietwagen).

5. **Droschken** sind Kraftwagen, die auf öffentlichen Wegen oder Plätzen für den öffentlichen Verkehr bereitgehalten werden.

6. **Kombinationswagen** sind Kraftwagen mit einem zulässigen Gesamtgewicht von nicht mehr als 2,5 t, wenn sie nach ihrer Bauart und Einrichtung geeignet und bestimmt sind, im Innenraum – mit Ausnahme des für die Mitnahme von Reisegepäck bestimmten Raumes – wahlweise oder gleichzeitig der Beförderung von Personen und Gütern zu dienen.

C) Omnibusse

7. **Hotelomnibusse** im Sinne des Tarifs sind Omnibusse, die ausschließlich zur Beförderung von Hotelgästen und ihrem Gepäck vom Bahnhof oder Flugplatz oder von der Dampferanlegestelle und zurück verwendet werden.

8. **Werkomnibusse** im Sinne des Tarifs sind Omnibusse, die dem Werk selbst oder einem dem Werk vertraglich verpflichteten Unternehmer gehören und ausschließlich zur Beförderung der Belegschaft dieses Werkes und deren Angehörigen zu und von der Arbeitsstätte und Schule und aus Anlaß von Belegschaftsveranstaltungen verwendet werden.

   (Ziffern 7 und 8 gelten entsprechend für Omnibus-Anhänger und -Auflieger zur Personenbeförderung.)

D) Güterfahrzeuge (Lieferwagen, Lastkraftwagen, Zugmaschinen, Sattelzugmaschinen, Raupenschlepper, Anhänger und Auflieger)

9. Werkverkehr liegt vor, wenn e i g e n e Güterfahrzeuge nur zur Beförderung von Gütern für e i g e n e Zwecke des Unternehmens verwendet werden (§§ 48, 49 Güterkraftverkehrsgesetz – GüKG – vom 17. Oktober 1952 – Bundesgesetzblatt I S. 697).

10. **Gewerblicher Güterverkehr** (Güternahverkehr und Güterfernverkehr) liegt vor, wenn Güterfahrzeuge bzw. Anhänger zur Beförderung von Gütern aller Art g e g e n E n t g e l t für D r i t t e verwendet werden (§§ 2 und 3 GüKG).
    a) **Güternahverkehr** ist jede Beförderung von Gütern mit einem Kraftfahrzeug, Anhänger oder Auflieger für a n d e r e innerhalb der Grenzen eines Gemeindebezirks oder innerhalb der Nahzone – in der Regel das Gebiet innerhalb eines Umkreises von 50 km vom Kraftfahrzeugstandort – (§ 2 GüKG).
    b) **Güterfernverkehr** ist jede Beförderung von Gütern mit einem Kraftfahrzeug, Anhänger oder Auflieger für a n d e r e über die Grenzen der Nahzone hinaus oder außerhalb dieser Grenzen (§ 3 GüKG).

11. Eine Verwendung zur Beförderung von Treibstoff oder Heizöl liegt vor, wenn diese in Tankfahrzeugen oder in Einzeltanks, die auf der Ladefläche befestigt sind, befördert werden.

12. **Personenbeförderung** liegt sowohl vor, wenn eine Fahrt lediglich zu diesem Zweck unternommen wird, als auch dann, wenn bei einer an sich dem Zweck des Güterfahrzeugs entsprechenden Fahrt Personen mitgenommen werden. In der Haftpflichtversicherung decken die Beiträge auch die Beförderung von Personen auf Güterfahrzeugen, wenn die beförderten Personen in enger Beziehung zur Ladung stehen (z. B. Beifahrer und sonstiges Begleitpersonal, das zur Behandlung der Güter bestimmt ist). Bei Beförderung von Personen, die in keiner engen Beziehung zur Ladung stehen, besteht Deckung aus der Haftpflichtversicherung nur, wenn nicht mehr als 8 Personen befördert werden. Bei Beförderung von mehr als 8 Personen, die in keiner engen Beziehung zur Ladung stehen, besteht Deckung aus der Haftpflichtversicherung nur dann, wenn dies besonders beantragt ist. Bei der Personenbeförderung ist es gleichgültig, ob sie entgeltlich oder unentgeltlich, gelegentlich oder regelmäßig vorgenommen wird.

13. **Landwirtschaftliche Zugmaschinen oder landwirtschaftliche Anhänger** im Sinne des Tarifs sind landwirtschaftliche Zugmaschinen und Raupenschlepper oder Anhänger, die wegen ihrer Freistellung von der Kraftfahrzeugsteuer ein amtliches grünes Kennzeichen führen.
(Auch Kraftfahrzeuge die ausdrücklich als Sonderfahrzeuge für land- und forstwirtschaftliche Verwendung zugelassen sind, sind wie landwirtschaftliche Zugmaschinen einzustufen.)

14. **Schausteller-Zugmaschinen** im Sinne des Tarifs sind Zugmaschinen und Raupenschlepper, die nur in solchen Betrieben verwendet werden.

15. **Anhänger und Auflieger (Anhänger) zur Güterbeförderung**

E) Haftplichtversicherung

Die Haftpflichtversicherung des Kraftfahrzeugs erstreckt sich auf alle Schäden, die durch einen mit dem Kraftfahrzeug verbundenen Anhänger oder Auflieger (Anhänger) zur Güterbeförderung verursacht werden, auch soweit sich die Ansprüche gegen den Halter des Anhängers richten.
Die Haftpflichtversicherung des Anhängers zur Güterbeförderung erstreckt sich auf alle Schäden, die durch den Anhänger verursacht werden, solange er nicht mit einem Kraftfahrzeug verbunden ist, auch soweit sich die Ansprüche gegen den Halter oder berechtigten Fahrer dieses Kraftfahrzeugs richten.
Löst sich der Anhänger zur Güterbeförderung während des Betriebs des Kraftfahrzeugs von diesem und tritt hierdurch ein Schaden ein, so umfaßt die Haftpflichtversicherung des Kraftfahrzeugs auch diesen Schaden. Die Haftpflichtversicherung für Krafträder und Personenwagen erstreckt sich auch auf Schäden, die durch einen nicht der Pflichtversicherung unterliegenden Anhänger zur Güterbeförderung verursacht werden, selbst wenn dieser mit dem Kraftrad oder Personenwagen nicht verbunden ist.

F) Fahrzeugversicherung

16. Die im Tarif genannten Beiträge für Fahrzeugversicherungen gelten für Fahrzeuge normaler und durchschnittlicher Bauart und Ausstattung, auch soweit sie nicht serienmäßig mitgeliefert wird.

G) Bedingung für die vorläufige Deckung

17. Die vorläufige Deckung endet mit der Einlösung des Versicherungsscheins. Sie tritt rückwirkend außer Kraft, wenn der Antrag unverändert angenommen, der Versicherungsschein aber nicht unverzüglich eingelöst wird. Der Versicherer ist berechtigt, die vorläufige Deckung mit einer Frist von einer Woche schriftlich zu kündigen. In diesem Falle gebührt dem Versicherer der auf die Zeit des Versicherungsschutzes entfallende anteilige Beitrag. Entsteht für den Versicherer eine Verpflichtung in Ansehung des Dritten, so gebührt dem Versicherer außerdem der Beitrag bis zum Ablauf eines Monats nach Eingang der Anzeige gemäß § 158 c Abs. 2 VVG bei der Zulassungsstelle.

H) Erklärung des Antragstellers für die Ausfertigung eines Sicherungsscheins

18. Der Antragsteller erklärt sich damit einverstanden, daß für die umseitig beantragte Fahrzeugversicherung bis zur endgültigen Tilgung der Schuld oder, sofern hierfür umseitig ein Datum genannt wurde, bis zu diesem Zeitpunkt die folgenden Bestimmungen gelten:

Begriffsbestimmungen

a) Die Versicherung gilt in Höhe des vom Antragsteller geschuldeten Betrags für Rechnung des genannten Kreditgebers oder des Kraftfahrzeughändlers, falls dieser die Forderung gegen den Versicherungsnehmer erworben hat und der Übergang der Forderung dem Versicherer angezeigt wurde.

b) In Abweichung von den Allgemeinen Bedingungen für die Kraftverkehrsversicherung ist der Antragsteller nicht befugt, die Rechte aus dem Versicherungsvertrag selbst auszuüben, vielmehr sind hierzu, insbesondere zur Annahme der Entschädigung allein die unter a) genannten Personen oder ein von diesen namentlich benannter Dritter berechtigt, und zwar auch dann, wenn diese Personen nicht den Versicherungsschein besitzen.

c) Für den Fall der Einbeziehung des Versicherungsbeitrags in die Finanzierung wird eine Beitragserstattung bei vorzeitiger Beendigung des Versicherungsvertrags (Haftpflicht- und/oder Fahrzeugversicherung) an den nach a) oder b) Berechtigten vorgenommen, höchstens jedoch bis zu dem Betrag, den der Versicherungsnehmer noch schuldet.

Nebengebühren

Außer der Versicherungssteuer und sonstigen öffentlichen Abgaben werden berechnet: Versicherungsscheine 1 % der Jahresprämie, mindestens 1,– DM, höchstens 3,– DM, Nachträge mit Prämienberechnung 1,– DM, Prämienrechnungen 0,50 DM. Nachträge ohne Prämienberechnung gebührenfrei. Weitere Nebengebühren und Kosten werden nicht erhoben. Insbesondere sind die Versicherungsvertreter und -makler nicht berechtigt, ihrerseits von dem Versicherungsnehmer noch irgendwelche – nicht in der vorstehenden Gebührenübersicht aufgeführte – besondere Gebühren oder Kosten für die Aufnahme des Antrages oder aus anderen Gründen zu erheben.

Die vorläufige Deckung endet mit der Einlösung des Versicherungsscheines. Sie tritt rückwirkend außer Kraft, wenn der Antrag unverändert angenommen, der Versicherungsschein aber nicht unverzüglich eingelöst wird. Wir sind berechtigt, die vorläufige Deckung mit einer Frist von einer Woche schriftlich zu kündigen. In diesem Fall gebührt uns der auf die Zeit des Versicherungsschutzes entfallende anteilige Beitrag. Entsteht für uns eine Verpflichtung in Ansehung des Dritten, so gebührt uns außerdem der Beitrag für die Zeit dieser Verpflichtung.

Postkarte

<table>
<tr><td colspan="6">(Raum für Versicherer)</td></tr>
<tr><td colspan="6">Vorläufige Deckungszusage zur Kraftfahrversicherung (Bedingungen umseitig)</td></tr>
<tr><td colspan="2">Beginn der vorläufigen Deckung</td><td>Tag</td><td colspan="2">Stunde</td><td>Nummer des Versicherungsscheins bzw. Kontrollnummer</td></tr>
<tr><td colspan="6">Anschrift des Versicherungsnehmers</td></tr>
<tr><td>Art des Fahrzeugs</td><td colspan="3">Hersteller des Fahrgestells</td><td colspan="2">Nummer des Fahrgestells</td></tr>
<tr><td colspan="6">Beantragte Versicherungen:</td></tr>
<tr><td colspan="3">Der Empfang einer vorläufigen Zahlung von DM ....
wird bescheinigt

(Unterschrift)</td><td colspan="3">............, den ....

(Unterschrift)</td></tr>
</table>

17.

Verordnung PR Nr. 15/59[1])
zur Auflockerung der Preisbindung in der Kraftfahrtversicherung

Vom 19. Dezember 1959

Auf Grund von § 2 des Preisgesetzes vom 10. April 1948 (WiGBl. S. 27)/ 3. Februar 1949 (WiGBl. S. 14)/21. Januar 1950 (Bundesgesetzbl. S. 7)/8. Juli 1950 (Bundesgesetzbl. S. 274)/25. September 1950 (Bundesgesetzbl. S. 681)/ 23. Dezember 1950 (Bundesgesetzbl. S. 824) und 29. März 1951 (Bundesgesetzbl. I S. 223) in der sich aus § 37 des Gesetzes über die Investitionshilfe der gewerblichen Wirtschaft vom 7. Januar 1952 (Bundesgesetzbl. I S. 7) ergebenden Fassung wird verordnet:

Erster Abschnitt

Freigabe der Gepäck- und der namentlichen Kraftfahrtunfallversicherung

§ 1

Auf Verträge über die Gepäckversicherung und über die namentliche Kraftfahrtunfallversicherung sind Preisvorschriften nicht mehr anzuwenden.

1) Bundesanzeiger Nr. 249 vom 30. 12. 1959.

Zweiter Abschnitt

Übergangsregelung für Kraftfahrtversicherungen

§ 2

Für Verträge über die Kraftfahrthaftpflicht-, Fahrzeugvoll-, Fahrzeugteil- und Kraftfahrtunfallversicherung gilt bis zum 31. Dezember 1961 der Einheitstarif für Kraftfahrtversicherungen 1960 in der aus Anlage 1[2]) ersichtlichen Fassung.

§ 3

Die Beiträge in der Kraftfahrthaftpflicht- und in der Fahrzeugvollversicherung sind jeweils für das zurückliegende Kalenderjahr nach Maßgabe der §§ 4 bis 12 zu ermäßigen; dies gilt nicht für Beiträge in der Kraftfahrthaftpflichtversicherung von Fahrrädern mit Hilfsmotor.

§ 4

(1) Eine feste Beitragsermäßigung kann unabhängig davon, ob ein technischer Überschuß nach § 7 vorliegt, jeder Versicherungsnehmer in der Kraftfahrthaftpflicht- oder Fahrzeugvollversicherung beanspruchen,

1. dessen Versicherungsvertrag mindestens während der beiden letzten Kalenderjahre bestanden hat und schadensfrei verlaufen ist, oder

2. der vor Ablauf eines Kalenderjahres ein seit dessen Beginn versichertes Kraftfahrzeug veräußert und in unmittelbarem zeitlichen Zusammenhang damit ein Kraftfahrzeug gleicher Art erworben und es sofort anstelle des veräußerten versichert hat, wenn seine Versicherungsverträge während der in Nummer 1 bezeichneten Kalenderjahre bestanden haben und schadensfrei verlaufen sind, oder

3. der Versicherungsverträge nach den Kennziffern 091 und 092 des Einheitstarifs für Kraftfahrtversicherungen 1960 abgeschlossen hat, sofern die Voraussetzungen der Nummer 1 vorliegen; dabei ist jede der ersten sechs Tarifgruppen (Nummern 1 bis 4, 4 a und 5) jeweils als Einheit und für sich zu behandeln.

(2) Bei Sammelversicherungsverträgen gilt jede Teilvereinbarung über das einzelne Wagnis als Versicherungsvertrag.

(3) Ein Anspruch auf eine feste Beitragsermäßigung entsteht nicht bei Versicherungsverträgen, deren Versicherungsschutz auf Antrag ruhte oder in anderer Weise unterbrochen war.

---

2) Anlage 1 (Tarif) hier nicht abgedruckt.

(4) Wechselt ein Versicherungsnehmer das Versicherungsunternehmen, so werden für die feste Beitragsermäßigung die Dauer des bisherigen Vertrages und dessen schadensfreier Verlauf in der Kraftfahrthaftpflicht und Fahrzeugvollversicherung vor dem Wechsel mitberücksichtigt, wenn der Versicherungsnehmer dies durch eine auf sein Verlangen vom bisherigen Versicherungsunternehmen auszustellende Bescheinigung nachweist.

(5) Ein Anspruch auf eine feste Beitragsermäßigung ensteht nicht, wenn der Versicherungsvertrag während der in Absatz 1 Nr. 1 bezeichneten Kalenderjahre auf einen anderen Versicherungsnehmer übergeht.

(6) Versicherungsverträge sind im Sinne des Absatzes 1 schadensfrei verlaufen, wenn in den in Absatz 1 Nr. 1 bezeichneten Kalenderjahren kein Schadensfall gemeldet ist, für den das Versicherungsunternehmen eine Aufwendung erbracht hat oder eine Rückstellung bilden mußte; innerbetriebliche Kosten des Versicherungsunternehmens bleiben hierbei außer Betracht. Beruhen Aufwendungen oder Rückstellungen lediglich auf allgemeinen Vereinbarungen der beteiligten Versicherungsunternehmen, so soll ein schadensfreier Verlauf des Versicherungsvertrages zugrunde gelegt werden.

(7) Der Ermäßigungsbetrag wird durch das Versicherungsunternehmen ausgezahlt oder mit dem laufenden Beitrag verrechnet. Der Versicherungsnehmer darf den Anspruch auf eine feste Beitragsermäßigung nicht gegen die Beitragsforderung aufrechnen. Besteht ein Versicherungsvertrag mit dem Anspruchsberechtigten nicht mehr, so sind auf dessen Antrag die Ermäßigungsbeträge auszuzahlen.

§ 5

(1) Die feste Beitragsermäßigung im Sinne von § 4 beträgt 10 vom Hundert des bei Ablauf des letzten Kalenderjahres maßgebenden Jahresbeitrages.

(2) Die feste Beitragsermäßigung erhöht sich auf 20 vom Hundert, wenn Versicherungsverträge mindestens in den letzten drei Kalenderjahren schadensfrei verlaufen sind.

(3) Versicherungsnehmer, deren Beitrag nach der Grundregel 6 des Einheitstarifs für Kraftfahrtversicherungen in der Fassung der Verordnung PR Nr. 77/52 über den Einheitstarif für Kraftfahrtversicherungen 1953 vom 19. Dezember 1952 (Bundesanzeiger Nr. 250 vom 30. Dezember 1952), geändert durch die Verordnung PR Nr. 24/53 vom 2. September 1953 (Bundesanzeiger Nr. 172 vom 8. September 1953), ermäßigt war, erhalten erstmalig für das Kalenderjahr 1959 eine feste Beitragsermäßigung von 20 vom Hundert, soweit ihr Vertrag mindestens vom 1. Januar 1959 an ohne Unterbrechung des Versicherungsschutzes besteht und schadensfrei verläuft. Beitragsermäßigungen nach den Absätzen 1 oder 2 sind hierauf anzurechnen.

(4) Feste Beitragsermäßigungen nach den Absätzen 1 bis 3 werden letztmalig für das Kalenderjahr 1961 gewährt.

§ 6

(1) Eine Beitragsermäßigung nach Maßgabe der §§ 7 bis 12 (Beitragsermäßigung aus technischem Überschuß) ist Versicherungsnehmern zu gewähren, deren Versicherungsvertrag während des letzten ganzen Kalenderjahres bestanden hat. Die Beitragsermäßigung kann entweder gleichmäßig oder gleichmäßig bei schadensfreiem Verlauf nur im letzten Kalenderjahr oder bei einem längeren schadensfreien Verlauf gestaffelt nach dessen Dauer gewährt werden. Bei einer Staffelung nach der Dauer des schadensfreien Verlaufs können die Versicherungsunternehmen Versicherungsnehmern, die die Voraussetzungen des § 5 Abs. 3 erfüllen, den höchsten Ermäßigungssatz gewähren.

(2) Übersteigt der nach § 8 Abs. 1 bis 3 ermittelte Anteil der Versicherungsnehmer am technischen Überschuß 15 vom Hundert der Beitragseinnahmen, die auf das Kalenderjahr entfallen (verdiente Beiträge), so ist die Beitragsermäßigung, die dem über 15 vom Hundert hinausgehenden Betrag entspricht, allen Versicherungsnehmern, deren Versicherungsvertrag während des letzten ganzen Kalenderjahres bestanden hat, gleichmäßig zu gewähren.

(3) § 4 Abs. 1 Nr. 2 und 3 und Abs. 2 bis 7 finden entsprechende Anwendung.

(4) Die Beitragsermäßigung aus technischem Überschuß erhalten auch Versicherungsnehmer, die Anspruch auf eine feste Beitragsermäßigung haben.

§ 7

(1) Jedes Versicherungsunternehmen hat den Überschuß der Einnahmen über die Ausgaben (technischer Überschuß) sämtlicher Versicherungsarten der Kraftfahrtversicherung (Haftpflicht-, Fahrzeugvoll-, Fahrzeugteil- und Unfallversicherung) ohne Berücksichtigung der aktiven und passiven Rückversicherung zu errechnen; dabei sind die für die feste Beitragsermäßigung vorgesehenen Beträge einer Rückstellung (Anlage 2[3]) Buchstabe B IX) zuzuführen, die ausschließlich für die Versicherungsnehmer bestimmt ist.

(2) Der technische Überschuß ist in einem einheitlichen Überschußverband für jedes Kalenderjahr nach Anlage 2[3]) zu ermitteln.

(3) Sind private Versicherungsunternehmen im wesentlichen Umfang finanziell voneinander abhängig, oder handelt es sich um öffentlich-rechtliche Versicherungsunternehmen, so kann der Bundesminister für Wirtschaft zulassen, daß die Überschußverbände dieser Versicherungsunternehmen zu einem gemeinsamen einheitlichen Überschußverband nach Absatz 2 zusammengefaßt werden, sofern diese Versicherungsunternehmen aus ihren Versicherungsverträgen als Gesamtschuldner haften.

(4) Andere Überschußverbände dürfen nicht gebildet werden.

§ 8

(1) Beträgt der nach § 7 ermittelte technische Überschuß nicht mehr als 4 vom Hundert der verdienten Beiträge, so ist das Versicherungsunterneh-

[3]) Anlage hier nicht abgedruckt.

men zu einer Beitragsermäßigung aus technischem Überschuß nicht verpflichtet.

(2) Beträgt der nach § 7 ermittelte technische Überschuß mehr als 4 vom Hundert, aber nicht mehr als 8 vom Hundert der verdienten Beiträge, so ist mindestens der 4 vom Hundert der verdienten Beiträge übersteigende technische Überschuß für die Beitragsermäßigung zu verwenden.

(3) Beträgt der nach § 7 ermittelte technische Überschuß mehr als 8 vom Hundert der verdienten Beiträge, so treten als Anteil der Versicherungsnehmer jeweils zu der vorhergehenden Stufe mindestens hinzu:

bei einem Überschuß von mehr als 8 bis 11 vom Hundert:
2/3 des 8 vom Hundert übersteigenden Betrages,

bei einem Überschuß von mehr als 11 bis 15 vom Hundert:
3/4 des 11 vom Hundert übersteigenden Betrages,

bei einem Überschuß von mehr als 15 vom Hundert:
der gesamte 15 vom Hundert übersteigende Betrag.

(4) Soweit der technische Überschuß für die Beitragsermäßigung nach § 6 vorzusehen ist oder von Versicherungsunternehmen für diesen Zweck bestimmt wird, ist er ausschließlich für die Versicherungsnehmer zu verwenden (Überschußrückstellung – Anlage 2[4]) Buchstabe C Nr. 7 und 10).

§ 9

Liegt der für die Beitragsermäßigung nach § 6 zur Verfügung stehende Betrag (Anlage 2[4]) Buchstabe C Nr. 10) unter 2 vom Hundert der verdienten Beiträge, so entfällt die Pflicht zur Rückvergütung. Wird er nicht zurückvergütet, so verbleibt er in der Überschußrückstellung; § 8 Abs. 4 findet entsprechende Anwendung.

§ 10

(1) Der für die Beitragsermäßigung nach § 6 zur Verfügung stehende Betrag wird in dem Verhältnis zurückvergütet, in dem er zur Summe der auf ein Jahr berechneten Beiträge der Anspruchsberechtigten aus Verträgen in der Kraftfahrthaftpflicht- oder Fahrzeugvollversicherung steht. Als Jahresbeitrag des einzelnen Vertrages ist der bei Ablauf des Kalenderjahres maßgebende Betrag einzusetzen.

(2) Bei einer Staffelung der Beitragsermäßigung nach der Dauer des schadensfreien Verlaufs richtet sich die Ermittlung der Summe der auf ein Jahr berechneten Beiträge der Anspruchsberechtigten nach dem Verteilungsplan (§ 12 Abs. 1 Nr. 1).

§ 11

(1) Der für die Beitragsermäßigung nach § 6 ermittelte Vomhundertsatz ist auf volle Vomhundertsätze nach unten abzurunden. Der danach nicht zurückzuvergütende technische Überschuß verbleibt in der Überschußrückstellung; § 8 Abs. 4 findet entsprechende Anwendung.

(2) Beträgt bei einem Versicherungsvertrag die Beitragsermäßigung insgesamt weniger als 3 Deutsche Mark, so entfällt die Pflicht zur Beitragsermäßigung. Werden Beträge unter 3 Deutsche Mark nicht zurückvergütet,

[4]) Anlage hier nicht abgedruckt.

so verbleiben sie in der Überschußrückstellung; § 8 Abs. 4 findet entsprechende Anwendung.

(3) Die zurückzuvergütenden Beträge können auf volle Deutsche Mark abgerundet werden. Dabei sind Pfennigbeträge unter 0,50 Deutsche Mark nach unten, Pfennigbeträge von 0,50 Deutsche Mark und mehr nach oben abzurunden.

(4) Beitragsermäßigungen dürfen für den einzelnen Versicherungsvertrag (Kraftfahrthaftpflicht- oder Fahrzeugvollversicherung) 75 vom Hundert des Beitrages, der bei Ablauf des Kalenderjahres vertraglich vereinbart war, nicht übersteigen. Darüber hinausgehende Beträge (Abrechnungsspitzen) verbleiben in der Überschußrückstellung; § 8 Abs. 4 findet entsprechende Anwendung.

§ 12

(1) Die Versicherungsunternehmen sind verpflichtet:

1. für die Zeit bis zum 31. Dezember 1961 das Verfahren der Beitragsermäßigung nach § 6 Abs. 1 (Verteilungsplan) dem Bundesminister für Wirtschaft in doppelter Ausfertigung und der für die Preisbildung zuständigen obersten Landesbehörde in einfacher Ausfertigung bis zum 29. Februar 1960 mitzuteilen;
2. die Errechnung des zurückzuvergütenden technischen Überschusses oder eines sich ergebenden Fehlbetrages unter Verwendung der Anlage 2[5]) sowie die Verteilung der auf die anspruchsberechtigten Versicherungsnehmer entfallenden Beitragsanteile unter Verwendung der Anlage 3[5]) dem Bundesminister für Wirtschaft in doppelter Ausfertigung und der für die Preisbildung zuständigen obersten Landesbehörde in einfacher Ausfertigung unverzüglich nach Ablauf des Kalenderjahres, spätestens aber bis zum 30. Juni des folgenden Kalenderjahres einzureichen;
3. das Ausmaß der Beitragsermäßigung nach § 6 im Bundesanzeiger unverzüglich zu veröffentlichen, nachdem eine Frist von einem Monat nach Einreichung der Anlagen nach Nummer 2 beim Bundesminister für Wirtschaft abgelaufen ist;
4. die Verrechnung der Beitragsermäßigungen mit dem auf die Veröffentlichung nach Nummer 3 erstmalig fällig werdenden Beitrag vorzunehmen.

(2) Eine Veröffentlichung, Verrechnung oder Auszahlung des nach § 6 zurückzuvergütenden Betrages vor Ablauf der in Absatz 1 Nr. 3 bezeichneten Frist ist unzulässig. Der Bundesminister für Wirtschaft kann in begründeten Fällen Ausnahmen zulassen.

Dritter Abschnitt

Kraftfahrtversicherungen vom 1. Januar 1962 an

§ 13

An die Stelle des Einheitstarifs für Kraftfahrtversicherungen 1960 treten mit Wirkung vom 1. Januar 1962 die nach den §§ 14 bis 16 genehmigten

[5]) Anlage hier nicht abgedruckt.

Beiträge und allgemeinen Tarifbestimmungen (Tarife) der einzelnen Versicherungsunternehmen.

§ 14

(1) Verträge über die Kraftfahrthaftpflicht-, Fahrzeugvoll-, Fahrzeugteil- und Kraftfahrtunfallversicherung dürfen nach dem 31. Dezember 1961 nur auf der Grundlage genehmigter Tarife der Versicherungsunternehmen abgeschlossen werden.

(2) Der Genehmigung bedürfen nicht Tarife für solche Verträge der in Absatz 1 bezeichneten Art, die am 31. Dezember 1961 dem Einheitstarif für Kraftfahrtversicherungen nicht unterliegen.

(3) Von Tarifen, die nach § 15 Abs. 1 und 4 und § 16 Abs. 1 genehmigt werden, darf nicht abgewichen werden.

§ 15

(1) Die Versicherungsunternehmen haben bis zum 30. September 1961 ihre für die Zeit nach dem 1. Januar 1962 vorgesehenen Tarife für Verträge über die Kraftfahrthaftpflicht-, Fahrzeugvoll-, Fahrzeugteil- und Kraftfahrtunfallversicherung dem Bundesminister für Wirtschaft in dreifacher Ausfertigung zur Genehmigung vorzulegen. Beschränkt sich der Geschäftsbetrieb eines Versicherungsunternehmens auf den Bereich eines Landes, so tritt an die Stelle des Bundesministers für Wirtschaft die für die Preisbildung zuständige oberste Landesbehörde.

(2) Der Tarif muß unter Berücksichtigung der Interessen des Gemeinwohls der voraussichtlichen Gefahr Rechnung tragen. Er ist nach Gefahrengruppen zu ordnen und so auszugestalten, daß die Beiträge für eindeutig abgrenzbare und nach Gefahrenmerkmalen gleichartige Gruppen unter Berücksichtigung des Verwaltungskostenaufwandes und der Gemeinschaftsaufgaben der Versicherungsunternehmen gleich sind. Die Größe der Gefahrengruppen muß einen versicherungstechnischen Ausgleich ermöglichen.

(3) Die Genehmigung darf nur versagt werden, wenn der Tarif nicht die Voraussetzungen des Absatzes 2 erfüllt. Die Genehmigung kann befristet oder unter Bedingungen erteilt oder mit Auflagen versehen werden.

(4) Ist ein vorgelegter Tarif am 1. Januar 1962 noch nicht genehmigt, so kann die nach Absatz 1 zuständige Stelle befristet zulassen, daß das Versicherungsunternehmen den Einheitstarif für Kraftfahrtversicherungen 1960 weiter anwendet. Der Einheitstarif gilt insoweit als genehmigter Tarif im Sinne des § 14 Abs. 1.

(5) Für Anträge nach Absatz 1 ist ein von dem Bundesminister für Wirtschaft im Bundesanzeiger veröffentlichtes Formblatt zu verwenden.

(6) Die Genehmigung ist mindestens 2 Wochen vor Inkrafttreten des Tarifs durch das Versicherungsunternehmen im Bundesanzeiger bekanntzumachen. Dabei ist anzugeben, bei welcher Stelle Abdrucke des Tarifs bezogen werden können.

§ 16

(1) Änderungen der nach § 15 genehmigten Tarife sind mindestens sechs Monate vor dem Zeitpunkt ihrer beabsichtigten Inkraftsetzung den in § 15 Abs. 1 bezeichneten Stellen zur Genehmigung vorzulegen.

(2) § 15 Abs. 2, 3, 5 und 6 gelten entsprechend.

§ 17

(1) Mit Wirkung vom 1. Januar 1962 gelten die Vorschriften der §§ 3 bis 12 nur noch für Beitragsermäßigungen aus technischem Überschuß; unberührt bleibt die Abwicklung der festen Beitragsermäßigung zur Erfüllung der bis zum 31. Dezember 1961 entstandenen Ansprüche. Werden feste Beitragsermäßigungen auch nach dem 31. Dezember 1961 im Rahmen genehmigter Tarife der einzelnen Versicherungsunternehmen gewährt, so finden die Vorschriften der §§ 3 bis 12 für die Verrechnung des benötigten Bedarfs mit dem technischen Überschuß entsprechende Anwendung.

(2) Soll nach dem 31. Dezember 1961 das Verfahren der Beitragsermäßigung nach § 6 Abs. 1 geändert werden, so ist dies mindestens sechs Monate vor der beabsichtigten Inkraftsetzung den in § 15 Abs. 1 bezeichneten Stellen mitzuteilen.

(3) § 12 Abs. 2 Satz 2 findet auf Beitragsermäßigungen nach § 6, die für einen späteren Zeitraum als das Kalenderjahr 1961 gewährt werden, keine Anwendung.

Vierter Abschnitt

Provisionen für Kraftfahrtversicherungen

§ 18

Die Verordnung PR Nr. 52/50 über Provisionen in der Kraftfahrtversicherung vom 9. August 1950 (Bundesanzeiger Nr. 160 vom 22. August 1950) wird wie folgt geändert:

1. § 1 erhält folgende Fassung:

„§ 1

(1) Für die hauptberufliche Vermittlertätigkeit in der Kraftfahrtversicherung dürfen als Abschluß- und als Folgeprovision höchstens je 10 vom Hundert des Versicherungsbeitrages vereinbart, angenommen oder gewährt werden.

(2) Eine zusätzliche Provision von höchstens je 2½ vom Hundert des Versicherungsbeitrages darf vereinbart, angenommen oder gewährt werden, wenn die in Absatz 1 genannten Versicherungsvermittler

a) regelmäßig Versicherungsscheine und Nachträge ausfertigen oder
b) regelmäßig Schäden bearbeiten und erledigen. Die Provision von höchstens 2½ vom Hundert darf nur für die Kraftfahrtversicherungssparten vereinbart, angenommen oder gewährt werden, für die der Versicherungsvermittler eine schriftliche Regulierungsvollmacht über mindestens 500,– DM je Schadensfall hat.

(3) Eine hauptberufliche Tätigkeit im Sinne des Absatzes 1 liegt vor, wenn eine natürliche oder juristische Person oder eine Personenvereinigung gewerbsmäßig als Vermittler in der Kraftfahrtversicherung tätig ist und regelmäßig den überwiegenden Teil ihrer Einnahmen aus dieser Tätigkeit und aus der Vermittlertätigkeit in anderen Versicherungszweigen bezieht. Einnahmen aus Haus- und Grundbesitz und aus Kapitalvermögen sowie Pensionsbezüge bleiben bei der Feststellung, ob eine hauptberufliche Tätigkeit vorliegt, außer Betracht."

2. § 2 erhält folgende Fassung:

„§ 2

Für die nebenberufliche Vermittlertätigkeit in der Kraftfahrtversicherung dürfen als Abschluß- und als Folgeprovision höchstens je 5 vom Hundert des Versicherungsbeitrages vereinbart, angenommen oder gewährt werden."

3. Nach § 2 wird folgender § 2 a eingefügt:

„§ 2 a

(1) Beschränkt sich die Vermittlertätigkeit auf den Abschluß der Versicherungen, so darf nur einmalig eine Abschlußprovision bis zu der nach den §§ 1 und 2 zulässigen Höhe vereinbart, angenommen oder gewährt werden.

(2) Beschränkt sich die Vermittlertätigkeit auf den Nachweis von Anschriften, so darf nur einmalig eine Abschlußprovision von höchstens $2^1/_2$ vom Hundert des Beitrags für das erste Versicherungsjahr vereinbart, angenommen oder gewährt werden."

4. Nach § 4 wird folgender § 4 a eingefügt:

„§ 4 a

Die für die Preisbildung zuständigen obersten Landesbehörden können im einzelnen Falle auf Antrag im Benehmen mit dem Bundesminister für Wirtschaft Ausnahmen von § 1 zulassen, wenn hauptberufliche Versicherungsvermittler Tätigkeiten ausüben, die in wesentlichem Umfange ihre Aufgaben nach § 1 überschreiten. Satz 1 gilt entsprechend für nebenberufliche Versicherungsvermittler, wenn eine unbillige Härte vorliegt."

Fünfter Abschnitt

Schlußvorschriften

§ 19

(1) Wer als Inhaber oder Angehöriger eines Unternehmens, das Versicherungsverträge abschließt oder vermittelt, oder sonst als Vermittler vorsätzlich oder fahrlässig

1. bis zum 31. Dezember 1961 Beiträge oder Leistungen für die Kraftfahrthaftpflicht-, Fahrzeugvoll-, Fahrzeugteil- und Kraftfahrtunfallversiche-

rung fordert, verspricht, vereinbart, annimmt oder gewährt, die nicht dem Einheitstarif für Kraftfahrtversicherungen 1960 (Anlage 1[6])) nach Maßgabe des § 20 Abs. 2 entsprechen,

2. nach dem 31. Dezember 1961 Beiträge oder Leistungen für die Kraftfahrthaftpflicht-, Fahrzeugvoll-, Fahrzeugteil- und Kraftfahrtunfallversicherung fordert, verspricht, vereinbart, annimmt oder gewährt, die nicht einem dem beteiligten Versicherungsunternehmen nach den §§ 13 bis 17, 22 genehmigten Tarif entsprechen,
3. für die Vermittlung von Kraftfahrtversicherungen höhere als die in § 18 festgesetzten Entgelte fordert, verspricht, vereinbart, annimmt oder gewährt,
4. Organisations- oder sonstige Zuschüsse fordert, verspricht, vereinbart, annimmt oder gewährt oder mit den Versicherungsnehmern Vergünstigungen oder Zuwendungen vereinbart, verspricht oder gewährt,

begeht eine Zuwiderhandlung, die nach den Vorschriften des Wirtschaftsstrafgesetzes 1954 geahndet wird.

(2) Eine Zuwiderhandlung im Sinne des Wirtschaftsstrafgesetzes 1954 begeht auch, wer als Mitglied des zur gesetzlichen Vertretung berufenen Organs oder als ausdrücklich Beauftragter eines Versicherungsunternehmens vorsätzlich oder fahrlässig nicht nach dem in den §§ 3 bis 12 vorgeschriebenen Verfahren die Ermäßigungsbeträge aus technischem Überschuß ermittelt oder an die anspruchsberechtigten Versicherungsnehmer zurückerstattet.

§ 20

(1) Diese Verordnung tritt am Tage nach der Verkündung in Kraft.

(2) Bei laufenden Verträgen über Kraftfahrtversicherungen gilt der Einheitstarif für Kraftfahrtversicherungen 1960 erstmalig für die nach Inkrafttreten dieser Verordnung beginnende Versicherungsperiode. Ist bei Verträgen, die am 1. Oktober 1959 bestanden haben, zwischen diesem Zeitpunkt und dem Inkrafttreten der Verordnung eine Verlegung des Beginns der Versicherungsperiode vereinbart worden, so gilt als Beginn der Versicherungsperiode im Sinne des Satzes 1 der Zeitpunkt, der vor dem 1. Oktober 1959 vereinbart war.

(3) Die §§ 3 bis 12 finden auch auf Ansprüche von Versicherungsnehmern Anwendung, die wegen Beitragsermäßigungen für das Kalenderjahr 1959 erhoben werden können.

(4) Der Bundesminister für Wirtschaft wird die Verordnung PR Nr. 52/50 vom 9. August 1950 in der Fassung der §§ 18 und 19 dieser Verordnung neu bekanntgeben.

§ 21

In § 1 Satz 1 der Verordnung PR Nr. 10/59 zur Übergangsregelung der Kraftfahrtversicherung im Saarland vom 7. Juli 1959 (Bundesanzeiger Nr. 129 vom 10. Juli 1959) treten mit Wirkung vom 31. Dezember 1959 die Worte „Der Einheitstarif für Kraftfahrtversicherungen 1960“ an die Stelle der

[6]) Anlage 1 (Tarif) hier nicht abgedruckt.

A. Wortlaut der Vorschriften und Bedingungen

Worte „Die Verordnung PR Nr. 77/52 über den Einheitstarif für Kraftfahrtversicherungen 1953 vom 19. Dezember 1952 (Bundesanzeiger Nr. 250 vom 30. Dezember 1952), zuletzt geändert durch die Verordnung PR Nr. 12/57 vom 24. August 1957 (Bundesanzeiger Nr. 173 vom 10. September 1957)".

§ 22

Bei den am 1. Januar 1962 laufenden Verträgen über die Kraftfahrthaftpflicht-, Fahrzeugvoll-, Fahrzeugteil- und Kraftfahrtunfallversicherung gelten die nach § 15 genehmigten Tarife der einzelnen Versicherungsunternehmen erstmalig für die nach dem 31. Dezember 1961 beginnende Versicherungsperiode. Für künftige Änderungen genehmigter Tarife gilt Satz 1 entsprechend.

§ 23

Mit dem Inkrafttreten dieser Verordnung werden aufgehoben:

1. Verordnung PR Nr. 77/52 über den Einheitstarif für Kraftfahrtversicherungen 1953 vom 19. Dezember 1952 (Bundesanzeiger Nr. 250 vom 30. Dezember 1952),
2. Verordnung PR Nr. 24/53 zur Änderung der Verordnung PR Nr. 77/52 vom 19. Dezember 1952 über den Einheitstarif für Kraftfahrtversicherungen 1953 und zur Berechnung der Beiträge in der Kraftfahrthaftpflicht- und Fahrzeugvollversicherung bei schadensfreiem Verlauf der Verträge vom 2. September 1953 (Bundesanzeiger Nr. 172 vom 8. September 1953),
3. Verordnung PR Nr. 13/54 über Beitragsermäßigungen in der Kraftfahrthaftpflicht- und Fahrzeugvollversicherung bei schadensfreiem Verlauf der Verträge vom 22. Dezember 1954 (Bundesanzeiger Nr. 249 vom 28. Dezember 1954),
4. Verordnung PR Nr. 3/55 zur Änderung der Verordnung PR Nr. 77/52 über den Einheitstarif für Kraftfahrtversicherungen 1953 vom 19. Dezember 1952 in der Fassung der Verordnung PR Nr. 24/53 vom 2. September 1953 und zur Änderung der Verordnung PR Nr. 13/54 über Beitragsermäßigungen in der Kraftfahrthaftpflicht- und Fahrzeugvollversicherung bei schadensfreiem Verlauf der Verträge vom 22. Dezember 1954 vom 14. Juli 1955 (Bundesanzeiger Nr. 136 vom 19. Juli 1955),
5. Verordnung PR Nr. 5/57 über Beiträge in der Kraftfahrtversicherung für Fahrräder mit Hilfsmotor vom 9. März 1957 (Bundesanzeiger Nr. 55 vom 20. März 1957).

§ 24

Diese Verordnung tritt am 31. Dezember 1965 außer Kraft. Nach diesem Tage sind Preisvorschriften auf dem Gebiete der Kraftfahrtversicherung nicht mehr anzuwenden.

18.

Erläuterungen zu der Verordnung PR 15/59[1])

Zur Präambel

Auch die Verordnung PR 15/59 wird auf § 2 des Preisgesetzes gestützt. Über den Umfang und die Bedeutung dieses § 2 des Preisgesetzes ist ein maßgebender Beschluß des Bundesverfassungsgerichts vom 12. 11. 1958 ergangen, der im „Versicherungsrecht", 10. Jahrgang, Heft 10, vom 5. 3. 1959, Seiten 181–192, in vollem Umfang abgedruckt ist. Danach kann es nicht zweifelhaft sein, daß sich die Verordnung rechtsgültig auf § 2 des Preisgesetzes stützt, und zwar deswegen, weil die Beiträge des Tarifs, die teils erhöht, teils gesenkt wurden, nach strengen kalkulatorischen Grundsätzen dem tatsächlichen Kosten- und Schadensbedarf angepaßt wurden. Die Begründung des oben erwähnten Beschlusses läßt klar erkennen, daß eine solche Maßnahme durchaus dem Zweck des Gesetzes, nämlich der Aufrechterhaltung des Preisstandes, entsprechen kann. Die Anpassung der Beiträge an den tatsächlichen Kosten- und Schadensbedarf entspricht insbesondere dem den erwähnten Bestimmungen des Preisrechts innewohnenden Grundsatz der Verhältnismäßigkeit zwischen Zweck und Mittel. Dem gleichen Grundsatz entspricht auch der § 15 (2), in dem die Richtlinien für die Genehmigung und Überwachung der Unternehmenstarife festgelegt sind.

Zu § 1

Die Gepäckversicherung wurde von der Preisbindung ausgenommen, weil auch die allgemeine Gepäckversicherung im Rahmen der Transportversicherung frei ist. Das BWM glaubte daher, diese Maßnahme ohne Gefährdung des Preisstandes für die übrige Kraftverkehrsversicherung treffen zu können. Die namentliche Kraftfahr-Unfallversicherung wurde ebenfalls ausgenommen, da sie an die Personen und nicht an das Kraftfahrzeug gebunden ist, sich in der Praxis nicht sehr eingeführt hat und ihre Beiträge im Rahmen einer normalen Unfallversicherung besser dem individuellen Risiko der einzelnen namentlich zu versichernden Personen angepaßt werden können, wenn keine Preisbindung besteht.

Zu § 2

Wegen der allgemeinen Änderungen des diesem Paragraphen als Anlage 1[2]) beigefügten neuen Einheitstarifs für Kraftfahrtversicherungen vergleiche das Vorwort[2]) und Abschnitt I, Erläuterungen zu den Grundregeln, sowie Abschnitt II, Erläuterungen zu einzelnen Tarifpositionen[2]).

Das BWM hat vor Erlaß der Verordnung Prüfungen bei 21 Unternehmen durchführen lassen. Auf Grund dieser Prüfungen sowie der Statistiken

1) Es handelt sich um Erläuterungen zum Tarifbuch der Versicherer. Es sind die Paragraphen der Verordnung PR 15/59 nur insoweit erläutert, als sie gegenüber dem bisherigen Rechtszustand Änderungen mit sich bringen.

2) Hier nicht abgedruckt.

des BAV und der Statistiken des HUK-Verbandes hat das BWM die Kalkulation der Beiträge im großen gesehen nach folgenden Grundsätzen durchgeführt:

Für Schadensaufwand (Zahlungen und Rückstellungen) sind 66 %, für feste Beitragsermäßigung (Bonus) und zugleich für spätere Schadensverschlechterung sind 5 %, für allgemeine Unkosten (Provisionen und Verwaltungskosten) sind statt bisher 30 % nur noch 25 % und schließlich für technischen Gewinn sind statt bisher 5 % nur noch 4 % den Versicherern zugebilligt.

Der genannte Kosten-Prozent-Satz ist ein auf den Gesamtbestand bezogener Durschnittssatz. Für die einzelnen Risikogruppen wurden die Kostensätze je nach der Höhe des Stückbeitrags und der damit verbundenen Stück-Kosten variiert. Sie schwanken zwischen 30 % für kleine Motorräder und 18 % für LKW-Fernverkehr.

Zu den §§ 3–12

Die Paragraphen 3–12 der jetzigen Verordnung treten an Stelle der bisherigen Paragraphen 2–12 der Verordnung PR 13/54.

Zu § 3

In dieser Vorschrift ist der Grundsatz enthalten, daß unter bestimmten Voraussetzungen Beitragsermäßigungen, und zwar feste und vom technischen Überschuß abhängige, gewährt werden müssen. Derselbe Grundsatz war auch in der früheren Verordnung PR 77/52 enthalten. Es sind diesmal auch, wie inzwischen durch die Verordnung PR 5/57 vom 9. März 1957 (BAnz. Nr. 55 v. 20. 3. 57) § 2 bekanntgegeben, die Beiträge für die Versicherung von Fahrrädern mit Hilfsmotor von jeder Beitragsermäßgiung, sowohl der festen als auch der aus technischem Überschuß, ausgenommen worden. Die bisherigen Gründe für die Ausnahmen gelten auch heute noch.

Zu § 4

Hier sind die näheren Voraussetzungen für die feste Beitragsermäßigung enthalten, und zwar im wesentlichen in Übereinstimmung mit der bisherigen Regelung des § 9 der Verordnung PR 13/54.

Geändert und neu ist der Absatz (4), wonach der Wechsel des Versicherers in Zukunft ohne Einfluß auf die für die Beitragsermäßigung zu berücksichtigende Dauer des schadenfreien Vertragsverlaufs ist. Der Versicherungsnehmer muß durch eine auf sein Verlangen von dem bisherigen Versicherer auszustellende Bescheinigung[3]) nachweisen, daß die Voraussetzungen für eine feste Beitragsermäßigung bei ihm vorliegen. Der § 4 entspricht im übrigen dem § 9 der Verordnung PR 13/54.

Im Absatz (6) ist die im bisherigen § 9, Absatz (5), enthaltene Härte-Klausel über die Teilungsabkommen geändert. Für die Aufrechterhaltung der Ansprüche auf feste Beitragsermäßigung und auf Beitragsermäßigung

---

[3]) Das vom HUK-Verband herausgegebene einheitliche Muster ist am Schluß dieser Erläuterungen abgedruckt (S. 135).

aus technischem Überschuß kommt es jetzt nicht mehr darauf an, ob für den Versicherungsnehmer eine unbillige Härte im Einzelfall entstehen würde, sondern nur darauf, ob die Aufwendungen oder Rückstellungen ausschließlich auf den Teilungsabkommen beruhen. Nur wenn dies der Fall ist, wird der schadensfreie Verlauf des Versicherungs-Vertrags angenommen, so daß die Erhebung eines Anspruchs aus anderen Rechtsgründen den Versicherungsvertrag in seiner Schadensfreiheit beeinflußt, wenn wegen eines solchen Anspruchs Aufwendungen oder Rückstellungen erforderlich sind. Die jetzt weggefallene Härte-Klausel hat sich in der Praxis deshalb nicht bewährt, weil die Versicherungsnehmer auf Grund dieser Klausel meist der Annahme waren, wenn sie einen Unfall nicht „verschuldet" hätten, läge eine unbillige Härte vor. Diese Einstellung hat dazu geführt, daß in allen strittigen Fällen, entgegen dem Zweck des Teilungsabkommens, nur wegen der Beitragsermäßigung die Sach- und Rechtslage geprüft werden mußte und deshalb die bezweckte Verwaltungskostenersparnis vereitelt wurde. Durch die jetzige Fassung sind diese Schwierigkeiten beseitigt.

Zu § 5

Diese Bestimmung entspricht der bisherigen Regelung in § 2 der PR 13/54, jedoch enthält sie in Absatz (3) eine Neuerung als eine Art „Härteausgleich" zugunsten der bisherigen Mehrheitsnachlaßempfänger, die unter den im Absatz (3) angegebenen Voraussetzungen rückwirkend für 1959 in die höchste Ausschüttungsklasse für die feste Beitragsermäßigung eingeordnet werden müssen.

Es spielt für die Anwendung der neuen Vorschrift keine Rolle, ob der Mehrheitsnachlaß 10 %, 20 % oder 30 % betrug. Es kommt lediglich auf die Tatsache an, daß ein Versicherungsnehmer Mehrheitsnachlaß erhalten hatte. Auch ein Wechsel des Versicherers schadet nach § 4 (4) nicht.

Die Einstufung in die höchste Bonusklasse von 20 % bleibt solange erhalten, bis der betreffende Vertrag von einem Schaden betroffen wird. Den Mehrheitsnachlaßempfängern ohnehin schon zustehende Beitragsermäßigungen müssen auf die Leistungen aus dieser Sonderbestimmung angerechnet werden.

Im neuen Absatz (4) ist festgelegt, daß alle festen Beitragsermäßigungen, also auch diejenigen zugunsten der bisherigen Mehrheitsnachlaßberechtigten, letztmalig für das Kalenderjahr 1961 gewährt werden müssen. Nach Ablauf dieses Kalenderjahres steht es im freien Belieben der Unternehmen, ob sie in ihren Unternehmenstarifen auch eine feste Beitragsermäßigung neben der weiterhin aus technischem Überschuß zu gewährenden vorsehen wollen.

Zu §§ 6–11

Die Paragraphen 6–11 enthalten Verfahrensbestimmungen für die Ermittlung und Ausschüttung der Beitragsermäßigung aus technischem Überschuß. Es handelt sich im wesentlichen um dieselben Bestimmungen, die in der Verordnung PR 13/54 in den Paragraphen 3–11 enthalten waren. Jedoch ist festzuhalten, daß die Gestaltung der Beitragsermäßigung aus technischem Überschuß in § 6, Absatz (1), weitgehend liberalisiert ist.

A. Wortlaut der Vorschriften und Bedingungen

Wortlaut und Sinn des § 6, Absatz (1), und der amtlichen Erläuterung 15 zu den Anlagen 2 und 3 (vgl. BAnz Nr. 249 vom 30. 12. 1959, Seite 12) gibt den Versicherungsunternehmen die Möglichkeit, ihre Verteilungspläne (§ 12, Absatz (1)) im Rahmen der verschiedenen Möglichkeiten, die der § 6, Absatz (1), für die Gewährung der Beitragsermäßigung aus technischem Überschuß vorsieht, frei, wirtschaftlich sinnvoll und versicherungstechnisch vernünftig zu gestalten. Es dürfte mit dem Zweck der Verordnung zu vereinbaren sein, wenn bei Staffelung der Beitragsermäßigung aus technischem Überschuß auf die vorhandene Staffelung der festen Beitragsermäßigung (Bonus) Rücksicht genommen wird. Die Bestimmungen sind bewußt elastisch gehalten, um den Wettbewerb, der sich auf dem Gebiet der Beitragsermäßigungen entwickeln soll, nicht zu behindern.

Nach § 12, Absatz (1), Ziff. 1, haben die Versicherer bis zum 29. Februar 1960 ihren Verteilungsplan für die Beitragsermäßigung aus technischem Überschuß den Preisbehörden lediglich bekanntzugeben. Es ist nicht vorgesehen, daß eine Genehmigung beantragt werden muß.

Zu § 6

Im § 6, Absatz (1), letzter Satz, ist bestimmt, daß die bisherigen Bezieher von Mehrheitsnachlaß die höchste Beitragsermäßigung aus technischem Überschuß erhalten können. Es handelt sich um die Parallelvorschrift zu § 5 (3) für die feste Beitragsermäßigung; allerdings mit dem Unterschied, daß die Anwendung des § 6, Abs. (1), fakultativ ist.

Neu ist weiter die Vorschrift des Absatzes (2), wonach ein über 15 % der Beitragseinnahmen hinausgehender Anteil der Versicherer am Überschuß allen Versicherungsnehmern gleichmäßig zurückgewährt werden muß. Der Grundgedanke dieser Vorschrift ist, daß in einem solchen Fall vermutet werden muß, daß von der hier angegebenen Grenze an die relativ sehr hohen Überschüsse der infrage kommenden Versicherer aus Beitragszahlungen aller und nicht nur der schadensfreien Versicherungsnehmer herrühren. Der Satz von 15 % bezieht sich ausschließlich auf den obligatorischen Anteil der Versicherungsnehmer am technischen Überschuß, d. h., diese Vorschriften finden erst dann Anwendung, wenn und insoweit außer dem Aufwand für die feste Beitragsermäßigung und dem 6 %-Anteil am technischen Gewinn, die den Versicherern bei einem Gesamt-Überschuß von 15 % zustehen, den Versicherungsnehmern allein mehr als 15 % des verdienten Beitrags als technischer Überschuß verbleiben. Die oben wiedergegebene Begründung für diese Vorschrift erscheint in versicherungstechnischer Hinsicht bestreitbar, worauf die Versicherer ausdrücklich hingewiesen haben.

Zu § 7

Diese Vorschrift entspricht im wesentlichen dem alten § 12 der Verordnung PR 13/54, jedoch ist die Anlage 2[4]) in verschiedener Richtung umgestaltet worden.

[4]) Die beiden Abrechnungsmuster Anlagen 2 und 3 der VO PR 15/59 sind hier nicht abgedruckt.

Zu § 8

Diese dem alten § 5 der PR 13/54 entsprechende Vorschrift ist in Absatz (3) geändert, und zwar ist der Anteil der Versicherungsnehmer am technischen Gewinn erhöht worden. Durch die Bestimmung, daß von einer gewissen Grenze ab (15 %) der gesamte Überschuß den Versicherungsnehmern zusteht, hat die Verordnung mehr den Charakter einer Höchstpreisregelung erhalten (vgl. Erläuterung zu § 6 am Ende).

Zu § 10

Absatz (1) entspricht dem alten § 7 der Verordnung PR 13/53. Absatz (2) ist neu wegen der in § 6, Absatz (1), Satz 2 enthaltenen Liberalisierung der Beitragsermäßigung aus technischem Überschuß. Entscheidend ist also jetzt der von den Versicherern im Einzelfall aufzustellende sog. Verteilungsplan (vgl. § 12 (1) Ziff. 1).

Zu § 11

Diese dem alten § 8 entsprechende Vorschrift ist nur in Absatz (4) wegen der geänderten Kalkulation verändert worden, und zwar sind jetzt statt 70 v. H. 75 v. H. eingesetzt, da 25 % für Unkosten den Versicherern auf jeden Fall erhalten bleiben müssen.

Zu § 12

Aus dem letzten Satz des Abs. (2) ergibt sich, daß das BWM ausnahmsweise eine frühere Verrechnung oder Auszahlung der Beitragsermäßigung aus technischem Überschuß zulassen kann. Diese Ausnahmeregelung muß von den daran interessierten Versicherern beim BWM beantragt und begründet werden. Als Grund kann in Betracht kommen, daß es für die Versicherungsnehmer eine unbillige Härte bedeuten würde, zunächst – also bis zur Ermittlung der Überschüsse und dem Ablauf der in Abs. (1) Ziff. 3 festgelegten Frist – den vollen Beitrag zahlen zu müssen, und dann evtl. eine sehr hohe Beitragsermäßigung aus technischem Überschuß zu erhalten. Im praktischen Ergebnis kann der in Frage kommende Versicherer die voraussichtliche Beitragsermäßigung sogleich bei Ausstellung der Beitragsrechnung abziehen. Die Vorschrift bezieht sich jedoch ausschließlich auf solche Beitragsermäßigungen, die im Zeitpunkt der Durchführung des Inkassos für das vorhergehende Kalenderjahr ausgeschüttet werden.

Zu § 13

Die Paragraphen 13 bis einschließlich 17 enthalten die Vorschriften für die sog. Unternehmenstarife, die am 1. Januar 1962 in Kraft treten. Als Bestandteil dieser Tarife gelten nicht nur die für die einzelnen Risikogruppen kalkulierten Beiträge, sondern auch die allgemeinen Tarifbestimmungen, z. B. Grundregeln, soweit sie nicht Bestandteil der AKB geworden sind oder werden.

Zu § 14 und § 15

In diesen Bestimmungen ist festgelegt, daß die Tarife gewissen preisrechtlichen Grundsätzen entsprechen müssen, die z. T. entsprechend auch im Versicherungsaufsichtsrecht und in der versicherungsaufsichtsrechtlichen Praxis angewendet werden.

§ 14 (3) entspricht dem Grundsatz der Gleichbehandlung aller Versicherten und enthält insbesondere das Verbot im Tarif nicht vorgesehener und technisch nicht begründeter Begünstigungsverträge und Sonderrabatte, auch für den Einzelfall.

Im § 15 (2) ist neben den allgemeinen Kalkulationsgrundsätzen festgelegt, daß die Tarife unter Berücksichtigung des Gemeinwohls (§ 2 Preisgesetz) gestaltet werden müssen. Es ist ferner festgelegt, daß bei den Tarifen die Gemeinschaftsaufgaben berücksichtigt werden müssen, wodurch sichergestellt werden soll, daß diese Gemeinschaftsaufgaben (z. B. Moped-Versicherungskennzeichen, Grüne-Karten-System, Fahrerfluchtregelung, Internationales Teilungsabkommen) auch im Rahmen der Unternehmenstarife weiterhin von allen K-Versicherern übernommen werden.

Aus Absatz (3) ergibt sich, daß die Versicherer einen Anspruch auf Genehmigung ihrer Tarife haben, wenn die Voraussetzungen des Absatzes (2) erfüllt sind. Die Möglichkeit, Bedingungen und Auflagen vorzusehen, entspricht den Grundsätzen des Preisrechts und gleicht einer langjährigen Praxis der Versicherungsaufsichtsbehörden. Absatz (4) schließt juristisch die Lücke, die entstehen würde, wenn ein vorgelegter Unternehmenstarif nicht fristgerecht genehmigt werden kann.

Zu § 17

Für die Zeit nach dem 1. 1. 1962 ist im Gegensatz zur Beibehaltung der Pflicht zu einer Beitragsermäßigung aus technischem Überschuß die Gewährung einer festen Beitragsermäßigung nicht mehr vorgeschrieben, jedoch können nach diesem Zeitpunkt die Versicherer in ihren Unternehmenstarifen dies vorsehen. Auch Änderungen des Verfahrens der Beitragsermäßigungen aus technischem Überschuß (Absatz (2)) können nach diesem Zeitpunkt vorgenommen werden, müssen aber mitgeteilt werden. Eine Genehmigung einer solchen Änderung ist jedoch nicht vorgesehen.

Absatz (3) stellt klar, daß die Ausnahmebestimmung des § 12 (2) Satz 2 nur für die Übergangszeit der Jahre 1960 und 1961 gilt.

Zu § 18

In diesem Paragraphen sind alle die Änderungen der bisherigen Provisions-Verordnung PR 52/50 enthalten, die im Zusammenhang mit der Neuordnung der K-Versicherung notwendig waren. Im wesentlichen handelt es sich um die Senkung der Hauptberufs-Vermittlerprovision um 2 Punkte, nämlich von 12 auf 10. Entgegen der bisherigen Regelung in der erwähnten Provisions-Verordnung ist die Sonderbestimmung für Kraftfahrzeughändler, deren Angehörige und Angestellte sowie für Finanzierungsinstitute weggefallen. Die Verordnung unterscheidet nur noch zwischen hauptberuflichen und nebenberuflichen sowie Adressen-Vermittlern.

Der § 1 Absatz (3) der Provisions-Verordnung enthält die Legal-Definition des hauptberuflichen Vermittlers. Die Einstufung der Kraftfahrzeughändler und Finanzierungsinstitute erfolgt nach den gleichen Grundsätzen wie für alle übrigen Versicherungsvermittler.

Um den verschiedenartig gestalteten Organisations-Systemen der Kraftverkehrsversicherer Rechnung zu tragen, ist im neuen § 4 a eine Ausnahmeklausel enthalten, die im wesentlichen dafür sorgen soll, daß in den seltenen Fällen ganz besonders umfangreicher Tätigkeit hauptberuflicher Versicherungsvermittler (sog. Bezirksverwaltungs-Provisions-Generalagenten) für diese Tätigkeit noch eine zusätzliche Vergütung erhalten können. Es handelt sich hier um ein Entgelt für die sog. Direktionsarbeiten. Antragsberechtigt sind sowohl die Versicherungsvermittler als auch die Versicherer. Die Preisbehörden werden nach genauer Prüfung des Einzelfalles und Anhörung aller Beteiligten entscheiden. Es ist anzunehmen, daß die Vorschriften sehr eng ausgelegt werden, um eine Umgehung der Provisionsvorschriften zu verhindern. Die Genehmigung der Behörden hat nur preisrechtliche Bedeutung und ändert von sich aus nichts am Inhalt des in Betracht kommenden Agenturvertrages. Ob die Versicherungsunternehmen und die Versicherungsvermittler mit Rücksicht auf eine etwaige preisrechtliche Entscheidung den Agenturvertrag ändern wollen, steht im freien Belieben der Vertragsparteien.

Die Ausnahmebestimmung des Satzes 2 bezieht sich auf solche Fälle von nebenberuflichen Vermittlern, die infolge der besonderen Eigenart ihres Geschäftes besondere Kosten aufwenden, z. B. selbständige Versicherungsbüros unterhalten, so daß das Mißverhältnis zwischen dem Kostenaufwand des Vermittlers und seiner Provision als unbillige Härte anzusehen ist. In diesen Fällen werden die Vorschriften sicherlich noch enger ausgelegt werden als im Fall des Satzes 1, da die Voraussetzung einer unbilligen Härte nachgewiesen sein muß. Es wird insbesondere darauf geachtet werden, daß der Kostenaufwand überzeugend nachgewiesen und wirtschaftlich sinnvoll ist und daß der Antrag nicht nur zum Zwecke der Umgehung der Provisionsvorschriften gestellt wird.

Zu § 19

In der früherenTarif-Verordnung PR 77/52 bzw. in der Bonus-Verordnung PR 13/54 war in § 14 nur eine generelle Strafandrohung unter Bezugnahme auf die Straf- und Bußgeld-Vorschriften des Wirtschaftsstrafgesetzes 1954 enthalten. In der vorliegenden Verordnung sind nunmehr die einzelnen Tatbestände und die möglichen Täter aufgeführt. Im Absatz (1) Ziff. 1 sind Tarifverstöße für die Geltungsdauer des Einheitstarifs 1960, in Ziff. 2 Tarifverstöße betreffend die Unternehmenstarife und in Ziff. 3 Verstöße gegen die Provisionsvorschriften erwähnt. In Ziff. 4 ist neben dem Verbot von Organisations- und sonstigen Zuschüssen auch noch erwähnt das Verbot von Vergünstigungen oder Zuwendungen. Dieses Verbot, das hier zur Aufrechterhaltung des Preisstandes ausgesprochen wurde, findet sich auch im Versicherungsaufsichtsrecht (vgl. Veröffentlichungen des Zonenamtes in VA 1950, 54).

A. Wortlaut der Vorschriften und Bedingungen

Im Absatz (2) sind Verstöße gegen die Vorschriften über die feste Beitragsermäßigung oder die Beitragsermäßigung aus technischem Überschuß unter Strafe gestellt.

Die Zitierung des § 12 bezieht sich auch darauf, daß der technische Überschuß nicht nach dem im § 12 vorgeschriebenen Verfahren ermittelt oder zurückerstattet wird.

Als Personenkreis, der der Strafandrohung unterliegt, sieht die Bestimmung in erster Linie die infrage kommenden Organe der Versicherer einschließlich der Vermittler, Versicherungsagenten und Makler vor. Jedoch kann grundsätzlich auch eine Strafbarkeit des Versicherungsnehmers als Anstifter oder Mittäter, u. U. auch unter dem Gesichtspunkt der Beihilfe, gegeben sein.

In diesem Zusammenhang sind auch die preisrechtlichen Auswirkungen auf die zivilrechtliche Gestaltung der Verträge von Bedeutung. Wird ein Versicherungsvertrag zu nichtgenehmigten Beiträgen abgeschlossen, so gilt er als zu den genehmigten Tarifbeiträgen abgeschlossen (vgl. § 134 BGB).

Bei Provisionsverstößen werden neben der Androhung der Strafbestimmungen in erster Linie die Auswirkungen der Bestimmung über die Abschöpfung zuviel gezahlter Provisionsbeträge (vgl. § 8 des Wirtschaftsstrafgesetzes) infrage kommen.

Zu § 20

Sämtliche Bestimmungen der neuen Provisions-Verordnung treten mit dem 31. 12. 1959, 0 Uhr, in Kraft, mit der Einschränkung im Absatz (2), daß die Umstellung der Versicherungsverträge auf die neuen Beiträge nicht zu einem bestimmten Datum erfolgt, sondern nur zum Beginn der dort genannten Versicherungsperiode. Die neuen Provisionsbestimmungen beziehen sich auf alle nach diesem Zeitpunkt fällig werdenden Provisionen. Da nach den Agenturverträgen die Provisionen durchweg erst nach Zahlung des Beitrages fällig werden, sind also auch solche Provisionen nach den neuen Prozentsätzen zu errechnen, die sich auf Zahlungen beziehen, die nach dem 31. Dezember 1959 noch zu den alten Beitragssätzen geleistet werden. Es handelt sich dabei nur um Ratenzahlungen aus Versicherungsperioden, deren Beginn vor dem 31. Dezember 1959 liegt. Die etwaige Weitergewährung von Provisionen in der alten Höhe würde nach § 19 strafbar sein.

Die Vorschrift des Absatzes (2) soll Umgehungen des neuen K-Tarifs 1960 durch Vorverlegung des Beginns der Versicherungsperiode verhindern.

Zu § 23

In Kraft bleiben folgende Verordnungen bzw. Bestimmungen:

1. Die Verordnung PR Nr. 52/50 über Provisionen in der Kraftfahrtversicherung vom 9. August 1950 (BAnz. Nr. 160 vom 22. August 1950) in der Fassung des § 18 und des § 19 Abs. 1 Nummern 3 und 4 dieser Verordnung,
2. die Verordnung PR Nr. 11/56 über die Beiträge in der Kraftfahrtversicherung für einreisende Ausländer und für Mitglieder der auslän-

dischen Streitkräfte vom 20. Dezember 1956 (BAnz. Nr. 249 vom 22. Dezember 1956),

3. die Verordnung PR Nr. 12/57 über die Beiträge in der Kraftfahrtversicherung für einreisende Ausländer aus den grenznahen Gebieten Dänemarks vom 24. August 1957 (BAnz. Nr. 173 vom 10. September 1957),
4. die Verordnung PR Nr. 10/59 zur Übergangsregelung der Kraftfahrtversicherung im Saarland vom 7. Juli 1959 (BAnz. Nr. 129 vom 10. Juli 1959) in der Fassung des § 22 dieser Verordnung.

Zu § 24

Der Gesetzgeber hat damit sämtliche Preisbestimmungen zeitlich begrenzt. Es liegt in der Natur des Preisrechts und entspricht dem Grundsatz der Verhältnismäßigkeit von Zweck und Mitteln, daß auch die Zeitdauer, innerhalb welcher Preisbestimmungen angewendet werden, auf das unbedingt erforderliche Maß beschränkt bleibt. Es ist anzunehmen, daß der Gesetzgeber bis zum 31. 12. 1965 prüfen wird, inwieweit eine Genehmigung und Überwachung der Unternehmenstarife über den 31. 12. 1965 hinaus im Interesse der Verkehrsopfer und der Versicherungsnehmer noch erforderlich ist und wie diese Maßnahmen gesetzlich zu verankern sind.

Die generelle Ermächtigung, die der Bundeswirtschaftsminister durch § 2 des Preisgesetzes erhalten hat, konnte durch die Verordnung nicht eingeschränkt werden.

Bescheinigung bei Versichererwechsel nach §§ 3 ff. der VO PR 15/59

Tag der Beendigung des Versicherungsverhältnisses:	Amtliches Kennzeichen Nummer des Versicherungsscheins K

Anschrift des Versicherten:

Der Vertrag bestand:	Vollkasko	Haftpflicht
1. ununterbrochen seit:		
2. schadenfrei seit:	1. 1. 19...	1. 1. 19...
3. Mehrheitsnachlaß am 30. 12. 1959 (mit ja oder nein beantworten)		

Art des Fahrzeuges	Fabriknummer des Fahrgestells	Hersteller des Fahrgestells

Diese Bescheinigung ist von Ihnen dem neuen Versicherer vorzulegen; nur dann haben Sie den Nachweis nach §§ 3 ff. erbracht.

.................., den ....

....

(Versicherungsnehmer)

A. Wortlaut der Vorschriften und Bedingungen

19.

Grundregeln

1. Anwendungsgebiet:

Der Tarif findet auf Haftpflichtversicherungen von Kraftfahrzeugen und Anhängern Anwendung, die zulassungs- oder versicherungspflichtig sind, und auf Fahrzeug- und Kraftfahrtunfallversicherungen, die im Bundesgebiet abgeschlossen werden.

2. Geltungsbereich des Versicherungsschutzes:

(1) Die Versicherung gilt für Europa. Bei weitergehendem Versicherungsschutz kann die Beitragshöhe vereinbart werden. (Anfrage Direktion)

(2) Wird für Reisen ins Ausland eine grüne internationale Versicherungskarte (Zertifikat) ausgehändigt, so sind in der Haftpflichtversicherung mindestens die Beiträge für Haftpflichtdeckungssummen von 250 000 / 50 000 / 10 000 DM (Spalte 2 des Tarifs) zu entrichten. Hierfür wird Haftpflichtversicherungsschutz nach dem Versicherungsvertrag, in jedem Falle aber nach den Gesetzen über die Pflichtversicherung des Besuchslandes gewährt.

(3) Wird auf Grund des Gesetzes über die Haftpflichtversicherung für ausländische Kraftfahrzeuge und Kraftfahrzeuganhänger vom 24. Juli 1956 (Bundesgesetzbl. I S. 667) für ein Kraftfahrzeug Versicherungsschutz im Rahmen eines Grenzversicherungsscheines genommen, so beschränkt sich der Versicherungsschutz abweichend von Absatz 1 auf das Bundesgebiet, das Land Berlin und die Verbindungswege zwischen beiden.

(4) Die Sonderregelung durch die Verordnung PR Nr. 12/57 über die Beiträge in der Kraftfahrtversicherung für einreisende Ausländer aus den grenznahen Gebieten Dänemarks vom 24. August 1957 (Bundesanzeiger Nr. 173 vom 10. September 1957) bleibt unberührt.

3. Zahlungsweise:

(1) Die Beiträge des Tarifs sind, soweit im Tarif nichts anderes bestimmt ist, Jahresbeiträge, die jährlich im voraus zu entrichten sind.

(2) Teilzahlung: Bei halb- oder vierteljährlicher Teilzahlung ist, soweit bei einzelnen Wagnissen nichts anderes bestimmt ist, ein Zuschlag von 3 bzw. 5 v. H. zu entrichten. Der Mindestbetrag der einzelnen Teilzahlung ist 4,– DM.

(3) Vorauszahlung: Bei Vorauszahlung der Beiträge auf drei Jahre sind 10 v. H., bei Vorauszahlung auf fünf Jahre 20 v. H. Nachlaß auf die über den ersten Jahresbeitrag hinausgehende Vorauszahlung zu gewähren.

(4) Pfennigbeträge von 5 Dpf oder mehr sind auf 10 Dpf nach oben, Pfennigbeträge von weniger als 5 Dpf auf 10 Dpf nach unten abzurunden.

(5) Teilzahlungen nach Absatz 2 und Vorauszahlungen nach Absatz 3 sind in der Haftpflicht- und Fahrzeugteilversicherung von Fahrrädern mit Hilfsmotor im Sinne der Grundregel 7 Abs. 2 Nr. 12 unzulässig.

4. Steuer:

In den Beiträgen des Einheitstarifs ist die Versicherungssteuer nicht enthalten (Ausnahme: Haftpflicht- und Fahrzeugteilversicherung für Fahrräder mit Hilfsmotor – Kennziffern 005 und 008). Nach dem Versicherungssteuergesetz beträgt diese für alle Zweige der Kraftfahrtversicherung 5 v. H. vom jeweils zu entrichtenden Beitrag einschließlich der Nebenkosten im Sinne des § 3 Abs. 1 Versicherungssteuergesetz. Pfennigbeträge von 5 Dpf oder mehr sind auf 10 Dpf nach oben, Pfennigbeträge von weniger als 5 Dpf auf 10 Dpf nach unten abzurunden.

5. Kurztarif:

(1) Für kurzfristige Versicherungen sind bei einer Versicherungsdauer über 10 Monate der volle Jahresbeitrag zu berechnen.

bis zu	1 Monat	15 v. H.	des Jahresbeitrages	Mindestbeitrag und Mindestbetrag für eine Teilzahlung 4,– DM
„ „	2 Monaten	20 v. H.	„ „	
„ „	3 „	30 v. H.	„ „	
„ „	4 „	40 v. H.	„ „	
„ „	5 „	50 v. H.	„ „	
„ „	6 „	60 v. H.	„ „	
„ „	7 „	70 v. H.	„ „	
„ „	8 „	75 v. H.	„ „	
„ „	9 „	80 v. H.	„ „	
„ „	10 „	90 v. H.	„ „	

(2) Diese Staffel gilt auch für vorübergehende Erweiterungen des Versicherungsschutzes.

(3) Der sich nach den Absätzen 1 und 2 ergebende Betrag kann bei einer Versicherung von mindestens 2 Monaten Dauer gegen einen Zuschlag von 3 v. H. in zwei Teilen, bei einer Versicherung von mindestens 4 Monaten Dauer gegen einen Zuschlag von 5 v. H. in vier Teilen entrichtet werden.

(4) Werden kurzfristige Versicherungen einmalig verlängert, so sind hierfür der Unterschied zwischen dem ursprünglichen und dem für die Gesamtlaufzeit maßgebenden Beitrag sowie ein Teilzahlungszuschlag von 3 v. H. des Gesamtbeitrages zu entrichten.

(5) Ausnahmen vom Kurztarif:

a) Für Fahrzeuge, die vorübergehend an Stelle des versicherten Fahrzeuges benutzt werden, wenn sich dieses zur Ausbesserung in einer Werkstatt befindet, entspricht der Beitrag dem auf die beantragte Zeit entfallenden Anteil des Jahresbeitrages.

b) Die Absätze 1 bis 4 und Buchstabe a gelten nicht für die Haftpflicht- und Fahrzeugteilversicherung von Fahrrädern mit Hilfsmotor im Sinne der Grundregel 7 Abs. 2 Nr. 12, soweit diese ein Versicherungskennzeichen führen müssen.

6. Nachlaß für Kriegs- und Schwerbeschädigte sowie für Körperbehinderte:

(1) Auf die Beiträge für Fahrräder mit Hilfsmotor, Krafträder und Personenwagen (Kennziffern 001, 005 012 und 013) ist in der Haftpflicht- und Fahrzeugvollversicherung folgenden Personen ein Nachlaß von 25 v. H. zu gewähren:

1. Kriegsbeschädigten, die der Sonderfürsorge nach § 25 Abs. 2 des Bundesversorgungsgesetzes vom 20. Dezember 1950 (Bundesgesetzbl. S. 791), zuletzt geändert durch das Zweite Gesetz zur Änderung von Vorschriften der Kindergeldgesetze vom 16. März 1959 (Bundesgesetzbl. I S. 153), unterliegen,
2. Schwerbeschädigten im Sinne des § 1 des Schwerbeschädigtengesetzes vom 16. Juni 1953 (Bundesgesetzbl. I S. 389), zuletzt geändert durch das Soldatenversorgungsgesetz vom 26. Juli 1957 (Bundesgesetzbl. I S. 785), und Körperbehinderten im Sinne des Körperbehindertengesetzes vom 27. Februar 1957 (Bundesgesetzbl. I S. 147), zuletzt geändert durch das Gesetz über die Tuberkulosehilfe vom 23. Juli 1959 (Bundesgesetzbl. I S. 513), die behördlicherseits
   a) zur Beschaffung des Kraftfahrzeugs einen Zuschuß oder ein Darlehen erhalten haben oder
   b) für Abänderungen von Bedienungseinrichtungen an ihrem Kraftfahrzeug Kostenersatz erhalten haben oder
   c) im Zeitpunkt der Beantragung des Beitragsnachlasses einen Zuschuß zur Kraftstoffbeschaffung für den Betrieb des Kraftfahrzeugs erhalten.

(2) Die Voraussetzungen für die Nachlaßgewährung sind dem Versicherungsunternehmen durch Vorlage einer Bescheinigung der Hauptfürsorgestelle nachzuweisen. Fallen die Voraussetzungen, insbesondere beim Kraftfahrzeugwechsel, fort, so entfällt der Beitragsnachlaß mit dem Ende des laufenden Versicherungsjahres.

7. Grundsatz für die Einstufung:

(1) Maßgeblich für die Einstufung der Fahrzeuge, sowohl nach ihrer Art als auch nach Leistung in PS, Hubraum, Anzahl der Plätze oder Nutzlast sind die Eintragungen im Kraftfahrzeugschein, hilfsweise im Kraftfahrzeugbrief. Bruchteile von PS sind auf volle PS nach oben abzurunden.

(2) Für die Einstufung der Fahrzeuge, insbesondere soweit ihre Verwendungsart von Bedeutung ist, gelten folgende Begriffsbestimmungen:

19. Grundregeln

1. **Selbstfahrervermietfahrzeuge** sind
   a) Fahrräder mit Hilfsmotor im Sinne der Kennziffer 005 und Krafträder im Sinne der Kennziffer 001, die gewerbsmäßig an Selbstfahrer vermietet werden;
   b) Personen- oder Kombinationswagen, die gewerbsmäßig ohne Stellung eines Fahrers vermietet werden.

2. **Mietwagen** sind Wagen, mit denen ein nach dem Personenbeförderungsgesetz genehmigungspflichtiger Gelegenheitsverkehr gewerbsmäßig betrieben wird (unter Ausschluß der Droschken, Omnibusse, Güterfahrzeuge und Selbstfahrervermietwagen).

3. **Droschken** sind Wagen, die auf öffentlichen Wegen oder Plätzen für den öffentlichen Verkehr bereitgehalten werden.

4. **Kombinationswagen** sind Kraftfahrzeuge mit einem zulässigen Gesamtgewicht von nicht mehr als 2,5 Tonnen, wenn sie nach ihrer Bauart und Einrichtung geeignet und bestimmt sind, im Innenraum – mit Ausnahme des für die Mitnahme von Reisegepäck bestimmten Raumes – wahlweise oder gleichzeitig der Beförderung von Personen und Gütern zu dienen (§ 23 Abs. 1 Satz 5 der Straßenverkehrs-Zulassungs-Ordnung in der Fassung der Bekanntmachung vom 29. März 1956 – Bundesgesetzbl. I S. 271).

5. **Hotelomnibusse** im Sinne des Tarifs sind Omnibusse, die ausschließlich zur Beförderung von Hotelgästen und ihrem Gepäck vom Bahnhof oder Flugplatz oder von der Dampferanlegestelle und zurück verwendet werden.

6. **Werkomnibusse** im Sinne des Tarifs sind Omnibusse, die dem Werk selbst oder einem dem Werk vertraglich verpflichteten Unternehmer gehören und ausschließlich zur Beförderung der Belegschaft dieses Werks und deren Angehörigen zu und von der Arbeitsstätte und Schule und aus Anlaß von Belegschaftsveranstaltungen verwendet werden.

7. **Werkverkehr** liegt vor, wenn eigene Güterfahrzeuge nur zur Beförderung von Gütern für e i g e n e Zwecke des Unternehmers verwendet werden (§§ 48, 49 Güterkraftverkehrsgesetz – GüKG – vom 17. Oktober 1952 – Bundesgesetzbl. I S. 697 – in der Fassung der Gesetze zur Änderung des Güterkraftverkehrsgesetzes vom 3. Juni 1957 – Bundesgesetzbl. I S. 593 – und vom 26. Juni 1959 – Bundesgesetzbl. I S. 399).

8. **Gewerblicher Güterverkehr** (Güternahverkehr und Güterfernverkehr) liegt vor, wenn Güterfahrzeuge zur Beförderung von Gütern aller Art gegen Entgelt für Dritte verwendet werden (§§ 2 und 3 GüKG).
   a) Güternahverkehr ist jede Beförderung von Gütern mit einem Kraftfahrzeug für andere innerhalb der Grenzen eines Gemeindebezirks oder innerhalb der Nahzone – in der Regel das Gebiet

innerhalb eines Umkreises von 50 Kilometern vom Kraftfahrzeugstandort – (§ 2 GüKG).

b) Güterfernverkehr ist jede Beförderung von Gütern mit einem Kraftfahrzeug für andere über die Grenzen der Nahzone hinaus oder außerhalb dieser Grenzen (§ 3 GüKG).

9. **Personenbeförderung** liegt sowohl vor, wenn eine Fahrt lediglich zu diesem Zweck unternommen wird, als auch dann, wenn bei einer an sich dem Zweck des Güterfahrzeugs entsprechenden Fahrt Personen mitgenommen werden. In der Haftpflichtversicherung decken die Beiträge auch die Beförderung von Personen auf Güterfahrzeugen, wenn die beförderten Personen in enger Beziehung zur Ladung stehen, insbesondere Beifahrer und sonstiges Begleitpersonal, das zur Behandlung der Güter bestimmt ist. Bei Beförderung von Personen, die in keiner engen Beziehung zur Ladung stehen, besteht Deckung aus der Haftpflichtversicherung nur, wenn nicht mehr als 8 Personen befördert werden. Bei Beförderung von mehr als 8 Personen, die in keiner engen Beziehung zur Ladung stehen, besteht Deckung aus der Haftpflichtversicherung nur dann, wenn dies besonders beantragt ist. Bei der Personenbeförderung ist es gleichgültig, ob sie entgeltlich oder unentgeltlich, gelegentlich oder regelmäßig vorgenommen wird.

10. **Landwirtschaftliche Zugmaschinen oder Anhänger** im Sinne des Tarifs sind landwirtschaftliche Zugmaschinen und Raupenschlepper oder Anhänger, die wegen ihrer Freistellung von der Kraftfahrzeugsteuer ein amtliches grünes Kennzeichen führen.

    Auch Kraftfahrzeuge, die ausdrücklich als Sonderfahrzeuge für land- und forstwirtschaftliche Verwendung zugelassen werden, sind wie landwirtschaftliche Zugmaschinen einzustufen.

11. **Schausteller-Zugmaschinen** sind Zugmaschinen und Raupenschlepper in Betrieben nach Schaustellerart, die ausschließlich für einen solchen Betrieb verwendet werden.

12. **Fahrräder mit Hilfsmotor** sind Fahrzeuge, die hinsichtlich der Gebrauchsfähigkeit die üblichen Merkmale von Fahrrädern aufweisen, jedoch zusätzlich als Antriebsmaschine einen Verbrennungsmotor mit einem Hubraum von nicht mehr als 50 Kubikzentimetern besitzen. Die üblichen Merkmale von Fahrrädern gelten als vorhanden, wenn

    a) der Durchmesser des Hinterrades nicht kleiner ist als 580 Millimeter,

    b) die wirksame Länge der Tretkurbel mindestens 125 Millimeter beträgt,

    c) die durch die Bauart bestimmte Höchstgeschwindigkeit des Fahrzeugs 40 Kilometer je Stunde nicht überschreitet.

    Diese Merkmale gelten entsprechend für zweisitzige Fahrzeuge (Tandems) und Fahrzeuge mit drei Rädern (§ 67 a Abs. 3 der

Straßenverkehrs-Zulassungs-Ordnung). Das gleiche gilt für sonstige Fahrzeuge, wenn sie nach der Straßenverkehrs-Zulassungs-Ordnung wie Fahrräder mit Hilfsmotor behandelt werden.

(3) Ergibt der Kraftfahrzeugschein oder die Zulassung eine doppelte Verwendungsmöglichkeit oder wird ein Güterfahrzeug in mehreren Verkehrsarten (vgl. Abs. 2 Nr. 7 und 8) verwendet, so richtet sich der Beitrag nach dem höher einzustufenden Wagnis für jede Versicherungssparte, soweit der Tarif nichts anderes vorsieht.

(4) Soll ein Fahrrad mit Hilfsmotor versichert werden, dessen regelmäßiger Standort sich nicht im Geltungsbereich des Tarifs befindet, so richtet sich der Beitrag entweder nach dem Tarif für Fahrräder mit Hilfsmotor oder nach dem Tarif für Krafträder mit einem Hubraum von nicht mehr als 50 Kubikzentimetern.

8. Anhänger und Auflieger:

(1) Die Haftpflichtversicherung des Kraftfahrzeugs erstreckt sich auf alle Schäden, die durch einen mit dem Kraftfahrzeug verbundenen Anhänger oder Auflieger (Anhänger) zur Güterbeförderung verursacht werden, auch soweit sich die Ansprüche gegen den Halter des Anhängers richten.

(2) Die Haftpflichtversicherung des Anhängers zur Güterbeförderung erstreckt sich auf alle Schäden, die durch den Anhänger verursacht werden, solange er nicht mit einem Kraftfahrzeug verbunden ist, auch soweit sich die Ansprüche gegen den Halter oder berechtigten Fahrer dieses Kraftfahrzeugs richten.

(3) Löst sich der Anhänger zur Güterbeförderung während des Betriebes des Kraftfahrzeugs von diesem und tritt hierdurch ein Schaden ein, so umfaßt die Haftpflichtversicherung des Kraftfahrzeugs auch diesen Schaden.

(4) Die Haftpflichtversicherung für Krafträder und Personenwagen erstreckt sich auch auf Schäden, die durch einen nicht der Pflichtversicherung unterliegenden Anhänger zur Güterbeförderung verursacht werden, selbst wenn dieser mit dem Kraftrad oder Personenwagen nicht verbunden ist.

9. Tariffreie Wagnisse:

Nicht unter diesen Tarif fallen

1. Wagnisse von Kraftfahrzeugherstellern,
2. Kraftfahrzeuge, die, ohne zum Verkehr auf öffentlichen Wegen und Plätzen zugelassen zu sein, nur auf einem nicht öffentlichen Gelände benutzt werden,
3. Kraftfahrzeuge, die nur in Schrittgeschwindigkeit fahren können und von einem Fußgänger bedient werden,
4. Kraftfahrzeuge von Mitgliedern der ausländischen Streitkräfte im Sinne von Artikel 1 Nr. 7 des Vertrages über die Rechte und Pflichten ausländischer Streitkräfte und ihrer Mitglieder in der Bundesrepublik Deutschland (Bundesgesetzbl. 1955 II S. 321).

5. Kraftfahrzeuge von Leitern und Mitgliedern der bei der Bundesrepublik Deutschland beglaubigten diplomatischen Vertretungen sowie ihrer Bediensteten, soweit sie im Besitz eines roten oder blauen Diplomatenausweises und nicht deutsche Staatsangehörige sind.

10. Ruheversicherung:

(Wortlaut vgl. S. 355 ff.)

11. Sonderausführungen:

Die im Tarif genannten Beiträge für Fahrzeugversicherungen gelten für Fahrzeuge normaler und durchschnittlicher Bauart und Ausstattung, auch soweit sie nicht serienmäßig mitgeliefert wird. Für Fahrzeuge von überdurchschnittlichem Wert, insbesondere mit Spezialkarosserien, für Fahrzeuge mit außergewöhnlicher Sonderausstattung, insbesondere Tank-, Thermos- und Möbelwagen, und für Spezialfahrzeuge, insbesondere Arbeitsmaschinen, können die Zuschläge unter Berücksichtigung des Mehrwertes vereinbart werden.

12. Selbstbeteiligung in der Haftpflichtversicherung:

Eine Selbstbeteiligung in der Haftpflichtversicherung ist nur bei nichtversicherungspflichtigen Versicherungsnehmern zulässig. Die Höhe der Beiträge kann vereinbart werden (Anfrage Direktion).

13. Deckungssummen in der Haftpflichtversicherung:

Andere Deckungssummen, als im Tarif enthalten, dürfen nur vereinbart werden, wenn sie über 500 000 / 100 000 / 20 000 DM hinausgehen und wenn ein besonderer Zuschlag dafür erhoben wird.

14. Fahrzeugversicherung:

Unzulässig ist der Abschluß von

1. Fahrzeugvollversicherungen mit anderen Selbstbeteiligungen als im Tarif angegeben,
2. Fahrzeugvollversicherungen unter Ausschluß der Brand- und Entwendungsgefahr,
3. Versicherungen nur gegen Brand,
4. Versicherungen nur gegen Entwendung.

15. Beitragsermäßigungen:

Auf die in diesem enthaltenen Versicherungsbeiträge in der Haftpflicht- und Fahrzeugvollversicherung werden Beitragsermäßigungen nach Maßgabe der jeweils geltenden Vorschriften gewährt.

20.

Erläuterungen zu den Grundregeln

Grundregel 1: Anwendungsgebiet

Gegenüber der bisherigen Fassung ist nunmehr die Haftpflichtversicherung vorangestellt worden, weil nur für diese die Versicherungspflicht gilt.

Die Gepäckversicherung ist nicht mehr erwähnt, weil diese aus der Preisbindung herausgenommen worden ist und damit auch im K-Tarif nicht mehr erscheint. Zur Vermeidung von Mißverständnissen ist außer dem Kraftfahrzeug als solchem auch der Anhänger erwähnt, da der Anhänger ebenfalls gem. § 18 (1) StVZO zulassungspflichtig ist. Für die Versicherung des Anhängers, auch im abgekoppelten Zustand, gelten daher auch die Grundregeln, der Einheitstarif und die AKB.

An der Tariffreiheit der im Bundesgebiet nicht zugelassenen oder nicht zulassungspflichtigen Kfz. hat sich gegenüber dem bisherigen Zustand nichts geändert.

Für die vom Ausland einfahrenden Kraftfahrzeuge wird auf das Gesetz vom 24. Juli 1956 (BGBl. I, S. 667) und die in Kraft bleibende VO PR 11/56 über die Beiträge in der Kraftfahrtversicherung für einreisende Ausländer und für Mitglieder der Streitkräfte vom 20. Dez. 1956 (BAnz Nr. 249 v. 22. Dez. 1956), die die Beiträge für die deutsche rosa Grenzpolice regelt, verwiesen. Die Beiträge für die deutsche weiße Grenzpolice für einreisende Ausländer aus den grenznahen Gebieten Dänemarks sind in der in Kraft bleibenden VO PR 12/57 v. 24. August 1957 (BAnz Nr. 173 v. 10. Sept. 1957) geregelt.

Grundregel 2: Geltungsbereich des Versicherungsschutzes

Die Absätze (1) und (2) enthalten gegenüber der bisherigen Fassung keine Änderung. Abs. (3) ist neu und hängt mit dem darin erwähnten Gesetz über die Haftpflichtversicherung für ausländische Kraftfahrzeuge und Anhänger zusammen. Da nach diesem Gesetz der Versicherungsnachweis außer durch die Grüne Karte auch durch eine rosa Grenzversicherung erbracht werden kann und da inzwischen eine Gemeinschaft von 18 Grenzversicherern in der Bundesrepublik diesen Deckungsschutz gewährt, mußte dies hier besonders erwähnt werden. Für den Grenzversicherungsschein liegen die AKB zugrunde, jedoch ist in Ziffer 1 jener Allgemeinen Versicherungsbedingungen in Abänderung des § 2 Abs. 1 der AKB ausdrücklich festgelegt, daß der Versicherungsschutz sich nur auf das Bundesgebiet, das Land Berlin und die Verbindungswege zwischen beiden beschränkt. Diese Beschränkung des Versicherungsschutzes ist in gewissem Umfang eine Abweichung von der Grundregel 1, obwohl in dieser Grundregel von der Anwendung des Tarifs und nicht von dem Umfang des Versicherungsschutzes die Rede ist. Es erscheint aber zweckmäßig, die Beschränkung des Versicherungsschutzes auch in die Grundregeln aufzunehmen, um jeden Zweifel zu vermeiden.

Absatz (4) ist ebenfalls neu und hervorgerufen durch die darin erwähnte besondere Verordnung für die Versicherung einreisender Ausländer aus den grenznahen Gebieten Dänemarks. Die hiernach zur Ausgabe gelangenden weißen Tagesgrenzversicherungsscheine enthalten die in jener VO festgelegten Beiträge von je DM 3,– für ein Kraftrad oder einen Pkw. Der Geltungsbereich dieser Police ist ebenfalls in Abänderung des § 2 Abs. 1 und des § 4 Abs. 1 der AKHB beschränkt auf das Gebiet der Länder

Schleswig-Holstein und Hamburg von der dänischen Grenze bis zur Elbe sowie auf die südlich der Elbe gelegenen Teile der Stadt Hamburg.

Grundregel 3: Zahlungsweise

Die Absätze (1) und (3) sind gegenüber früher unverändert. Absatz (4) ist neu zur Ersparung von Verwaltungskosten eingefügt; bei dem sog. Hollerithverfahren wird eine Stelle eingespart; im übrigen ist die Abrundungsregel für Pfennigbeträge bei der Versicherungssteuer seit langem bekannt. Absatz (5) entspricht dem früheren Absatz (3) und ist nur anders gefaßt. Der wirtschaftliche Grund liegt darin, daß bei der Versicherung für Fahrräder mit Hilfsmotor nur Jahresprämien vorgesehen sind (vgl. Kennziffer 005 und 008 des Tarifs, S. 1/2), die jeweils im voraus gezahlt werden müssen. Teilzahlungen wären bei der geringen Höhe dieser Prämie wirtschaftlich nicht zu vertreten und würden im übrigen mit dem ganzen Prinzip der Jahresprämie und insbesondere der Verfallpolice nicht zu vereinbaren sein.

Grundregel 4: Steuer

Diese Vorschrift ist neu gefaßt, um klarzustellen, daß sie nur deklaratorische Bedeutung hat. Im einzelnen ist immer maßgebend die jeweilige Fassung des Versicherungssteuer-Gesetzes. Unter Nebenkosten im Sinne des § 3 Abs. 1 des Versicherungssteuer-Gesetzes sind die Gebühren für Versicherungsscheine oder für Ausstellung von Verlängerungsdokumenten usw. zu verstehen.

Grundregel 5: Kurztarif

In Absatz (1) ist die Kurzfriststaffel von 2 Wochen gestrichen worden. Die Staffel beginnt jetzt mit 1 Monat und einem Beitrag von 15 % des Jahresbeitrages. Sie hat sich im übrigen nicht geändert. In Anpassung an die wirtschaftlichen Verhältnisse und Anlehnung an Grundregel 3 ist jedoch der Mindestbeitrag von DM 3,– auf DM 4,– erhöht worden.

Die Absätze (2) und (3) sind nicht geändert.

In Absatz (4) ist eine sprachliche Verbesserung vorgenommen worden, durch die herausgestellt wird, daß kurzfristige Versicherungen auch einmalig verlängert werden können. Eine mehrmalige Verlängerung sehen die Grundregeln nicht vor. Diese würde auch dem Grundgedanken der Kurzfriststaffel widersprechen.

Der Zuschlag von 3 % ist gerechtfertigt durch die höheren Verwaltungskosten.

Absatz (5) ist neu gefaßt und in 2 Absätze aufgegliedert worden: Der Abs. a) entspricht dem bisherigen Absatz (5), der zweite Halbsatz will sachlich nicht anderes ausdrücken als der bisherige zweite Halbsatz des alten Abs. (5). In Absatz (5) a) der Grundregel 5 wird ausdrücklich festgelegt, daß bei einem Ersatzfahrzeug die pro-rata-Prämie erhoben wird, und Absatz (5) b) der Grundregel 5 bringt zum Ausdruck, daß für Mopedversicherungen, die nach dem 1. 3. eines Jahres beginnen (Beginn des Verkehrsjahres), die Prämie nach anderen Grundsätzen erhoben wird, obwohl eine kurzfristige Versicherung vorliegt.

Der Abs. b) nimmt Bezug auf die Absätze (1) und (4), so daß er richtigerweise als besonderer Absatz hätte gefaßt werden müssen. Sachlich ist hiermit wiederum die Sonderstellung für die Mopedversicherung hervorgehoben. (Vgl. die Darlegungen zu Grundregel 3, Abs. (5) und zu Grundregel 4).

Grundregel 6: Nachlaß für Kriegs- und Schwerbeschädigte sowie für Körperbehinderte

Die alte Grundregel 6, die den Mehrheitsnachlaß betraf, ist vollkommen in Fortfall gelangt. Damit steht fest, daß mit dem Inkrafttreten dieses Tarifs gemäß § 20 (2) – also ab erster nach dem Inkrafttreten beginnende Versicherungsperiode – irgendein Mehrheitsnachlaß nicht mehr gewährt werden darf – es würde sich sonst um einen Preisverstoß handeln, der nach § 19 (1) Ziff. 1 der VO bestraft wird. Die jetzige Grundregel 6 entspricht der alten Grundregel 7 in Absatz (1) unverändert, in Ziffer 1 ebenfalls unverändert, nur ergänzt durch das Hinzufügen des Zweiten Gesetzes zur Änderung von Vorschriften der Kindergeldgesetze.

Ziffer 2 entspricht auch der alten Ziffer, nur mit Zitieren der neu inzwischen hinzugekommenen Gesetze und Erweiterung auf den Kreis der Körperbehinderten. Außerdem sind die Voraussetzungen um den Punkt b) ergänzt worden. Die Bedienungseinrichtungen (z. B. Lenkhilfe) sind im Körperbehindertengesetz erwähnt. Es erschien billig, auch diesem wahrscheinlich nur kleinen (1–2000 Stück) Kreis beschädigter Personen die gleiche Vergünstigung einzuräumen wie bisher nur den Kriegs- und Schwerbeschädigten. Die Erweiterung des Kreises der Personen, die hiernach eine Beitragsermäßigung nur aus sozialen Gründen erhalten, erschien vertretbar, obwohl solche Vergünstigungen eigentlich Sache des Staates sind und naturgemäß jetzt die Schäden, die solche Personen anrichten, wenn der von ihnen gezahlte Beitrag nicht ausreicht, von der Gesamtheit aller übrigen Versicherungsnehmer getragen werden müssen. Die Grundregel 6 enthält z. Z. die einzige Vorschrift, in der die Beiträge ausschließlich nach sozialen Gesichtspunkten, nicht nach den sonst allein maßgebenden versicherungstechnischen und rechtlichen Grundsätzen, festgelegt werden. Der Nachlaß ist an das Kraftfahrzeug gebunden, erlischt daher mit dem Wegfall des Risikos und ist bei Versicherung eines neuen Kraftfahrzeugs neu zu beantragen unter Vorlage einer neuen Bescheinigung.

Absatz (2) entspricht dem bisherigen Absatz (2) der Grundregel 7, jedoch ist als ein Beispiel für das Fortfallen der Voraussetzungen ausdrücklich der Kraftfahrzeugwechsel als der häufigste Fall erwähnt worden.

Die Weiterzahlung von ermäßigten Beiträgen trotz Fortfallens der Voraussetzungen stellt im übrigen einen Preisverstoß gem. § 19, Abs. (1), Ziff. 1 dar.

Grundregel 7: Grundsatz für die Einstufung

Sie entspricht im wesentlichen der bisherigen Grundregel 8. In Absatz (1) ist aber die besondere Erwähnung der Zugmaschinen und des Sattelschleppers gestrichen. Wie später erwähnt, ist die unterschiedliche Tarifierung von Zugmaschinen und Sattelschleppern fortgefallen. Auch für den Sattelschlepper ist künftig nur die PS-Stärke genau wie für die Zugmaschinen maßgebend.

Der Absatz (2) ist umgestellt, weil für die Einstufung der Fahrzeuge neben den Eintragungen im Kfz.-Schein oder hilfsweise Kfz.-Brief entscheidend die in den Grundregeln festgelegten Begriffsbestimmungen sind. In Ziff. 1 a) sind die Fahrräder mit Hilfsmotor hinzugefügt worden, sonst ist die Bestimmung unverändert.

Ziff. 1 b) ist völlig unverändert.

Die Ziffern 2, 3 und 4 sind ebenfalls unverändert, jedoch ist beim Zitieren der Straßenverkehrszulassungsordnung die nunmehr geltende Fassung aufgeführt.

Die Ziffern 5 und 6 sind gleichfalls unverändert.

Die bisherige Ziff. 7 betraf die Ersatzomnibusse und ist gestrichen, so daß diese wie Linien- oder Gelegenheitsverkehr zu tarifieren sind. Die statistische Auswertung hat auch in den vergangenen Jahren gezeigt, daß insbesondere die Schadenhäufigkeit bei Ersatzomnibussen sich in keiner Weise von den normalen Omnibusrisiken unterscheidet. Damit dürfte feststehen, daß Ersatzomnibusse nicht, wie dies nach der Begriffsbestimmung erforderlich wäre, an Stelle des Hauptwagens eingesetzt werden, sondern daß sie in der Regel neben dem eigentlichen Omnibus Verwendung finden. Damit ist eine unterschiedliche Tarifierung nicht mehr am Platze.

Ziffer 7 entspricht der bisherigen Ziffer 8 und ist lediglich geändert hinsichtlich der zitierten Gesetze.

Ziffer 9 entspricht im wesentlichen der alten Ziffer 10, ist aber dem Wortlaut auf Antragsformular und Versicherungsschein angepaßt worden und in folgenden Punkten geändert:

Statt des unschönen Ausdrucks „innere" Beziehung zur Ladung ist jetzt gesagt worden „engere" Beziehung zur Ladung. Außerdem sind die Personen, die darunter fallen können, in der Klammer als Beispiel aufgezählt und die weiteren Möglichkeiten, nämlich entgeltliche und unentgeltliche Personenbeförderung und ihre Folgen, durch einen besonderen Satz festgehalten worden. Der H-Versicherungsschutz ist also jetzt auch möglich bei Beförderung von mehr als 8 Personen, soweit diese Personen in enger Beziehung zur Ladung stehen.

Ziffer 10 ist eine völlige Neufassung der alten Ziffer 11 und beruht darauf, daß inzwischen für landwirtschaftliche Zugmaschinen und Anhänger ein besonderes amtliches grünes steuerfreies Kennzeichen zugeteilt wird. Das Kriterium dieses Kennzeichens ist allein entscheidend, und es kommt nicht mehr darauf an, ob die Fahrzeuge nur in land- und forstwirtschaftlichen oder Gärtnerei-Betrieben verwendet werden, jedoch ist diese Verwendung Voraussetzung für die Kfz.-Steuer-Befreiung und damit für die Zuteilung des grünen Kennzeichens.

Da es vielfach vorkommt, daß landwirtschaftliche Fahrzeuge als Sonderfahrzeuge zugelassen werden, obwohl sie überwiegend für land- und forstwirtschaftliche Zwecke verwendet werden, ist in der Klammer festgelegt, daß diese trotzdem als landwirtschaftliche Zugmaschinen und nicht etwa als Sonderfahrzeuge tariflich einzustufen sind.

Ziff. 11 entspricht wörtlich der alten Ziffer 12, jedoch ist die in der alten Grundregel hinter Ziffer 12 abgedruckte Sonderbedingung 1 fortgefallen. Im Ergebnis bedeutet dies hier, daß die bisherige Einschränkung für Haftpflichtansprüche, die aus der Verwendung der Zugmaschinen als örtliche Kraftquelle entstehen können, fortgefallen ist. Solche Ansprüche sind also in Zukunft nur noch vom KH-Versicherer und nicht mehr, wie bisher, nur vom allgemeinen H-Versicherer zu behandeln, auch wenn eine landwirtschaftliche Betriebshaftpflichtversicherung abgeschlossen und darin die Zugmaschine eingeschlossen ist.

Ziffer 12 entspricht den in der bisherigen Grundregel 8 Absatz (2) unter neuer Nummer 13 eingeführten Vorschriften für die Fahrräder mit Hilfsmotor.

Die Absätze (3) und (4) der Ziffer 12 entsprechen nur teilweise dem alten Absatz (4). Dabei ist der entscheidende Grundsatz im neuen Absatz (3) niedergelegt, wonach der Beitrag sich immer nach dem höher einzustufenden Wagnis des Fahrzeuges richtet, wenn das Fahrzeug eine verschiedenartige Verwendungsmöglichkeit besitzt.

Der neue Absatz (4) entspricht wörtlich dem alten Absatz (4).

Grundregel 8: Anhänger und Auflieger

Hier handelt es sich um die Ergänzung der alten Grundregel 9 durch Erwähnung der Auflieger. Als Oberbegriff gilt nunmehr: der Anhänger; darunter sind auch Auflieger aller Art zu verstehen. Im übrigen ist die Grundregel in allen ihren Absätzen unverändert.

Grundregel 9: Tariffreie Wagnisse

Hier sind neu eingefügt die Ziffern 4 und 5. Die Ziffer 4 beruht auf dem zitierten Vertrag und auf dem Gedanken, daß Fahrzeuge solcher Personen in der Regel ihre Heimatversicherung mitbringen, so daß ihnen nicht zugemutet werden soll, daß sie sich in vollem Umfang nach dem deutschen Tarif richten müssen. Wenn auch vielfach solche Fahrzeuge mit einer Grünen Internationalen Versicherungskarte in Deutschland umherfahren, so ist doch grundsätzlich davon auszugehen, daß für sie die Versicherungspflicht genau so gilt wie für alle anderen Fahrzeuge, die in Deutschland zugelassen sind. Dies gilt ohne Einschränkung, wenn diese Fahrzeuge von der deutschen Polizei ein Kennzeichen zugeteilt erhalten haben.

Ziffer 5 wurde hinzugefügt, um den dort erwähnten Persönlichkeiten die notwendige größere Freizügigkeit im Abschluß einer Versicherung und bei der Vereinbarung ihrer Verträge zu garantieren. Da für die Kraftfahrzeuge der sog. Stationierungsmächte gem. Ziff. 4 Tariffreiheit gilt, wären die Kraftfahrzeuge der Diplomaten ohne die Ziff. 5 schlechter gestellt gewesen. Zur Ausschaltung von Mißbräuchen gilt diese Klausel aber nur bei Bediensteten dann, wenn die im zweiten Halbsatz der Ziff. 5 erwähnten Voraussetzungen vorliegen, wozu auch gehört, daß sie nicht deutsche Staatsangehörige sind. Die Regel gilt nicht für Honorar- oder Berufskonsuln, da diese keine Diplomaten mit den entsprechenden Ausweisen sind. Die Voraussetzungen müssen nachgewiesen werden, wenn die betreffenden Personen andere Beiträge fordern, als sie im Tarif vorgesehen sind.

Grundregel 10: Ruheversicherung

Diese Grundregel, bisher 11, ist umgestaltet und in die 2 Gruppen klar geteilt worden, nämlich Haftpflicht-, Absatz (1), und Fahrzeug-, Absatz (2), Ruheversicherung.

In Ziffer 1 des Abs. (1) ist der Fall geregelt, daß eine Haftpflichtversicherung im Zeitpunkt der Stillegung bereits bestanden hat. Die sachliche Regelung entspricht dem ersten Satz des Abs. (2) der früheren Grundregel 11, jedoch ist jetzt zur Vermeidung von Zweifeln festgelegt, daß die vorübergehende Abmeldung dem Versicherungsunternehmen gegenüber nachgewiesen werden muß, z. B. durch eine Bescheinigung der Zulassungsstelle. Die Beitragsfreiheit bei der Anschlußruheversicherung dient zur Verwaltungsvereinfachung.

Die zitierten Sonderbedingungen für das Einstellrisiko sind von den Versicherungsaufsichtsbehörden in einheitlicher Fassung vorgeschrieben und genehmigt. Sie sind auf Seite 47 des K-Tarifs 1960 abgedruckt. In Ziff. 2 wird der Fall geklärt, daß ausschließlich für die Ruhezeit eine Haftpflichtversicherung gewünscht wird. Hier ist der Beitrag von DM 3,– auf DM 4,– erhöht entsprechend der Erhöhung des Mindestbeitrags in der Grundregel 5 für den Kurztarif.

Im übrigen ist sachlich keine Änderung eingetreten.

Der Absatz (2), der sich mit der Fahrzeugruheversicherung befaßt, enthält verschiedene Neuerungen. Auch hier muß nach Ziff. 1 die vorübergehende Abmeldung zunächst nachgewiesen werden. Für die Dauer von längstens einem Jahr kann die Fahrzeug-Vollversicherung oder die Fahrzeug-Teilversicherung, die bereits bestanden haben muß, beitragsfrei weitergewährt werden. Auch hier wird auf die Sonderbedingungen verwiesen (s. oben zu Abs. (1)). Für eine etwaige Verlängerung der Fahrzeug-Ruheversicherung über 1 Jahr hinaus richtet sich der Beitrag nach der Regelung in Ziffer 2, nämlich dem Abschluß einer gesonderten Fahrzeug-Ruheversicherung, ohne daß vorher eine Fahrzeugvoll- oder -teilversicherung bestanden hat.

Der Begriff des Heimat-Einstellraumes, der bisher in der Grundregel 11 enthalten war, wurde nicht übernommen. Es gibt nur noch ein Einstellraum-Risiko, jedoch muß davon ausgegangen werden, daß ein solches Risiko nur vorhanden ist, wenn sich das Fahrzeug in einem Einstellraum befindet, also auch nur z. B. in einem umfriedeten, fremden Personen nicht zugänglichen Abstellplatz, nicht nur in einer verschlossenen Garage.

Grundregel 11: Sonderausführungen

Diese Grundregel wurde völlig neu gefaßt. Es kommt zunächst immer darauf an, ob es sich bei den Fahrzeugen um solche normaler und durchschnittlicher Bauart und Ausstattung handelt. Trifft dies zu, dann gilt das Fahrzeug mit der Ausrüstung an Zubehörteilen versichert, die es im Augenblick des Schadenfalles aufwies, auch wenn es sich hierbei nicht um eine serienmäßige Ausstattung handelte. Gedacht ist dabei insbesondere an zusätzliche weitere Reserveräder, Nebelscheinwerfer, Suchlampen, Starktonhupen, Kofferbrücken, Zierfelgen, Weißwandreifen usw. Die bisherige Handhabung hat in Schadenfällen häufig zu Schwierigkeiten geführt, so daß hier eine Klarstellung auch im Hinblick auf den günstigen Verlauf der Fahrzeugversicherung als notwendig erachtet wurde. Abgesehen von diesen Fällen gibt es noch 3 weitere Fälle von Sonderausstattungen, für die ein Zuschlagsbeitrag nach Anfrage bei der Direktion genommen werden kann. Diese 3 Fälle gliedern sich in die Fahrzeuge von überdurchschnittlichem Wert, mit ungewöhnlicher Sonderausstattung oder gar in absolute Spezialfahrzeuge. Durch die Beispiele in den Klammern dürften, vor allem bei dem überdurchschnittlichen Wertbegriff, nach Möglichkeit alle Zweifel ausgeschlossen sein. Die Grenzen für die einzelnen Begriffe sind aber im Hinblick auf die fortschreitende Entwicklung der Kraftfahrzeuge flüssig.

Grundregel 12: Selbstbeteiligung in der Haftpflichtversicherung

Sachlich keine Änderung, nur eine bessere Wortfassung.

Grundregel 13: Deckungssummen in der Haftpflichtversicherung

Hier sind die Sachschadendeckungssummen in Spalte 2 auf DM 50 000,– und in Spalte 1 auf DM 100 000,– erhöht worden, mithin beträgt der Anteil der Sachschadendeckung jetzt $^1/_5$ statt bisher $^1/_{10}$.

Grundregel 14: Fahrzeugversicherung

Diese Grundregel entspricht wörtlich der alten Grundregel 15.

Grundregel 15: Beitragsermäßigungen

Hier ist der bisherige zweite Satz der alten Grundregel 16 mit dem Hinweis auf den Ausschluß der Mopedversicherungen von dem Bonusverfahren deshalb nicht mehr enthalten, weil sich dies aus der VO über die Bonusgewährung selbst ergibt.

Anhang

Darlegungen der Wirtschaftsgruppe Kraftfahrtversicherung zu den Kraftfahrversicherungsbedingungen und -vordrucken

Die frühere Wirtschaftsgruppe Kraftfahrtversicherung hat unter der Bezeichnung „Die neuen Allgemeinen Bedingungen und die neuen Vordrucke für die Kraftfahrtversicherung“ im wesentlichen für die der Wirtschaftsgruppe angeschlossenen Versicherungsunternehmungen bestimmte Darlegungen herausgegeben, die mit dem Reichsaufsichtsamt für Privatversicherung abgestimmt worden waren. Sie dürfen in einer Materialsammlung zur Pflichtversicherung für Kraftfahrzeughalter nicht fehlen und bilden eine Ergänzung zu den Erläuterungen auf S. 303 ff.

Nachstehend folgt der Wortlaut der Darlegungen.

A. Wortlaut der Vorschriften und Bedingungen

I. Allgemeines zu den Bedingungen und Vordrucken[1])

(1) Für die Kraftfahrthaftpflicht-, Fahrzeug-, Kraftfahrunfall- und Kraftfahrgepäckversicherung sind einheitlich vorgeschrieben:

a) die Bedingungen,
b) der Versicherungsantrag,
c) der Versicherungsschein,
d) die Deckungszusage.

Folge: Jeder Versicherer bietet gleiche Leistungen; bei Wechsel des Versicherers kein Umlernen; Erleichterung für alle, die sich häufig mit Kraftfahrversicherungen zu befassen haben.

(2) Der Vereinfachung und Übersichtlichkeit und damit der Ersparnis von Zeit und Arbeit für alle Beteiligten dienen besonders folgende im Versicherungswesen neuartige Vorschriften des Reichsaufsichtsamtes (Anordnung vom 31. Juli 1940 – Tgb.-Nr. A I 2050 –)[2]).

a) Der Versicherungsantrag wird vom Versicherer nicht mehr an den Versicherungsschein angeheftet. Der Versicherungsnehmer erhält bei Antragstellung Durchschrift seines Versicherungsantrages. – Dies entspricht einer bewährten Praxis bei Vertragsabschlüssen des täglichen Lebens. – Folge: Der Versicherer ist im Regelfall von der Herstellung von Abschriften entlastet. Das gesetzlich begründete Recht des Versicherungsnehmers, Abschriften seiner Erklärungen gegen Kostenersatz vom Versicherer zu fordern, bleibt daneben aufrechterhalten.

   Wichtig: Der Versicherungsantrag ist vom Versicherungsnehmer aufzubewahren und bei Veräußerung dem Erwerber zu übergeben.

b) Die Versicherungsbedingungen brauchen dem Versicherungsnehmer bei Antragstellung oder Vertragsschluß nicht übergeben zu werden. Nur auf besonderen, jederzeit zulässigen Wunsch erhält er sie ausgehändigt. Hiermit ist die Erfahrungstatsache ausgewertet, daß die Versicherungsbedingungen von der überwiegenden Zahl der Versicherungsnehmer aus Mangel an Zeit und Interesse nicht gelesen werden. Überdies wird die Einhaltung der Bedingungen, die im Reichsanzeiger und Preußischen Staatsanzeiger Nr. 187 vom 12. August 1940 und im Ministerialblatt des Reichswirtschaftsministeriums Heft 29 vom 30. September 1940 veröffentlicht sind[3]), vom Reichsaufsichtsamt für Privatversicherung überwacht.

c) Der Versicherungsschein weist auf seiner Rückseite in volksnaher Sprache Regeln auf, wie sich der Versicherungsnehmer verhalten muß, um Versicherungsschutz zu genießen.

   Die zwölf kurzgefaßten Verhaltungsregeln[4]) unterrichten den Versicherungsnehmer übersichtlich über seine Pflichten und ein zweckmäßiges Verhalten.

---

1) Vgl. S. 89 ff.
2) Vgl. S. 104 ff.
3) Vgl. wegen der Änderungen S. 89.
4) Vgl. S. 106 f.

Folge: Es bleibt dem Versicherungsnehmer ein umständliches Suchen nach seinen Pflichten in den Bedingungen und die Überlegung, wie er sich zu verhalten hat, erspart.

(3) Versicherungsantrag und Versicherungsschein entsprechen sich im wesentlichen. Beide enthalten nur das unbedingt Notwendige und sind aus sich selbst heraus verständlich, insbesondere wenn man sich vom früher Üblichen freimacht. Die Vorderseiten des Versicherungsantrages und Versicherungsscheines führen neben Versicherer, Versicherungsnehmer und genauer Kennzeichnung des Fahrzeugs in klarer Gliederung alle Versicherungsarten auf, die in Zusammenhang mit dem Fahrzeug stehen, gewissermaßen am Fahrzeug hängen. Soweit ein Betrag ausgeworfen ist, gilt die betreffende Versicherungsart als beantragt bzw. abgeschlossen.

(4) Der Versicherungsantrag (in seiner Fußnote 6) und der Versicherungsschein (auf seiner Vorderseite) weisen übereinstimmend darauf hin[5]), daß sich bei Versicherungssummen für Personenschäden über 100 000 RM (DM) die Leistungspflicht des Versicherers im Rahmen der Pflichtversicherung für eine einzelne Person auf 100 000 RM (DM) beschränkt.

Dies bedeutet:

a) Hat sich der Versicherungsnehmer in Haftpflicht in Höhe der gesetzlichen Mindestversicherungssummen der §§ 7 und 8 DurchfVO. versichert, so beschränkt sich die Leistungspflicht des Versicherers gemäß § 11 DurchfVO. für eine einzelne Person auf 100 000 RM (DM) und für das Ereignis auf die gesamte Mindestversicherungssumme.

b) Hat sich der Versicherungsnehmer höher versichert, so ist die Leistungspflicht des Versicherers in den Fällen des § 158 c VVG die gleiche, da der Versicherer in Ansehung des Dritten nur im Rahmen der Pflichtversicherung haftet. Soweit aber keine Haftung nach § 158 c VVG in Frage kommt, haftet der Versicherer für die einzelne Person mit 100 000 RM (DM) zuzüglich der Differenz zwischen der gewählten und der Mindestversicherungssumme und für das Ereignis mit der gewählten Versicherungssumme.

(5) Wesentlich für den Umfang der Versicherung und für die Tarifierung ist A r t und V e r w e n d u n g des Fahrzeugs.

Demgemäß enthält der Antrag eine Reihe präziser Fragen, die durch die Fußnoten 2 bis 5[6]) auf der Rückseite des Antrags erläutert sind. Genaueste Ausfüllung durch den Versicherungsnehmer ist geboten. Die in den Fußnoten 2 bis 5[6]) erläuterten Verwendungsbegriffe machen in Verbindung mit § 2 Abs. 2 a AKB eine Reihe von Sonderbedingungen des Tarifs, die den Umfang der Versicherung nach der Verwendungsart des Fahrzeugs beschränken, entbehrlich (Ausnahme: Schausteller-Zugmaschinen).

Auch der Versicherungsschein enthält ein Feld über Art und Verwendung des Fahrzeugs. In diesem Feld ist auf den Antrag verwiesen.

---

5) Vgl. S. 111 überholt; S. 109.

6) Jetzt 1–15.

A. Wortlaut der Vorschriften und Bedingungen

Wichtig: Der Versicherungsnehmer genießt nur Versicherungsschutz, wenn er das Fahrzeug zu dem von ihm im Versicherungsantrag angegebenen Zweck verwendet (aber Schutz des Dritten: vgl. Ziff. 21)[7].

(6) Der Versicherungsschein beschreibt auf seiner Vorderseite trotz kurzer Fassung und Verweisung auf Gesetz, Bedingungen und Antrag den Vertragsinhalt erschöpfend. Dort ist in Übereinstimmung mit dem Versicherungsantrag Zahlungsart (im voraus), Versicherungsbeginn und -dauer angegeben. Außerdem ist anschließend daran § 4 Abs. 1 und 7 AKB (das Wichtigste hinsichtlich Vertragsdauer und Kündigung) teils wörtlich, teils sinngemäß wiederholt.

(7) Besonders hervorgehoben findet sich auf der Vorderseite des Versicherungsscheins die sogenannte Billigungsklausel (vgl. § 5 VVG). Sie verhindert die praktische Wertlosigkeit eines mit einem falschen Beitrag ausgefüllten Versicherungsantrages. Der Antrag gilt stets als zu den Beiträgen des vom Reichskommissar für die Preisbildung verordneten Tarifs gestellt[8].

(8) Für jedes Kraftfahrzeug und jeden Anhänger soll ein gesonderter Versicherungsantrag und gesonderter Versicherungsschein verwendet werden.

Folge: Die Ausstellung eines neuen Versicherungsscheines entfällt bei Fahrzeugveräußerung, die bedingungsgemäß den automatischen Übergang der Versicherung zur Folge hat.

(9) Versicherungsantrag, Versicherungsschein und „Bestätigung" beziehen sich ohne weiteres bei der Haftpflichtversicherung

a) von Omnibusanhängern zur Personenbeförderung und von Güterfahrzeuganhängern zur Personenbeförderung auf Schäden, gleichgültig ob sie mit dem Betrieb des Kraftfahrzeugs im Sinne des § 7 KFG[9]) zusammenhängen oder nicht,

b) von Personenwagenanhängern und Anhängern zur Güterbeförderung auf Schäden, die nicht mit dem Betrieb des Kraftfahrzeugs im Sinne des § 7 KFG[9]) zusammenhängen (Kennziffern 100, 200, 400 des Tarifs).

   Aber: Die von derartigen Anhängern mitverursachten Schäden, die mit dem Betrieb des Kraftfahrzeugs im Sinne des § 7 KFG[9]) zusammenhängen, werden, da diese Anhänger als Glieder eines Kraftfahrzeugs kein eigenes rechtliches Leben haben, von der Haftpflichtversicherung des Antriebsfahrzeugs ohne weiteres und ohne besonderen Beitrag mitumfaßt. Versicherungsantrag, Versicherungsschein und „Bestätigung" des Antriebsfahrzeugs beziehen sich insoweit, ohne daß dies erwähnt wird, auf derartige Anhänger.

Der Text des „Bestätigungs"vordrucks nach Ziffer 1 der Dienstanweisung zu § 29 b StVZO darf nicht ergänzt oder geändert werden.

(10) Versicherungsantrag und Versicherungsschein sind in der vorgeschriebenen Form, das ist unter Anführung aller vier Kaftfahrversicherungs-

---

[7]) Vgl. hierzu auch S. 155 f.
[8]) Jetzt Einheitstarif 1960
[9]) Jetzt StVG

arten, grundsätzlich für jeden Vertragsschluß zu verwenden, selbst wenn der Versicherungsnehmer nur eine Versicherungsart abzuschließen wünscht.

Ausnahme: Versicherer, die nicht alle vier Versicherungsarten betreiben, dürfen Versicherungsantrag und -schein auf die von ihnen betriebenen Versicherungsarten beschränken.

II. Die Bedingungen[10])

(11) Im Reichsanzeiger Nr. 187 vom 12. August 1940 sind veröffentlicht:

Allgemeine Bedingungen für die Kraftfahrversicherung (AKB)[11]) und Allgemeine Bedingungen für die Kraftfahrhaftpflichtversicherung (AKHB).

Erstere beziehen sich auf die Haftpflicht-, Fahrzeug-, Unfall- und Gepäckversicherung. Letztere beschränken sich auf die Haftpflichtversicherung. Sie stimmen im Wortlaut und in der Reihenfolge völlig mit dem auf die Haftpflichtversicherung bezüglichen Inhalt der AKB überein. Lediglich im § 7 Abs. 1 AKB ist aus sprachlichen Gründen das Wort „Ereignis" statt des Wortes „Schadenereignis" des § 7 Abs. 1 AKHB gewählt worden.

Die AKB geben vor dem eigentlichen Bedingungstext einen Überblick über die vier Versicherungsarten, die nach ihrer Bedeutung für Versicherungsnehmer und Versicherer geordnet sind. Der Bedingungstext führt zunächst die allgemeinen, zusammenfaßbaren Bestimmungen aller vier Versicherungsarten und dann die besonderen Bestimmungen jeder einzelnen Versicherungsart auf.

(12) Grundsätzlich sollen die AKB den Versicherungsnehmern nur auf Verlangen ausgehändigt werden. Die AKHB sind bestimmt für Versicherungsnehmer, die nur eine Haftpflichtversicherung abschließen, und für Versicherer, die nur diese Versicherungsart betreiben.

(13) Die AKB gelten für das Neugeschäft in allen vier Kraftfahrversicherungsarten, und zwar für die Pflichthaftpflichtversicherung für alle Verträge, die bei einer im Deutschen Reich zum Geschäftsbetrieb befugten Versicherungsunternehmung nach dem Inkrafttreten des Pflichtversicherungsgesetzes, und für die freiwillige Kraftfahrhaftpflichtversicherung, Fahrzeug-, Unfall- und Gepäckversicherung für alle Verträge, die nach dem 12. August 1940, dem Tag der Veröffentlichung der Bedingungen im Reichsanzeiger, abgeschlossen werden.

Die AKB gelten für das Bestandgeschäft in allen vier Kraftfahrversicherungsarten vom Erlaß einer Anordnung des Amtes ab, zu der das Reichsaufsichtsamt durch Verordnung ermächtigt werden wird[12]). Vor diesem Zeitpunkt geregelte Versicherungsfälle sollen als erledigt betrachtet, bis zu diesem Zeitpunkt noch nicht geregelte Versicherungsfälle sollen nach den AKB, soweit sie für den Versicherungsnehmer günstiger sind, behandelt werden.

Ist ein versicherungspflichtiges Fahrzeug in einer Betriebshaftpflichtversicherung mitversichert, so gelten insoweit die AKHB.

---

[10]) Wegen der Änderungen und ihrer Veröffentlichung vgl. S. 172.
[11]) Vgl. S. 89.
[12]) Vgl. S. 108.

(14) Verbindlichkeit der AKB. Kraftfahrversicherungsverträge dürfen nur unter Zugrundelegung der AKB abgeschlossen werden.

Ausnahmen: Eine Abweichung ist gestattet im Falle des § 2 Abs. 2 bei Verwendung des Fahrzeugs zu Fahrschulzwecken und des § 2 Abs. 3, in beiden Fällen nur zugunsten des Versicherungsnehmers, sowie – ausnahmsweise in besonderen Fällen – von § 16 Abs. 5 AKB. Ferner sind Abweichungen zulässig für folgende Wagnisse: Kraftfahrzeughandel und -handwerk, Fahrlehrer und Fahrschulen, Kraftfahrzeughersteller, Benutzen fremder Fahrzeuge.

Für Zugmaschinen und Raupenschlepper in Betrieben nach Schaustellerart hat das Amt folgende Sonderbedingung genehmigt:

„Haftpflichtansprüche, die aus der Verwendung der Zugmaschine als örtliche Kraftquelle entstehen, sind nicht Gegenstand der Versicherung."

Zu etwaigen weiteren Abweichungen von den Bedingungen ist die ausdrückliche Genehmigung des Amtes, die nur für Sammelverträge von besonderer Bedeutung in Aussicht gestellt werden kann, einzuholen.

(15) Die Bedingungen sind auf den Grundgedanken der Pflichtversicherung (Präambel des Gesetzes), den Schutz des Verkehrsopfers wirksamer zu gestalten, aufgebaut. Sie verfolgen daneben eine Besserstellung des Versicherungsnehmers dort, wo es angeht.

A. Allgemeine Bestimmungen

Zu § 1: Beginn des Versicherungsschutzes[13])

(16) Absatz 1. Der Vertragsschluß und sein Zeitpunkt richten sich nach den allgemeinen Bestimmungen des BGB und VVG und nach § 3 DurchfVO.

Die AKB wiederholen diese Bestimmungen nicht. Dagegen legen sie in Übereinstimmung mit dem VVG den materiellen Beginn der Versicherung, d. h. des Versicherungsschutzes, klar. Er beginnt mit der Einlösung des Versicherungsscheines, jedoch nicht vor dem vereinbarten Zeitpunkt.

(17) Absatz 2. Schon vor Einlösung des Versicherungsscheines beginnt der Versicherungsschutz auf Grund einer besonderen Zusage des Versicherers (vorläufige Deckung). Sie ist unbefristet und endet entweder mit der Einlösung des Versicherungsscheines oder auf Grund einer schriftlichen, jederzeit mit einer Frist von einer Woche zulässigen Kündigung des Versicherers. Sie tritt rückwirkend außer Kraft, wenn der Versicherungsvertrag zwar unverändert angenommen, der Schein jedoch nicht unverzüglich eingelöst wird. Dem Versicherer gebührt der anteilige Beitrag für den Zeitraum des gewährten Versicherungsschutzes, also nicht im Falle der rückwirkenden Außerkraftsetzung der vorläufigen Deckung (vgl. aber § 4 Abs. 6 AKB).

(18) Die vorläufige Deckung ist formlos gültig. Für ihre schriftliche Erteilung hat das Reichsaufsichtsamt einen bestimmten Inhalt vorgeschrieben. Hiernach kann der Versicherer die Abgabe der besonderen Zusage von einer vorläufigen Zahlung, nicht aber von Bedingungen abhängig machen

13) Vgl. S. 89.

oder sonstwie einschränken. Der Text der schriftlichen vorläufigen Deckung, die auf besonderer Karte oder auf dem Versicherungsantrag vorgesehen ist, enthält außer der rechtsgeschäftlichen Erklärung des Versicherers und dem Beginn der Deckung einen Quittungsvermerk und eine fast wörtliche Wiedergabe des § 1 Abs. 2 Satz 2 bis 5 AKB sowie einen Hinweis im Sinne des § 4 Abs. 6 AKB.

(19) Vorläufige Deckung und Versicherungsvertrag. Mit der Einlösung des Versicherungsscheines wird die vorläufige Deckung gegenstandslos und der im Versicherungsschein dokumentierte Versicherungsschutz gegenständlich. Wegen § 1 Abs. 2 letzter Satz – anteiliger Beitrag für die Zeit der vorläufigen Deckung – bedarf es keiner besonderen Berechnung und Erhebung des Beitrages für die Zeit der vorläufigen Deckung. Der Versicherer kann den Beitrag berechnen, als ob der Versicherungsvertrag mit der vorläufigen Deckung begonnen habe.

(20) Vorläufige Deckung und Versicherungsbestätigung. Beide sind wesensmäßig verschieden. Im Gegensatz zur vorläufigen Deckung stellt die Versicherungsbestätigung des § 4 DurchfVO keine für den Versicherungsschutz rechtserhebliche Erklärung des Versicherers dar. Die Versicherungsbestätigung ist ebenso wie die Anzeige eine selbständige Erklärung des Versicherers. Ihre Bedeutung[14]) erschöpft sich innerhalb des behördlichen Verfahrens, das der staatlichen Überwachung der Erfüllung der Versicherungspflicht, der Feststellung des Versicherers für das Verkehrsopfer und des Anfangs- und Endzeitpunktes (neue Bestätigung nach vorheriger Anzeige) der außervertraglichen Leistungspflicht nach § 158 c II VVG dient. Die Versicherungsbestätigung ist – von der gegenwärtigen Übergangszeit abgesehen – für die Zulassung und das Fortbestehen der Zulassung eines versicherungspflichtigen Fahrzeugs unentbehrlich. Sie setzt immer einen Vertragsschluß, sei es mündlich oder schriftlich, mindestens aber den Rechtschein eines solchen, keinesfalls aber die Einlösung des Versicherungsscheines oder die Erteilung einer vorläufigen Deckungszusage voraus. Dem Versicherer steht frei, 1. die Versicherungsbestätigung ohne Vorliegen eines Versicherungsantrages abzugeben oder 2. sie abhängig zu machen

a) von der Zahlung des ersten Beitrages gemäß § 4 DurchfVO oder
b) von der Einlösung des Versicherungsscheines oder
c) von der Erteilung einer Deckungszusage, sei es mit, sei es ohne Einhebung einer vorläufigen Zahlung.

Zu § 2: Einschränkung des Versicherungsschutzes[15])

(21) Die Einschränkungen der Absätze 1 bis 3 gelten für alle vier Versicherungsarten.

Die Einschränkungen des Absatzes 2 sind entstanden aus folgendem Wunsch des Reichsaufsichtsamts und der Versicherer:

Im Gebiete der Pflichthaftpflichtversicherung soll zwar der Versicherungsnehmer, wenn er sein Fahrzeug zu einem anderen als im Antrag ange-

14) Hierzu vgl. auch S. 229.
15) Vgl. S. 90.

gebenen Zweck verwendet und wenn der Fahrer des Fahrzeugs bei Eintritt des Versicherungsfalles nicht die vorgeschriebene Fahrerlaubnis hat, keinen Versicherungsschutz genießen, der Dritte aber dennoch geschützt sein. Dies sollte durch die sich an § 158 c VVG anlehnenden Worte „Der Versicherer ist von der Leistung frei" erreicht werden.

(22) Absatz 2 b zweiter Satz. Der Grundsatz von Absatz 2 b erster Halbsatz, daß nämlich der Versicherer von der Leistung frei ist, wenn der Fahrer des Fahrzeugs bei Eintritt des Versicherungsfalles nicht die vorgeschriebene Fahrerlaubnis hat, erfährt in Absatz 2 b zweiter Satz eine zweifache Ausnahme. Voller Versicherungsschutz ist nämlich für Versicherungsnehmer und Halter gegeben, wenn zwar der Fahrer nicht die vorgeschriebene Fahrerlaubnis besitzt, aber

a) der Versicherungsnehmer oder Halter das Vorliegen der Fahrerlaubnis bei dem berechtigten Fahrer ohne Verschulden annehmen durfte oder
b) wenn ein unberechtigter Fahrer das Fahrzeug geführt hat (Fall der Schwarzfahrt im engeren Sinne).

Bei der Prüfung des Verschuldens von Versicherungsnehmer und Halter ist in Abweichung von § 6 VVG ein objektiver Maßstab anzulegen (Gegensatz frühere Bedingungen: „entschuldbarerweise" subjektiver Maßstab).

(23) Das Wort „Fahrerlaubnis" umfaßt sämtliche gegenwärtig oder zukünftig behördlich vorgeschriebenen Voraussetzungen für das Lenken eines Kraftfahrzeugs, also auch die Ausweise für Fahrer von Omnibussen, Güterfahrzeugen mit Personenbeförderung, Droschken und den internationalen Führerschein.

Zu § 3: Rechtsverhältnis am Vertrage beteiligter Personen[16])

(24) Absatz 1. Die in den aufgeführten Paragraphen für den Versicherungsnehmer getroffenen Bestimmungen gelten sinngemäß für mitversicherte und sonstige Personen, die Ansprüche aus dem Versicherungsvertrag geltend machen. Derartige beteiligte Personen sind allgemein alle Rechtsnachfolger nach Gesetz und Vertrag und ihnen gleichgestellte Personen, wie Erben, Erwerber des Fahrzeugs, Abtretungsgläubiger, Konkursverwalter usw., im besonderen in Haftpflicht der jeweilige Halter, der berechtigte Fahrer; in Fahrzeug der Versicherte, z. B. Mieter, Eigentümer, Faustpfandgläubiger; in Unfall die Insassen, der Fahrer, der Beifahrer und namentlich bezeichnete Personen; in Gepäck Fahrgäste und Fahrer.

Der Dritte des § 158 c VVG gehört nicht zu den am Vertrage beteiligten Personen.

(25) Absatz 2. Hier wird als Regel festgestellt, daß die Rechte aus dem Versicherungsvertrag ausschließlich der Versicherungsnehmer ausübt. Ausnahmen hiervon sind bei ausdrücklicher Vereinbarung gestattet. Angeordnet ist die Ausnahme, wonach in Haftpflicht mitversicherte Personen und in Unfall namentlich versicherte Personen ihre Versicherungsansprüche selbständig geltend machen können (§ 10 Abs. 2 und § 16 Abs. 5 AKB).

---

16) Vgl. S. 90.

Obliegenheiten haben Versicherungsnehmer und daneben auch die Versicherten zu erfüllen.

Zu § 4: Vertragsdauer, Kündigung[17])

(26) Absatz 1. Gemäß dem zwingenden Inhalt der Bedingungen ist die Vereinbarung eines kündigungslosen Ablaufs nicht mehr zulässig.

Ausnahme: Unterjährige Verträge enden ohne Kündigung.

Zweck: Seltenerer Wechsel des Versicherers sowie Vermeidung überflüssiger Arbeit des Versicherers und der Zulassungsstellen.

Absatz 2 bis 4 geben mit geringen, sachlich unwesentlichen Abweichungen die Regelung des § 158 VVG wieder.

(27) Absatz 3. Die Kündigung muß innerhalb eines Monats von den in § 4 Abs. 3 AKB angeführten Zeitpunkten an beim Vertragsgegner eingehen. Sie beendet den Vertrag bei Kündigung durch den Versicherer einen Monat nach Eingang der Kündigung beim Versicherungsnehmer und bei Kündigung durch den Versicherungsnehmer zu dem von ihm gewählten Zeitpunkt während, jedoch nicht nach Ablauf des laufenden Versicherungsjahres (bzw. der vereinbarten kürzeren Vertragsdauer).

Absatz 4. Die hier erwähnte Beitragsverpflichtung für das laufende Versicherungsjahr bzw. die vereinbarte kürzere Vertragsdauer ist unabhängig von dem vom Versicherungsnehmer gewählten Zeitpunkt des Vertragsendes.

(28) Absatz 5 regelt Kündigung von Vertragsteilen, d. i. einzelner Versicherungsarten und der Versicherung einzelner Fahrzeuge; entsprechende Anwendung auf Kündigung freiwilliger Haftpflichthöherversicherung (Versicherung über die Mindestversicherungssummen hinaus) dürfte sinngemäß sein.

(29) Absatz 6 betrifft deutlich weder die Fälle der Haftung nach § 158 c I VVG noch diejenigen des § 39 II VVG, d. h. bei Obliegenheitsverletzung und bei Zahlungsverzug mit dem Folgebeitrag hat der Versicherer Prämienanspruch ohne weiteres. Vielmehr regelt Absatz 6 ausschließlich die Beitragspflicht in den Fällen, in denen der Versicherer trotz Nichtbestehens oder Beendigung des Versicherungsvertrages gemäß § 158 c II VVG in Ansehung des Dritten zur Leistung verpflichtet ist. Derartige Fälle des Nichtbestehens sind z. B. gegeben bei begründeter Anfechtung wegen Irrtums und Betrugs oder Drohung, bei Nichtigkeit aus sonstigen Gründen, bei Geschäftsunfähigkeit, Scherz auf Seiten des Versicherungsnehmers, bei Rücktritt des Versicherers infolge Nichtzahlung des ersten oder einmaligen Beitrages im Sinne von § 38 VVG. Die Beendigung des Versicherungsvertrages wird regelmäßig durch Kündigung herbeigeführt.

Diese Beitragspflicht besteht unabhängig davon, ob ein Versicherungsfall während der Zeit der außervertraglichen Haftung eintritt oder nicht und ob die nach § 158 f. VVG auf den Versicherer übergegangene Forderung des geschädigten Dritten vom Vertragsgegner (dem vermeintlichen oder früheren Versicherungsnehmer) befriedigt wird oder nicht.

---

17) Vgl. S. 90.

(30) Grund für die Beitragspflicht bei außervertraglicher Haftung: Der Versicherungsnehmer hat nicht, wie er sollte, für das Bestehen des Vertrages oder für unmittelbare Neuversicherung nach Ablauf des bisherigen gesorgt. Daher ist es gerecht, dem Versicherer, der zusätzliche Verwaltungsarbeit hat, den anteiligen Betrag zuzubilligen, zu dessen Bezahlung der Versicherungsnehmer regelmäßig imstande, während er zur Aufbringung der vom Versicherer an den Dritten bewirkten Leistung häufig außerstande sein wird. Die Bestimmung des § 4 Abs. 6 AKB hat insofern den Charakter einer Vertragsstrafe, als bei Nichtbestehen des Vertrages im Sinne von § 158 c II VVG mindestens der Schein eines Vertrages und bei Beendigung des Versicherungsvertrages tatsächlich ein solcher in der Vergangenheit vorgelegen hat.

Ergebnis der Regelung: Der Versicherer ist in den Fällen des § 158 c II VVG und in den Fällen des § 158 c I VVG gleichgestellt. Beide Male hat er neben dem Recht auf Rückforderung der an den Dritten geleisteten Zahlung einen Beitragsanspruch.

(31) Beginn und Ende der Beitragspflicht. Der Zeitraum, für den anteiliger Beitrag zu zahlen ist, beginnt bei Nichtbestehen des Vertrages mit dem Tage, von dem ab der Versicherer außervertraglich haftet, d. h. mit dem Eingang der „Bestätigung" bei der Zulassungsstelle, bei Beendigung des Vertrages mit dem Tage des Vertragsendes. Beide Beginnzeitpunkte müssen nach dem 30. Juni 1940 (Tag des Inkrafttretens der Pflichtversicherung) liegen. Der Eingang der „Anzeige" bei der Zulassungsstelle ist nur dann maßgebend, wenn zufällig das Nichtbestehen oder die Beendigung des Vertrages auf den gleichen Tag fällt.

Der Zeitraum, für den der anteilige Beitrag zu zahlen ist, endet entweder mit dem Aus-dem-Verkehr-Ziehen des Fahrzeuges oder mit dem Abschluß einer neuen Versicherung, spätestens aber einen Monat nach dem Eingang der „Anzeige" bei der zuständigen Zulassungsstelle. Der Tag des Aus-dem-Verkehr-Ziehens des Fahrzeugs und des Abschlusses einer neuen Versicherung wird durch den „Bescheid" der Zulassungsstelle festgelegt.

Zu § 5: Vertragsunterbrechung[18])

(32) § 5 ersetzt die noch bestehende Grundregel 6 des Tarifes.

Folgende Voraussetzungen für die Unterbrechung müssen gleichzeitig vorliegen:

1. Dem Versicherungsnehmer muß entweder

   a) die Verfügungsgewalt über das Fahrzeug oder

   b) die Möglichkeit zu seiner Benutzung genommen sein.

2. Dies muß durch eine behördliche Maßnahme geschehen sein, die gegen den Versicherungsnehmer oder einen Mitversicherten unmittelbar wirkt.

18) Vgl. S. 91.

3. Es darf hierbei der Versicherungsschutz nicht auf einen Verfügungsberechtigten übergegangen sein.
4. Die Voraussetzungen 1–3 müssen für mehr als einen Monat gegeben sein.

Folge der Unterbrechung: Der Vertrag verlängert sich um die Zeit der Unterbrechung.

(33) Beispiele für behördliche Maßnahmen, die dem Versicherungsnehmer die Verfügungsgewalt nehmen[19]): Inanspruchnahme des Kraftfahrzeugs durch die Wehrmacht nach § 15 ReichsleistungsG zur eigenen Verwendung gegen Vergütung von Tagessätzen und Kilometergeldern; u. U. dinglicher Arrest, einstweilige Verfügung.

(34) Beispiele für behördliche Maßnahmen, die dem Versicherungsnehmer die Möglichkeit zur Benutzung seines Fahrzeuges nehmen[19]): Das Fahrzeug ist nach der Verordnung über die Weiterbenutzung von Kraftfahrzeugen vom 6. September 1939 stillgelegt, d. h. unbewinkelt; Halter oder Fahrer ist zur Wehrmacht, zum Polizei- oder Arbeitsdienst oder zur Sicherstellung des Kräftebedarfs eingezogen und das Fahrzeug wird von keinem anderen benutzt; das bewinkelte Fahrzeug kann infolge völliger Nichtzuteilung von Benzin oder Reifen, infolge behördlicher Auflage nicht benutzt werden. Weitere Voraussetzung für die Unterbrechung ist in den beiden letzteren Fällen die Aushändigung der Zulassungspapiere an den Versicherer.

(35) Keine Unterbrechung tritt ein, wenn die in § 5 in Klammern angeführten verkehrs- und strafrechtlichen oder die unter Ziffer 5, 6 und 7 unserer Schrift „Die Kraftfahrtversicherung im Kriege" angeführten Maßnahmen vorliegen oder wenn nach dem freien Belieben des Halters oder wegen dessen Krankheit, Reise, geringer Reifen- oder Betriebsstoffzuteilung, Ersatzteilschwierigkeiten, langwieriger Reparatur das Fahrzeug nicht benutzt wird.

(36) Unterbrechung der Versicherung, Stillegung und Haftung für „Gebrauch". Nach der Verordnung über Kraftfahrzeug-Kasko- und Haftpflichtversicherungsverträge vom 3. Oktober 1939 (RGBl. I S. 1985/6) und der Ergänzungsverordnung dazu vom 17. Januar 1940 (RGBl. I S. 178) ist für stillgelegte Kraftfahrzeuge eine Unterbrechung der Versicherung angeordnet worden, die der des § 5 AKB ähnelt. Gleichzeitig ist dort eine Versicherungspflicht für die bei der Stillegung des Kraftfahrzeugs noch verbleibenden Wagnisse bestimmt worden.

Bei bewinkelten Fahrzeugen bleibt in den Fällen der Ziffer 34 ein „Gebrauch" des Fahrzeugs im Sinne von § 1 PflVG möglich und daher eine Versicherungspflicht bestehen; es wird also wohl, wenn in diesen Fällen die Versicherung nach § 5 AKB unterbrochen wird, eine Pflichthaftpflichtversicherung für das verbleibende Wagnis abgeschlossen werden müssen.

---

19) Vgl. S. 351. Die folgende Darstellung ist als anschauliches Beispiel – man denke an das Bundesleistungsgesetz oder an die Schließung von Innenstädten für den Verkehr – nach wie vor wertvoll.

Gegenüber der Zulassungsstelle ist eine „Anzeige" bei Beginn und eine „Bestätigung" nach Beendigung der Unterbrechung weder erforderlich noch zulässig.

Zu § 6: Wagniswegfall[20])

(37) Die Überschrift dieses Paragraphen ist, wie sein Text klarstellt, ein Sammelbegriff für endgültige Tatbestände, vom Versicherungsnehmer aus gesehen.

(Gegensatz: § 5 – Unterbrechung – vorübergehender Zustand.)

Hierunter fällt wesentlich die Veräußerung, der Verlust durch Diebstahl, die Zerstörung durch Brand oder in sonstiger Weise und die Verschrottung des Fahrzeugs.

Der Inhalt des Paragraphen lehnt sich an die §§ 69 bis 73 und 158 h VVG und an die gegenwärtig noch in Kraft befindliche Grundregel 9 des Tarifes an.

(38) Absatz 1. Der Übergang der Versicherung auf den Erwerber ist im Interesse der einheitlichen Behandlung aller am Kraftfahrzeug hängenden Versicherungen trotz gewisser rechtlicher Bedenken getroffen worden. Gesetzlich ist der Übergang der Versicherung zwar nur für die Fahrzeug- und die Pflichthaftpflichtversicherung vorgesehen. Das ist aber die weitaus überwiegende Mehrheit aller Versicherungen. Die wenigen Versicherungen mit höheren Deckungssummen, als sie die Durchführungsverordnung vorschreibt, und die gegenüber Haftpflicht- und Fahrzeugversicherungen verhältnismäßig geringe Anzahl der Unfallversicherungen, die am Wagen hängen, müssen das Schicksal der Hauptversicherungsarten teilen. Überdies findet der Übergang der Versicherung zugunsten des Erwerbers statt. In der Kraftfahrversicherung treten Schäden oft alsbald nach dem Übergang ein. Die getroffene Regelung wird sich daher in der Praxis bewähren.

(39) Der Übergang der Versicherung findet demnach in Haftpflicht statt, gleichgültig, ob

1. eine freiwillige Höherversicherung vorliegt,
2. das Fahrzeug vor der Veräußerung versicherungspflichtig war oder nicht und nach der Veräußerung versicherungspflichtig ist oder nicht,
3. der Versicherer bisher versicherungspflichtig war oder nicht und der Erwerber versicherungspflichtig ist oder nicht.

Folge: Durch den automatischen Übergang der Versicherung werden die Versicherer regelmäßig stark entlastet (und in der Pflichtversicherung ebenfalls die Zulassungsstellen). Dies gilt nicht, wenn Veräußerer oder Erwerber nach dem Tarif Beitragsvorteile genießen (tariflich begünstigter Verwendungszweck, Mehrheitsnachlaß), die mit dem Erwerb entfallen oder entstehen. Es bedarf aber immer eines Nachtrags zum Versicherungsschein und in den Ausnahmefällen einer Verrechnung oder Neubestimmung des Betrages, wenn nicht zufällig oder bewußt die Veräußerung mit dem Ende des Versicherungsvertrages infolge Kündigung zusammenfällt.

20) Vgl. S. 92.

Darlegungen der Wirtschaftsgruppe Kraftfahrtversicherung

(40) Zu Absatz 2 Satz 3 ist hervorzuheben die im Einvernehmen mit dem Reichsaufsichtsamt und dem Reichskommissar für die Preisbildung mit Rundschreiben Nr. 93 WK bekanntgegebene Weisung des Leiters der Wirtschaftsgruppe Kraftfahrtversicherung[21]). Hiernach ist, um Härten zu vermeiden, nach § 6 Abs. 3 AKB zu verfahren, wenn bei Veräußerung des Kraftfahrzeugs der Erwerber mit sofortiger Wirkung kündigt.

Nach der Anordnung des Reichsaufsichtsamtes vom 31. Juli 1940 — Tgb.-Nr. A I 2050 — ist bei Veräußerung des Fahrzeugs zu beachten[22]):

„Wird ein Fahrzeug veräußert, mit dem eine Kraftfahrversicherung verbunden ist, so darf die Unternehmung von ihrem Kündigungsrecht nach § 6 Abs. 2 AKB bzw. AKHB nur Gebrauch machen, wenn sie hinsichtlich des Erwerbers begründete erhebliche Bedenken hat.

Liegen bei dem Erwerber nicht die nach dem Geschäftsplan erforderlichen persönlichen oder örtlichen Voraussetzungen vor, so ist der Versicherungsvertrag gemäß § 6 Abs. 2 AKB bzw. AKHB zu kündigen. Es ist gestattet, die Versicherung im Einvernehmen mit dem Erwerber bis zum Ablauf des Versicherungsjahres fortzusetzen."

Folgerungen aus der Regelung des Absatzes 2: Veräußerer muß im eigenen Interesse den Versicherer von der Veräußerung unterrichten, den Erwerber über die bestehenden Versicherungen aufklären, das Beitragsguthaben mit ihm möglichst vor Durchführung der Veräußerung verrechnen und ihm Versicherungsschein und Durchschrift des Versicherungsantrages (wegen Art und Zweck der Verwendung) übergeben.

(41) Absatz 3 betrifft alle Fälle des Wagnisfalls, die nicht durch Veräußerung entstehen. Durch diese Bestimmung wird die engere Regelung von Grundregel 9 des Tarifes entbehrlich. Die Anrechnung des über den Tag des Wagniswegfalles hinaus bezahlten Beitrags kann nunmehr auf gleichartige Versicherungen (Haftpflicht, Fahrzeug, Unfall und Gepäck) irgendeines Fahrzeugs des Versicherungsnehmers stattfinden, und zwar auch bei Wegfall von Teilwagnissen (z. B. wenn die Verwendung des Personenwagens als Selbstfahrervermietwagen oder als Droschke, die Personenbeförderung auf Güterfahrzeugen entfällt oder der Omnibus zukünftig als Werk- oder Hotelomnibus verwendet wird). Für die Anrechnung des Beitrags ist eine Frist von einem Jahr vorgesehen. Da viele Versicherungsnehmer wegen der gegenwärtigen tatsächlichen und rechtlichen Umstände bei der Wiederbeschaffung eines Kraftfahrzeugs diese Frist nicht einhalten können, dürfen die Versicherer sich bis zu einem Zeitpunkt, den das Reichsaufsichtsamt noch bekanntgeben wird, auf diese Frist nicht berufen (vgl. Anordnung des Amtes vom 31. Juli 1940, Ziffer 2 b[23]) und auch Bekanntmachung des Reichskommissars für die Preisbildung vom 2. April 1940 betreffend Grundregel 9 — Rundschreiben Nr. 33 WK vom 8. April 1940—).

---

21) Vgl. S. 361.
22) Vgl. S. 107.
23) Vgl. S. 105.

Zu § 7: Obliegenheiten im Versicherungsfall[24])

(42) Der Paragraph ist klar gegliedert. Er enthält unter I und V gemeinsame Bestimmungen für alle vier Versicherungsarten und unter II bis IV Besonderheiten für die einzelnen Versicherungsarten.

I Absatz 1 gibt eine klare, den praktischen Bedürfnissen entsprechende Begriffsbestimmung des Versicherungsfalles, hinsichtlich der Haftpflichtversicherung in Anlehnung an § 153 I VVG. In Haftpflicht ist Versicherungsfall das Schadenereignis, das Ansprüche gegen den Versicherungsnehmer zur Folge haben könnte (früher war auf die Geltendmachung von Ansprüchen gegen den Versicherungsnehmer abgestellt). Die Begriffsbestimmung des Versicherungsfalles ist von Bedeutung für die Frage, ob der Versicherungsfall innerhalb des Zeitraumes des Versicherungsschutzes liegt oder nicht.

I Absatz 2 führt gemeinsame Obliegenheiten aller vier Versicherungsarten im Versicherungsfall auf, und zwar

a) diejenige zur Anzeige des Versicherungsfalles selbst,

b) diejenigen zur Aufklärung des Tatbestandes und zur Minderung des Schadens, die den Versicherungsnehmer an sich und nach den etwaigen Weisungen des Versicherers treffen, und

c) diejenigen, ein eingeleitetes Ermittlungsverfahren und erlassene Strafverfügungen oder Zahlungsbefehle dem Versicherer anzuzeigen, selbst wenn bereits nach a seitens des Versicherungsnehmers verfahren ist.

I und II. Fristen zur Erfüllung von Obliegenheiten.

(43) Nach Gesetz ist der Versicherungsfall in Fahrzeug, Unfall und Gepäck unverzüglich anzuzeigen, in Haftpflicht aber innerhalb einer Woche (§ 153 I VVG).

I Absatz 2 Satz 1 AKB kombiniert diese Vorschriften und bestimmt, daß der Versicherungsnehmer den Versicherungsfall in allen vier Versicherungsarten zwar unverzüglich, spätestens aber innerhalb einer Woche anzuzeigen hat. Dies bedeutet gegenüber dem Gesetz eine Besserstellung des Versicherungsnehmers in Fahrzeug, Unfall und Gepäck.

I Absatz 2 letzter Satz übernimmt die Regelung des § 153 IV letzter Satz VVG für alle vier Versicherungsarten. Eingeleitete Ermittlungsverfahren und erlassene Strafverfügungen und Zahlungsbefehle sind unverzüglich anzuzeigen.

(44) Der Durchschnittskraftfahrer kennt die rechtliche Bedeutung des Begriffes „unverzüglich" nicht. Die Verhaltungsregeln auf der Rückseite des Versicherungsscheines wählen daher und wegen der gebotenen Eile bei Unfällen das unmißverständliche Wort „sofort".

Wichtig für Versicherer: Trotz der Fassung der Verhaltungsregeln Ziffer 6 a bis c ist die Anzeige noch fristgerecht, wenn sie gesetz- und bedingungsgemäß unverzüglich bzw. innerhalb einer Woche geschieht.

---

[24]) Vgl. S. 92.

Die Verhaltungsregeln verwenden auch in Ziffer 10 und 11 das Wort „sofort“. Dies ist für die Praxis bedeutsam, denn je früher der Versicherer benachrichtigt wird, desto früher kann er sachverständig raten und eingreifen.

Die Anzeigefristen von II Abs. 2 und 3 AKB entsprechen im wesentlichen § 153 II und IV VVG.

V: Diese Regelung ist in Anlehnung an § 6 III VVG abgefaßt.

Zu § 8: Klagefrist. Gerichtsstand[25])

Zu § 9: Anzeigen und Willenserklärungen

Diese beiden Paragraphen bedürfen keiner Erläuterung.

B. Haftpflichtversicherung

Zu § 10: Umfang der Versicherung[26])

(45) Absatz 1. Der Versicherungsschutz erstreckt sich auf die Befriedigung begründeter und die Abwehr unbegründeter Entschädigungsansprüche, die gegen den Versicherungsnehmer, gegen den jeweiligen Halter, gegen den berechtigten Fahrer erhoben werden.

Die Versicherung umfaßt Schadenersatzansprüche, die „durch den Gebrauch“ des Fahrzeugs entstehen. Damit ist Versicherungsschutz im Umfange des PflVG gegeben (vgl. § 1 PflVG). Eine weite Auslegung des Begriffes „Gebrauch“ ist nach dem gesetzgeberischen Willen angebracht. Grenzfälle zwischen Kraftfahrhaftpflicht und Betriebshaftpflicht ergeben sich bei Schäden, die beim Be- und Entladen eines Fahrzeugs entstehen. Sie dürfen sich nie zu Lasten des Versicherungsnehmers auswirken.

Absatz 2 bedeutet gegenüber früher eine Besserstellung der Versicherten.

Zu § 11: Ausschlüsse[27])

(46) Ziffer 2. Die Versicherung bezieht sich nur dann auf nichtversicherungspflichtige Halter (wie Länder, Gemeinden usw., vgl. § 2 PflVG und § 1 DurchfVO), wenn sie, trotz der mangelnden gesetzlichen Verpflichtung hierzu, sich versichern.

(47) Ziffer 3 bis 5 stellen Forderungen aus einem Grundgedanken der Haftpflichtversicherung dar, dem Versicherungsnehmer und den Versicherten Versicherungsschutz gegenüber Ansprüchen von Personen zu gewähren, die außerhalb des Kreises der vertraglich Haftpflichtversicherungsschutz Genießenden stehen. Daher sind Entschädigungsansprüche der Versicherten untereinander, also der Versicherten gegen den Versicherungsnehmer und des Versicherungsnehmers gegen die Versicherten (Ziffer 3), vom Versicherungsschutz ausgeschlossen; desgleichen Haftpflichtansprüche, die der Versicherungsnehmer mittelbar gegen sich selbst insofern erheben könnte, als er Angehörigen auf Grund gesetzlicher Verpflichtung zur Zeit des Versicherungsfalles Unterhalt gewährt (Ziffer 4).

Infolge von § 3 Abs. 1 AKB gilt ein gleiches hinsichtlich von Angehörigen der am Vertrage beteiligten Personen.

---

25) Vgl. S. 94.
26) Vgl. S. 95.
27) Vgl. S. 95.

Der Ausschluß der unterhaltsberechtigten und unterhaltsbeziehenden Angehörigen ist logischerweise im Gegensatz zur Regelung der bisherigen AVB nicht auf die Insasseneigenschaft beschränkt.

Entschädigungsansprüche wirtschaftlich selbständiger, vom Versicherungsnehmer unabhängiger Angehöriger sind dagegen fremde Ansprüche, für die Versicherungsschutz besteht.

Der Ausschluß unter Ziffer 5 ist eine weitere Folgerung des oben angeführten Grundgedankens der Haftpflichtversicherung.

Durch die Fassung der Ziffer 3 wird Sonderbedingung 20 des Tarifs (Selbstfahrervermietwagen) entbehrlich.

C. Fahrzeugversicherung

Zu § 12: Umfang der Versicherung[28])

(48) Diese Vorschrift ist sachlich gegenüber der bisherigen Praxis unverändert, aber straffer und deutlicher (vgl. § 11 AVB). Sie führt neu die Begriffe Voll- und Teilversicherung ein. Zur Vermeidung von Mißverständnissen werden die Teile des Fahrzeugs ausdrücklich als Gegenstand der Versicherung bezeichnet.

Absatz 1 d Satz 2 (jetzt [1] I b Satz 2) macht die Sonderbedingung 21 des Tarifs (Selbstfahrervermietwagen) entbehrlich.

Der Ausschluß von Brems-, Betriebs- und Bruchschäden ist beschränkt auf die Unfallversicherung, wo er hingehört (vgl. Abs. 2).

Zu § 13: Ersatzleistung[29])

(49) Diese Bestimmung bedeutet keine sachliche Änderung gegenüber § 12 AVB. Absatz 6 ist der Deutlichkeit halber eingefügt. Jedes einzelne versicherte Fahrzeug (Antriebsfahrzeug und Anhänger) hat sein eigenes Schicksal. Daher ist auch ein Zusammenstoß und gegenseitige Beschädigung von Antriebsfahrzeug und Anhänger für beide ein Unfall gemäß § 12 Abs. 1 a.

Zu § 14: Sachverständigenverfahren[30])

(50) Die geringfügigen Änderungen gegenüber dem bisherigen § 13 AVB, vorherige Wahl des Obmannes und Bestimmung über die Kosten, entsprechen den Erfahrungen der Praxis.

Zu § 15: Zahlung der Entschädigung[31])

(51) Satz 1 gleicht dem § 14 der bisherigen AVB. Der zweite Satz bezieht sich auf die zwingende Vorschrift des § 11 VVG, entspricht übrigens durchaus der bisherigen Praxis.

---

28) Vgl. S. 96.
29) Vgl. S. 97.
30) Vgl. S. 97.
31) Vgl. S. 98.

D. Unfallversicherung

Zu § 16: Versicherte Personen[32])

(52) Diese Bestimmung ist eine Zusammenfassung des bisherigen § 1 III AVB mit einigen im Tarif enthaltenen Sonderbedingungen.

Der Kreis der für eine Kraftfahr-Unfallversicherung in Betracht kommenden Personen ist genau angegeben. Die Insassen-Unfallversicherung mit ihrer vierfachen Wahlmöglichkeit war bisher ein Schmerzenskind der Kraftfahrversicherer und besonders des Außendienstes. Als Regeldeckung wird jetzt nur noch die Pauschalversicherung geboten mit Teilung der Summe unter die Versicherten. Abweichungen sind zulässig. Insbesondere ist die Einfügung eines Höchstbetrages je Person im Versicherungsschein selbst schon vorgesehen. Die Versicherungen nach Absatz 1 und 2 a hängen am Fahrzeug, sind daher in den Einheitsversicherungsschein aufgenommen worden und gehen bei Veräußerung auf den Erwerber über.

Absatz b ist eine Ausnahme von der Verfügungsgewalt des Versicherungsnehmers (siehe § 3, 2 AKB). Diese Bestimmung darf aus hinreichenden Gründen durch Vereinbarung aufgehoben werden (vgl. Ziffer 14).

Zu § 17: Umfang der Versicherung[33])

(53) Absatz 1 regelt einheitlich für alle Versicherten die Beziehung, die sie zum Fahrzeug haben können.

Die bisherige eingeschränkte Pauschalversicherung (§ 1 III b der bisherigen AVB) würde nach dem Wortlaut möglich sein, da andere Vereinbarungen zugelassen sind; jedoch darf sie nach einer Anordnung des Reichsaufsichtsamtes nicht mehr gewährt werden.

Der übrige Inhalt der Bestimmung deckt sich inhaltlich mit dem bisherigen § 15 AVB. Einige Ausschlüsse, die in der Kraftfahrzeugversicherung keine Rolle spielen, sind fortgelassen worden.

Zu § 18: Ersatzleistung[34])

(54) Hier sind bei strafferer Einteilung die bisher in den §§ 16 und 17 AVB enthaltenen Bestimmungen zusammengefaßt. Geringfügige Änderungen sind aus den allgemeinen Unfallversicherungsbedingungen übernommen worden.

Zu § 19: Feststellung des Grades der Arbeitsbehinderung[35])

(55) Die Änderungen gegenüber den bisherigen Bestimmungen, bei der Gliedertaxe, in Absatz II 4 und Absatz III letzter Satz, bedürfen keiner besonderen Erläuterung.

Zu § 20: Feststellung der Entschädigung[36]) erübrigt sich eine Erläuterung.

---

[32]) Vgl. S. 98 ff.
[33]) Vgl. S. 99.
[34]) Vgl. S. 99.
[35]) Vgl. S. 100.
[36]) Vgl. S. 102.

Zu § 21: Zahlung der Entschädigung[37])

(56) Im Absatz 1 ist die im § 11 II VVG geregelte Vorschußzahlung eingeführt; vgl. Ziffer 51. Der Zinssatz für die aufgeschobene Entschädigungssumme ist gegenüber den bisherigen AVB herabgesetzt. Der Zinssatz für die noch „ausstehende" bzw. aufgeschobene Entschädigungssumme (gemeint ist damit der zweifelhafte Teil der Versicherungsleistung) ist gegenüber den bisherigen AVB herabgesetzt.

E. Gepäckversicherung

Zu § 2[38])

(57) Die Bedingung der Gepäckversicherung ist deutlicher gefaßt und gegenüber der Sonderbedingung 80 des Tarifes nach den Erfahrungen der Praxis erweitert.

---

37) Vgl. S. 102.
38) Vgl. S. 103.

B.

Erläuterungen der gesetzlichen Vorschriften

I. Einleitung

1. Der Haftpflichtversicherungszwang für Kraftfahrzeughalter ist in vielen europäischen (Schweden, Dänemark, Schweiz u. a.) und außereuropäischen Ländern (Vereinigte Staaten von Amerika) bereits seit langem eingeführt. Auch im Deutschen Reich bestanden schon vor der Einführung der Pflichtversicherung Bestrebungen, die Kraftwagenhalter im Interesse eines wirksamen Schutzes der Verkehrsopfer gesetzlich zu verpflichten, eine Haftpflichtversicherung abzuschließen, ohne daß diese Bemühungen zunächst Erfolg hatten. In den Jahren 1933 bis 1935 wurde auf Teilgebieten ein Versicherungszwang eingeführt, und zwar für Autofahrlehrer durch § 3 Abs. 1 e der Verordnung über die Ausbildung von Kraftfahrzeugführern vom 21. Dezember 1933 (RGBl. I 1934 S. 13[1]), für die Personenbeförderung zu Lande durch die §§ 26, 28 des Gesetzes über die Beförderung von Personen zu Lande vom 4. Dezember 1934 (RGBl. I S. 1217) in der Fassung vom 6. Dezember 1937 (RGBl. I S. 1319)[1]) und für den Güterfernverkehr durch § 19 des Gesetzes über den Güterfernverkehr mit Kraftfahrzeugen vom 26. Juni 1935 (RGBl. I S. 788[1]). Als ein weiterer Schritt auf dem Wege zur Lösung der Frage des Versicherungszwangs war auch der Erlaß des Reichs- und Preußischen Verkehrsministers vom 11. Juli 1936 (RVkBl. 1936 S. 261) anzusehen, der mit der Entziehung des Führerscheins droht, wenn mangels einer Haftpflichtversicherung ein durch ein Kraftfahrzeug angerichteter Schaden nicht wiedergutgemacht werden kann.

Im Jahre 1939 fanden die Bestrebungen, einen irgendwie gesetzlich gearteten Versicherungsschutz für Kraftfahrzeughalter einzuführen, nach eingehenden Vorarbeiten ihren Niederschlag in dem **Gesetz über die Einführung der Pflichtversicherung** für Kraftfahrzeughalter und zur Änderung des Gesetzes über den Verkehr mit Kraftfahrzeugen sowie des Gesetzes über den Versicherungsvertrag vom 7. November 1939 (RGBl. I S. 2223). Es bezweckt, wie der Vorspruch zum Gesetz betont, die wirksamere Gestaltung des **Schutzes der Verkehrsopfer.** Vorbild

[1]) Die Einführung der Pflichtversicherung hat diese Vorschriften überwiegend entbehrlich gemacht. Vgl. VO über Fahrlehrer im Kraftfahrzeugverkehr (Fahrlehrer VO) v. 23. 7. 1957 (BGBl I S. 769 = VkBl 1957 S. 403); Personenbeförderungsgesetz i. d. Fassung v. 21. 3. 1961 (BGBl I S. 241) und die VO über den Betrieb von Kraftfahrunternehmen im Personenverkehr (BO Kraft) in der Neufassung v. 7. 7. 1960 (BGBl I S. 554); das Güterkraftverkehrsgesetz (vgl. S. 258).

für die Regelung im Pflichtversicherungsgesetz ist das österreichische Bundesgesetz über das Kraftfahrwesen – Kraftfahrgesetz 1937 (österr. BGBl. Nr. 29/37) – §§ 3, 4 gewesen. Auf Grund des Artikels I des Pflichtversicherungsgesetzes wird jeder Kraftfahrzeughalter – von Ausnahmen abgesehen – verpflichtet, eine Kraftfahrhaftpflichtversicherung für sich und den Fahrer zu schließen, ihm aber überlassen, bei welcher zum Geschäftsbetrieb befugten Unternehmung er die Versicherung eingehen will. Von der Möglichkeit, die Lösung im Wege einer Zwangsversicherung bei einer staatlichen Monopolanstalt oder der Aufbringung besonderer Fonds zur Schadloshaltung der Geschädigten zu suchen, hat somit der Gesetzgeber keinen Gebrauch gemacht. Auch andere Wege, wie etwa Befreiung von der Pflichtversicherung durch Hinterlegung bestimmter Geldsummen, die bei der Höhe des zu fordernden Betrages nur wenigen kapitalkräftigen Personen und Betrieben möglich gewesen wäre, sind nicht beschritten worden. Durch Artikel 8 des Gesetzes über Maßnahmen auf dem Gebiete des Verkehrsrechts und Verkehrshaftpflichtrechts vom 16. 7. 1957 (BGBl. I S. 710) sind einige Vorschriften des Artikels I PflVG geändert worden, u. a. § 2. Er bestimmt in Abs. 2, daß der von der Pflichtversicherung nach Abs. 1 befreite Halter für den Fahrer in gleicher Weise und in gleichem Umfange einzutreten hat wie ein Versicherer bei Bestehen einer nach dem Pflichtversicherungsgesetz ausreichenden Haftpflichtversicherung.

2. Die Einführung des Haftpflichtversicherungszwangs machte es erforderlich, einige besonders einschneidende Änderungen des deutschen Versicherungsvertragsgesetzes, namentlich im Hinblick auf die Pflichtversicherung, vorzunehmen. Es handelte sich hierbei um die durch Artikel III des Pflichtversicherungsgesetzes eingefügten §§ 158 b bis 158 h VVG. Diese Vorschriften gelten nicht lediglich für die Kraftfahrhaftpflichtversicherung, sondern ordnen die Rechtsfolgen allgemein zugleich auch für andere Arten eines Haftpflichtversicherungszwangs. An die Stelle des im österreichischen Vorbild vorgesehenen unmittelbaren Klagerechts des geschädigten Dritten im Falle der Leistungsfreiheit des Versicherers gegenüber dem Versicherungsnehmer ist eine Regelung getreten, die unter Voraussetzung des Vorhandenseins eines Versicherungsvertragsverhältnisses die Leistungspflicht der Versicherungsunternehmung von Gesetzes wegen in Ansehung des Dritten aufrechterhält. Für das gesamte Gebiet der Haftpflichtversicherung ist durch die Neufassung des § 156 VVG eine Verfügungsbeschränkung für Versicherer und Versicherungsnehmer hinsichtlich der Entschädigungsforderung eingeführt worden, die zu einem ähnlichen Ergebnis führt wie das in Österreich bestehende Pfandrecht des Geschädigten an die Versicherungsforderung. Daneben hat § 6 VVG

eine Änderung dadurch erfahren, daß bei Obliegenheiten, die v o r dem Eintritt des Versicherungsfalls dem Versicherer gegenüber zu erfüllen sind, an die Stelle des Rücktrittsrechts des Versicherers das Kündigungsrecht getreten ist, das der Versicherer innerhalb Monatsfrist nach Kenntnis der Obliegenheitsverletzung ausüben muß, wenn er sich auf die Leistungsfreiheit berufen will. Bei grobfahrlässiger Verletzung der n a c h dem Eintritt des Versicherungsfalls dem Versicherer gegenüber zu erfüllenden Obliegenheiten ist in Abs. 3 das Alles- oder Nichts-Prinzip durchbrochen worden.

Ferner sind durch die neu eingefügten §§ 35 a und 35 b VVG die Prämienzahlungen durch einen Dritten und die Aufrechnung einer Folgeprämie gegen die dem Dritten geschuldete Versicherungsleistung geregelt. Durch den neugefaßten § 153 Abs. 1 VVG ist die Anzeige auch des Haftpflichtschadenereignisses eingeführt worden, während bisher nur die Erhebung von Schadenersatzansprüchen gemeldet zu werden brauchte. Änderungen des Versicherungsvertragsgesetzes finden sich noch in § 150 Abs. 1 und 2, die Kosten der Strafverteidigung und eines Zivilrechtsstreits betreffend, und in § 154 Abs. 2 (Anspruchsbefriedigung durch den Versicherungsnehmer ohne Einwilligung des Versicherers).

Die §§ 158 b bis 158 h VVG sind auf den S. 257 ff. erläutert. Soweit Erläuterungen der übrigen geänderten oder ergänzten Vorschriften des Versicherungsvertragsgesetzes erforderlich erschienen, ist dies bei den entsprechenden Vorschriften des Pflichtversicherungsgesetzes, der §§ 158 b bis h VVG oder der AKB geschehen.

3. Durch Artikel II des Pflichtversicherungsgesetzes vom 7. 11. 1939 sind auch Vorschriften des Kraftfahrzeuggesetzes, jetzt Straßenverkehrsgesetzes, geändert worden, die sich als änderungsbedürftig erwiesen haben oder deren Änderung mit Rücksicht auf die Einführung des Versicherungszwangs zweckmäßig erschien, wobei an der Gefährdungshaftung festgehalten worden ist. Besonders zu erwähnen sind § 7 Abs. 3, wonach die Haftung des Halters für Schwarzfahrten erweitert worden ist, und § 8, der eine Haftung nach dem Straßenverkehrsgesetz auch für Personen und Sachen festsetzt, die durch ein dem öffentlichen Verkehr dienendes Kraftfahrzeug entgeltlich befördert werden. Die Erläuterung dieser Vorschriften gehört in einen Kommentar zum Straßenverkehrsgesetz.

4. Nähere Vorschriften zur **Durchführung des Pflichtversicherungsgesetzes** wurden in den Verordnungen vom 6. 4. 1940 (RGBl. I S. 617), 3. 10. 1941 (RGBl. I S. 616), 21. 3. 1942 (RGBl. I S. 137) und in Art. 8 des bereits erwähnten Gesetzes vom 16. 7. 1957 (BGBl. I S. 710) getroffen. Die Durchführungsvorschriften beschränken sich ausschließlich auf die Pflichtversicherung. Sie bestimmen die Ausnahmen von der

Versicherungspflicht, Einzelheiten hinsichtlich des Abschlusses des Vertrages, der Ablehnung eines Antrages sowie des Nachweises über das Bestehen der Pflichtversicherung und setzen die Mindestversicherungssummen fest. Im Anschluß an § 10 der Durchführungsverordnung vom 6. 4. 1940 wurde die Bekanntmachung des Reichsaufsichtsamts vom 20. 6. 1940 (Deutscher Reichsanzeiger Nr. 145 vom 24. 6. 1940; vgl. S. 23 f.) betr. die Mindestversicherungssumme für Fahrzeuge mit mehr als 80 Plätzen erlassen. Nachdem der Versicherungszwang für Kraftfahrzeughalter Voraussetzung für die Zulassung des Kraftfahrzeuges geworden war, mußte das Zulassungsverfahren für Kraftfahrzeuge geändert und das Zusammenarbeiten von Versicherungsunternehmung und Zulassungsstelle sowie das Ineinandergreifen der Gewährung des Versicherungsschutzes auf der einen, der Aushändigung des amtlichen Kennzeichens auf der anderen Seite gesichert werden. Dies ist durch die Änderung der Straßenverkehrs-Zulassungs-Ordnung auf Grund der VO v. 8. 4. 1940 (RGBl. I S. 619; z. Zt. gültige Fassung S. 45 ff.) geschehen, die durch die neugeschaffenen §§ 29 a bis 29 d einschließlich der Dienstanweisungen hierzu die Einzelheiten über den Nachweis einer ausreichenden Kraftfahrzeug-Haftpflichtversicherung und ihre Beendigung geregelt hat. Durch die VO v. 24. 8. 1953 (BGBl. I S. 1131) sind die die Pflichtversicherung regelnden Vorschriften der Straßenverkehrs-Zulassungs-Ordnung geändert worden. Die letzte Änderung ist unter dem 7. 7. 1960 (BGBl. I S. 485) bekanntgemacht worden.

5. In diesem Zusammenhang ist die Regelung für **Kleinkrafträder** und Motorroller, die den Kleinkrafträdern gleichzusetzen sind, sowie für Fahrräder mit Hilfsmotor **(Mopeds)** zu erwähnen. Hinsichtlich von Einzelheiten ist auf Müller zu § 27 StVG und § 67 a u. b StVZO zu verweisen. Hier sei festgehalten, daß § 67 a StVZO, der ursprünglich durch die VO vom 24. 9. 1938 (RGBl. I S. 1198) eingefügt worden war, durch VO vom 25. 11. 1951 (BGBl. I S. 908) sowie durch die späteren Änderungen vom 24. 8. 1953 (BGBl. I S. 1131), 17. 11. 1954 (BGBl. I S. 352), 14. 3. 1956 (BGBl. I S. 199), 21. 2. 1957 (BGBl. I S. 35) und 7. 7. 1960 (BGBl. I S. 485) seine heutige Fassung (vgl. S. 62) erhalten hat. § 67 a StVZO behandelt die Kleinkrafträder i. S. des § 27 StVG sowie die Fahrräder mit Hilfsmotor. Sie unterliegen der Pflichtversicherung (vgl. S. 173, 184). Durch den durch VO v. 21. 2. 1957 (BGBl. I S. 35) eingefügten und durch VO v. 7. 7. 1960 (BGBl. I S. 485) geänderten § 67 b StVZO wird bestimmt, daß die Fahrräder mit Hilfsmotor und die Kleinkrafträder mit einer Höchstgeschwindigkeit von nicht mehr als als 40 km/h ein gültiges Versicherungskennzeichen oder ein amtliches Kennzeichen führen müssen, durch das nachgewiesen wird, daß eine ausreichende Pflichthaftpflichtversicherung nach § 29 a StVZO besteht. Diese

Regelung in Verbindung mit der Einreihung der Mopeds und Kleinkrafträder in eine neue Führerscheinklasse 5 erwies sich angesichts der ständigen Zunahme dieser Fahrzeuge im Straßenverkehr und der Verhinderung einer Benutzung unversicherter Fahrräder mit Hilfsmotor als notwendig. Bis zu diesem Zeitpunkt genügte die Mitführung der allgemeinen Betriebserlaubnis und der Versicherungsbestätigung nach § 29 b a. a. O., ohne daß ein Kennzeichen gefordert wurde.

6. Zur Zeit des Inkrafttretens des Pflichtversicherungsgesetzes i. J. 1940 erschien es nicht erforderlich, Vorschriften auch mit Bezug auf ausländische Kraftfahrzeuge zu treffen, die im Inland gebraucht werden. Der wachsende internationale Kraftfahrzeugverkehr in der Bundesrepublik, die zahlenmäßige Steigerung der Verkehrsunfälle, an denen ausländische Fahrzeuge beteiligt waren, und die Schwierigkeiten einer wirksamen Rechtsverfolgung der Ansprüche Geschädigter gegen Ausländer haben dazu geführt, die vom Pflichtversicherungsgesetz bewußt inkauf genommene Lücke im Versicherungsschutz durch das Gesetz über die Haftpflichtversicherung für ausländische Kraftfahrzeuge und Kraftfahrzeuganhänger vom 24. 7. 1956 (BGBl. I S. 667) zu schließen. Text und Begründung vgl. S. 25 ff., weitere Ausführungen S. 236 ff.

7. In einem untrennbaren Zusammenhang mit den gesetzlichen Vorschriften stehen die Allgemeinen Versicherungsbedingungen für die Kraftfahrzeugversicherung (AKB) und die Kraftfahrhaftpflichtversicherung (AKHB). Sie sind aus Anlaß der Einführung der Pflichtversicherung für Kraftfahrzeughalter i. J. 1940 und den damit verbundenen Änderungen des Straßenverkehrs- und Versicherungsvertragsgesetzes grundlegend neu gefaßt worden. Die Notwendigkeit der Schaffung neuer Kraftfahrversicherungsbedingungen hatte das Reichsaufsichtsamt für Privatversicherung zum Anlaß genommen, einheitliche Bedingungen für alle Kraftfahrversicherungsverträge, auch soweit sie nicht auf dem Pflichtversicherungsgesetz beruhen (Fahrzeug-, Unfall-, Gepäckversicherung), einzuführen. Sie gelten grundsätzlich für alle Kraftfahrversicherungsunternehmungen, auch die öffentlich-rechtlichen (siehe unten). Darüber hinaus ist das Ziel gewesen, einen möglichst vollkommenen Versicherungsschutz zu erreichen und den Versicherungsnehmern und Versicherten durch klare leichtverständliche Bedingungen und Verhaltungsregeln die Möglichkeit zu geben, sich jederzeit schnell und ausreichend über ihre Rechte und Pflichten zu unterrichten.

Die mit der Einführung der Pflichtversicherung in Kraft getretenen Allgemeinen Bedingungen für die Kraftfahrversicherung (AKB) und für die Kraftfahrhaftpflichtversicherung (AKHB) sind vom Reichsaufsichtsamt für Privatversicherung unter dem 31. Juli 1940 im Deutschen

Reichsanzeiger Nr. 187 vom 12. 8. 1940 bekanntgemacht worden. Unter dem 31. Juli 1940 hat das Reichsaufsichtsamt ferner den Versicherungsunternehmungen hierzu nähere Anordnungen bekanntgegeben (R 48/40, A I 2050; Wortlaut vgl. S. 104).

Gemäß § 81 a VAG, der die Grundlage einer Verwaltungsanordnung der Versicherungsaufsichtsbehörden der Bundesrepublik ist, ist § 9 a in die AKB eingefügt worden. Die Bekanntmachung ist im Bundesanzeiger Nr. 183 v. 22. 9. 1950 erfolgt. In Verbindung mit dem Einheitstarif für Kraftfahrtversicherungen 1960 (vgl. S. 117) sind die AKB in einigen Bestimmungen geändert worden (§§ 4, 6, 12, 13, 16, 17). Die neue Fassung ist unter dem 24. 6. 1960 vom Präsidenten des BAV bekanntgemacht und in Nr. 130 v. 9. 7. 1960 des Bundesanzeigers und in den Ver BAV 1960 S. 154 ff. veröffentlicht worden.

8. Nach dem Erlaß des Reichswirtschaftsministers vom 17. September 1940 – IV Kred. 16853/40 – gelten die AKB und AKHB auch für die öffentlich-rechtlichen Versicherungsanstalten, die im übrigen ebenfalls entsprechend der erwähnten Anordnung des Reichaufsichtsamts vom 31. Juli 1940 zu verfahren haben.

9. Auf Grund von Art. V PflVG ist die Verordnung über die Anwendung Allgemeiner Versicherungsbedingungen vom 29. 11. 1940 (RGBl. I S. 1543) – vgl. S. 108 – erlassen worden, durch die das Reichsaufsichtsamt ermächtigt worden ist anzuordnen, daß Allgemeine Versicherungsbedingungen einschließlich Zusatz- und Sonderbedingungen mit Wirkung für bestehende Versicherungsverträge bei sämtlichen zum Geschäftsbetrieb befugten privaten und öffentlich-rechtlichen Versicherungsunternehmungen an die Stelle der bisherigen Versicherungsbedingungen treten (vgl. S. 108). Dies ist mit Bezug auf die AKB durch Anordnung des Reichsaufsichtsamts vom 28. 12. 1940 (Deutscher Reichsanzeiger Nr. 1 vom 2. 1. 1941) geschehen (vgl. S. 108).

10. **Das Gesetz gliedert sich** in fünf Artikel:

Art. I (§§ 1–5) behandelt den Versicherungszwang,

Art. II ändert das Gesetz über den Verkehr mit Kraftfahrzeugen vom 3. Mai 1909,

Art. III bringt einige besonders vordringliche Änderungen des VVG, insbesondere allgemeiner Vorschriften für die Haftpflicht- und die besonderen Vorschriften für die Pflichtversicherung (§§ 158 b–158 h),

Art. IV regelt Übergangsvorschriften,

Art. V behandelt die Schlußvorschriften, insbesondere den Zeitpunkt der Einführung des neuen Gesetzes.

II. Der Versicherungszwang

A. Der Kreis der Fahrzeuge und Kraftfahrzeughalter

1. Art. I § 1 PflVG stellt den Grundsatz auf, daß der Halter eines Kraftfahrzeuges oder eines Anhängers, die ihren regelmäßigen Standort im Inland haben, verpflichtet ist, sich und den berechtigten Fahrer gegen Haftpflichtansprüche aus Sach- und Personenschäden, die durch den Gebrauch des Fahrzeugs verursacht werden, zu versichern. Entscheidend ist danach für die Frage, wer versicherungspflichtig ist, die Haltereigenschaft. Den Eigentümer des Fahrzeugs trifft keine Pflicht, wenn er nicht zugleich der Halter ist. Über den Halterbegriff vgl. unten S. 189.

2. Als **Kraftfahrzeuge** fallen unter das Pflichtversicherungsgesetz — in Übereinstimmung mit der Begriffsbestimmung in § 1 Abs. 2 StVG und § 4 StVZO — alle Landfahrzeuge, die durch Maschinenkraft bewegt werden, ohne an Bahngleise gebunden zu sein. Als Landfahrzeuge gelten auch solche Fahrzeuge, die sich außer auf dem Lande auch auf dem Wasser oder in der Luft fortbewegen können (Müller S. 124). Werden sie auf dem Lande gebraucht, so ist der Halter bei Vorliegen der sonstigen Voraussetzungen versicherungspflichtig. An Bahngleise gebunden sind Fahrzeuge dann, wenn sie zwangsläufig einer Schienenfahrbahn folgen müssen, wie die Eisen- oder Straßenbahn, die Draisine. Der Oberleitungsomnibus ist daher ein Kraftfahrzeug (Müller S. 124). Nicht wesentlich für den Begriff des Kraftfahrzeugs ist, ob es zur Beförderung von Menschen oder Sachen eingerichtet ist oder diesem Zweck dienen soll. Danach fallen auch selbständige Arbeitsmaschinen, wie Ackerschlepper (OLG Kassel VersR 1954 S. 362), Motorkräne, Motorbagger, — Teermaschinen, — Walzen unter den Begriff des Kraftfahrzeugs. Wie weit von der Versicherungspflicht Ausnahmen gemacht werden sollen und gemacht werden müssen, um ein dem Sinn und Zweck des Gesetzes widersprechendes Ergebnis zu vermeiden, ist eine andere Frage. Daß zahlreiche Ausnahmen solcher Art vorgenommen worden sind, ergibt sich aus den Ausführungen S. 175 ff.

Hiernach gehören zu den vom Pflichtversicherungsgesetz erfaßten Kraftfahrzeugen die Personen- und Lastkraftwagen, die Krafträder auf zwei oder drei Rädern, auch dann, wenn es sich um Kleinkrafträder, Motorroller oder um Fahrräder mit Hilfsmotor handelt. Daß die Fahrräder mit Hilfsmotor zu den Kraftfahrzeugen i. S. d. Pflichtversicherungsgesetzes gehören, ist nicht mehr zweifelhaft, nachdem bereits durch § 1 Abs. 1 des Gesetzes über die Haftpflichtversicherung für ausländische Kraftfahrzeuge und Kraftfahrzeuganhänger vom 24. Juli 1956 (BGBl. I S. 667) und durch die Verordnung zur Änderung der Straßenverkehrs-Zulassungs-Ordnung und der Gebührenordnung für

Maßnahmen im Straßenverkehr vom 21. Februar 1957 (BGBl. I S. 35) eine ausdrückliche Hervorhebung bzw. Regelung hinsichtlich der Pflichtversicherung für diese Fahrzeuge getroffen worden war (vgl. näheres S. 186). Als Kraftfahrzeuge gehören die Fahrräder mit Hilfsmotor nicht zum Hausrat und sind daher in die Hausratsversicherung nicht eingeschlossen (§ 3 Abs. 1 AHB). Über Schlitten und Schlitten als Anhänger vgl. Müller S. 126, 509, 550.

3. **Anhänger** sind, wie aus der auch für das Pflichtversicherungsgesetz heranzuziehenden Begriffsbestimmung des § 18 Abs. 1 StVZO zu entnehmen ist, hinter Kraftfahrzeugen mitgeführte Fahrzeuge. Für die Versicherungspflicht ist gleichgültig, welchem Zweck der Anhänger dient, ob er Personen oder Sachen befördern soll oder Arbeitsgerät ist. In Betracht kommen daher die Anhänger eines Personenkraftwagens, auch zweirädrige, wie ihn vielfach Handwerker zur Beförderung ihrer Werkzeuge oder Einzelhändler zum Transport von Waren benutzen; Anhänger eines Omnibusses zur Beförderung von Personen oder Gepäck; Anhänger eines Lastwagens, einer Zugmaschine; der Anhänger eines Kraftrades, eines Fahrrads mit Hilfsmotor oder eines Kleinkraftrades (vgl. §§ 67 a Abs. 5, 67 b Abs. 4 Satz 6 StVZO). Wie der Anhänger ist der Auflieger zur Güterbeförderung zu behandeln (vgl. Grundregel 8 [1 bis 3]). Über auswechselbare Auflieger (Aufsatzkasten) vgl. OLG München 3. 6. 1960 VersR 1960 S. 652.

Der Anhänger ist kein Kraftfahrzeug. Nach ihrer Bauart zum Betrieb als Kraftfahrzeuge bestimmte Fahrzeuge dürfen nicht als Anhänger betrieben werden, es sei denn mit Genehmigung der Verwaltungsbehörde (§§ 33, 72 StVZO). Dem Anhänger muß aber begrifflich eine gewisse Selbständigkeit zu eigen sein. Nicht als Anhänger ist daher der Beiwagen eines Kraftrades anzusehen (vgl. Müller S. 542), da er unselbständig ist und erst durch seine Verbindung mit dem Kraftrad seiner Zweckbestimmung dient und dann mit dem Kraftrad eine Einheit bildet.

Versicherungspflichtig sind nur **Kraftfahrzeug**-Anhänger, also Anhänger, die nach ihrer Art zum Mitführen durch Kraftfahrzeuge bestimmt sind, daher z. B. nicht Ackerwagen mit Deichsel, auch wenn sie von einem Kraftfahrzeug geschleppt werden. Im Gegensatz zum Pflichtversicherungsgesetz spricht das oben erwähnte Gesetz vom 24. Juli 1956 in § 1 Abs. 1 ausdrücklich von **Kraftfahrzeug**anhängern.

Abgeschleppte betriebsunfähige Fahrzeuge sind nicht Anhänger, Abschleppachsen werden nicht also solche behandelt (vgl. in § 18 Abs. 1 StVZO die in Klammern gesetzte Ausnahme). Kraftfahrzeuge sind auch dann nicht Anhänger, wenn sie — betriebsneu — zu Überführungszwecken von einem anderen Kraftfahrzeug gezogen werden; sie bleiben Kraftfahrzeuge (vgl. § 18 Abs. 1 a. a. O.: „Kraftfahrzeuge . . . und

ihre Anhänger". Wie hier Müller S. 548 Anm. 3 c; DAR 54, 145. A. M. LG München 13. 9. 1956, DAR 1957, S. 157). Im übrigen ist dies für die Frage der Versicherungspflicht ohne Bedeutung, da sowohl das Kraftfahrzeug als auch der Kraftfahrzeuganhänger versicherungspflichtig sind.

4. **Versicherungspflicht** nach dem Pflichtversicherungsgesetz — vorbehaltlich der Ausnahmen — besteht für die vorstehend näher umschriebenen Kraftfahrzeuge und Anhänger dann,

a) wenn der **regelmäßige Standort im Inland** ist. Ist er nicht im Inland, vgl. S. 237. Als regelmäßiger Standort kann mit Müller S. 589 Anm. 4 zu § 27 StVZO der vom Verfügungsberechtigten nach der bestimmungsmäßigen Verwendung des Fahrzeugs als dessen dauernder (unbeschadet vorübergehender Unterbrechungen) Beschäftigungsmittelpunkt bezeichnet werden. Der regelmäßige Standort eines in der Zweigstelle Köln untergestellten Lastwagens einer Hamburger Firma würde hiernach nicht Hamburg, sondern Köln sein, wenn der Lastwagen im Kölner Bezirk verwendet werden soll; das Saarland ist Inland;

b) wenn das Kraftfahrzeug oder der Anhänger **auf öffentlichen Wegen oder Plätzen** gebraucht werden soll, d. h. am öffentlichen Verkehr teilnimmt. Dies ist aus § 1 i. V. m. § 5 PflVG sowie dem Vorspruch (Schutz der „Verkehrsopfer") zu entnehmen (im Ergebnis wie hier Müller S. 276, Anm. 1 zu § 1 PflVG). In § 1 Abs. 1 des G. v. 24. Juli 1956 ist dies besonders zum Ausdruck gekommen. Hiernach ist der Halter nicht versicherungspflichtig, wenn das Kraftfahrzeug oder der Anhänger nur auf dem Werkgelände oder nur auf einer privaten Straße in Betrieb gesetzt wird (wie hier Müller a. a. O.). Hierbei ist aber zu berücksichtigen, daß dies nicht für sog. „Privatstraßen" gilt, die gleichwohl dem öffentlichen Verkehr eröffnet sind. Bei dieser Sachlage bedarf es übrigens auch nicht der Erteilung einer Betriebserlaubnis oder der Zuteilung eines amtlichen Kennzeichens (§ 18 Abs. 1 StVZO arg. e contr). Wie hier Frick VW 1954 S. 600.

Gleichgültig für die Frage der Versicherungspflicht ist, ob das Fahrzeug eine schwarze oder eine rote Nummer trägt (s. a. S. 223).

5. Aus Art. I §§ 1 und 2 PflVG sowie den §§ 1 und 2 DVO/PflVS ergeben sich **Ausnahmen.** Fassen wir sämtliche Ausnahmen zusammen, so gewinnen wir folgendes Bild:

Nicht von der Versicherungspflicht nach dem Pflichtversicherungsgesetz werden betroffen

a) Kraftfahrzeuge, deren regelmäßiger Standort nicht im Inland ist (aber Sonderregelung; vgl. S. 25 und 237);

b) Kraftfahrzeuge, die nicht auf öffentlichen Wegen oder Plätzen gebraucht werden (vgl. o.);

c) Nach der Haltereigenschaft

aa) Kraftfahrzeuge der Bundesrepublik, der Länder und der Gemeinden mit mehr als 100 000 Einwohnern (Art. I § 2 Abs. 1 PflVG). Erreicht eine Gemeinde die Zahl von 100 000 Einwohnern, so unterliegt sie von diesem Zeitpunkt ab nicht mehr der Versicherungspflicht. Umgekehrt fällt sie wieder darunter, falls die Einwohnerzahl unter 100 000 sinkt. Die Gemeinden unter 100 000 Einwohnern sind verpflichtet, eine Haftpflichtversicherung nach diesem Gesetz abzuschließen. Sie haben die Möglichkeit, die Versicherung bei einer der nach § 6 DVO/PflVG für den Betrieb der Pflichtversicherung zugelassenen Versicherungsunternehmungen abzuschließen (vgl. S. 214);

bb) Kraftfahrzeuge der Gemeindeverbände und Zweckverbände, wenn ihnen ausschließlich Körperschaften des öffentlichen Rechts als Mitglieder angehören (Art. I Abs. 1 d PflVG). Gemeindeverbände sind z. B. die Kreise, die Landschaftsverbände Rheinland und Westfalen u. a. Zweckverbände sind Verbände zu gemeinsamer Erfüllung bestimmter Aufgaben, zu denen sich Gemeinden und Gemeindeverbände, Anstalten und Stiftungen des öffentlichen Rechts, aber auch juristische Personen freiwillig oder auf Grund gesetzlicher Pflicht zusammengeschlossen haben (vgl. §§ 1, 3 des Zweckverbandsgesetzes v. 7. Juni 1939 – RGBl. I S. 979).

Bemerkung: Wegen der exterritorialen Personen und Berufskonsuln vgl. S. 1 und S. 237.

d) Nach der **Art der Fahrzeuge**

aa) Kraftfahrzeuge, deren Höchstgeschwindigkeit – ihrer Bauart nach, wie mit § 18 Abs. 1 StVZO zu ergänzen ist – 6 km je Stunde nicht übersteigt (Art. I § 1 zu a DVO/PflVG). Seit der ÄnderungsVO v. 24. August 1953 (BGBl. I S. 1153) gelten diese Fahrzeuge auch außerhalb der Autobahn als Kraftfahrzeuge, sind jedoch zulassungsfrei, und der Fahrer bedarf keiner Fahrerlaubnis (§§ 4, 18 Abs. 1 StVZO).

bb) Selbstfahrende Arbeitsmaschinen (vgl. § 18 Abs. 2 Nr. 1 StVZO), wenn ihre Höchstgeschwindigkeit 20 km je Stunde nicht übersteigt und wenn sie zu einer vom Bundesminister für Verkehr (nach der früheren Fassung vom Reichsverkehrsminister) bestimmten Art solcher Fahrzeuge gehören (Art. I § 1 zu b DVO/PflVG).

Selbstfahrende Arbeitsmaschinen sind nach der hier unmittelbar anzuwendenden Begriffsbestimmung des § 18 Abs. 2 Nr. 1

StVZO Fahrzeuge, die nach ihrer Bauart und ihren besonderen, mit dem Fahrzeuge fest verbundenen Einrichtungen zur Leistung von Arbeit, nicht zur Beförderung von Personen oder Gütern bestimmt und geeignet sind. Es muß sich hiernach um ein Fahrzeug handeln, daß dank seiner Einrichtungen Arbeitsgerät ist, zugleich aber sich selbsttätig fortbewegt, also Kraftfahrzeug ist. Übersteigt die Höchstgeschwindigkeit 20 km/h, dann sind diese Fahrzeuge kennzeichnungs- und versicherungspflichtig (§§ 18 Abs. 4 i. V. m. 23 Abs. 1 Satz 4 e StVZO).

Als selbstfahrende Arbeitsmaschinen sind vom Bundesminister für Verkehr, früher dem Reichsverkehrsminister, bisher bezeichnet worden:

(1) Abschleppwagen, Turmwagen, Fördermaschinen (z. B. Förderbänder), Bagger, Straßenwalzen, Kocher und Spritzmaschinen für Teer und Asphalt, Bodenrüttler, Bodenstampfer, Motorsägen, Motorspaltmaschinen, Kernbohrmaschinen, Motor- und Dampfpflüge, selbstfahrende Schneepflüge, land- und forstwirtschaftliche Motorhackmaschinen und Motorwalzen, Bodenfräsen, Mähmaschinen, Lokomobilen, selbstfahrende Spritzen für Schädlingsbekämpfung in der Land- und Forstwirtschaft, Maschinen zur Durchführung von Bodenverbesserungen (z. B. Mergelförder- und Grabenreinigungsmaschinen, Grabenherstellungsmaschinen, Drainagepflüge), Mähdrescher (RVkBl. B 1937 S. 1);

(2) Kraftfahrzeuge, auf deren Plattform eine Steigeleiter zur Verrichtung von Arbeiten an Straßen- und Reklamebeleuchtungen aufgebaut ist, ferner Kraftfahrzeuge, die nach ihrer Bauart und Einrichtung zu Kanalreinigung und -entgasung geeignet und bestimmt sind und die ausschließlich diesen Zwecken dienen (RVkBl. B 1937 S. 29);

(3) Kraftfahrzeuge, die der Versorgung der elektrischen Batterien in den Unterwerken der Elektrizitätswerke mit Schwefelsäure und destilliertem Wasser dienen und mit einem durch Steckkontakte in Gang zu setzenden Motor und einer Pumpe sowie Behältern fest verbunden sind; Kraftfahrzeuge, die nach ihrer Bauart und Einrichtung zur Reinigung von Bettfedern geeignet und bestimmt sind; Kraftfahrzeuge mit festen Einrichtungen zum Reinigen von Bierdruckapparaten (RVkBl. B 1937 S. 83);

(4) Kraftfahrzeuge mit elektrischen Maschinen zum Schweißen von Straßenbahnschienen; Zugmaschinen mit einem Gleichstrom-Schweißgenerator zur Instandsetzung der Eisenmasten in den Fernleitungsstrecken; Raupenschlepper mit Seilwinden, die durch den Motor angetrieben werden, zur Verrichtung verschiedener Arbeiten; Elektrokarren mit Schweißumformer (RVkBl. B 1937 S. 133);

(5) Kraftfahrzeuge mit fest montierter Kabelwinde (RVkBl. B 1938 S. 23);

(6) Kurvenschmierwagen für Straßen- und Kleinbahnen (RVkBl. 1938 S. 53);

(7) Straßensprengmaschinen und Straßenkehrmaschinen (RVkBl. 1938 S 111);

(8) Elektro-Hilfsdienstfahrzeuge, wenn mit ihnen eine Ausrüstung bestehend aus Prüfgeräten mit der nötigen Stromquelle (Batterieanlage), Lötanlage, Schraubstock, Schleifstein, Tischdrehbank, Tischbohrmaschine usw. fest verbunden ist (RVkBl. B 1938 S. 177);

(9) Planierraupen (RVkBl. 1938 S. 255);

(10) Lautsprecherwagen. Voraussetzung ist jedoch, daß die Fahrzeuge ausschließlich der Durchführung von Musik- und Sprechübertragungen dienen und zur Beförderung von anderen Gütern als den zur Durchführung von Übertragungen notwendigen Arbeitsgeräten nicht geeignet und bestimmt sind (RVkBl. B 1939 S. 262);

(11) Schleiferei-Kraftfahrzeuge, wenn mit ihnen eine Vorrichtung zum Schleifen von Schneidewerkzeugen (Scheren, Messern usw.) fest verbunden ist (RVkBl. B 1939 S. 277);

(12) Beton-Mischmaschinen, wenn die Mischmaschinen mit den Fahrzeugen fest verbunden sind und durch die Antriebsmaschinen der Fahrzeuge betrieben werden (RVkBl. B 1941 S. 197);

(13) Steinbrecher, wenn mit dem Steinbrecher-Kraftfahrzeug eine Vorrichtung zum Brechen von Steinen fest verbunden ist (RVkBl. B 1942 S. 111);

(14) Fahrbare Filtrieranlagen, die mit fest eingebauten und durch Rohrleitungen untereinander verbundenen Einrichtungen, wie Wasserbehältern, Pumpen, Filtern und den notwendigen sonstigen Apparaturen zum Filtrieren von Wasser versehen sind (RVkBl. B 1943 S. 53);

Die zu (11) bis (14) genannten Fahrzeuge dürfen nicht zur Beförderung von Personen oder Gütern geeignet und bestimmt sein.

(15) Kraftfahrzeuge mit fest eingebauter Vulkanisierwerkstatt, insbesondere mit vom Motor angetriebenem Stromerzeuger und davon angetriebenen Werkmaschinen (VkBl. 1949 S. 117);

(16) Kraftfahrzeuge und Anhänger mit fest eingebautem Spezialkran (Parallelogramm-Kran), mit dessen Hilfe Leitungsmasten aufgerichtet werden können (VkBl. 1951 S. 148);

(17) Kraftfahrzeuge und Anhänger mit eingebauter Öldruckpresse, mit deren Hilfe Blechabfälle aller Art zu transportablen Ballen zusammengepreßt werden können (VkBl. 1951 S. 234);

(18) Kraftfahrzeuge, die mit Einrichtungen zur Aufnahme und Übertragung von Rundfunksendungen oder zur Aufnahme von Tonsendungen versehen sind (VkBl. 1951 S. 334);

(19) Kraftfahrzeuge mit einer Schrotmühle als fest verbundenem Fahrzeugaufbau (VkBl. 1951 S. 334);

(20) Kraftfahrzeuge mit einem fest eingebauten Ladegerät (Netzersatzanlage) oder mit einer fest eingebauten Druckluftprüfeinrichtung oder mit einer fest eingebauten Kabelkraftwinde (VkBl. 1952 S. 68);

(21) Kraftfahrzeuge mit einem festeingebauten Turmkran oder Kraftfahrzeuge mit einem eingebauten Kran, dessen Sitz so angeordnet ist, daß eine Schwenkung von 360° (Rundumbetätigung) vorgenommen werden kann (VkBl. 1952 S. 82);

(22) Kraftfahrzeuge mit einem in das Fahrzeug festeingebauten Stromaggregat zur Herstellung von Drehstrom für Filmaufnahmen und mit festaufmontierter Seilwinde (VkBl. 1952 S. 150);

(23) Kraftfahrzeuge mit einem Planierhobel und einem Aufreißbalken (VkBl. 1953 S. 214);

(24) Kraftfahrzeuge mit einer festeingebauten Seilwinde (VkBl. 1953 S. 214);

(25) Kraftfahrzeuge zur Durchführung geophysikalischer Untersuchungen:

1. Registrierwagen zur Aufnahme seismischer Wellen mit festeingebauten Verstärkern, Regelgeräten und Lichtschreibern,
2. Kabelwagen mit festeingebauten Kabeltrommeln,
3. Spülbohrwagen mit festeingebautem umklappbaren Kranausleger, Ansaugvorrichtung und Kreiselpumpenaggregat,
4. Schießwagen zur Durchführung von Sprengungen im Bohrloch mit festeingebauter Ansaugvorrichtung, Zündmoment-Übertragungsgerät und Generator zur Stromversorgung (VkBl. 1953 S. 313);

(26) Kraftfahrzeuge zur Durchführung von Erdölbohr- und Förderarbeiten und zur Durchführung von technischen Meßarbeiten im Erdölbohr- und Förderbetrieb:

1. Selbstfahrende Bohranlage für Untersuchungsbohrungen mit festeingebautem Klappmast und einer Rotary-Bohranlage,
2. selbstfahrender Zementierwagen zur Zementierung der Verrohrung mit eingebauter Wasserdruckpumpe und gesondertem Antriebsmotor,
3. selbstfahrende Ausbauwinden zum Ein- und Ausbau der Pumprohre oder des Pumpengestänges mit festeingebauten Fördertrommeln mit Schaltgetriebe,

4. selbstfahrende Bohrlochmeßwagen zur Tiefen-, Temperatur-, Lot- und Abweichmessung usw. mit festeingebauter Kabeltrommel,
5. selbstfahrende Meßwagen für zerstörungsfreie Materialprüfung mit festeingebautem induktiv-magnetischen Meßgerät (VkBl. 1953 S. 313);

(27) Kraftfahrzeuge zur Durchführung seismographischer Messungen mit festeingebauten Meßgeräten und Kabeltrommeln (VkBl. 1953 S. 313);

(28) Kraftfahrzeuge zum Reinigen der Weichen für Straßen- und Kleinbahnen (VkBl. 1953 S. 314);

(29) Selbstfahrende Obstpressen (VkBl. 1954 S. 138);

(30) Kraftfahrzeuge mit einer festaufmontierten Saatgutreinigungsmaschine (VkBl. 1954 S. 350);

(31) Kraftfahrzeuge mit festeingebautem Kran (VkBl. 1955 S. 226);

(32) Kraftfahrzeuge zur Durchführung von Hochfrequenzmessungen mit festeingebauten Lichtmaschinen und Zusatzaggregaten zur Erzeugung des Hochfrequenzstroms, festeingebauter Kabeltrommel und festeingebauter Meßanlage zum Registrieren der Ergebnisse (VkBl. 1955 S. 226);

(33) Kraftfahrzeuge mit festeingebauter Melkmaschine (VkBl. 1955 S. 462);

(34) Kraftfahrzeuge mit einem festaufmontierten Notstromaggregat, das zur Erzeugung von Notstrom bestimmt ist (VkBl. 1956 S. 286);

(35) Selbstfahrende Stroh- und Heupressen (VkBl. 1956 S. 368);

(36) Kraftfahrzeuge, die mit festeingebauten und durch besondere Anlagen verbundenen Einrichtungen ... versehen und zur Aufbereitung oder zur Untersuchung und Bestimmung des Zucker-, Asche- und Stickstoffgehaltes von Zuckerrüben bestimmt sind (VkBl. 1956 S. 538);

(37) Selbstfahrende Planiermaschinen (VkBl. 1956 S. 658);

(38) Kraftfahrzeuge mit einer fest aufmontierten Teppichklopfmaschine (VkBl. 1957 S. 139);

(39) Kraftfahrzeuge mit fest aufmontierter Drucklufterzeugungsanlage (VkBl. 1957 S. 272);

(40) Kraftfahrzeuge, die nach ihrer Bauart und ihren besonderen, mit dem Fahrzeug fest verbundenen Einrichtungen ausschließlich dem Impfen von Getreide mit Pilzsporen und der Ernte des Mutterkorn-Getreidegemisches dienen (VkBl. 1957 S. 373);

(41) Kraftfahrzeuge mit fest eingebautem Aggregat und Gebläse, das der Druckentleerung von Silos dient (VkBl. 1957 S. 468);

(42) Kraftfahrzeuge mit einem an dem Fahrzeug fest angebrachten Schienenhunt und hydraulischer Hebevorrichtung, die der Bergung entgleister Straßenbahnwagen dienen (VkBl. 1957 S. 502);

(43) Maschinen, die für land- und forstwirtschaftliche Arbeiten bestimmt sind (VkBl. 1958 S. 203);

(44) Kraftfahrzeuge mit fest montiertem Behälter, der für die Eichung von Durchflußmessern zugelassen ist (VkBl. 1958 S. 221);

(45) Kraftfahrzeuge mit fest eingebautem Heißwassergerät zur Reinigung von Maschinen und Geräten (VkBl. 1958 S. 261);

(46) Kraftfahrzeuge mit fest eingebauten Hochdruckpumpen (VkBl. 1958 S. 262);

(47) Kraftfahrzeuge mit fest eingebauter Schweißmaschine (VkBl. 1958 S. 325);

(48) Kraftfahrzeuge zur Durchführung von Messungen radioaktiver Strahlungen mit fest eingebauten Meßgeräten und sonstigen Einrichtungen (VkBl. 1959 S. 230);

(49) Kraftfahrzeuge mit fest eingebauten Rüttelsiebanlagen (VkBl. 1959 S. 398);

(50) Kraftfahrzeuge mit fest eingebauten Bohrgeräten — Klappmast und Bohranlage — für Untersuchungs- und sonstige Bohrungen (VkBl. 1959 S. 535).

cc) Die in § 18 Abs. 2 Nr. 2 und 3 StVZO aufgeführten Fahrzeuge, nämlich **einachsige Zugmaschinen,** wenn sie nur für land- und forstwirtschaftliche Zwecke verwendet werden und eine Höchstgeschwindigkeit von nicht mehr als 20 km je Stunde haben, sind ebenfalls nicht versicherungspflichtig. Wird diese Höchstgeschwindigkeit überschritten, dann sind diese Maschinen kennzeichnungs- und versicherungspflichtig (§ 18 Abs. 4 i. V. m. § 23 Abs. 1 Satz 4 e StVZO). Die Durchführungsverordnung zum Pflichtversicherungsgesetz erwähnt diese Zugmaschinen überhaupt nicht, nimmt sie daher von der Versicherungspflicht nicht aus. Aus der erwähnten Regelung in den §§ 18 Abs. 4, 23 Abs. 1 muß geschlossen werden, daß, wenn die Voraussetzung einer Höchstgeschwindigkeit von mehr als 20 km je Stunde nicht vorliegt, die erwähnten Zugmaschinen versicherungsfrei sind. Die Verordnung zur Änderung von Vorschriften des Straßenverkehrsrechts vom 7. 7. 1960 (BGBl. I S. 485) mit der Neufassung des § 18 StVZO geht als jüngeres Gesetz der Durchführungsverordnung zum Pflichtversicherungsgesetz vor. Dazu kommt, daß aus Art. I § 1 zu d DVO/PflVG entnommen werden kann, daß das Pflichtversicherungsgesetz eine Höchstgeschwindigkeit von nicht mehr als 20 km je Stunde als obere Grenze für die Freiheit von der Versicherungspflicht ansehen will. Ist die Höchstgeschwindigkeit geringer als 6 km, dann ist die Zugmaschine von der Versicherungspflicht befreit ohne Rücksicht darauf, ob sie für land- oder forstwirtschaftliche Zwecke verwendet wird (§ 18 Abs. 1 a. a. O.);

einachsige Zug- oder Arbeitsmaschinen, die von Fußgängern an Holmen geführt werden (§ 18 Abs. 2 Nr. 3 a. a. O.). Sie werden in der Regel schon nach § 18 Abs. 1 a. a. O. nicht versicherungspflichtig sein, da der Fußgänger diese Maschinen kaum mit einer größeren Geschwindigkeit als 6 km je Stunde führen wird. Sie sind weder zulassungs- noch erlaubnispflichtig (§ 18 Abs. 3 Satz 2 Nr. 4 a. a. O.).

dd) **Anhänger,** die den Vorschriften über das Zulassungsverfahren nicht unterliegen (Art. I § 1 zu c DVO/PflVG), sind ebenfalls nicht versicherungspflichtig. Hierbei handelt es sich zur Zeit nach § 18 Abs. 2 Nr. 4 StVZO um folgende Arten von Anhängern:

(a) Anhänger in land- oder forstwirtschaftlichen Betrieben, wenn die Anhänger nur für land- und forstwirtschaftliche Zwecke verwendet und mit einer Geschwindigkeit von nicht mehr als 20 km je Stunde hinter Zugmaschinen oder hinter selbstfahrenden Arbeitsmaschinen einer vom Bundesminister für Verkehr nach Nr. 1 (vgl. o. zu d) bb) bestimmten Art mitgeführt werden. Beträgt die durch die Bauart bestimmte Höchstgeschwindigkeit des ziehenden Fahrzeugs mehr als 20 km je Stunde, so sind diese Anhänger nur dann zulassungsfrei, wenn sie für eine Höchstgeschwindigkeit von nicht mehr als 20 km je Stunde in der durch § 58 StVZO vorgeschriebenen Weise gekennzeichnet oder – beim Mitführen hinter Zugmaschinen mit einer Geschwindigkeit von nicht mehr als 8 km je Stunde (Betriebsvorschrift) – eisenbereift sind;

(b) land- oder forstwirtschaftliche Arbeitsgeräte; – hier ist an Pflüge, Drillmaschinen, Mähmaschinen als Kraftfahrzeuganhänger zu denken – sowie hinter land- oder forstwirtschaftlichen einachsigen Zug- oder Arbeitsmaschinen mitgeführte Sitzkarren;

(c) Anhänger hinter Straßenwalzen;

(d) Maschinen für den Straßenbau, die von Kraftfahrzeugen mit einer Geschwindigkeit von nicht mehr als 20 km je Stunde mitgeführt werden. Hier gilt das oben zu (a) letzter Satz Gesagte entsprechend;

(e) Wohnwagen und Packwagen im Gewerbe nach Schaustellerart, die von Zugmaschinen mit einer Geschwindigkeit von nicht mehr als 20 km je Stunde mitgeführt werden. Hier gilt das oben zu (a) letzter Satz Gesagte ebenfalls entsprechend.

(f) Anhänger, die lediglich der Straßenreinigung dienen, z. B. Kehrmaschinen, Gummischieber hinter Sprengwagen, Schneepflüge;

(g) eisenbereifte Möbelwagen;

(h) einachsige Anhänger hinter Krafträdern – gleichgültig ist, ob der Anhänger auf ein oder zwei Rädern läuft;

(i) Anhänger für Feuerlöschzwecke, z. B. fahrbare Feuerwehrleitern, Schlauchwagen, Beförderungswagen für Spritzen u. a.

(k) Anhänger des Abwehrdienstes gegen den Kartoffelkäfer – Sonderfahrzeuge zur Beförderung von Spritzen;

(l) Arbeitsmaschinen;

(m) Spezialfahrzeuge zur Beförderung von Segelfluggerät und Segelflugzeugen;

(n) Anhänger, die als Verladerampen dienen;

(o) fahrbare Baubuden, die von Kraftfahrzeugen mit einer Geschwindigkeit von nicht mehr als 20 km je Stunde mitgeführt werden. Das oben zu (a) letzter Satz Gesagte gilt entsprechend.

ee) Schließlich sind nicht versicherungspflichtig maschinell angetriebene **Krankenfahrstühle** (Art. I § 1 zu d DVO/ PflVG). § 18 Abs. 2 Nr. 5 StVZO kennzeichnet sie als zum Gebrauch durch körperlich gebrechliche oder behinderte Personen nach der Bauart bestimmte Kraftfahrzeuge mit höchstens zwei Sitzen, einem Leergewicht von nicht mehr als 300 kg. Sie sind nicht zulassungspflichtig, aber erlaubnispflichtig, wenn ihre durch die Bauart bestimmte Höchstgeschwindigkeit nicht mehr als 30 km je Stunde beträgt. Krankenfahrstühle mit einer Höchstgeschwindigkeit von mehr als 20 km je Stunde müssen beim Verkehr auf öffentlichen Straßen ein amtliches Kennzeichen führen (§ 18 Abs. 4 StVZO) und sind dann versicherungspflichtig (§ 23 Abs. 1 Satz 4 e a. a. O.), es sei denn, der Halter – etwa eine Gemeinde mit mehr als 100 000 Einwohnern (vgl. S. 176) – unterliegt nicht der Versicherungspflicht.

Die Durchführungsverordnung zum Pflichtversicherungsgesetz selbst spricht in Art. I § 1 zu d von der Befreiung von der Versicherungspflicht für maschinell angetriebene Krankenfahrstühle ohne jede Einschränkung. Auch hier gilt das auf S. 181 Gesagte, daß die Verordnung vom 7. 7. 1960 mit der Neufassung des § 18 StVZO als jüngeres Gesetz der Durchführungsverordnung zum Pflichtversicherungsgesetz vorgeht.

6. Die vorstehend aufgeführten Ausnahmen beruhen auf den verschiedensten Gründen. Bei Nr. 5 c ist es im wesentlichen die Erwägung, daß die Halter dieser Fahrzeuge finanziell so gesichert dastehen, daß ihnen gegenüber das Verkehrsopfer jederzeit zur Verwirklichung eines etwaigen Entschädigungsanspruches gelangen kann. Die Ausnahmen zu Nr. 5 b und d sind darauf zurückzuführen, daß es sich bei Nr. 5 b um Verkehrsvorgänge, bei Nr. 5 d um Fahrzeuge handelt, bei denen die Möglichkeit einer Verkehrsgefährdung verhältnismäßig gering ist, in den Fällen zu Nr. 5 d überdies der etwa verursachte Körper- oder Sachschaden nicht erheblich sein wird.

B. Kleinkrafträder und Fahrräder mit Hilfsmotor (Mopeds)

1. **Begriffsbestimmung, Bau- und Betriebsvorschriften.** Die unter dem Blickpunkt der Pflichtversicherung der Halter von Kleinkrafträdern und Fahrrädern mit Hilfsmotor wesentlichen Vorschriften sind in den den §§ 27 StVG, 67 a, 67 b StVZO enthalten. Nach § 27 StVG sind die Kleinkrafträder und Fahrräder mit Hilfsmotor von Teil I des Straßenverkehrsgesetzes, das sind die Verkehrsvorschriften (Zulassung, Erlaubnis, Führerschein) ausgenommen. Gleichwohl bestehen aber auch für sie Vorschriften – und zwar in der Straßenverkehrs-Zulassungs-Ordnung – die im Interesse der Verkehrssicherheit erforderlich erscheinen. Dagegen gilt für die genannten Fahrzeuge Teil II StVG, der die verschärfte Haftung von Kraftfahrzeugen regelt.

2. **Kleinkrafträder** im Sinne des § 27 StVG sind nach § 67 a Abs. 1 StVZO zweirädrige Krafträder, auch mit Beiwagen, die einen Hubraum von nicht mehr als 50 cm^3 haben. Haben Krafträder einen größeren Hubraum oder handelt es sich um dreirädrige Krafträder, so sind sie wie Kraftwagen zu behandeln. Von Bedeutung ist noch die Geschwindigkeit der zweirädrigen Krafträder mit 50 cm^3 Hubraum oder weniger (s. u.).

3. **Fahrräder mit Hilfsmotor** sind Fahrräder mit den üblichen Merkmalen, die jedoch zusätzlich einen Verbrennungsmotor mit einem Hubraum von nicht mehr als 50 cm^3 haben (§ 67 a Abs. 2 Satz 1 StVZO). Die üblichen Merkmale gelten nach Satz 2 a. a. O. als vorhanden, wenn der Durchmesser des Hinterrades einschließlich Bereifung nicht kleiner als 580 mm ist, die wirksame Länge der Tretkurbel mindestens 125 mm beträgt und die durch die Bauart bestimmte Höchstgeschwindigkeit des Fahrzeugs 40 km in der Stunde nicht überschreitet.

4. Den **Fahrrädern mit Hilfsmotor** sind nach § 67 a Abs. 3 StVZO **gleichgestellt,** wenn im übrigen die vorstehend angegebenen Voraussetzungen des Abs. 2 vorliegen,

a) Fahrzeuge mit einem Hubraum von mehr als 50 cm^3, wenn sie vor dem 1. 9. 1952 erstmals in den Verkehr gekommen sind und die durch die Bauart bestimmte Höchstleistung ihres Motors 1 PS nicht überschreitet,

b) Fahrzeuge mit einer durch die Bauart bestimmten Höchstgeschwindigkeit von mehr als 40 km/h, wenn sie vor dem 1. 1. 1957 erstmals in den Verkehr gekommen sind und das Gewicht mit Hilfsmotor – aber ohne Werkzeug und ohne Inhalt des Tanks, bei Lastfahrzeugen auch ohne Gepäckträger – 33 kg nicht übersteigt; die Gewichtsgrenze gilt nicht bei zweisitzigen Fahrzeugen (Tandems) und Fahrzeugen mit drei Rädern.

5. Für Fahrräder mit Hilfsmotor und für Kleinkrafträder mit einer durch die Bauart bestimmten Höchstgeschwindigkeit von nicht mehr als 40 km/h gelten die Vorschriften für Kleinkrafträder mit der in § 67 a Abs. 4 StVZO bestimmten Maßgabe (vgl. S. 63). **Anhänger** hinter Fahrrädern mit Hilfsmotor und den ihnen gleichgestellten Fahrzeugen werden hinsichtlich der Bau- und Betriebsvorschriften wie Anhänger hinter Fahrrädern behandelt, wenn die durch die Bauart bestimmte Höchstgeschwindigkeit des ziehenden Fahrzeuges 20 km/h nicht überschreitet oder die Anhänger vor dem 1. 4. 1961 erstmals in den Verkehr gekommen sind; auf andere Anhänger sind die Vorschriften über Anhänger hinter Kleinkrafträdern anzuwenden (§ 67 a Abs. 5 Satz 1 und 2 StVZO).

6. **Keine Zulassung, aber Betriebserlaubnis.** Kleinkrafträder und Fahrräder mit Hilfsmotor **unterliegen nicht den Vorschriften über die Zulassung** von Kraftfahrzeugen (§ 18 Abs. 2 Ziff. 4 StVZO). Dies gilt auch für Krafträder mit einem Hubraum von mehr als 50 cm^3 (die im übrigen wie Kraftfahrzeuge behandelt werden), wenn sie vor dem 1. 9. 1952 erstmals in den Verkehr gekommen sind und die durch die Bauart bestimmte Höchstleistung ihres Motors 1 PS nicht überschreitet (§ 72 Abs. 2 StVZO).

Die nicht dem Zulassungsverfahren unterliegenden Kleinkrafträder und Fahrräder mit Hilfsmotor dürfen auf öffentlichen Straßen nur in Betrieb gesetzt werden, wenn die zuständige Behörde für sie eine **Betriebserlaubnis** erteilt hat (§ 18 Abs. 3 Satz 1 StVZO).

7. **Keine Betriebserlaubnis** ist erforderlich

a) bei Kleinkrafträdern mit regelmäßigem Standort im Saarland, wenn sie vor dem 1. 10. 1960 erstmals in den Verkehr gekommen sind (§ 18 Abs. 3 Satz 2 Nr. 2 StVZO);

b) bei Krafträdern mit einem Hubraum von mehr als 50 cm^3, wenn sie vor dem 1. 9. 1952 erstmals in den Verkehr gekommen sind und die durch die Bauart bestimmte Höchstleistung ihres Motors 1 PS nicht überschreitet (§ 18 Abs. 3 Satz 2 Nr. 2 StVZO i. V. m. §§ 72, 18 Abs. 2 Nr. 4 a. a. O.);

c) bei Fahrrädern mit Hilfsmotor, die vor dem 1. 1. 1957 erstmals in den Verkehr gekommen sind, ferner solche, deren durch die Bauart bestimmte Höchstgeschwindigkeit nicht mehr als 20 km/h beträgt;

d) bei Anhängern hinter den zu c) genannten Fahrrädern, wenn die durch die Bauart bestimmte Höchstgeschwindigkeit des ziehenden Fahrzeugs 20 km/h nicht überschreitet, und bei Anhängern hinter Fahrrädern mit Hilfsmotor, wenn sie vor dem 1. 4. 1961 erstmals in den Verkehr gekommen sind.

8. Die betriebserlaubnispflichtigen Kleinkrafträder mit einer durch die Bauart bestimmten **Höchstgeschwindigkeit von mehr als 40 km/h** müssen beim Verkehr auf öffentlichen Straßen **amtliche Kennzeichen** führen (§ 18 Abs. 4 Satz 1, Halbsatz 2 StVZO). Hierfür gelten die Vorschriften über die Kennzeichnung der im Zulassungsverfahren zu behandelnden Kraftfahrzeuge mit Ausnahme des § 23 Abs. 1 Satz 2 und 4 Buchst. c und d StVZO entsprechend (§ 18 Abs. 4 Satz 2 a. a. O.). Dem Antrag des Verfügungsberechtigten bei der Zulassungsstelle auf Zuteilung des amtlichen Kennzeichens ist gemäß § 23 Abs. 1 Satz 4 Buchst. e der Nachweis beizufügen, daß eine ausreichende Kraftfahrzeug-Haftpflichtversicherung — § 29 a StVZO — besteht (oder daß der Halter der Versicherungspflicht nicht unterliegt, vgl. S. 176).

9. Die **betriebserlaubnispflichtigen Fahrräder mit Hilfsmotor** oder Kleinkrafträder mit einer **Höchstgeschwindigkeit von nicht mehr als 40 km/h** dürfen, wenn ihr regelmäßiger Standort im Inland sich befindet, auf öffentlichen Straßen nur in Betrieb gesetzt werden, wenn sie ein gültiges **Versicherungskennzeichen** führen (§ 67 b Abs. 1 StVZO). Sind diese Fahrzeuge nicht verpflichtet eine Haftpflichtversicherung bei einem inländischen Versicherer zu nehmen, so erhalten sie ein amtliches Kennzeichen entsprechend § 67 b Abs. 8 StVZO.

a) **Das Versicherungskennzeichen im besonderen (§ 67 b StVZO).** Durch das Versicherungskennzeichen, eine Art Kombination von Versicherungsbestätigung und amtlichem Kennzeichen, wird der Nachweis geführt, daß eine ausreichende Haftpflichtversicherung nach § 29 a StVZO, d. h. in Übereinstimmung mit den Vorschriften des Pflichtversicherungsgesetzes und seiner Durchführungsvorschriften, besteht. Nach Abschluß der Kraftfahrzeughaftpflichtversicherung händigt der Versicherer dem Fahrzeughalter neben dem **Kennzeichen** eine diesbezügliche **Bescheinigung** aus, die der Fahrer stets bei sich zu führen und auf Verlangen zuständigen Personen zur Prüfung auszuhändigen hat (§ 67 b Abs. 2 Satz 1–3 StVZO).

b) Kennzeichen und Bescheinigung dürfen dem Halter erst nach Entrichtung der Prämie für das jeweilige Verkehrsjahr ausgehändigt werden. Sie gelten nach Abs. 2 Satz 4 und 5 nur bis zum Ablauf des Verkehrsjahres, für das sie erteilt sind (1. März bis 28. bzw. 29. Februar), gleich ob das Versicherungsverhältnis in diesem Zeitpunkt endigt oder noch besteht. Endet es v o r dem Ablauf des Verkehrsjahres, so gilt Abs. 7 (s. u.). Eine jährliche Einziehung der zum 1. März eines Jahres ungültig gewordenen Kennzeichen und Bescheinigungen (vgl. Abs. 2) würde zu kostspielig sein und ist deshalb nicht vorgesehen. Die in den Abs. 3, 4 gegebenen Anweisungen über die Ausgestaltung des Kennzeichens lassen erkennen, daß ein wesentlicher **Unterschied** zwischen dem **Versicherungskennzeichen und** dem

amtlichen Kennzeichen besteht. Das Versicherungskennzeichen ist nicht wie jenes nur aus einer bestimmten Buchstaben- und Zahlengruppe zusammengesetzt. Es ist vielmehr ein genau beschriebener körperlicher Gegenstand, nämlich eine Tafel, die eine aus nicht mehr als drei Ziffern und drei Buchstaben bestehende Erkennungsnummer, das Zeichen des zuständigen Verbandes der Kraftverkehrsversicherer bzw. eines Versicherers, und das Verkehrsjahr trägt (vgl. auch die Begründung zur VO vom 21. 2. 1957). Um sicherzustellen, daß jede Erkennungsnummer in jedem Jahre nur einmal ausgegeben wird und sich dadurch von jeder anderen unterscheidet (Abs. 3 Satz 4), ist die Zuteilung der Nummern an die Versicherer dem zuständigen Verband der Kraftverkehrsversicherer (HUK-Verband) oder, wenn kein Verband zuständig ist, dem Kraftfahrt-Bundesamt übertragen.

c) Ausgestaltung und Anbringung der an der Rückseite des Fahrzeugs fest anzubringenden Tafel entsprechen mit der vorstehend angegebenen Maßgabe weitgehend den Vorschriften über die amtlichen Kennzeichen (vgl. Abs. 4). Der wichtigste Unterschied zu diesen liegt in dem jährlichen **Wechsel des Kennzeichens** in Jahreszahl und Farbe (für 1961 z. B. blau auf weißem Grund), der die Kontrolle sehr erleichtert. Führt das Moped einen Anhänger, so ist die Erkennungsnummer des Versicherungskennzeichens an der Rückseite des Anhängers in der in § 67 b Abs. 4 Satz 6 näher bezeichneten Art zu wiederholen. Probe- und Überführungsfahrten dürfen mit Versicherungskennzeichen unternommen werden, deren Beschriftung und Rand rot sind (Abs. 5 a).

10. Nach § 67 b Abs. 5 Buchst. a–e StVZO sind alle Angaben zur näheren Bestimmung des Fahrrades mit Hilfsmotor oder des Kleinkraftrades (Erkennungsnummer des Versicherungskennzeichens, Hersteller des Fahrzeugs, Fabriknummer des Fahrgestells) sowie Name und Anschrift des Halters dem **Kraftfahrt-Bundesamt** zu Zwecken einer umfassenden Kontrolle dieser Fahrzeuge auf einer Karteikarte, deren Muster vom Kraftfahrt-Bundesamt genehmigt ist, mitzuteilen. Gleichzeitig hat der Versicherer auf dieser Karteikarte dem Kraftfahrt-Bundesamt den Zeitpunkt der Beendigung des Versicherungsverhältnisses gemäß § 158 c Abs. 2 VVG mitzuteilen (Abs. 5 Buchst. e).

Auf diese Weise ist es möglich, von einer zentralen Stelle Auskunft über Namen und Anschrift des Halters eines Fahrzeugs und seines Versicherers sowie darüber zu erhalten, ob das Fahrzeug, das ein bestimmtes Kennzeichen führt, das gleiche ist, dem dieses Kennzeichen zugeteilt wurde. Damit erübrigen sich Anfragen bei den Versicherern.

§ 67 b Abs. 6 bestimmt, wer Auskunft vom Kraftfahrt-Bundesamt über die Fahrzeuge, die Halter und die Versicherer erhält. Es sind dies auf Antrag Behörden und bei Darlegung eines berechtigten Interesses auch Privatpersonen. Diese Vorschrift ist mit Bezug auf Privatpersonen eng auszulegen, um Mißbräuche zu verhüten. Gedacht ist vor allem an die Feststellung eines Unfallbeteiligten.

11. Abs. 7 trifft eine Regelung für die Fälle, in denen das **Versicherungsverhältnis vor Ablauf des Verkehrsjahres endet,** sei es durch Kündigung, durch Ablauf, Anfechtung u. dgl. Danach hat der Versicherer den Fahrzeughalter zur unverzüglichen Rückgabe von Kennzeichen und Bescheinigung aufzufordern oder, falls dieser der Aufforderung nicht nachkommt, dies der nach § 68 zuständigen Behörde mitzuteilen. Diese zieht das Versicherungskennzeichen und die Bescheinigung ein. Unterläßt der Halter die Aufforderung oder die Anzeige, so macht er sich nach § 71 StVZO strafbar.

12. **Führerschein.** Die Führerscheinfreiheit für Fahrräder mit Hilfsmotor konnte angesichts der wachsenden Verkehrsdichte nicht aufrechterhalten werden. Durch § 5 der VO vom 7. 7. 1960 (BGBl. I S. 485) ist für die Benutzer von Fahrrädern mit Hilfsmotor sowie von Kleinkrafträdern mit einer durch die Bauart bestimmten Höchstgeschwindigkeit von nicht mehr als 40 km/h eine neue **Führerscheinklasse 5** geschaffen worden, deren Prüfung vereinfacht worden ist und deren Erwerb nur geringe Kosten verursacht.

Zur Vereinfachung können Personen mit ausreichenden, von zuständiger Stelle geprüften Kenntnissen der für das Führen eines Mopeds oder eines Kleinkraftrades geltenden Vorschriften bis zum 1. 1. 1962 die Ausfertigung eines Führerscheins der Klasse 5 beantragen. Mit dem Antrag gilt die Fahrerlaubnis als erteilt (§ 12 a StVZO).

C. Der zum Versicherungsabschluß Verpflichtete

1. Nach Art. I § 1 PflVG trifft die Verpflichtung zum Abschluß der Haftpflichtversicherung den **Halter** des Kraftfahrzeuges oder Anhängers. Versicherungsnehmer muß nach dem Gesetz daher der Halter sein. Das Gesetz schließt aber nicht aus, daß nicht auch ein anderer das Pflichtversicherungsverhältnis eingeht. Zunächst kann der Halter einen Dritten zum Abschluß bevollmächtigen (vgl. aber Müller S. 275). Versicherungsnehmer kann auch der mit dem Halter nicht identische Eigentümer sein (vgl. Thees-Hagemann, 2. Aufl., § 10 AKB Anm. 3), und tatsächlich gehen die AKB vom Eigentümer aus, da sie u. a. den Halter und Fahrer als Mitversicherten bezeichnen. Für die Anwendung der §§ 158 c ff. VVG ist nur entscheidend, daß es sich im gegebenen Falle um eine nach Art. I §§ 1, 3 PflVG bei einer befugten Versicherungsunternehmung geschlossene Pflichtversicherung handelt, gleich wer der Versicherungsnehmer ist. (Nach Müller a. a. O Anm. 1 zu § 1 PflVG genügt es nicht, wenn ein anderer für den Halter den Vertrag

schließt; die dem Halter obliegende Aufrechterhaltung des Versicherungsverhältnisses könnte von Maßnahmen außerhalb der Person des Halters und vielfach auch außerhalb seiner Einwirkungsmöglichkeiten abhängig sein). Da aber den Halter die Verpflichtung zum Abschluß der Pflichtversicherung trifft, muß er dafür sorgen, daß der Versicherungsschutz besteht und aufrechterhalten bleibt. Ihn trifft die Pflicht zur Erkundung. Andererseits muß auch der Eigentümer für verpflichtet gehalten werden, den Halter zu unterrichten, wenn er das Pflichtversicherungsverhältnis aufgibt oder das Kraftfahrzeug veräußert (vgl. hierzu die Anm. zu §§ 158 h VVG, 6 AKB). Gegebenenfalls liegt in der Nichtunterrichtung des Halters durch den Eigentümer eine positive Vertragsverletzung. Wegen der strafrechtlichen Verantwortung des Halters vgl. S. 233, 235.

2. Der **Begriff** des Halters ist hier der gleiche wie in § 7 StVG. Dies ergibt sich aus dem Zweck des Pflichtversicherungsgesetzes und der Begründung zu Art. I § 1 i. V. m. dem Fehlen einer besonderen Begriffsbestimmung (vgl. auch Hagemann DJ 1939 S. 1757; Thees-Hagemann S. 46; BGHZ Bd. 13 S. 351 = VersR 1954 S. 365 = NJW 1954 S. 1198 = DAR 1954 S. 182). Nach der ständigen Rechtsprechung des Reichsgerichts und auch des Bundesgerichtshofs ist Halter, wer das Fahrzeug zur Zeit des Unfalls für eigene Rechnung in Gebrauch hat und diejenige Verfügungsgewalt darüber besitzt, die solch Gebrauch voraussetzt (vgl. u. a. RGZ Bd. 77 S. 348; Bd. 93 S. 223; Bd. 120 S. 154; BGHZ Bd. 5 S. 269 = VersR 1952 S. 181; Bd. 13 S. 351 = VersR 1954 S. 365 u. neuerdings 23. 5. 1960 VersR 1960 S. 650 m. w. Nachweisungen; ferner die unten angeführten Entscheidungen). Aus dem Schrifttum: Müller S. 221; Floegel-Hartung StVG § 7 Anm. 4; Geigel S. 199 f.; Wussow Unfallhaftpflicht S. 83; Becker S. 3). Diese Begriffsbestimmung führt im einzelnen zu folgenden Ergebnissen: Verfügungsgewalt und ihre Ausübung sowie Gebrauch für eigene Rechnung sind im wesentlichen wirtschaftliche und tatsächliche Merkmale. Die Haltereigenschaft ist daher weniger nach rechtlichen, als vielmehr nach diesen aus den Umständen des Einzelfalles zu entnehmenden Gesichtspunkten zu beurteilen (BGHZ Bd. 5 S. 269, s. o.; Bd. 13 S. 351, s. o.; VersR 1960 S. 650, s. o.; OLG Hamburg 10. 11. 1931 HansRZ 1932 B S. 380). Es ist daher auch eine Inzidentfeststellungsklage aus § 280 ZPO hinsichtlich der Haltereigenschaft nicht möglich (RG 22. 11. 1934 — VI 290/34 — Warneyer Rspr. 1935 Nr. 37 hält einen Feststellungsantrag nach § 280 ZPO ähnlich wie beim Besitz unter Hinweis auf Stein-Jonas § 256 Note 17 für möglich, läßt die Entscheidung aber offen).

3. Verfügungsgewalt ausüben und Gebrauch für eigene Rechnung als **Merkmale der Haltereigenschaft** bedingen nicht, daß der die Gewalt Ausübende Eigentümer, mittelbarer oder unmittelbarer Besitzer

oder Besitzdiener ist. Weder genügt die rechtliche Herrschaft ohne die Verfügungsgewalt im Tatsächlichen noch die tatsächliche Gewalt ohne die Verfügungsbefugnis. Nach ständiger Rechtsprechung wird das Eigentum am Kraftfahrzeug zwar nicht als entscheidend, aber doch regelmäßig als wesentlich für die Frage der Haltereigenschaft angesehen (RGZ 93 S. 222; 120 S. 154; 127 S. 174; BGHZ Bd. 13 S. 351 s. o. Anm. 1). Diese Auffassung dürfte aber zu weit gehen. Denn beispielsweise begibt sich der Veräußerer eines Fahrzeuges, der sich das Eigentum am Wagen bis zur Zahlung des Kaufpreises vorbehalten hat, also Eigentümer ist, praktisch jeder Verfügungsgewalt über den Wagen. Er wird daher auch nicht als Halter angesehen (vgl. RG 30. 4. 1941 VAE 1941 S. 136 = RGZ 141 S. 400, 401; OLG Bamberg 5. 3. 52 — 1 U 250/51 — DAR 53, 35). Ebenso ist derjenige, der ein Autodarlehen gibt und sich das Fahrzeug sicherungshalber übereignen läßt, also ebenfalls Eigentümer ist, nicht Halter, wenn er — wie in der Regel die Eigentümer in allen Fällen dieser Art — weder die Verfügungsgewalt ausübt noch den Wagen für eigene Rechnung gebraucht (vgl. BGHZ VersR 1953 S. 283; OLG Celle VersR 1952 S. 255). Über Arbeitnehmer als Halter eines ihm übergebenen Fahrzeugs vgl. OLG Hamm 12. 3. 1959, BB 1959 S. 1012. Da die genannten Wirtschaftstatbestände heute im Verkehr fast die Regel beim Erwerb eines Kraftwagens bilden, kann die Auffassung, das Eigentum sei wesentlich für die Frage der Haltereigenschaft, kaum aufrecht erhalten werden. Diesem tatsächlichen Zustand ist offenbar auch die Änderung in § 23 Abs. 1 StVZO durch die Änderungsverordnung vom 24. 8. 1953 (BGBl. I S. 1131) zuzuschreiben. Danach wird nicht mehr der Eigentümer, sondern der „Verfügungsberechtigte" als derjenige bezeichnet, der die Zuteilung des amtlichen Kennzeichens zu beantragen und u. a. den Nachweis einer ausreichenden Haftpflichtversicherung zu führen hat (vgl. auch Müller, § 23 StVZO Anm. 7, S. 576).

Aber auch der Antrag auf Zuteilung des amtlichen Kennzeichens ist nur Anhaltspunkt dafür, daß der Antragsteller zugleich der Halter ist. Ist dagegen die von dem Antragsteller nachzuweisende Haftpflichtversicherung auf seinen Namen abgeschlossen, so kommt diesem Umstand für die Frage der Haltereigenschaft eine besondere Bedeutung zu, da die Versicherung für ihn Wert und Bedeutung nur dann hat, wenn er Halter ist (vgl. OLG Hamburg 10. 11. 1931 a. a. O.) und nach dem Gesetz der **Halter** verpflichtet ist, die Versicherung zu nehmen.

Mit dem Antrag auf Zuteilung des amtlichen Kennzeichens ist anzugeben, für wen das Kraftfahrzeug zugelassen werden soll (§ 23 Abs. 1 a StVZO). Dies kann der Eigentümer sein. Das Eigentum kann sich aber auch darin erschöpfen, daß der Eigentümer lediglich bestimmt, für wen das Fahrzeug zugelassen werden soll und wer die Betriebskosten zu übernehmen hat. Beispiele: Die Firma als Eigentümerin bestimmt, daß das Fahrzeug für ihren Vertreter zugelassen werden soll, der zugleich die Betriebskosten trägt; der Veräußerer oder Darlehnsgeber bestimmt, daß das Fahrzeug auf den Abzahlungskäufer oder den Darlehnsnehmer als die späteren Eigentümer zugelassen werden soll. Der Name desjenigen, für den das Kraftfahrzeug zugelassen wird, ist in den Kraftfahrzeugbrief einzutragen (nicht der Name des Eigentümers, der allerdings den Kraftfahrzeugbrief in den Händen hat). Auch dies kann ein Anhaltspunkt für die Frage sein, wer Halter ist (vgl. BGH Bd. 13 S. 351; vgl. o. Anm. 2. Thees-Hagemann, 1. Aufl., S. 46; Becker S. 21). Hierzu sagt die oben erwähnte Dienstanweisung zu § 23 Abs. 1 StVZO in ihrem Absatz 1 ausdrücklich, daß wer vom Eigentümer als Inhaber der Zulassung angeben werde, zunächst als Halter des Fahrzeugs zu betrachten sei. In allen diesen Fällen ist aber zu beachten, daß das Eigentum, die Antragstellung auf Zuteilung des amtlichen Kennzeichens, die Zulassung nicht für sich allein die Frage der Verfügungsgewalt entscheiden und daß neben die Verfügungsgewalt stets die Benutzung des Kraftfahrzeugs für eigene Rechnung als Voraussetzung für die Bejahung der Haltereigenschaft tritt. Schon aus diesen Gründen muß auch nicht derjenige, der in irgendeinem Zeitpunkt einmal das amtliche Kennzeichen beantragt oder die Haftpflichtversicherung abgeschlossen hat, auf Dauer als Halter angesehen werden.

Wie Eigentümer, Halter, Versicherungsnehmer (auf dessen Name der Kraftwagen zugelassen worden ist) auseinanderfallen können, zeigt das Urteil des OLG München vom 18. 6. 1957 VersR 1958 S. 105.

4. Die **Verfügungsgewalt** wird nicht dadurch aufgehoben, daß der Halter den Wagen vorübergehend **einem anderen überläßt,** z. B. einem Bekannten für einen Ausflug. Der Entleiher oder Mieter eines Kraftwagens, dem der Gebrauch des Wagens nur für wenige Stunden und nur für eine bestimmte kurze Einzelfahrt überlassen wird, erhält nicht das für eine Haltereigenschaft erforderliche Maß einer tatsächlichen Verfügungsgewalt (BGHZ 23. 5. 1960 VersR 1960 S. 650). Auch wer ein Kraftfahrzeug gewerbsmäßig einem anderen überläßt, etwa vermietet, bleibt Halter, sofern der Mieter lediglich eine feste Gebühr zuzüglich der Versicherungskosten zahlt, während die gesamten übrigen Betriebskosten der Vermieter trägt (BGHZ Bd. 5 S. 269). Nach dem Urteil des BGHZ Bd. 13 S. 351 (s. o.) kann u. a. der Vorteil, den der Vermieter aus der Miet- und Nutzungsentschädigung zieht, dafür sprechen, daß hier eine Nutzung des Wagens für eigene Rechnung vorliegt. Halter bleibt auch der Inhaber einer Reparaturwerkstatt, der seinem Kunden für einen ihm zum Zwecke der Reparatur überlassenen Wagen vorübergehend einen Ersatzwagen stellt (RG 24. 6. 1935 JRPV 1935

S. 234 = VAE 1936 S. 52). Ebenso bleibt Halter ein Autohändler, der einem Kauflustigen ein Kraftfahrzeug zur Probefahrt überläßt.

5. Daraus, daß nach der ständigen Rechtsprechung insbesondere des Bundesgerichtshofes wirtschaftliche und tatsächliche Verhältnisse die Grundlage des Halterbegriffes sind, hat die Rechtsprechung den Gedanken entwickelt, daß hinsichtlich ein- und desselben Kraftfahrzeugs **mehrere Personen als Halter** in Betracht kommen können, die dann als Gesamtschuldner haften können, aber auch aus unterschiedlichen Rechtsgründen (RGZ Bd. 120 S. 154; 127 S. 174; 141 S. 400; 170 S. 182; BGHZ Bd. 13 S. 351, s. Anm. 1; 13. 6. 1957 VersR 1957 S. 458). Es bestehen dann mehrere selbständige Versicherungsverträge, aus denen jeder der beteiligten Halter als Einzelgläubiger, nicht zur gesamten Hand, berechtigt bzw. als Einzelschuldner verpflichtet ist (RGZ Bd. 159 S. 337, 342 ff.; BGHZ 13. 6. 1957 a. a. O.; OLG Düsseldorf 11. 11. 1958 VersR 1959 S. 101). Bei einer solchen Sachlage ist bei jedem der Beteiligten zu prüfen, ob bei ihm bei Würdigung seiner rechtlichen und wirtschaftlichen Beziehungen zum Betrieb des Kraftfahrzeugs die für die Haltereigenschaft als wesentlich anzusehenden Merkmale in so großer Zahl und Stärke zutreffen, daß seine Belastung mit der Haftung für Betriebsunfälle dem Wesen der gesetzlichen Haftpflicht des Halters entspricht (RGZ 170 S. 182; BGHZ Bd. 13 S. 351, s. o.; vgl. auch OLG Hamburg 10. 11. 1931; s. Anm. 2). Die Möglichkeit, daß mehrere Halter in Betracht kommen, besteht u. a. bei dem Verhältnis Mieter und Vermieter, wenn der Mieter die tatsächliche Verfügungsgewalt über den Wagen ausübt, den Wagen im eigenen Interesse nutzt und die Betriebs- und Unterhaltungskosten trägt, während der Vermieter ihn, wenigstens für einige Stunden am Tage, ebenfalls selbst oder durch Dritte benutzt, ihn in seiner Garage unterstellt, die Kraftstoffaufwendungen für seine eigenen Fahrten und die Wertminderung des Wagens trägt, andererseits die Vorteile aus der Nutzungsenschädigung des Mieters genießt. Hier hat der BGHZ Bd. 13 S. 351 (s. o.) den Mieter und Vermieter als Halter angesehen. In ähnlicher Weise kann in dem oben angeführten Beispiel neben die Reparaturwerkstatt auch der Kunde als Halter hinzutreten, etwa wenn er für den ihm überlassenen Ersatzwagen die Betriebskosten trägt und den Fahrer stellt. Im Einzelfall kommt es auf die oben erwähnte Abwägung der wirtschaftlichen und tatsächlichen Beziehungen an, die je nach Sachlage auch dazu führen kann, daß ausschließlich der Mieter Halter ist, weil er alle Betriebs- und Unterhaltungskosten trägt und der Vermieter nur seine Miete erhält. Mehrere Halter kommen ferner in Betracht, wenn an einem Kraftfahrzeug mehrere Gesellschafter einer Gesellschaft des bürgerlichen Rechts oder mehrere Erben nach dem Tode des Erblassers beteiligt sind und persönlich haftpflichtig sind

(vgl. S. 332; BGHZ 13. 6. 1957 VersR 1957 S. 458 = NJW 1957 S. 1233; s. a. OLG Düsseldorf 11. 11. 1958 VersR 1959 S. 101).

6. Halter können auch der Bund, die Länder, die Gemeinden, Stiftungen, Anstalten, jede Körperschaft des öffentlichen Rechts sein, wie sich aus den Ausnahmen in § 2 PflVG ergibt, ferner juristische Personen jeder Art (Aktiengesellschaften, Gesellschaften m.b.H., Versicherungsvereine auf Gegenseitigkeit u. a.). Über die Frage der Haltereigenschaft bei beamten- und privateigenen Kraftfahrzeugen in der öffentlichen Verwaltung vgl. Georg Voss, VersR 1955 S. 210, und Scheller, 2. Aufl., Das Kraftfahrzeug im öffentlichen Dienst, 1954; über Interessengemeinschaft einer Gemeinde mit einem Kraftfahrtunternehmen vgl. Müller S. 229.

7. Was für den Begriff das Halters eines Kraftfahrzeugs gesagt worden ist, gilt entsprechend für den Halter eines Kraftfahrzeuganhängers. Der Eigentümer (Halter) eines Anhängers wird durch dessen Überlassung an den Halter eines Kraftfahrzeugs nicht zum Halter oder Mithalter dieses Kraftfahrzeugs, auch dann nicht, wenn die Fahrten im beiderseitigen Interesse erfolgen (so Müller S. 219; a. M. OLG Tübingen 19. 12. 1952 VkBl. 1953 S. 129).

D. Umfang des Versicherungsschutzes

1. Der Person nach

Nach Artikel I § 1 PflVG ist der Halter des Kraftfahrzeugs oder Anhängers verpflichtet, die Versicherung für sich und für den berechtigten Fahrer abzuschließen. Wegen des Begriffs „Halter" vgl. S. 189. Der Begriff „berechtigter Fahrer" findet sich ebenso wie der Begriff „Halter" in dem hier zu behandelnden Artikel I § 1 PflVG, ferner in den §§ 2 Abs. 2 b und 10 Abs. 1 AKB. In § 7 Abs. 3 StVG stoßen wir sowohl auf den berechtigten als auf den nichtberechtigten Fahrer, ohne daß diese Begriffe als solche bezeichnet werden.

Als **berechtigter Fahrer** ist derjenige anzusehen, der mit Willen des Verfügungsberechtigten den Wagen führt, dem der Verfügungsberechtigte mithin ausdrücklich oder stillschweigend die Benutzung des Wagens überlassen hat (RGZ Bd. 154 S. 340 = JW 1937 S. 2362 = Ver AfP 1937 Nr. 2969 = Hans RGZ 1937 A S. 261 m. Anm. Möller = DAR 1937 S. 252 = DÖV 1937 S. 327; BGHZ Bd. 16 S. 292 = VersR 1955 S. 180 = NJW 1955 S. 669 = DAR 1955 S. 87; BGHZ Bd. 26 S. 133 = VersR 1957 S. 814 = NJW 1958 S. 140; OLG Schleswig 24. 10. 1949 VW 1950 S. 20 = SHA 1950 S. 14; OLG Hamm 19. 11. 1953 VersR 1954 S. 218; LG Itzehoe 7. 6. 1955 VersR 1955 S. 546; LG Osnabrück 12. 11. 1958 VersR 1959 S. 102 f.: Mechaniker einer Reparaturwerkstatt während einer Probefahrt). Der Verfügungsberechtigte kann die Benutzungsgenehmigung und damit die Möglichkeit für den Fahrer, über den Wagen selbständig zu bestimmen, einschränken (s. auch unten). Verfügungsberechtigt ist in der Regel der Halter, der zugleich Versicherungsnehmer ist (vgl. Beschluß OLG Freiburg 7. 11. 1955 VersR 1955 S. 677). Der Halter braucht aber nicht notwendigerweise zugleich Versicherungsnehmer zu sein (vgl. z. B. OLG München 18. 6. 1957 VersR 1958 S. 105). Berechtigter Fahrer ist auch derjenige, dem ein Dritter den Wagen überlassen hat, wenn dieser Dritte im Auftrage oder im Einverständnis des Verfügungsberechtigten an seiner Stelle ein Verfügungsrecht hinsichtlich der Fahrzeugbenutzung hatte (vgl. BGHZ Bd. 16 S. 292, s. o.; BGHZ 28. 11. 1957 VersR 1957 S. 814: Berechtigter Fahrer im Einverständnis mit dem Mieter, der seinerseits verfügungsberechtigt gewesen ist; OLG Freiburg 7. 11. 1955 a. a. O.; OLG München 18. 6. 1957 a. a. O.; OLG Schleswig 24. 10. 1949 VW 1950 S. 20). Hiernach und mit Rücksicht auf die Haftung aus § 7 Abs. 3 StVG ist der Versicherungsvertrag nicht nur für den angestellten Fahrer, sondern für jeden Fahrer zu nehmen, der das Fahzeug mit Wissen und Wollen des Halters führt, also z. B. auch für Bekannte. Diesem Umstand trägt der Wortlaut der AKB hinsichtlich des Umfanges der Haftpflichtversicherung in § 10 Abs. 1 Rechnung. Dagegen braucht der Versicherungsvertrag nicht auch die Haftung für einen nichtberechtigten Fahrer zu umfassen, etwa für den Dieb, der sich des Kraftfahrzeugs bemächtigt hat.

Berechtigter Fahrer kann auch ein Minderjähriger sein (OLG Hamm 19. 11. 1953 a. a. O.), selbst ein Jugendlicher, der das Mindestalter des § 7 StVZO noch nicht erreicht hat. Es kommt auch nicht darauf an, ob der berechtigte Fahrer über ein bestimmtes Maß von Fahrgewandtheit verfügt (BGHZ Bd. 16 S. 292, s. o.; LG Siegen 21. 4. 1955 VersR 1955 S. 566 ff.). Hier ist lediglich entscheidend, daß die vom Pflichtversicherungsgesetz geforderte Pflichtversicherung auch solche Schadenereignisse deckt, die durch einen zum Fahren des Kraftfahrzeugs berechtigten Fahrer in dem oben geschilderten Sinne verursacht werden. Nicht entscheidend ist dagegen, ob der Fahrer nach den Verkehrsvorschriften (vgl. § 7 StVZO) oder den Versicherungsbedingungen (er besitzt nicht die vorgeschriebene Fahrerlaubnis) zum Fahren eines Kraftfahrzeugs überhaupt oder gerade des infrage stehenden Kraftfahrzeugs auch berechtigt gewesen ist. Darüber vgl. S. 321 ff.

2. Aus der Begriffsbestimmung des berechtigten Fahrers folgt, daß ein **nichtberechtigter Fahrer** jeder ist, der sich eigenmächtig die Benutzung angemaßt hat (BGHZ Bd. 16 S. 292, s. o.) oder dem die Benutzung zwar von dem berechtigten Fahrer überlassen worden ist, jedoch ohne Wissen und Willen und ohne Einverständnis oder Auftrag des

Halters (LG Itzehoe 7. 6. 1955 a. a. O.). Nichtberechtigter Fahrer kann auch ein Miteigentümer und Halter sein (vgl. OLG Düsseldorf 11. 11. 1958 VersR 1959 S. 101, 102. BGHZ 21. 12. 1955 VersR 1956 S. 211 hat die Ehefrau als nicht berechtigten Fahrer angesehen, deren Mann ihr den Wagen während eines längeren Krankenhausaufenthaltes anvertraut hat. Überschreitet der berechtigte Fahrer seinerseits die ihm vom Halter zeitlich, örtlich oder inhaltlich beschränkte Benutzungsgenehmigung in wesentlichem Umfange, dann ist er nicht mehr als berechtigt anzusehen (RGZ Bd. 154 S. 340 = Ver AfP 1937 Nr. 2969 = HRR 1937 Nr. 1161 = JW 1937 S. 2362 = Hans RGZ 1937 A S. 261: „Nichtberechtigt" der Fahrer, der von zwei gleichzeitig bestellten Fahrern entgegen der Anordnung des Halters die dem zweiten Fahrer zugewiesene Strecke befährt; OLG Koblenz Beschluß 28. 3. 1955 VersR 1955 S. 291: Kirmesfahrt statt Geschäftsfahrt; OLG Stuttgart 23. 1. 1957 VersR 1958 S. 370 = NJW 1957 S. 993: Umweg nach Erledigung eines Fahrauftrags aus privaten Gründen; OLG Köln 20. 11. 1958 MDR 1959 S. 304 = VersR 1959 S. 341, nur Leitsatz, m. Anm. Ruhkopf VersR 1959 S. 606: Überschreiten der inhaltlichen Begrenzung, nämlich der Eigenverwendung — unrichtig, soweit die Überschreitung der Benutzungsbefugnis als „Gebrauch" angesehen wird (vgl. S. 197 ff.). Wann ein Abweichen von der Fahrtroute sich noch mit der Benutzungsgenehmigung des Halters oder sonst Verfügungsberechtigten deckt, ist an Hand des Einzelfalls zu prüfen (vgl. RGZ DR 1939 S. 2014; OLG Düsseldorf 3. 3. 1959 VersR 1959 S. 725, 726, 896: Geringfügiger Umweg). Erstreckt sich die Zuwiderhandlung des Fahrers nur auf die Art der Benutzung (z. B. Verstöße gegen Verkehrsvorschriften), dann bleibt die Berechtigung des Fahrers unberührt (RGZ Bd. 154 S. 340, s. o.; BGHZ Bd. 16 S. 292, s. Anm. 1; LG Siegen 21. 4. 1955 a. a. O.; OLG Düsseldorf 3. 3. 1959 a. a. O.: Mitnahme eines Bekannten).

3. **Fahrer** im Sinne des Artikels I § 1 PflVG, für den also die Versicherung ebenso wie für den Halter abzuschließen ist, ist nicht nur derjenige, der das Kraftfahrzeug unter Verwendung der motorischen Kraft, wenn auch nur auf kürzeste Strecke, fortbewegt (vgl. BGHZ 9. 12. 1953 VersR 1954 S. 84; LG Kassel 15. 4. 1954 VersR 1954 S. 299), sondern auch derjenige, der darüber hinaus während des Gebrauchs des Kraftfahrzeugs, so wie dieser Begriff auf S. 197 ff. dargestellt worden ist, als Kraftfahrer den Wagen betreut. Auch der Fahrschüler ist Fahrer, jedoch ist für ihn verständlicherweise kein Führerschein vorgeschrieben (vgl. Taube VersR 1953 S. 352; Prölss § 2 AKB Anm. 3 A, a. M. RGZ 8. 3. 1932 VerAfP 1932 Nr. 2458 = JRPV 1932 S. 101 = DÖV 1932 S. 54 = SeuffA 1932 Nr. 108 = Warn Rspr. 1932 Nr. 171; vgl. auch Stiefel-Wussow § 2 Anm. 35 u.

§ 10 Anm. 12). Omnibusschaffner und Beifahrer sind nicht Fahrer im Sinne von Art. I § 1 PflVG, der §§ 2 Abs. 2 b, 10 Abs. 1 AKB, es sei denn, sie haben den Fahrer abgelöst.

4. Da seit Inkrafttreten des Pflichtversicherungsgesetzes die **Bundesrepublik, die Länder, Gemeinden** und Gemeindeverbände gemäß § 2 PflVG von der Versicherungspflicht befreit sind, bestand auch für den berechtigten Fahrer kein Versicherungsschutz, wie ihn § 1 PflVG vorsieht. Die Folge war, daß ein durch ein Kraftfahrzeug der genannten öffentlichen-rechtlichen Einrichtungen Verletzter zwar seine Ansprüche gegen diese Einrichtungen verwirklichen konnte, dagegen häufig leer ausging, wenn und soweit es sich um Schadenersatzansprüche gegen den Fahrer handelte. Zwar versuchten der frühere Reichsminister der Finanzen (vgl. den Erlaß v. 9. 4. 1942) und der Bundesminister der Finanzen (vgl. den Erlaß v. 18. 11. 1949, VkBl. 1950 S. 4) die Behörden zu veranlassen, für ihre Kraftfahrer bei Ansprüchen geschädigter Dritter in gleicher Weise einzutreten, wie wenn eine Versicherung bestünde. Aber die mangelnde Rechtsgrundlage machte sich doch stark bemerkbar.

Durch Art. 8 des Gesetzes vom 16. 7. 1957 (BGBl. I S. 710) — vgl. S. 44 — ist durch den neugeschaffenen Abs. 2 zu § 2 PflVG diese Lücke geschlossen worden. Danach haben die nach Abs. 1 von der Versicherungspflicht ausgenommenen Kraftfahrzeughalter für den Fahrer ihrer Fahrzeuge bei Inanspruchnahme durch den Gebrauch des Fahrzeugs geschädigter Personen den gleichen Versicherungsschutz zu gewähren, wie wenn die Halter eine Pflichtversicherung gemäß § 1 PflVG geschlossen hätten. Hierfür gelten die §§ 149 bis 158 h VVG sowie die AKB sinngemäß. Auf deren Erläuterungen wird verwiesen. Eine besondere Regelung trifft Abs. 2 Satz 3 für den Fall des § 158 f VVG. Tritt hier der Halter für den Fahrer ein und erfüllt dessen Haftpflichtverpflichtungen, so gehen die Ansprüche des befriedigten Geschädigten gegen den Fahrer auf den Bund, das Land, die Gemeinde oder den Gemeindeverband über, wenn im Falle einer Pflichtversicherung nach dem Pflichtversicherungsgesetz der Versicherer gegenüber dem Fahrer leistungsfrei gewesen wäre. Der Fahrer hat die Stellung eines Mitversicherten wie bei Vorliegen eines Versicherungsvertrages (ebenso Fleischmann VersR 1958 S. 137; Kramer VW 1957 S. 562; Prölss § 158 b Anm. 4; Thees-Hagemann, 2. Aufl., § 2 PflVG Anm. 4 b; a. M. Chomse VW 1957 S. 515; Ossewski VersR 1958 S. 5). Soweit bei einem Pflichtversicherungsvertrag der Versicherer für den Fahrer nicht einzutreten braucht, wegen Obliegenheitsverletzung u. a. (vgl. Anm. zu § 3 AKB, S. 337), besteht ein Regreßanspruch des öffentlichrechtlichen Halters gegen den Fahrer. Doch gelten auch hier die Grundsätze betreffend die gefahrengeneigte Arbeit (vgl. S. 248). Soweit ein Versicherer dem Fahrer gegenüber nicht leistungsfrei sein würde, ist ein Rückgriff des öffentlich-rechtlichen Halters gegen den berechtigten Fahrer ausgeschlossen.

Ist der Schaden in Ausübung öffentlicher Gewalt geschehen, so ist ein Rückgriff der öffentlichen Hand gegen den Fahrer ausgeschlossen. § 2 Abs. 2 PflVG regelt nur die Fälle einer Inanspruchnahme des Fahrers durch gesetzliche Haftpflichtbestimmungen privatrechtlichen Inhalts, in gleicher Weise wie bei Fahrern von Privatpersonen (ebenso Chomse a. a. O.; Pich VW 1957 S. 562; Prölss a. a. O.; a. M. OLG Celle 10. 2. 1959 VersR 1959 S. 334 = NJW 1959 S. 1133; Möring VersR 1958 S. 209; Thees-Hagemann, 2. Aufl., § 2 PflVG, Anm. 4 d; Voss VW 1958 S. 158).

5. **Der Sache nach.**

Der Umfang des Versicherungsschutzes, den der Halter nach Artikel I § 1 PflVG zur Erfüllung seiner Versicherungspflicht nehmen und der ihm daher von den Versicherungsunternehmen gewährt werden muß, wird der Sache nach von zwei Merkmalen bestimmt:

Der Versicherungsschutz muß Schäden decken, die durch den **Gebrauch** des Fahrzeugs verursacht werden, und

der Versicherungsschutz muß sich auf hierdurch entstehende **Personen-** und **Sachschäden** erstrecken.

6. **Durch den Gebrauch des Fahrzeugs verursachte Schäden.** Während § 7 StVG auf Schäden abstellt, die durch den Betrieb des Kraftwagens entstehen, erfaßt Art. I § 1 PflVG alle Schäden. die durch den **Gebrauch** des Kraftwagens oder Anhängers verursacht werden. Dies bedeutet in rechtlicher Hinsicht, was auch die Begründung betont, daß die Pflichtversicherung nicht nur die durch das Straßenverkehrsgesetz festgesetzte Gefährdungshaftung umfassen soll, sondern auch eine etwaige Haftung des Halters oder Fahrers infolge Verschuldens, also nach den Vorschriften des bürgerlichen Rechts (§§ 823 ff. BGB). Die Pflichtversicherung soll daher u. a. auch die Haftung des Halters und Fahrers nicht nur für Insassen decken, die entgeltlich durch ein dem öffentlichen Verkehr dienendes Fahrzeug befördert werden und den Schutz der Gefährdungshaftung genießen (vgl. § 8 a StVG), sondern für Insassen von Kraftfahrzeugen und Anhängern ohne jede Einschränkung. Der Versicherungsschutz darf ferner nicht durch die einengenden Schadenersatzvorschriften der §§ 10–13 StVG begrenzt werden (wegen der Deckungssummen vgl. S. 206), sondern erfaßt auch etwaige Forderungen des Geschädigten auf Schmerzensgeld (§ 847 BGB). Dieser durch das Pflichtversicherungsgesetz geforderte Umfang des Versicherungsschutzes stimmt übrigens mit dem von den Haftpflichtversicherern schon vor Inkrafttreten des Gesetzes im Rahmen

der Kraftfahrhaftpflichtversicherungsverträge gewährten Versicherungsschutz überein.

7. Wann Schäden durch den Gebrauch des Fahrzeugs verursacht werden, ist eine Frage der tatsächlichen Feststellungen im Einzelfall. Es erscheint nicht möglich, eine alle Fälle umfassende Begriffsbestimmung zu geben. Eine Abgrenzung nach der positiven und negativen Seite ergibt folgendes: Der Versicherungsschutz muß zunächst solche Schäden decken, für die der Halter oder Fahrer nach § 7 Abs. 1 StVG in Anspruch genommen wird, die also „bei dem **Betrieb** eines Kraftfahrzeugs" entstanden sind. Diese Voraussetzung sehen u. a. RGZ Bd. 132 S. 262 und Bd. 160 S. 129 als gegeben an, wenn ein unmittelbarer (näherer) örtlicher und zeitlicher Zusammenhang mit einem bestimmten Betriebsvorgang (Fahren, Anhalten, Öffnen der Türen usw.) oder mit bestimmten Betriebseinrichtungen, d. h. allen seinen Einrichtungen, die dem Fahr- und Beförderungszweck dienen, vorhanden ist. So auch der Bundesgerichtshof, vgl. etwa die Entscheidungen vom 16. 4. 1955 VersR 1955 S. 345 und 21. 9. 1955 VRS 9 S. 414 = VersR 1955 S. 678. Der Begriff „durch den Gebrauch" deckt daher ohne weiteres auch Betriebsvorgänge, die von der Rechtsprechung noch als solche bezeichnet worden sind, während im Schrifttum vielfach Zweifel geäußert werden (vgl. etwa Müller S. 217). Dazu gehören insbesondere alle Vorgänge, die vom Reichsgericht und dem Bundesgerichtshof unter Berücksichtigung der verkehrstechnischen Auffassung noch als „Betrieb" angesehen werden, z. B. das Absteigen des Fahrers (RGZ Bd. 126 S. 333 ff.), das Abstellen des Motors auf kurze Zeit (RGZ a. a. O.; ferner Bd. 122 S. 270 ff.; BGHZ 12. 10. 1956 VersR 1956 S. 765); das Weiterrollen des Fahrzeugs nach Abstellen des Motors (RGZ 29. 11. 1928 JW 1929 S. 912; LG Hamburg 28. 1. 1955 VersR 1955 S. 414 u. a.). Der Begriff „durch den Gebrauch des Fahrzeugs verursachte Schäden" geht aber wesentlich weiter und verträgt nicht die Beschränkung auf Vorgänge, die mit dem Betrieb oder mit bestimmten Betriebseinrichtungen des Fahrzeugs zusammenhängen. Es kommt nicht lediglich, wie aus § 7 Abs. 1 StVG entnommen wird, auf die Bewegung des einzelnen Fahrzeugs, das durch Maschinenkraft mit einer gegenüber anderen Fuhrwerken erhöhten Geschwindigkeit betrieben wird, als die Quelle der Gefahren für den Verkehr an (vgl. RG 7. 11. 1918 JW 1919 S. 104 = Recht 1919 Nr. 494; RGZ Bd. 122 S. 270 ff.), darüber hinaus auch nicht allein auf die Gesamtheit der durch die Eigenheiten des Fahrzeugs begründeten Umstände, die bei seinem Betrieb Gefahren in den Verkehr tragen (vgl. BGHZ 17. 4. 1956 DAR 1956 S. 328). Die Begriffsbestimmung „durch den Gebrauch verursachte Schäden" ist auch weiter, als ihn die Entscheidung des Reichsgerichts vom 29. 3. 1938 VerAfP 1938 Nr. 3044 = JW 1938

S. 1658 = JRPV 1938 S. 247 = RdK 1939 S. 51 umreißt, die sich Prölss (Anm. 2 zu § 10 AKB) zu eigen gemacht hat. Dort hatte das Reichsgericht als bei dem Betrieb des Kraftfahrzeugs erfolgt alle Schädigungen angesehen, „welche durch Vorgänge und Handlungen hervorgerufen sind, die mit dem Verwendungszweck des Fahrzeugs zeitlich und örtlich in unmittelbarem Zusammenhang stehen" und als Betriebsvorgang jedenfalls noch eine solche Maßnahme bezeichnet, die, auch ohne Ingangbringung der motorischen Antriebskraft, die Fahrbarmachung des Kraftwagens für eine im Anschluß daran auszuführende Fahrt bezweckt. Der der damaligen Entscheidung zugrunde liegende Wortlaut der Bedingungen stimmt mit § 10 Abs. 1 Satz 1 AKB bis auf den Begriff „Gebrauch", für den es damals „Betrieb" hieß, überein. Schon dies deutet darauf hin, daß die vom Reichsgericht a. a. O. gegebene Abgrenzung des Umfanges der Versicherung für den vom Pflichtversicherungsgesetz geforderten und in die AKB übernommenen Umfang der Deckung für den Halter und Fahrer zu eng ist.

8. Zwar ist Gebrauch im Sinne des Art. I § 1 PflVG nicht schon die Tatsache des Haltens und Besitzens des Fahrzeugs für sich allein, ganz abgesehen davon, daß das bloße Halten und Besitzen vielfach überhaupt nicht einmal haftpflichtversicherungspflichtig macht, so wenn das Kraftfahrzeug oder der Anhänger nicht mehr benutzt werden soll und in einem Schuppen oder sonstwie abgestellt ist. Wegen der Einstellraumversicherung vgl. S. 356. Es muß vielmehr zum Halten, zum Besitzen das Merkmal der **Benutzung** hinzutreten. Von Benutzung spricht allerdings auch § 7 Abs. 3 StVG. Dort steht die Benutzung aber im Gegensatz zur „Inbetriebsetzung" und bezieht sich nur auf solche Handlungen des Dritten, des Benutzers, die nach § 7 Abs. 1 a. a. O. eine Haftung auch des Halters auslösen würden, also mit dem „Betrieb" des Kraftfahrzeugs zusammenhängen (vgl. auch Müller S. 258 f.). Hier dagegen ist Benutzung im üblichen Sprachsinn zu verstehen. Eine Benutzung in diesem Sinne liegt zunächst immer dann vor, wenn das Kraftfahrzeug im „Verkehr", und zwar — im Hinblick auf den nach dem Pflichtversicherungsgesetz zu gewährenden Versicherungsschutz — im „öffentlichen" Verkehr (vgl. S. 175) ist. Durch den Begriff „Gebrauch" wird also über die oben beim Begriff „Betrieb" des Kraftfahrzeugs erwähnten Vorgänge hinaus die Benutzung des Fahrzeugs, sein Im-Verkehr-sein erfaßt, u. a. das auf längere Zeit gedachte Halten auf einer öffentlichen Straße, also das Parken und Abstellen in den Straßen, auf den Plätzen, auf der Autobahn, auf Feldwegen (a. M. Stiefel-Wussow § 10 Anm. 15 a. E.; OLG Düsseldorf 29. 3. 1956 NJW 1956 S. 1033 betrachtet das parkende Fahrzeug sogar noch als im Betrieb befindlich); das Liegenbleiben infolge Betriebsschadens, bei Glatteis wegen der Gefahr des Schleuderns, bei einer

Steigung, um alsbald vom ziehenden Fahrzeug abgeholt zu werden, oder wegen Ausgehens des Betriebsstoffs (anders im Hinblick auf § 7 Abs. 1 StVG: RGZ Bd. 122 S. 270 ff.); das Schieben oder Vorwärtsbewegen des Kraftfahrzeugs mit der Hand; das Gezogenwerden durch Pferde oder in anderer Weise, bei der die eigene Triebkraft also keine Rolle spielt (diese Vorgänge würden nicht Betrieb im Sinne des § 7 Abs. 1 StVG sein: Bayer. ObLGSt 1952 S. 162, Urteil v. 22. 7. 1952; OLG Karlsruhe 28. 1. 1954 VRS 7 S. 477); das Schleppen des Fahrzeugs durch ein anderes (s. a. S. 174; vgl. Bezold JW 1929 S. 914); auch der durch das Loslösen der Bremsen durch einen Betriebsfremden verursachte Schaden würde als durch den „Gebrauch" des Kraffahrzeugs verursacht durch die Pflichtversicherung gedeckt werden müssen (vgl. Kober VW 1954 S. 14 u. 116). Ob auch Schäden bei Zugmaschinen, die nicht durch die Eigenart als Kraftfahrzeug, sondern durch die Arbeitsgänge entstehen (der Trecker dient als Antrieb für eine Dreschmaschine), unter die Kraftfahrzeug-Haftpflichtversicherung fallen [so LG Stade 21. 12. 1955 VersR 1956 S. 345], erscheint zweifelhaft. Nicht durch eine nach dem Pflichtversicherungsgesetz vorgeschriebene Pflichtversicherung brauchte ein Schaden gedeckt zu werden, der durch einen in der Garage aufgebockten Wagen entsteht (anders die 1. Aufl., S. 120), weil es sich hier nicht um einen „Gebrauch", ein Benutzen, einen Verkehr handelt (wegen der Einstellraumversicherung vgl. S. 356). Dagegen würde das Unterstellen eines regelmäßig benutzten Kraftfahrzeugs oder Anhängers in der Garage unter den Begriff „Gebrauch" fallen, ebenso das Waschen, das Rangieren, das Tanken, das Hochschlagen des Verdecks und die dadurch entstehenden Schäden müßten versicherungsmäßig gedeckt werden.

9. Es kann nicht als zutreffend angesehen werden, daß der **Gebrauch** des Kraftfahrzeugs dann **aufhört,** wenn sich mit dem Fahrzeug nichts weiter ereignet, wenn es endgültig, sei es in der Garage, sei es im Freien, in dem gleichen Sinne abgestellt wird, wie dies vom Reichsgericht und vom Bundesgerichtshof hinsichtlich der Beendigung des Betriebs grundsätzlich entwickelt worden ist (sog. verkehrstechnische Theorie, s. o.); so Stiefel-Wussow § 10 Anm. 15. „Gebrauch" geht, wie oben ausgeführt, weit über diese Grundsätze hinaus, wie daraus zu erkennen ist, daß ein Lastzug über die ganze Dauer einer Fernfahrt im Gebrauch ist, auch wenn er unterwegs anhält, sei es zum Zwecke einer Ruhepause, zum Tanken oder zu einer notwendigen Reparatur (vgl. OLG Tübingen 21. 7. 1950 VerAfP 1951 S. 70), oder nachts in einer Garage steht. Gebrauch liegt auch dann vor, wenn das Kraftfahrzeug oder der Anhänger beladen oder entladen werden (RGZ Bd. 132 S. 262 ff.; RGHZ 21. 9. 1955 VersR 1955 S. 678, s. o.; OLG Tübingen a. a. O.; Kramer VersR 1952 S. 73; Reinicke VersR 1959

S. 965). Immer muß es sich aber um Handlungen oder Unterlassungen handeln, die entsprechend Artikel I § 1 PflVG „durch den Gebrauch des Fahrzeugs verursachte Sach- und Personenschäden" zur Folge haben. Dies bedeutet hinsichtlich des Fahrers des Fahrzeugs, daß nicht nur Handlungen und Unterlassungen während der reinen Fahrtätigkeit darunter fallen, sondern auch solche vor oder nach Beginn des Fahrens, vorausgesetzt daß sie zu dem Kreis seiner Verrichtungen als Fahrer gehören. Dies ist nicht mehr der Fall, wenn der (berechtigte) Fahrer das Kraftfahrzeug entgegen der Begrenzung seiner Benutzungsgenehmigung (nur zur Eigenverwendung) einem Dritten überläßt, der einen Unfall verursacht, wodurch die Mitfahrerin des Motorrads verletzt wurde. Entgegen OLG Köln 20. 11. 1958 MDR 1959 S. 304 = VersR 1959 S. 341, nur Leitsatz, m. Anm. Ruhkopf VersR 1959 S. 606 kann der durch die Überschreitung der Benutzungsbefugnis eingetretene Schaden nicht als „durch den Gebrauch des Fahrzeugs verursacht" angesehen werden (s. a. S. 195).

10. Ein Gebrauch des Kraftfahrzeugs kann nicht mehr vorliegen, wenn der Wagen in lebenswichtigen Teilen **abmontiert** ist und im Schuppen oder auf einem Platz steht. Anders ist die Sachlage dagegen zu beurteilen, wenn etwa zu Reparaturzwecken ein Bestandteil vom Fahrzeug gelöst worden ist — ein Rad, der Vergaser, die Ölwanne. Die durch diese losgelösten Bestandteile etwa verursachten Schäden sind als durch den Gebrauch des Fahrzeugs entstanden anzusehen; der Versicherungsschutz muß sich daher auch auf solche Schäden erstrecken (vgl. ähnlich Stiefel-Wussow § 10 Anm. 17).

11. Betrachtet man den Begriff „durch den Gebrauch des Kraftfahrzeugs verursachte Schäden" einmal von der Seite der **negativen Abgrenzung,** dann würde es unrichtig sein anzunehmen, daß durch das „Nichtgebrauchen" des Fahrzeugs entstehende Schäden vom Versicherungsschutz nicht erfaßt zu werden brauchten. Dies würde nur zutreffen, wenn ein Kraftfahrzeug oder Kraftfahrzeuganhänger überhaupt nicht mehr benutzt werden soll. Bedeutet aber das „Nichtgebrauchen" nur ein vorübergehendes gegenwärtiges „Nichtbenutzen", etwa das bereits erwähnte Parken oder Abstellen auf der Landstraße, dann bleibt das Kraftfahrzeug im Gebrauch. — Ohne Bedeutung ist, ob das Fahrzeug *behördlich* ordnungsmäßig *zugelassen* war oder nicht (wie hier Stiefel-Wussow § 10 Anm. 14; a. M. Kramer VersR 1952 S. 73). Wenn mit der abweichenden Meinung gesagt werden sollte, daß, ist ein Kraftfahrzeug einmal zugelassen, jeder Schaden von der Versicherungspflicht erfaßt werden müßte, so widerspricht dies dem Gesetz, das Versicherungsschutz nur für durch den Gebrauch des Fahrzeugs verursachte Schäden verlangt. Auch ein nicht zugelassenes Fahrzeug wird gebraucht und verursacht Schäden, deren versicherungsmäßige

Erstattung aus dem Gesichtspunkt der Nichtzulassung nicht abgelehnt werden kann (vgl. BGHZ 27. 6. 1951 Bd. 2 S. 360 = VersR 1951 S. 195; S. 205).

12. Das Gesetz verlangt, daß der Versicherungsschutz Schäden deckt, die durch den Gebrauch des Fahrzeugs verursacht werden, d. h. mit dem Gebrauchen, der Benutzung des Fahrzeugs **in ursächlichem Zusammenhang** stehen. Damit scheiden Schäden aus, die nur gelegentlich des Gebrauchs eintreten, z. B. wenn ein Fahrer gelegentlich des Tankens eine noch brennende Zigarette fortwirft und dadurch einen Brand verursacht (vgl. Kober VW 1954 S. 14) oder wenn ein Fahrer oder Fahrgast beim Überqueren der Straße oder auf dem Gehweg einen Unfall verursacht (vgl. Bayer. ObLG 30. 7. 1954 NJW1955 S.105; OLG Dresden 18. 8. 1938 VAE 1938 S. 408 und die bei Kober a. a. O. zu 1, 3 und 5 angeführten Fälle).

Sobald der Fahrer oder Fahrgast sich von dem Kraftfahrzeug räumlich gelöst hat, also bereits ausgestiegen ist, die Tür zugeschlagen, sich abgewandt hat und sich anschickt die Straße zu überschreiten, ist die örtliche Verbindung mit dem Kraftfahrzeug aufgehoben und der Kausalzusamenhang zwischen der Benutzung des Fahrzeugs und allen weiteren Vorgängen, also auch mit einem nunmehr etwa eintretenden Schaden unterbrochen. Daher kann es auch nicht darauf ankommen, ob, wenn ein Kraftfahrzeug auf der der Garage gegenüberliegenden Straßenseite abgestellt wird, der Weg des Fahrers von der Garage zum Wagen notwendige und unumgängliche Voraussetzung für den Gebrauch des Fahrzeugs ist (vgl. Kober a. a. O). Ein hierbei entstehender Unfall ist ebensowenig ein durch den „Gebrauch" des Kraftfahrzeugs verursachter Schaden, wie wenn der Unfall sich ereignete, wenn der Fahrer vom Auto zur gegenüberliegenden Garage ginge, schon weil dieser Weg kaum noch als notwendige Voraussetzung für den Gebrauch des Kraftfahrzeugs anzusehen wäre.

13. Der in Art. I § 1 PflVG geforderte Versicherungsschutz verlangt ferner, daß auch mittelbar durch den Gebrauch des Kraftfahrzeugs herbeigeführte Schäden gedeckt werden, vorausgesetzt, daß ein adäquater Ursachenzusammenhang vorliegt (vgl. Müller S. 223 f.). Wird z. B. ein Fußgänger durch das plötzliche Auftauchen eines Kraftwagens erschreckt und tritt er hierdurch veranlaßt zu nahe an das Gleis einer Straßenbahn, so daß er von dieser erfaßt wird, so liegt hier ein durch den Gebrauch des Kraftfahrzeugs verursachter Schaden vor (Hamburg 3. 4. 1928 DAR 1929 S. 112).

Als nicht durch den „Gebrauch" eines Kraftfahrzeugs verursacht wäre ein Schaden zu bezeichnen, der durch das Platzen eines mit dem Fahrzeug beförderten Behälters oder durch Selbstentzündung des Ladeguts entsteht, ohne daß das Kraftfahrzeug oder sein Anhänger beteiligt ist. Etwas anderes gilt nur, wenn gerade der Gebrauch des Kraftfahrzeugs eine Ursache für den Schaden gesetzt hat. Deshalb müssen Schäden, wie sie durch ein Kraftfahrzeug mit eingebautem Lautsprecher entstehen können und die das Reichsgericht (Bd. 160 S. 129; ebenso Prölss § 10 AKB Anm. 2) als nicht unter § 7 Abs. 1 StVG fallend bezeichnet hat, durch die Pflichtversicherung gedeckt werden. Dort kam es darauf an festzustellen, ob der Teil, von dem die schädigende Wirkung ausgeht, mit dem Wesen des Kraftfahrzeugs als eines Beförderungsmittels im Zusammenhang steht. Hier handelt es sich nicht darum, ob die Gefahr dem „Betrieb“ entspringt. Maßgebend ist vielmehr, ob das Kraftfahrzeug gebraucht und ob durch diesen Gebrauch des Fahrzeugs, gleich welchen Zweck es erfüllt und wie seine Bauart beschaffen ist, ein Schaden verursacht worden ist, ohne daß das Wesen und die Eigenheiten des Kraftfahrzeugs von Bedeutung sind.

14. Was vorstehend hinsichtlich des Kraftfahrzeugs gesagt worden ist. gilt entsprechend für den Gebrauch des mit dem Motorfahrzeug keine Betriebseinheit bildenden **Kraftfahrzeug-Anhängers.** Der Halter eines Anhängers muß nach § 1 PflVG für einen Versicherungsschutz sorgen, durch den er im gleichen Umfange geschützt wird wie der Halter eines Kraftwagens (Ausnahmen vgl. § 1 zu c DVO/PflVG, s. a. S. 182; § 18 Abs. 2 Nr. 6 StVZO). Dies geschieht durch eine Anhängerversicherung, deren Mindestversicherungssumme gesondert nach den §§ 7, 9, 10, DVO/PflVG zu berechnen ist (vgl. S. 207). Bildet jedoch der Anhänger mit dem Kraftfahrzeug eine betriebliche Einheit (vgl. RGZ 13. 1. 1939 Ver AfP 1939 S. 211; RGZ 30. 8. 1939 JRPV 1938 S. 308), dann ist auch der vom Anhänger verursachte Unfall ein solcher des ziehenden Kraftfahrzeugs, so daß die Pflichtversicherung dieses Kraftfahrzeugs einzutreten hat (vgl. BGHZ 28. 5. 1956 NJW 1956 S. 1236; LG Lüneburg 7. 1. 1954 VersR 1954 S. 112). Dies gilt selbst dann, wenn der Anhänger vom ziehenden Kraftfahrzeug getrennt ist, falls sich der Unfall noch in Auswirkung der betrieblichen Einheit ereignet hat und der Anhänger etwa nur deshalb abgehängt worden ist, weil das Motorfahrzeug vorübergehend eine Reparaturwerkstatt oder eine Tankstelle aufsuchen muß (vgl. OLG Hamburg 5. 4. 1935 Prax 1935 S. 86; OLG Tübingen 21. 7. 1950 Ver AfP 1951 S. 79 f.; AG Speyer VersR 1952 S. 233).

Ist die betriebliche Einheit aufgehoben, was Tatfrage ist, dann kommt lediglich die Pflichtversicherung für den Anhänger zum Zuge, die also gerade auch solche Schäden decken muß, die nicht mit dem Gebrauch und dem Betrieb des ziehenden Kraftfahrzeugs zusammenhängen, also im wesentlichen auf Vorschriften des Bürgerlichen Gesetzbuches zurückzuführen sind. Über den Versicherungsschutz von Fahrzeug und Anhänger, wenn dieser sich löst, vgl. Grundregel 8 (3); ferner Prölss VersR 1957 S. 273; dort auch Rechtsprechung in Anm. 3.

Daß das Risiko des Anhängers ungleich geringer ist als das des Motorfahrzeugs, kommt in der geringeren Prämie zum Ausdruck. Wie der Anhänger ist der Auflieger zur Güterbeförderung zu behandeln (vgl. Grundregel 8 / 1 bis 3; hier S. 141). Über auswechselbare Auflieger (Aufsatzkasten) vgl. OLG München 3. 6. 1960 (VersR 1960 S. 652). Dient der Anhänger nicht der Güterbeförderung und unterliegt er nicht der Pflichtversicherung, dann erstreckt sich die Haftpflichtversicherung für Krafträder und Personenwagen auch auf diese Anhänger, auch wenn sie mit dem Kraftrad oder Personenwagen verbunden sind (Grundregel 8 (4); hier S. 141).

Ähnlich wie in den Fällen von Motorfahrzeug und Anhänger liegen die Verhältnisse, wenn ein Kraftfahrzeug im Schlepp eines anderen ist. Auch dann liegt in der Regel eine betriebliche Einheit vor (OLG Düssseldorf 2. 11. 1933 Ver AfP 1933 S. 421 = JRPV 1934 S. 141), und für etwaige Schäden haftet der Halter des abschleppenden Wagens. Die Betriebseinheit kann u. U. auch drei Fahrzeuge umfassen (ziehendes Fahrzeug, Anhänger, geschlepptes Fahrzeug): OLG Stuttgart 1. 10. 1959 VersR 1960 S. 125, 126; vgl. auch Ehrich Anm. hierzu VersR 1960 S. 411. Hat das geschleppte Fahrzeug einen Fahrer, dann hängt es von den Umständen des Einzelfalles ab, ob der verursachte Schaden durch den Gebrauch des schleppenden und/oder des abgeschleppten Fahrzeugs entstanden ist, wobei u. U. die Haftpflichtversicherer beider Fahrzeuge oder nur der Versicherer des abgeschleppten Fahrzeugs den Schaden zu decken haben. Mitverursachung durch das ziehende Fahrzeug setzt voraus, daß das andere Fahrzeug wirklich abgeschleppt worden und nicht mit eigener Kraft gefahren ist (OLG Stuttgart VersR 1960 S. 125, 126; s. o.). Über Mitverursachung des schleppenden Fahrzeugs hinsichtlich eines durch das geschleppte Fahrzeug herbeigeführten Schadens vgl. BGHZ 23. 11. 1955 VRS 10 S. 96 = DAR 1956 S. 30 (s. a. Ehrich VersR 1960 S. 411) und den vom RGZ 8. 5. 1930 DAR 1930 S. 201 entschiedenen Fall, der dort unter dem hier nicht ausschlaggebenden Gesichtspunkt des § 7 Abs. 1 StVG ausschließlich zu Lasten des schleppenden Fahrzeugs entschieden worden ist; ferner Österr. ObGH 6. 10. 1959 VersR 1960 S. 191 f. Zu den Fragen betr. den Anhänger vgl. auch Stiefel-Wussow § 10 Anm. 18. Daß der in Art. I § 1 PflVG und in § 10 Abs. 1 AKB benutzte Begriff „Gebrauch" – statt wie früher in den AVB „Betrieb" – nur bedeuten soll, daß die Haftung sich nicht auf die Haftung nach dem Straßenverkehrsgesetz beschränken, sondern auch die Haftung nach dem Bürgerlichen Gesetzbuch (Verschulden, Schmerzensgeld) erfassen soll (so Müller S. 278, Anm. 7 zu § 1 PflVG; Ossewski VersR 1952 S. 6), kann, da zu eng gefaßt, nicht als zutreffend angesehen werden, zumal die Ausdehnung des Versicherungsschutzes auf die Haftung nach dem Bürgerlichen

Gesetzbuch schon unter den früheren Versicherungsbedingungen rechtens gewesen ist (RGZ 29. 3. 1938 JW 1938 S. 1658; s. o.). Daß auch die von Prölss vertretene Meinung zu eng ist, ist bereits erwähnt worden. Daß nur solche Schäden nach dem Pflichtversicherungsgesetz versichert und gedeckt zu werden brauchen, die in ursächlichem Zusammenhang mit dem Gebrauch des Kraftfahrzeugs stehen, ist auf S. 202 ausgeführt worden. Gleichwohl erscheint es zu weitgehend, aus diesem Grunde allgemein als Merkmal zu fordern, daß in jedem Falle das Fahrzeug selbst bei der Schadenverursachung beteiligt sein müsse (so Gerlach VersR 1952 S. 108). Es gibt Fälle, in denen Schäden durch den Gebrauch des Kraftfahrzeugs im Sinne des Art. I § 1 PflVG verursacht werden, ohne daß das Fahrzeug unmittelbar beteiligt ist (z. B. die oben erwähnten Fälle von Schäden durch Fahrzeugbestandteile oder von Schäden im Zusammenhang mit der Ladung, mit dem Beladen oder Entladen, wenn hierbei der Gebrauch des Kraftfahrzeugs mitverursachend gewesen ist). Daß schließlich nicht entscheidend sein kann, ob das Fahrzeug ordnungsmäßig zugelassen worden ist oder nicht, ist bereits oben betont worden.

15. **Personen- und Sachschäden müssen gedeckt sein.** Im Interesse eines umfassenden und einheitlichen Schutzes der Verkehrsopfer sieht § 3 PflVG vor, daß der Versicherungsvertrag den von der Aufsichtsbehörde genehmigten allgemeinen Versicherungsbedingungen entsprechen muß (Abs. 2) und daß er nur bei einer im Deutschen Reich zum Geschäftsbetrieb befugten Versicherungsunternehmung geschlossen werden darf, die dann aber nach näherer Bestimmung des Reichswirtschaftsministers, jetzt Bundesministers für Wirtschaft, zur Gewährung von Versicherungsschutz verpflichtet ist (Abs. 1; vgl. S. 216 ff.). Die vom Reichsaufsichtsamt für Privatversicherung für die privaten Versicherungsunternehmungen und jetzt vom BAV genehmigten Versicherungsbedingungen sind so gefaßt, daß sie dem Grundgedanken des Pflichtversicherungsgesetzes in allen entscheidenden Punkten Rechnung tragen und keine Lücken enthalten, die sich zum Nachteil der Verkehrsopfer oder der Halter und Fahrer auswirken müßten. Im einzelnen vgl. die Ausführungen auf Seite 303 ff.

Im übrigen versteht sich von selbst, ist im Gesetz (§ 1) aber auch ausdrücklich gesagt, daß der Versicherungszwang sich nicht lediglich auf den Abschluß eines Kraftfahrhaftpflichtversicherungsvertrags erstreckt, sondern auch auf seine Aufrechterhaltung, solange das Fahrzeug in dem oben angegebenen Sinne in Gebrauch ist.

E. Mindestversicherungssummen

1. Aus den Darlegungen über den Umfang des vom Pflichtversicherungsgesetz geforderten Versicherungsschutzes folgt, daß die Ersatzpflicht des Halters und Fahrers im Rahmen des Pflichtversicherungsgesetzes grundsätzlich größer sein wird, als den im Straßenverkehrsgesetz bestimmten Haftungssummen entspricht. Um den Verkehrsopfern einen ausreichenden Schutz zu gewährleisten, ist daher der Versicherungsnehmer in der Vereinbarung der Höhe der Versicherungssumme nicht frei. Vielmehr bestimmt Art. I § 4 PflVG, daß die von den Kraftfahrzeughaltern zu versichernden Mindestversicherungssummen durch Verordnung bestimmt werden. Die nähere Regelung ist im Artikel III §§ 7 bis 11 DVO/PflVG getroffen. Danach gehen die Mindestversicherungssummen zum Teil über die Haftungssummen des Straßenverkehrsgesetzes hinaus (vgl. v. S. 39). Innerhalb dieser Mindestsummen ist für eine Selbstbeteiligung des Versicherungsnehmers kein Raum.

2. **Personenschäden**

a) **Personenfahrzeuge, Omnibusse.** Bei Personenfahrzeugen (auch Omnibussen) bis zu sechs Plätzen gilt ein Grundbetrag von 100 000 DM. Die Plätze für den Fahrer und sonstige Begleitpersonen zählen jeweils mit. Bei Personenfahrzeugen mit 7 bis 10 Plätzen steigt die erforderliche Versicherungssumme auf 150 000 DM. Bei Personenfahrzeugen mit mehr als 11 bis zu 80 Plätzen beträgt die Grundsumme 150 000 DM, zu denen für den 11. und jeden weiteren Platz je 8000 DM hinzutreten (vgl. Art. III § 7 Abs. 1 Nr. 1 DVO/PflVG), so daß z. B. für einen Omnibus mit 30 Plätzen die Mindestversicherungssumme 310 000 DM beträgt, nämlich 150 000 DM (20 × 8000 DM), vgl. hierzu auch u. Anm. 9. Für L e h r o m n i b u s s e, das sind solche, die ausschließlich zu Lehrzwecken benutzt werden, hat die 2. Verordnung zur weiteren Durchführung der Pflichtversicherung für Kraftfahrzeughalter vom 21. März 1942 (RGBl. I S. 137) eine Mindestversicherungssumme für Personenschäden von 100 000 DM festgesetzt. – Zu den Personenfahrzeugen gehören auch die Krafträder und Fahrräder mit Hilfsmotor.

b) **Anhänger für Personenbeförderung.** Sind Anhänger für die Beförderung von Personen bestimmt, so ist bei Anhängern bis zu 80 Plätzen für jeden Platz eine Versicherungssumme von je 8000 DM erforderlich (Art. III § 7 Abs. 1 Nr. 2 DVO/PflVG), zu der die Versicherungssumme für das Antriebsfahrzeug hinzutritt; vgl. auch u. Anm. 9. Hierbei ist zu berücksichtigen, daß diese Versicherungssumme verschieden ist, je nachdem, ob es sich um einen Personenwagen (bis zu 6 Plätzen 100 000 DM) oder ein Güterfahrzeug oder eine Arbeitsmaschine (150 000 DM) handelt. Zu den Anhängern gehören auch die zur Personenbeförderung bestimmten Anhänger von Sattelkraftfahrzeugen.

Über die Mindestversicherungssummen für Anhänger mit mehr als 80 Plätzen vgl. u. zu 3.

c) **Güterfahrzeuge, Zug- und Arbeitsmaschinen einschl. Anhänger**

§ 7 Abs. 1 Nr. 3 DVO/PflVG hatte ursprünglich als Mindestversicherungssumme bei Güterfahrzeugen usw. DM 100 000,– festgesetzt. § 8 DVO hatte bestimmt, daß sich die Mindestversicherungssumme von DM 100 000,– erhöht, wenn die Güterfahrzeuge usw. zur Personenbeförderung benutzt werden. Dabei ist es gleichgültig, ob die Beförderung entgeltlich oder unentgeltlich geschieht. Werden die Fahrzeuge zur Beförderung von 8 und weniger Personen benutzt, dann erhöht sich die Mindestversicherungssumme für Personenschäden um DM 50 000,– auf DM 150 000,–. Werden die Fahrzeuge zur Beförderung von mehr als 8 Personen benutzt, muß die Mindestversicherungssumme für Personenschäden den für Personenfahrzeuge oder für Anhänger in § 7 Abs. 1, 2 DVO/PflVG vorgeschriebenen Beträgen entsprechen; vgl. auch u. **Anm. 9.**

Die Erhöhung der Mindestversicherungssumme von DM (RM) 100 000,– auf DM (RM) 150 000,– für Personenschäden ist für Güterfahrzeuge usw. durch Bekanntmachung des damaligen Reichskommissars für die Preisbildung zum Einheitstarif für Kraftfahrtversicherungen vom 10. 3. 1943 (Dtsch. Reichsanzeiger Nr. 70 v. 25. 3. 1943) ausdrücklich festgesetzt worden, ohne daß dies nach dem Wortlaut des § 8 DVO/PflVG unbedingt erforderlich gewesen wäre (vgl. auch Anm. 9 auf S. 22). Denn es sollte nicht etwa der in § 8 Abs. 1 a. a. O. genannte Betrag von DM 50 000,– zusätzlich zu dem in der Bekanntmachung vom 10. 3. 1943 genannten Betrag von DM 150 000,– hinzutreten.

Dadurch, daß der Einheitstarif für Kraftfahrtversicherungen (der neueste für 1960 beruht auf der VO PR 15/59 v. 19. 12. 1959; vgl. S. 116 ff.) die Mindestversicherungssummen für Güterfahrzeuge usw. allgemein auf DM 150 000,– festgesetzt hat, gilt dieser Betrag nicht nur in den Fällen, in denen das Fahrzeug zur Beförderung von Personen (nicht mehr als 8) benutzt wird, sondern auch dann, wenn es nur der Beförderung von Gütern dient.

3. Eine Sonderregelung bleibt nach Art. III § 10 DVO/PflVG für die Mindestversicherungssummen von Personenfahrzeugen, Omnibussen oder Anhängern mit **mehr als 80 Plätzen** vorbehalten. Hier hat das (damalige) Reichsaufsichtsamt für Privatversicherung die Versicherungssummen festgesetzt und sie im Deutschen Reichsanzeiger bekanntgemacht; vgl. Bekanntmachung vom 30. Juni 1940 (Deutscher

Reichsanzeiger Nr. 145 vom 24. Juni 1940): In diesen Fällen treten zu der Mindestversicherungssumme für 80 Plätze, das sind 710 000 DM, für den 81. und jeden weiteren Platz je 6000 DM für Personenschäden hinzu (vgl. S. 23).

Beförderung in dem oben angegebenen Sinne ist stets die als Selbstzweck durchgeführte Ortsveränderung von Personen (vgl. Müller Anm. 10 zu § 19 StVO, S. 929).

4. Für **Anhänger zur Beförderung von Gütern** ist keine besondere Mindestversicherungssumme festgesetzt worden. Gleichwohl besteht die Verpflichtung, den von einem Personen- oder Güterfahrzeug, einer Zug- oder Arbeitsmaschine gezogenen Anhänger, falls er nicht von der Versicherungspflicht frei ist (vgl. S. 182), gegen durch seinen Gebrauch verursachte Schäden zu versichern. Diese Verpflichtung trifft den Halter bei Vermeidung einer Strafe, aber auch jeden anderen, der den Anhänger gebraucht. Der Festsetzung einer besonderen Versicherungssumme bedarf es nicht. Vielmehr gilt die in § 7 Abs. 1 Nr. 3 bestimmte Mindestversicherungssumme auch für den Anhänger, wie ausdrücklich festgelegt ist („einschl. der Anhänger"). Der Versicherungsschutz ist also durch die Versicherung des ziehenden Kraftfahrzeuges gesichert, und zwar für alle Schäden, bei denen das Kraftfahrzeug und der Anhänger eine Betriebseinheit bilden, gleich ob die Ansprüche sich gegen den Halter des Kraftfahrzeuges oder des Anhängers richten (vgl. auch Grundregel Nr. 8, S. 141). Eine Betriebseinheit liegt auch noch vor, wenn sich der Anhänger während des Betriebes vom ziehenden Kraftfahrzeug gelöst hat (vgl. Grundregel Nr. 8 Abs. 3 und S. 141). Soweit die Haftpflichtversicherung des Halters des ziehenden Kraftfahrzeuges die Gefahren eines Anhängers deckt, dessen Halter ein Dritter ist, liegt eine Versicherung für fremde Rechnung vor.

Bilden Kraftfahrzeug und Anhänger keine Betriebseinheit, weil der Anhänger nicht mit dem Kraftfahrzeug verbunden ist, sondern vorübergehend oder dauernd abgehängt ist, dann muß der Halter des Anhängers seiner Verpflichtung aus § 1 PflVG durch Abschluß einer **Anhängerversicherung** nachkommen. Für sie gilt Abs. 2 der Grundregel Nr. 8 (vgl. S. 141). Danach erstreckt sich der Versicherungsschutz auf Ansprüche sowohl gegen den Halter des Anhängers als auch gegen den Halter oder berechtigten Fahrer des Kraftfahrzeuges. Schäden der hier in Frage stehenden Art unterliegen nicht der Gefährdungshaftung nach § 7 StVG, sondern der Haftung ausschließlich nach dem Bürgerlichen Gesetzbuch. Schäden dieser Art entstehen etwa dadurch, daß der abgehängte Anhänger unbeleuchtet gewesen oder gegen ein Weiterrollen nicht genügend gesichert gewesen ist. Die Mindestversicherungssumme beträgt nach § 7 Abs. 2 DVO/PflVG für Personenschäden DM 100 000,–.

Unterliegt der Anhänger zur Güterbeförderung nicht der Pflichtversicherung (vgl. S. 182), so erstreckt sich die Haftpflichtversicherung für ziehende Krafträder und Personenwagen auch auf Schäden durch den Anhänger, wenn dieser mit dem Kraftrad oder dem Personenwagen nicht verbunden ist (vgl. Grundregel Nr. 8 Abs. 4).

Wegen der Versicherungssumme bei Anhängern, die für die Personenbeförderung bestimmt sind, vgl. o. zu 2 c.

Eine besondere Anhängerversicherung für den Personenwagenanhänger gibt es nicht.

Wird ein versicherungspflichtiger Anhänger von einem nicht versicherungspflichtigen Kraftwagen gezogen, so bestimmt sich die Versicherungssumme gleichfalls nach den oben angegebenen Grundsätzen.

5. Für **Sachschäden** beträgt die Mindesthöhe der Versicherungssumme den 10. Teil der Mindestversicherungssumme für Personenschäden (vgl. § 9 DVO/PflVG), also bei einem Personenfahrzeug bis zu 6 Plätzen 10 000 DM, bei einem Güterfahrzeug 15 000 DM, bei einem Omnibus mit 30 Plätzen 31 000 DM. Die gleiche Regelung gilt auch für Fahrzeuge mit mehr als 80 Plätzen. Auf Grund des Einheitstarifs für Kraftfahrtversicherungen 1960 (s. S. 116) sind bei den erhöhten Deckungssummen (z. B. bei Personenwagen 250 000 DM für Personenschäden statt 100 000 DM) die Sachschadendeckungssummen verdoppelt worden (bei 250 000 DM für Personenschäden statt 25 000 DM jetzt 50 000 DM für Sachschäden).

6. Für **Vermögensschäden,** für die der Versicherungsnehmer nach § 10 Abs. 1 AKB Versicherungsschutz genießt, gewährt der Einheitstarif für Kraftfahrtversicherungen $^1/_{25}$ der Versicherungssummen für Personenschäden, also in den vorstehend angeführten Beispielen 4000 DM bzw. 6000 DM bzw. 12 400 DM. In der Neufassung des § 7 Abs. 1 Nr. 3 a. a. O. ist die Mindestversicherungssumme für Vermögensschäden – übrigens an der einzigen Stelle der Verordnung – ausdrücklich zahlenmäßig (mit 6000 DM) genannt.

7. Bei **Reisen ins Ausland,** für die eine grüne internationale Versicherungskarte (Zertifikat) ausgehändigt wird, kommt mindestens die erhöhte Versicherungssumme von 250 000 DM für Personenschäden, 50 000 DM / 10 000 DM für Sach- bzw. Vermögensschäden in Betracht, da im Ausland vielfach höhere Mindestversicherungssummen, zum Teil in unbeschränkter Höhe bestehen. Nach der Grundregel Nr. 2 wird Versicherungsschutz nach dem Versicherungsvertrag in jedem Falle aber nach den Gesetzen über die Pflichtversicherung des Besuchslandes gewährt.

8. Für die Frage, zu welcher Gruppe das Kraftfahrzeug oder der Anhänger gehört und welche Mindestversicherungssumme abzuschließen ist, ist die Eintragung im Kraftfahrzeug- oder Anhängerbrief maßgebend (§ 7 Abs. 3 DVO/PflVG; § 25 StVZO), bei Lastkraftwagen und Anhängern, die zur Beförderung von mehr als 8 Personen benützt werden, die auf dem besonderen Erlaubnisschein der Straßenverkehrsbehörde angegebene Personenzahl (vgl. § 34 StVO). Hierbei ist zu beachten, daß die Beförderung von Personen auf der Ladefläche von Lastkraftwagen verboten ist (§ 34 Abs. 1 StVO), desgleichen die Beförderung von Personen auf der Ladefläche von Anhängern hinter Kraftfahrzeugen und auf Krafträdern und Zugmaschinen ohne Sitzgelegenheit (§ 34 Abs. 4 Satz 1 a. a. O.). Eine Ausnahme von dem Personenbeförderungsverbot besteht lediglich für Anhänger, soweit sie für land- und forstwirtschaftliche Zwecke verwandt werden und geeignete Sitzgelegenheiten haben, ferner für die Beförderung auf Ladeflächen von Lastkraftwagen und Anhängern im Rahmen der Absätze 2 und 3 des § 34 StVO, d. h. im wesentlichen für die Begleiter der Ladung oder zur Hin- und Rückbeförderung von Arbeitern zwecks Vornahme von Arbeiten im Interesse der das Kraftfahrzeug benutzenden Firma. Handelt es sich hierbei um mehr als 8 Personen, so ist die Erlaubnis der Straßenverkehrsbehörde erforderlich (§ 34 Abs. 2 a. a. O.). Die Behörde muß sich vor Erteilung der Erlaubnis die Zahl der zu befördernden Personen angeben lassen und das Bestehen einer Haftpflichtversicherung prüfen. Aufgesattelte Anhänger werden hinsichtlich der Personenbeförderung wie Lastkraftwagen behandelt (§ 4 Abs. 5 a. a. O.). Während bei Personenfahrzeugen die Zahl der Plätze schlechthin entscheidet, so daß etwaige Plätze für den Fahrer und Begleiter mitzählen, zählen bei Güterfahrzeugen der Fahrer und der Beifahrer, der zur Ablösung und Unterstützung des Fahrers mitfährt, nicht mit. Dies ergibt sich aus dem verschiedenen Wortlaut der §§ 7 Abs. 1 Nr. 1 DVO/PflVG (schlechthin auf Zahl der Plätze abgestellt) und 8 a. a. O. (Fahrer und Begleiter werden nicht „befördert"). Dagegen zählen Personen, die zur Betreuung, Beaufsichtigung oder Abladung der Güter bestimmt sind, als beförderte Personen. Nur in dem oben angeführten eng begrenzten Rahmen ist somit eine Personenbeförderung bei Güterfahrzeugen, Zug- und Arbeitsmaschinen einschließlich der Anhänger im Sinne von § 7 Abs. 1 Nr. 3 DVO/PflVG möglich, andererseits von Bedeutung für die Höhe der Mindestversicherungssumme. Keine Rolle spielt, ob die Mitnahme von Personen auf Lastkraftwagen oder Anhängern bestimmungsgemäß und regelmäßig oder nur gelegentlich aus Gefälligkeit (etwa Mitnahme eines Anhalters im Führerhaus) oder gegen Entgelt geschieht. Auf jeden Fall empfiehlt sich für den Halter eines Lastkraftwagens oder von

Anhängern, sich vor Abschluß des Pflichtversicherungsvertrages darüber klar zu werden, ob die Beförderung von Personen durch seinen Lastwagen oder Anhänger beabsichtigt oder möglich ist, schon um eine etwaige Strafe zu vermeiden. In Zweifelsfällen ist stets die höhere Versicherungssumme zu wählen.

9. Für die Haftung der Versicherungsunternehmung ist zu beachten, daß ihre Leistungspflicht für den einer einzelnen geschädigten Person zugefügten Personenschaden nach § 11 DVO/PflVG auf 100 000 DM begrenzt ist. Wenn also z. B. durch einen Personenkraftwagen mit 30 Personen, für den die Mindestversicherungssumme 310 000 DM beträgt, nur 2 Personen beschädigt werden, so beschränkt sich die Leistungspflicht der dieses Fahrzeug deckenden Versicherungsunternehmung auf 100 000 DM für jede Person. Dies gilt auch dann, wenn die Ansprüche beider 200 000 DM insgesamt nicht übersteigen, also etwa A 120 000 DM, B nur 30 000 DM beansprucht. Die Begrenzung von 100 000 DM gilt u. a. ohne Rücksicht auf die Zahl der etwa vermögensrechtlich geschädigten Angehörigen einer getöteten Person (RGZ 21. 10. 1942 JRPV 1942 S. 155 = DR 1942 S. 1802). Die Begrenzung gilt für Personenschäden der Vergangenheit wie der Zukunft (Rentenansprüche, Schmerzensgeld). Vgl. LG Würzburg 24. 3. 1953 VerR 1954 S. 320). Wegen der Regelung bei unzureichender Versicherungssumme vgl. S. 225. Eine Beschränkung für Sach- und Vermögensschäden ist nicht vorgesehen.

10. Das Pflichtversicherungsgesetz hat, wie sich aus seinem Vorspruch und den Ausführungen auf S. 167 f. ergibt, in erster Linie den Schutz der Verkehrsopfer im Auge. Die Haftpflichtversicherung andererseits stellt eine Einrichtung dar, die den Schutz des Vermögens der wegen Haftpflicht in Anspruch genommenen Versicherten bezweckt. Dieser Zweck kann nur erreicht werden, wenn ein Autohalter auf Wunsch **Versicherungsschutz auch über die** in der Durchführungsverordnung zum Pflichtversicherungsgesetz bestimmten **Mindestversicherungssummen hinaus** erhält. Die Mindestversicherungssumme ist, wie schon der Name sagt, das Mindeste, was der Gesetzgeber im Interesse der Verkehrsopfer **jedem** Halter aufzuerlegen für notwendig gehalten hat. Im Einzelfall kann der eingetretene Schaden durchaus höher sein. Nimmt man einmal an, daß die an den Autohalter eines Personenfahrzeuges mit 8 Plätzen gestellten Ansprüche sich z. B. auf 400 000 DM belaufen, so würde die Versicherungsunternehmung bei einem im Rahmen des Pflichtversicherungsgesetzes geschlossenen Vertrage nur bis zur Höhe von 150 000 DM haften, entsprechend der Mindestversicherungssumme für einen Personenwagen mit 8 Plätzen. Die darüber hinausgehenden Ansprüche von insgesamt 250 000 DM würden dagegen den Autohalter persönlich treffen. Hiergegen kann sich der

Halter nur dadurch schützen, daß er, woran ihn das Pflichtversicherungsgesetz nicht hindert, freiwillig höhere als die Mindestversicherungssummen versichert. Für den über die Mindestversicherungssumme hinausgehenden Betrag gilt § 158 c VVG nicht (vgl. auch S. 270).

Wer daher damit rechnet, daß die für den Normalfall ausreichende Mindestversicherungsumme überschritten werden könnte, wie z. B. bei dem Ausflugwagen eines Hotels (vgl. auch das zu § 16 Abs. 4 AKB angeführte Beispiel; S. 469), sollte freiwillig einen zur Mindestversicherungssumme zusätzlichen Betrag versichern, im Beispiel etwa insgesamt 500 000 DM, so daß der Vertrag hinsichtlich des Zusatzbetrages wieder den ursprünglichen Charakter einer Haftpflichtversicherung zum Schutz des eigenen Vermögens gegen Haftpflichtfälle erhält. Im Falle der freiwilligen Zusatzversicherung würde sich im übrigen die nach § 11 DVO/PflVG auf 100 000 DM für den einzelnen Geschädigten begrenzte Summe (vgl. oben S. 211) um den Betrag erhöhen, der sich als Differenz zwischen der Pflichtversicherungssumme und der freiwillig erhöhten Versicherungssumme ergibt. In dem angeführten Beispiel würde demnach der für den einzelnen Geschädigten in Frage kommende Höchstbetrag sich auf 100 000+350 000 (nämlich 500 000–150 000) = 450 000 DM erhöhen. Eine Grenze findet die — freiwillige — Zusatzversicherung lediglich in den von den Versicherern hierfür angebotenen Versicherungsmöglichkeiten. Nach der Grundregel Nr. 13 können nur die im Tarif verzeichneten Deckungssummen vereinbart werden, z. B. 500 000 DM für Personen-, 100 000 DM für Sach- und 20 000 DM für Vermögensschäden. Andere Deckungssummen als im Tarif enthalten sind nur möglich, wenn sie über die genannten Summen von 500 000/100 000/20 000 hinausgehen und wenn ein besonderer Zuschlag dafür gezahlt wird.

Wegen der Folgen, wenn die Versicherungssumme unter der vorgeschriebenen Mindestsumme bleibt, vgl. S. 225.

F. Die für den Versicherungsabschluß zugelassenen Unternehmungen

1. Art. I § 3 PflVG bestimmt den Kreis der Versicherungsunternehmungen, bei denen die Pflichtversicherung abgeschlossen werden kann. Unter Berücksichtigung der durch den Krieg geschaffenen Sachlage kommt nur eine in der **Bundesrepublik** Deutschland **zum Geschäftsbetrieb befugte** Versicherungsunternehmung in Betracht. Es muß sich also um V e r s i c h e r u n g s unternehmungen handeln. Sie müssen von einer Versicherungsaufsichtsbehörde — in der Regel kommt das Bundesaufsichtsamt für das Versicherungs- und Bausparwesen in Betracht — zum Geschäftsbetrieb ausdrücklich zugelassen oder sonstwie, etwa durch Staatshoheitsakt, wie die öffentlich-rechtlichen Versiche-

rungsanstalten, hierzu befugt sein. Hiernach kommen für den Abschluß von Versicherungsverträgen nach dem Pflichtversicherungsgesetz insbesondere die nach dem Versicherungsaufsichtsgesetz beaufsichtigten Aktiengesellschaften und Versicherungsvereine auf Gegenseitigkeit (§ 7 VAG) sowie die öffentlich-rechtlichen Versicherungsanstalten und die Niederlassungen ausländischer Versicherungsunternehmungen (§§ 105 ff. VAG) in Frage. Wegen ausländischer und Besatzungsfahrzeuge vgl. S. 238 und S. 244.

Die zum Geschäftsbetrieb befugten Versicherungsunternehmen müssen Vertragsversicherung betreiben. Dies ergibt sich u. a. daraus, daß der Pflichtversicherungsvertrag den von der Aufsichtsbehörde genehmigten Allgemeinen Versicherungsbedingungen entsprechen muß (Art. I § 3 Abs. 2 PflVG) und daß für die Pflichtversicherung das Versicherungsvertragsgesetz, darunter die besonderen Vorschriften der §§ 158 c bis 158 h, gelten (Art. III Nr. 10 PflVG, Art. V § 13 DVO/PflVG).

2. Art. II § 5 DVO/PflVG bestimmt, daß die Kraftfahrhaftpflicht-Versicherungsunternehmen zur Sicherstellung des Versicherungsschutzes zu einer **Versicherergemeinschaft** zusammengeschlossen werden (Abs. 1), deren Satzung die frühere Wirtschaftsgruppe Kraftfahrtversicherung erlassen sollte und die der Genehmigung des Reichsaufsichtsamts für Privatversicherung bedarf (Abs. 2). Zu einem solchen Zusammenschluß auf Grund dieser Vorschrift ist es nicht gekommen, abgesehen davon, daß die Organisation der gewerblichen Wirtschaft und damit die Wirtschaftsgruppe Kraftfahrtversicherung aufgelöst sind. Soweit die Kraftfahrversicherer sich freiwillig zusammengeschlossen haben, haben sie sich selbst ihre Satzung gegeben. Die § 5 a. a. O. entsprechende Vorschrift des § 2 Abs. 2 Satz 1 des Gesetzes über die Haftpflichtversicherung für ausländische Kraftfahrzeuge und Kraftfahrzeuganhänger vom 24. 7. 1956 (BGBl. I S. 667) bestimmt, daß die Kraftfahrzeughaftpflichtversicherer sich für Zwecke des Gesetzes zu einer Versicherergemeinschaft zusammenschließen *können*. Für diesen Fall ist vorgesehen, daß die Satzung einer solchen Versicherergemeinschaft ebenfalls von der Aufsichtsbehörde, dem Bundesaufsichtsamt für das Versicherungs- und Bausparwesen, genehmigt werden muß. Aus Art. II § 5 DVO/PflVG in Verb. m. § 2 Abs. 2 des angeführten Gesetzes vom 24. 7. 1956 ist unter Berücksichtigung der geänderten Rechtsverhältnisse zu folgern, daß sich die Versicherer auch zur Sicherstellung des Versicherungsschutzes nach dem Pflichtversicherungsgesetz — also mit Bezug auf *inländische* Kraftwagen und Anhänger — zu einer Versicherergemeinschaft zusammenschließen können und daß eine dahingehende Satzung ebenfalls der Genehmigung der Bundesaufsichtsbehörde bedarf. Eine solche Gemeinschaft mit genehmigungsbedürftiger Satzung würde jedoch nicht lediglich den Zweck haben können, gemeinsame

Maßnahmen durchzuführen, die die Versicherungsunternehmungen auch sonst in Gemeinschaftsarbeit durchführen. Vielmehr wäre hier an einen Zusammenschluß zu denken, der sich aus der besonderen Natur des Pflichtversicherungsgesetzes ergibt, etwa um das Risiko von besonders schweren Wagnissen auf die Schultern aller zu verteilen. Dabei dürften rechtliche Beziehungen zwischen dieser Gemeinschaft und den einzelnen Versicherungsnehmern nicht infrage kommen (wegen der Versicherergemeinschaft nach dem Gesetz v. 24. 7. 1956 vgl. S. 243).

Schon heute werden Aufgaben, die einer solchen Versicherergemeinschaft zugedacht sein könnten, von dem auf freiwilligem Zusammenschluß beruhenden Verband der Haftpflicht-, Unfall- und Kraftverkehrs-Versicherer e. V. (HUK-Verband) wahrgenommen. Diesem Verband sind u. a. Befugnisse übertragen worden, wie sie bislang in der Regel nur Behörden gegeben worden sind. So teilt der „zuständige Verband der Kraftverkehrsversicherer" nach § 67 b Abs. 3 StVZO in der Fassung der Verordnung vom 7. 7. 1960 (BGBl. I S. 485) – vgl. S. 187 – mit Genehmigung des Bundesministers für Verkehr den ihm angehörenden Versicherern die Erkennungsnummern für die Kennzeichen der Fahrräder mit Hilfsmotor und Kleinkrafträder zu, und der Versicherer händigt nach Abs. 2 a. a. O. dem Halter das Versicherungskennzeichen aus, das außer der Nummer das Zeichen des oben genannten Verbandes trägt. Nur wenn der Halter nicht versicherungspflichtig ist (vgl. S. 186) oder das Kraftverkehrsversicherungsunternehmen dem Verband nicht angehört, dieser also nicht zuständig ist, übernimmt diese Aufgaben das Kraftfahrt-Bundesamt. Zu den Aufgaben anderer Art des Verbandes gehört etwa der Entschluß, ab 1. 1. 1956 Personenschäden bei Fahrerflucht, wenn auch ohne Rechtsanspruch, nach bestimmten Richtlinien aus freien Stücken zu regulieren (vgl. VW 1955 S. 628; VerBAV Gesch.Ber. 1955/56 S. 30).

3. Zu dem Kreis der befugten Unternehmungen gehören auch solche, die auf Grund ihrer von der Aufsichtsbehörde genehmigten Geschäftspläne nur in Teilen der Bundesrepublik arbeiten dürfen (vgl. im übrigen unten S. 217). Zur Klarstellung von Zweifeln, ob es sich um echte Versicherungsunternehmungen im Sinne von Art. I § 3 Abs. 1 PflVG handelt, sind in Art. II § 6 DVO ausdrücklich vier Versicherungsunternehmungen genannt, bei denen im Rahmen ihrer Satzung und nach Maßgabe des Gesetzes und seiner Durchführungs- und Ergänzungsvorschriften Versicherungsschutz genommen werden kann. Es sind dies der Allgemeine **kommunale Haftpflichtschaden-Ausgleich**, die Haftpflichtgemeinschaft deutscher Straßen- und Kleinbahnen in Berlin, die Straßenbahn-Haftpflicht-Vereinigung in Dortmund und der Versicherungsverband deutscher Eisenbahnen und Kleinbahnen in Ber-

lin. Im Rahmen der Satzungen dieser Unternehmungen können bei ihnen aber nur Gemeinden, kommunale Straßenbahnen und ähnliche Unternehmungen Versicherungsverträge abschließen.

Auch die **durch Berufsgenossenschaften errichteten Haftpflichtversicherungsanstalten** können, sofern sie die Kraftfahrversicherung betreiben, Haftpflichtversicherungsverträge nach dem Pflichtversicherungsgesetz abschließen (a. M. Thees-Hagemann, 2. Aufl., § 3 PflVG Anm. 1 c). Es handelt sich hier nicht um selbständige Körperschaften des öffentlichen Rechts, sondern um von den Unfallberufsgenossenschaften errichtete Versicherungsunternehmen öffentlich-rechtlichen Charakters (vgl. §§ 843 RVO, 10 VO über die Durchführung der VO zur Vereinheitlichung der Versicherungsaufsicht vom 22. 6. 1943 — RGBl. I S. 363). Wenn auch ihre Träger der Sozialversicherung angehören, so betreiben diese von ihnen errichteten Anstalten private Versicherung. Für sie gilt nicht das Versicherungsvertragsgesetz (vgl. § 190 VVG). Die Versicherungsverhältnisse werden durch die Satzungen geregelt. Fehlt es an Bestimmungen, so steht nichts im Wege, die im Versicherungsvertragsgesetz niedergelegten Rechtsgrundsätze entsprechend zur Anwendung zu bringen (vgl. Bruck, 7. Aufl., § 190 Anm. 1). Die Rechtslage ist hier ähnlich wie bei den die private Versicherung betreibenden nach Landesrecht errichteten **öffentlichen Versicherungsanstalten,** für die zwar die Vorschriften des Versicherungsvertragsgesetzes gelten, nicht jedoch die darin vorgesehenen Beschränkungen der Vertragsfreiheit (§ 192 VVG). Doch sind diese Beschränkungen vielfach durch die Landesgesetzgebung wieder eingeführt, oder die Anstalten haben sich ihnen freiwillig unterstellt (vgl. von Gierke, Versicherungsrecht II S. 77; Prölss § 192 Anm. 3). Diese öffentlichrechtlichen Versicherungsanstalten sind Wettbewerbsunternehmungen, ebenso die Haftpflichtversicherungsanstalten der Berufsgenossenschaften (vgl. Prölss VAG § 2, BAG Anm. 4 b). Nach § 10 der oben angeführten VO vom 22. 6. 1943 bedürfen Beschlüsse der Vertreterversammlung der Berufsgenossenschaft über die Errichtung solcher Anstalten sowie über deren Satzungen und G e s c h ä f t s p l ä n e auch der Genehmigung des Reichsaufsichtsamts für das Versicherungswesen, jetzt gemäß § 8 Nr. 7 des Gesetzes über die Errichtung eines Bundesaufsichtsamtes für das Versicherungs- und Bausparwesen vom 31. 7. 1951 (BGBl. I S. 480) des Bundesaufsichtsamts für das Versicherungs- und Bausparwesen. Sofern diese Anstalten die Kraftfahrhaftpflichtversicherung betreiben, hat daher das Bundesaufsichtsamt die Möglichkeit, nach den auf S. 171 f. dargelegten Grundsätzen für die Übereinstimmung der vertraglichen Grundlagen der Pflichtversicherungsverhältnisse bei diesen Anstalten mit den Notwendigkeiten nach dem Pflichtversicherungsgesetz zu sorgen. Wenn daher die Satzung und die Versicherungsbedingungen dieser Anstalten so beschaffen sind, daß sie den Vorschriften des Pflichtversicherungsgesetzes und seiner Durchführungs- und Ergänzungsbestimmungen Rechnung tragen, können sie als nach dem Pflichtversicherungsgesetz zum Abschluß von Pflichtversicherungen befugt angesehen werden. Ich stimme daher mit von Gierke a. a. O. S. 77 Anm. 31 überein, allerdings erst auf Grund der z. Zt. der ersten Auflage (1941) noch nicht erlassenen Verordnung vom 22. 6. 1943.

4. Ein Abschluß bei sog. Selbstversicherungsunternehmungen ist nach dem Gesetz und seinen Durchführungsvorschriften nicht zugelassen. Richtig gesehen sind die sog. Selbstversicherungsunternehmungen lediglich Gefahreneigendeckungseinrichtungen einer Firma, eines Konzerns (vgl. hierzu Wirth-Fromm, Das Versicherungsgeschäft S. 21, 32 im Grundriß der Betriebswirtschaftslehre Bd. 14, Leipzig 1935; ferner Bischoff VW 1949 S. 468; Prölss VAG § 1 Anm. 10). Bei ihnen kann der dem Versicherungsbegriff eigentümliche Gedanke der Gefahrengemeinschaft vieler überhaupt nicht in die Erscheinung treten, da hier nur Wagnisse eines Betriebes oder weniger wirtschaftlich eng zusammenhängender Unternehmen in Frage kommen. Bei diesen Unternehmungen handelt es sich daher um keine Versicherungsunternehmungen, die ausnahmslos einer Versicherungsaufsicht unterstehen müssen. Entsprechend sind auch die ihren Verträgen zugrunde liegenden Bedingungen von der Aufsichtsbehörde nicht genehmigt (vgl. Art. I § 3 PflVG). Ein Vertrag mit solchen Unternehmungen würde daher den Vorschriften des Pflichtversicherungsgesetzes nicht Rechnung tragen.

Über den Umfang des Versicherungsschutzes und die Notwendigkeit, daß der Versicherungsvertrag den von der Aufsichtsbehörde genehmigten Allgemeinen Versicherungsbedingungen entsprechen muß, vgl. S. 167 ff.; über die Annahmepflicht der Versicherungsunternehmungen vgl. die folgende Anm.

G. Annahmezwang

1. Wird durch das Pflichtversicherungsgesetz auf der einen Seite die Pflicht zum Abschluß einer Kraftfahrzeughaftpflichtversicherung festgesetzt, so muß auf der anderen Seite Sorge dafür getragen werden, daß die Möglichkeit zum Abschluß derartiger Versicherungen gewährleistet ist. Daher bestimmt Art. I § 3 Abs. 1 Satz 2 PflVG, daß die Versicherungsunternehmungen grundsätzlich verpflichtet sind, dem Halter und Fahrer des Fahrzeugs Versicherungsschutz nach den gesetzlichen Bestimmungen zu gewähren. Ob und inwieweit von diesem Grundsatz Ausnahmen gemacht werden können, ohne daß der Gewährleistung des Versicherungsschutzes Abbruch getan wird, soll der

Reichswirtschaftsminister, an dessen Stelle jetzt der Bundesminister für Wirtschaft tritt, im einzelnen bestimmen können. Dies ist durch Art. II (§§ 3–5) DVO/PflVG geschehen.

Danach ist die Versicherungsunternehmung in ihrer Entschließung, den Antrag anzunehmen, nicht frei, vielmehr grundsätzlich verpflichtet, den bei ihr gestellten Antrag auf Abschluß eines Haftpflichtversicherungsvertrages nach dem Pflichtversicherungsgesetz anzunehmen. Eine Ablehnung ist nur unter den in § 3 Abs. 2 DVO/PflVG festgelegten Voraussetzungen zulässig. **Ablehnungsgründe** sind:

2. a) Sachliche oder örtliche Begrenzungen des Geschäftsbetriebs der Unternehmung nach ihrem von der Aufsichtsbehörde genehmigten Geschäftsplan (§ 5 VAG), der u. a. die Bestimmungen über die von der Unternehmung betriebenen Versicherungszweige, über das Geschäftsgebiet, über den zu versichernden Personen- und Wagniskreis enthält. Diese Ausnahme trägt der Tatsache Rechnung, daß nicht alle zum Geschäftsbetrieb in der Bundesrepublik befugten Versicherungsunternehmungen die Kraftfahrhaftpflichtversicherung in vollem Umfange und im gesamten Bundesgebiet betreiben. Es gibt Spezialunternehmungen, die z. B. nur Autodroschken versichern, andere Unternehmungen arbeiten nur in Teilen des Bundesgebiets oder beschränken sich auf bestimmte Berufskreise. Würden diese Unternehmungen über die geschäftsplanmäßige Begrenzung hinaus Verträge schließen, so würden sie gegen den genehmigten Geschäftsplan verstoßen. Dabei ist zu berücksichtigen, daß ihre wirtschaftliche Leistungsfähigkeit und Art und der Ausbau ihrer Organisation auf den ihnen genehmigten Geschäftsplan abgestellt sind, so daß es auch nicht im Interesse der versicherten Personen liegt, wenn eine Versicherungsunternehmung den ihr genehmigten Geschäftsplan mißachtet. Versicherungsunternehmungen mit begrenztem Geschäftsplan müssen daher die Möglichkeit haben, Versicherungsanträge, die ihnen beispielsweise außerhalb ihres Geschäftsgebiets angeboten werden – maßgebend ist der regelmäßige Standort (Heimatort) des Fahrzeugs (§ 23 Abs. 1 StVZO) –, abzulehnen. Bei der Vielzahl der vorhandenen Versicherungsunternehmungen findet der Kraftfahrzeughalter jederzeit eine andere Versicherungsunternehmung, deren Geschäftsplan den Abschluß des Vertrages zuläßt. Wird gleichwohl der Vertrag entgegen den geschilderten Begrenzungen des Geschäftsplans geschlossen, so ist der Vertrag rechtswirksam, doch kann die Aufsichtsbehörde gegen die Versicherungsunternehmung aufsichtsmäßig einschreiten. – Soweit bei dem Erwerber im Falle der Veräußerung des Kraftwagens nicht die nach dem Geschäftsplan erforderlichen persönlichen oder örtlichen Veraussetzungen vorliegen, ist der Versicherungsvertrag nach § 6 Abs. 2 AKB zu kündigen. Näheres vgl. S. 359.

3. b) Unzuverlässigkeit von Versicherungsnehmern, die bei der Versicherungsunternehmung, bei der der Antrag gestellt ist, bereits in der Kraftfahrhaftpflicht-, -Fahrzeug- oder -Unfallversicherung versichert gewesen sind, wenn die Unternehmung nach dem 30. Juni 1940

I. den Versicherungsvertrag wegen Drohung oder arglistiger Täuschung (§ 123 BGB, § 22 VVG) angefochten hat,

II. vom Versicherungsvertrag wegen Verletzung der vorvertraglichen Anzeigepflicht oder wegen Nichtzahlung der ersten Prämie zurückgetreten ist (§§ 16 ff. und 38 VVG) oder

III. den Versicherungsvertrag wegen Prämienverzugs oder nach Eintritt eines Versicherungsfalls gekündigt hat (§§ 39, 158 VVG, § 4 Abs. 3 AKB).

Die Versicherungsunternehmung soll nicht gezwungen werden, mit Antragstellern, mit denen sie nach Inkrafttreten des Pflichtversicherungsgesetzes bereits schlechte Erfahrungen gemacht hat und zu denen ein Vertrauensverhältnis, die Grundlage eines jeden Versicherungsvertrages, nicht mehr besteht, einen Vertrag abschließen zu müssen. Da die Unzuverlässigkeit von Versicherungsnehmern auf Vorgänge nach Inkrafttreten des Pflichtversicherungsgesetzes abgestellt ist, folgt hieraus, daß es sich in den vorstehend aufgeführten Fällen um Kraftfahr-Pflichtversicherungsverträge, Fahrzeug-, Unfall- oder Gepäckversicherungsverträge handeln muß. Vorgänge der hier fraglichen Art in anderen Versicherungszweigen (man denke an die Kündigung eines Einbruchdiebstahl-Versicherungsvertrages durch den Versicherer nach Eintritt eines Schadenfalles aus Risikogründen) sind ohne Belang (a. M. Stiefel-Wussow § 1 Anm. 6).

4. Die Beschränkung auf die hier genannten Ablehnungsgründe gilt jedoch nicht, wenn der Antrag nicht ordnungsmäßig ist, also den gesetzlichen oder aufsichtsbehördlichen Vorschriften (vgl. Art. I §§ 1, 3 Abs. 2 des Gesetzes) oder den tariflichen Bestimmungen nicht entspricht. Hierauf verweist ausdrücklich Nr. 1 der Anordnung des Reichsaufsichtsamts vom 31. Juli 1940 (vgl. S. 104). Ist z. B. der Versicherungsschutz durch Zusätze oder Streichungen im Antragsvordruck eingeschränkt oder eine tarifwidrige Prämie eingesetzt, so handelt es sich um gar keinen annehmbaren Antrag. Dieser kann daher und muß ohne weiteres abgelehnt werden, da der Versicherer durch seine Annahme gegen gesetzliche oder aufsichtsbehördliche Vorschriften verstoßen würde. Zur Vermeidung der Ablehnung wird er jedoch den Antragsteller aufklären lassen und dafür sorgen, daß die Mängel des Antrags, die seiner Annahme entgegenstehen, beseitigt werden, gegebenenfalls auch nach § 5 VVG verfahren (vgl. S. 309).

Wird der Vertrag gleichwohl geschlossen, so ist er nichtig. Ist der Antrag aus anderen Gründen **nichtig**, z. B. von einem Geschäftsunfähigen gestellt, kann er ebenfalls ohne weiteres abgelehnt werden. Wegen der Ablehnungsfrist vgl. u. Anm. 8.

In allen übrigen Fällen **muß** die Versicherungsunternehmung den bei ihr gestellten Antrag zum Abschluß der Pflichtversicherung annehmen. Sie kann also z. B. nicht wegen Anfechtung oder Kündigung eines früheren Vertrags aus anderen als den zu I bis III angegebenen Gründen den Antrag ablehnen (Anfechtung wegen Irrtums, Kündigung wegen Gefahrerhöhung). Sie kann sich auch nicht darauf berufen, daß das Wagnis ungünstig ist, weil Wagen dieser Art, etwa Fernlastwagen, häufig Schadenfälle haben oder weil der Halter schon oft wegen unvorsichtigen Fahrens oder Leichtsinnigkeit usw. einen Autounfall gehabt hat. Daher ist den Versicherern nicht gestattet, den Außendienst anzuweisen, bestimmte Gruppen von Kraftfahrzeugen nicht zu versichern; vgl. Rdschrb. 1/56 des BAV in VerBAV 1956 S. 24. Gegen versicherungsunwürdige Personen können sich die Unternehmungen nur schützen, indem sie die zuständigen Behörden auf die Unzuverlässigkeit des Halters oder Fahrers aufmerksam machen, damit diese die Fahrerlaubnis entziehen können. Solange die Verwaltungsbehörde, der die Entscheidung über die Zulassung des Fahrzeugs und die Fahrerlaubnis zusteht, die Zulassung oder Erlaubnis nicht entzogen hat, haben Halter und Fahrer Anspruch auf Gewährung von Versicherungsschutz durch die Versicherungsunternehmungen. Lehnt der Versicherer aus unstatthaften Gründen den Antrag ab, so braucht der Halter dies nicht gegen sich gelten zu lassen. Die Ablehnung ist unwirksam, der Vertrag kommt zustande. Doch macht sich der Versicherer, abgesehen von einem etwaigen Einschreiten der Aufsichtsbehörde (u. U. Entziehung der Betriebserlaubnis), dem Halter gegenüber gegebenenfalls schadensersatzpflichtig.

5. Dagegen ist der Versicherer nicht verpflichtet, einen Antrag anzunehmen, der über die Mindestversicherungssumme hinausgeht (wie hier Thees-Hagemann, 1. Aufl., S. 56; a. M. 2. Aufl., § 3 PflVG Anm. 3 a. E., S. 132). Die abweichende Meinung stützt sich darauf, daß dem Wortlaut des Gesetzes nicht zu entnehmen sei, daß die Verpflichtung des Versicherungsunternehmens zur Annahme des Antrages nur bei Nichtüberschreiten der Mindestversicherungssumme bestehe; überdies würde diese Regelung eine Benachteiligung des zu einer höheren Versicherungssumme bereiten Versicherungsnehmers und damit auch des Verkehrsopfers bedeuten. Dem kann nicht zugestimmt werden. Die Vorschriften über den Annahmezwang, der in gewissem Umfange die Handlungsfreiheit des Versicherers

erheblich beschränkt, müssen eng ausgelegt werden. „Mindestversicherungssummen" im Sinne von Art. I § 4 PflVG, Art. III §§ 7ff. DVO/PflVG besagen auf der einen Seite, daß der Versicherungsnehmer mindestens in dieser Höhe sich versichern lassen muß, andererseits, daß der Versicherer nicht verpflichtet werden kann, eine höhere Versicherungssumme abzuschließen mit der Folge, den Vertrag mit der höheren Summe annehmen zu müssen. Es kann nicht als richtig angesehen werden, daß der Wille des Versicherungsnehmers die Höhe der Versicherungssumme bestimmt und die Versicherungsunternehmung einen solchen Antrag annehmen müßte, insbesondere wenn das subjektive, aber auch das objektive Risiko dem Versicherer nicht tragbar erscheinen. Daß Versicherungsnehmer und Versicherungsunternehmen eine höhere als die Mindestversicherungssumme vereinbaren können, bedarf keiner Betonung.

6. Der Versicherungslustige ist in der Regel daran interessiert, möglichst bald in den Genuß des beantragten Versicherungsschutzes zu gelangen, da der Abschluß des Pflichtversicherungsvertrages die Voraussetzung für die Zulassung oder ihr Fortbestehen ist. Ohne Versicherungsschutz keine Fahrerlaubnis! Art. II § 3 Abs. 1 DVO/PflVG hat daher die **Ablehnungsfrist,** innerhalb der die Versicherungsunternehmung, bei der ein Antrag auf Abschluß eines Pflichtversicherungsvertrages gestellt ist, den Antrag aus den auf Seite 217ff. dargelegten Gründen ablehnen kann, auf nur fünf Tage bemessen. Die Frist kann nicht verlängert werden, weder einseitig noch durch Vereinbarung (LG Braunschweig 22. 4. 1954 VersR 1954 S. 362 = NJW 1954 S. 1573). Die Frist beginnt mit dem Tage des Eingangs des Antrags bei der Unternehmung. Die Zeit von der Antragsaufnahme durch einen Vermittlungsagenten bis zum Eingang des Antrags bei der Unternehmung zählt hierbei mit (§ 43 Nr. 1 VVG). Für die Berechnung gelten die §§ 187 Abs. 1, 188 Abs. 1, 193 BGB. Ist z. B. der Antrag am 23. August beim Versicherer eingegangen, so endigt sie, da der Tag des Eingangs nicht mitzählt, am 28. August, und ist dies ein Sonn- oder Feiertag, am darauffolgenden Werktag. Wird der Antrag innerhalb der Frist von fünf Tagen dem Antragsteller gegenüber nicht schriftlich abgelehnt, so gilt der Antrag kraft Gesetzes als angenommen, ohne daß es einer besonderen Erklärung des Versicherers, insbesondere einer Annahmeerklärung, bedarf. Natürlich kann der Antrag auch schon vor Ablauf der fünf Tage angenommen werden, gegebenenfalls auch vorläufig im Wege der Deckungszusage (vgl. S. 312). Im Falle der Ablehnung ist die Frist gewahrt, wenn die Erklärung innerhalb der Frist abgesandt wird (§ 3 Abs. 1 Satz 2 DVO/PflVG). „Schriftlich" heißt gemäß § 126 BGB. Nachbildung der eigenhändigen Unterschrift genügt nicht. Nach Ablauf der fünf Tage kann der Versicherer den

Antrag nicht mehr ablehnen. Der Versicherungslustige ist, abgesehen von Sonderfällen wie Anfechtung usw., an den von ihm gestellten Antrag gebunden, es sei denn, daß der Antrag rechtzeitig abgelehnt wird (vgl. auch S. 220 u. 222). Die Bindung tritt bereits mit Abgabe des Antrags an den Vermittlungsagenten des Versicherers ein (LG Köln 16. 2. 1954 VersR 1954 S. 162).

Über die beim Vertragsabschluß auszuhändigende Versicherungsbestätigung vgl. S. 224 ff.

7. Der Antragsvordruck in der Kraftfahrversicherung wird gleichzeitig für die nicht auf einer Pflichtversicherung beruhende Fahrzeugvoll-, Fahrzeugteil-, Unfall- und Gepäckversicherung benutzt. Daher kann zugleich mit der Pflicht-Haftpflichtversicherung eine Fahrzeug-, Unfall- und (oder) Gepäckversicherung beantragt werden. Die Bindungsfrist im Vordruck beträgt zwei Wochen, wobei gleichzeitig auf die 5-Tage-Frist der Ablehnung der Haftpflichtversicherung hingewiesen wird. Schließt nun der Versicherungslustige neben der Haftpflichtversicherung eine Fahrzeug-, Unfall- oder (und) Gepäckversicherung ab, also einen kombinierten oder gebündelten Versicherungsvertrag über seinen Kraftwagen, so werden zwar die einzelnen Versicherungszweige, wie sich aus dem Gesetz und den Versicherungsbedingungen ergibt, bis auf einige für alle Zweige gemeinsam geltenden Bestimmungen (vgl. §§ 1 ff. AKB), gesondert behandelt. Jedoch muß, falls dies nicht ausdrücklich ausgeschlossen ist, in aller Regel angenommen werden, daß der Antragsteller eine einheitliche Entscheidung über seine Anträge wünscht (LG Düsseldorf 21. 2. 1952 VersR 1953 S. 132). Es liegt ein einheitlicher Antrag vor, bei dem der Versicherungslustige die Wahl hat, die eine oder andere oder alle „Versicherungen" (vgl. zu I des Antragsvordrucks) zu beantragen mit in der Regel gleicher Versicherungsdauer. Der Versicherungsnehmer kann im Falle der Kündigung nur eines Versicherungszweiges durch den Versicherer die Kündigung des gesamten Vertrages bewirken (§ 4 Abs. 5 Satz 2 AKB), und auch der Versicherer kann den gesamten Vertrag kündigen. In gleicher Weise muß aber auch angenommen werden, daß auch die Annahme oder Ablehnung e i n e s Antrages sich auf alle beantragten Versicherungszweige erstrecken soll. Eine unterschiedliche Behandlung der verschiedenen Anträge durch den Versicherer würde zu allgemein, insbesondere aber für den Versicherungsnehmer unverständlichen Folgen führen, wenn man berücksichtigt, daß in der Pflichtversicherung das Schweigen des Versicherers, der nur innerhalb von 5 Tagen ablehnen kann, Annahme, für die übrigen Versicherungszweige dagegen Ablehnung des Antrages bedeuten würde. Dies würde den Versicherungsnehmer dann zwingen, für die anderen Zweige anderweitig Versicherungsschutz zu suchen. Er

würde es andererseits aber auch nicht verstehen können, wenn der Versicherer die Annahme der Pflichtversicherung — innerhalb von 5 Tagen — ablehnen könnte, die anderen Anträge dagegen annehmen würde, wofür er zwei Wochen Zeit hätte. Der Versicherungsnehmer müßte also zunächst die Pflichtversicherung anderweitig decken, wäre hinsichtlich der übrigen Versicherungszweige dagegen noch bis zum Ablauf von zwei Wochen nach Antragstellung gebunden. Es liegt daher im Interesse des Versicherungsnehmers, aber auch des Versicherers und nicht zuletzt des Versicherungsgedankens, daß hier eine einheitliche Entscheidung getroffen wird. Entscheidungen, wie die des Kammergerichts vom 7. 7. 1928 (JRPV 1928 S. 276 ff.) und des OLG Düsseldorf vom 30. 12. 1933 (JRPV 1934 S. 171) können hier nicht herangezogen werden, da sie unter anderen Voraussetzungen getroffen worden sind. Wie hier Stiefel-Wussow § 1 Anm. 7, der § 139 BGB entsprechend anwendet; vgl. ferner Ossewski VW 1953 S. 286; Prölss VVG § 3 Anm. 4 nimmt Teilbarkeit des Antrags an; Taube VersR 1959 S. 677 räumt dem Versicherungsnehmer ein Rücktrittsrecht hinsichtlich der zustande gekommenen Verträge ein.

8. Auch den im Sinne des Pflichtversicherungsgesetzes nicht ordnungsmäßigen Pflichtversicherungsantrag (vgl. S. 218) muß der Versicherer innerhalb von fünf Tagen (a. M. 1. Aufl. S. 181) ablehnen. Das gleiche gilt, wenn der Versicherer einen Antrag über die Mindestsumme hinaus nicht annehmen will, wozu er nicht verpflichtet ist (vgl. S. 219). Er muß — wiederum innerhalb der Frist von fünf Tagen — den Antrag, und zwar in voller Höhe, ablehnen, widrigenfalls er als in voller Höhe angenommen gilt. Auch hier würde es nicht dem Willen des Antragstellers entsprechen, daß sein Antrag, weil der Versicherer nicht innerhalb von 5 Tagen abgelehnt hat, in Höhe der Mindestversicherungssumme als angenommen gilt, während der Versicherer sich hinsichtlich der darüber hinausgehenden Summe erst innerhalb von zwei Wochen zu äußern brauchte. Dies würde u. U. zu dem bereits in der vorigen Anmerkung erwähnten Ergebnis des Versicherungsschutzes bei zwei Versicherern führen, von denen der eine Versicherer einen Teil (die Mindestversicherungssumme), der andere Versicherer den darüber hinaus gehenden Teil tragen würde. Etwa kombinierte Anträge auf Abschluß einer Fahrzeug-, Unfall- oder Gepäckversicherung teilen auch in diesen Fällen das Schicksal des Pflichtversicherungsantrages.

9. Die Bindungsfrist von zwei Wochen (vgl. den Antragsvordruck und die Anordnung des Reichsaufsichtsamts vom 31. 7. 1940 zu Nr. 1 Abs. 1; S. 104) hat hiernach Bedeutung nur für Anträge auf Abschluß einer Fahrzeug-, Unfall- und (oder) Gepäckversicherung, die nicht mit einem Antrag auf Abschluß einer Pflicht-Haftpflichtversicherung

kombiniert sind. Ossewski a. a. O. sieht — zu Unrecht — in der Bindungsfrist des Antragsvordrucks eine „Obliegenheit des Versicherers", dem Antragsteller innerhalb von zwei Wochen die Annahme des Antrages mitzuteilen; eine Ablehnung sei nicht mehr möglich; bei Verletzung dieser Obliegenheit sei der Antragsteller an den Antrag nicht mehr gebunden.

H. Der Versicherungsnachweis und die Anzeige von der Beendigung des Versicherungsvertrags

1. **Voraussetzung für die Zulassung** eines Kraftfahrzeugs oder Anhängers und damit für die Zuteilung des amtlichen Kennzeichens für einen Kraftwagen oder eines Zulassungszeichens für einen Anhänger ist nach § 23 Abs. 1 Satz 4 e StVZO u. a. der Nachweis, daß eine ausreichende Kraftfahrzeughaftpflichtversicherung besteht oder daß der Halter der Versicherungspflicht auf Grund des Art. I § 2 PflVG oder des Art. I § 1 DVO/PflVG nicht unterliegt (vgl. S. 175). Die Kraftfahrzeughaftpflichtversicherung ist ausreichend, wenn sie den Anforderungen entspricht, die das Pflichtversicherungsgesetz und die zu seiner Durchführung erlassenen Vorschriften stellen (§ 29 a StVZO). Sie muß also insbesondere bei einer zum Abschluß befugten Unternehmung zu den von der Versicherungsaufsichtsbehörde genehmigten Versicherungsbedingungen und in der vorgeschriebenen Höhe abgeschlossen sein. Bei selbstfahrenden Arbeitsmaschinen, die zu einer vom Bundesminister für Verkehr bestimmten Art solcher Fahrzeuge gehören, einachsigen Zugmaschinen und maschinell angetriebenen Krankenfahrstühlen, jeweils mit einer Höchstgeschwindigkeit über 20 km je Stunde (§ 18 Abs. 2 Nr. 1, 2, 5, Abs. 3, 4 a. a. O.; vgl. auch S. 177 ff.) muß ebenfalls nachgewiesen werden, daß ein ausreichender Pflichtversicherungsvertrag besteht oder der Halter der Versicherungspflicht nicht unterliegt, bevor die Zulassungsstelle das amtliche Kennzeichen entsprechend den Vorschriften der Straßenverkehrs-Zulassungs-Ordnung zuteilt. Der gleiche Nachweis ist schließlich gemäß § 28 Abs. 5 StVZO zu führen, bevor rote Kennzeichen für besondere Fahrten (Prüfungs-, Probe-, Überführungsfahrten) nach § 28 Abs. 1—4 a. a. O. ausgegeben werden. Darüber, wann solche Fahrten vorliegen, vgl. die Erläuterungen bei Müller zu § 28 StVZO S. 595 ff.; ferner Schultze VW 1955 S. 44 f. Wird ein rotes Kennzeichen für wiederkehrende Verwendung ausgegeben, so ist Abs. 2 der Dienstanweisung zu § 28 StVZO (vgl. S. 56) zu beachten. Die darin angegebene Versicherungssumme von 100 000/10 000 DM ist zu erhöhen, wenn Fahrzeuge benutzt werden, für die eine höhere Mindestversicherungssumme vorgeschrieben ist. Im Falle der Veräußerung des Fahrzeugs ist ein Nachweis der Versicherung nicht erforder-

lich, da der Vertrag des Veräußerers von Gesetzes wegen auf den Erwerber übergeht (vgl. auch Abs. 2 der Dienstanweisung zu § 23 StVZO; S. 51).

Wegen der Regelung für Fahrräder mit Hilfsmotor vgl. S. 186.

2. Der Nachweis über das Vorhandensein eines ausreichenden Pflichtversicherungsvertrags wird der Zulassungsstelle gegenüber durch eine **Versicherungsbestätigung** (Bestätigungskarte, Deckungskarte; vgl. LG Würzburg 24. 3. 1954 VersR 1954 S. 320) geführt, die die Versicherungsunternehmung nach dem auf Seite 58 abgedruckten Muster ohne Berechnung von Kosten dem Versicherungsnehmer auszuhändigen hat (Art. II § 4 DVO/PflVG, § 29 b Abs. 1 StVZO). Die Versicherungsbestätigung ist bei dem Beginn der Versicherung auszuhändigen. Die Versicherungsunternehmung kann die Aushändigung von der Zahlung des ersten Beitrages abhängig machen (Art. II § 4 DVO/PflVG). Damit ist der Handhabung in der Kraftfahrversicherung Rechnung getragen, wonach der Versicherungsschutz in der Regel erst mit Zahlung der ersten Prämie in Kraft tritt. Lediglich bei der vorläufigen Deckungszusage (vgl. S. 313) beginnt der Versicherungsschutz vielfach ohne gleichzeitige Prämienzahlung. Über den Beginn der Versicherung entscheidet grundsätzlich die vertragliche Vereinbarung. Mit Rücksicht auf die große Bedeutung, die der Versicherungsbestätigung u. a. für die Erlangung der Zulassung zukommt, muß die Versicherungsunternehmung dafür Sorge tragen, daß die Bestätigung, auf die der Versicherungsnehmer einen vertraglichen Anspruch hat (vgl. Thees-Hagemann, 1. Aufl., S. 60; Bruck-Möller § 3 Anm. 5; Prölss § 3 Anm. 6), möglichst schnell ausgestellt und dem Versicherungsnehmer zur Verfügung gestellt wird. Verzögert die Unternehmung die Ausstellung der Betätigung schuldhaft, so macht sie sich schadenersatzpflichtig und u. U. nach § 71 StVZO strafbar (Geldstrafe bis zu 150 DM oder Haft).

3. Der **Versicherungsnehmer legt die Versicherungsbestätigung der Zulassungsstelle vor.** Diese behält die Bestätigung bei ihren Akten. Der Halter oder Fahrer erhält die Bestätigung mithin nicht zurück. Er kann und braucht sie daher im Straßenverkehr nicht bei sich zu führen, und sie kann und darf bei Verkehrskontrollen nicht gefordert werden (vgl. auch Abs. 5 der Dienstanweisung zu § 29 b StVZO; vgl. S. 59). Auf Verlangen kann der Versicherungsnehmer ein Doppel der Versicherungsbestätigung erhalten, das als „Zweite Ausfertigung" zu bezeichnen ist (§ 29 b Abs. 1 Satz 3 StVZO). Auf Anfragen geschädigter Dritter, ihrer Angehörigen, bevollmächtigter Vertreter oder von Sozialversicherungsträgern nach dem Versicherer (vgl. die Dienstanweisung zu § 29 b StVZO, Abs. 5–8. S. 59 –; § 67 b Abs. 6 StVZO spricht von „Darlegung eines berechtigten Interesses" bei Anfragen von Privatpersonen) hat

sie unverzüglich Auskunft zu erteilen, da sonst dem Geschädigten Rechtsnachteile (vgl. die Anzeigepflicht des Dritten nach § 158 d und § 158 e VVG) entstehen.

Die Zulassungsstelle prüft auf Grund der ihr zur Verfügung stehenden Unterlagen insbesondere, ob die in der Versicherungsbestätigung angegebene Versicherungssumme nach der Art des zuzulassenden Fahrzeugs den in der Durchführungs- und Ergänzungsverordnung festgesetzten Mindestversicherungssummen entspricht (vgl. auch die Dienstanweisung zu § 29 b StVZO, S. 59). Den Versicherer trifft eine solche Pflicht nicht, da für ihn die im Versicherungsantrag gemachten Angaben des Versicherungsnehmers maßgebend sind. Ergibt sich jedoch bereits aus diesen Angaben, daß etwa die beantragte Versicherungssumme unzureichend ist, dann muß der Versicherer den Versicherungsnehmer zwecks Vermeidung der Nichtigkeit des Vertrages hierauf aufmerksam machen (vgl. S. 218). Die Zulassungsstelle kann jederzeit die Vorlage des Versicherungsscheins und der letzten Beitragsquittung, aber keiner weiteren Unterlagen, etwa zu Überwachungszwecken, verlangen (§ 29 b Abs. 3 a. a. O.). Ist der Versicherungsschutz in Kraft getreten, so erteilt die Zulassungsstelle das amtliche Kennzeichen, das sie gleichzeitig der Versicherungsunternehmung mitteilt (§ 29 b Abs. 2 a. a.O.). Diese **„Mitteilung“,** die dem Fahrzeughalter zur Verhinderung von Mißbrauch nicht ausgehändigt werden darf, hat die Zulassungsstelle unter Benutzung der der Versicherungsbestätigung anhängenden **Durchschrift** zu machen. Die Durchschrift entspricht dem auf Seite 57 abgedruckten Muster. Jedoch lautet die Überschrift: „Mitteilung der Zulassungsstelle an den umseitig bezeichneten Versicherer gemäß § 29 b (2) StVZO“ und die erste Spalte: „Das nachstehend bezeichnete Fahrzeug hat das amtliche Kennzeichen bzw. das Zulassungszeichen erhalten: ...“ Die „Mitteilung“ ist portofrei und nicht als portopflichtige Dienstsache an den Versicherer zu übersenden (vgl. Dienstanweisung Abs. 6 zu § 29 b S. 59 und VW 50, 81). Die das amtliche Kennzeichen mitteilende Zulassungsstelle ist für etwaige spätere Anzeigen des Versicherers, wenn er die zuständige Zulassungsstelle nicht kennt, nach § 29 c Satz 2 a. a. O. zuständig.

4. Soll das Kraftfahrzeug (Anhänger) auf einen anderen Halter umgeschrieben werden, ohne daß der Versicherungsschutz endet (für diesen Fall s. u. zu 6), so sind die Dienstanweisungen zu § 23 StVZO (S. 50 und 51) nachzulesen.

5. Im Falle einer vorübergehenden Stillegung des Kraftfahrzeuges, wie es besonders in den Wintermonaten der Fall ist, bleibt die Versicherungsbestätigung in Kraft. Das Fahrzeug bleibt zugelassen. Einer Anzeige des Versicherers nach § 29 c StVZO bedarf es nicht (vgl. Rechtsprechung und Schrifttum zu § 5 AKB, S. 354). Aus Steuer-

gründen wird das Kraftfahrzeug in der Regel „abgemeldet", d. h. der Kraftfahrzeugschein oder der Anhängerschein wird an die Zulassungsstelle abgeliefert und das amtliche Kennzeichen zur Entstempelung vorgelegt. Damit wird bei kürzerer Nichtverwendung des Fahrzeugs dem Rd. Erl. RVM 22. 11. 1934 RVBl. B. S. 12 (s. a. Müller § 23 StVG A III d 1, S. 420) Rechnung getragen, wonach der Dienststempel auf dem Kennzeichen zu vernichten und der Kraftfahrzeugschein einzuziehen ist. Soll das Fahrzeug wieder in Betrieb genommen werden, so kann die Zulassungsstelle nach § 29 b Abs. 4 StVZO vor Aushändigung des Kraftfahrzeug- oder Anhängerscheins und vor Abstempelung des amtlichen Kennzeichens eine Bestätigung des Versicherers verlangen, daß ihm die Absicht der Wiederinbetriebnahme des Kraftfahrzeuges mitgeteilt worden ist (vgl. hierzu Anm. 7 zu § 5 AKB, S. 354).

Wird das Kraftfahrzeug für länger als 1 Jahr aus dem Verkehr gezogen, so ist es gemäß § 27 Abs. 5 StVZO bei der Zulassungsstelle unter Beifügung u. a. des Kraftfahrzeug- oder Anhängerscheins unverzüglich abzumelden, falls nicht auf Antrag eine Frist bewilligt worden ist. Der Brief wird unbrauchbar gemacht, das amtliche Kennzeichen entstempelt. Der Versicherer wird zusätzlich Anzeige nach den §§ 29 c StVZO, 158 c Abs. 2 VVG erstatten.

6. Endigt der Versicherungsschutz und verliert damit die Versicherungsbestätigung ihre Geltung, so hat die Versicherungsunternehmung dies der zuständigen Zulassungsstelle (der Stelle, in deren Bezirk das Fahrzeug seinen regelmäßigen Standort – Heimatort – hat; § 23 Abs. 1 Satz 1 StVZO) oder, wenn sie dem Versicherer unbekannt ist, der Stelle, die das amtliche Kennzeichen mitgeteilt hat (s. o.), auch hier auf vorgeschriebenem Muster (vgl. S. 60) **anzuzeigen** (§ 29 c StVZO).

Für die Anzeige kommen die gleichen Tatbestände in Betracht, die in § 158 c Abs. 1 und 2 VVG aufgeführt sind (vgl. S. 264 ff.), also Kündigung, Rücktritt, Aufhebung des Vertrages in gegenseitigem Einverständnis, Anfechtung wegen Irrtums, Drohung, Nichtigkeit usw. Keine Anzeige erfolgt im Falle des § 39 Abs. 2 VVG, wenn nämlich der Versicherer nach fruchtlosem Ablauf der Mahnfrist für die Beitragszahlung leistungsfrei ist. Hier ist das Versicherungsverhältnis nicht beendet. Anders, wenn der Versicherer nach § 39 Abs. 3 VVG wegen Nichtzahlung der Prämie kündigt. In diesem Falle hat die Versicherungsbestätigung ihre Geltung verloren, und es ist Anzeige an die Zulassungsstelle nach § 29 c StVZO zu erstatten, sobald das Versicherungsverhältnis beendigt ist.

Die Anzeige hat den Zweck, der Zulassungsstelle die Möglichkeit zu geben, das Kraftfahrzeug außer Betrieb zu setzen (§ 29 d Abs. 2 StVZO), falls der Halter nicht eine neue Versicherungsbestätigung vorlegt (vgl. Abs. 2 der Dienstanweisung zu § 29 c StVZO). Zugleich beginnt von der Erstattung der Anzeige ab – jedoch nicht vor Beendigung des Versicherungsverhältnisses – der Lauf der Monatsfrist für die Haftung des Versicherers aus § 158 c Abs. 2 VVG. Bei den Anzeigen in den §§ 29 c StVZO, 158 c Abs. 2 Satz 1 VVG handelt es sich nicht um zwei voneinander selbständige Anzeigen des Versicherers, sondern um die gleiche Anzeige (näheres vgl. S. 268).

Die Anzeige der Versicherungsunternehmung soll nicht vor Beendigung des Versicherungsschutzes oder Versicherungsverhältnisses bei der Zulassungsstelle eingehen, also z. B. nicht bereits im Zeitpunkt der Fristsetzung nach § 39 VVG. Vielmehr muß die Versicherungsbestätigung ihre Geltung bereits verloren haben. Vor diesem Zeitpunkt erstattete Anzeigen braucht die Zulassungsstelle nicht entgegenzunehmen (vgl. Abs. 2 der Dienstanweisung zu § 29 c; S. 61). Sie kann die Anzeige zurückweisen. Der Grund für diese Vorschrift, auf deren Innehaltung auch die Versicherungsaufsichtsbehörde mehrfach hingewiesen hat (vgl. VerAfP 1951 S. 179 f. u. VerBAV 1952/53 S. 37) ist die Vermeidung unnötiger Verwaltungsarbeit, die u. a. dadurch entstehen müßte, daß die eingehenden Anzeigen wochen- oder monatelang auf Frist gelegt werden. Nimmt die Zulassungsstelle die Anzeige aber entgegen, dann muß sie sie auch bearbeiten, d. h. wie eine termingemäß eingegangene Anzeige behandeln. Eine verfrüht eingehende Anzeige des Versicherers könnte zu Schwierigkeiten, sogar zu Schadenersatzansprüchen führen, wenn die Zulassungsstelle bereits etwa in dem oben erwähnten Fall des § 39 Abs. 3 VVG Maßnahmen nach § 29 d StVZO ergriffen hätte, der Versicherungsnehmer aber durch Zahlung der Prämie innerhalb der Monatsfrist die Wirkungen der Kündigung gemäß § 39 Abs. 3 Satz 3 VVG beseitigt. Hierdurch würde der Versicherungsschutz wieder in Kraft treten und gegebenenfalls eine neue Bestätigung vom Versicherer ausgestellt werden müssen (vgl. hierzu Fromm VersR 1957 S. 625; Prölss VersR 1954 S. 481).

Unterbleibt die Anzeige, so macht sich der Versicherer nach § 71 StVZO strafbar. Über die zivilrechtlichen Folgen der Unterlassung oder Verzögerung der Anzeige vgl. u. S. 268. § 29 c StVZO ist kein Schutzgesetz im Sinne von § 823 Abs. 2 BGB (vgl. u. S. 268).

8. Die **Zulassungsstelle** muß entsprechend § 29 d Abs. 2 StVZO **unverzüglich handeln** und soll nach der Dienstanweisung zu § 29 d a. a. O. nach Abs. 2 auch dann verfahren, wenn sie auf andere Weise als durch Anzeige des Versicherers oder Halters erfährt, daß eine ausreichende Kraftfahrzeug-Haftpflichtversicherung nicht besteht. Greift die Zulassungsstelle schuldhaft nicht unverzüglich ein und entsteht hierdurch einem Dritten (auch einem Verkehrsopfer oder dem Versicherer) ein Schaden, dann haftet der Staat oder die Gemeinde nach § 839 BGB, Art. 34 GG (vgl. OLG Hamburg 7. 5. 1954 VersR 1954 S. 300

und das Revisionsurteil des BGHZ Bd. 20 S. 53 = VersR 1956 S. 298 = NJW 1956 S. 867; OLG Hamm 1. 7. 1958 VersR 1958 S. 810 f.; Thees-Hagemann, 2. Aufl., § 158 c Anm. 3 c, S. 271). Hierbei fordert BGHZ 6. 5. 1957 VersR 1957 S. 367, daß die Zulassungsstelle mit aller Sorgfalt jede Möglichkeit erwägen muß, um ihre Anordnungen hinsichtlich der Einziehung des Zulassungsscheins durchzusetzen, und gegebenenfalls unmittelbaren Zwang, etwa durch Wegnahme der Papiere, anwenden muß. Der Staat haftet ferner, wenn die Zulassungsstelle ein Kraftfahrzeug zuläßt, ohne sich entsprechend § 23 Abs. 1 Satz 4 e StVZO den Nachweis, daß eine ausreichende Kraftfahrzeughaftpflichtversicherung besteht, vorlegen zu lassen (Bayer. ObLG 24. 1. 1957 VersR 1957 S. 215).

9. Im einzelnen wickelt sich das **Verfahren bei der Zulassungsstelle,** wie folgt, ab:

Die Zulassungsstelle zieht, sobald ihr die Anzeige zugegangen ist, den Kraftfahrzeugschein, Anhängerschein oder bei zulassungsfreien Fahrzeugen, für die ein amtliches Kennzeichen zugeteilt ist, die amtliche Bescheinigung über die Zuteilung des Kennzeichens ein, berichtigt gegebenenfalls das Anhängerverzeichnis (vgl. § 24 Satz 3 StVZO) und entstempelt die amtlichen Kennzeichen (§ 29 d Abs. 2 a. a. O.). Hiervon darf sie nur absehen, wenn der Halter ihr durch Vorlage der Versicherungsbestätigung einer anderen Versicherungsunternehmung nachweist, daß der Versicherungsschutz durch den mit dem anderen Versicherer geschlossenen Vertrag nicht unterbrochen ist. Die Zulassungsstelle ist nicht berechtigt, einen Aufschub zu bewilligen, etwa weil der Halter erklärt, unverzüglich eine neue Versicherungsbestätigung beizubringen (vgl. die Dienstanweisung a. a. O., S. 61). Die **Außerverkehrssetzung** des Fahrzeugs oder die Tatsache anderweitigen Versicherungsschutzes für den Halter teilt die Zulassungsstelle der anzeigenden Versicherungsunternehmung durch einen ebenfalls auf vorgeschriebenem Muster (S. 61) abgefaßten **„Bescheid"** mit, der für die Versicherungsunternehmung zugleich Beweis für die Erstattung der Anzeige liefert und den Zeitpunkt des Außerkrafttretens ihrer Haftung in Ansehung des Dritten erkennen läßt. Dieser Bescheid ist möglichst bald an den Versicherer abzusenden, und zwar im Gegensatz zur „Mitteilung" (S. 225) als gebührenpflichtige Dienstsache (vgl. Dienstanweisung (3) Abs. 2 zu § 29 c StVZO – S. 62). Im übrigen ist der Halter nach § 29 d Abs. 1 a. a. O. bereits von sich aus verpflichtet, die Entstempelung des amtlichen Kennzeichens durch die Zulassungsstelle zu veranlassen und den Erlaubnisschein abzuliefern, wenn Versicherungsschutz überhaupt nicht mehr oder kein ausreichender mehr besteht. Tut er dies nicht, macht er sich nach § 71 StVZO strafbar.

J. Kontrollmöglichkeit

Durch die vorstehend angegebenen Maßnahmen besteht für die Verkehrsbehörden die Möglichkeit einer Überwachung der Kraftfahrzeughalter im Hinblick auf das Pflichtversicherungsgesetz. Diese Überwachung ist allerdings nicht lückenlos, wie sich etwa daraus ergibt, daß die Zulassungsstelle zwar bei Personenfahrzeugen, Omnibussen usw. die Zulänglichkeit der Höhe der Versicherungsumme prüfen kann, nicht aber im Falle eines Lastkraftwagens, der gelegentlich oder auch regelmäßig nicht mehr als acht Personen befördert, da dies nicht erlaubnisbedürftig ist (§ 34 StVO). Soweit solche Lücken bestehen, ist durch Stichproben bei Straßenverkehrskontrollen in Verbindung mit den Zulassungsstellen die Überwachung der Gesetzesvorschriften sicherzustellen.

Wegen der am 1. Juli 1940 laufenden Versicherungsverträge vgl. S. 140 der 1. Auflage.

K. Die rechtliche Bedeutung der Versicherungsbestätigung

(Vgl. das in BGHZ Bd. 21 S. 122 = VersR 1956 S. 482 ff. angeführte Schrifttum; ferner Bruck-Möller § 3 Anm. 5–7 mit Schrifttum; Möller VersR 1950 S. 3; Ossewski VW 1949 S. 508; Würffel ZfV 1951 S. 427, VersR 1956 S. 534, VersR 1957 S. 278)

1. Die Versicherungsbestätigung hat keine konstitutive Bedeutung für das Zustandekommen des Vertrags, soweit der Versicherungsnehmer in Betracht kommt. Sie liefert aber der Zulassungsstelle gegenüber den **Nachweis,** daß die die Versicherungsbestätigung ausstellende Versicherungsunternehmung in dem in der Bestätigung angegebenen Umfang und Zeitpunkt **Versicherungsschutz** nach Maßgabe des Pflichtversicherungsgesetzes und seiner Durchführungsvorschriften gewährt und diesen aufrechterhält. Letzteres ist in der Versicherungsbestätigung nicht besonders erwähnt, da es sich aus dem Pflichtversicherungsgesetz, insbesondere Art. I § 3 Abs. 1 Satz 2, 3, Abs. 2 i. V. m. § 29 a StVZO ergibt. In diesem Rahmen (vgl. auch S. 234) ist daher gleichgültig, ob das in der Regel zugrunde liegende Versicherungsverhältnis Mängel der in § 158 c Abs. 1 oder 2 VVG aufgeführten Art aufweist. Daß der Versicherungsbestätigung ein Versicherungsvertragsverhältnis zugrunde liegt, kommt in der Bestätigung selbst nicht zum Ausdruck, ist aber die Regel. Das Versicherungsverhältnis kann in dem Abschluß eines zwischen den Parteien endgültig zustandegekommenen Versicherungsvertrages oder in der Erteilung einer vorläufigen Deckungszusage des Versicherers an den Versicherungsnehmer (vgl. § 1 Abs. 2 AKB; näheres S. 312) begründet sein. In beiden Fällen händigt der Versicherer

dem Versicherungsnehmer die Versicherungsbestätigung als Nachweis über das Bestehen des Versicherungsschutzes gegenüber der Zulassungsstelle aus.

2. Neben den Normfällen des Versicherungsvertrages und der Deckungszusage lassen sich noch folgende Möglichkeiten aufzeigen:

a) Liegt weder ein endgültiger Versicherungsvertrag noch die ausdrückliche Erteilung einer vorläufigen Deckungszusage seitens des Versicherers vor, so kann gleichwohl in der Aushändigung einer Versicherungsbestätigung die Erteilung einer vorläufigen Deckungszusage liegen, wenn ein ausdrücklich gestellter oder aus den Umständen zu entnehmender Antrag des Versicherungsnehmers auf Ausstellung einer Versicherungsbestätigung vorliegt und die Bestätigungskarte vom Versicherer oder dem von ihm Beauftragten oder Bevollmächtigten dem Versicherungsnehmer ausgehändigt wird (BGHZ 25. 6. 1956 Bd. 21 S. 122 = VersR 1956 S. 482 = LM § 29 b StVZO m. Anm. Haidinger; 29. 11. 1956 VersR 1957 S. 23; OLG Karlsruhe 25. 10. 1957 VersR 1957 S. 797 f.; OLG München 12. 3. 1959 VersR 1959 S. 607. In dem der Entscheidung des BGHZ Bd. 21 S. 122 zugrundeliegenden Falle (s. o.) war die Bestätigungskarte von zwei Bevollmächtigten des Versicherers unterzeichnet gewesen und dem Versicherungsnehmer in der Geschäftsstelle einer Bezirksdirektion des Versicherers auf Antrag des Versicherungsnehmers ausgehändigt worden. Der BGH betont, daß der Versicherungsnehmer nach Treu und Glauben und mit Rücksicht auf die Verkehrssitte daraus entnehmen durfte, daß der Versicherer ihm entsprechend dem Inhalt der Bestätigungskarte Deckungsschutz zusagt. Er braucht nicht anzunehmen, daß der Versicherer ihm eine inhaltlich unwahre und den gesetzlichen Vorschriften widersprechende Bescheinigung ausstellen wollte (vgl. BGHZ 25. 6. 1956; s. o.).

Vgl. auch den ähnlich liegenden Fall des OLG Karlsruhe 25. 10. 1957 a. a. O. Ein Hinweis in der Bestätigungskarte, daß durch ihre Aushändigung keine vorläufige Deckung begründet sei, ist unzulässig. Denn der Inhalt der Versicherungsbestätigung ist durch § 29 b StVZO gesetzlich vorgeschrieben (vgl. S. .....). Die Zulassungsstelle müßte aufgrund einer solchen Karte bei Vermeidung einer Amtspflichtverletzung die Zulassung verweigern (s. a. Ossewski VersR 1958 S. 6; a. M. Würffel VersR 1957 S. 278 f.).

3. b) Eine zweite Gruppe von möglichen Fällen im Zusammenhang mit der Aushändigung einer Versicherungsbestätigung ist gegeben, wenn kein Antrag des Versicherungsnehmers auf Übersendung von

Antragsvordrucken und (oder) Aushändigung einer Versicherungsbestätigung vorliegt und nicht ohne weiteres aus den Umständen des Einzelfalles die Erteilung einer Deckungszusage angenommen werden kann. Solche Sachlagen können dadurch entstehen, daß vielfach die Versicherungsvertreter vom Versicherer **Blanko-Bestätigungskarten** erhalten, die sie vor Abschluß eines Versicherungsvertrages, vor Antragstellung auf Abschluß eines solchen Vertrages oder vor Antragstellung auf Aushändigung einer Versicherungsbestätigung dem Halter eines Kraftfahrzeuges aushändigen. Hier liegt mangels einer ausreichenden Vertretungsmacht des Vermittlers und nicht eingeholter Zustimmung des Versicherers ein Versicherungsvertrag oder die Erteilung einer vorläufigen Deckungszusage nicht oder, wie in der Regel, noch nicht vor. Jedoch kommt im Gegensatz zu den Tatbeständen in den oben angeführten Gruppen der **Versicherungsbestätigung** eine **selbständige Bedeutung** im Sinne einer Haftung des Versicherers in Ansehung des Dritten zu: Durch die Aushändigung der Versicherungsbestätigung des Versicherers nach § 29 b StVZO i. V. m. den die Pflichtversicherung und die Zulassung von Kraftfahrzeugen regelnden Vorschriften werden öffentlich-rechtliche Wirkungen hervorgerufen. Wenn der Versicherer die Aushändigung von Versicherungsbestätigungen geduldet oder ermöglicht hat, ohne daß ein Versicherungsverhältnis mit ihm zugrunde liegt und wenn von der Versicherungsbestätigung gegenüber der Zulassungsstelle Gebrauch gemacht wird, dann muß der Versicherer für die dadurch hervorgerufenen öffentlich-rechtlichen Wirkungen eintreten und in Ansehung des geschädigten Dritten haften, wie wenn ein Versicherungsvertrag bestünde. Ebenso AG Hannover 4. 11. 1955 VersR 1956 S. 91 m. Anm. Möring VersR 1956 S. 569 f.; Würffel VersR 1956 S. 534 f.). Denn ohne die Versicherungsbestätigung wäre das Kraftfahrzeug nicht zugelassen worden und damit dieser Schaden nicht entstanden sein (vgl. OLG Karlsruhe Beschl. 2. 11. 1956 VersR 1956 S. 776). Der Versicherer kann in einem solchen Falle nicht besser stehen als er stehen würde, wenn er einen Vertrag mit dem Versicherungsnehmer geschlossen hat, der durch einen nachträglich eingetretenen Umstand nichtig oder unwirksam ist. Ist hier für den Versicherer eine Haftung in Ansehung des Dritten gesetzlich vorgesehen (§ 158 c Abs. 2 VVG), so muß sie erst recht gegeben sein, wenn der Versicherer eine Versicherungsbestätigung in die Welt gesetzt und den Eindruck erweckt hat, es bestünde ein Vertrag, ohne daß auch nur der Rechtsschein eines solchen vorgelegen hat. Die selbständige Bedeutung der Versicherungsbestätigung zeigt sich im übrigen auch, wenn das Versicherungsverhältnis beendigt ist, der Versicherer aber die Anzeige gemäß §§ 158 c Abs. 2 VVG, 29 c StVZO unterlassen hat. Wegen anderer Fälle des Nichtabschlusses eines Versicherungsvertrages vgl. z. B. AG Hannover 4. 11. 1955 VersR 1956 S. 91. Daß, wie LG Aurich 13. 5. 1953 VerBAV 1954 S. 26 = VersR 1954 S. 171 annimmt, die Aushändigung einer Versicherungsbestätigung vor Abschluß eines Versicherungsvertrages n u r als eine bindende vorläufige Deckungszusage des Versicherers angesehen werden könne oder auch bei einer solchen Sachlage eine – formlos erteilte – vorläufige Deckungszusage vorliege (BGHZ VersR 1957 S. 23, s. o.), trifft nicht zu. Aber auch Ossewski (VersR 1958 S. 6) ist nicht zuzustimmen, wenn er meint, daß die Erteilung einer Versicherungsbestätigung o h n e gleichzeitigen Abschluß eines Vertrages oder Erteilung einer Deckungszusage gesetzwidrig und dementsprechend nichtig sei. Diese Auffassung müßte überdies zum Nachteil vieler Verkehrsopfer führen. Der Bundesgerichtshof meint, die Aushändigung und Weitergabe einer Bestätigungskarte setze voraus, daß der Versicherungsschutz bereits bestehe (vgl. BGHZ Bd. 21 S. 122 ff. = VersR 1956 S. 482, s. o.; vgl. auch OLG Schleswig 31. 5. 1958 VersR 1960 S. 591, 592; ferner Würffel VersR 1957 S. 278). Dieser Auffassung kann nur insoweit zugestimmt werden, als in der Aushändigung der Bestätigungskarte die Bekundung des Versicherers liegt, daß in dem angegebenen Umfange Versicherungsschutz bestehe, ohne daß er dazu Stellung nimmt, ob er hiermit gegenüber dem Versicherungsnehmer (Halter) v e r t r a g l i c h verpflichtet ist oder nicht. Mehr besagen auch § 29 b StVZO und die Bestätigungskarte nicht. Sie lassen den Rechtsgrund, das Rechtsverhältnis zwischen Versicherer und dem Inhaber der Bestätigungskarte, dahingestellt. Besteht aber Versicherungsschutz, dann ist bei Kraftfahrzeugschäden das etwaige Verkehrsopfer finanziell gesichert. Die finanzielle Sicherung des Geschädigten wiederum ist Voraussetzung für den öffentlich-rechtlichen Akt der Zulassung des Kraftfahrzeugs und der Zuteilung eines amtlichen Kennzeichens.

4. Zu einer ablehnenden Stellungnahme (s. o.) kommt Möring VersR 1956 S. 569 f. Jedoch hält er einen Anspruch gegen den Versicherer auf Grund und unter den Voraussetzungen der §§ 823, 831 BGB i. V. m. § 29 b StVZO als Schutzgesetz für gegeben. Dazu ist zu sagen, daß – unabhängig von der Haftung des Versicherers auf Grund der Aushändigung der Bestätigungskarte als Voraussetzung für die Zulassung – eine Haftung auch aus § 823 Abs. 2 BGB i. V. m. den §§ 4 DVO/PflVG v. 6. 4. 1940, 29 b StVZO als zum Wohl der Verkehrsopfer erlassenes Schutzgesetz gegeben sein kann. Jedoch ist zu bedenken, daß ein Rückgriff gegen den Versicherungsnehmer nach § 158 f VVG in diesen Fällen nicht möglich ist, da ja keine Haftung der Unternehmung aus § 158 c in Frage steht.

Nach den angegebenen Grundsätzen in Verb. mit § 158 c Abs. 1 VVG ist die Rechtslage zu beurteilen, wenn das Versicherungsverhältnis zunächst einmal zustande gekommen ist und nach dem Versicherungsschein die Zahlung der ersten Prämie als Bedingung für das Inkrafttreten des Versicherungsschutzes vereinbart ist, die Versicherungsbestätigung aber ohne Rücksicht auf die Zahlung der Prämie einen bestimmten Zeitpunkt als Beginn des Versicherungsschutzes festsetzt. Hier ist der Versicherer, sobald er die Versicherungsbestätigung der Zulassungsstelle übermittelt hat, verpflichtet, in Ansehung des Dritten von dem für den Beginn der Versicherung festgesetzten Zeitpunkt an Versicherungsschutz zu gewähren, auch wenn die Prämie noch nicht gezahlt ist und der Versicherer aus diesem Grunde dem Versicherungsnehmer gegenüber zur Leistung nicht verpflichtet ist (vgl. hierzu auch Thees-Hagemann, 1. Aufl., § 4 DurchfVO, Anm. 1 c, S. 60).

5. Aus gleichen Erwägungen, wie sie oben auf S. 231 f. dargelegt sind, haftet die Versicherungsunternehmung in Ansehung des Dritten in Höhe der Mindestversicherungssumme, wenn die Versicherungsbestätigung die Mindestversicherungssumme angibt, die vertraglich vereinbarte Versicherungssumme dagegen unzulässigerweise unter diesem Betrage bleibt.

6. Eine weitere Folge der Benutzung einer Versicherungsbestätigung gegenüber der Zulassungsstelle ohne das Vorhandensein eines Versicherungsschutzes ist, daß der Halter sich nach § 5 PflVG strafbar macht (vgl. u. zu L.).

Über die Prämienzahlungspflicht, wenn kein Versicherungsverhältnis besteht, aber die Versicherungsbestätigung ausgehändigt worden ist, vgl. AG Hannover 4. 11. 1955 VersR 1956 S. 91; es stützt den Anspruch auf Auftrag im öffentlich-rechtlichen Interesse gemäß den §§ 683 Satz 2, 679 BGB.

Ist die Versicherungsbestätigung dem Versicherer gestohlen worden, dann entfällt jede Haftung des Versicherers. Ebenso Johannsen VersArch 1956 S. 288 Anm. 45 m. Schrifttum; a. M. LG Düsseldorf 14. 10. 1955 VersR 1955 S. 675.

L. Strafvorschrift

1. Die Durchführung des Pflichtversicherungsgesetzes wird neben Maßnahmen der Verkehrspolizeibehörden, der Versicherungsaufsichtsbehörden und neben dem Versicherungsbestätigungs- und Anzeigeverfahren (vgl. S. 224 ff.) durch die Strafvorschrift in Art. I § 5 PflVG gesichert. Danach wird derjenige bestraft, der vorsätzlich oder fahrlässig

ein Fahrzeug im Sinne des § 1 PflVG, für das ein Haftpflichtversicherungsschutz nicht entsprechend dem Pflichtversicherungsgesetz besteht, auf öffentlichen Wegen oder Plätzen gebraucht oder den Gebrauch gestattet. Strafbar ist, wenn das Fahrzeug überhaupt nicht oder nicht mehr pflichtversichert ist oder wenn einzelne den Haftpflichtversicherungsschutz im einzelnen sichernde Vorschriften des Gesetzes, der Durchführungsverordnungen, der Anordnungen befugter Behörden nicht beachtet worden sind, sei es, daß die Versicherungssumme zu gering, die Pflichtversicherung nicht bei einer dafür zugelassenen Versicherungsunternehmung abgeschlossen ist oder nicht den genehmigten Versicherungsbedingungen entspricht. **„Haftpflichtversicherungsschutz nach diesem Gesetz“** setzt insbesondere voraus, daß ein Haftpflichtversicherungsvertrag bei einem zum Geschäftsbetrieb befugten Versicherungsunternehmen abgeschlossen und a u f r e c h t e r h a l t e n wird (vgl. § 1 PflVG). Dies bedeutet für die Fälle des § 158 c Abs. 1, in denen der Versicherer zwar leistungsfrei ist, der Vertrag aber aufrechterhalten bleibt, daß eine Strafbarkeit nach § 5 PflVG insoweit nicht gegeben ist; das Kraftfahrzeug kann nach den verkehrsrechtlichen Vorschriften weiterhin am Verkehr teilnehmen (wie hier OLG Neustadt 13. 3. 1958 VersR 1958 S. 716 = VRS Bd. 15 S. 224 Nr. 92; Sasse VersR 1958 S. 874; Thees-Hagemann, 2. Aufl., § 5 PflVG Anm. 1, S. 153; zweifelnd Deiters VersR 1958 S. 796). Anders ist die Sachlage in den Fällen des § 158 c Abs. 2. Endet das Haftpflichtversicherungsverhältnis oder hat es gar nicht bestanden, benutzt der Versicherungsnehmer jedoch das Kraftfahrzeug gleichwohl, dann macht er sich strafbar. Denn seit der Beendigung des Versicherungsverhältnisses ist ein Haftpflichtversicherungsschutz nach dem Pflichtversicherungsgesetz nicht mehr gegeben. Daß die Haftung des Versicherers darüber hinaus mit Bezug auf den geschädigten Dritten noch 1 Monat wirkt, ist unerheblich. Der Verstoß liegt darin, daß das Fahrzeug gebraucht wird, obwohl die Haftpflichtversicherung nicht aufrechterhalten bzw. eine neue Versicherung nicht abgeschlossen worden ist (wie hier OLG Stuttgart 22. 8. 1958 VersR 1958 S. 895 = NJW 1959 S. 60; Deiters a. a. O.; Thees-Hagemann a. a. O.; a. M. BGH StR Beschl. 11. 2. 1959 Bd. 12 S. 392 = VersR 1959 S. 592 = NJW 1959 S. 1188 m. Anm. Vogel als Vorlegungsfall gemäß § 121 Abs. 2 GVG. [Der BGH stellt fest, daß der Halter sich nach Art. I § 5 PflVG nicht strafbar mache, solange der Versicherungsschutz zugunsten des Geschädigten gemäß § 158 c Abs. 2 VVG nach Ablauf des Versicherungsvertrages als fortbestehend gilt. Praktisch würde dies bedeuten, daß die Strafbarkeit davon abhängt, ob und wann der Versicherer nach § 158 c Abs. 2 Anzeige erstattet bzw. wann die Behörden nach der Anzeige des Versicherers eingreifen, falls der Halter einen anderen Versicherungsvertrag trotz Weiterbenutzung nicht abgeschlossen hat]; ferner OLG Neustadt a. a. O.; Sasse a. a. O. Diese Auffassung stellt u. a. darauf ab, daß es nur darauf ankomme, daß der Dritte vor Nachteilen geschützt sei. Im übrigen ergibt sich nach der hier vertretenen Auffassung der gesetzlichen Festsetzung einer Verbindlichkeit des Versicherers im öffentlichen Interesse (vgl. S. 259) ohne weiteres, daß dies kein Haftpflichtversicherungsschutz im Sinne des Pflichtversicherungsgesetzes ist. Hat das Haftpflichtversicherungsverhältnis, etwa wegen Anfechtung, von Anfang an nicht bestanden, dann macht sich der Versicherungsnehmer von dem Zeitpunkt an strafbar, in dem ihm der Umstand, der das Nichtbestehen des Vertragsverhältnisses zur Folge hat, bekannt geworden ist. Auch hier kommt es auf die Haftung des Haftpflichtversicherers nach § 158 c VVG nicht an. Der auch hier vertretenen Auffassung soll durch eine gesetzliche Änderung des § 5 PflVG Rechnung getragen werden.

2. Ist die Haftpflichtversicherung von einem anderen als dem Halter abgeschlossen worden, so trifft den Halter eine Erkundigungspflicht wegen des Fortbestehens des Versicherungsvertrages. Er kann sich, namentlich im Verhältnis zum Sicherungseigentümer, durch entsprechende Vertragsabreden sichern. Diese können strafrechtlich sein Verschulden ausschließen, zumal auch der Erwerber ein erhebliches Interesse daran hat, daß der Versicherungsschutz nicht unterbrochen wird und er für die bürgerlich-rechtlichen Ansprüche, die gegen ihn als Eigentümer gerichtet werden, gedeckt ist. Der Erwerber kann nach dem Urteil BGHZ VersR 1953 S. 284 = NJW 1953 S. 1182 = BB 1953 S. 575 seinerseits nach § 5 PflVG strafrechtlich belangt werden, wenn das Kraftfahrzeug unversichert benutzt wird.

Das Strafmaß ist Gefängnis von 1 Tag bis zu 5 Jahren (§ 16 Abs. 1 StGB) oder Haft von 1 Tag bis zu 6 Wochen (§ 18 Abs. 1 StGB), neben denen auf Geldstrafe erkannt werden kann, oder Geldstrafe allein (3 bis 10 000 DM – § 27 Abs. 2 Nr. 1 StGB –).

3. Strafbar können sich hiernach insbesondere der Halter, Fahrer, Beifahrer, Mieter des Wagens machen. Die bloße Benutzung eines unversicherten Fahrzeuges als gelegentlicher Fahrgast wird den Tatbestand des Art. I § 5 PflVG in der Regel nicht erfüllen (näheres vgl. Thees-Hagemann, 1. Aufl., zu § 5 PflVG, S. 70 f.). Der fehlende Versicherungsschutz ist strafrechtlich Vergehen (vgl. Verf. des BVM v. 10. 1. 1952; VW 1952 S. 98). Ein Verstoß kann außerdem als Ungeeignetheit des Führers des Kraftfahrzeugs angesehen werden und rechtfertigt neben der Strafe regelmäßig die Entziehung der Fahrerlaubnis (vgl. Bekanntmachung des BVM StV 2 Nr. 43/58/52 II VkBl. 1952 S. 124 = VW 1952 S. 252).

III. Pflichtversicherung ausländischer Kraftfahrzeuge und -Anhänger

1. Das Pflichtversicherungsgesetz vom 7. 11. 1939 (RGBl. I S. 2223) hat den Abschluß einer Pflicht-Haftpflichtversicherung nur für solche Kraftfahrzeuge geregelt, die ihren regelmäßigen Standort im Inland haben. Zwar hat § 12 DVO/PflVG den damaligen Reichsverkehrsminister ermächtigt, den gesetzlichen Vorschriften über die Pflichtversicherung auch Kraftfahrzeuge zu unterstellen, die im Inland verkehren, dort aber nicht ihren regelmäßigen Standort haben. Diese Ermächtigung ist durch Art. 129 Abs. 3 GG hinfällig geworden.

Die Notwendigkeit, die **Pflichtversicherung** auch für Kraftfahrzeuge mit nicht im Inland gelegenem regelmäßigen Standort einzuführen, insbesondere also **für ausländische Kraftfahrzeuge,** ist durch den ständig wachsenden Verkehr von Land zu Land dringend geworden. Die für den deutschen Fußgänger und Kraftfahrer entstehenden Nachteile bei Unfällen mit ausländischen Kraftfahrzeugen sind ungleich größer als bei Unfällen mit inländischen Fahrzeugen. Zwar bestimmt sich die Haftung des Halters und Fahrers eines ausländischen Kraftfahrzeuges, die einen Verkehrsunfall im Bundesgebiet oder in West-Berlin verursachen, nach deutschem Recht (BGHZ 21. 12. 1956 VersR 1957 S. 130 = NJW 1957 S. 499; s. a. VW 1957 S. 155). Doch ist die Durchsetzung solcher Ansprüche gegen Ausländer schwierig, wenn nicht unmöglich, wenn kein Versicherungszwang für diese besteht und die Rechtsverfolgung gegen den in der Regel nur vorübergehend im Inland befindlichen Halter und Fahrer noch dazu im Ausland stattfinden müßte. Die hier bestehende Lücke in der Regelung der Pflichtversicherung ist durch das Gesetz über die Haftpflichtversicherung für ausländische Kraftfahrzeuge und Kraftfahrzeuganhänger vom 24. 7. 1956 (BGBl. I S. 667 ff.) geregelt worden (Text vgl. S. 25). Das Gesetz führt die Pflicht-Haftpflichtversicherung für Kraftfahrzeuge ein, deren regelmäßiger Standort nicht im Inland ist. Es ordnet die Rechtsverfolgung der Verkehrsopfer dieser Fahrzeuge im Inland, berücksichtigt andererseits aber auch gewisse durch den internationalen Verkehr bedingte Notwendigkeiten. Die Vorschriften dieses Gesetzes sind grundsätzlich denen des Pflichtversicherungsgesetzes bzw. der Durchführungsverordnung vom 6. 4. 1940 nachgebildet. Jedoch ist das Gesetz vom 24. 7. 1956 in sich abgeschlossen und verweist in keinem Falle auf das Pflichtversicherungsgesetz. Lediglich hinsichtlich der Mindestversicherungssumme wird in § 4 Abs. 2 mittelbar auf die in der Durchführungsverordnung enthaltene Regelung verwiesen. Hieraus folgt, daß im Bedarfsfalle das Gesetz aus sich heraus ausgelegt werden muß.

2. Der **Kreis der unter das Gesetz fallenden Fahrzeuge** wird nach 2 Richtungen hin umrissen:

a) Erfaßt werden Kraftfahrzeuge und Kraftfahrzeuganhänger. Zu den Kraftfahrzeugen zählen auch Fahrräder mit Hilfsmotor. Dies ist beim Pflichtversicherungsgesetz bereits rechtens, ist aber in diesem Gesetz — offenbar zur Beseitigung von Zweifeln — ausdrücklich festgesetzt worden.

b) Erfaßt werden die vorstehend zu a) genannten Fahrzeuge, die im Inland keinen regelmäßigen Standort haben. Ob sie nach den Gesetzen ihres Heimatstaates zulassungs- und versicherungspflichtig sind, ist ohne Bedeutung. Gleichgültig ist ferner, ob sie einen regelmäßigen Standort im Ausland haben. Keinen regelmäßigen Standort im Inland haben in der Regel die Fahrzeuge von Ausländern. Aber auch deutsche Staatsangehörige mit Wohnsitz im Ausland können Fahrzeuge besitzen, deren regelmäßiger Standort nicht im Inland ist. Insoweit ist die Bezeichnung des Gesetzes als Gesetz über die Haftpflichtversicherung für „ausländische" Kraftfahrzeuge und Kraftfahrzeuganhänger ungenau. Unter dieses Gesetz fallen ferner Fahrzeuge der ausländischen Staaten, Gemeinden oder öffentlich-rechtlichen Körperschaften sowie der im Dienst dieser Staaten, Gemeinden und Körperschaften stehenden Personen. Damit unterliegen auch Kraftfahrzeuge der exterritorialen Personen und Berufskonsuln mit ausländischer Staatsangehörigkeit der Versicherungspflicht nach diesem Gesetz. Im wesentlichen kommen hier die Botschafter, Gesandten und sonstigen Chefs und Mitglieder ausländischer Missionen in Betracht, sofern sie nicht deutsche Staatsangehörige sind. Berufs- und Wahlkonsuln sind nicht ohne weiteres exterritorial (§ 21 GVG). Der Berufskonsul und der Wahlkonsul deutscher Staatsangehörigkeit sind stets versicherungspflichtig nach dem Pflichtversicherungsgesetz, auch dann, wenn sie exterritorial sind. Die Kraftfahrzeuge ausländischer Staaten, Gemeinden usw. und die Fahrzeuge der in ihrem Dienst stehenden Personen können vom Bundesminister für Verkehr durch Rechtsverordnung von der Versicherungspflicht nach § 1 Abs. 1—4 und den weiteren Vorschriften oder auch lediglich von den etwa vom Bundesminister für Verkehr auf Grund des § 7 Buchst. a des Gesetzes erlassenen Vorschriften über den Inhalt von Versicherungsbescheinigungen allgemein ausgenommen werden. Die Rechtsverordnung kann ohne Zustimmung des Bundesrats nach Anhörung der zuständigen obersten Landesbehörden erlassen werden (§ 8 Abs. 2). Die Verordnung soll der Pflege der Beziehungen mit dem Ausland dienen und darf nur unter der Voraussetzung erlassen werden, daß die Entschädigung der Verkehrsopfer gewährleistet ist.

Sind dieser Zweck und diese Voraussetzung gegeben, so kann der Bundesminister für Verkehr auch Einzelausnahmen von dem Gesetz überhaupt oder von den etwa von ihm auf Grund des § 7 Buchst. a des Gesetzes erlassenen Rechtsverordnungen über den Inhalt und die Prüfung der Versicherungsbescheinigungen und die beim Fehlen der Bescheinigung erforderlichen Sicherungsmaßnahmen genehmigen (§ 8 Abs. 1). Solche Einzelausnahmen können also auch an Privatpersonen erteilt werden. Die allgemeinen Ausnahmen und die Ausnahmen in Einzelfällen können ihrem Umfange nach begrenzt erteilt werden.

3. In jedem Falle sind von den Vorschriften über die Versicherungspflicht (§ 1 Abs. 1–4 des Gesetzes) die Fahrzeuge der **ausländischen Streitkräfte** ausgenommen, die zum Aufenthalt im Geltungsbereich des Gesetzes befugt sind (§ 1 Abs. 5). Auf sie findet das deutsche Recht keine Anwendung. Im übrigen vgl. S. 244.

4. Wie bereits erwähnt, lehnt sich das Gesetz vom 24. 7. 1956 eng an das Pflichtversicherungsgesetz an. Die von § 1 PflVG abweichende Formulierung „Kraftfahrzeuge dürfen auf öffentlichen Straßen oder Plätzen nur gebraucht werden, wenn für den Halter oder Führer eine Haftpflichtversicherung besteht", bedeutet gegenüber dem Pflichtversicherungsgesetz keine materielle Abweichung. Wenngleich in § 1 PflVG ausdrücklich bestimmt wird, daß der Halter eines Kraftfahrzeuges verpflichtet ist, eine Haftpflichtversicherung abzuschließen, so muß die Regelung in § 1 des G. v. 24. 7. 1956 ebenfalls als eine **Pflicht zum Abschluß einer Haftpflichtversicherung** angesehen werden, da der Gebrauch eines Kraftfahrzeuges ja der selbstverständliche Zweck eines Kraftwagens ist. Von Bedeutung ist aber, daß hier nicht wie in § 1 PflVG dem Halter die Verpflichtung zum Abschluß und zur Aufrechterhaltung der Pflichtversicherung auferlegt ist, sondern der Gebrauch unversicherter ausländischer Kraftfahrzeuge und Anhänger auf öffentlichen Straßen oder Plätzen ist schlechthin verboten, gleich ob der Halter, der Eigentümer oder ein Dritter den Wagen benutzt. Da der im Pflichtversicherungsgesetz für inländische Wagen eingeschlagene Weg, das Bestehen eines ausreichenden Versicherungsschutzes über die Zulassung des Fahrzeuges zu kontrollieren, bei den ausländischen Kraftfahrzeugen nicht gangbar und ferner der Halter des Fahrzeuges nicht immer faßbar ist, ist im Pflichtversicherungsgesetz für ausländische Kraftfahrzeuge auf Grund von § 1 Abs. 2 des Gesetzes der Führer des Kraftfahrzeuges verpflichtet, den Nachweis über das Bestehen einer ausreichenden Pflicht-Haftpflichtversicherung (Versicherungsbescheinigung; s. u. S. ...) mit sich zu führen und auf Verlangen dem zuständigen Beamten zur Prüfung auszuhändigen. Darüber hinaus darf im Interesse

einer weiteren Sicherung der Verkehrsopfer nach § 1 Abs. 3 und 4 des Gesetzes der Halter des Fahrzeugs die Benutzung des Kraftfahrzeugs auf öffentlichen Straßen oder Plätzen nicht anordnen oder zulassen, wenn die erforderliche Haftpflichtversicherung nicht besteht oder der Fahrzeugführer die Versicherungsbescheinigung nicht mit sich führt. Die Grenzkontrollstellen müssen die Innehaltung dieser Vorschrift überwachen und Kraftfahrzeuge oder Anhänger zurückweisen, wenn bei der Einreise des Fahrzeugs die Versicherungsbescheinigung fehlt. Ferner kann das Fahrzeug bis zur Vorlage der Versicherungsbescheinigung sichergestellt werden, wenn sich während des Gebrauchs herausstellt, daß die Versicherungsbescheinigung nicht vorhanden ist oder auch nur vom Fahrzeugführer nicht mitgeführt wird. Daß die Verpflichtung nur besteht, wenn das Fahrzeug auf öffentlichen Straßen oder Plätzen gebraucht wird, stimmt mit § 1 PflVG überein (vgl. dort S. 175). Abgesehen von den oben erwähnten gesetzlichen oder auf Grund von Rechtsverordnungen oder Einzelgenehmigungen möglichen Ausnahmen vom Versicherungszwang kennt das Gesetz keine Ausnahme, auch nicht die des § 1 DVO/PflVG, so daß auch Kraftfahrzeuge mit einer Höchstgeschwindigkeit bis 6 km/Std., selbstfahrende Arbeitsmaschinen, maschinell angetriebene Krankenfahrstühle mit regelmäßigem Standort im Ausland dem Zwange unterliegen. Wie betont, ist das Gesetz aus sich heraus auszulegen. Es hat die Möglichkeit für Ausnahmen ausdrücklich in die Hand der beteiligten Bundesminister gelegt.

5. Der **Umfang der Versicherung** ist der gleiche wie in § 1 PflVG. Die Haftpflichtversicherung ist für den Halter und den Fahrer abzuschließen, gleich ob der Fahrer berechtigt ist oder nicht (a. M. Thees-Hagemann, 2. Aufl., § 1 AuslPflVG Anm. 5, S. 198). Im Gegensatz zur Regelung für Kraftfahrzeuge mit Standort im Inland kann bei Versicherungen für ausländische Wagen die Geltung der Versicherungsbescheinigung befristet werden (vgl. § 5 des Gesetzes u. S. 242). Der Versicherer kann ferner die Aushändigung der Bescheinigung von der Zahlung der Prämie für die vereinbarte Dauer, bei nicht befristeter Geltung der Bescheinigung von der Zahlung der ersten Prämie abhängig machen (§ 5 des Gesetzes). Die Mindestversicherungssummen, die für Kraftfahrzeuge mit regelmäßigem Standort im Inland gelten (vgl. S. 206), gelten nach § 4 Abs. 2 des Gesetzes auch hier, ebenso wie der Vertrag den von der Aufsichtsbehörde genehmigten Allgemeinen Versicherungsbedingungen entsprechen muß (§ 4 Abs. 1 des Gesetzes). Besondere Versicherungsbedingungen für ausländische Kraftfahrzeuge bestehen z. Zt. nicht. Es gelten daher die AKB mit den sich aus diesem Gesetz, den dazu erlassenen Verordnungen und Ausnahmen sowie aus dem aufsichtsbehördlich ge-

nehmigten Muster des Grenzversicherungsscheins ergeben. Die wichtigsten Abweichungen des Grenzversicherungsscheins von den AKB betreffen die Gültigkeit des Versicherungsscheins (7 Tage oder einen Monat) und die örtliche Geltung (Bundesrepublik, das Land Berlin und die Verbindungswege dorthin). Die Prämien werden nach einem Sondertarif erhoben.

6. Die Haftpflichtversicherung kann **bei allen im Bundesgebiet** zum Betrieb der Kraftfahrhaftpflichtversicherung **zugelassenen Unternehmen** abgeschlossen werden (§ 2 Abs. 1 a des Gesetzes; vgl. S. 212); ferner nach Abs. 1 b a. a. O. auch bei einem anderen Versicherer, wenn neben diesem Versicherungsunternehmen ein zum Geschäftsbetrieb in der Bundesrepublik zugelassener Versicherer oder ein Verband solcher Versicherer – zu denken ist an den HUK-Verband (vgl. S. 214) – die Pflichten eines Haftpflichtversicherers aus diesem Gesetz übernimmt. Diese Regelung hängt mit der Einführung des **„Systems der grünen Karte"** zusammen. Dieses System beruht auf einer Empfehlung des Unterausschusses für Straßenverkehr der Wirtschafts-Kommission für Europa der UNO aus dem Jahre 1949. Es beruht auf zweiseitigen Abkommen zwischen den nationalen Verbänden der europäischen Autoversicherer und bezweckt bei Verkehrsunfällen ausländischer Kraftfahrzeuge in dem betreffenden Land eine Regulierungshilfe durch eine bestimmte Stelle des Landes. Diese Stelle wird als „Büro" bezeichnet und bearbeitet die von dem ausländischen Fahrzeug verursachten Schäden in gleicher Weise, wie wenn das ausländische Fahrzeug von der Möglichkeit des § 2 Abs. 1 a (Versicherung bei einem inländischen Versicherer) Gebrauch gemacht hätte. Vgl. im einzelnen Cuntz VW v. 1. 6. 1953, Sonderbeilage.

Die grüne Versicherungskarte wird von der Versicherungsunternehmung ausgestellt, bei der das Kraftfahrzeug gegen Haftpflichtschäden versichert ist. Will ein deutsches Kraftfahrzeug ins Ausland fahren und wünscht der Halter die Ausstellung einer grünen internationalen Versicherungskarte, dann müssen nach der Grundregel 2 die Deckungssummen mindestens DM 250 000,– für Personenschäden, 50 000,– für Sachschäden und DM 10 000,– für Vermögensschäden betragen. Durch die Ausstellung der grünen Karte wird erreicht, daß das ausländische Kraftfahrzeug (entsprechendes gilt umgekehrt für das inländische Kraftfahrzeug bei Reisen ins Ausland) in der Bundesrepublik und in West-Berlin Versicherungsschutz mit dem Inhalt und in der Höhe genießt, die durch das Pflichtversicherungsgesetz für ausländische Kraftfahrzeuge und Kraftfahrzeuganhänger und die dazugehörigen Verordnungen, unter anderem über die Höhe der Mindestversicherungssummen, bestimmt sind. Der Versicherungsschutz für die ausländischen Fahrzeuge wird bis zur Höhe der vorgesehenen Mindestversicherungssummen gewährt, auch wenn das ausländische Kraftfahrzeug nach den Gesetzen seines Heimatlandes eine niedrigere oder höhere Versicherungssumme fordert. Über die durch die Gesetze und Verordnungen festgesetzten Grenzen hinaus leistet das Büro der Bundesrepublik und West-Berlins, das die Schäden ausländischer Fahrzeuge reguliert, keinen Versicherungsschutz, also z. B. nicht für Ansprüche, die über die Mindestversicherungssummen hinausgehen, nicht für Geldstrafen u. a.

Das Büro für die Bundesrepublik und West-Berlin ist der Verband der Haftpflicht-, Unfall- und Kraftverkehrsversicherer (HUK-Verband) e. V. in Hamburg. Der Verband betreibt keine Versicherungsgeschäfte. Ein Vertragsverhältnis zwischen dem Büro und dem ausländischen Versicherungsnehmer wird durch die Ausstellung der grünen Karte durch den Versicherer des ausländischen Versicherungsnehmers nicht begründet. Vertragsbeziehungen bestehen lediglich zwischen dem Büro und diesem ausländischen Versicherer auf Ausgleich entsprechend den geschlossenen zweiseitigen Abkommen. Der Versicherungsschutz auf Grund der grünen internationalen Versicherungskarte erlischt mit Ablauf der auf ihr bezeichneten Frist. Wegen der Nichtanwendung des § 158 c Abs. 2 VVG vgl. u. Anm. 8.

7. Kann der Halter oder Fahrer des ausländischen Kraftfahrzeugs bei der Einreise keine grüne internationale Versicherungskarte vorweisen und hatte er auch nicht vor Antritt seiner Reise eine Pflicht-Haftpflichtversicherung mit einem deutschen Unternehmen im Korrespondenzweg abgeschlossen, was er durch die auch für Inländer gültige Versicherungsbestätigung (vgl. S. 224) nachweisen müßte, dann bleibt ihm nur die Möglichkeit, an den Grenz-Zollstellen eine befristete Grenzversicherung abzuschließen. Er erhält dann als Versicherungsbescheinigung im Sinne des § 1 Abs. 2 des Gesetzes einen **Grenzversicherungsschein.** Das Muster bedarf der Genehmigung des BAV. Die Grenzversicherungsscheine werden von mehreren Versicherern, von denen einer führend ist, im Wege der Mitversicherung ausgestellt, wobei jeder Versicherer einen Teil des Risikos übernimmt. Eine Gesamthaftung der Versicherer findet nicht statt. Die Grenzversicherungsscheine werden an den Grenzstellen gegen Zahlung der Prämie ausgehändigt. Der Nachweis für die Zahlung der Prämie wird durch Aufkleben und Entwertung einer Wertmarke durch die Zollstelle geführt. Das nähere Verfahren ergibt sich aus dem Erlaß des BFM v. 7. 12. 1956 — III A/I — 0 3043 — 16/56 (Bundeszollbl. 1956 S. 756). Der Beginn des Versicherungsschutzes stimmt mit dem auf der Wertmarke angegebenen Datum der Entwertung überein. Der Grenzversicherungsschein läuft nach 7 Tagen oder einem Monat nach Entwertung der Wertmarke ab (große Grenzversicherung). Daneben

besteht eine Sonderregelung für den kleinen Grenzverkehr aus Dänemark in Form eines Tagesgrenzversicherungsscheins (vgl. VerBAV 1960 S. 124). Will der ausländische Kraftfahrer über diese Zeit hinaus im Inland bleiben, dann muß er durch Abschluß einer Pflicht-Haftpflichtversicherung nach § 2 Abs. 1 a bei einem zum Geschäftsbetrieb in der Bundesrepublik oder in West-Berlin zugelassenen Kraftfahrzeug-Haftpflichtversicherer für die Verlängerung des Versicherungsschutzes sorgen. Die Versicherungsbescheinigung ist alsdann die ihm auszuhändigende Versicherungsbestätigung (vgl. S. 224).

Schließt der ausländische Kraftfahrer nach Ablauf der Grenzversicherung keinen Vertrag nach § 2 Abs. 1 a des Gesetzes, dann hängt von den in Anm. 4 geschilderten Überwachungsmaßnahmen ab, ob bei Eintritt eines Verkehrsunfalls das – in der Regel inländische – Verkehrsopfer geschützt ist oder Gefahr läuft, daß seine Ersatzansprüche mangels Versicherungsschutzes des ausländischen Kraftfahrers nicht befriedigt werden.

8. Obwohl es sich auch bei der Pflicht-Haftpflichtversicherung für ausländische Kraftfahrzeuge um eine Pflichtversicherung nach den §§ 158 b ff. VVG handelt (vgl. S. 257), besteht auf Grund des § 6 Abs. 1 des Gesetzes eine **Haftung** des Versicherers **nach § 158 c Abs. 2 VVG** für die Zeit nach Beendigung des Versicherungsschutzes, wie dies bei inländischen Kraftfahrzeugen der Fall ist, **nicht.** Das auf S. 268 dargelegte Ineinandergreifen der Mitteilung des Versicherers über den Wegfall des Versicherungsschutzes einerseits, die dadurch zur Auslösung zu bringende Einziehung des amtlichen Kennzeichens und gegebenenfalls das Herausziehen des Kraftfahrzeuges aus dem Verkehr andererseits läßt sich bei ausländischen Kraftfahrzeugen nicht durchführen. Die Sonderregelung in § 6 Abs. 2 des Gesetzes besagt, daß in Ansehung des Dritten ein Umstand, der das Nichtbestehen oder die Beendigung des Versicherungsverhältnisses zur Folge hat, nur dann wirkt, wenn dieser Umstand aus der Versicherungsbescheinigung ersichtlich ist oder die Bescheinigung dem Versicherer zurückgegeben worden ist. Da die Befristung des Versicherungsschutzes bei ausländischen Kraftfahrzeugen in aller Regel aus der Versicherungsbescheinigung (Versicherungsbestätigung, Grenzversicherungsschein, grüne Karte) ersichtlich ist, haftet der Versicherer entsprechend § 6 Abs. 2 in Ansehung des Dritten über die festgesetzte Dauer des Versicherungsschutzes nicht. Um die hieraus für das Verkehrsopfer entstehenden Nachteile praktisch auszuräumen, haben die an der Grenzversicherung beteiligten Versicherer sich in einer dem BAV abgegebenen geschäftsplanmäßigen Erklärung bereit erklärt, über die Zeit von 7 Tagen bzw. einen Monat hinaus für die Zeit von weiteren 5 Wochen bzw. 5 Monaten zu haften, falls nicht

ein anderer im Inland tätiger Privat- oder Sozialversicherer einzutreten oder der Arbeitgeber dem Geschädigten das Arbeitsentgelt, wenn auch unter Vorbehalt, weiterzuzahlen hat. Voraussetzung ist ferner die Abtretung der Ersatzansprüche gegen den Schadenstifter an den leistenden Versicherer (vgl. VerBAV 1960 S. 124 f.). Eine ähnliche Regelung besteht für den kleinen Grenzverkehr aus Dänemark (vgl. VerBAV a. a. O.). Handelt es sich um einen Umstand, der sich nicht aus der Versicherungsbescheinigung ergibt, jedoch das Nichtbestehen oder die Beendigung des Versicherungsverhältnisses zur Folge hat, wie Geschäftsunfähigkeit des Versicherungsnehmers, Anfechtung des Versicherungsvertrags wegen Irrtums oder Arglist, oder zur Leistungsfreiheit des Versicherers nach § 158 c Abs. 1 führt, dann kann dieser Umstand dem geschädigten Dritten nicht entgegengehalten werden. Der Versicherer haftet. Da seine Haftung aber, wie dargelegt, auf Grund des Inhalts der Versicherungsbescheinigung befristet ist, geht die Haftung nicht über die Dauer dieser Frist hinaus (s. o.). Da es sich hier um eine Pflichtversicherung nach den §§ 158 b ff. VVG handelt und das Pflichtversicherungsgesetz für ausländische Kraftfahrzeuge nur § 158 c Abs. 2 VVG anderweitig geregelt hat, gilt für das Anwendungsgebiet dieses Gesetzes § 158 f VVG entsprechend (ebenso Thees-Hagemann, 2. Aufl., § 6 Ausland-PflVG, Anm. 4, S. 208), jedoch begrenzt durch die §§ 4, 5 des Gesetzes (u. a. die Mindestversicherungssumme und die befristete Geltung der Versicherungsbescheinigung betr.). Soweit der Versicherer in Anspruch genommen wird, geht die Forderung des Dritten gegen den Versicherungsnehmer gemäß § 158 f VVG auf den Versicherer über.

9. Alle oder mehrere die Haftpflichtversicherung betreibenden Versicherungsunternehmen können sich, ähnlich wie in § 5 DVO/PflVG vorgesehen, für die Zwecke des Gesetzes, z. B. gemeinsame Deckung von Risiken, zu einer **Versicherergemeinschaft** zusammenschließen (§ 2 Abs. 2 des Gesetzes; vgl. auch S. 213).

10. Wie in Art. I § 3 Abs. 1 Satz 2 PflVG trifft die Versicherungsunternehmen ein **Annahmezwang,** und zwar für Anträge sowohl bei den Grenzzollstellen als auch während des Aufenthalts in der Bundesrepublik und in West-Berlin; Ausnahmen sind im gleichen Umfang wie nach § 3 Abs. 2 DVO/PflVG zugelassen (§ 3 Abs. 1 u. 2 des Gesetzes; vgl. die Anm. auf S. 217 f.). Im Gegensatz zu § 3 Abs. 1 DVO/PflVG ist in diesem Gesetz keine Regelung getroffen, innerhalb welcher Frist ein Antrag als angenommen gilt. Für die Grenzversicherungsscheine wird eine solche Bestimmung entbehrlich sein. Bei Anträgen während des Aufenthaltes in der Bundesrepublik und in West-Berlin wird man von einer a n g e m e s s e n e n Ablehnungsfrist

auszugehen haben, die sich nach den Umständen des Einzelfalls richtet und länger oder kürzer als 5 Tage dauern kann.

11. § 7 Buchst. a und c des Gesetzes geben dem Bundesminister für Verkehr die Möglichkeit, mit Zustimmung des Bundesrates **Rechtsverordnungen** über den Inhalt und die Prüfung der Versicherungsbescheinigungen und über die beim Fehlen der Bescheinigung etwa notwendigen Sicherungsmaßnahmen sowie allgemeine Verwaltungsvorschriften zu erlassen. Schließlich kann der Bundesminister für Wirtschaft – ohne Zustimmung des Bundesrates – Rechtsverordnungen erlassen mit dem Ziel, durch entsprechende Maßnahmen der Versicherer den Abschluß von Versicherungsverträgen nach diesem Gesetz sicherzustellen. Eine solche Maßnahme könnte der Zusammenschluß der Versicherer zu einer Versicherergemeinschaft sein.

12. Auf S. 238 ist entsprechend § 1 Abs. 5 des Gesetzes erwähnt, daß § 1 Abs. 1 bis 4 auf die Kraftfahrzeuge der **ausländischen Stationierungsstreitkräfte** keine Anwendung findet. Diese Regelung ergibt sich bereits aus Art. IV Abs. 1 Satz 2 des Vertrages über die Bestimmungen zwischen der Bundesrepublik Deutschland und den drei Mächten i. V. m. Art. 1 Abs. 5 des Vertrages über die Rechte und Pflichten ausländischer Streitkräfte und ihrer Mitglieder in der Bundesrepublik Deutschland = Truppenvertrag (BGBl. 1955 II S. 321). Vgl. hierzu auch Sasse VW 1955 S. 282 f.

Soweit es sich um Fahrzeuge von Mitgliedern ausländischer Streitkräfte handelt, gilt für sie allgemein Art. 2 Abs. 1 des Truppenvertrages, wonach die Mitglieder der ausländischen Streitkräfte das deutsche Recht zu beachten haben, soweit nichts anderes bestimmt ist. Hinsichtlich der Kraftfahrtversicherung im besonderen bestimmt Art. 17 Abs. 7 a. a. O.:

„Die Mitglieder der Streitkräfte dürfen ihnen gehörende private Kraftfahrzeuge und Luftfahrzeuge im Bundesgebiet nur benutzen oder ihre Benutzung gestatten, wenn sie gegen die Haftung aus dieser Benutzung versichert sind. Art und Höhe des erforderlichen Versicherungsschutzes bestimmen sich nach deutschem Recht. Die Versicherung kann auch bei Versicherungsunternehmen abgeschlossen werden, die zur Ausübung dieser Tätigkeit im Gebiet der beteiligten Mächte berechtigt und im Rahmen der Bestimmungen über Devisenkontrolle nach Regelung der beteiligten Mächte in der Lage sind, Schadenersatzansprüche im Bundesgebiet und in der Währung der Bundesrepublik zu befriedigen".

Danach müssen die Mitglieder ausländischer Streitkräfte und ihre Angehörigen (Art. 1 Abs. 7 Truppenvertrag) eine Haftpflichtversicherung für die ihnen gehörigen Kraftfahrzeuge und Anhänger schließen. Daß es sich hier um eine P f l i c h t handelt, wenn das Fahrzeug benutzt wird, erscheint nicht zweifelhaft (anders Sasse a. a. O.). Der unterschiedliche Wortlaut hinsichtlich der Verpflichtung des Abschlusses einer Haftpflichtversicherung bei Gebrauch oder Benutzung des Fahrzeuges in den §§ 1 PflVG, 1 Abs. 1 des PflVG für ausländische Kraftfahrzeuge (vgl. insbes. diesen von § 1 PflVG in etwa abweichenden Wortlaut, S. 25) und Art. 17 Abs. 7 Truppenvertrag ist ohne materielle Bedeutung. Auf diese Verträge finden weder das Pflichtversicherungsgesetz noch das Gesetz vom 24. 7. 1956 Anwendung. Lediglich **Art und Höhe des erforderlichen Versicherungsschutzes** bestimmen sich nach deutschem Recht. Dies bedeutet: Es muß eine Haftpflichtversicherung sein, die Sach-, Personen- und Vermögensschäden mit den gleichen Mindestversicherungssummen und für den gleichen Gefahrenkreis deckt, wie bei inländischen Fahrzeugen auf Grund des Pflichtversicherungsgesetzes, der Durchführungsverordnung vom 6. 4. 1940 und etwaiger weiterer Vorschriften. Die Versicherung kann bei einer zum Geschäftsbetrieb im Bundesgebiet befugten Versicherungsunternehmung genommen werden (vgl. S. 212), nach Art. 17 Abs. 7 Satz 3 a. a. O. aber auch unter den dort angeführten Bedingungen bei einer Versicherungsunternehmung, die im Staatsgebiet einer der beteiligten Mächte zum Abschluß von Kraftfahr-Haftpflichtversicherungen berechtigt ist. Ein Annahmezwang besteht für den Versicherer nicht. Insoweit handelt es sich nicht um die Art oder die Höhe des Versicherungsschutzes. § 3 Abs. 1 Satz 2 PflVG findet daher keine Anwendung. Ob die Versicherungsunternehmen, die die Mitglieder der im Bundesgebiet stationierten Streitkräfte versichern, an den Einheitstarif gebunden sind, kann zweifelhaft sein. Die Frage wäre zu bejahen, wenn es sich bei den Preisvorschriften um eine die „Art und Höhe des erforderlichen Versicherungsschutzes" betreffende Regelung handelte. Dies ist zu verneinen (wie hier Thees-Hagemann, 2. Aufl., § 2 Ausl. PflVG Anm. 5, S. 204; a. M. Sasse a. a. O.).

Hinsichtlich von Einzelheiten vgl. die mehrfach angeführte Spezialuntersuchung von Sasse.

13. Zur Sicherstellung des Gesetzeszweckes enthält § 9 **Strafvorschriften.** Abs. 1 lehnt sich an § 5 PflVG an und bestimmt den Strafrahmen für den vorsätzlichen und fahrlässigen Gebrauch oder die Gestattung des Gebrauchs eines Kraftfahrzeugs oder -Anhängers, ohne daß der nach dem Gesetz geforderte Haftpflichtversicherungsschutz besteht. Näheres vgl. zu § 5 PflVG, S.

Abs. 2 regelt die Ordnungswidrigkeiten, die mit einer Geldbuße oder an ihrer Stelle mit einer gebührenpflichtigen Verwarnung (entsprechend § 22 StVG) geahndet werden.

14. § 10 des Gesetzes regelt die Gültigkeit im **Lande Berlin** (vgl. dort Ges. v. 31. 7. 1956 – GVBl. 1956 S. 947).

15. Das Gesetz ist nach § 11 am ersten Tage des auf die Verkündung folgenden sechsten Kalendermonats in Kraft getreten. Das Gesetz ist im BGBl. I Nr. 37, ausgegeben am 27. 7. 1956, erschienen und daher am 1. 1. 1957 **in Kraft getreten.** Es gilt auch im Saarland (§§ 15 Buchst. r, 20 des Gesetzes über die Eingliederung des Saarlandes v. 23. 12. 1956 – BGBl. I S. 1011).

IV. Vorschriften für die Haftpflichtversicherung und die Pflicht-Haftpflichtversicherung im allgemeinen (§§ 149-158a VVG)

1. Die Rechtsgrundlagen der Pflicht-Haftpflichtversicherung sind – abgesehen von den für jeden privaten Versicherungsvertrag geltenden allgemeinen Vorschriften des Versicherungsvertragsgesetzes und ergänzend des Bürgerlichen Gesetzbuches – die Vorschriften des VVG über die Haftpflichtversicherung, d. s. die §§ 149 ff., darunter die besonderen Vorschriften der §§ 158 b–h VVG (vgl. S. 257 ff.), ferner die Allgemeinen Bedingungen für die Kraftfahrhaftpflichtversicherung (AKHB). Soweit die Pflicht-Haftpflichtversicherung für das gleiche Kraftfahrzeug mit der Fahrzeug-, Unfall- oder Gepäckversicherung verbunden ist, gelten die Allgemeinen Bedingungen für die Kraftfahrversicherung (AKB; vgl. S. 310).

2. Im Rahmen der allgemeinen Vorschriften über die Haftpflichtversicherung ist der Versicherer gemäß **§ 149 VVG** verpflichtet, den Versicherungsnehmer (Versicherten) von der rechtskräftig festgestellten Haftpflichtverbindlichkeit gegenüber dem Dritten zu befreien. Ist streitig, ob und in welchem Umfang der Versicherungsnehmer haftpflichtig ist, so wird dies in dem Haftpflichtprozeß zwischen dem Versicherungsnehmer und dem Dritten entschieden, während der sog. Deckungsprozeß klärt, ob der Versicherungsnehmer vom Versicherer zu Recht Versicherungsschutz verlangen kann. Die im Kraftfahrzeug-Haftpflichtprozeß getroffene rechtskräftige Entscheidung, ob und in welcher Höhe dem Verletzten Schadenersatzansprüche gegen den Versicherungsnehmer zustehen, ist nach der ständigen Rechtsprechung des Reichsgerichts und des Bundesgerichtshofs für den Deckungsprozeß bindend, und der Versicherer ist grundsätzlich nicht mehr in der Lage, die im Haftpflichtprozeß rechtskräftig entschiedene Haftpflichtfrage im Deckungsprozeß, etwa daß über den Haftpflichtanspruch falsch entschieden sei, erneut aufzurollen (sog. Trennungsprinzip; vgl. u. a. RGZ Ver AfP 1914 Nr. 803; RGZ Bd. 141 S. 185; Bd. 167 S. 167, 243, 246; OGH Bd. 3 S. 316 = VersR 1950 S. 84 = NJW 1950 S. 543; BGHZ VersR 1959 S. 256 = VerBAV 1959 S. 153 = MDR 1959 S. 465; Prölss

§ 149 Anm. 5). Dagegen kann der Versicherer im Deckungsprozeß sämtliche Einwendungen geltend machen, daß Versicherungsschutz nicht besteht, etwa weil der Versicherungsnehmer Obliegenheiten verletzt hat oder ein im Versicherungsvertrag vereinbarter oder im Gesetz vorgesehener Risikoausschluß vorliegt (Rechtsprechung wie vor). Diese Grundsätze gelten auch für die Fälle des § 158 c VVG, wenn der geschädigte Dritte auf Grund der im Haftpflichtprozeß erwirkten rechtskräftigen Entscheidung den Entschädigungsanspruch des Schädigers (Versicherungsnehmers, Versicherten) gegen den Haftpflichtversicherer gepfändet hat und dann nach § 158 c a. a. O. gegen ihn klagt (vgl. BGHZ 11. 10. 1956 VersR 1956 S. 707; 19. 2. 1959 VersR 1959 S. 256; § 158 c Anm. 4 S. 262). Hat der Versicherungsnehmer in den Fällen des § 154 Abs. 2 VVG erlaubterweise den Haftpflichtanspruch des Dritten befriedigt oder anerkannt, dann kann der Versicherer – ausnahmsweise – die Haftpflichtfrage im Deckungsprozeß vorbringen (RGZ VerAfP 1914 Nr. 803). Über Prüfung der Haftpflichtfrage im Deckungsprozeß in den Fällen des § 158 e VVG vgl. dort S. 285. Die Vereinbarung eines Haftungsverzichts mit einem Fahrgast und die Beschränkung der Haftungsfreistellung auf den Schaden, für den kein Versicherungsschutz besteht, verstößt unter bestimmten Umständen nicht gegen den Haftpflichtversicherungsvertrag oder Treu und Glauben (BGHZ 26. 4. 1960 VersR 1960 S. 549).

Ist im Haftpflichtprozeß festgestellt, daß der Versicherungsnehmer in einer bestimmten Eigenschaft oder Tätigkeit haftet, z. B. als Kraftfahrzeughalter, oder daß eine Haftung des Versicherers ausgeschlossen ist (§ 152 VVG), dann ist diese Entscheidung auch für den Deckungsprozeß für beide Vertragsparteien bindend (BGHZ 22. 9. 1958 VersR 1958 S. 749; KG 8. 11. 1933 VerAfP 1933 Nr. 2634; RGZ 17. 4. 1934 VerAfP 1934 Nr. 2719; 22. 7. 1941 JRPV 1941 S. 168; s. a. S. 189 u. 251). Vgl. ferner die Ausführungen zu § 10 AKB.

3. Neben dem oben dargestellten Befreiungsanspruch des Versicherungsnehmers besteht gegen den Versicherer der Anspruch auf **Rechtsschutz** gegenüber den vom Geschädigten geltend gemachten Ansprüchen. Der Befreiungsanspruch und der Anspruch auf Rechtsschutz bilden einen einheitlichen Anspruch des Versicherungsnehmers (vgl. § 158 c Anm. 18 a. E.).

Ist der Rechtsschutzanspruch verjährt und beruft sich der Versicherer hierauf, dann kann der Versicherungsnehmer keinerlei Anspruch mehr geltend machen. Möglich ist auch, daß der Befreiungsanspruch vor dem Haftpflichtanspruch verjährt (vgl. Thees-Hagemann, 2. Aufl., § 149 Anm. 2). Der Umfang des Rechtsschutz- und des Befreiungsanspruches in der Kraftfahrzeughaftpflichtversicherung ergibt sich aus § 10 AKB (vgl. S. 410).

4. Von besonderer Bedeutung – auch im Rahmen der Pflichtversicherung – ist die Behandlung der **Haftpflichtansprüche gegen den Fahrer,** wenn dieser das Kraftfahrzeug auf Grund eines Arbeits- oder Dienstverhältnisses führt und hierbei einen Schaden verursacht. Bei der heutigen Verkehrsdichte und den damit verbundenen Gefahren wird das Lenken eines Kraftfahrzeuges durch einen auf Grund eines Arbeits- oder Dienstverhältnisses angestellten Fahrer als **„gefahrengeneigte"** (oder, wie BGHZ Bd. 27 S. 62 = VersR 1958 S. 398 und 16. 12. 1958 VersR 1959 S. 109, 110 sagen, „gefahrenbehaftete") **Arbeit** im Sinne der Rechtsprechung des Reichs- und Bundesarbeitsgerichts angesehen (BGHZ Bd. 16 S. 111, 118 = VersR 1955 S. 149; 14. 5. 1957 VersR 1957 S. 463, 465 = BB 1957 S. 786; OLG Nürnberg 1. 7. 1958 VersR 1958 S. 857; Dersch BB 1956 S. 501 ff.). Nach der angeführten Rechtsprechung der höchsten Arbeitsgerichte (vgl. RAG ARS Bd. 41 S. 55; 43 S. 108; 46 S. 136; BAG Bd. 5 S. 1 = VersR 1958 S. 54, 55 = NJW 1958 S. 235 = MDR 1948 S. 276) haftet ein Arbeitnehmer, der fahrlässig den Arbeitsunfall eines anderen Arbeitnehmers desselben Betriebs, Unternehmens oder derselben öffentlich-rechtlichen Körperschaft verursacht hat, dem Geschädigten nicht, wenn und soweit ihm eine Belastung mit solchen Schadenersatzansprüchen deshalb nicht zugemutet werden kann, weil seine Schuld im Hinblick auf die besondere Gefahr der ihm übertragenen Arbeit nach den Umständen des Falles nicht schwer ist (vgl. insbes. BAG Bd. 5 S. 1; s. o.). Hat der Arbeitnehmer bei einer ihrer Natur nach leicht zu Schädigungen führenden Arbeit seinem Arbeitgeber einen Schaden verursacht, so kann dieser keinen oder jedenfalls keinen vollen Schadenersatz von dem Arbeitnehmer verlangen, wenn die Eigenart der von diesem zu leistenden Dienste es mit sich bringt, daß dem Arbeitnehmer Fehler unterlaufen, die zwar vermeidbar waren, also fahrlässig herbeigeführt worden sind, mit denen aber angesichts der menschlichen Unzulänglichkeit als mit einem „typischen Abirren der Dienstleistung" erfahrungsgemäß zu rechnen ist (vgl. RAG ARS Bd. 30 S. 1; Bd. 41 S. 259; BAG Bd. 5 S. 1, s. o.; 8. 12. 1958 Betrieb 1959 S. 323; s. a. ÖsterrObGH 25. 8. 1959 VersR 1959 S. 986 m. Anm. Wahle; LAG München 21. 4. 1959 VersR 1960 S. 166, 168). Hat der Arbeitnehmer bei Ausübung der ihm übertragenen gefahrengeneigten Arbeit einen Dritten geschädigt, so hat er einen Anspruch gegen seinen Arbeitgeber auf gänzliche oder teilweise Freistellung von seiner Ersatzpflicht, die er gegenüber dem geschädigten Dritten hat, sowie auf Ersatz dessen, was er dem Dritten schon geleistet hat. Ob eine gänzliche oder anteilige Freistellung in Frage kommt, hängt von den Gesamtumständen i. V. m. Billigkeitsgrundsätzen und Gesichtspunkten der Zumutbarkeit ab (vgl. insbes. RAG ARS Bd. 41 S. 55; Bd. 43 S. 108; BAG Bd. 5 S. 1,

s. o., mit zahlreichen Nachw.; BAG 19. 3. 1959 Betrieb 1959 S. 948; 21. 11. 1959 Betrieb 1960 S. 123; BGHZ 14. 5. 1957 VersR 1957 S. 463, 465; Hueck-Nipperdey, 6. Aufl., I § 35 II, 4 S. 213 ff. u. a.).

Ist die Schuld des in einem Arbeits- oder Dienstverhältnisses stehenden Kraftfahrers, die zu dem Unfall geführt hat, schwer – der Große Senat des BAG Bd. 5 S. 1 hat bewußt den Ausdruck „nicht schwere Schuld" an Stelle der Begriffe leichte und grobe Fahrlässigkeit geprägt –, dann muß der Kraftfahrer den Schaden einem Arbeitskameraden gegenüber allein tragen und kann auch keine Freistellung von seinem Arbeitgeber hinsichtlich der einem Dritten zugefügten Schäden verlangen (vgl. BAG Betrieb 1960 S. 123; BAG DB 1959 S. 948). Freistellung kann der Arbeitnehmer ebenfalls nicht verlangen, wenn er während der Ausübung seiner Arbeit vorsätzlich gegen seine arbeitsrechtlichen Pflichten verstößt (unerlaubte Fahrt eines Kraftfahrers, Fahrerflucht); vgl. OLG Stuttgart 23. 1. 1957 VersR 1958 S. 370.

5. Ist dem Arbeitnehmer, etwa dem Kraftfahrzeugfahrer, dessen Tätigkeit eine gefahrengeneigte Arbeit ist, eine Belastung mit Schadenersatzansprüchen eines Arbeitskameraden oder eines Dritten nicht zuzumuten, weil seine Schuld im Hinblick auf die besondere Gefahr der ihm übertragenen Arbeit nach den Umständen des Falles nicht schwer ist, so ist dieser Grundsatz nicht anwendbar, wenn eine rechtliche Regelung vorliegt, wonach der **Arbeitnehmer mit eigenen Mitteln für den Schaden nicht aufzukommen braucht** (BAG 14. 2. 1958 VersR 1958 S. 719, 720). Der Große Senat des BAG spricht in seinem Beschluß vom 25. 9. 1957 (BAG Bd. 5 S. 1 = VersR 1958 S. 54, 58) ausdrücklich davon, daß in Sonderfällen, in denen angesichts einer eigens für den Arbeitsunfall der eingetretenen Art eingegangenen Versicherung der Wegfall der Haftung sinnwidrig erscheinen dürfte, die Belastung mit Schadenersatzansprüchen dem Arbeitnehmer zugemutet werden könnte, um eine gerechte Lösung zu finden. Ein solcher **Sonderfall** ist mit Bezug auf den angestellten Kraftfahrer gegeben, der von dem Kraftfahrzeughalter auf Grund des § 1 PflVG **haftpflichtversichert** ist und dessen Haftung aus von ihm durch den Gebrauch des Kraftfahrzeugs verursachten Schäden im Rahmen der Pflicht-Haftpflichtversicherung gemäß § 10 AKB von dem Haftpflichtversicherer zu decken ist. Der Wegfall dieser Haftung, für deren Verwirklichung im Interesse der Sicherstellung der Schadenersatzansprüche von Verkehrsopfern das Pflichtversicherungsgesetz für Kraftfahrzeughalter und die AKB gerade geschaffen worden sind, erschiene in der Tat sinnwidrig. Der angestellte Kraftfahrer, der durch die gesetzlich vorgeschriebene Pflicht-Haftpflichtversicherung gegen von ihm verursachte Kraftfahrzeugschäden versichert ist, hat daher für den Schaden eines Arbeitskameraden einzustehen, wenn ihm ein Verschulden an dem Unfall zur Last zu

legen ist (BGHZ Bd. 27 S. 62 = VersR 1958 S. 398 = NJW 1958 S. 1086; 16. 12. 1958 VersR 1959 S. 109 f. A. M. Prölss § 149 Anm. 8 c und die dort aufgeführten Entscheidungen, von denen ArbG Augsburg 24. 3. 1958 VersR 1958 S. 495 durch LAG München 21. 4. 1959 VersR 1960 S. 166, 168 – m. Anm. Böhmer S. 239, der der hier vertretenen Auffassung zustimmt – bestätigt worden ist). Ob der Kraftfahrer in Diensten eines privaten Arbeitgebers oder einer öffentlich-rechtlichen Körperschaft steht, macht keinen Unterschied, ebensowenig ob er gegen etwaige Weisungen seines Arbeitgebers, eine Haftpflichtversicherung abzuschließen, verstoßen hat (BAG 14. 2. 1958 VersR 1958 S. 719).

Bestimmend für die Haftungsbeschränkung des angestellten Fahrers gegenüber seinen Arbeitskameraden ist die Betriebsverbundenheit aller Arbeitnehmer und ihre Eingliederung in den Betriebsorganismus sowie die Tatsache, daß bei gefahrengeneigter Arbeit jeder Arbeitnehmer einmal mit leichten Versehen der Arbeitskameraden rechnen muß (BAG Bd. 5 S. 1 ff. = VersR 1958 S. 54, 57, r. Sp.), während die Freistellung des Arbeitnehmers von einer Ersatzpflicht gegenüber Dritten durch den Arbeitgeber ihren Ursprung in dem Arbeitsverhältnis und dem es beherrschenden sozial-rechtlichen Grundsatz der Treu- und Fürsorgepflicht des Arbeitgebers hat (vgl. BAG a. a. O.). Handelt es sich daher um außerhalb des Betriebsorganismus stehende Dritte oder (und) ist für den sozial-rechtlichen Grundsatz der Treu- und Fürsorgepflicht des Arbeitgebers kein Raum, dann kommt eine Haftungsbeschränkung der angeführten Art nicht in Betracht (vgl. OLG Nürnberg 1. 7. 1958 VersR 1958 S. 857 f.: betr. selbständige Handelsvertreter, BGHZ 30. 4. 1959 VersR 1959 S. 500, 502: betr. einen Kraftfahrzeugführer kraft Auftrags).

6. Der Versicherungsschutz in der Haftpflichtversicherung umfaßt auch die gerichtlichen und außergerichtlichen **Kosten** in einem Rechtsstreit des Geschädigten gegen den Versicherungsnehmer oder Versicherten, soweit die Aufwendung der Kosten den Umständen nach geboten ist **(§ 150 Abs. 1 Satz 1 VVG).** Nach § 150 Abs. 1 Satz 3 a. a. O. erstreckt sich die Haftpflichtversicherung auch auf die Strafverteidigungskosten eines Verfahrens, das wegen des Haftpflichtereignisses eingeleitet worden ist, sofern der Versicherungsnehmer die Kosten auf Anordnung des Versicherers aufgewendet hat. § 150 Abs. 2 Satz 1 VVG stellt klar, daß neben den Zivilprozeßkosten auch die Strafverteidigungskosten und etwaige Zinsen des Versicherungsnehmers an den Dritten im Sinne von Abs. 2 Satz 2 über die etwa begrenzte Versicherungssumme hinaus vom Versicherer zu ersetzen sind. Vgl. hierzu ferner die Anmerkungen zu § 10 AKB S. 413. Über die Kosten, wenn der Geschädigte sich der öffentlichen Klage zwecks Erlangung einer Buße als Nebenkläger anschließt, vgl. S. 412.

Ist dem Versicherungsnehmer in einem Rechtsstreit nachgelassen, die Vollstreckung durch Sicherheitsleistung oder Hinterlegung abzuwenden, so hat der Versicherer auf Verlangen des Versicherungsnehmers im Rahmen der Versicherungssumme die **Sicherheitsleistung** oder Hinterlegung zu bewirken (§ 150 Abs. 3 VVG). Haftet der Versicherer nach Abs. 2 über den Rahmen der Versicherungssumme hinaus für einen höheren Betrag, so tritt auch hinsichtlich der Sicherheitsleistung oder Hinterlegung der Mehrbetrag zur Versicherungssumme hinzu. Erkennt der Versicherer den Anspruch des Dritten dem Versicherungsnehmer gegenüber als begründet an, dann ist er von der Verpflichtung zur Sicherheitsleistung (Hinterlegung) frei.

7. Eine Kraftfahrzeug-Haftpflichtversicherung kann auch im Rahmen einer **Betriebshaftpflichtversicherung** eingeschlossen sein, etwa bei einem Einzelhandelsgeschäft, einem landwirtschaftlichen Betrieb und dergl. (vgl. Fromm JRPV 1929 S. 58). Nach **§ 151 Abs. 1 VVG** erstreckt sich dann die Haftpflichtversicherung als Versicherung für fremde Rechnung auch auf die Vertreter des Versicherungsnehmers und auf die zur Leitung oder Beaufsichtigung des Betriebes oder Betriebsteiles angestellten Personen. Nach § 151 Abs. 2 a. a. O. geht im Falle einer Veräußerung, eines Nießbrauchs, einer Verpachtung oder eines ähnlichen Verhältnisses die Haftpflichtversicherung auf den Dritten über, und es finden die §§ 69 Abs. 2, 3, 70, 71 VVG entsprechende Anwendung.

8. Nach **§ 152 VVG** haftet der Versicherer nicht, wenn der Versicherungsnehmer den Schadenfall **vorsätzlich** und widerrechtlich herbeiführt. Hierbei handelt es sich nach feststehendem Schrifttum und ständiger Rechtsprechung um einen Risikoausschluß, nicht um eine Obliegenheitsverletzung (OLG Köln 12. 1. 1960 VersR 1960 S. 410). Die Risikobegrenzung ist auch dem geschädigten Dritten gegenüber wirksam (vgl. § 158 c Abs. 3 VVG; S. 270). Wann Vorsatz vorliegt, entscheidet sich nach dem für das gesamte bürgerliche Recht geltenden Begriff (RGZ 14. 12. 1937 VerAfP 1937 Nr. 3026 = JW 1938 S. 684). Der Versicherungsnehmer muß den Erfolg als möglich vorausgesehen und für den Fall seines Eintritts gebilligt haben. Nicht erforderlich ist aber, daß sich der Versicherungsnehmer Art und Umfang des von ihm vorsätzlich verursachten eingetretenen Schadens in allen Einzelheiten vorgestellt hat. Sein Vorsatz muß sich aber auf alle Tatumstände erstrecken, die zum Haftungstatbestand gehören, und er muß wenigstens diese Tatumstände bewußt in seinen Willen aufnehmen, mögen sie dann auch nicht ganz oder in der gleichen Weise verwirklicht werden, wie er es sich gedach hat (RGZ 27. 6. 1930 VerAfP 1930 Nr. 2155 = JRPV 1930 S. 270 = JW 1930 S. 3627; RGZ 14. 12. 1937 a. a. O.; BGHZ 30. 4. 1952 VersR 1952 S. 223; 27. 10. 1954 VerBAV 1955 S. 74 =

VersR 1954 S. 591 = NJW 1954 S. 215 = DAR 1955 S. 39; OLG Nürnberg 4. 10. 1956 VersR 1958 S. 477 f.). Bedingter Vorsatz genügt (RGZ 14. 12. 1937 a. a. O.; BGHZ Bd. 7 S. 311 u. VersR 1952 S. 387 = NJW 1952 S. 1291; 30. 4. 1952 a. a. O.; 27. 10. 1954 a. a. O.). Über Vorsatz beim betrunkenen Kraftfahrer vgl. S. 417, 476.

9. **§ 153 VVG** bestimmt insbesondere die **Anzeigepflichten** des Versicherungsnehmers bei Eintritt des Versicherungsfalles (Abs. 1) und bei der Anspruchserhebung durch den geschädigten Dritten (Abs. 2). Die Vorschriften finden sich wieder in § 7 I (2) und II (2) und (3). Auf die Ausführungen dort (S. 367) kann hier verwiesen werden.

10. Die AKB sagen über die Fälligkeit der Entschädigung, die der Versicherer im Rahmen der Haftpflichtversicherung zu zahlen hat, nichts. **§ 154 VVG** bestimmt, daß die **Entschädigung binnen 2 Wochen** von dem Zeitpunkt an **zu leisten ist,** in welchem der Dritte von dem Versicherungsnehmer befriedigt worden ist (BGHZ 20. 2. 1956 VersR 1956 S. 186, 187; 21. 5. 1959 VersR 1959 S. 499) oder der Anspruch des Geschädigten durch rechtskräftiges Urteil, durch ein Anerkenntnis oder einen Vergleich festgestellt worden ist. Weiß der Versicherer nichts von dem Urteil, dem Anerkenntnis oder dem Vergleich, hat der Versicherungsnehmer ihm auch keine Mitteilung hierüber gemacht, dann verlängert sich die Zweiwochenfrist um eine – angemessene – Zeit (so Prölss § 154 Anm. 1). Prozeß- und Strafverteidigungskosten sind binnen 2 Wochen von der Mitteilung der Kostenberechnung an zu leisten (Abs. 1).

Besteht eine Vereinbarung, nach der der Versicherer leistungsfrei sein soll, wenn der Versicherungsnehmer ohne seine Einwilligung den Dritten befriedigt oder seinen Anspruch anerkennt, so ist sie nach Abs. 2 unwirksam, falls der Versicherer die Befriedigung oder Anerkennung nicht ohne offenbare Unbilligkeit verweigern konnte (vgl. hierzu § 7 II [1] AKB). Wann dies vorliegt, läßt sich nur im Einzelfall feststellen. Vgl. auch die Ausführungen zu § 158 e S. 287.

11. **Verfügungsbeschränkung hinsichtlich der Versicherungsforderung (§ 156 VVG)**

a) Vor der Einführung des Pflichtversicherungsgesetzes ist dem Versicherungsvertragsgesetz der Gedanke grundsätzlich fremd gewesen, für den Fall des Bestehens eines Haftpflichtversicherungsvertrages dafür Sorge zu tragen, daß der geschädigte Dritte auch tatsächlich in den Besitz der vom Versicherer an den Versicherungsnehmer zu leistenden Entschädigung kommt. Eine Ausnahme bildete der den Sonderfall des Konkurses behandelnde § 157 VVG (vgl. u. S. 256). Daher war es möglich, daß durch die verschiedensten Umstände – etwa durch Auszahlung der Entschädigung an den Versicherungsnehmer, der das Geld für sich verwandte, oder durch Vergleich zwischen ihm und dem Versicherer – der Geschädigte leer ausging. Im Gegensatz zum deutschen Versicherungsvertragsgesetz hatte das österreichische Versicherungsvertragsgesetz dadurch Vorsorge getroffen, daß der Dritte ein Pfandrecht an der Forderung des Versicherungsnehmers gegen den Versicherer hatte, das die freie Verfügung der Vertragsparteien über die Entschädigung verhinderte. Eine dem österreichischen Gesetz im Ergebnis gleichkommende Regelung ist durch die Neufassung des § 156 VVG im Interesse des Schutzes des geschädigten Dritten geschaffen worden. Zwar wird dem Dritten kein gesetzliches Pfandrecht an der Entschädigungsforderung gewährt, das u. a. die unmittelbare Klage des geschädigten Dritten gegen den Versicherer zur Folge gehabt hätte, was aus den verschiedensten Gründen als unzweckmäßig angesehen worden ist. Vielmehr ist in § 156 VVG eine **Verfügungsbeschränkung** festgelegt, die verhindert, daß künftig ohne Einwilligung des Dritten vom Versicherer und Versicherungsnehmer über die Entschädigungsforderung verfügt wird.

b) Als **Verfügung** ist jede Willenserklärung anzusehen, durch die die Entschädigungsforderung ihrem Inhalt nach unmittelbar verändert, übertragen, belastet oder aufgegeben wird, also z. B. Auszahlung der Entschädigung an den Versicherungsnehmer vor Befriedigung des Dritten (BGHZ Bd. 15 S. 154 = VersR 1954 S. 592 = NJW 1955 S. 101), Abtretung, Einschränkung des Versicherungsschutzes oder Verzicht auf ihn (vgl. v. Gierke II S. 315; Prölss § 156 Anm. 2), Verzicht auf die Entschädigungsforderung oder Abzug von Kosten eines Rechtsstreits u. a. Wegen des Abandonrechts in § 10 Abs. 4 AKB vgl. dort S. 421. Wie die rechtsgeschäftliche Verfügung werden auch Verfügungen im Wege der Zwangsvollstreckung oder Arrestvollziehung behandelt. Auch Gläubiger des Versicherungsnehmers, die nicht Geschädigte sind, werden von dem gesetzlichen Verfügungsverbot erfaßt (vgl. §§ 399, 1274 Abs. 2 BGB, 851 ZPO). Die Folge einer dem § 156 a. a. O. wiedersprechenden Verfügung ist, daß sie gegenüber einem Dritten unwirksam ist. Dritter ist der Haftpflichtgläubiger (Geschädigter), sein Rechtsnachfolger oder ein nach § 903 RVO selbständig Regreßberechtigter. Der Dritte kann so tun, als ob ihm gegenüber die Verfügung überhaupt nicht getroffen wäre. Er kann die Forderung des Versicherungsnehmers pfänden und sich überweisen lassen.

c) Liegen die Voraussetzungen des Abs. 3 vor und pfändet der Dritte einen über seinen Anteil hinausgehenden Betrag, so kann der Versicherer **Erinnerung** nach § 766 ZPO beim Vollstreckungsgericht einlegen und **Einstellung der Zwangsvollstreckung** gemäß § 732 ZPO beantragen. Befriedigt andererseits der Versicherer diesen Dritten über seinen Anteil hinaus, kann ein anderer Dritter Rückgewähr des zuviel gezahlten Betrages an den Versicherer verlangen. Vollstreckt ein nicht geschädigter Gläubiger des Versicherungsnehmers in die Entschädigungsforderung, so kann der Dritte die Rechtshandlungen vornehmen, die ihm zu seinem Recht verhelfen (Erinnerung nach § 766 ZPO, Interventionsklage nach § 771 f. ZPO). Verfügungen mit Zustimmung des Dritten oder solche, die die Rechtslage des Dritten nicht beeinträchtigen, sind ihm gegenüber wirksam.

d) § 156 Abs. 2 VVG stellt fest, daß, sobald der Haftpflichtanspruch des Geschädigten gegenüber dem Versicherungsnehmer durch Vergleich, Anerkenntnis oder Urteil feststeht, der **Versicherer berechtigt** ist, **dem Dritten Zahlung zu leisten,** wenn er den Versicherungsnehmer, der vielleicht Gegenforderungen gegen den Dritten hat, vorher benachrichtigt hat. Steht der Haftpflichtanspruch noch nicht fest, weil der Streit über das Bestehen der Schadenersatzforderung noch nicht erledigt ist, kommt § 156 Abs. 2 nicht zur Anwendung (BGHZ Bd. 15 S. 154 = VersR 1954 S. 592; 20. 2. 1956 VersR 1956 S. 186, 187; 26. 11. 1959 VersR 1960 S. 73, 74). Leistet der Versicherer ohne vorherige Benachrichtigung des Versicherungsnehmers und hat dieser den Dritten bereits befriedigt oder hätte er mit Gegenforderungen gegen den Dritten aufrechnen können, dann behält der Versicherungsnehmer seinen Anspruch gegen den Versicherer. Auf Verlangen des Versicherungsnehmers ist der Versicherer zur Zahlung an den Dritten verpflichtet. Er kann Prämienforderungen oder sonstige Forderungen gegen den Versicherungsnehmer aus dem Versicherungsvertrag von der Zahlung an den Dritten gemäß § 35 b VVG in Abzug bringen. Dies gilt jedoch nicht für die Pflicht-Haftpflichtversicherung (§ 158 g, S. 297). Wie schon bisher wird der Versicherer sich auch in Zukunft mit dem Geschädigten allgemein unmittelbar in Verbindung setzen und nach Mitteilung an den Versicherungsnehmer an den Geschädigten leisten. Auch wenn der Versicherungsnehmer nicht ausdrücklich die Zahlung an den Dritten verlangt, ist der Versicherer nicht berechtigt, an den Versicherungsnehmer selbst zu zahlen (BGHZ Bd. 15 S. 154, s. o.). Eine Auszahlung der Entschädigung an den Versicherungsnehmer wird nur ausnahmsweise erfolgen, wenn der Versicherungsnehmer den Dritten bereits befriedigt hat. Über das Verhältnis des § 156 Abs. 2 zu § 158 c vgl. dort, Anm. 4, S. 262.

e) § 156 Abs. 3 VVG regelt den Fall, daß auf Grund desselben Schadenereignisses **mehrere** Personen Ansprüche gegen den Versicherungsnehmer geltend machen und die **Versicherungssumme** zu ihrer Befriedigung **nicht ausreicht.** Aus der Erwägung heraus, daß das Prioritätsprinzip, also der Grundsatz „Wer zuerst kommt, mahlt zuerst", in der Haftpflichtversicherung nicht sozial sei, ist für diesen Fall eine Sonderregelung getroffen worden. Sie geht dahin, daß der Versicherer die anteilmäßige Verteilung der Versicherungssumme (= Dekkungssumme) nach dem Verhältnis der festgestellten Beträge gemäß § 156 Abs. 3 Satz 1 VVG vornehmen muß. Dies sind zunächst die durch Vergleich, Anerkenntnis oder Urteil festgestellten Forderungen (Abs. 2). Ferner aber auch noch nicht festgestellte Entschädigungsansprüche, die zu schätzen und zurückzustellen sind. Hierbei wird der Versicherer vorsichtig verfahren müssen, damit Rückforderungsansprüche gegen bereits entschädigte Dritte, die vielfach erfolglos sein werden, vermieden werden. Stellt sich heraus, daß die zurückgestellten Forderungen niedriger sind als geschätzt, so ist eine Nachtragsverteilung vorzunehmen (vgl. auch Thees-Hagemann, 1. u. 2. Aufl., § 156 Anm. 9 ff.; Prölss, § 156 Anm. 7 ff.).

Stehen also zur Regelung des Schadenfalls 100 000 DM zur Verfügung und sind die Ansprüche des Geschädigten A mit 60 000, der Geschädigten B und C mit je 30 000 DM festgestellt, so sind die 100 000 DM derart zu verteilen, daß A 50 000, B und C je 25 000 DM erhalten. Zahlt ein Versicherer einem Geschädigten mehr als den ihm zustehenden Anteil aus, so haben die übrigen Geschädigten gleichwohl auf Auszahlung ihres Anteils Anspruch und können den Versicherungsanspruch in Höhe des ihnen noch zustehenden Anteils pfänden und sich überweisen lassen. Sie können aber auch, ebenso wie der Versicherer, nach § 812 BGB Herausgabe des zuviel gezahlten Betrages an den Versicherer verlangen. Der Zeitpunkt für die Verteilung der Deckungssumme ist gegeben, wenn der Versicherer übersehen kann, daß die Deckungssumme für die Befriedigung der mehreren ihm bekannten oder vermutlich noch Ansprüche geltend machenden Geschädigten nicht ausreicht.

f) Liegen die Voraussetzungen des § 372 BGB vor, so kann der Versicherer die Deckungssumme auch **hinterlegen.** Dies ist zwar grundsätzlich nur möglich, wenn er infolge unverschuldeter Ungewißheit über die Person des Gläubigers nicht oder nicht mit Sicherheit erfüllen kann. Dieser Fall ist aber u. a. dann gegeben, wenn die Summe von mehreren gleichzeitig in Anspruch genommen wird (vgl. S. 254). Im übrigen kommt eine Hinterlegung nach §§ 853, 872 ZPO in Frage, wenn alle Gläubiger gepfändet haben (vgl. im einzelnen Thees-Hagemann, 2. Aufl., § 156 Anm. 12 d).

Im Interesse einer beschleunigten Schadenregelung und zur Vermeidung von Befürchtungen des Versicherers, es könnten nach der von ihm vorgenommenen Verteilung unter Berufung auf die Verfügungssperre nach § 156 Abs. 1 noch Ansprüche an ihn gestellt werden, bestimmt § 156 Abs. 3 Satz 2 VVG, daß eine nachträgliche

Berufung auf Abs. 1 nicht möglich ist, wenn der Versicherer mit der Geltendmachung solcher Ansprüche entschuldbarerweise nicht gerechnet hat, was er zu beweisen hätte. Hinsichtlich der Anforderungen an die Sorgfaltspflicht des Versicherers in dieser Hinsicht sind die Grundsätze heranzuziehen, die das Reichsgericht in seiner von der Begründung (S. 16) angeführten Entscheidung vom 25. Oktober 1938 (Bd. 158 S. 284) entwickelt hat. Danach soll der Versicherer nicht schon bei jeder leichten Fahrlässigkeit haften, sondern lediglich bei Außerachtlassung derjenigen Sorgfalt, die von einem vernünftigen und praktischen Versicherer nach den Umständen des besonderen Falls verlangt und angewendet wird. Er muß also nach der Verteilung der Versicherungssumme geltend gemachte Ansprüche gleichwohl befriedigen, also über die Versicherungssumme hinaus nochmals zahlen, wenn er beispielsweise gewußt hat, daß noch ein weiterer Geschädigter vorhanden ist, um dessen Ansprüche und deren Aufklärung er sich nicht gekümmert hat. Konnte er aber vernünftigerweise mit einem weiteren Geschädigten nicht rechnen oder war bei Feststellung des Anspruchs eines bereits befriedigten Geschädigten nicht zu übersehen, daß die Beschädigung sich nach Jahren als viel schwerer als angenommen herausstellt, so können die Geschädigten in beiden Fällen wegen Nichtberücksichtigung bei der Verteilung der Versicherungssumme sich nicht nachträglich darauf berufen, daß die insoweit ohne ihre Zustimmung vorgenommenen Verfügungen über die Versicherungssumme ihnen gegenüber unwirksam seien. Der Versicherer braucht nicht an sie zu zahlen. Sie behalten aber ihre Ansprüche an den haftpflichtigen Versicherungsnehmer.

12. Ist über das Vermögen des **Versicherungsnehmers** der **Konkurs** (auch; Nachlaßkonkurs) eröffnet worden, so kann der noch nicht befriedigte geschädigte Dritte wegen seines Entschädigungsanspruchs abgesonderte Befriedigung aus der Entschädigungsforderung des Versicherungsnehmers verlangen (**§§ 157 VVG,** 47 ff. KO). Besteht die Entschädigungsforderung gegen den Versicherten, so besteht das Recht auf abgesonderte Befriedigung nur für den Fall des Konkurses des Versicherten, nicht des Versicherungsnehmers. Der Versicherungsfall kann vor oder nach Eröffnung des Konkursverfahrens eingetreten sein, doch muß die Entschädigungsforderung des Dritten festgestellt und fällig sein (RGZ Bd. 93 S. 209; BGHZ VersR 1954 S. 578). Eine Pfändung des Anspruchs des Versicherungsnehmers gegen den Versicherer ist nicht erforderlich; der Dritte erwirbt bei Fälligkeit entsprechend § 1286 BGB unmittelbar das Recht zur Einziehung gegen den Versicherer (RGZ Bd. 93 S. 209; Bd. 135 S. 295; BGHZ VersR 1954 S. 578; LG Wuppertal 13. 2. 1959 VersR 1959 S. 629).

13. Der Versicherer und der Versicherungsnehmer haben **nach dem Eintritt des Versicherungsfalles** in der Haftpflichtversicherung, also auch in der Pflicht-Haftpflichtversicherung, unter bestimmten Voraussetzungen das Recht, das Versicherungsverhältnis zu **kündigen.** Vorausgesetzt wird, daß der Versicherer seine Leistungspflicht anerkannt hat oder im Deckungsprozeß zur Leistung rechtskräftig verurteilt worden ist oder daß er die Leistung der fälligen (vgl. § 154 Abs. 1 VVG) Entschädigung dem Versicherungsnehmer gegenüber verweigert oder ihn anweist wegen des Anspruchs des geschädigten Dritten einen Rechtsstreit zu führen **(§ 158 Abs. 1 VVG).** Einzelheiten über die Kündigung regelt § 158 Abs. 2. Die Kündigung muß innerhalb eines Monats seit der Anerkennung der Leistungspflicht, der Verweigerung der Entschädigung oder der Rechtskraft des Urteils zwischen dem Versicherungsnehmer und dem Geschädigten erfolgen (Satz 1). Der Versicherer hat eine Kündigungsfrist von einem Monat einzuhalten; der Versicherungsnehmer kann mit sofortiger Wirkung kündigen, jedoch nicht für einen späteren Zeitpunkt als den Schluß der laufenden Versicherungsperiode (Satz 2). Vgl. auch § 4 Abs. 2 ff. AKB.

Nach § 158 Abs. 3 hat der Versicherer im Fall seiner eigenen Kündigung Anspruch nur auf den der abgelaufenen Versicherungszeit entsprechenden Teil der Prämie, im Fall der Kündigung durch den Versicherungsnehmer auf die Prämie für die laufende Versicherungsperiode.

14. **§ 158 a VVG** bestimmt, daß der Versicherer sich auf Vereinbarungen, durch die von den Vorschriften der §§ 153, 154 Abs. 1, 156 Abs. 2 zum Nachteil des Versicherungsnehmers abgewichen wird, nicht berufen kann.

V. Besondere Vorschriften für die Pflichtversicherung

§ 158 b

1. Für die Pflichtversicherung in der Haftpflichtversicherung bringt das Gesetz eine Reihe von Vorschriften (§§ 158 b bis 158 h), die den Schutz des Dritten sowie seine Rechte und Pflichten, insbesondere wenn der Versicherer gegenüber dem Versicherungsnehmer leistungsfrei sein würde, regeln. Zu beachten ist, daß diese Vorschriften, wie sich aus § 158 b ergibt, nicht lediglich für die Pflichtversicherung von Kraftfahrzeughaltern, sondern **für jede Art von Pflichtversicherung gegen Haftpflichtansprüche** gilt.

Hier ist insbesondere zu erwähnen die Pflicht-Haftpflichtversicherung für ausländische Kraftfahrzeuge und Kraftfahrzeuganhänger auf Grund des Gesetzes v. 24. 7. 1956 (BGBl. I S. 667, 1957 I

S. 368); ferner die Pflichtversicherung für Jäger (§ 17 Abs. 1 Nr. 6 BundesjagdG v. 29. 11. 1952 – BGBl. I S. 780, 843 i. d. Fassung des Änderungsgesetzes v. 16. 3. 1961 – BGBl. I S. 221); für Luftfahrzeughalter (§§ 2 Abs. 1 Nr. 3, 33, 43 LuftVG v. 10. 1. 1959 – BGBl. I S. 9 –), für Unternehmer des Güterfernverkehrs auf Grund des Güterkraftverkehrsgesetzes v. 17. 10. 1952 (BGBl. I S. 697) in der Fassung der Änderungsgesetze v. 3. 6. 1957 (BGBl. I S. 593), v. 26. 6. 1959 (BGBl. I S. 399) u. v. 27. 12. 1960 (BGBl. I S. 1084), für Wirtschaftsprüfer und vereidigte Buchprüfer; neuerdings das Gesetz über die friedliche Verwendung der Kernenergie und den Schutz gegen ihre Gefahren (Atomgesetz) v. 23. 12. 1959 (BGBl. I S. 814), § 15 – vgl. hierzu Scheidwimmer VW 1960 S. 1 ff., 1961 S. 10, 13 ff. Im einzelnen vgl. Bruck-Möller § 1 Anm. 59; Prölss Vorbem. IV und § 158 b Anm. 1.

Soweit Versicherungsschutz ohne gesetzlichen Zwang verlangt wird, z. B. bei motorsportlichen Veranstaltungen (vgl. die allgemeine Vorschrift BVM zur StVO v. 29. 3. 1956 – Bundesanz. 68/56 – zu § 5 [2] Nr. 4) oder bei der Übernahme von Bauaufträgen, gelten die besonderen Vorschriften der §§ 158 b ff. VVG für die Pflichtversicherung nicht.

Über die Pflichtversicherung der im Bundesgebiet stationierten Streitkräfte vgl. Art. 17 Abs. 7 des Vertrages über die Rechte und Pflichten ausländischer Streitkräfte und ihrer Mitglieder in der Bundesrepublik Deutschland (BGBl. 1955 II S. 321). Im einzelnen vgl. S. 244.

Wie sich bereits aus den vorstehend angeführten gesetzlichen Vorschriften ergibt, würde auch die spätere Erfassung von Wagnissen im Rahmen einer Pflicht-Haftpflichtversicherung unter die §§ 158 b ff. fallen.

2. Die **Haftung im Rahmen der Pflicht-Haftpflichtversicherung für Kraftfahrzeuge** ist auf eine Mindestversicherungssumme und einen mehr oder weniger bestimmten Gefahrenkreis begrenzt (§ 158 c Abs. 3 VVG). Gleichwohl ist der Versicherungsnehmer nicht daran gehindert, z. B. über die amtlich festgesetzte Mindestversicherungssumme von sich aus hinauszugehen (vgl. S. 211). In diesem Fall finden die besonderen Vorschriften über die Pflichtversicherung nur in dem Rahmen Anwendung, der durch die etwa amtlich vorgeschriebene Mindestversicherungssumme begrenzt wird (anders S. 302). Entsprechendes gilt im Hinblick auf einen etwa durch Rechtsordnung oder sonstwie behördlich festgesetzten vom Versicherer zu übernehmenden Gefahrenumfang. Die Vertragsbedingungen können darüber hinausgehen, soweit nicht gesetzliche oder behördliche Bestimmungen entgegenstehen.

3. Den **Fahrer trifft keine gesetzliche Pflicht** zum Abschluß eines Haftpflichtversicherungsvertrages. Über die Pflichten des Bundes, der Länder, Gemeinden und Gemeindeverbände gegenüber den von ihnen angestellten Fahrern vgl. § 2 Abs. 2 PflVG und die Ausführungen auf S. 196. Schließen diese öffentlich-rechtlichen Körperschaften und Einrichtungen für ihre Fahrer eine Pflicht-Haftpflichtversicherung ab, so unterliegt diese den Vorschriften der §§ 158 b ff. VVG (so auch Ossewski VersR 1958 S. 5; Prölss § 158 b Anm. 1; Thees-Hagemann, 2. Aufl., § 2 PflVG Anm. 4 b).

4. Die §§ 158 b ff. gelten nicht, wenn Dritte Ansprüche aus einem Auslandsunfall herleiten (vgl. Thees-Hagemann, 2. Aufl., § 158 b Anm. 4).

§ 158 c
Gewährleistung des Anspruchs des geschädigten Dritten

1. Der **Zweck des Pflichtversicherungsgesetzes** ist darauf gerichtet, die Schadenersatzansprüche der geschädigten Dritten zu gewährleisten und zu verhindern, daß der Geschädigte seinen Gesundheits- und sonstigen Schaden selbst tragen muß, weil der – vielleicht vermögenslose – Schädiger unterlassen hat, sich gegen die Haftpflichtgefahren zu versichern. Als wirksame Abhilfe dagegen ist für den Kraftfahrzeugverkehr die Pflicht-Haftpflichtversicherung für Kraftfahrzeughalter eingeführt worden. Zur Sicherung der Ansprüche des Geschädigten trifft § 158 c Sondervorschriften für den Fall, daß der Versicherer bei einem bestehenden Pflicht-Haftpflichtversicherungsverhältnis von der Verpflichtung zur Leistung ganz oder teilweise frei wird (Abs. 1) oder der Versicherer zur Leistung deshalb nicht verpflichtet ist, weil auf Grund besonderer Umstände das Pflicht-Haftpflichtversicherungsverhältnis nicht besteht oder beendet ist (Abs. 2). Hinsichtlich der Sicherstellung der Ansprüche der Geschädigten ist der Gesetzgeber bestrebt gewesen, die im öffentlichen Interesse liegende Gewährleistung der Ansprüche der Dritten bei einem „schadhaften" Versicherungsverhältnis möglichst auf der Grundlage des Privatrechts zu regeln, andererseits die Beteiligten – Versicherer, Versicherungsnehmer, Dritter – in diesen Fällen nicht besser zu stellen als bei einem normal verlaufenden Vertragsverhältnis. Der Weg hierzu – gewissermaßen als Gegenstück zu dem Vorteil für den Versicherer, daß j e d e r Fahrzeughalter versichert sein muß – war der vom Gesetzgeber dem Versicherer, ohne daß für diesen eine vertragliche Verpflichtung besteht, lediglich im öffentlich-rechtlichen Interesse auferlegte Dekkungsschutz in Ansehung des Dritten.

Der Bundesgerichtshof (vgl. z. B. Bd. 24 S. 308 = VersR 1957 S. 442 = NJW 1957 S. 1230) spricht von einer dem Versicherer durch das Gesetz auferlegten „sozialen Aufgabe". Die Begründung betont zu § 158 f, hier S. 19, daß „der Versicherer ohne vertragliche Verpflichtung eine Schuld des Versicherungsnehmers bezahlt".

Hiernach wird der Versicherer in den Fällen des § 158 c Abs. 1 VVG kraft positiver Vorschrift verpflichtet, trotz Leistungsfreiheit gegenüber dem Versicherungsnehmer „in Ansehung des Dritten" zu leisten. Ebenso wird der Versicherer in den Fällen des Abs. 2 verpflichtet, so lange „in Ansehung des Dritten" die Gefahr zu tragen und zu leisten, bis der das Nichtbestehen oder die Beendigung des Versicherungsverhältnisses herbeiführende Umstand vom Versicherer gemeldet und ein Monat verflossen ist. Auch dies ist eine – lediglich von der Anzeige des Versicherers abhängige – Haftung des Versicherers kraft Gesetzes, ohne daß ein Fortbestehen des Versicherungsverhältnisses, das sogar in bestimmten Fällen überhaupt nicht existent geworden ist, unterstellt zu werden braucht, wie es die herrschende Rechtsprechung und Lehre tut. Die hier vertretene Auffassung ist u. a. von Bedeutung für die Frage der Vollmacht des Versicherungsnehmers (s. S. 289). Voraussetzung für den Anspruch des Dritten gegen den Versicherer kraft Gesetzes ist, daß zwischen dem Versicherer und dem Versicherungsnehmer, der Halter oder (und) Eigentümer sein kann, ein Kraftfahrzeughaftpflicht-Versicherungsvertrag besteht, der schadhaft ist oder der bestanden hätte, wenn er nicht durch bestimmte Umstände unwirksam oder nichtig geworden wäre. Diese in den Fällen des § 158 c VVG an den Abschluß eines schadhaften Vertrages, an den fehlgeschlagenen Abschluß oder die Beendigung eines Vertrages geknüpften öffentlich-rechtlichen Wirkungen zum Schutze des geschädigten Dritten weisen eine Parallele zu den öffentlich-rechtlichen Wirkungen auf, die die Aushändigung der Versicherungsbestätigung erzeugt, ohne daß ein Vertrag oder eine Deckungszusage vorliegt (vgl. o. S. 231).

2. **§ 158 c** ist **nur** anwendbar, **wenn** es sich um Rechtsbeziehungen im Zusammenhang mit der **Haftpflichtversicherung,** nicht mit anderen Versicherungszweigen, etwa der Kaskoversicherung, handelt (vgl. LG Berlin 12. 4. 1954 VersR 1954 S. 254).

Das Schicksal des Versicherungsverhältnisses selbst (seine Beendigung, das Nichtbestehen, das Fortbestehen, der Befreiungsanspruch des Versicherungsnehmers) hängt ausschließlich von den Vertragsbeziehungen zwischen Versicherer und Versicherungsnehmer ab und ist unabhängig von der Regelung des § 158 c in Ansehung der Ansprüche des Dritten. Näheres vgl. u. Anm. 7 und 8.

3. Für den **Umfang und** das **Ausmaß der Leistungspflicht des Versicherers** in Ansehung des Dritten sowie für den Ort und den Gegenstand, auf den sie sich bezieht, liefert das schadhafte oder unwirksame Versicherungsverhältnis zwischen dem Versicherer und dem Versicherungsnehmer das Gerippe und den Rahmen. Die Höhe der Verpflichtung des Versicherers bestimmt sich im Einzelfall aus dem die Rechtsbeziehungen zwischen dem Versicherungsnehmer (Halter, Mitversicherten) und dem Geschädigten regelnden Tatbestand (Haftpflichtschaden), der notfalls gerichtlich geklärt werden muß. Hiernach wird in Ansehung des Dritten die gleiche Verpflichtung des Versicherers geschaffen, wie sie im Zeitpunkt des Zulassungsaktes der Zulassungsstelle im Rahmen des ursprünglich als existent angesehenen Versicherungsverhältnisses für die Befriedigung eines vom Unfall betroffenen Dritten vorgesehen war. Daraus folgt, daß eine etwaige Begrenzung der Haftung des Versicherers auf Grund vertraglicher Vereinbarungen oder gesetzlicher Vorschriften auch gegenüber dem Dritten wirkt: Haftet der Versicherer auf Grund eines vertraglichen Risikoausschlusses (§§ 2 Abs. 3, 11 AKB) in einem normal verlaufenden Versicherungsverhältnis dem Versicherungsnehmer gegenüber nicht, dann besteht auch in Ansehung des geschädigten Dritten keine Leistungspflicht des Versicherers. Sie besteht auch nicht gegenüber dem Dritten aus dem Gesichtspunkt der gesetzlichen Risikobeschränkung (§ 152 VVG), wenn der Versicherungsnehmer v o r s ä t z l i c h gehandelt hat (vgl. S. 251). § 152 a. a. O. wird durch die Regelung in § 11 Ziff. 7 AKB nicht berührt (BGHZ 27. 10. 1954 VerBAV 1955 S. 74 = VersR 1954 S. 591 = DAR 1955 S. 39; OLG Köln 12. 1. 1960 VersR 1960 S. 410 f.; vgl. auch § 11 AKB Anm. 10).

4. **Für die Regelung des § 158 c** Abs. 1, 2 und 5 VVG ist **maßgebend gewesen,** den Dritten trotz des schadhaften oder unwirksamen Versicherungsverhältnisses zu befriedigen, gleichzeitig aber das Wesen des Haftpflichtversicherungsvertrages zu wahren. Daher hat der Gesetzgeber dem Dritten keinen unmittelbaren Anspruch gegen den Versicherer zuerkannt, um ihn nicht besser zu stellen als den Geschädigten bei einem Versicherungsverhältnis, das in Ordnung geht. Denn auch dieser hat keinen unmittelbaren Anspruch gegen den Versicherer und muß, wenn seine Haftpflichtansprüche als unbegründet abgelehnt werden, den Versicherungsnehmer verklagen. Auch im Hinblick auf ein Haftpflichtversicherungsverhältnis, das in Ordnung geht, wickelt sich die Schadenregelung bei einem schadhaften oder unwirksamen Versicherungsverhältnis mit Bezug auf den geschädigten Dritten nicht wesentlich anders ab: Denn liegen die Voraussetzungen des § 158 c Abs. 1 oder 2 VVG vor, dann kann der Versicherer den Dritten ohne Rücksicht auf den Versicherungsnehmer befriedigen. Ob die Ansprüche

des Geschädigten nach Grund und Höhe zu Recht befriedigt worden sind, ist gegebenenfalls im Regreßprozeß zwischen dem Versicherer und dem Versicherungsnehmer zu klären (vgl. § 158 f Anm. 3). Hält der Versicherer die Ansprüche des geschädigten Dritten nicht für begründet und kommt eine Einigung über die Berechtigung seiner Ansprüche nicht zustande, dann muß der Dritte seine Ansprüche in einem Rechtsstreit mit dem Versicherungsnehmer feststellen lassen. Einen unmittelbaren Anspruch gegen den Versicherer hat er nicht (§ 158 c Abs. 5 VVG). Der Versicherungsnehmer wiederum kann nicht auf Leistung an den Dritten oder Feststellung der Leistungspflicht des Versicherers gegenüber dem Dritten klagen (OLG München 13. 3. 1951 VersR 1951 S. 174; LG Koblenz 16. 2. 1954 VersR 1956 S. 570). Liegt ein Urteil, ein Anerkenntnis oder ein Vergleich vor, so kann der Versicherer unmittelbar an den Dritten zahlen. Dies ergibt sich nach der hier vertretenen Auffassung aus der Verbindlichkeit des Versicherers zwanglos. Die herrschende Meinung stützt sich auf § 156 Abs. 2 VVG. Im übrigen kann der Dritte ein zu seinen Gunsten ergangenes rechtskräftiges Urteil gegen den Versicherungsnehmer dadurch verwirklichen, daß er den Anspruch des Versicherungsnehmers gegen den Versicherer aus dem Versicherungsvertrag pfänden und sich überweisen läßt (§§ 829 ff. ZPO). Insoweit – und nur insoweit – ist das Versicherungsverhältnis als nicht schadhaft anzusehen, als dies zur Verwirklichung des Anspruches des Dritten aus dem Urteil zwischen ihm und dem Versicherungsnehmer auf dem Wege über die Zwangsvollstreckung notwendig ist (s. a. BGHZ Bd. 7 S. 244 = VersR 1952 S. 366 = NJW 1952 S. 1333). Der Versicherer kann dem Dritten alle Einwendungen entgegensetzen, die ihm gegenüber dem Versicherungsnehmer hinsichtlich Umfang und Ausmaß seiner Leistungspflicht aus dem Versicherungsvertrag zustanden (vgl. o. Anm. 3 und OLG München 16. 9. 1959 VersR 1960 S. 54), wie wenn der Versicherungsvertrag mit dem Dritten geschlossen wäre. Dagegen kann der Versicherer keine Umstände einwenden, die erst die Voraussetzungen des § 158 c Abs. 1 oder 2 geschaffen haben.

Weil es sich nach der hier vertretenen Auffassung in den Fällen des § 158 c Abs. 1 und 2 VVG um eine Leistungsverpflichtung des *Versicherers* in Ansehung des Dritten handelt und der unmittelbare Anspruch des Dritten gegen den Versicherer lediglich zur Aufrechterhaltung des Wesens der Haftpflichtversicherung und zur Vermeidung einer Besserstellung des Geschädigten bei einem *schadhaften* Versicherungsverhältnis ausgeschlossen worden ist, braucht sich der Dritte von dem Versicherer nicht an den Versicherungsnehmer, etwa wenn dieser zahlungsfähig ist, verweisen zu lassen. Entsprechend betrachtet das Bundesaufsichtsamt es als einen Mißstand nach § 81

VAG, wenn der Versicherer dem Geschädigten anheimgibt, sich an den Schadenstifter zu halten (VerBAV Geschäftsbericht 1953/54 S. 25). Eine solche Annahme, den Geschädigten an den zahlungsfähigen Versicherungsnehmer zu verweisen, läge nahe, wenn man ein Fortbestehen des Versicherungsvertrages fingiert, um die finanzielle Sicherung des Dritten in einem Schadenfalle zu gewährleisten.

5. Auf Grund der Zusammenfassung der angegebenen Gesichtspunkte dürfte sich die hier vertretene Auffassung einer dem Versicherer im öffentlich-rechtlichen Interesse auferlegten Leistungsverpflichtung gegenüber dem Dritten als zwanglos darbieten. Sie trifft auch für die Fälle des § 158 c Abs. 2 VVG zu, ohne zu umständlichen Konstruktionen greifen zu müssen. Selbst der Übergang der Forderung des Dritten gegen den Versicherungsnehmer auf den Versicherer nach § 158 f VVG erscheint angesichts der hier vertretenen Auffassung begründeter. Andererseits ist bei dieser Auffassung kein Raum, eine Vollmacht des Versicherungsnehmers und sogar des Versicherten für den Versicherer zwecks Regelung des Schadens mit dem Geschädigten zu unterstellen, wie dies die herrschende Meinung, z. T. auf das fingierte Fortbestehen des Haftpflichtversicherungsvertrages gestützt, tut.

6. Die **rechtliche Natur der** in § 158 c VVG niedergelegten Haftung des Versicherers ist im **Schrifttum** und in der Rechtsprechung umstritten. Prölss VGG § 158 c Anm. 1 nimmt an, daß das Gesetz das Versicherungsverhältnis und mit ihm den Befreiungsanspruch des Versicherungsnehmers als ohne die unter Abs. 1 und 2 fallenden Einwendungen bestehend oder weiter bestehend fingiert ansieht, soweit es zur Befriedigung des Dritten erforderlich ist. Ebenso Ludwig Schultz, Rechtsstellung des geschädigten Dritten (1941), S. 63, 65; Roeder DÖV 1941 S. 289, 317; Thees-Hagemann, 2. Aufl., § 158 c Anm. 2 a, § 158 f Anm. 3 a am Anfang. Eine Zusammenstellung der Konstruktionen mit eigener Konstruktion, die unter dem Gesichtspunkt der hier vertretenen Auffassung besonders beachtlich ist, findet sich bei Möller, VersR 1950 S. 3, 16. Auch die Rechtsprechung nimmt überwiegend die Fiktion des Weiterbestehens des Versicherungsverhältnisses an (vgl. z. B. BGHZ Bd. 24 S. 308 = VersR 1957 S. 442 = NJW 1957 S. 1230; Bd. 25 S. 330 = VersR 1957 S. 729 = NJW 1957 S. 1874; Bd. 26 S. 133 = VersR 1957 S. 814 = NJW 1958 S. 140. Vgl. aber auch die unten erwähnte Entscheidung BGHZ Bd. 28. S. 244 = VersR 1958 S. 830). Aus der Annahme eines fingierten Weiterbestehens des Versicherungsverhältnisses ergibt sich für die Vertreter dieser Auffassung, daß auch die in § 10 Abs. 3 AKB genannte Vollmacht weiterbesteht, wobei allerdings BGHZ Bd. 24 S. 308 (s. o.) die Anwendung auf einen unter § 158 c Abs. 2 VVG fallenden Tatbestand offen gelassen hat. Daß die Fiktion des fortbestehenden Versicherungsverhältnisses versagen muß, wenn ein

Vertrag überhaupt nicht bestanden hat oder von Anfang an nichtig ist, wird besonders offensichtlich, wenn man einen Vertrag mit einem Geisteskranken fingieren müßte, um zu der Haftung des Versicherers nach § 158 c Abs. 2 a. a. O. zu gelangen.

Der hier vertretenen Auffassung einer im öffentlich-rechtlichen Interesse dem Versicherer auferlegten Leistungspflicht ist anscheinend auch das OLG Saarbrücken 6. 6. 1956 VersR 1957 S. 145 f. Es sagt ausdrücklich, daß es sich hier um einen durch G e s e t z geschaffenen Anspruch gegen den Versicherer handelt. Der BGH (vgl. o. Anm. 1) spricht von einer „sozialen Aufgabe", und Möller, Rechtsgutachten, zit. nach Johannsen, VersArch 1956 S. 312, hat Zweifel, ob § 158 c VVG noch eine Versicherungsleistung sei oder nicht vielmehr dem Recht der Sozialfürsorge angehöre. Auch Kramer ZfV 1951 S. 471, 472 erklärt, daß der Versicherer keinen Versicherungsschutz leiste, sondern nur aus öffentlich-rechtlichen Gründen vorübergehend an die Stelle des Schädigers trete. Der hier vertretenen Auffassung nähern sich diejenigen, die ein gesetzliches Schuldverhältnis zwischen dem Versicherer, dem Versicherten und dem geschädigten Dritten annehmen, wie etwa BGHZ Bd. 28 S. 244 = VersR 1958 S. 830 = NJW 1959 S. 39; Küster NJW 1957 S. 972 f. Anm. 2; Fleischmann VersR 1959 S. 16, 17; derselbe in Thees-Hagemann, 2. Aufl., § 158 f Anm. 3 a a. E. in stark einschränkendem Maße. Vgl. auch Prölss, Internationalrechtliche Aspekte der Kraftfahr-Haftpflichtversicherung, Heft 28/29 der Schriftenreihe der Juristischen Studiengesellschaft, Karlsruhe 1957 S. 12, der darlegt, daß § 158 c VVG dem Deliktsrecht ähnlich den §§ 831, 832, 829 BGB näher stehe als dem Vertragsrecht und daß nur eine rechtstechnische Krücke vorliege, wenn das „Gesetz" einen vertraglichen Anspruch auf Deckung fingiere. Nach diesseitiger Auffassung ergibt sich dies aus dem Gesetz nicht. Es ist vielmehr ein durch die herrschende Lehre und Rechtsprechung bedingtes Glied der von Fleischmann VersR 1959 S. 17 erwähnten „Denkkunststücke". Schließlich ist auf Wahle, ZVersWiss 1960 S. 89 ff. hinzuweisen, der in § 158 c VVG den Abschluß eines Vertrages sieht, den der Versicherer mit dem Geschädigten im eigenen Namen zugunsten des Versicherungsnehmers als dessen negotiorum gestor schließt, in welcher Eigenschaft er u. a. auch eine Vergleichssumme auszahlt, obwohl er dem Geschädigten gegenüber dazu ohne den geschlossenen Vergleich gar nicht verpflichtet wäre.

Die Regelung des **§ 158 c Abs. 1 und 2 im einzelnen** ist folgende:

7. Abs. 1 geht davon aus, daß ein V e r s i c h e r u n g s v e r h ä l t n i s b e s t e h t, der Versicherer jedoch im Verlaufe dieses Versicherungsverhältnisses aus bestimmten im Versicherungsvertragsgesetz geregelten Gründen **von der Verpflichtung zur Leistung** ganz oder teilweise

frei wird. Solche Gründe der Leistungsfreiheit des Versicherers sind u. a. die Verletzung von Obliegenheiten (§§ 25, 28 VVG), die Nichtzahlung der Prämie (§§ 38 Abs. 2, 39 Abs. 2 VVG), die Versäumung der Klagefrist aus § 12 Abs. 3 VVG (vgl. auch § 8 AKB) oder sonstige Gründe (z. B. die Unterlassung der Anzeige von der Veräußerung — § 71 i. Verb. mit § 158 h VVG). Eine teilweise Leistungsfreiheit ist u. a. bei grobfahrlässiger Verletzung von Obliegenheiten (§ 6 Abs. 3 Satz 2 VVG) oder der Rettungspflicht (§ 62 Abs. 2 Satz 2 VVG) gegeben. Entsprechend den Darlegungen in Anm. 1 und 3 verpflichtet das Gesetz den Pflicht-Haftpflichtversicherer in diesen Fällen, den Dritten zu entschädigen, wie er es im Rahmen des Versicherungsvertrages gemäß § 149 VVG tun müßte. Der Fiktion, daß das Versicherungsverhältnis oder gar der Befreiungsanspruch des Versicherungsnehmers als ohne die Einwendungen zu Abs. 1 bestehend anzusehen sei (vgl. Prölss § 158 c Anm. 1; ferner BGHZ Bd. 24 S. 308, 25 S. 330, 26 S. 133), bedarf es nicht. Das Versicherungsverhältnis bleibt vielmehr in der gleichen Lage wie bei jeder Obliegenheitsverletzung. Die Rechte und Pflichten des Versicherungsnehmers und des Versicherers regeln sich, wie wenn es § 158 c Abs. 1 nicht gäbe. Der Versicherungsnehmer genießt entsprechend den Vorschriften über die Leistungsfreiheit des Versicherers keinen Versicherungsschutz. Er ist nicht gehindert, seine etwaigen Ansprüche gegen den Versicherer auf Gewährung von Versicherungsschutz im Wege des sog. Deckungsprozesses gerichtlich geltend zu machen, ohne daß der Versicherer auf Grund eines solchen Prozesses von seiner Verbindlichkeit gegenüber dem Dritten befreit wird oder seine Leistung an ihn auch nur hinauszögern könnte. Der Deckungsprozeß hat vielmehr nur Einfluß auf das Versicherungsverhältnis zwischen Versicherungsnehmer und Versicherer.

8. Abs. 2 trifft eine Regelung für die Fälle, in denen ein Pflichtversicherungsverhältnis zwischen Versicherer und Versicherungsnehmer abgeschlossen worden ist, zur Zeit des Eintritts des Schadenereignisses sich aber herausstellt, daß a) das **Versicherungsverhältnis** auf Grund rechtlich erheblicher Umstände tatsächlich **nicht besteht oder** b) solche Umstände die **Beendigung** des Versicherungsverhältnisses zur Folge haben.

Unter a) fallen Tatbestände, in denen das Versicherungsverhältnis wegen Geschäftsunfähigkeit (§§ 104, 105 BGB) nichtig oder wegen beschränkter Geschäftsfähigkeit (§§ 108 ff. BGB) unwirksam oder wegen Irrtums oder arglistiger Täuschung angefochten (§§ 119, 123 BGB, 22 VVG) oder wegen Dissenses (vgl. auch § 154 Abs. 1 BGB) nicht zustande gekommen ist.

Unter b) fallen Tatbestände, in denen das Versicherungsverhältnis u. a. durch eine Kündigung beendigt wird. Hierbei kann es sich um eine ordentliche, vertragsmäßige Kündigung, aber auch um eine Kündigung in den Fällen der §§ 6 (Verletzung einer Obliegenheit), 24, 27 (Gefahrerhöhung), 39 Abs. 3 (Nichtzahlung der Prämie), 158 h in Verb. mit § 70 Abs. 2 VVG (Veräußerung) handeln. Andere Fälle der Beendigung des Versicherungsverhältnisses sind der Rücktritt (§§ 20: Verletzung der Anzeigepflicht; 38 Abs. 1: Nichtzahlung der ersten Prämie), das gegenseitige Einverständnis über die Aufhebung des Versicherungsverhältnisses, die Eröffnung des Konkursverfahrens über das Vermögen des Versicherers (§ 13 VVG), der Zeitablauf, der in Abs. 2 Satz 2 besonders erwähnt wird.

In den hier erwähnten Fällen wird es auf Grund des Abs. 2 in Ansehung des Dritten so angesehen, als ob der Umstand, der das Nichtbestehen oder die Beendigung des Versicherungsverhältnisses zur Folge hat, erst einen Monat nach Zugang der Anzeige bei der zuständigen Stelle eingetreten ist. Bis zu diesem Zeitpunkt bleibt die dem Versicherer im öffentlich-rechtlichen Interesse auferlegte Leistungspflicht in Ansehung des Dritten (vgl. oben Anm. 1) wirksam. Mit Bezug auf das Verhältnis des Versicherungsnehmers zum Versicherer verbleibt es so, wie wenn es § 158 c Abs. 2 nicht gäbe. Der Versicherungsnehmer genießt keinen Versicherungsschutz, da ein Vertrag nicht oder nicht mehr besteht, ist aber nicht gehindert, seine etwaigen Rechte mit Bezug auf seinen Versicherungsvertrag dem Versicherer gegenüber wahrzunehmen. Im übrigen gilt das o. Anm. 7 a. E. Gesagte. Beispiel: Hat der Versicherungsnehmer das Versicherungsverhältnis zum 31. 3. gekündigt und der Versicherer diesen Umstand der Zulassungsstelle am 10. 4. mitgeteilt, dann wirkt die Kündigung in Ansehung des Dritten erst zum 10. 5. Die Leistungspflicht des Versicherers hat den Sinn, den Schutz des Verkehrsopfers für die Zeitspanne zu sichern, in der der Fahrzeughalter für einen anderweitigen Versicherungsschutz sorgen kann, oder aber, falls er dies unterläßt, die Zulassungsstelle Maßnahmen nach § 29 d StVZO treffen, u. U. das Kraftfahrzeug außer Betrieb setzen kann. Hierfür hat man einen Zeitraum von einem Monat als ausreichend angesehen. Um den Monat in vollem Umfang für den gedachten Zweck zur Verfügung zu haben, bestimmt Abs. 2 Satz 3, daß die Monatsfrist nicht vor der Beendigung des Versicherungsverhältnisses zu laufen beginnt (vgl. u. Anm. 10 c); im übrigen beginnt die Frist mit dem Zugang der Anzeige bei der Zulassungsstelle (LG Bremen 20. 7. 1950 VersR 1951 S. 290). Wegen der Geltendmachung der Ansprüche des Dritten vgl. Anm. 4.

Über die Frage der Haftung des Versicherers in den Fällen der vorübergehenden Stillegung des Kraftfahrzeugs, der Ruhe- und Heimateinstellraumversicherung vgl. zu § 5 AKB, S. 354.

9. Auch der **Mitversicherte,** z. B. der Fahrer (vgl. § 10 Abs. 1 AKB, S. 414), fällt unter § 158 c VVG ebenso wie unter § 158 f (vgl. dort Anm. 8). Wie weit der Versicherer dem Mitversicherten gegenüber leistungsfrei ist und wie weit die Voraussetzungen des § 158 c Abs. 2 VVG beim Mitversicherten gegeben sind, ergibt sich aus den Ausführungen zu § 3 AKB (Anm. 3 ff.) und § 10 AKB (Anm. 10).

10. a) Die Haftung des Pflicht-Haftpflichtversicherers endigt nach dem oben Gesagten erst einen Monat, nachdem die **Anzeige** des Umstandes, der das **Nichtbestehen** oder die **Beendigung** des Versicherungsverhältnisses bewirkt, der zuständigen Stelle zugegangen ist (LG Bremen 20. 7. 1950 VersR 1951 S. 290). Eine Anzeige in den Fällen des § 158 c Abs. 1 kommt nicht in Betracht. Die zuständige Stelle ist in Abs. 2 nicht bezeichnet, da die Vorschriften der §§ 158 b ff. nicht nur für die Kraftfahrzeughalter-Pflichtversicherung, sondern auch für die Pflichtversicherung etwa von Luftfahrtunternehmungen, Jagdberechtigten usw. gelten. Für die Kraftfahrzeug-Pflichtversicherung ist sie in § 29 c StVZO bestimmt: Die Zulassungsstelle (für Fahrräder mit Hilfsmotor vgl. S. 188). Darüber, welches die zuständige Zulassungsstelle ist, vgl. S. 226. Der Versicherer muß anzeigen. Kenntnis der Zulassungsstelle vom Nichtbestehen oder von der Beendigung des Versicherungsverhältnisses auf andere Weise reicht nicht aus, da eine solche Kenntnis auf zu unsicheren Grundlagen beruhen würde und daher die Frist nicht in Lauf setzen kann. Die Haftung des Pflichtversicherers wird durch eine etwaige schon vorher erfolgende Außerbetriebsetzung des Kraftfahrzeuges nicht aufgehoben, sondern bleibt bis zum Ablauf der Frist in Kraft. Eine vorherige Außerbetriebsetzung des Kraftfahrzeuges könnte nicht mit genügender Sicherheit, namentlich auch hinsichtlich des genauen Zeitpunktes, kontrolliert werden. Bei der Monatsfrist handelt es sich daher um einen fest umrissenen Zeitraum. Wie hier BGHZ 1. 12. 1960 VersR 1961 S. 20; Ossewski VersR 1956 S. 415; Prölss § 158 c Anm. 5; Thees-Hagemann, 2. Aufl., § 158 c Anm. 3 b.; a. M. Johannsen in VersArch 1956 S. 279, 290; Rohde VersR 1960 S. 394 (dagegen Stelzer VersR 1960 S. 584); Thees-Hagemann, 1. Aufl., S. 121; OLG Düsseldorf 18. 10. 1955 VersR 1956 S. 111).

b) Da Abs. 2 von einer Anzeige an die zuständige Stelle spricht und auch § 29 c StVZO eine Anzeige fordert, sobald die Versicherungsbestätigung ihre Geltung verloren hat, ist strittig, **ob eine Anzeige genügt** oder ob neben der Anzeige nach § 29 c a. a. O. auch die Anzeige nach § 158 c Abs. 2 erstattet werden muß. Die für die Anzeige nach § 158 c Abs. 2 zuständige Stelle ist nach dem oben Gesagten die Zulassungsstelle. Die Zulassungsstelle ist auch für die Anzeige nach § 29 c StVZO zuständig. Beide Anzeigen betreffen das Erlöschen der Pflichtversicherung. Sie sind ordnungsgemäß im gleichen Zeitpunkt zu machen. Daraus kann mit Recht gefolgert werden, daß es sich nur um eine Anzeige handelt. Die eine Anzeige geht gewissermaßen in der anderen auf. Dazu kommt, daß darüber hinaus zwischen der Anzeige in § 158 c Abs. 2 VVG und ihrer Folgewirkung sowie der Anzeige nach § 29 c StVZO ein innerer Zusammenhang besteht. Für den Fall der Beendigung des Versicherungsverhältnisses hat der Gesetzgeber zum Schutze des Verletzten die Haftung des Versicherers auf die Dauer von einem Monat zwecks Neuregelung der Versicherung festgesetzt und, falls letzteres nicht geschieht, die Möglichkeit der Herausnahme des Kraftfahrzeugs aus dem Verkehr durch die Zulassungsstelle vorgesehen. Dieser aufeinander abgestellte Mechanismus wird durch die Anzeige des Versicherers über die Beendigung des Versicherungsverhältnisses (= Außerkrafttreten der Versicherungsbestätigung) in Bewegung gesetzt. Vom Zugehen der Anzeige bei der Zulassungsstelle ab beginnt die Monatsfrist. Mit ihrem Ablauf ist die Haftung des Versicherers nicht mehr gegeben; die Versicherungsbestätigung hat ihre Geltung verloren, und die Zulassungsstelle kann ihre Maßnahmen nach § 29 d StVZO ergreifen, die, wenn der Halter keine neue Versicherungsbestätigung vorlegt, mit der Ausschaltung des Kraftfahrzeuges aus dem Verkehr enden. Wollte man hier zwei Anzeigen annehmen, so könnte das oben geschilderte Ineinandergreifen von privatrechtlicher und öffentlichrechtlicher Wirkung gefährdet, wenn nicht ausgeschlossen sein. Im einzelnen vgl. Fromm VersR 1957 S. 625. Wie hier Haepp VerBAV 1954 S. 145; Johannsen VersArch 1956 S. 290 Anm. 58; Möller DAR 1955 S. 12 ff., 14; Thees-Hagemann, 2. Aufl., § 158 c Anm. 3 b; VerBAV 1951 S. 179. A. M. Prölss VersR 1954 S. 323, 481 und JZ 1954 S. 669; § 158 c Anm. 5. Prölss hält zwei Anzeigen für erforderlich und bezeichnet die Anzeige des Versicherers nach Abs. 2 als „Pflicht gegen sich selbst".

c) Die **Anzeige** des Versicherers soll **nicht vor Beendigung des Versicherungsschutzes** oder des Versicherungsverhältnisses bei der Zulassungsstelle eingehen. Die Versicherungsbestätigung muß ihre Geltung bereits verloren haben (näheres vgl. S. 227). Unterläßt der Versicherer die Anzeige oder verzögert er sie, so schadet er sich selbst, da sich seine Haftung entsprechend hinauszögert. Die Unterlassung oder Verzögerung der Anzeige aus § 158 c Abs. 2 i. V. m. § 29 c StVZO durch den Versicherer bewirkt aber nicht, daß der Versicherer dem Versicherungsnehmer, dem geschädigten Dritten oder einem sonstigen Verkehrsteilnehmer gegenüber schadenersatzpflichtig ist, wenn durch die Unterlassung oder Verzögerung der Anzeige ein rechtzeitiges Eingreifen der Zulassungsstelle durch Außerbetriebsetzung des Kraftfahrzeuges verhindert worden ist. § 29 c StVZO ist kein Schutzgesetz im Sinne des § 823 Abs. 2 BGB. § 29 c will nicht den Versicherungsnehmer oder Verkehrsteilnehmer vor Rechtsnachteilen schützen. § 29 c ist vielmehr eine verwaltungsrechtliche Vorschrift, damit die Zulassungsstelle zum Zwecke eines verwaltungsmäßigen Eingreifens rechtzeitig Kenntnis vom Ablauf des Pflichtversicherungsverhältnisses erhält (BGHZ VersR 1955 S. 291 = JZ 1955 S. 381 und VersR 1956 S. 638 = ZfV 1956 S. 588; VersR 1956 S. 706 = NJW 1956 S. 1715 = DJZ 1956 S. 720; BGHZ Bd. 24 S. 308 = NJW 1957 S. 1230 = VersR 1957 S. 442 (mit Bezug auf den Versicherungnehmer); KG 1. 3. 1960 VersR 1960 S. 889, 892; OLG Frankfurt 18. 5. 1954 VersR 1954 S. 351 = NJW 1954 S. 109 = JZ 1954 S. 669; OLG Hamm 23. 6. 1955 VersR 1955 S. 498; LG Freiburg 20. 12. 1955 VersR 1956 S. 299; Prölss § 158 c Anm. 6; Thees-Hagemann, 2. Aufl., § 158 c Anm. 3 d).

11. **Der Versicherer haftet in Ansehung des Dritten.** Dritter im Sinne des § 158 c Abs. 1 u. 2 ist zunächst der unmittelbar Geschädigte. Im Vorspruch des Gesetzes und in der amtlichen Begründung wird in diesem Zusamenhang von „Verkehrsopfer" gesprochen, ohne daß der Ausdruck dort näher erläutert wird. Die Bezeichnung des Dritten als „Verkehrsopfer" hängt damit zusammen, daß der Schutz des durch den Kraftfahrzeugverkehr geschädigten Dritten Ausgangspunkt der Einführung einer Pflichtversicherung gewesen ist, die sich zunächst auf die Pflichtversicherung für Kraftfahrzeughalter bezieht, wie der Name des Gesetzes besagt. Der Ausdruck „Verkehrsopfer" ist aber zu eng, da die durch das Pflichtversicherungsgesetz geschaffenen §§ 158 c–h VVG sich auf jede Art einer Pflichtversicherung, z. B. auch die Jagdhaftpflichtversicherung, beziehen. Folgerichtig sprechen das Pflichtversicherungsgesetz und das Versicherungsvertragsgesetz in den §§ 158 c ff. stets vom „Dritten". Im Nachstehenden wird lediglich von dem Dritten im Bereich der Pflichtversicherung für Kraftfahrzeughalter gesprochen.

Der Begriff des Dritten ist nicht auf den unmittelbar Geschädigten beschränkt (BGHZ Bd. 7 S. 244 = VersR 1952 S. 366 = NJW 1952 S. 1333 = MDR 1952 S. 743). Daneben kommen vielmehr u. a. noch in Frage der Rechtsnachfolger des unmittelbar Geschädigten, z. B. der Zessionar – Arzt, Inhaber der Reparaturwerkstatt, Fürsorgestellen – (BGHZ a. a. O.; Wussow S. 326); der Sozialversicherungsträger, auf den die Ansprüche des Geschädigten nach den §§ 903, 1542 RVO übergegangen sind (BGHZ a. a. O.; ferner Bd. 25 S. 330 = VersR 1957 S. 729 = NJW 1957 S. 1874) – wegen der Haftung des Versicherers des schadhaften Versicherungsverhältnisses in diesen Fällen vgl. S. 272 –; der Pfandgläubiger des Dritten (OLG Köln 2. 3. 1955 VersR 1955 S. 434 und BGHZ Bd. 20 S. 371 = VersR 1956 S. 364 = NJW 1956 S. 1068). Dritter ist nach BGHZ Bd. 25 S. 322 = VersR 1957 S. 731 und Bd. 25 S. 330 = VersR 1957 S. 729 auch der öffentliche Dienstherr, auf den die Ansprüche des geschädigten Beamten übergegangen sind.

Nicht zu den Dritten im Sinne des § 158 c VVG gehört der Gesamtschuldner, gleich ob er einen Ausgleichsanspruch aus § 426 Abs. 1 BGB hat oder den Geschädigten befriedigt und von den übrigen Schuldnern Ausgleich verlangen kann (§ 426 Abs. 2 BGB). Der Ausgleichsberechtigte gehört nicht zu den durch den Haftpflichtschadenfall begünstigten Geschädigten, an die § 158 c gedacht hat (ebenso betr. § 426 Abs. 1 BGB Johannsen VersArch 1956 S. 324 ff.). Der Bundesgerichtshof hat in Bd. 20 S. 371 (s. o.) offen gelassen, ob ein Gesamtschuldner nach § 426 Abs. 1 BGB Dritter im Sinne von § 158 c Abs. 1 VVG ist. Nicht Dritter ist ferner der mitversicherte Fahrzeugführer (Beschl. LG Bielefeld 30. 12. 1955 VersR 1956 S. 316). Prölss § 158 c Anm. 4 will den Begriff „Dritter" hier nicht anders verstehen als in den §§ 149, 150 Abs. 1 Satz 1, 3 VVG u. a.

12. a) Der in Ansehung des Dritten verpflichtete Versicherer muß leisten **unabhängig** davon, **ob** er die **Prämie** vom Versicherungsnehmer erhalten hat oder nicht. Der Fall des § 158 c Abs. 1 kann gerade wegen Nichtzahlung der Prämie gegeben sein.

b) Die **Haftung** des Versicherers nach § 158 c VVG besteht **auch dann, wenn das Kraftfahrzeug nicht zugelassen** ist. Denn es gibt Fahrzeuge, die nur der Pflichtversicherung, nicht aber der Zulassungspflicht unterliegen (vgl. §§ 18 Abs. 2–4, 23 Abs. 1 StVZO). Die Haftung des Pflicht-Haftpflichtversicherers nach dem Pflichtversicherungsgesetz besteht aber auch dann, wenn ein pflichtversicherungspflichtiges Fahrzeug zugelassen werden müßte, aber im konkreten Falle nicht zugelassen worden ist (BGHZ Bd. 2 S. 360 = VersR 1951 S. 195 = NJW 1951 S. 714; Prölss § 158 c Anm. 1; vgl. ferner Stelzer VW 1960 S. 113). In diesen Fällen gilt ebenfalls die Haftung des Versicherers nach Abs. 2.

Gleichgültig ist ferner, wer die Pflicht-Haftpflichtversicherung abgeschlossen hat, ob es der Halter, der Eigentümer oder der Fahrer ist (Prölss a. a. O.).

13. Abs. 3 und 4 des § 158 c **begrenzen** den **Umfang der Haftung** des Versicherers in den Fällen der Absätze 1 und 2. Wie schon auf Seite 258 erwähnt, haftet der Versicherer bei Nichtbestehen des Versicherungsverhältnisses oder Leistungsfreiheit in Ansehung des Dritten nur im Rahmen der amtlich festgesetzten und für den Schutz der Verkehrsopfer als ausreichend angesehenen Mindestversicherungssummen, auch wenn der Versicherungsnehmer sich mit einer höheren als der Mindestversicherungssumme gegen Haftpflichtschäden versichert hat (vgl. S. 211). Seine Haftung wird ferner begrenzt durch den Umfang des vom Pflichtversicherungsgesetz vorgeschriebenen Gefahrenkreises, der zugleich seinen Niederschlag in dem Versicherungsverhältnis gefunden hat. Der Versicherer hat nicht mehr zu leisten, darf aber auch nicht weniger leisten, als er dem Versicherungsnehmer

gegenüber gesetzlich und vertraglich zu leisten verpflichtet wäre. Beschränkungen der Gefahrenübernahme, wie sie u. a. in den §§ 2 Abs. 3, 11 AKB oder sonstwie durch den mit dem Versicherungsnehmer geschlossenen Vertrag gegeben sind, gelten auch gegenüber dem Dritten. Leistet der Versicherer gleichwohl über diesen Rahmen oder über die Mindestversicherungssumme hinaus, gehen insoweit die Ansprüche des Dritten gegen den Versicherungsnehmer nicht auf ihn über (vgl. § 158 f.). Der Versicherer kann in aller Regel wegen § 814 BGB den Versicherungsnehmer auch nicht aus ungerechtfertigter Bereicherung in Anspruch nehmen.

Wegen der Höhe der amtlich festgesetzten Mindestversicherungssummen vgl. die Ausführungen auf S. 206 ff., wegen des Umfanges der Verbindlichkeit des Versicherers in Ansehung des Dritten nach Ort, Gegenstand, Zeit und Ausmaß der Leistung entsprechend dem Inhalt des schadhaften Versicherungsvertrages vgl. S. 261. Auch durch diese Vorschriften wird erreicht, daß der Geschädigte sich bei einem nicht ordnungsmäßig verlaufenden Versicherungsvertrag nicht besser steht als bei einem normal verlaufenden Vertrag (vgl. o. Anm. 3, 4).

14. Abs. 4 bestimmt, daß insoweit ein anderer Haftpflichtversicherer dem Versicherungsnehmer — auf Grund eines nicht schadhaften Versicherungsverhältnisses — haftet, **der im Grunde nicht leistungspflichtige Haftpflichtversicherer frei** wird. Nur der Haftpflichtversicherer des ordnungsmäßig verlaufenden Pflichtversicherungsvertrages soll die Schadenersatzansprüche des Geschädigten tragen, indem er dem Versicherungsnehmer den vereinbarten Versicherungsschutz gewährt.

a) Dies hat Bedeutung für alle Fälle, bei denen der Versicherungsnehmer gegen die gleiche Haftpflichtgefahr bei zwei Haftpflichtversicherern versichert ist. Hier greift § 158 c Abs. 1 und 2 zu Lasten des Versicherers des schadhaften Versicherungsverhältnisses nicht Platz, da dafür „ein Bedürfnis nicht besteht" (Begr.; s. S. 17). Der Versicherer des schadhaften Versicherungsverhältnisses haftet also weder dem Dritten oder seinem Rechtsnachfolger noch kann er von dem anderen Versicherer nach § 59 Abs. 2 VVG zum Ausgleich herangezogen werden. Es haftet, wenn die eine der beiden Pflichtversicherungen nicht in Ordnung ist, lediglich der Versicherer der anderen Versicherung (vgl. auch BGHZ Bd. 20 S. 371 = VersR 1956 S. 364 = NJW 1956 S. 1068; Stiefel-Wussow § 10 Anm. 32). Sind beide Versicherungen im Sinne des § 158 c Abs. 1 oder 2 VVG nicht in Ordnung, dann hat jeder Versicherer in Ansehung des Dritten zu leisten, gleichgültig, ob er Prämie erhalten hat oder nicht (OLG München 12. 3. 59 VersR 59 S. 607, 608; Johannsen VersArch 1956 S. 320 ff.;

Prölss § 158 c Anm. 10 a. Anfang und a. Ende; Thees-Hagemann, 2. Aufl., § 158 c Anm. 4 c; a. M. Reichert – Facilides VersR 1955 S. 66, der den Versicherer haften lassen will, der Prämie erhalten hat oder beanspruchen kann). Für beide gilt, insbesondere hinsichtlich des Ausgleiches untereinander, entsprechend der in Anm. 1 dargestellten Auffassung die Regelung der §§ 422, 426 BGB. v. Gierke II S. 320, Johannsen a. a. O., S. 321, Thees-Hagemann, 1. Aufl., S. 123, u. a. nehmen Doppelversicherung gemäß den §§ 59 f. VVG an. Die Haftung der Haftpflichtversicherer ist jeweils auf die Höhe der Mindestversicherungssumme (vgl. S. 270) begrenzt (Prölss a. a. O.; Thees-Hagemann a. a. O. Anm. 4 a).

b) Zu erwähnen sind ferner folgende Fälle: Der Versicherungsvertrag endet infolge Kündigung oder Zeitablauf, findet also seinen normalen Ablauf. Der Versicherungsnehmer oder der kündigende Erwerber im Falle einer Veräußerung schließt einen neuen Haftpflichtversicherungsvertrag, der mit der Beendigung des ersten Vertrages beginnt. Unter der Voraussetzung, daß dieser neue Versicherungsvertrag normal verläuft, erlischt die Leistungspflicht des ersten Haftpflichtversicherers mit dem Ende des Vertrages. Ist jedoch der neue Vertrag schadhaft im Sinne des § 158 c Abs. 1 VVG oder wird er angefochten, so daß der Fall des § 158 c Abs. 2 gegeben ist, dann haftet der Versicherer des neu abgeschlossenen Vertrages nicht, so lange die Haftung des ersten Versicherers besteht. Für diesen ist daher wichtig, daß er die Beendigung des Versicherungsverhältnisses entsprechend den §§ 29 c StVZO, 158 c Abs. 2 anzeigt, da seine Haftung nach § 158 c VVG noch innerhalb eines Monats nach Zugang der Anzeige bei der Zulassungsstelle möglich werden könnte.

Hier sei vermerkt, daß mit Wussow (VersR 1957 S. 345 ff.) eine Ausdehnung des Abs. 3 dahin vertreten werden kann, daß die Haftung des Versicherers aus einem schadhaften Haftpflichtversicherungsverhältnis gleichfalls fortfällt, wenn eine von den Vorschriften des Pflichtversicherungsgesetzes nach § 2 des Gesetzes, Art. I §§ 1, 2 DVO/PflVG ausgenommene (juristische) Person haftet.

15. a) Der Bundesgerichtshof hat in ständiger Rechtsprechung Abs. 4 ausdehnend ausgelegt, was hinsichtlich der Behandlung dieser Frage in der gerichtlichen Praxis zu beachten ist. Er stellt als Grundgedanken des Abs. 4 heraus, daß der im Grunde nicht leistungspflichtige Haftpflichtversicherer frei wird, wenn der Geschädigte einen anderen Versicherer gleich welcher Art (Sozialversicherungsträger oder einen privaten Versicherer, auch Autokaskoversicherer) aus einem wirksamen Versicherungsverhältnis in Aspruch nehmen kann (BGHZ Bd. 7 S. 244 = VersR 1952 S. 367 = NJW 1952 S. 1333; ebenso BGHZ Bd. 20 S. 371, s. o.; Bd. 25 S. 330 = VersR 1957

S. 729; 25. 4. 1960 VersR 1960 S. 505, 507). Er entnimmt der amtlichen Begründung (hier S. 16 f.) den Grundgedanken, daß der Schutzzweck des § 158 c, um dessentwillen der erste Versicherer sonst ohne vertraglichen Rechtsgrund für den Versicherungsnehmer vorleisten müßte, bereits vollauf sichergestellt sei, wenn schon ein beliebiger anderer Versicherer auf Grund eines voll wirksamen Versicherungsverhältnisses zur Deckung des Schadens verpflichtet sei; es wäre daher unbillig, den an sich leistungsfreien Versicherer auch für diesen Fall mit einer Deckungspflicht im Verhältnis zum Dritten zu belasten (vgl. insbes. BGHZ Bd. 25 S. 322 = VersR 1957 S. 731). Wird der Geschädigte dagegen nicht von einem Versicherer, sondern z. B. als Beamter von einem öffentlichen Dienstherrn auf Grund gesetzlicher Fürsorgepflicht entschädigt (s. o.), so verbleibt es nach dem Bundesgerichtshof bei der Haftung des an sich leistungsfreien Haftpflichtversicherers. – Zu der Auffassung des österr. OGH 2. 5. 1956 (VersR 1956 S. 546), daß Abs. 4 als Sonderregelung eines Spezialfalles der Doppelversicherung zu behandeln sei, sagt der Bundesgerichtshof a. a. O. in Übereinstimmung mit Prölss (JZ 1956 S. 692; VersR 1952 S. 368), daß hier eine echte Doppelversicherung im Sinne des § 59 VVG gar nicht vorliege, weil nur ein Versicherer hafte und daher eine gesamtschuldnerische Haftung der beiden Versicherer ebensowenig wie ein Ausgleich untereinander nach § 59 Abs. 1, 2 in Betracht komme. Der Sinn des Abs. 4 könne mithin nicht sein, die Anwendung der allgemeinen Vorschriften über die Doppelversicherung auszuschließen. Eines solchen Ausschlusses hätte es nicht bedurft. Den Sinn des Abs. 4 sieht der Bundesgerichtshof vielmehr allein in dem vorstehend dargestellten Zweck des Schutzes des Geschädigten.

Der Auffassung des BGH von der analogen Anwendung des Abs. 4 auf Sozial- und Vertragsversicherer haben sich andere Gerichte angeschlossen (z. B. OLG Köln 2. 3. 1955 VersR 1955 S. 434; LG Bielefeld 11. 11. 1953 VersR 1954 S. 123; LG Lüneburg 10. 12. 1954 VersR 1955 S. 54; a. M. LG Freiburg 20. 12. 1955 VersR 1956 S. 299 = ZfV 1956 S. 86 f.). Auch das Schrifttum ist überwiegend dem BGH gefolgt. Jedoch werden mit Bezug auf die verschiedenen Arten der Anwendungsfälle von den Verfassern so unterschiedliche Auffassungen vertreten, daß ersichtlich ist, daß die analoge Anwendung des Abs. 4 in wesentlicher Hinsicht auch bei den Vertretern der herrschenden Meinung streitig ist (vgl. hierzu etwa Möller VersR 50 S. 16 und entgegen seiner früheren Meinung Prölss § 158 c Anm. 10 sowie Johannsen VersArch 1956 S. 294, 303, 309 ff. und das dort angeführte Schrifttum).

b) Dieser Beweisführung kann hier nicht gefolgt werden. Der Bundesgerichtshof und das überwiegende Schrifttum leiten die Anwendung des § 158 c Abs. 4 VVG aus Sinn und Zweck des § 158 c her. Es erscheine unbillig, einem in voller Leistungsverpflichtung befindlichen Versicherer die Stellung des Begünstigten im Sinne des § 158 c zuzubilligen (so u. a. Johannsen a. a. O. S. 303). Demgegenüber ist folgendes zu sagen:

Die Frage, ob billig oder unbillig, sollte nur unter dem Gesichtspunkt des „Verkehrsopfers" gestellt werden. Sie berührt aber nicht den Schutz des Verkehrsopfers, sondern nur die Beteiligung des einen oder anderen Versicherers. Denn das „Verkehrsopfer" ist auch ohne die Regelung in § 158 c Abs. 4 im Rahmen der Pflichtversicherung geschützt. Die Entscheidung der Frage einer etwaigen Unbilligkeit liegt daher auf einer anderen Ebene, als sie die herrschende Meinung sieht. Für jeden Versicherungszweig gilt grundsätzlich, daß sich Leistung und Gegenleistung die Waage halten. Soweit ein „Verkehrsopfer" mangels wirksamen Versicherungsschutzes des Versicherungsnehmers auf Grund von § 158 c VVG entschädigt wird, glaubte der Gesetzgeber dies angesichts der besonderen Monopolstellung der Kraftfahrzeughaftpflichtversicherer verantworten zu können, weil der durch das Pflichtversicherungsgesetz eingeführte Versicherungszwang dazu führte, daß j e d e r Kraftfahrzeughalter versichert sein mußte und somit das Wagnis s ä m t l i c h e r Kraftfahrzeughalter bei den Haftpflichtversicherern gedeckt ist. Ein solcher Gesichtspunkt ist aber nicht gegeben, wenn ein Sozialversicherungsträger oder ein anderer Vertragsversicherer als der Kraftfahrzeughaftpflichtversicherer das Verkehrsopfer entschädigen muß. Das Gleichgewicht von Versicherungsleistung und Versicherungsentgelt etwa eines Sozialversicherungsträgers beruht auf ganz anderen Grundlagen als das eines Kraftfahrzeughaftpflichtversicherers und berücksichtigt u. a. die Verwirklichung von Regreßansprüchen gegen einen Schädiger, o h n e daß ein Ausgleich vorhanden ist, wie er für einen an sich nicht leistungspflichtigen Kraftfahrzeughaftpflichtversicherer nach dem oben Gesagten besteht. Unbillig würde es daher sein, den Sozialversicherungsträger oder einen Vertragsversicherer in analoger Anwendung des § 158 c Abs. 4 VVG ausschließlich haften zu lassen und den nach Abs. 4 verpflichteten an sich leistungsfreien Kraftfahrzeughaftpflichtversicherer von der Haftung zu befreien.

Die dargelegten Grundsätze haben ihren Niederschlag im Gesetz gefunden. Der Wortlaut des Gesetzes und auch die Begründung stützen die hier vertretene Auffassung, daß die Haftung des Versicherers des schadhaften Versicherungsverhältnisses nur dann entfällt, wenn der Versicherungsnehmer bereits aufgrund eines normal verlaufenden Haftpflichtversicherungsvertrages mit dem anderen Haftpflichtversicherer Versicherungsschutz genießt. Denn damit ist für den im Pflichtversicherungsgesetz vorgesehenen Schutz des Geschädigten gesorgt. Die den Versicherern durch die Regelung des § 158 c auferlegten Nachteile kommen im Verhältnis der Versicherer zueinander nicht zum Zuge, wenn der Versicherungsnehmer zwei Haftpflichtversicherungen zu laufen hat (was insbesondere beim Wechsel des Kraftwagens oder auch des Haftpflichtversicherers der Fall sein kann), von denen der eine Vertrag in Ordnung ist. Für diesen Fall haftet der Haftpflichtversicherer des schadhaften Versicherungsverhältnisses nicht. Dies ist auch zum Ausdruck gekommen. Nach dem klaren Wortlaut der gesetzlichen Vorschrift fällt die in den Abs. 1 und 2 festgesetzte Haftung des Versicherers des schadhaften Versicherungsverhältnisses nur fort, „insoweit ein anderer Haftpflichtversicherer dem Versicherungsnehmer haftet". Daß die Begründung etwas anderes wie die gesetzliche Vorschrift hat sagen wollen, wäre nicht verständlich, und tatsächlich besagt auch die Begründung nichts anderes. Sie gibt die Motivierung für die getroffene Regelung dahin, daß diese Haftung mangels Bedürfnisses entfällt, wenn „ein anderer Versicherer aus einem ordnungsmäßigen Versicherungsvertrag haftet". Wenn hier von einem „ordnungsmäßigen" Versicherungsvertrag die Rede ist, so ist offenbar an den Gegensatz, den nicht ordnungsmäßig verlaufenden, nämlich schadhaften Versicherungsvertrag gedacht. Es kann ferner nicht angenommen werden, daß die Begründung angesichts des klaren Begriffes „Haftpflichtversicherer" im Gesetzestext deshalb etwas anderes gemeint haben könnte, weil sie schlicht vom „Versicherer" (aus einem ordnungsmäßigen Versicherungsvertrag) statt vom „Haftpflicht"versicherer spricht. Der Gesetzgeber hätte, wenn er die Haftung des Haftpflichtversicherers des schadhaften Versicherungsverhältnisses beim Vorhandensein irgendeines Sozial- oder privaten Versicherungsverhältnisses gleich welcher Art ausgeschlossen sehen wollte, dies zweifellos im Gesetzestext zum Ausdruck gebracht, zumal dies gerade bei den Überlegungen, auf welche Weise und von wem ein Verkehrsverletzter seinen Schaden ersetzt erhält, nahegelegen hätte. Man darf daher zu Recht davon ausgehen, daß der Gesetzgeber an die Rechtslage gedacht hat, daß ein anderer Versicherer als ein Haftpflichtversicherer den Geschädigten schadlos hält. In diesem Fall hätte er sicher das unbefriedigende Ergebnis, zu dem die Auffassung des Bundesgerichtshofes gelangt, vermieden, wonach zwar bei dem Verkehrsunfall eines Postbeamten der öffentlich-rechtliche Dienstherr auf den an sich leistungsfreien Haftpflichtversicherer zurückgreifen darf, beim Verkehrsunfall eines Postfacharbeiters dagegen der Sozialversicherungsträger nicht (vgl. Prölss JZ 1956 S. 693 u. dagegen BGHZ Bd. 25 S. 330 = VersR 1957 S. 729). Hat der Gesetzgeber aber, wie ausgeführt, an diese Rechtsverhältnisse gedacht, die gesetzliche Regelung aber auf das Zusammentreffen e i n e s Pflichtversicherungsverhältnisses mit einem anderen beschränkt, dann ist für eine gesetzliche Analogie kein Raum gegeben.

c) Schließlich kann man auch nicht daraus, daß die Begründung im Gegensatz zum Gesetzestext nicht ausdrücklich von der Haftung gegenüber „dem Versicherungsnehmer" spricht, einen so weittragenden Schluß ziehen, daß die Grundlage und der Grundgedanke des Abs. 4 völlig verschoben werden. Statt der aus Abs. 4 ersichtlichen Regelung, wonach bei Vorhandensein von Versicherungsschutz gleicher Art für denselben Versicherungsnehmer durch zwei (Haftpflicht-)Versicherer der Versicherer des schadhaften Versicherungsverhältnisses leistungsfrei bleiben soll, weil bereits der andere Versicherer leisten muß, konstruiert der Bundesgerichtshof — m. E. zu Unrecht — die Leistungsfreiheit des Haftpflichtversicherers des schadhaften Versicherungsverhältnisses immer dann, wenn i r g e n d e i n V e r s i c h e r e r, Sozial- oder Privatversicherer, den Geschädigten befriedigen muß, gleich, wer der Versicherungsnehmer oder Versicherte ist (z. B. Sozialversicherter) und gleich welcher Art der Versicherungsschutz ist (z. B. Autokaskoversicherter), wenn nur die Leistungspflicht dieses Versicherers sich an das Ereignis knüpft, das den Haftpflichtversicherungsfall ausgelöst hat.

Auch das sonstige Schrifttum hat gegen die Auffassung des Bundesgerichtshofs mit Bezug auf die Sozialversicherungsträger Bedenken geltend gemacht, u. a. weil § 158 c VVG allein an die Vertragshaftpflichtversicherung gedacht habe (vgl. die Zitate in BGHZ Bd. 25 S. 322 = VersR 1957 S. 731 u. bei Johannsen VersArch 1956 S. 301 f.).

d) Zu welch weittragenden Folgen die Auffassung des Bundesgerichtshofes führen kann, zeigt sich bei der von Prölss (VersR 1952 S. 368; JZ 1956 S. 692; VVG § 158 c Anm. 10) vertretenen Meinung, der von seinem Standpunkt aus mit Recht sagt, daß die Argumentation des Bundesgerichtshofes nicht auf Versicherungsunternehmen beschränkt bleiben kann, sondern für j e d e n s o l v e n t e n M i t s c h u l d n e r des Versicherungsnehmers, für den öffentlichen Dienstherrn sowie für den im Regreßwege von einem Sozialversicherungsträger in Anspruch genommenen Mitschuldner gelten müsse, eine Auffassung, die der Bundesgerichtshof als zu weitgehend ablehnt (Bd. 20 S. 371, 375, 376 = VersR 1956 S. 364 = NJW 1956 S. 1068; Bd. 25 S. 330 = VersR 1957 S. 729). Abzulehnen ist auch, weil ohne Stütze im Gesetz, in Übereinstimmung mit BGHZ Bd. 25 S. 330 die von Wussow VersR 1957 S. 345 vertretene Meinung, wonach neben den Geschädigten nur solche Rechtsnachfolger durch § 158 c begünstigt werden, die im Falle der Leistungsfreiheit wieder auf den Geschädigten zurückgreifen könnten (die Fürsorgebehörde, alle Rechtsnachfolger kraft Abtretung zahlungshalber sowie Personen, die freiwillig gegen Abtretung des Haftfllichtanspruches an den Geschädigten zahlen, nicht dagegen der Sozialversicherungsträger, der öffentlich-rechtliche Dienstherr, der Ausgleichsberechtigte, der Arbeitgeber bei Fortzahlung des Gehaltes aufgrund gesetzlicher oder tariflicher Bestimmungen, der Kasko- und der Krankenversicherer). Vgl. auch die ablehende Stellungnahme von Thees-Hagemann, 2. Aufl., § 158 c VVG, Anm. 4 c).

e) Aus dem Vorhergesagten ergibt sich, daß jede andere Auffassung als die hier vertretene Abs. 4 aus dem Zusammenhang mit Abs. 1 und 2 herausreißt und ihm eine selbständige Bedeutung gibt. Daß dies vom Gesetzgeber gewollt ist, ist zu bezweifeln, besonders, wenn man sich vor Augen hält, daß es durchaus sinnvoll und zweckmäßig erscheint, wenn Abs. 4 eine Regelung für den Fall getroffen hat, daß ein ordnungsmäßig verlaufendes und ein schadhaftes Haftpflichtversicherungsverhältnis bei dem gleichen Versicherungsnehmer zusammentreffen, und wenn andererseits, wie ausgeführt, für eine Gesetzesanalogie kein Raum ist. Bei dieser Sachlage kann dahingestellt bleiben, ob es sich hier um eine echte Doppelversicherung im Sinne des § 59 VVG handelt oder ob diese nicht auch nach der hier vertretenen Auffassung einer aus öffentlich-rechtlichem Interesse statuierten Verbindlichkeit des Pflicht-Haftpflichtversicherers ausgeschlossen ist.

f) So erwägenswert es sein mag, die Auffassung des Bundesgerichtshofes de lege ferenda auf ihre Zweckmäßigkeit hin zu prüfen, so dürfte andererseits nicht zu leugnen sein, daß sie zugleich mit der Annahme eines fiktiven Versicherungsverhältnisses mit Bezug auf die Haftung des Haftpflichtversicherers nicht folgerichtig durchgeführt werden kann, wenn nicht Einschränkungen und Umwege gemacht werden. Demgegenüber hat die hier wiedergegebene Auffassung den Gesetzestext und auch die Begründung für sich. Betrachtet man wie hier die Haftung des Versicherers nach § 158 c Abs. 1 und 2 VVG als eine im öffentlichen Interesse festgesetzte Verbindlichkeit, dann ist es gar nicht möglich, hinsichtlich des Begriffes „Versicherer" zu dem gleichen Ergebnis wie der Bundesgerichtshof zu kommen. Denn dann *kann* der in Abs. 4 erwähnte Versicherer immer nur ein Pflichthaftpflichtversicherer sein. Für andere Versicherer entfiele jeder Grund für die vom Gesetz vorgesehene Haftung. Unter diesem Gesichtspunkt hat die hier vertretene Regelung den Vorzug, einfach und einleuchtend zu sein.

Im Ergebnis wird die hier vertretene Auffassung vom österr. OGH im Beschl. v. 2. 5. 1956 (VersR 1956 S. 546) geteilt. Er kommt zu der gleichen Begrenzung des Abs. 4, wenn auch lediglich unter dem Gesichtspunkt einer ergänzenden Vorschrift zur Doppelversicherung.

16. Ergänzend zu der Praxis des Bundesgerichtshofs ist noch folgendes vorzutragen: Sind **zwei Schädiger** (etwa Halter und Fahrer) gegen Haftpflicht versichert und ist das Versicherungsverhältnis des einen schadhaft, so wird nach der Auffassung des Bundesgerichtshofes auch in diesem Falle der im Grunde nicht leistungspflichtige Haftpflichtversicherer von der Haftung aus § 158 c frei, wenn der Geschädigte einen anderen Versicherer aus einem wirksamen Versicherungsverhältnis in Anspruch nehmen kann. Der so in Anspruch genommene Haftpflichtversicherer kann den nach § 67 VVG auf ihn übergegangenen Ausgleichsanspruch nicht gegen den leistungsfreien Haftpflichtversicherer des anderen Schädigers geltend machen (BGHZ Bd. 20 S. 371 = VersR 1956 S. 364 = NJW 1956 S. 1068; s. a. Bd. 25 S. 322 = VersR 1957 S. 731, 732).

Der Bundesgerichtshof folgert ferner aus dem in Abs. 4 enthaltenen Grundgedanken der subsidiären Haftung des leistungsfreien Versicherers, daß der Geschädigte sich **Leistungen** etwa **aus einer** von ihm oder für ihn abgeschlossenen **Privat-Unfallversicherung,** die seinen vermögensrechtlichen Unfallschaden ausgleichen, grundsätzlich zwar nicht auf seinen Schadenersatzanspruch gegen den Schädiger, wohl aber im Falle des § 158 c gegenüber dem an sich leistungsfreien Haftpflichtversicherer anrechnen lassen muß (BGHZ Bd. 25 S. 322, s. o.).

17. Zu der in Abs. 5 enthaltenen Vorschrift, daß der geschädigte Dritte keinen unmittelbaren Anspruch gegen den Versicherer hat, ist auf S. 261 und S. 262 zu verweisen.

18. Soweit **Verjährung** eingewendet werden könnte, wäre folgendes zu sagen: Aus dem hier vertretenen Charakter der Verbindlichkeit des Versicherers gemäß § 158 c VVG als einer im öffentlichen Interesse geschaffenen Belastung ergibt sich, daß der Versicherer dem Dritten gegenüber nicht unter Hinweis auf sein mit dem Versicherungsnehmer bestehendes Versicherungsverhältnis einwenden kann, der Anspruch des Versicherungsnehmers, wenn er besteht oder bestanden hätte, sei nach Versicherungsvertragsgrundsätzen verjährt. Im Ergebnis wie hier Malchow S. 104, zit. n. Johannsen VersArch 1956 S. 292 f. Anmerk. 67; s. dort das abweichende Schrifttum; und anscheinend OLG München 12. 3. 1959 VersR 1959 S. 607, 608. Vgl. auch § 158 f Anm. 10. Anders die herrschende Meinung. Sie beurteilt die Verjährung aus dem Gesichtspunkt des — fingierten — Versicherungsverhältnisses (2 Jahre, § 12 Abs. 1 VVG), wobei der Anspruch des Versicherungsnehmers auf Rechtsschutz und Befreiung als ein einheitlicher Anspruch angesehen wird (so u. a. RGZ. Bd. 150 S. 227; BGHZ 20. 2. 1956 VersR 1956 S. 187 = VerBAV 1956 S. 88 = NJW 1956 S. 826; OLG Celle 14. 7. 1954 VersR 1954 S. 427; OLG Köln 20. 11. 1958 MDR 1959 S. 304; Bruck-Möller § 12 Anm. 10; v. Gierke II S. 301 ff.; Johannsen a. a. O.,

S. 283 m. Schrifttum in Anm. 27; Ossewski DAR 1955 S. 268 unter Hinweis auf die Nachteile für den Dritten; Prölss unter Aufgabe seiner früheren Auffassung über den einheitlichen Anspruch § 149 Anm. 1; Thees-Hagemann, 2. Aufl., § 158 c Anm. 1.

§ 158 d
Anzeige- und Auskunftspflicht des Geschädigten

1. Im Zusammenhang mit dem verstärkten Schutz des geschädigten Dritten setzt das Pflichtversicherungsgesetz in ähnlicher Weise wie für den Versicherungsnehmer auch für den **Dritten** eine **Anzeige- und Auskunftspflicht** fest, wenn er gegen den Versicherungsnehmer Ansprüche geltend macht. Dies erscheint auch gerechtfertigt. Wird der Versicherer verpflichtet, die Ansprüche des Dritten — auch ohne eine Leistungspflicht gegenüber dem Versicherungsnehmer — zu befriedigen, so sind die dem Geschädigten auferlegten Pflichten eine selbstverständliche Gegenleistung, zumal dem leistenden Versicherer Gelegenheit gegeben werden muß, rechtzeitig über die geltend gemachten Ansprüche des Dritten unterrichtet zu werden. Er kann nicht damit rechnen, daß der Versicherungsnehmer ihm die in § 153 VVG vorgeschriebenen Anzeigen macht. Er muß aber die Möglichkeit haben, möglichst frühzeitig die erforderlichen Maßnahmen zu einer etwaigen Schadenminderung und zur Feststellung des Schadenereignisses zu treffen sowie sich gegebenenfalls in einen etwaigen Haftpflichtprozeß zwischen dem geschädigten Dritten und dem Versicherungsnehmer einzuschalten wie überhaupt allgemein unbegründete Ansprüche des Dritten abzuwehren (BGHZ 11. 10. 1956 VersR 1956 S. 707 = NJW 1956 S. 1796; 19. 2. 1959 VersR 1959 S. 256 = VerBAV 1959 S. 153 = MDR 1959 S. 465).

2. Der Dritte ist verpflichtet, die gerichtliche Geltendmachung von Ansprüchen gegen den Versicherungsnehmer unverzüglich, jede sonstige Geltendmachung innerhalb von zwei Wochen dem Versicherer **anzuzeigen** (§ 158 d Abs. 1 und 2 VVG), wobei auch hier Absendung der Anzeige innerhalb der Frist genügt (vgl. S. 365). „Unverzüglich" heißt „ohne schuldhaftes Zögern" (§ 121 BGB). Die Anzeigepflicht wird erst durch die Zustellung der Klage an den Versicherungsnehmer (§ 253 ZPO), nicht schon durch ihre Einreichung beim Gericht ausgelöst (BGHZ 11. 10. 1956 a. a. O.). Der Begriff der gerichtlichen Geltendmachung geht hier nicht so weit wie im Falle des § 153 Abs. 4 (vgl. S. 252) und umfaßt nicht die Fälle der Einreichung eines Armenrechtsgesuchs oder der Streitverkündung. Andererseits genügt die Anzeige der Einreichung des Armenrechtsgesuches nicht. Der Dritte muß (auch) die nachfolgende Klageerhebung anzeigen (wie hier LG

Düsseldorf 26. 6. 1958 VersR 1958 S. 591). Die Anzeige braucht lediglich die Tatsache der gerichtlichen Geltendmachung des Anspruchs des Dritten gegen den Versicherungsnehmer zu enthalten (BGHZ 11. 10. 1956 a. a. O.). Da im Falle einer Klageerhebung die Anzeige nur dann als unverzüglich erstattet anzusehen ist, wenn sie unmittelbar nach Klagezustellung an den Versicherungsnehmer geschieht, braucht sie den Tag der Klageerhebung nicht zu enthalten (a. M. AG Heidelberg 4. 2. 1954 VersR 1954 S. 213), wohl aber die Angabe des Gerichts. Der Dritte ist nicht verpflichtet, über den weiteren Verlauf des Haftpflichtprozesses, etwa über Verhandlungstermine oder Erlaß eines Versäumnisurteils, Anzeige zu erstatten, es sei denn, Treu und Glauben erfordern es (vgl. BGHZ 19. 2. 1959 VersR 1959 S. 256 = VerBAV 1959 S. 153 = MDR 1959 S. 465). Die Anzeige ist schriftlich der Haftpflichtversicherungsunternehmung, bei der der Kraftwagenhalter mit seinem Wagen versichert ist und deren Namen der Geschädigte durch Nachfrage bei der Zulassungsstelle erfährt (vgl. S. 224), zu erstatten.

Um die Feststellung des Haftpflichtversicherers des Schädigers muß sich der Geschädigte kümmern (vgl. auch Österr. Ob Gerichtshof 30. 9. 1959 VersR 1960 S. 264). Eine Anzeige gegenüber dem mit der Schadenregelung beauftragten Angestellten der Versicherungsunternehmung genügt, dagegen nicht an einen Vertreter (Thees-Hagemann, 1. Aufl., § 158 d Anm. 1 a, S. 124). Rechtzeitige Kenntnis des Versicherers von der gerichtlichen Geltendmachung der Ansprüche des Dritten auf andere Weise genügt (vgl. § 33 Abs. 2 VVG; Fromm a. a. O., S. 87; Amtl. Begr. zu § 158 e, hier S. 18; a. M. Klix VersR 1956 S. 470, 471); der Versicherer kann nicht damit gehört werden, der Dritte hätte selbst anzeigen müssen (BGHZ 11. 10. 1956 VersR 1956 S. 707 = NJW 1956 S. 1796).

3. Der geschädigte Dritte ist ferner nach § 158 d Abs. 3 a. a. O. verpflichtet, dem Versicherer auf Verlangen jede **Auskunft zu erteilen,** die zur Feststellung des Schadenereignisses oder der Höhe des Schadenumfangs erforderlich ist. Die Auskunftspflicht besteht auch dann, wenn der Dritte die Anspruchserhebung nicht angezeigt hat. Der Umfang richtet sich danach, inwieweit die Auskünfte zur Feststellung des Anspruchs nach Grund und Höhe erforderlich sind. Im einzelnen hängt der Umfang der Auskunftspflicht von den Umständen des Falles ab. So muß der Dritte beispielsweise den Hergang des Schadenfalls darstellen, die Art seiner Verletzungen, seinen Einkommensausfall u. a. angeben. Dagegen ist der Geschädigte nicht verpflichtet, seine behandelnden Ärzte von der ärztlichen Schweigepflicht zu entbinden oder sich einem von der Versicherungsunternehmung bezeichneten Arzt, wenn auch auf Kosten des Versicherers, zu stellen (vgl. Fromm a. a. O. S. 86; wie hier Thees-Hagemann, 1. Aufl., § 158 d Anm. 2, S. 125;

ebenso 2. Aufl., § 158 d Anm. 2; OLG Stuttgart NJW 1958 S. 2122; a. M. Prölss, VVG § 158 d Anm. 3). Belege muß der Geschädigte vorlegen, soweit ihm die Beschaffung billigerweise zugemutet werden kann (Abs. 3 Satz 2). Belege, die sich für die Anspruchsbegründung nicht von selbst verstehen, wie jederzeitige Vorlage eines Warenverzeichnisses innerhalb eines Warenverzeichnisses (vgl. OLG Nürnberg VerAfP 1927 Nr. 1696) und deren Beschaffung nur unter Aufwendung von Kosten (abgesehen von unbedeutenden Portokosten) möglich ist, braucht er daher nicht beizubringen. Grundsätzlich sind die Belege im Original vorzulegen. Im übrigen entscheiden die §§ 811, 812 BGB. Zu den bisherigen Belegen gehören u. a. Arztrechnungen, Quittungen, Handelsbücher, ein Erbschein, u. U. auch ein ärztliches Gutachten über die Art einer Verletzung.

4. Die Anzeige- und Auskunftspflicht des Dritten besteht **im Rahmen einer Pflichtversicherung,** auf die die §§ 158 b bis 158 h Anwendung finden, jedoch ohne Rücksicht darauf, ob das Versicherungsverhältnis in Ordnung geht oder ob die Voraussetzungen des § 158 c VVG gegeben sind (vgl. Amtl. Begr., hier S. 18; Thees-Hagemann, 1. Aufl., § 158 d Anm. 1, S. 124; Sasse VersR 1955 S. 114 f.; a. M. – § 158 d gilt nur im Falle des § 158 c – Prölss § 158 d Anm. 1; Emmerich ZfV 1956 S. 517). Der Hinweis bei Prölss auf die Überschrift vor § 158 b läßt außer Betracht, daß sich andere Vorschriften (§ 158 g, § 158 h) auch auf Versicherungsverhältnisse beziehen, die in Ordnung gehen. Aus den Gründen der BGHZ = Entscheidung v. 11. 10. 1956 (VersR 1956 S. 707, s. o.) zu Ziff. 1 i. V. m. dem Hinweis, daß es der Anwendung des § 33 Abs. 2 VVG nicht bedürfe, um darzulegen, daß die Unterrichtung des Versicherers von der gerichtlichen Geltendmachung des Anspruchs des Dritten auf andere Weise dem Dritten nicht schade, könnte geschlossen werden, daß auch der Bundesgerichtshof anderer Auffassung ist, wie sie hier vertreten wird. Es ist aber zu bedenken, daß der auch vom Bundesgerichtshof betonte Zweck dieser Pflicht des Dritten, den Versicherer im Falle seiner Leistungspflicht nach § 158 c VVG möglichst früh über die Ansprüche des Dritten zu unterrichten, nur erreicht werden kann, wenn der Dritte zur Anzeige schon dann verpflichtet ist, wenn das Versicherungsverhältnis (noch) gesund ist. Dürfte der Dritte mit der Anzeige warten, bis die Voraussetzungen des § 158 c vorliegen, dann würde der Versicherer vielleicht zu spät unterrichtet werden, wenn etwa gerade die Verspätung oder gar die Unterlassung der Anzeige durch den Versicherungsnehmer Ursache der Leistungsfreiheit des Versicherers ist. Soweit entgegengehalten werden könnte, daß der Geschädigte dann bei der Pflichtversicherung, die in Ordnung ist, schlechter gestellt sein würde als der Geschädigte bei der freiwilligen Haftpflichtversicherung (vgl. LG Berlin 11. 11. 1954 VersR 1955 S. 52), ist

zu bedenken, daß er andererseits den Vorteil hat, auch entschädigt zu werden, wenn das Versicherungsverhältnis schadhaft ist. Der Versicherer kann auf die Rechte aus § 158 d VVG verzichten. Der Verzicht muß aber klar erkenntlich sein. Eine Mitteilung, der Dritte müsse sich mit dem Versicherungsnehmer unmittelbar auseinandersetzen, reicht zur Annahme einer Verzichtserklärung nicht aus (a. M. LG Hamburg VersR 1953 S. 396; Prölss § 158 d Anm. 5).

§ 158 e
Verletzung der Pflichten des Dritten

1. Der geschädigte Dritte hat im Rahmen der Pfllichtversicherung eine **Anzeige- und Auskunftspflicht** (§ 158 d VVG). Sie besteht, wenn der Dritte seinen Anspruch gegen den Versicherungsnehmer gerichtlich oder außergerichtlich geltend macht, ohne Rücksicht darauf, ob das Versicherungsverhältnis in Ordnung geht oder schadhaft ist (vgl. S. 281).

Kommt der geschädigte Dritte den ihm in § 158 d auferlegten Pflichten nicht nach, richten sich die Folgewirkungen nach § 158 e.

Die Verletzung der Anzeige- und Auskunftspflicht kann in einem Handeln oder Unterlassen bestehen. Ein Handeln liegt z. B. vor, wenn der Dritte unzutreffende Angaben macht, ein Unterlassen, wenn er nicht oder nicht unverzüglich anzeigt.

2. Die **Regelung** des § 158 e ist als **abschließend** anzusehen (so Amtl. Begr., hier S. 18; Fromm DÖV 1940, S. 85, 87; v. Gierke II S. 321; a. M. Thees-Hagemann, 1. Aufl., § 158 e Anm. 5; vgl. aber auch Anm. 4 a. E.; Prölss § 158 e Anm., 4). Die §§ 158 d und e treffen für den Bereich der Pflichtversicherung zugunsten des im öffentlichen Interesse Verpflichtungen übernehmenden Versicherers ähnliche Regelungen mit Bezug auf den Dritten, wie sie zwischen den Vertragsparteien in den Versicherungsbedingungen vereinbart werden. Weitere Folgen, als sie unter den nachstehend in Anm. 3 angegebenen Voraussetzungen genannt sind, sowie Ersatzansprüche an den Dritten aus anderen Rechtsgründen können nicht geltend gemacht werden.

3. Die Regelung in § 158 e im Falle der **Verletzung der Anzeige- und Auskunfts- (Vorlegungs)pflicht** aus § 158 d beruht auf folgenden Grundsätzen:

a) Nur die Verletzung der Pflicht zur Anzeige der gerichtlichen – nicht auch der außergerichtlichen (vgl. die folgende Anm.) – Geltendmachung sowie die Verletzung der Auskunfts- und Vorlegungspflicht (§ 158 d Abs. 2 u. 3) hat Folgen (s. Anm. 5).

b) Folgen treten nur ein, wenn der Versicherer in Ansehung des Dritten haftet (§ 158 c), das Versicherungsverhältnis also schadhaft ist. Ist das Versicherungsverhältnis in Ordnung, so bleibt die Verletzung der Anzeige- und Auskunftspflicht für den Dritten ohne rechtliche Folgen.

Folgewirkungen sind auch nicht notwendig, da in diesem Falle das Versicherungsverhältnis seinen durch die Versicherungsbedingungen festgelegten ordnungsmäßigen Ablauf nimmt.

c) Die Haftung des Versicherers beschränkt sich auf den Betrag, den der Versicherer bei ordnungsmäßiger Erfüllung der Anzeige- und Auskunftspflicht des Dritten zu zahlen hätte (näheres u. Anm. 6).

d) Bei Verletzung der Auskunftspflicht tritt die Folge zu c nur nach vorherigem schriftlichen Hinweis ein (näheres u. Anm. 7).

Die vorstehende Regelung der Auskunfts- und Vorlegungspflicht unterscheidet sich von der Rechtslage vor Einführung der Pflichtversicherung. Während bisher die Verletzung der Substantiierungspflicht dem Dritten nicht geschadet hat, da sie lediglich dem Versicherungsnehmer gegenüber bestanden hat wie bei jedem Anspruchserhebenden, schadet die Verletzung nunmehr, da der Dritte dem Versicherer gegenüber gesetzlich zur Auskunft verpflichtet ist.

4. Aus der abschließenden Regelung des § 158 e in V. m. dem in Anm. 3 a) erwähnten Grundsatz folgt, daß an die **Verletzung** der Pflicht des Dritten zur Anzeige der **außergerichtlichen** (einfachen) **Geltendmachung** von Ansprüchen gegen den Versicherungsnehmer (§ 158 d Abs. 1), soweit der Dritte nicht infolge dieser Versäumnis bei einer etwaigen Erschöpfung der Versicherungssumme nach § 156 Abs. 3 Satz 2 VVG (vgl. S. 255) leer ausgeht, **keine Folgen** geknüpft sind (vgl. Amtl. Begr., hier S. 18; Fromm DÖV 1940 S. 85, 87; von Gierke II S. 321; Guelde-Schmidt-Rost § 158 e Anm. 1; Johannsen VersArch 1956 S. 294 Anm. 72; Pienitz AKB S. 310; Sasse VersR 1955 S. 114 f.; Sieg S. 160: er betrachtet § 158 d als eine Auslegungsform des § 254 BGB, der ebenfalls keine Rechtspflicht begründe; Thees-Hagemann, 1. Aufl., § 158 e Anm. 1, S. 125; ebenso 2. Aufl. S. 277). Entgegengesetzter Meinung sind Prölss § 158 d Anm. 4, wonach der Versicherer nach allgemeinen Regeln Schadenersatz fordern könne; ebenso LG Berlin 11. 11. 1954 VersR 1955 S. 52, das sich eine rechtsfolgenfreie Verpflichtung in so bestimmter Form nicht vorstellen kann; Wussow, Unfallhaftpflichtrecht, S. 258. Die abweichende Meinung findet in dem eindeutigen Wortlaut des Gesetzes keine Stütze. Entgegen der Annahme des LG Berlin hat das Gesetz offenbar bewußt von einer Sanktion abgesehen, da § 158 d auch für „gesunde" Versicherungsverhältnisse gilt (vgl. § 158 d Anm. 4, S. 281); dazu kommt, daß, wenn die entgegengesetzte Meinung zutreffend wäre, der Schadenersatzanspruch des Versicherers nach allgemeinen Grundsätzen ein Mehr gegenüber der Regelung nach § 158 e Abs. 1 bedeuten könnte, es sei denn, man macht von vornherein die Einschränkung der Anwendung des § 158 e. Dann wäre aber nicht zu verstehen, warum der Gesetzgeber in § 158 e nicht § 158 d Abs. 1 mitaufgeführt hat.

Der Versicherer kann ferner nicht seine Leistungspflicht gegenüber dem Dritten, etwa auf Grund von § 242 BGB, verweigern, wenn der Dritte unrichtige Auskünfte erteilt, falsche Belege vorlegt oder in anderer Weise gegen § 158 d verstößt (wie hier Johannsen VersArch 1956 S. 293 m. Anm. 71; a M. anscheinend Prölss § 158 e Anm. 4; Thees-Hagemann, 1. u. 2. Aufl., § 158 e Anm. 5). Der Dritte würde dann schlechter gestellt sein als ein Versicherungsnehmer in gleicher Lage. Denn diesem gegenüber ist der Versicherer nur leistungsfrei im Rahmen des § 6 Abs. 3 VVG, d. h. wenn die Leistungsfreiheit in den Bedingungen v e r e i n b a r t ist und Vorsatz vorliegt, während im Falle nur grobfahrlässiger Verletzung der Obliegenheit der Versicherer lediglich insoweit leistungsfrei ist, als die Verletzung für den Eintritt oder den Umfang des Schadens ursächlich ist. Der Grundsatz, daß der von dem Versicherer an den Dritten zu zahlende Betrag von dem Einfluß der Verletzung der Anzeige- und Auskunftspflicht auf die Schadenhöhe abhängig ist, findet sich mit Recht auch in § 158 e, da der Schaden des Dritten im Rahmen der Pflichtversicherung bevorzugt berücksichtigt wird und die Verletzung der genannten Pflichten durch den Dritten nicht ohne Folgewirkung bleiben konnte. Darüber hinaus aber die Verwirkung der Leistung an j e d e Art von vorsätzlicher oder gar von grobfahrlässiger Verletzung dieser Pflichten durch den Dritten zu knüpfen, kann nicht beabsichtigt gewesen sein, wenn man berücksichtigt, daß die – überdies noch auf Vereinbarung beruhende – Leistungsfreiheit des Versicherers gegenüber dem Versicherungsnehmer im Falle einer vorsätzlichen Verletzung von Obliegenheiten in § 6 Abs. 3 VVG ihren Grund letztlich in der vorsätzlichen Nichtachtung der Gefahrengemeinschaft aller Versicherten hat, ein Gesichtspunkt, der bei dem geschädigten Dritten entfällt. Nur im Falle der A r g l i s t des Dritten, an deren Nachweis strenge Anforderungen zu stellen sind, hat der Versicherer die Möglichkeit, die Leistung an den Dritten zu verweigern (ebenso Prölss a. a. O.; Thees-Hagemann a. a. O.).

5. Nur die Verletzung der Pflicht zur Anzeige der g e r i c h t l i c h e n Geltendmachung (§ 158 d Abs. 2), ferner die Verletzung der Pflicht zur Auskunft und Belegsvorlage hat Folgen. Die **Verletzung** der Anzeige- und Auskunfts-(Vorlegungs)pflicht braucht **nicht schuldhaft** zu sein. Es genügt die objektive nicht schuldhafte Verletzung (Fromm DÖV 1940 S. 85, 87; Pienitz S. 311; s. a. Oesterr. Ob Gerichtshof 30. 9. 1959 VersR 1960 S. 264 u. die dort angeführte weitere Rechtspr.; a. M. Prölss § 158 e Anm. 1 unter Hinweis auf die „unverzügliche" Anzeigeerstattung – mi Gegensatz zu früheren Aufl.; Sasse VersR 1955 S. 114 f.; Thees-Hagemann, 2. Aufl., § 158 e Anm. 2; LG Berlin 11. 11. 1954 VersR 1955 S. 52). Wenn § 158 d Abs. 2 von „u n v e r z ü g l i c h" anzuzeigen

spricht, d. h. ohne schuldhaftes Zögern, so bezieht sich dies auf die Dauer des Zeitraums, innerhalb dessen anzuzeigen ist. Der Dritte muß beweisen, daß er ohne schuldhaftes Zögern angezeigt habe.

6. Der **Umfang der Haftung** des Versicherers **im Falle der Verletzung** der Pflichten des Dritten aus § 158 d Abs. 2 u. 3 ist davon abhängig, inwieweit die Verletzung dieser Pflichten für den Umfang der Leistung des Versicherers von ursächlicher Bedeutung gewesen ist. Der Versicherer braucht nur den Betrag zu leisten, den er zu zahlen hätte, wenn die Anzeige- und Auskunftspflicht von dem Dritten ordnungsmäßig erfüllt worden wäre (§ 158 e Abs. 1 Satz 1). Die Prüfung des ursächlichen Zusammenhangs kann ergeben, daß der Versicherer in vollem Umfang leistungsfrei wird, aber auch, daß die Verletzung der Anzeige- oder Auskunftspflicht ganz oder teilweise ohne Einfluß auf den Schaden gewesen ist. Entscheidend ist, ob die Höhe der Leistung des Versicherers sich infolge des Verstoßes gegen die Anzeige- oder Auskunftspflicht erhöht hat. Durch die Verletzung der Auskunftspflicht kann die Leistung des Versicherers sich z. B. dadurch erhöhen, daß Kosten verursachende Schadenfeststellungen erforderlich werden, daß die Vornahme einer Operation des Dritten zur Vermeidung von Dauerfolgen unterbleibt, deren Nichtvornahme der Dritte sich nach § 254 BGB anrechnen lassen müßte. Der Schaden kann ferner darin bestehen, daß bei rechtzeitiger Anzeige durch den Dritten der Versicherer rechtzeitig seine Interessen im Haftpflichtprozeß hätte wahrnehmen können oder daß eine Prozeßführung oder eine Beweisaufnahme unterblieben wäre oder sonstwie geringere Kosten entstanden wären, weshalb der Dritte insoweit keinen Ersatz verlangen kann (LG Berlin 8. 7. 1954 VersR 1954 S. 491 und 11. 11. 1954 a. a. O.; LG Düsseldorf 14. 10. 1955 VersR 1955 S. 675). Möglich ist, daß der Haftpflichtprozeß erneut aufgerollt wird. Dies kann insbesondere dann der Fall sein, wenn der Versicherer durch die Nichtanzeige eines zwischen dem Dritten und dem Versicherungsnehmer schwebenden Haftpflichtprozesses an der Wahrnehmung seiner Interessen gehindert worden ist. Kann der Versicherer konkrete Behauptungen dafür aufstellen, daß ihm durch die als Beispiel angeführten Vorgänge ein Schaden entstanden ist, dann muß der Dritte beweisen, daß der Schaden auch bei gehöriger Erfüllung der Pflichten nicht geringer gewesen wäre (Thees-Hagemann, 1. Aufl., § 158 e Anm. 3, S. 126; BGHZ 11. 10. 1956 VersR 1956 S. 707 = NJW 1956 S. 1796; LG Berlin 8. 7. 1954 a. a. O.; LG Berlin 11. 11. 1954 a. a. O.). Ist der Versicherer von dem schwebenden Haftpflichtprozeß zwischen dem geschädigten Dritten und dem Versicherungsnehmer von anderer Seite verständigt worden, hat er sich aber zur Wahrung seiner Belange nicht eingeschaltet (vgl. S. 287), dann ist der Prozeß nicht mehr ohne sein Wissen geführt, und eine erneute Nach-

prüfung der Haftpflichtfrage entfällt (BGHZ 11. 10. 1956 a. a. O.; 19. 2. 1959 VersR 1959 S. 256). In diesem Falle nimmt der Versicherer ferner die Gefahr eines Versäumnisurteils gegen den Versicherungsnehmer in Kauf und kann gegen das Versäumnisurteil keine Einwendungen mehr erheben (BGHZ 11. 10. 1956 a. a. O.; 19. 2. 1959 a. a. O.).

7. Im Falle der **Verletzung der Auskunfts-** und Vorlegungs**pflicht** tritt die in Anm. 6 erwähnte Rechtsfolge nur ein, wenn der Versicherer den Dritten spätestens bei dem Verlangen nach Auskunft schriftlich darauf aufmerksam gemacht hat, daß eine Verletzung der gesetzlichen Pflicht zur Auskunft die obenerwähnte Folge habe. Hierauf kann der Versicherer auch hinweisen, bevor das Verlangen nach Auskunft oder nach der Vorlegung von Belegen von Bedeutung geworden ist. Für die Unterschrift genügt mechanische Vervielfältigung; erreicht werden sollte offenbar, daß die Mitteilung des Versicherers nicht mündlich und nicht nebenbei, vielleicht gar in einem mit dem konkreten Versicherungsverhältnis nicht zusammenhängenden Schreiben erfolgt (a. M. hinsichtlich der Vervielfältigung Prölss § 158 e Anm. 2; Thees-Hagemann, 2. Aufl., § 158 e Anm. 2). Es ist nicht anzunehmen, daß das Gesetz in dem vorliegenden Falle strengere Anforderungen an die Unterschrift hat stellen wollen als im Falle des § 39 VVG mit seinen schwerwiegenderen Folgen für den Versicherungsnehmer.

8. Die in der Anm. 6 dargelegte Haftungsbeschränkung des Versicherers nach § 158 e Abs. 1 Satz 1 VVG gilt nach Abs. 2 auch dann, wenn zwischen dem Versicherungsnehmer und dem Dritten **ohne Einwilligung des Versicherers** ein **Vergleich** geschlossen wird oder der Versicherungsnehmer ohne Zustimmung des Versicherers den Anspruch des Dritten anerkennt. Hierdurch soll verhindert werden, daß der Versicherer an Vergleiche oder Anerkenntnisse gebunden wird, die den Zweck haben, durch Schaffung vollendeter Tatsachen dem geschädigten Dritten oder gar dem Versicherungsnehmer selbst in betrügerischer Weise auf Kosten der Versicherungsunternehmung und der übrigen Versicherten Vorteile zuzuwenden, die durch den Autounfall und seine Folgen für den Geschädigten nicht begründet sind. Hier besteht trotz des Vergleichs oder des Anerkenntnisses die Möglichkeit, die Schuldfrage und den Umfang des Schadens nochmals im Prozeß zu klären, so daß die Leistung des Versicherers auf das der Rechtslage entsprechende Maß begrenzt wird. Bei dem Vergleich oder dem Anerkenntnis hat es aber sein Bewenden, wenn der Versicherer dem geschädigten Dritten in Kenntnis von dem schwebenden Prozeß zwischen dem Dritten und dem Versicherungsnehmer freie Hand gelassen hat (BGHZ 11. 10. 1956 VersR 1956 S. 707 = NJW 1956 S. 1796). Die Sachlage ist die gleiche, wie wenn der Versicherer nach Abschluß des Schadenprozesses dem Versicherungsnehmer freie Hand bei der Rege-

lung mit dem Geschädigten gelassen hat mit der Erklärung, daß ein Versicherungsfall nicht vorliege. Er muß dann den Vergleich zwischen dem Versicherungsnehmer und dem Geschädigten gegen sich gelten lassen, wenn die Leistung sich im Rahmen der im Prozeß vom Geschädigten geltend gemachten Ansprüche hält (OLG Celle 30. 12. 1952 VersR 1953 S. 81). Vergleiche und Anerkenntnisse, die nicht ohne offenbare Unbilligkeit hätten abgelehnt werden können (vgl. § 154 Abs. 2 VVG; S. 252), werden von der Haftungsbegrenzung nicht betroffen (vgl. LG Hamburg 12. 12. 1952 VersR 1953 S. 396). Was hinsichtlich eines Vergleiches oder Anerkenntnisses gesagt worden ist, gilt nicht für ein Versäumnisurteil (vgl. LG Würzburg 24. 3. 1953 VersR 1954 S. 320 ff.).

Auf die Vorschriften über die Verletzung der Anzeige-, Auskunfts- oder Vorlegungspflicht kann sich der Versicherer nicht berufen, wenn er auf andere Weise von der Geltendmachung der Ansprüche oder den für die Feststellung des Schadens maßgebenden Tatsachen unterrichtet worden ist (Begr. hier S. 18; Fromm DÖV 1940 S. 85, 87; Thees-Hagemann, 1. Aufl., § 158 e Anm. 2; BGHZ 11. 10. 1956 a. a. O.).

§ 158 f
Gesetzlicher Forderungsübergang

1. § 158 f VVG regelt den Übergang der Forderung des Dritten gegen den Versicherungsnehmer auf den Versicherer, soweit dieser den Geschädigten nach § 158 c befriedigt (cessio legis). Insoweit hat der Versicherer dem Versicherungsnehmer eine Zahlung abgenommen, ohne auf Grund der Vertragsverhältnisse hierzu verpflichtet zu sein. Dies gilt nur hinsichtlich solcher Ansprüche des geschädigten Dritten und nur in dem Umfange in dem der Versicherer sie befriedigt hat (vgl. auch hinsichtlich der Pflichtversicherung nach der KVO LG Stuttgart 30. 11. 1959 VersR 1960 S. 217 m. Anm. Fleischmann VersR 1960 S. 337). Freistellungs- und Ausgleichsansprüche des Versicherungsnehmers gegen einen anderen Gesamtschuldner werden vom Forderungsübergang nicht erfaßt (BGHZ 23. 5. 1960 VersR 1960 S. 650, 651; s. a. Anm. 11). Leistet der Versicherer unter Beschränkung auf seine Verpflichtung aus dem Eigenvertrag des Versicherungsnehmers, dann kann er nicht gegen den Mitversicherten nach § 158 f vorgehen, da es sich nicht um eine Leistung gemäß § 158 c handelt. Doch sind die Ansprüche des Versicherungsnehmers gegen den Versicherten gemäß § 67 VVG auf ihn übergegangen (vgl. Möller DAR 1953 S. 109; Prölss § 67 Anm. 2, u. a.). Glaubt der Versicherer irrigerweise, er sei dem Versicherungsnehmer nicht zur Deckung verpflichtet. so erwirbt er keinen Rückgriffsanspruch nach § 158 f (BGHZ Bd. 20 S. 234 = VersR 1956

S. 284). Der Anspruch geht nach dem Wortlaut des § 158 f über im Zeitpunkt der Befriedigung des Dritten durch den Versicherer (so auch OLG München 6. 12. 1955 VersR 1957 S. 94). Versicherungsnehmer und Dritter können nicht vereinbaren, daß die Forderung des Dritten **nicht** übergehe (so auch Prölss § 158 f Anm. 5 a. E.). Ob und inwieweit der Versicherer wegen sonstiger Auslagen sich an den Versicherungsnehmer halten kann, ist den Versicherungsbedingungen und der Rechtsprechung überlassen geblieben (so amtl. Begr., hier S. 19). Die AKB haben keine Regelung getroffen. Sie haben sich auf eine Regelung hinsichtlich der Prämie beschränkt (vgl. S. 348). Da der Versicherer an den Dritten lediglich kraft gesetzlicher Verpflichtung gezahlt hat (vgl. § 158 c Anm. 1), kann er sich wegen seiner Aufwendungen nicht auf einen Auftrag des Versicherungsnehmers berufen. Dagegen kann er sich an den Versicherungsnehmer deshalb halten, weil mit dem gesetzlichen Übergang der Forderung des geschädigten Dritten gegen den Versicherungsnehmer auf den Versicherer auch die dem Dritten entstandenen und vom Versicherer gezahlten Prozeßkosten sowie etwaige Prozeßkosten des Versicherers zur Feststellung des Schadens nach Grund und Höhe übergegangen sind, da sie wirtschaftlich betrachtet mit der Schadensforderung des Dritten ein Ganzes bilden (vgl. Enneccerus-Lehmann, 15. Aufl., § 79 III Nr. 2).

Auf Auftrag, gegebenenfalls auf Geschäftsführung ohne Auftrag (§§ 670, 683 BGB) gründen Thees-Hagemann, 2. Aufl., § 158 f Anm. 2, den Anspruch des Versicherers auf Ersatz von Prozeßkosten und Aufwendungen.

Auf die §§ 675, 670 BGB stützt BGHZ 27. 5. 1957 Bd. 24 S. 308 = VersR 1957 S. 442 den Anspruch des Versicherers (ebenso 12. 3. 1959 VersR 1959 S. 329, 330 u. die 1. Aufl., S. 171). Auftrag bzw. Vollmacht nehmen an Prölss, § 158 f, Anm. 6; Venzmer VersR 1955 S. 597; LG Bielefeld 17. 12. 1953 VersR 1954 S. 58; LG Dortmund 22. 3. 1956 VersR 1956 S. 683; Roeder DÖV 1941 S. 316 f. billigt dem Versicherer den Ersatz von Aufwendungen unter dem Gesichtspunkt der ungerechtfertigten Bereicherung des Versicherungsnehmers zu; LG Berlin 6. 1. 1955 VersR 1955 S. 103 läßt nur dem Geschädigten zustehende Ansprüche auf den Versicherer übergehen und hat den Regreß hinsichtlich der Kosten für private Sachverständigengutachten abgelehnt). Johannsen VersArch 1956 S. 345 f. u. Schmidt-Tüngler S. 79 lehnen jeden Ersatz ab.

2. Der Versicherungsnehmer kann dem Versicherer gegenüber alle Einwendungen geltend machen, die

a) sich aus dem Haftpflichtverhältnis des Versicherungsnehmers zum Dritten ergeben; — s. Anm. 3 —

b) auf den §§ 158 c Abs. 3, 4, 158 e beruhen; s. Anm. 6 —

c) sich aus dem Vertragsverhältnis zwischen dem Versicherungsnehmer und dem Versicherer ergeben, etwa daß der Versicherer nicht von der Verpflichtung der Leistung frei sei oder das Vertragsverhältnis noch fortbestehe; — s. Anm. 7 —.

3. Die zu a) erwähnten **Einwendungen** stützen sich auf die §§ 412, 404 BGB und betreffen den **Grund und die Höhe des Anspruchs des Dritten,** z. B. den Einwand des Versicherungsnehmers, der Versicherer habe zu Unrecht den geschädigten Dritten befriedigt, den alleiniges Verschulden treffe (wie hier Clauss NJW 1955 S. 289 u. VersR 1957 S. 95 a. Anfang, Anm. z. OLG München 6. 12. 1955 VersR 1957 S. 94, das insoweit gleicher Auffassung ist — s. aber u. (Weiterbestehen der Vollmacht); von Gierke II S. 321; Guelde-Schmidt-Rost S. 114; Hüschelrath S. 55; Thees-Hagemann, 1. Aufl., § 158 f Anm. 3; Thees ZVW 1940 S. 11 ff.; LG Hannover 22. 4. 1955 VersR 1955 S. 600 = NJW 1956 S. 833; im Ergebnis LG Detmold 5. 10. 1954 VersR 1955 S. 9 m. Anm. Prölss). Die abweichende Meinung (Prölss § 158 f Anm. 3; Roeder DÖV 1941 S. 317; Stiefel-Wussow § 10 Anm. 22; Riebesell VersR 1954 S. 385; Emmerich NJW 1957 S. 210; Venzmer VersR 1955 S. 472 u. Anm. z. Urteil OLG München VersR 1957 S. 94 in VersR 1957 S. 773; OLG Nürnberg 27. 6. 1957 VersR 1957 S. 647; OLG Hamm 21. 3. 1958 VersR 1958 S. 509; LG Bielefeld 17. 12. 1953 VersR 1954 S. 58; LG Berlin 25. 10. 1954 VersR 1954 S. 580; LG Dortmund 22. 3. 1956 VersR 1956 S. 683; LG Heidelberg 10. 4. 1956 VersR 1957 S. 353; wohl auch OLG Karlsruhe 20. 4. 1956 VersR 1956 S. 612 m. Anm. Venzmer) läßt Einwendungen der zu a) erwähnten Art nur zu, soweit der Versicherer seine (fortbestehende) Verpflichtung auf Abwehr, Minderung oder sachgemäße Feststellung der Schadenersatzansprüche des Dritten schuldhaft verletzt hat; vgl. Prölss a. a. O. Die Beschränkung der Einwendungen hierauf beruht darauf, daß die herrschende Meinung die Vollmacht des Versicherungsnehmer gem. §§ 10 Abs. 3, 7 Abs. 2 Nr. 5, 3 Abs. 1 AKB als fortbestehend betrachtet (so insbes. BGHZ Bd. 24 S. 308 = VersR 1957 S. 442 = NJW 1957 S. 1230; 4. 7. 1957 VersR 1957 S. 502 = VerBAV 1957 S. 228 wie Vorderurteil OLG München 6. 12. 1955 VersR 1957 S. 94; 26. 9. 1957 VersR 1957 S. 678, 680; Bd. 28 S. 244 = VersR 1958 S. 830 = NJW 1959 S. 39; 12. 3. 1959 VersR 1959 S. 329 = MDR 1959 S. 465 = DAR 1959 S. 156; s. a. Prölss VersR 1958 S. 497 zu II). Dies trifft aber nicht zu.

4. Soweit ein Fall des § 158 c Abs. 1 VVG in Frage kommt, bleibt die **Vollmacht** zwar bestehen, äußert aber keine Wirkungen, soweit der Versicherer leistungsfrei ist und nur die Befriedigung des Geschädigten durch den Versicherer, nicht auch die Befreiung des Versicherungsnehmers von seinen Verbindlichkeiten Zweck des § 158 c

VVG ist (vgl. BGHZ Bd. 20 S. 371 = VersR 1956 S. 364 = NJW 1956 S. 1068). In den Fällen des § 158 c Abs. 2 hat die Vollmacht entweder nie bestanden (§ 158 c Abs. 2, 1. Alternative) oder ist mit Beendigung des Versicherungsvertrages erloschen (a. a. O., 2. Alternative). Wie hier von Gierke II S. 321; Clauss ZfV 1955 S. 770 u. 803; Johannsen VersArch 1956 S. 326 ff., insbes. 335 ff. Wahle ZVersWiss 1960 S. 92 weist u. a. darauf hin, daß es in den Fällen des § 158 c Abs. 2 nicht anginge, ein Vollmachtsverhältnis anzunehmen, ohne sich direkt mit den bestehenden gesetzlichen Vorschriften in Widerspruch zu setzen. Aus den gleichen Gründen liegt auch kein Auftrag des Versicherungsnehmers an den Versicherer vor.

In BGHZ Bd. 24 S. 308 (s. o.) hat der Bundesgerichtshof in einem Falle des § 158 c Abs. 1 VVG eingehend die Gründe dargelegt, weshalb der Haftpflichtversicherer auch in den Fällen des § 158 c als ermächtigt angesehen werden muß, die Schäden im Namen des Versicherungsnehmers zu regulieren. Doch kann man die **Frage des Weiterbestehens der Vollmacht** nicht nur unter dem Gesichtspunkt des § 158 c Abs. 1 a. a. O. betrachten. Man muß auch den Fall des § 158 c Abs. 2 ins Auge fassen (vgl. hierzu auch die eingehenden Ausführungen von Wahle ZVersWiss 1960 S. 89 ff.). Wenn aber, wie im Falle des § 158 c Abs. 2 VVG, bei Nichtigkeit des Versicherungsvertrages überhaupt kein Vertrag zustandegekommen ist, die Vertragsbedingungen mithin zu keinem Zeitpunkt Rechtsbestand hatten, dann hat eine Geschäftsführungsbefugnis des Versicherers nie vorgelegen. Man müßte also erst einmal ein Versicherungsverhältnis mit dem Recht des Versicherers zur Geschäftsbesorgung fingieren, um die weitere Fiktion des Fortbestehens der aus der Geschäftsführungsbefugnis resultierenden Vollmacht des Versicherers in Ansehung des Dritten zu ermöglichen. Demgegenüber bedarf die hier vertretene Auffassung der sich unmittelbar aus § 158 c Abs. 1 und 2 ergebenden gesetzlichen Haftung des Versicherers keines Umweges. Sie kann und braucht sich nicht auf eine Vollmacht zu stützen, die der Versicherungsnehmer bei vernünftiger Überlegung niemals erteilt hätte. Die Vollmacht des Versicherungsnehmers gemäß § 10 Abs. 3 AKB hat ihr Korrelat darin, daß der Versicherer aus seinen Mitteln die Schadenersatzforderung an den Dritten zahlt, weswegen der Versicherungsnehmer ihm mit Recht freie Hand lassen muß. Wenn der Versicherer aber auch dann noch bevollmächtigt sein soll, die Entschädigungsforderung mit dem Dritten zu regeln, wenn die Zahlung nicht mehr zu seinen, sondern zu Lasten des Versicherungsnehmers geht, dann widerspricht dies offenbar dem Vertragswillen. Denn der Versicherungsnehmer hätte den Versicherer sicherlich nicht bevollmächtigt, wenn er gewußt hätte, daß er zwar letzten Endes für den geschädigten Dritten eintreten muß, daß ihm aber jede Mitwirkung über die Höhe seiner Zahlung genommen ist. Außerdem würde sich in einem Prozeß, den der Geschädigte zur Klärung seiner Ansprüche für notwendig hielte und in dem der Versicherungsnehmer der Prozeßgegner wäre, die sonderbare Folge ergeben, daß der Versicherungsnehmer an die Weisungen des Versicherers gebunden wäre, obwohl der Rechtsstreit zu seinen Lasten geht, daher ausschließlich nur ihn angeht und der gleiche Versicherer vielleicht in einem Prozeß nach § 158 f VVG sein Gegner wird. Es kann dem Bundesgerichtshof nicht darin zugestimmt werden, daß die Vertretung durch den sachkundigen und erfahrenen Versicherer dem Versicherungsnehmer zugute komme, weil der Versicherer schon im eigenen Interesse keine unbegründeten Forderungen des Dritten leichtfertig anerkennen werde. Daß dies gleichwohl möglich ist, zeigt z. B. die Entscheidung BGHZ 4. 7. 1957 VersR 1957 S. 502. Aber abgesehen hiervon laufen die Interessen des Versicherungsnehmers und des Versicherers durchaus nicht parallel. Was dem Versicherer „zweckmäßig" erscheint (so § 10 Abs. 3 AKB), muß nicht auch für den Versicherungsnehmer zweckmäßig sein. Schließlich weist der Bundesgerichtshof darauf hin, daß erst die Vollmacht nach § 10 Abs. 3 AKB es dem Versicherer ermögliche, die ihm durch das Pflichtversicherungsgesetz auferlegte soziale Aufgabe ordnungsgemäß zu erfüllen, d. h. die Ansprüche des Geschädigten möglichst schnell und vollständig abzuwickeln. Daß eine beschleunigte Schadenregulierung im Interesse des geschädigten Dritten liegt, ist zuzugeben. Dies darf aber nicht dazu führen, daß dem im Ergebnis den Schaden zahlenden Versicherungsnehmer jede Mitwirkung an der Erledigung genommen wird. Ob und in welchem Umfang der Versicherungsnehmer für den von ihm verursachten oder mitverursachten Schaden zu haften hat, soll zwischen ihm und dem geschädigten Dritten entschieden werden, denn der Versicherungsnehmer wird im Endergebnis finanziell belastet. Er muß mangels Versicherungsschutzes sein Vermögen gegen die Ansprüche des geschädigten Dritten verteidigen; er hat keinen Befreiungsanspruch mehr gegen den Versicherer. Auch aus diesem Grunde sieht § 158 c Abs. 5 VVG vor, daß dem Geschädigten kein unmittelbarer Anspruch gegen den Versicherer zusteht. Läßt man dagegen mit der herrschenden Meinung die Vollmacht weiter bestehen, so daß der Versicherer, der den Versicherungsnehmer von den Belastung seines Vermögens nicht mehr zu befreien braucht, gleichwohl für den Versicherungsnehmer regulieren kann, dann läuft dies vielfach auf eine Ausschaltung des § 158 c Abs. 5 hinaus, mindestens, soweit der Versicherer und der Dritte sich über den Anspruch ohne Mitwirkung des Versicherungsnehmers einigen und die Überprüfung des materiellen Gehalts der Einigung im Regreßprozeß verneint wird. Daß der Versicherungsnehmer die Möglichkeit hat, sich gegen die Befriedigung des Dritten durch den Versicherer ohne seine Mitwirkung zu wehren, wenn der Versicherer seine Pflichten aus dem der Vollmacht zugrunde liegenden Innenverhältnis schuldhaft verletzt (vgl. o.), reicht nicht aus, die grundsätzlichen Bedenken gegen die Rechtsfolgen zu zerstreuen, zu denen die herrschende Meinung gelangt.

Auch nach der hier vertretenen Auffassung, die ein Weiterbestehen der Vollmacht aus § 10 Abs. 3 AKB leugnet, bleibt die soziale Aufgabe des Pflichtversicherungsgesetzes einer baldigen Befriedigung der Ansprüche des geschädigten Dritten gewahrt. Die, wie BGHZ Bd. 28 S. 244 = VersR 1958 S. 830 zutreffend ausführt, sinnvollste und häufigste Art der Schadenabwicklung durch Vergleich wird durch den Mangel des Weiterbestehens der Vollmacht einerseits, die mangelnde Zustimmung des Versicherungsnehmers andererseits nicht gehindert. Der Versicherer kann auch ohne Zustimmung des Versicherungsnehmers sich – im Endergebnis zu Lasten des Versicherungsnehmers – vergleichen. Er muß sich zwar etwaigen Einwendungen des Versicherungsnehmers, gegebenenfalls im Prozeß, stellen und sie ausräumen. Dies erscheint aber durchaus begründet, wenn der Versicherer sich bei dem Versicherungsnehmer schadlos hält. Jedenfalls dürfte es eher gerechtfertigt sein, daß der Versicherer sich hinsichtlich der durch ihn bewirkten Abwicklung des Schadens, die ausschließlich zu Lasten des Versicherungsnehmers geht, entlastet, als daß der Versicherungsnehmer, wie die herrschende Meinung fordert, dem Versicherer ein Verschulden bei der Abwicklung nachweisen müßte. Soweit ein Vergleich nicht möglich ist, weil sich Geschädigter und Versicherer nicht einigen können oder der Tatbestand des Schadenablaufs streitig ist, wird ein Prozeß zwischen dem Geschädigten und dem Versicherungsnehmer nicht zu vermeiden sein; dies gilt aber, gleich ob man ein Weiterbestehen der Vollmacht annimmt oder nicht. Versicherungsnehmer und Versicherer sind nicht gehindert, sich gegenseitig in Verbindung zu halten, sei es als Streitgenossen, sei es ohne eine solche Streitgenossenschaft, wodurch die Schwierigkeiten kaum größer sind als bei einem normalen Haftpflicht-Versicherungsfall.

5. Die hier angeführten Erwägungen gegen ein Fortbestehen der **Vollmacht** des Versicherungsnehmers für den Versicherer gelten in noch stärkerem Maße mit Bezug auf den **Mitversicherten** (s. Anm. 8). Hinsichtlich dessen hat der BGH in der bereits erwähnten Entscheidung Bd. 28 S. 244 = VersR 1958 S. 830 = LM § 10 AVB f. KraftVers Nr. 3 m. Anm. Haidinger = NJW 1959 S. 39 entschieden, daß der Versicherer auch ohne eine rechtsgeschäftliche Vollmacht kraft gesetzlicher Ermächtigung als befugt anzusehen sei, die Schadenregulierung

nicht nur im Namen des Versicherungsnehmers, sondern auch in Vertretung des Mitversicherten vorzunehmen und dabei auch Vergleiche abzuschließen (dagegen auch Wahle ZVersWiss 1960 S. 93 ff.). Nach der hier vertretenen Auffassung ist dem Schutzbedürfnis der Geschädigten, aber auch den Interessen des ungeschützten Versicherungsnehmers — und Versicherten — Rechnung getragen. Es bedarf nicht der Fiktion des Fortbestehens des Versicherungsverhältnisses und der vom Versicherungsnehmer unter anderen Umständen erteilten Vollmacht. Es kann der in der Entscheidung BGHZ Bd. 28 S. 244 (s. o.) dargelegten Meinung nicht beigetreten werden, daß die vom Gesetzgeber getroffenen Vorschriften — kein unmittelbarer Anspruch des Geschädigten gegen den Versicherer (Abs. 5) einerseits, Verpflichtung des Versicherers, den Geschädigten zu befriedigen (Abs. 1 und 2) andererseits — trotz fehlenden Versicherungsschutzes eine Ermächtigung des Versicherers zur Schadenregulierung namens des Versicherungsnehmers — und Mitversicherten — geradezu unabweislich machten. Wahle, ZVersWiss 1960 S. 98, betont mit Recht, daß der Versicherer in vielen Ländern außerhalb Deutschlands gezwungen sei, seine Ansprüche im Regreßprozeß nachzuweisen, und daß daher dieses Argument der Beweiskraft ermangele.

Aus unseren hinsichtlich des Erlöschens der Vollmacht des Versicherungsnehmers gemachten Ausführungen folgt, daß ein zwischen dem Versicherer und dem Dritten geschlossener **Vergleich** oder eine Anerkennung der Ansprüche des Dritten durch den Versicherer den Versicherungsnehmer — und auch den Mitversicherten — nur binden, wenn er zugestimmt hat. Versicherungsnehmer und Mitversicherter brauchen den ohne ihre Zustimmung geschlossenen Vergleich nicht gegen sich gelten zu lassen (anders die herrschende Meinung, so BGHZ Bd. 24 S. 308, 318, 320 = VersR 1957 S. 442, 444 = NJW 1957 S. 1230; BGHZ 4. 7. 1957 VersR 1957 S. 502 — der Vorderrichter, OLG München 6. 12. 1955 VersR 1957 S. 94, ging davon aus, daß nach § 158 f keine höhere Forderung auf den Versicherer habe übergehen können, als sie dem Dritten tatsächlich zustand und ein hiervon abweichender Vergleich daher der Zustimmung des Versicherungsnehmers bedurft hätte —; Bd. 28 S. 244 = VersR 1958 S. 830; BGHZ 12. 3. 1959 VersR 1959 S. 329, 330; vgl. auch Venzmer VersR 1956 S. 613). Entzieht sich der Versicherungsnehmer der Aufforderung des Versicherers, zu einem Vergleich Stellung zu nehmen, so handelt er arglistig, wenn er sich später dem Rückgriff des Versicherers dadurch entziehen will, daß er sich gegen die Vergleichshöhe wendet (OLG Hamm 13. 5. 1958 VersR 1958 S. 670). Ein zwischen dem Versicherer und dem Dritten ergangenes Urteil über die Haftpflichtfrage bindet den Versicherungsnehmer nicht, es sei denn, der Versicherer habe ihm den Streit verkündet (§ 72 ZPO). Dies empfiehlt sich in der Regel, schon um unter Umständen einander widersprechende Entscheidungen zu vermeiden, wenn auch der Zivilrichter in einem Rechtsstreit zwischen dem Versicherungsnehmer und dem Versicherer über die Berechtigung der geltend gemachten Forderung ein etwaiges Urteil zwischen dem Versicherer und dem geschädigten Dritten über die Haftpflichtfrage zur Grundlage auch s e i n e r Entscheidung machen dürfte.

6. Die Einwendungen zu b können u. a. dahin gehen, daß der Versicherer nach Gesetz oder Vertrag **dem Dritten** gegenüber **mehr gezahlt** habe, als im Rahmen der Mindestversicherungssumme vorgesehen (§ 158 c Abs. 3 VVG) oder im Rahmen der §§ 158 d, e VVG notwendig gewesen sei oder daß er gezahlt habe, obwohl ein anderer Versicherer zu leisten verpflichtet gewesen wäre (§ 158 c Abs. 4 VVG).

7. **Einwendungen des Versicherungsnehmers aus dem Vertragsverhältnis** zwischen ihm und dem Versicherer (vgl. Anm. 2 zu c) können i. V. m. § 158 f insbesondere dahin gehen, daß der Versicherer den Versicherungsschutz zu Unrecht versage, die Voraussetzungen einer Anwendung der §§ 158 c, 158 f daher nicht gegeben seien. Ist der Versicherer infolge fruchtlosen Ablaufs der Mahnfrist aus § 39 Abs. 2 VVG von der Verpflichtung zur Leistung frei geworden und hat er das Versicherungsverhältnis gekündigt, so liegt in der widerspruchslosen Annahme der Prämien in der Folgezeit und in dem darin liegenden Verzicht auf die Folgen der Kündigung nicht auch ein Verzicht auf die inzwischen bereits eingetretenen Verzugsfolgen (BGHZ Bd. 24 S. 308 = VersR 1957 S. 442 = NJW 1957 S. 1230; OLG Stuttgart VersR 1953 S. 18; OLG Nürnberg VersR 1952 S. 370; LG Essen 23. 5. 1958 VersR 1958 S. 669). Ein Verzicht ist nur unter außergewöhnlichen Umständen anzunehmen. Für die Verwirkung der Regreßforderung des Versicherers gegenüber dem Versicherungsnehmer gelten grundsätzlich die bereits zu § 7 AKB (Anm. 26) gemachten Ausführungen. Hat der Versicherer den Anspruch auf Versicherungsschutz gemäß § 8 AKB, § 12 Abs. 3 VVG abgelehnt, so liegt eine Verwirkung des Anspruchs des Versicherers auf seine Ersatzansprüche nach § 158 f nicht schon dann vor, wenn er die Ersatzansprüche erst nach Ablauf der Frist der §§ 8 AKB, 12 Abs. 3 VVG geltend macht (LG Essen a. a. O.).

Hat der Versicherer den Anspruch auf Versicherungsschutz gemäß § 8 AKB, § 12 Abs. 3 VVG abgelehnt, so muß der Versicherungsnehmer bei Vermeidung des Verlustes seines Anspruches innerhalb der 6monatigen Frist gegen den Versicherer klagen, auch wenn dieser vor Ablauf der Frist den geschädigten Dritten befriedigt hat. Dies ergibt sich aus der hier vertretenen Auffassung, daß die Leistung des Versicherers nach § 158 c VVG eine vom Versicherungsvertrag losgelöste Verpflichtung des Versicherers kraft Gesetzes ist mit der Folge, daß der Versicherungsvertrag sein eigenes Schicksal hat (vgl. § 158 c Anm. 2). Gegen den infolge der Entschädigungsleistung des Versicherers auf diesen übergegangenen Anspruch des Dritten gegen den Versicherungsnehmer (§ 158 f VVG) kann der Versicherungsnehmer nach Ablauf der Frist Einwendungen, soweit sie die Versagung des Versicherungsschutzes betreffen, nicht mehr geltend machen, auch nicht, soweit der Versicherer zu Unrecht die Voraussetzungen des § 158 c VVG als gegeben angesehen hat, da der Anspruch des Versicherungsnehmers auf Versicherungsschutz durch Fristablauf untergegangen ist.

Im Gegensatz hierzu betont der Bundesgerichtshof (Bd. 20 S. 234 = VersR 1956 S. 284 = NJW 1956 S. 825), daß der Versicherer nicht nach § 158 f VVG Rückgriff nehmen kann, wenn er den Anspruch unter Fristsetzung nach § 8 AKB, § 12 Abs. 3 VVG zwar ablehnt, den geschädigten Dritten aber vor Ablauf der Klagefrist befriedigt hat und im Zeitpunkt der Befriedigung dem Versicherungsnehmer gegenüber objektiv zur Deckung verpflichtet war. An dieser Auffassung hat der Bundesgerichtshof in seiner Entscheidung vom 13. 2. 1958 (VersR 1958 S. 173, 174) und 14. 7. 1960 (VersR 1960 S. 726) gegen Prölss § 158 f Anm. 3 festgehalten. Vgl. auch Thees-Hagemann, 2. Aufl., § 158 f Anm. 3 b auf S. 283. A. M. Johannsen VersArch 1956 S. 330 Anm. 203.

8. **Versicherungsnehmer** im Sinne dieser Vorschrift ist **auch der Mitversicherte,** insbesondere der berechtigte Fahrer, aber auch der Mieter eines Kraftfahrzeugs oder andere Personen (BGHZ Bd. 26 S. 133 = VersR 1957 S. 814 m. Anm. Prölss in VersR 1958 S. 148 = LM § 158 f VVG Nr. 4 m. Anm. Haidinger = NJW 1958 S. 140; Bd. 26 S. 282 = NJW 1958 S. 548 = VersR 1958 S. 158 = LM Nr. 6 zu § 6 VVG; BGHZ Bd. 28 S. 244 = VersR 1958 S. 830 m. Anm. Fleischmann in VersR 1959 S. 16 = LM § 10 AVB f. KraftVers Nr. 3 m. Anm. Haidinger = NJW 1959 S. 39; BGHZ 12. 3. 1959 VersR 1959 S. 329 f. = NJW 1959 S. 1220 = MDR 1959 S. 465; KG 1. 3. 1960 VersR 1960 S. 889, 891; Prölss § 158 f. Anm. 4). Insoweit besteht neben der Versicherung des Halters für eigene Rechnung eine Versicherung für fremde Rechnung. Dies hat zur Folge, daß der Versicherte sich Einwendungen aus eigener Obliegenheitsverletzung (vgl. z. B. OLG Düsseldorf 3. 3. 1959 VersR 1959 S. 725, 896) und im Rahmen der zu § 3 Anm. 3 ff. gemachten Ausführungen solche, die der Versicherer gegenüber dem Versicherungsnehmer aus dem Versicherungsvertrag hat, entgegenhalten lassen muß. Innerhalb des auf S. 334 gezogenen Rahmens wird den im Grundsatz zutreffenden Ausführungen des OLG

Hamm 11. 10. 1954 VersR 1955 S. 17 (s. u.) Rechnung getragen, daß der außerhalb des Vertragsverhältnisses stehende Mitversicherte sich auf das Bestehen des Haftpflichtversicherungsschutzes muß verlassen können, da ihm praktisch die Möglichkeit einer jederzeitigen Kontrolle fehlt, ganz abgesehen von der Beseitigung der Ursachen (vgl. hierzu auch Ossewski VersR 1958 S. 6 r. Sp.). Leistet der Versicherer nach § 158 c, weil zwar nicht der Versicherungsnehmer, wohl aber der Versicherte — ohne Kenntnis des Versicherungsnehmers — eine Obliegenheit verletzt hat, so gehen auch die Ansprüche des Dritten gegen den Mitversicherten auf den Versicherer über, soweit dieser für den Mitversicherten geleistet hat (BGHZ 28. 11. 1957 Bd. 28 S. 244, s. o.; 12. 3. 1959 VersR 1959 S. 329; KG 1. 3. 1960 VersR 1960 S. 889, 891; OLG München 14. 8. 1956 VersR 1957 S. 89; OLG Karlsruhe 23. 3. 1955 VersR 1955 S. 418 = VRS 9 S. 438; LG Berlin VersR 1952 S. 93 m. zust. Anm. Scheepers; LG Itzehoe 10. 5. 1955 VersR 1955 S. 545; Österr. OGH 16. 12. 1953 VersRdsch 1954 S. 264; Prölss § 158 f Anm. 4; Stiefel-Wussow § 10 Anm. 31; Thees-Hagemann, 2. Aufl., § 158 f Anm. 5; a. M. — Rückgriff nur gegen den Versicherungsnehmer — KG 11. 4. 1957 VersR 1957 S. 593 = VerBAV 1957 S. 202, aufgehoben durch BGHZ 12. 3. 1959, s. o.; OLG Hamm 11. 10. 1954 VersR 1955 S. 17 m. ablehnender Anm. Prölss in VersR 1955 S. 167; LG Kreuznach 15. 12. 1950 VersR 1951 S. 118 m. abl. Anm. Prölss). Leistet der Versicherer zugleich für den Versicherungsnehmer und den Versicherten, so kann der Versicherer beide als Gesamtschuldner gemäß § 158 f VVG in Anspruch nehmen (OLG München 14. 8. 1956 VersR 1957 S. 89).

9. Der **Forderungsübergang** auf den Versicherer kann **nicht zum Nachteil des** geschädigten **Dritten** geltend gemacht werden. Hat beispielsweise der Dritte über die Mindestversicherungssumme oder den ihm vom Versicherer erstatteten Betrag hinaus einen Anspruch gegen den Versicherungsnehmer, so geht dieser Anspruch dem Regreßanspruch des Versicherers gegen den Versicherungsnehmer vor.

10. Der **Anspruch aus § 158 f verjährt** in 3 Jahren. Es handelt sich nicht um einen Anspruch aus dem Versicherungsvertrag, der nach § 12 Abs. 1 VVG in 2 Jahren verjähren würde (so OLG München 14. 8. 1956 VersR 1957 S. 89; OLG Düsseldorf 25. 3. 1958 VersR 1958 S. 617; OLG Köln 20. 11. 1958 MDR 1959 S. 304 m. Anm. Ruhkopf im VersR 1959 S. 606; LG Stuttgart 30. 11. 1959 VersR 1960 S. 217 m. Anm. Fleischmann VersR 1960 S. 337). Vielmehr sind es Schadenersatzansprüche aus unerlaubter Handlung, die der Versicherer gemäß § 158 c Abs. 1 oder 2 VVG befriedigt hat und die auf ihn als den Rechtsnachfolger des Geschädigten nach § 158 f kraft Gesetzes übergegangen sind. Sie verjähren nach § 852 BGB in 3 Jahren (BGHZ

Bd. 26 S. 133 = VersR 1957 S. 814, 816; Bd. 28 S. 244 = VersR 1958 S. 830; OLG Karlsruhe VersR 1955 S. 418; s. a. OLG Nürnberg 14. 1. 1958 VersR 1958 S. 679; Prölss § 12 Anm. 2, § 158 f Anm. 6). Für Bereicherungsansprüche des Versicherers, etwa weil er irrtümlich an den Versicherungsnehmer geleistet hat, gilt nicht die zweijährige Verjährung des § 12 VVG, sondern die dreißigjährige des § 195 BGB (BGHZ 14. 1. 1960 VersR 1960 S. 145).

11. Hat der Versicherer den Geschädigten gemäß § 158 c VVG befriedigt und ist dessen Anspruch gegen den Versicherungsnehmer gemäß § 158 f VVG auf den Versicherer übergegangen, dann wird der Versicherungsnehmer von seiner Haftpflichtschuld nicht befreit, und für einen Forderungsübergang nach **§ 67 VVG** ist **kein Raum** (BGHZ 23. 5. 1960 VersR 1960 S. 650, 651; OLG München 14. 8. 1956 VersR 1957 S. 89; Österr. OGH 7. 11. 1958, VersRundschau, Wien, 1960 S. 44 m. Anm. Wahle; Leitsatz in VersR 1960 S. 720). Etwaige Ausgleichsansprüche des auf Regreß in Anspruch genommenen Versicherungsnehmers gegen andere Verpflichtete verbleiben ihm und gehen nicht auf den Versicherer über (OLG München a. a. O.; Prölss § 158 f Anm. 5).

§ 158 g

Kein Abzug von der Entschädigungssumme wegen rückständiger Prämienforderung

§ 158 g schafft im Bereich der Pflichtversicherung eine Ausnahme von § 35 b VVG, der sein Vorbild im österreichischen Versicherungsvertragsgesetz hat.

§ 35 b VVG gestattet die Aufrechnung einer fälligen Prämie oder einer anderen dem Versicherer aus dem gleichen Versicherungsvertrag zustehenden Forderung (Versicherungssteuer, Kosten) gegen die aus dem gleichen Vertrag geschuldete Versicherungsleistung in Abweichung von den allgemeinen Vorschriften der §§ 387 ff. BGB auch dann, wenn die Gegenseitigkeit der Forderungen nicht vorhanden ist, wenn also der Versicherer den Prämienanspruch lediglich gegen den Versicherungsnehmer hat, die Versicherungsleistung aber nicht ihm, sondern einem Dritten, etwa dem Versicherten bei der Versicherung für fremde Rechnung, dem Bezugsberechtigten, schuldet. Hier soll der Versicherer gleichwohl seine Prämien von der dem Dritten geschuldeten Versicherungsleistung in Abzug bringen können.

Diese Möglichkeit wird dem Versicherer im Rahmen der Pflichtversicherung genommen. Der geschädigte Dritte soll, um den Schutz des „Verkehrsopfers" so weit wie möglich zu sichern, ohne Rücksicht auf die Höhe der Prämienforderung des Versicherers gegen den Versicherungsnehmer in den uneingeschränkten Besitz der Entschädigung gelangen. Übersteigt die Versicherungssumme die Mindestversicherungssumme, die nach den Vorschriften des Pflichtversicherungsgesetzes und der Durchführungsbestimmungen festgesetzt ist (vgl. S. 206), so gilt das Abzugsverbot insoweit nicht (vgl. Thees-Hagemann, 1. Aufl., § 158 g Anm. 2, S. 130). Soweit Forderungen des Versicherers gegen den Dritten bestehen, gelten die allgemeinen Regeln. Es ist daher insoweit Aufrechnung möglich (ebenso Prölss § 158 g, Anm. 1).

Vgl. hierzu Breitinger VersR 1959 S. 326; ferner Schulz VersR 1957 S. 767.

§ 158 h
Übergang der Haftpflichtversicherung bei Veräußerung des Kraftwagens

1. Bei der Versicherung von Kraftfahrzeugen hatte sich als Übelstand herausgestellt, daß im Falle einer Veräußerung des Kraftwagens zwar die Kaskoversicherung auf den Erwerber überging (§§ 69 ff. VVG), nicht dagegen die Haftpflichtversicherung, weil bei ihr das Interesse des Versicherungsnehmers an der Nichtbelastung seines Vermögens mit Haftpflichtansprüchen versichert ist (so für das bisherige Recht RGZ Bd. 156 S. 146). § 158 h VVG bringt hierin eine erwünschte Wandlung, indem für die Pflichtversicherung die **sinngemäße Anwendung der §§ 69 ff. VVG** festgesetzt wird. Es wird somit eine ähnliche Regelung wie im Falle der Betriebshaftpflichtversicherung (§ 151 VVG) getroffen (vgl. S. 251).

Veräußert der Versicherungsnehmer seinen Wagen und soll das alte Versicherungsverhältnis mit dem neuen Ersatzwagen fortgesetzt werden, dann ist dies nur möglich, wenn die Veräußerung zum Zwecke des Verschrottens geschehen ist. Denn nur dann fällt das Interesse gemäß § 68 VVG fort, während im anderen Falle der Erwerber in den Vertrag eintritt (OLG Schleswig 31. 5. 1958 VersR 1960 S. 591 f.).

2. § 1 PflVG verpflichtet den Halter eines Kraftfahrzeuges, für sich und den Fahrer den Pflicht-Haftpflichtversicherungsvertrag zu schließen. Im gedachten Normalfall ist der Halter zugleich der Eigentümer, der auch den Haftpflichtversicherungsvertrag geschlossen hat. Es gibt aber in der Praxis vielfach auch Fälle, in denen die Eigentümer- und die Haltereigenschaft auseinanderfallen und der Pflicht-Haftpflichtversicherungsvertrag vom Halter, der nicht zugleich Eigentümer ist, oder auch vom Eigentümer geschlossen ist, obwohl dieser nicht Halter ist. Auf Grund dieser Verhältnisse ist strittig geworden, ob die §§ 69 ff. nur dann sinngemäß anzuwenden sind, wenn ein **Eigentümerwechsel** vorliegt, oder auch dann, wenn lediglich der **Halter wechselt.**

Die Begründung zu § 158 h (hier S. 19) hat, wie insbesondere aus den beiden letzten Sätzen zu folgern ist, offenbar als wesentlich den

Wechsel des Eigentums im Auge, und auch § 27 Abs. 3 StVZO verlangt Anzeige von der Veräußerung, also vom Eigentumswechsel, nicht vom Halterwechsel. Die Anzeigepflicht auch im übrigen trifft primär den Eigentümer und lediglich, wenn er nicht zugleich Halter ist, auch den Halter (Abs. 1 Satz 2 a. a. O.).

Die sinngemäße Anwendung der §§ 69 ff. VVG auf die Pflicht-Haftpflichtversicherung knüpft hiernach an die Veräußerung des Kraftfahrzeugs an. Für den Begriff der Veräußerung gilt das gleiche wie im Falle der §§ 69 ff. VVG: Eigentumsübergang an dem Kraftfahrzeug auf Grund rechtsgeschäftlicher Einzelnachfolge (vgl. Prölss § 69 Anm. 1–4). Unter die Veräußerung fällt daher auch die Sicherungsübereignung, nicht dagegen der Verkauf unter Eigentumsvorbehalt (vgl. Prölss a. a. O. mit Rechtsprechung und Schrifttumsangabe). Ebenso entfällt die Anwendung der §§ 69 ff. a. a. O., wenn das Kraftfahrzeug im Wege der Erbfolge auf einen anderen übergeht (OLG Düsseldorf 22. 7. 1958 VersR 1958 S. 758; s. a. RGZ Bd. 125 S. 193). Hier tritt vielmehr, da der Pflicht-Haftpflichtversicherungsvertrag nicht an die Person des Erblassers als Individuums wie bei der persönlichen Haftpflicht gebunden ist, sondern an seine Rechtsstellung zum Kraftfahrzeug, der Erbe mit seiner Person anstelle des Erblassers in das Haftpflichtverhältnis ein (so schon RGZ Bd. 159 S. 337 = JRPV 1939 S. 101 = DÖV 1939 S. 257, 279).

Der Übergang der Versicherung auf den Erwerber kann nicht ausgeschlossen werden (§ 72 VVG; OLG Düsseldorf 13. 10. 1959 VersR 1960 S. 122, 124).

3. Die Entscheidung im Einzelfall läßt sich nicht ohne weiteres auf einen Gegensatz Eigentümerwechsel-Halterwechsel abstellen. Immerhin ist **Voraussetzung,** daß das Fahrzeug **veräußert** wird. § 158 h spricht ausdrücklich von der Geltung der Vorschriften über die Veräußerung. Aber auch der **Wechsel des Halters** ist zu beachten, jedoch nicht so, daß er für sich allein für den Übergang der Haftpflichtversicherung maßgebend ist. Überprüft man unter diesen Umständen die Vielseitigkeit der Möglichkeiten, so ist folgendes zu sagen:

a) Ist der Eigentümer des Kraftfahrzeugs zugleich Halter und veräußert er den Wagen an einen Dritten, der zugleich Eigentümer und Halter wird, dann geht die Pflicht-Haftpflichtversicherung auf den Erwerber in sinngemäßer Anwendung der §§ 69 ff. VVG über. Beide Vertragsparteien können im Rahmen des § 70 VVG kündigen, unbeschadet der etwa bis auf weiteres bestehen bleibenden Haftung des Versicherers nach § 158 c Abs. 2 a. a. O. (vgl. S. 266). Auf diese Weise wird zugleich erreicht, daß der Erwerber eines Kraftwagens sich nicht erst um den Versicherungsschutz zu bemühen braucht, sondern das Fahrzeug nach dem Erwerb sofort benutzen kann.

Voraussetzung für den Übergang der Pflicht-Haftpflichtversicherung ist, daß der neue Halter auch tatsächlich Halter ist, d. h. er muß das Fahrzeug für eigene Rechnung in Gebrauch haben und diejenige Verfügungsgewalt darüber besitzen, die solch ein Gebrauch voraussetzt (vgl. S. 189). Ist dies nicht der Fall und benutzt auch der bisherige Eigentümer und Halter den Wagen nicht mehr als Halter, dann erlischt die Pflicht-Haftpflichtversicherung, da das Interesse des den Kraftwagen nicht mehr benutzenden Halters an der Freihaltung seines Vermögens von Haftpflichtansprüchen untergegangen ist (§ 68 VVG). Er muß dem Haftpflichtversicherer dies mitteilen, und dieser muß von der Beendigung des Haftpflicht-Versicherungsverhältnisse gemäß den §§ 158 c Abs. 2 VVG, 29 c StVZO Anzeige erstatten.

b) Die Haftpflichtversicherung erlischt, und es ist Anzeige wie zu a) zu erstatten, wenn der Halter nicht Eigentümer gewesen ist und die Haltereigenschaft aufgibt. So auch Prölss JZ 1953 S. 658; a. M. BGHZ Bd. 28 S. 137 = VersR 1958 S. 749 = NJW 1958 S. 1872 = JZ 1958 S. 213 m. Anm. Prölss = LM § 10 AKB Nr. 2, nur Leitsatz m. Anm. Haidinger. Hat in diesen Fällen nach Aufgabe der Haltereigenschaft ein anderer Halter, der eine neue Versicherung abschließen muß, das Kraftfahrzeug benutzt, so ist er bis zur Beendigung der Haftung des Versicherers als sog. jeweiliger Halter mitversichert (§ 10 Abs. 1, 3 AKB). In diesem begrenzten Umfange ist BGHZ Bd. 28 S. 137 (s. o.) zuzustimmen. Vgl. auch die Ausführungen zu d).

c) Wird das Kraftfahrzeug zwar veräußert, benutzt der bisherige Eigentümer den Wagen aber auch weiterhin als Halter, dann ist das Haftpflicht-Versicherungsverhältnis nicht erloschen. Es bleibt also trotz der Veräußerung des Wagens insoweit alles beim alten; das Haftpflicht-Versicherungsverhältnis bleibt bestehen, und es bleibt der bisherige Versicherungsnehmer.

d) Liegt keine Veräußerung des Kraftfahrzeuges vor und wechselt lediglich der Halter, indem an die Stelle des bisherigen Halters ein anderer tritt, so finden die §§ 158 h, 69 ff. VVG keine Anwendung. Die Pflicht-Haftpflichtversicherung des bisherigen Halters erlischt, weil er den Wagen nicht mehr benutzt. Er muß dem Versicherer dies mitteilen, und der Versicherer zeigt der Zulassungsstelle die Beendigung des Versicherungsverhältnisses an. Der neue Halter müßte eine neue Pflicht-Haftpflichtversicherung schließen. Wird das Fahrzeug von ihm oder einem anderen Halter benutzt, ohne daß eine neue Haftpflichtversicherung bereits besteht, genießen sie als Mitversicherte bis zur Beendigung der Haftung des Versicherers aus § 158 c Abs. 2 VVG Versicherungsschutz (s. oben zu b).

Sind Eigentümer und Halter von vornherein nicht die gleichen gewesen und hat entweder der Halter oder der Eigentümer die Pflicht-Haftpflichtversicherung geschlossen, dann gelten die Grundsätze der oben angeführten Erläuterungen zu a)–d) entsprechend auch in diesen Fällen.

4. Rechtsprechung und Schrifttum haben auf den **Gegensatz Eigentümer- oder Halterwechsel** abgestellt. Für die Anwendung der §§ 69 ff. VVG nur im Falle der Veräußerung des Kraftfahrzeuges haben sich ausgesprochen OLG Düsseldorf 22. 7. 1958 VersR 1958 S. 758; OLG Celle 23. 1. 1952 VersR 1952 S. 224; LG Trier 15. 6. 1954 VersR 1954 S. 352; Dahlgrün BB 1951 S. 878; Ehrenzweig VersR 1954 S. 335, 337; Gülde-Schmidt-Rost § 1 Anm. 3; Kramer VersR 1952 S. 338 und VersR 1954 S. 158 f.; Prölss § 158 h Anm. 1 und JZ 1953 S. 658; Thees-Hagemann, 2. Aufl., S. 286 f.; Wehran VersPrax 1952 S. 7. Den Halterwechsel haben als maßgebend angesehen Capeller BB 1952 S. 705; Eder NJW 1953 S. 370; Horstmann VersR 1952 S. 219; Schmidt VersR 1954 S. 49 ff.; Vassel VersR 1952 S. 338; Wilms VersPrax 1952 S. 23.

5. Zur Vermeidung von Schwierigkeiten beim **Verkauf gebrauchter Kraftfahrzeuge** haben die Kraftverkehrsversicherer vereinbart, daß, wenn jemand ein gebrauchtes Fahrzeug kauft und eine Haftpflichtversicherung abschließt, diese gültig sein soll; die alte soll erlöschen (vgl. VW 1955 S. 68).

Wird das Kraftfahrzeug veräußert, so ist der **Zulassungsstelle** nach § 27 Abs. 3 StVZO **Anzeige** zu erstatten. Diese prüft das Bestehen der Haftpflichtversicherung anhand der bei ihren Akten verbliebenen Versicherungsbestätigung des früheren Eigentümers (VkBl. 1949 S. 63).

6. Das Pflicht-Versicherungsvertragsverhältnis geht nicht über, wenn ein Kraftwagen veräußert wird, der durch eine Generalpolice oder durch einen **Sammelversicherungsschein** gegen Haftpflichtschäden gedeckt ist, da dieser Vertrag sich auf eine Vielzahl versicherter Wagen erstreckt, aus denen ein einzelner nicht herausgehoben werden kann, zumal derartige Verträge sich in der Regel auf nicht im einzelnen benannte Fahrzeuge beziehen, z. B. beim Kraftfahrzeughandel (vgl. S. 494 und Begr., hier S. 19; § 54 VVG; OLG Celle VersR 1953 S. 422; OLG Düsseldorf 13. 10. 1959 VersR 1960 S. 122; Prölss § 158 h Anm. 1; Stiefel-Wussow § 6 Anm. 4; Taube VersR 1957 S. 630; a. M. Ossewski VersR 1953 S. 312). Das Pflicht-Haftpflichtversicherungsverhältnis geht ferner nicht über, wenn der Erwerber der Versicherungspflicht nach den §§ 2 PflVG, 1, 2 DVO/PflVG nicht unterliegt (wie hier Prölss § 158 h Anm. 1; Stiefel-Wussow § 6 Anm. 2; Thees-Hagemann, 2. Aufl., § 158 h Anm. 1). Hier würde die Pflicht-Haftpflichtversicherung ins Leere fallen. Die Haftpflichtversicherung erlischt daher wegen Fortfalls des Interesses (§ 68 VVG). Veräußert eine nicht unter die Versicherungspflicht fallende juristische Person ein gleichwohl haft-

pflichtversichertes Kraftfahrzeug an einen Erwerber, der versicherungspflichtig sein würde, so findet § 158 h ebenfalls keine Anwendung. Voraussetzung für die Anwendung des in dem Abschnitt „Besondere Vorschriften für die Pflichtversicherung“ stehenden § 158 h ist, daß eine nach den §§ 1, 3 PflVG bei einer zum Geschäftsbetrieb befugten Versicherungsunternehmung nach den von der Aufsichtsbehörde genehmigten Allgemeinen Versicherungsbedingungen geschlossene Pflichtversicherung vorliegt (wie hier Prölss § 158 h Anm. 1; Thees-Hagemann, 2. Aufl., § 158 h Anm. 1; a. M. Stiefel-Wussow § 6 Anm. 2).

7. § 158 h trifft keine Regelung für den Fall, daß der Deckungsschutz des Haftpflichtversicherungsvertrages über die amtlich festgesetzte **Mindestversicherungssumme** hinausgeht. Nach § 6 Abs. 1 AKB bzw. AKHB geht das Versicherungsverhältnis in diesem Falle in voller Höhe auf den Erwerber über (vgl. S. 358;) wie hier Prölss § 158 h Anm. 2; Stiefel-Wussow § 6 Anm. 2; Thees-Hagemann, 2. Aufl., § 158 h Anm. 1 entgegen der ersten Aufl.).

Im übrigen ist auf die Ausführungen zu § 6 AKB, S. 357, zu verweisen.

C.
Erläuterungen der Allgemeinen Versicherungsbedingungen in der Kraftverkehrsversicherung

I. Einleitung

1. Zur Entstehung der AKB vgl. S. 171 f.

2. Die Allgemeinen Versicherungsbedingungen gliedern sich in die Allgemeinen Versicherungsbedingungen für die **Kraftfahrversicherung** (AKB), wenn Versicherungsschutz gegen Haftpflichtschäden verbunden mit einer oder mehreren anderen Kraftfahrversicherungen, also mit Kraftfahrzeug-, Kraftfahrunfall-, Kraftfahrgepäckversicherung, beantragt wird. Wird nur die Kraftfahrhaftpflichtversicherung beantragt, dann kommen die Allgemeinen Versicherungsbedingungen für die **Kraftfahrhaftpflichtversicherung** (AKHB) zur Anwendung, die grundsätzlich nur ein Auszug jener Bestimmungen sind, die für die Haftpflichtversicherung von Bedeutung sind. Was für die AKB gesagt wird, gilt daher auch entsprechend für die AKHB.

Die AKB bestehen aus fünf Abschnitten, nämlich aus den „Allgemeinen Bestimmungen" (A), §§ 1–9 a, aus den Bestimmungen für die „Haftpflichtversicherung" (B), §§ 10 und 11, aus den Bestimmungen für die „Fahrzeugversicherung" (C), §§ 12–15, sowie den Bestimmungen für die Unfall- und Gepäckversicherung (D und E), §§ 16–21 und 22. Die „Allgemeinen Bestimmungen" enthalten die für alle Gefahren, also für alle Kraftfahrversicherungszweige gültigen Bestimmungen, während die übrigen Abschnitte den den einzelnen Zweigen eigentümlichen Besonderheiten Rechnung tragen.

Die neuen Bedingungen betreffen nur das Rechtsverhältnis zwischen dem Versicherer und dem Versicherungsnehmer bzw. Versicherten. Die Stellung des geschädigten Dritten und sein Verhältnis zum Versicherer hat in den AKB und AKHB keinen Niederschlag gefunden. Insoweit muß daher auf die Erläuterungen zum Pflichtversicherungsgesetz und Versicherungsvertragsgesetz, namentlich auf die Seiten 259 ff., verwiesen werden.

3. Der **Inhalt der Bedingungen** wird, abgesehen von den bereits oben auf Seite 171 erwähnten Forderungen des Reichsaufsichtsamts, wesentlich durch Inhalt und Zweck des Pflichtversicherungsgesetzes bestimmt, um das auf S. 268 erwähnte Ineinandergreifen von Gesetzesvorschriften und Versicherungsbedingungen zu sichern. Ferner

sind Bestimmungen des Einheitstarifs für Kraftfahrtversicherungen berücksichtigt worden. Bei der Neufassung ist darauf geachtet worden, den vom Gesetzgeber gewünschten Schutz des geschädigten Dritten möglichst weitgehend auszubauen, um die trotz des Pflichtversicherungsgesetzes verbleibenden Lücken im Interesse der Verkehrsopfer auf das geringstmögliche Maß zu beschränken. Daher sind die Risikoausschlüsse, bei denen der Versicherer unter keinen Umständen, also auch nicht in Ansehung des Dritten, haftet, auf das äußerste begrenzt worden. Insbesondere ist die Verwendung des Fahrzeugs zu einem anderen als dem im Antrag angegebenen Zweck nicht mehr Risikoausschluß, sondern Obliegenheit (vgl. § 2 a AKB; S. 316). Dies ist durch die Fassung „Der Versicherer ist von der Verpflichtung zur Leistung frei..." zum Ausdruck gekommen, so daß der Versicherer entsprechend § 158 c Abs. 1 VVG in Ansehung des Dritten mit der Möglichkeit der Regreßnahme beim Halter haftet, wenn der Halter den Kraftwagen zu einem anderen Zweck verwendet, als im Antrag angegeben und wofür er die Prämien gezahlt hat.

4. Die AKB – wie die AVB im allgemeinen – sind **typische Geschäftsbedingungen** (vgl. Anm. 5). Sie werden ohne Rücksicht darauf, ob der Versicherungsnehmer sie erhalten und gelesen hat, Vertragsinhalt, weil allgemein bekannt ist, daß Versicherungsverträge nur auf Grund von Allgemeinen Versicherungsbedingungen von den Versicherungsunternehmungen abgeschlossen werden (RGZ VerAfP 1936 Nr. 2929 = JRPV 1936 S. 356 = JW 1937 S. 298; BGHZ 7. 7. 1955 VerBAV 1955 S. 303 = VersR 1955 S. 481; KG VerAfP 1927 Nr. 1678 = JRPV 1927 S. 94; OLG München 24. 8. 1954 VersR 1954 S. 529 u. a.). Werden die AVB des in Frage kommenden Versicherungszweiges schlechthin zugrunde gelegt, so ist damit die bei Vertragsabschluß gültige Fassung gemeint (BGHZ VerBAV 1955 S. 303; s. o.). Die Hinzuziehung anderer Versicherungsbedingungen zur Auslegung der AKB (etwa der Versicherungsbedingungen für die allgemeine Haftpflichtversicherung) ist nicht möglich, wenn sich der Versicherungsnehmer – wie es in der Kraftfahrversicherung die Regel ist – den AKB unterworfen hat (BGHZ Bd. 26 S. 261 = VersR 1958 S. 106).

Eine allgemeine Aufklärungspflicht des Versicherers über den genauen Umfang des Versicherungsschutzes besteht gegenüber dem Versicherungsnehmer nicht. Er muß sich grundsätzlich selbst über Inhalt und Umfang des Vertragsinhalts, der Versicherungsbedingungen und des Gesetzes unterrichten und bei Zweifeln beim Versicherer und dessen Agenten rückfragen. Erkennbar unrichtige Vorstellungen des Versicherungsnehmers haben diese richtigzustellen (BGHZ 19. 11. 1956 VersR 1956 S. 789; 16. 4. 1959 VersR 1959 S. 361, 362.

Die AKB werden im Bundesanzeiger veröffentlicht (vgl. S. 171). Die AKB brauchen nicht dem Versicherungsschein beigefügt zu werden und sind nur auf Verlangen des Versicherungsnehmers mitzuteilen (vgl. das Rundschreiben des RAfP v. 31. 7. 1940 zu 2 d; hier S. 105). Während die AKB für laufende Versicherungsverträge in der Regel nur mit Zustimmung des Versicherungsnehmers geändert werden können, gestattet die auf S. 108 erwähnte Verordnung über die Anmeldung Allgemeiner Versicherungsbedingungen v. 29. 11. 1940 (RGBl. I S. 1543) für alle Versicherungsunternehmungen Änderungen auch für bestehende Versicherungsverträge (näheres vgl. S. 172; ferner Fromm JRPV 1942 S. 126, Möller Vers Prax 1952 S. 8).

5. **Rechtliche Natur der AKB**

Über die Rechtsnatur der AKB herrscht im Schrifttum Streit. Die eine Auffassung geht dahin, daß es sich bei den AKB wie bei allen übrigen Versicherungsbedingungen um eine Vertragsordnung handele, während die andere auch hier vertretene Meinung die AKB als eine Rechtsordnung, eine gesetzesgleiche Norm ansieht. Die Vertreter der ersterwähnten Auffassung sind u. a. Clauss VersR 1954 S. 46, NJW 1958 S. 1122, MDR 1959 S. 165; Kramer ZfV 1951 S. 472; Prölss VVG, Anm. 1 zu den AKB (Zusatz zu §§ 149 und 158 h) und VersR 1958 S. 497; Thees-Hagemann 2. Aufl. Vorbem. I 6 zu d, Vorschriften über die Haftpflichtversicherung, S. 217; Wahle ZVersWiss 1960 S. 94 f. Gleicher Auffassung sind ferner OLG München, VersR 1954 S. 529, LG Braunschweig 22. 4. 1954 VersR 1954 S. 362 = NJW 1954 S. 1573, 1575; LG Gießen 1. 10. 1958 VersR 1959 S. 362.

Der hier vertretenen Auffassung, daß es sich bei den AKB um eine gesetzesgleiche Norm handele, sind abgesehen von den noch unten zu behandelnden Erkenntnissen des Reichsgerichts und Bundesgerichtshofs u. a. OLG Karlsruhe 3. 4. 1957 VersR 1957 S. 704; von Brunn, BB 1960 S. 296; Ehrenzweig S. 15; Fromm JRPV 1942 S. 126 ff.; Gerlach VW 1953 S. 327; Meeske BB 1959 S. 857 ff.; Müllereisert JRPV 1942 S. 102; Pfennig VersR 1956 S. 203; Sieg VersR 1953 S. 349 und VersR 1954 S. 50 Anm. 20; Stiefel-Wussow, Einführung Anm. 2 und 3, S. 16 ff.; Würffel VW 1953 S. 206; Wussow VersR 1954 S. 527.

Bruck-Möller, Einl., Anm. 21, unterscheiden die dogmatische und die soziologische Bedeutung der AVB: Soziologisch rückten die AVB in die Nähe des objektiven Rechts. Die AVB bleiben aber – und nach Bruck-Möller offenbar auch die AKB–Vertragsordnung.

Für die Prüfung der Frage, ob die AKB als **gesetzesgleiche Normen** anzusehen sind, ist die Entwicklung von Bedeutung, die die Rechtsprechung des Reichsgerichts mit Bezug auf die Rechtsnatur der Allgemeinen Geschäftsbedingungen genommen hat. Nach RGZ Bd. 58 S. 152 sind die AVB typische Geschäftsbedingungen, die ein für allemal im voraus zur Erleichterung massenhaften Abschlusses aufgestellt und zum Inhalt der abzuschließenden Verträge gemacht zu werden pflegen. In der weiteren Entwicklung hat dann das Reichsgericht in der Entscheidung vom 31. 1. 1941 JRPV 1941 S. 59 = DR 1941 S. 1210 ausgeführt, daß der Abschluß von Verträgen, die unter Bezugnahme auf die oft sehr umfangreichen Allgemeinen Geschäftsbedingungen geschlossen werden, kaum noch eine echte vertragliche Vereinbarung darstellen, sondern eine Unterwerfung unter eine fertig bereitliegende Rechtsordnung, wobei es nicht einmal darauf ankommt, ob der in diese Rechtsordnung Eintretende ihren Inhalt im einzelnen kennt (vgl. im Ergebnis ebenso RGZ Bd. 170 S. 233 und 171 S. 43). Auch der Bundesgerichtshof hat mit Bezug auf die Allgemeinen Verfrachtungsbedingungen in der Entscheidung vom 18. 11. 1952 VersR 1953 S. 32 betont, daß diese Bedingungen nicht den Charakter vertraglicher Vereinbarungen, sondern den einer Rechtsordnung trügen. Vgl. ähnlich BGHZ Bd. 2 S. 55 = VersR 1951 S. 165; 28. 11. 1951 VersR 1952 S. 52; 23. 5. 1951 NJW 1951 S. 602. In diesem Zusammenhang ist schließlich beachtlich, daß gerade die Entstehung und die Rechtsnatur der AKB Besonderheiten aufweisen, die ihren Charakter als Rechtsnorm betonen. Zu erwähnen ist die auf Grund der VO v. 29. 11. 1940 (RGBl. I S. 1943) erfolgte Verkündung der Anordnung des Reichsaufsichtsamts vom 28. 12. 1940 und die Veröffentlichung der AKB auch für bestehende Verträge als unabdingbare Bedingungen im Deutschen Reichsanzeiger 1941 S. 1, jetzt im Bundesanzeiger, s. o. Anm. 4 (wegen der Unabdingbarkeit vgl. auch unten). Damit ist freien Vereinbarungen der Parteien mit Bezug auf die Kraftfahrtversicherungsbedingungen der Boden entzogen. Die Entscheidung des BGHZ Bd. 28 S. 244 = VersR 1958 S. 830, die zur Anwendbarkeit des § 10 Ziff. 3 AKB auch auf die Mitversicherten Stellung nimmt, hat die Frage, ob die AKB Gesetzescharakter haben, dahingestellt sein lassen, da die Antwort im konkreten Fall sich schon aus anderen Gesetzesbestimmungen herleiten lasse.

6. Art. 1 § 3 Abs. 2 PflVG (vgl. S. 2) verlangt, daß der Versicherungsvertrag den von der Aufsichtsbehörde genehmigten Allgemeinen Versicherungsbedingungen entspricht. Um zu verhindern, daß die Versicherungsnehmer durch Änderungen der AKB oder AKHB, durch Klauseln oder sonstwie schlechter gestellt werden, als den Vorschriften und dem Zweck des Gesetzes entspricht, bestimmt Nr. 2 a der Anordnung vom 31. Juli 1940 (vgl. S. 104), daß keine anderen als die AKB und AKHB benutzt werden dürfen, letztere auch für Kraftfahrzeuge im Rahmen von Betriebshaftpflichtversicherungen. Des weiteren sind die Bedingungen grundsätzlich **unabdingbar.** Abweichungen sind nur in dem in der erwähnten Anordnung angegebenen Ausmaß zugelassen.

Die nachstehenden Ausführungen beschäftigen sich lediglich mit den Allgemeinen Bedingungen für die Kraftfahrversicherung (AKB). Da die Allgemeinen Bedingungen für die Kraftfahr-Haftpflicht-Versicherung (AKHB) fast vollständig den §§ 1–11 AKB entsprechen, ist auf den Abdruck verzichtet worden. Die Erläuterung dieser Bedingungen stimmt mit der zu den AKB gegebenen überein.

7. Ein Streit hat sich an die **Auslegung unklarer Allgemeiner Versicherungsbedingungen** geknüpft. Nach der „Unklarheitenregelung" sind die AVB so auszulegen, wie der Versicherungsnehmer sie verstanden hat und wie er sie nach Treu und Glauben hat verstehen dürfen. Unklarheiten gehen hiernach zu Lasten des Versicherers. Im einzelnen vgl. Bruck-Möller Einl. Anm. 70 ff.; Prölss Vorbem. III A 8. Die u. a. von Prölss vertretene objektive Auslegung berücksichtigt den Sinn der getroffenen Regelung unter Beachtung des wirtschaftlichen Zwecks und der gewählten Ausdrucksweise, so daß die Bedingungen wie Gesetze auszulegen sind (vgl. RGZ Bd. 171 S. 43; BGHZ 27. 10. 1954 VersR 1954 S. 557; OLG Karlsruhe 3. 4. 1957 VersR 1957 S. 704 u. a.; Haidinger VersR 1955 S. 370; Stiefel-Wussow Einf. Anm. 9). Die letztgenannte Auffassung darf als die nunmehr herrschende bezeichnet werden. Hiervon abgesehen haben sich überdies auch nach Bruck-Möller a. a. O., Anm. 75 a. E., die beiderseitigen Standpunkte jedenfalls in den Ergebnissen genähert.

Die Allgemeinen Versicherungsbedingungen können nach ständiger Rechtsprechung in analoger Anwendung von § 549 Abs. 1 ZPO vom Revisionsgericht nachgeprüft werden, wenn sie über den Bereich eines Oberlandesgerichtsbezirkes hinaus gelten (vgl. statt vieler RGZ Bd. 81 S. 117 ff.). Im einzelnen vgl. Bruck-Möller, Einl. Anm. 34.

8. Über den Einheitstarif 1960 und die damit verbundenen Fragen vgl. die Erläuterungen zu § 9 a AKB, S. 406.

II. Verhaltungsregeln, Antrag und Versicherungsschein

1. Von grundlegender Bedeutung ist, daß nach der Anordnung des Reichsaufsichtsamts vom 31. Juli 1940 die Versicherungsscheine in Zukunft auf ihrer Rückseite **„Verhaltungsregeln"** enthalten müssen. Die Erfahrung hat gelehrt, daß die AVB durch die Fülle der in ihnen enthaltenen Bestimmungen dem Versicherungsnehmer kein sofort greifbares, klares und einfaches Bild darüber vermitteln können, welche Obliegenheiten er zu beachten und wie er sich bei Schadenfällen, Veräußerungen usw. zu verhalten hat. Die Frage der Vereinfachung – und Vereinheitlichung – der Allgemeinen Versicherungsbedingungen hat daher schon immer Aufsichtsbehörde, Versicherer und Versicherungsnehmer beschäftigt. Verwiesen sei u. a. auf die Vorträge von

Goudefroy, Küpper und Fromm, ZGesVWiss 1943 S. 1, 15, 25. Viele Versicherungsunternehmungen haben daher schon früher zu dem Hilfsmittel gegriffen, den Versicherungsnehmer durch Beifügung von Zetteln u. dgl. über für ihn wichtige Rechte und Pflichten zu belehren und tun dies noch heute. Das Reichsaufsichtsamt ist einen ähnlichen Weg gegangen. Dem Versicherungsnehmer wird durch zwölf einfache, klare und volkstümliche Regeln (vgl. S. 106) gesagt, welche Obliegenheiten er zu erfüllen und was er in den wichtigsten während des Versicherungsverhältnisses eintretenden Fällen zu tun hat, um sich den Versicherungsschutz zu sichern. So wird er darauf hingewiesen, den Beitrag pünktlich zu zahlen; die Nummer des Versicherungsscheins stets anzugeben; sich zu überzeugen, ob der Fahrer die erforderliche Fahrerlaubnis hat; jede Änderung am Fahrzeug oder in seiner Benutzung unverzüglich anzuzeigen; den Anzeige- und Schadenabwendungspflichten nachzukommen usw. In ihrer Gesamtheit bilden die Verhaltungsregeln gewissermaßen einen in Anweisungen gekleideten Überblick über die für den Versicherungsnehmer zur Aufrechterhaltung seines Versicherungsschutzes wichtigsten Bestimmungen der Allgemeinen Versicherungsbedingungen. Es ist aber ausdrücklich zu betonen, daß die **Verhaltungsregeln keine Versicherungsbedingungen** sind. Entscheidend für das Versicherungsverhältnis bleiben die AKB. Auf sie muß der Versicherungsnehmer daher zurückgreifen, wenn er im gegebenen Fall die Rechtslage prüfen will. Die Verhaltungsregeln sollen ihm lediglich eine Erleichterung verschaffen. Die Verhaltungsregeln sollen zugleich der Tatsache Rechnung tragen, daß für die Mehrzahl der bestehenden Versicherungsverhältnisse keine Notwendigkeit besteht, Einblick in die Versicherungsbedingungen zu nehmen, da eine eingehende Unterrichtung über die Rechtslage und die das Rechtsverhältnis bestimmenden Bedingungen nur bei einer Minderzahl von Versicherungsverträgen notwendig ist. In aller Regel genügt ein Blick in die Verhaltungsregeln – mindestens bei den zahllosen Versicherungsverträgen des Durchschnittskraftfahrzeughalters –, um sich richtig zu verhalten. Die Verhaltungsregeln haben sich offenbar bewährt (vgl. auch Büchner VW 1950 S. 339).

Aus dieser Erwägung in Verbindung mit der im Deutschen Reichsanzeiger erfolgten Bekanntgabe der Allgemeinen Versicherungsbedingungen ist in der Anordnung des Reichsaufsichtsamts vom 31. Juli 1940 vorgesehen, daß in Zukunft die Versicherungsbedingungen nicht mehr mit dem Versicherungsschein ausgehändigt werden (zu 2 d), daß aber die Verhaltungsregeln auf den Versicherungsschein aufgedruckt werden müssen (zu 3 e). Eine Aushändigung der Bedingungen erfolgt nur noch auf Verlangen des Versicherungsnehmers oder Versicherten. Ein solches Verlangen wird in aller Regel nur dann gestellt werden, wenn infolge Meinungsverschiedenheiten mit dem Versicherer, im Schadenfall, bei Veräußerung oder aus anderen Gründen ein Einblick in die Bedingungen selbst sich als notwendig erweist.

2. Durch Nr. 3 der Anordnung des Reichsaufsichtsamts vom 31. Juli 1940, daß die Vordrucke der **Versicherungsscheine** der Unternehmungen inhaltlich dem von der früheren Wirtschaftsgruppe herausgegebenen Muster (S. 109) entsprechen müssen, ist Gewähr dafür gegeben, daß der Grundsatz der Klarheit, Übersichtlichkeit und Vollständigkeit allseitig gewahrt wird. Neben der Kündigungsklausel nach § 4 Abs. 1 und 7 AKB und den notwendigen Angaben über Versicherungsnehmer, Fahrzeug, Umfang, Beginn und Dauer der Versicherung sowie den bereits oben erörterten Verhaltungsregeln, muß der Versicherungsschein nach der Anordnung des Reichsaufsichtsamts drei Hinweise für den Versicherungsnehmer enthalten:

den Hinweis, daß die gegenseitigen Rechte und Pflichten sich nach dem Antrag, den auf Verlangen auszuhändigenden AKB oder AKHB und den sonstigen gesetzlichen Vorschriften richten;

die Billigungsklausel, wonach etwaige Abweichungen des Versicherungsscheins vom Antrag als genehmigt gelten, wenn nicht innerhalb eines Monats nach Empfang des Versicherugsscheins schriftlich widersprochen wird (§ 5 VVG),

und schließlich den Hinweis, daß der Versicherungsnehmer jederzeit Abschriften der von ihm abgegebenen Erklärungen verlangen kann. Hinsichtlich der Billigungsklausel ist zu erwähnen, daß sie nicht gilt, soweit die Abweichungen vom Antrag gegen die Vorschriften über die Pflichtversicherung verstoßen, wohl aber, wenn dadurch Mängel des Antrags bereinigt werden (vgl. S. 218).

Es ist anzunehmen, daß der Versicherungsnehmer durch die Verhaltungsregeln und den übersichtlichen Versicherungsschein einen besseren Überblick über seine Rechte und Pflichten aus dem Versicherungsverhältnis erhält, als es früher der Fall gewesen ist, ohne daß der Rechtsklarheit des Vertragsverhältnisses Abbruch getan wird.

3. Auch für die **Versicherungsantragsvordrucke** gilt, daß sie dem Muster (S. 111) entsprechen müssen, das nach der Anordnung des Reichsaufsichtsamts vom 31. Juli 1940 (zu Nr. 1) zu verwenden ist. Diese Anordnung macht den Versicherern einige weitere Auflagen. So ist dem Versicherungsnehmer bei der Antragsaufnahme eine Abschrift des Antrags auszuhändigen (vgl. auch die Anmerkung auf S. 104). In dem Antragsvordruck ist die Bindungsfrist für den Versicherungsnehmer für die Fahrzeug-, Unfall- und Gepäckversicherung anzugeben, die nicht mehr als zwei Wochen betragen darf. In der Kraftfahrhaftpflichtversicherung dagegen muß der Antrag von der Unternehmung bereits innerhalb von fünf Tagen abgelehnt sein,

anderenfalls gilt er als angenommen. Wegen der hierbei u. U. auftretenden Schwierigkeiten vgl. S. 221. In der Anordnung des Reichsaufsichtsamts hierzu wird im übrigen noch darauf verwiesen, daß die Beschränkung auf die in § 3 der Durchführungsverordnung vom 6. April 1940 genannten Ablehnungsgründe sich nur auf ordnungsmäßige Anträge erstreckt, die also den gesetzlichen, aufsichtsbehördlichen und tariflichen Bestimmungen entsprechen. Tun sie dies nicht, etwa weil sie unzulässige Abweichungen von den AKB oder von der Tarifprämie enthalten, dann müssen sie, falls sie nicht richtiggestellt werden, abgelehnt werden, ohne daß das Gesetz oder die Verordnung dies ausdrücklich betont (vgl. näheres auf Seite 218).

III. Die Allgemeinen Kraftfahrversicherungsbedingungen

1. Allgemeine Bestimmungen

§ 1. Beginn des Versicherungsschutzes

1. Der materielle Versicherungsschutz beginnt, unabhängig von dem etwa im Versicherungsschein angegebenen Zeitpunkt, mit der Einlösung des Versicherungsscheins durch Zahlung des Beitrags und der Versicherungssteuer, § 1 Abs. 1 AKB **(Einlösungsklausel).** Von der Zahlung etwaiger Nebenkosten, wie Ausfertigungsgebühren, wird der Beginn des Versicherungsschutzes nicht mehr abhängig gemacht. Dem Versicherungsnehmer ist der Versicherungsschein anzubieten. Solange dies nicht geschieht, hat er ein Zurückbehaltungsrecht. Er braucht vor Aushändigung des Scheins noch nicht zu zahlen (§ 35 Satz 2 VVG). Mit der Zahlung der ersten Prämie tritt der Versicherungsschutz in Kraft, auch wenn der Versicherungsschein noch nicht ausgehändigt worden ist (BGHZ 31. 1. 1951 VersR 1951 S. 114 = NJW 1951 S. 313). Wird die Prämie erst nach Kenntnis eines Kraftfahrzeugunfalles, wenn auch vor Erhebung von Schadenersatzansprüchen gezahlt, dann ist der Versicherer, da Versicherungsfall das Schadenereignis ist (vgl. § 7 I 1 AKB; S. 363), gemäß § 38 Abs. 2 VVG von der Verpflichtung zur Leistung frei; überdies ist gemäß § 1 Abs. 1 AKB Versicherungsschutz noch nicht gegeben. Schließlich wäre die Einrede der Arglist gegeben (vgl. OLG Stuttgart 2. 10. 1956 VersR 1957 S. 78). Ist für den Beginn des Versicherungsschutzes ein Zeitpunkt vereinbart worden, der der Einlösung des Versicherungsscheins nachfolgt, so verbleibt es hierbei, so daß vor dem vereinbarten Zeitpunkt entstehende Schäden nicht ersetzt werden. Über die bei Beginn des Haftpflichtversicherungsschutzes auszuhändigende Versicherungsbestätigung vgl. S. 223.

2. Über die **Zahlung des Beitrags** (Prämie) sagen die Versicherungsbedingungen nichts. Man unterscheidet Erstprämie, das ist die zeitlich erste (oder einmalige) Prämie, und Folgeprämie, das ist die zeitlich folgende Prämie. Erstprämie ist bei laufender Prämienzahlungsverpflichtung die erstmals zu entrichtende Prämie, und zwar auch dann, wenn diese gestundet ist. Folgeprämien sind alle weiteren Prämien, nicht aber die gestundete erste Prämie (BGHZ 25. 6. 1956 Bd. 21 S. 122 = VersR 1956 S. 482 = NJW 1956 S. 1634). Bei vereinbarter Ratenzahlung ist Erstprämie die erste Rate einer ersten Prämie (OLG Stuttgart 1. 11. 1934 JRPV 1935 S. 175 = JW 1935 S. 2447; Begr. z. VO v. 19. 12. 39; S. 25. Die Erstprämie ist sofort nach dem Abschluß des Vertrages zu zahlen (§ 35 VVG). Ist die Erstprämie nicht in voller Höhe gezahlt, so besteht kein Versicherungsschutz (RG 7. 12. 1918 VerAfP 1918 Nr. 1042 = JW 1918 S. 226; KG 29. 6. 1929 JRPV 1929 S. 299; LG Dortmund 22. 3. 1956 VersR 1956 S. 683). Bei geringen Rückständen kann die Verweigerung des Versicherungsschutzes gegen Treu und Glauben verstoßen, namentlich, wenn die besonderen Umstände des Einzelfalles dafür sprechen (BGHZ Bd. 21 S. 122, s. o.; u. a.). Die Unterscheidung von Erst- und Folgeprämie ist von Bedeutung bei Zahlungsverzug. Hierfür gelten die §§ 38, 39 VVG).

Da nach § 7 I 1 der Bedingungen Versicherungsfall das Schadenereignis, nicht erst die Anspruchserhebung durch den Geschädigten ist, genießt der Versicherungsnehmer im Falle des Zahlungsverzugs keinen Versicherungsschutz, wenn er nach Ablauf der Mahnfrist (vgl. § 39 Abs. 2 VVG) und nach dem Schadenereignis, aber vor der Geltendmachung von Ansprüchen verletzter Dritter seinen Beitrag zahlt. Über die Anzeige des Haftpflichtversicherers an die Zulassungsstelle bei Prämienzahlungsverzug vgl. S. 226.

3. In diesem Zusammenhang wäre der durch Art. III Nr. 3 PflVG eingefügte § 35 a VVG zu erwähnen, der sein Vorbild im österreichischen Versicherungsvertragsgesetz hat. § 35 a VVG trifft eine Sonderregelung gegenüber § 267 Abs. 2 BGB. Nach § 267 Abs. 2 a. a. O. könnte der Versicherer die **Prämienzahlung durch einen Dritten,** z. B. den Versicherten bei der Versicherung für fremde Rechnung, ablehnen, wenn der Versicherungsnehmer widerspricht. Nach § 35 a VVG ist der Versicherer zur Annahme der ihm vom Versicherten bei der Versicherung für fremde Rechnung oder vom Bezugsberechtigten, der ein Recht auf die Versicherungsleistung erworben hat, oder vom Pfandgläubiger, der etwa die Versicherungsforderung gepfändet hat, angebotenen fälligen Prämien oder sonstigen ihm vertraglich gebührenden Zahlungen, wie Versicherungssteuer, Kosten, Nebengebühren, verpflichtet. Einen Anspruch auf Mitteilung davon,

daß eine fällige Prämie nicht bezahlt sei, hat der Versicherte usw. aber nicht, es sei denn auf Grund besonderer Vorschriften oder Vereinbarungen (Sicherungsscheine in der Kraftfahrzeugversicherung). Nach § 35 a Abs. 2 ist der Umfang des Pfandrechts an einer Versicherungsforderung erweitert. Das Pfandrecht besteht auch hinsichtlich der vom Pfandgläubiger bezahlten Prämien oder sonstigen Versicherungskosten.

4. Eine besondere Bestimmung ist für die **vorläufige Deckungszusage** in § 1 Abs. 2 getroffen worden. Hiernach bewirkt die Deckungszusage, daß der Versicherungsschutz bereits v o r der Einlösung des Versicherungsscheins beginnt. Sie wird erteilt, wenn die Parteien beabsichtigen, einen endgültigen Versicherungsvertrag abzuschließen, und lediglich die Ausstellung der Versicherungspapiere und die Einigung über minder wichtige Einzelheiten des Vertrages noch ausstehen. Die Deckungszusage wird daher meist in Verbindung mit der Ausfüllung eines Antrags für den ordentlichen Versicherungsvertrag erteilt.

Nach der herrschenden Rechtsprechung (vgl. u. a. RGZ Bd. 107 S. 198 = VerAfP 1923 Anh. S. 74 Nr. 1330; RGZ Bd. 113 S. 150, 152; RGZ Bd. 140 S. 318 = VerAfP 1933 Nr. 2599 = JRPV 1933 S. 186 = JW 1933 S. 1833; BGHZ Bd. 2 S. 87 = VersR 1951 S. 166 = NJW 1951 S. 855; BGHZ 31. 1. 1951 a. a. O.; BGHZ 25. 6. 1956 Bd. 21 S. 122, s. o.), der sich das Schrifttum überwiegend angeschlossen hat, ist die vorläufige Deckungszusage ein rechtlich von dem eigentlichen Versicherungsvertrag losgelöster, selbständiger Vertrag, eine Zeitversicherung besonderer Art, die dem Versicherungsnehmer Schutz gewährt ohne Rücksicht darauf, ob der endgültige Versicherungsvertrag zustande kommt oder nicht und ob das Kraftfahrzeug zugelassen ist. Der Versicherungsbeitrag ist in der Regel bis zum Abschluß des endgültigen Vertrages gestundet. Der Versicherungsnehmer genießt den Versicherungsschutz bis zum Abschluß oder bis zur Ablehnung des endgültigen Versicherungsvertrages auch dann, wenn der Versicherer den Abschluß verweigert (vgl. BGHZ 9. 5. 1955 VersR 1955 S. 339; Bd. 21 S. 122, s. o.; BGHZ 13. 2. 1958 = VersR 1958 S. 173; OLG München 12. 3. 1959 VersR 1959 S. 607, 608). Eine Verpflichtung zum Abschluß des endgültigen Vertrages besteht nicht. Will der Versicherer den Antrag auf Abschluß des endgültigen Vertrages ablehnen, so muß die Deckung von ihm gekündigt werden (vgl. unten zu c). Der Versicherungsnehmer ist während der Bindungsfrist (vgl. S. 221) an den Antrag gebunden. Entspricht der Versicherungsschein unverändert dem Antrag, dann muß der Versicherungsnehmer ihn unverzüglich einlösen. Tut er dies nicht, dann tritt die vorläufige Deckung auf Grund des § 1 Abs. 2 Satz 3 der Versicherungsbedingungen rückwirkend außer Kraft (vgl. Anm. 6 zu b). Unverzüglich heißt „ohne schuldhaftes Zögern“ (§ 121 BGB; BGHZ 25. 6. 1956 Bd. 21 S. 122, s. o.; 13. 2. 1958 VersR 1958 S. 173). Dies hat der Versicherer zu beweisen (BGHZ 13. 2. 1958 a. a. O.). Weicht der Versicherungsschein vom Antrag ab, so endigt die Deckung erst nach Kündigung durch den Versicherer (vgl. Anm. 6 zu c). Ist, wie häufig, der Kraftfahrzeughalter minderjährig, so ist die Deckungszusage, wenn nicht die Einwilligung des gesetzlichen Vertreters vorliegt, schwebend unwirksam, bis die Genehmigung des Vertreters, gegebenenfalls nach Aufforderung, vorliegt oder verweigert wird (§§ 108–109 BGB). Aus der Rechtspr. vgl. etwa OLG München 12. 3. 1959 a. a. O.

5. Die vorläufige Deckung bedarf einer **besonderen** mündlichen oder schriftlichen **Zusage** des Versicherers oder der hierzu von ihm bevollmächtigten Personen, etwa des Bezirksdirektors oder eines sonstigen Vertreters, der nicht unbedingt Abschlußagent im Sinne des § 45 VVG zu sein braucht. In der Aushändigung einer Versicherungsbestätigung kann nur unter besonderen Umständen, wie sie dem Bundesgerichtshof zur Entscheidung vom 25. 6. 1956 Bd. 21 S. 122 (s. o.) vorgelegen haben (ausdrücklich oder konkludent gestellter Antrag des Versicherungsnehmers), eine vorläufige Deckungszusage liegen (vgl. S. 230). Da das auf Grund der Deckungszusage bestehende Vertragsverhältnis und der endgültige Vertrag zwei selbständige Rechtsverhältnisse sind (vgl. o.), kann eine vorläufige Deckung nicht in einem bereits abgeschlossenen Versicherungsvertrag oder gar erst nach dem Vertragsabschluß zugesagt werden (BGHZ 31. 1. 1951, s. Anm. 1; BGHZ Bd. 2 S. 87, s. o.; BGHZ VersR 1955 S. 738; BayObLG 24. 1. 1957 VersR 1957 S. 215). Anders, wenn neben dem bestehenden Vertrag ein neuer erweiterter Vertrag geschlossen werden soll (OLG Köln 28. 3. 1958 VersR 1958 S. 747, 749).

Die vorläufige Deckung beginnt sofort mit der Zusage oder dem etwa vereinbarten Zeitpunkt. Das Rechtsverhältnis während der Deckungszeit richtet sich nach den dem endgültigen Versicherungsvertrag zugrunde liegenden Versicherungsbedingungen (LG Aurich 13. 5. 1953 VerBAV 1954 S. 26; LG Berlin 25. 10. 1954 VersR 1954 S. 580). Es gelten daher auch die Bestimmungen des Versicherungsvertragsgesetzes und der AKB über Obliegenheiten (vgl. OLG Karlsruhe 25. 10. 1957 VersR 1957 S. 797, 798). Über Rückdatierung der Deckungszusage, die möglich ist, vgl. OLG Braunschweig 22. 11. 1955 VersR 1956 S. 188 = VRS 10 S. 424; BayObLG 24. 1. 1957 a. a. O.; Prölss VersR 1952 S. 1 und 1954 S. 323; s. aber auch AG Castrop-Rauxel 18. 4. 1956 VersR 1958 S. 681. Die Erteilung der vorläufigen Deckungszusage kann von der Zahlung der anteiligen Prämie abhängig gemacht werden, dagegen darf sie nicht im Widerspruch zu den Versicherungsbedingungen stehen, insbesondere darf sie nicht unter der auflösenden Bedingung erteilt werden, daß sie nur wirksam ist, wenn die Prämie sofort oder innerhalb von fünf Tagen o. ä. gezahlt wird. Dies ist ausdrücklich durch das Reichsaufsichtsamt angeordnet worden (vgl. Nr. 4 der Anordnung vom 31. Juli 1940; S. 107). Im übrigen ist das auf S. 115 abgedruckte Muster zu verwenden. Das Reichsaufsichtsamt hat Wert auf Schriftform gelegt (VerAfP 1927 S. 94, 95). Dies empfiehlt sich in der Haftpflichtversicherung besonders zwecks klarer Rechtsverhältnisse hinsichtlich der Versicherungsbestätigung.

Daß es sich bei der Deckungszusage um einen selbständigen Vertrag handelt, schließt nicht aus, daß der Versicherungsbeitrag für die Zeit der Deckung in die Jahresprämie des endgültigen Vertrages einbezogen wird. Diese Prämie ist Erstprämie im Sinne des § 38 VVG, und zwar auch wenn in ihr die Prämie für die vorläufige Deckung mitenthalten ist, so daß § 39 VVG in Verb. m. § 42 VVG der Wirksamkeit der Bestimmung des § 1 Abs. 2 Satz 3 AKB nicht entgegensteht (BGHZ Bd. 21 S. 122, s. o. Anm. 2). Im Falle der Kündigung der Deckung durch den Versicherer hat er Anspruch auf die anteilige Versicherungsprämie für die Zeit der Deckung und im Falle des § 158 c (vgl. S. 348) für die Zeit, in der der Versicherer in Ansehung des Dritten haftet.

6. Für die **Beendigung der vorläufigen Deckung** sind drei Fälle zu unterscheiden:

a) Im Normalfall endet die Deckung mit der Einlösung des Versicherungsscheins und dem Zustandekommen des endgültigen Vertrages. Dies ist auch dann der Fall, wenn zwar der Versicherungsschein vom Antrag abweicht, der Versicherungsnehmer aber keinen Widerspruch erhebt (vgl. S. 218 f.). Im Falle des Widerspruchs vgl. zu c. Kommt der endgültige Vertrag zustande, so ist dem Versicherungsnehmer eine angemessene Frist zur Zahlung der Erstprämie einzuräumen, ohne daß es hierbei einer Mahnung oder Fristsetzung bedarf. Bis dahin bleibt der vorläufige Deckungsschutz aufrechterhalten (RGZ Bd. 114 S. 321; RGZ Bd. 152 S. 235; BGHZ 14. 10. 1955 VersR 1955 S. 738 = BB 1955 S. 1073).

b) Die Deckung tritt rückwirkend außer Kraft, wird also so behandelt, als ob sie niemals erteilt worden wäre, wenn der Versicherer den Antrag für den ordentlichen Kraftfahrversicherungsvertrag unverändert angenommen hat, der Versicherungsnehmer aber den ihm angebotenen Versicherungsschein nicht unverzüglich einlöst (vgl. z. B. BGHZ 13. 2. 1958 VersR 1958 S. 173, 174). Der Oesterr. ObGH v. 12. 3. 1959 VersR 1960 S. 261 ist der Auffassung, daß die Rückwirkung dem Gesetz widerspricht. Vgl. dort auch die Anm. v. Wahle. Bereits bewirkte Prämienzahlungen oder Versicherungsleistungen sind einander zurückzugewähren.

c) Die Deckung kann vom Versicherer mit einer Woche Frist gekündigt werden. Da die Deckungszusage unbefristet ist, wird der Versicherer kündigen müssen, wenn er den Antrag auf Abschluß des ordentlichen Vertrags ablehnt, der Abschluß des endgültigen Vertrages also scheitert, oder wenn er ihn nur mit Änderungen annehmen will und der Versicherungsnehmer den Versicherungsschein nicht einlöst oder nach Einlösung Widerspruch erhebt. Die Kündigung hat schriftlich zu erfolgen. In diesem Fall gebührt dem Versicherer der auf die Zeit des Versicherungsschutzes entfallende Prämienanteil (§ 1 Abs. 2 Satz 5 AKB). Hieraus ergibt sich, daß, abgesehen von den Fällen a und b, der Versicherungsschutz mindestens immer eine Woche beträgt.

Endet die vorläufige Deckung, ohne daß der Hauptvertrag zustande gekommen ist, dann muß der Versicherer, soweit es sich um eine Haftpflichtversicherung handelt, dafür sorgen, daß die Zulassungsstelle Anzeige nach § 29 c StVZO erhält (S. 226), damit der Versicherer aus der Haftung nach § 158 c Abs. 2 VVG entlassen (vgl. S. 268) und das Fahrzeug aus dem Verkehr gezogen wird.

§ 2. Einschränkung des Versicherungsschutzes

1. § 2 bestimmt, inwieweit der Umfang des Versicherungsschutzes in der Kraftfahrversicherung eingeschränkt wird. Die Einschränkungen bestehen für die Haftpflichtversicherung (Abschnitt B), für die Fahrzeugversicherung (C), die Unfall- (D) und Gepäckversicherung (E).

Absatz 1 beschränkt den Versicherungsschutz auf Europa.

Absatz 2 bestimmt die Leistungsfreiheit des Versicherers bei Verletzung der Verwendungs- und der Führerscheinklausel.

Absatz 3 enthält Gefahrenausschlüsse für Sonderfälle, wie Aufruhr, innere Unruhen, Rennfahrten u. ä.

2. Aus der Beschränkung des Versicherungsschutzes auf Europa gemäß Abs. 1 folgt, daß kein Versicherungsschutz für den Gebrauch des Kraftfahrzeugs in anderen Erdteilen besteht, wohl aber **im gesamten europäischen Ausland** ohne Rücksicht darauf, ob dort eine Pflicht- oder Zwangsversicherung besteht oder nicht. Absatz 1 enthält eine Risikobegrenzung, die für Jedermann gilt, d. h. für den Versicherungsnehmer, den Versicherten, jeden Dritten.

Da in einigen Ländern auf Grund internationaler Abmachungen bei Fahrten von ausländischen Kraftwagen die Vorlage der sog. grünen internationalen Versicherungskarte gefordert wird, muß der Versicherer dem Versicherungsnehmer (Halter) bei Reisen in das betreffende Land auf Verlangen eine solche Karte aushändigen. Die grüne Versicherungskarte beweist, daß das ausstellende Versicherungsunternehmen dem in der Karte bezeichneten Versicherten für das darin aufgeführte

Fahrzeug Haftpflichtversicherungsschutz für Verkehrsunfälle in dem betreffenden Land gewährt, und daß das in dem Einreiseland bestehende Büro dieses Landes (oder ein ausländischer Versicherer) die Verpflichtungen eines Haftpflichtversicherers – in Übereinstimmung mit den Gesetzen über die Pflichtversicherung in dem Land – übernimmt. Zwischen Versicherer und Versicherungsnehmer bleibt das nach den AKB zu beurteilende Vertragsverhältnis unverändert, unbeschadet der Tatsache, daß im Falle eines Unfalles die ausländischen Gesetze (etwa hinsichtlich der Mindestversicherungssummen nach der ausländischen Pflichtversicherungs-Gesetzgebung) zur Anwendung gelangen.

Über Einzelheiten vgl. Cuntz, VW 1953 Sonderbeilage Nr. 11; Prölss International-rechtliche Aspekte der Kraftfahr-Haftpflichtversicherung, Karlsruhe 1957. Ferner für eine Teilfrage (Sicherheitsleistung) Venzmer VersR 1957 S. 71, 73.

3. **Abs. 2** setzt die **Leistungsfreiheit des Versicherers** fest,

a) wenn das Fahrzeug zu einem anderen als dem im Antrag angegebenen Zweck verwendet wird oder

b) der Fahrer bei Eintritt des Schadenfalls nicht die erforderliche Fahrerlaubnis hat. Nach der bisherigen Fassung der Versicherungsbedingungen hatte eine andersartige als die im Antrage angegebene Benutzung des Fahrzeugs den Versicherer von j e d e r Leistungspflicht befreit; im Falle der Führerscheinklausel war bestritten, ob es sich um einen Gefahrenausschluß oder um eine Obliegenheit handelte. Durch die Fassung des Abs. 2 a (Leistungsfreiheit) und b (Nichtgewährung von Versicherungsschutz) soll bewußt klargestellt werden, daß es sich in beiden Fällen um eine **Obliegenheit** handelt, die vom Versicherungsnehmer zum Zwecke der Verminderung der Gefahr, im übrigen vor dem Eintritt des Versicherungsfalls dem Versicherer gegenüber zu erfüllen ist (§ 6 Abs. 1, 2 VVG).

Daß es sich hier um Obliegenheiten handelt, ist, nachdem das Reichsgericht sich zu keiner klaren Entscheidung durchringen konnte (vgl. RGZ 31. 1. 1941 JRPV 1941 S. 59 = DR 1941 S. 1210), vom BGHZ Bd. 1 S. 159 = VersR 1951 S. 99, ebenso Bd. 19 S. 31 ff. = VersR 1955 S. 754 ff.; 28. 1. 1958 VersR 1958 S. 158 = NJW 1958 S. 548 = MDR 1958 S. 235) für die Verwendungsklausel, in Bd. 4 S. 369 = VersR 1952 S. 81 = NJW 1952 S. 504 für die Führerscheinklausel anerkannt worden. Vgl. ferner BGHZ 2. 4. 1952 VersR 1952 S. 175; 8. 10. 1952 VersR 1952 S. 366; 26. 9. 1957 VersR 1957 S. 678; 28. 11. 1957 VersR 1957 S. 814; 31. 3. 1960 VersR 1960 S. 589 u. a. Ebenso z. B. OLG Köln 20. 6. 1951 VersR 1951 S. 201; OLG Hamburg 7. 12. 1955 VersR 1956 S. 42; OLG Celle 19. 11. 1956 VersR 1957 S. 176; OLG Stuttgart 30. 12. 1957 VersR 1958 S. 225; OLG Düsseldorf 1. 10.

1957 VersR 1958 S. 283; OLG Hamm 14. 11. 1958 VersR 1959 S. 282. Ferner Würffel ZfV 1952 S. 392; Prölss § 2 AKB Anm. 1, 2, 3 D; Stiefel-Wussow § 2 Anm. 13; Thees DJust 1940 S. 1051. Die abweichende Meinung OLG Schleswig 24. 10. 1949 VW 1950 S. 20 = SHA 1950 S. 14 und einiger Landgerichte (Führerscheinklausel ist Risikoausschluß) steht vereinzelt.

Aus der Tatsache, daß es sich hiernach bei der Verwendungszweck- und Führerscheinklausel um Obliegenheiten handelt, folgt, daß der Versicherer bei Verstößen des Versicherungsnehmers gemäß § 158 c VVG in Ansehung des Dritten haftet.

Die Voraussetzungen, unter denen die Leistungsfreiheit des Versicherers bei Verletzung dieser beiden Klauseln zur Anwendung gelangt, sind in den Anmerkungen erörtert.

Liegen Obliegenheitsverletzungen des Versicherungsnehmers vor, die den Versicherer berechtigen, die Leistung zu verweigern, ohne daß er davon Gebrauch macht, so kann gleichwohl ein Dritter seinerseits sich nicht auf die Leistungsfreiheit des Versicherers berufen (RGZ 23. 4. 1940 JRPV 1940 S. 100; OLG Nürnberg 1. 7. 1958 VersR 1958 S. 857, 858; Bruck-Möller § 6 Anm. 44; Ehrenzweig S. 174 Anm. 8; Stiefel-Wussow § 2 Anm. 15; a. M. RGZ JW 1932 S. 2538; Prölss § 6 Anm. 9).

4. Der **Verwendungszweck** des Fahrzeuges ist im Antrag besonders anzugeben und wird auf dem Versicherungsschein vermerkt. Auf der Rückseite der Antragsvordrucke (abgedruckt S. 113) sind Begriffsbestimmungen hinsichtlich des Verwendungszwecks der Kraftfahrzeuge im Sinne der tariflichen Erkennungsmerkmale enthalten. Es werden für die Einstufung unterschieden:

Fahrräder mit Hilfsmotor, Krafträder, Personenwagen, Kombinationswagen, Personen-Mietwagen, Droschken, Selbstfahr-Vermietwagen, Hotel-Omnibusse, Werk-Omnibusse, Güterfahrzeuge aller Art, Anhänger zur Güterbeförderung, Sonderfahrzeuge. Im einzelnen vgl. für die Einstufung die Begriffsbestimmungen der Grundregel 7 (abgedruckt S. 138), insbesondere auch für die Begriffe Werkverkehr, gewerblicher Güterverkehr, Personenbeföderung, landwirtschaftliche Zugmaschinen, Schausteller-Zugmaschinen, Fahrräder mit Hilfsmotor. Maßgeblich sind im übrigen die Eintragungen im Kraftfahrzeugschein, hilfsweise im Kraftfahrzeugbrief, sowohl nach Art und Benutzung als auch nach Leistung in PS, Hubraum, Anzahl der Plätze, Nutzlast.

Da der Verwendungszweck maßgebend ist, kommt es z. B. für die Eigenschaft als „Personenwagen" nicht auf die Bauart an, sondern auf die überwiegende Benutzungsart (RGZ 19. 2. 1932 VerAfP 1932 Nr. 2413 = DÖV 1932 S. 48). Die Benutzungsart entscheidet auch darüber, ob ein Personenkraftwagen als solcher, als Droschke, als Personenmietwagen oder als Selbstfahrervermietwagen einzustufen ist.

Die von dem Versicherungsnehmer über die Verwendung des Fahrzeugs unter Benutzung der Begriffsbestimmungen und Erläuterungen gemachten Angaben sind für das Maß des vom Versicherer zu übernehmenden Risikos maßgebend und bestimmen die prämienmäßige Einstufung des Fahrzeugs anhand des Tarifs. Durch die Annahme des Antrags werden die Angaben des Versicherungsnehmers Vertragsbestandteil (vgl. OLG Celle 19. 7. 1956 VersR 1956 S. 705). Beantwortet der Versicherungsnehmer die Fragen nach dem Verwendungszweck des Kraftfahrzeugs nicht, so bezieht sich die Versicherung nur auf die Eigenverwendung. Ein Verstoß gegen § 2 Ziff. 2 a AKB läge dann vor, wenn Personen gewerbsmäßig befördert würden (KG 29. 9. 1958 VersR 1958 S. 879 u. 1959 S. 101). Da die Verwendungsklausel des § 2 Nr. 2 a AKB eine abschließende Regelung darstellt, ist für eine Anwendung der Vorschriften über die Gefahrerhöhung kein Raum mehr (BGHZ 14. 2. 1951 Bd. 1 S. 159 ff. = NJW 1951 S. 403 = VersR 1951 S. 99; s. a. OLG Oldenburg VersR 1959 S. 143). Eine im Gegensatz zu dem angegebenen Verwendungszweck vorgenommene Benutzung des Kraftwagens ist eine Obliegenheitsverletzung und bewirkt Leistungsfreiheit unter den in Anm. 13 ff. gegebenen Voraussetzungen (u. a. BGHZ 14. 2. 1951 a. a. O. Bd. 26 S. 282, 285 = VersR 1958 S. 158, 159 = NJW 1958 S. 548). Eine dem vereinbarten Verwendungszweck widersprechende Benutzung liegt nicht vor, wenn die andere Verwendungsart gegenüber der im Antrag angegebenen eine gleichwertige oder geringer zu bewertende Gefahr darstellt, wobei Maßstab hierfür die Bemessung der Prämie im Einheitstarif ist. Ein solcher Fall würde vorliegen, wenn etwa eine Droschke vom Halter zu einer Privatfahrt benutzt wird.

5. Eine dem Zweck **widersprechende Verwendung** ist in folgenden Rechtsfällen angenommen worden: Verwendung als Mietfahrzeug, wenn im Antrag „Eigenverwendung ohne Vermietung" angegeben war (OLG Celle 19. 11. 1956 VersR 1957 S. 176; LG Kiel 18. 2. 1959 VersR 1959 S. 341; OLG Celle macht keinen Unterschied, ob der Wagen vermietet oder verliehen wird. Im Verleihen sieht OLG Stuttgart 18. 12. 1958 VersR 1959 S. 62 keine Obliegenheitsverletzung); Benutzung als Omnibus, wenn die Versicherung für einen Lastkraftwagen genommen worden war (OLG Braunschweig 14. 12. 1934 JRPV 1935 Zusatzh. 1 S. 21).

Benutzung eines Mietwagens oder PKW als Selbstfahrervermietwagen JRPV 1942 S. 4 = HansRGZ 1942 A S. 34 = DR 1942 S. 575 u. 798; Gewerbsmäßige Vermietung eines PKW (BGHZ Bd. 26 S. 282, s. o.; 14. 7. 1960 VersR 1960 S. 726 f.);

Benutzung eines Mietwagens oder PKW als Selbstfahrervermietwagen (BGHZ 28. 1. 1958 VersR 1958 S. 158; OLG Schleswig 12. 7. 1956 VersR 1959 S. 896; LG Tübingen 17. 7. 1956 VersR 1956 S. 724; LG Berlin 7. 5. 1953 VersR 1953 S. 238 und VersR 1955 S. 54; LG Hamburg 28. 6. 1957 VersR 1957 S. 746);

Einmalige, aber einen halben Monat dauernde gewerbsmäßige Vermietung eines Kleinbusses, die im Antrag nicht vorgesehen ist (OLG Hamburg 7. 12. 1955 VersR 1956 S. 42);

Benutzung des Kraftwagens trotz Stillegungsvereinbarung (OLG Karlsruhe 23. 3. 1955 VersR 1955 S. 418); ein Abschleppwagen befördert Kraftwagen auf Tiefladeanhägern (BGHZ Bd. 19 S. 112 = VersR 1955 S. 754 = NJW 1956 S. 228;

Verwendung eines LKW mit einem Anhänger, wodurch ein Lastzug gebildet wird, verlangt eine besondere Deklaration im Antrag (KG 3. 8. 1938 JRPV 1938 S. 377);

Benutzung eines zweisitzigen Motorrollers durch Mitnahme von zwei Begleitpersonen (LG Osnabrück 17. 7. 1958 VersR 1958 S. 780); a. M. das Revisionsurteil OLG Oldenburg 15. 12. 1958 VersR 1959 S. 143 mit unbefriedigendem Ergebnis.

Kein Verstoß gegen die Verwendungsklausel ist in den folgenden Fällen festgestellt worden:

KG 26. 9. 1936 JRPV 1937 S. 60 bei gelegentlicher Vermietung einer Kraftdroschke an Selbstfahrer: wenn ein LKW nicht mehr als 8 Personen zur Beförderung, d. h. ohne innere Beziehung zur Ladung, wie sie beim Fahrer, Beifahrer gegeben ist, mitnimmt; maßgebend ist der Vertragsinhalt (vgl. Grundregel 7 Ziff. 9 Einheitstarif 1960, hier S. 140); die §§ 8 DVO/PflVG, 34 StVO können zur Auslegung nicht herangezogen werden (BGHZ Bd. 1 S. 159). Ein PKW wird nicht dadurch zu einer Droschke oder einem Vermietwagen, daß der Versicherungsnehmer sich im Einzelfall von einem aus Gefälligkeit mitgenommenen Fahrgast einen Beitrag zu den Betriebskosten der Fahrt zahlen läßt (RGZ 12. 12. 1933 VerAfP 1933 Nr. 2631 = RdK 1935 S. 236; OLG Königsberg 20. 8. 1940 HansRGZ 1940 A S. 220 = JRPV 1940 S. 26).

Gelegentliches Abschleppen eines verunglückten Kraftwagens durch einen PKW kann nicht als zweckwidrig angesehen werden (vgl. auch OLG Düsseldorf 2. 11. 1933 VerAfP 1933 Nr. 2643 = JRPV 1934 S. 141.

Mitnahme einer oder auch mehrerer betriebsfremder Personen bei der Güterbeförderung durch einen LKW ist unschädlich (OLG Kassel 4. 11. 1937 JW 1938 S. 384 = HRR 1938 Nr. 446).

Gelegentliche Überlassung des Kraftwagens an andere, selbst gegen Entgelt, ist unschädlich, auch wenn Risiko als Personenmietwagen ausgeschlossen ist (OLG Hamm 16. 5. 1938 HansRGZ 1938 A S. 377). Nicht entscheidend ist die Entgeltlichkeit einer *einzelnen* Vermietung, sondern die Gesamtgebarung, die auf Gewinnerzielung abgestellt sein muß (BGHZ VersR 1960 S. 726; s. o.). Selbst wenn ein Entgelt vereinbart sein sollte, liegt Gewerbsmäßigkeit nur vor, wenn eine Bereitwilligkeit zur Wiederholung festgestellt wird (vgl. BGHZ VersR 1960 S. 726; s. o.). Auf die Dauer berechnete Erwerbszwecken dienende Tätigkeit muß gegeben sein, wenn Gewerbsmäßigkeit behauptet wird (BGHZ a. a. O.; BVerwG VRS Bd. 10 S. 477 m. w. Nachw.). Nicht tragbar ist, in einem noch im Bereich gegenseitiger Gefälligkeiten liegenden Sachverhalt eine gewerbsmäßige Vermietung zu sehen (BGHZ a. a. O.).

6. Wird der Verwendungszweck des versicherten Fahrzeugs geändert, so hat der Versicherer automatisch Anspruch auf die der tatsächlichen Verwendung des Fahrzeugs entsprechende **erhöhte Prämie** (BGHZ 2. 4. 1952 VersR 1952 S. 175; LG Berlin VersR 1955 S. 51; Bruck-Möller § 41 Anm. 34; Weber VersR 1953 S. 123).

7. „Fahrerlaubnis" ist der in § 4 StVZO gebrauchte Ausdruck für die von der Verwaltungsbehörde erteilte Erlaubnis, auf öffentlichen Straßen ein Kraftfahrzeug zu führen; der sachlich mit § 4 StVZO übereinstimmende § 2 StVG spricht von öffentlichen Wegen oder Plätzen. Hat der Fahrer bei Eintritt des Versicherungsfalls nicht die vorgeschriebene Fahrerlaubnis, dann ist der Versicherer nach § 2 (2) b unter den in Anm. 13 ff. angegebenen weiteren Voraussetzungen von der Verpflichtung zur Leistung frei **(Führerscheinklausel)**.

Wie die Verwendungsklausel enthält auch die Führerscheinklausel eine abschließende Regelung, durch die für eine Anwendung der Vorschriften über die Gefahrerhöhung kein Raum mehr ist (BGHZ Bd. 1 S. 159). Die Anwendung der Klausel verhindert eine Gefahrerhöhung, da die dem Kraftwagenführer von der Behörde erteilte Fahrerlaubnis eine weitgehende Gewähr für Eignung und Befähigung zum Führen eines Kraftfahrzeugs gibt (vgl. RGZ Bd. 160 S. 220; Bd. 165 S. 54; BGHZ Bd. 2 S. 360 = VersR 1951 S. 195 = NJW 1951 S. 714; OLG Karlsruhe Beschl. 16. 2. 1957 VersR 1957 S. 427) und darüber hinaus den Halter oder sonstwie Verfügungsberechtigten in den Fällen, in denen er dazu in der Lage ist, zu einer Nachprüfung anhält, ob der Fahrer, dem er die Lenkung des Wagens überläßt, im Besitz des Führerscheins ist (vgl. BGHZ 17. 2. 1955 VersR 1955 S. 180). Hieraus ergibt sich, daß die Fahrerlaubnis die persönlichen Eigenschaften des Fahrers zum Gegenstand hat und daher von der Zulassung eines Kraftfahrzeugs, für die sachliche Voraussetzungen aufgestellt werden, zu unterscheiden ist (BGHZ Bd. 2 S. 360; s. o.).

8. **Fahrer** ist derjenige, der das Fahrzeug lenkt und seine maschinellen Einrichtungen bedient (RGZ Bd. 90 S. 157), besonders die tatsächliche Herrschaft über das Fahrzeug ausübt. Vgl. auch S. 193. Wenn sich rechtserhebliche Umstände an den Eintritt des Versiche-

rungsfalls knüpfen, kann immer nur e i n e r Führer sein. Wer immer in die Führung eines Kraftfahrzeugs eingreift, kann Führer im Sinne der Führerscheinklausel sein (OLG Freiburg 21. 6. 1954 VersR 1954 S. 412). Zweifel müssen jedoch dagegen geltend gemacht werden, die auf dem Soziussitz eines Motorrollers befindliche Person als „Fahrer" zu bezeichnen, auch wenn sie hinter der vor ihr sitzenden des Fahrens unkundigen Begleitperson die Lenkstange hält und gewisse Handgriffe zur Bedienung ausführt, jedoch nicht die Fußbremse bedienen kann (so OLG Karlsruhe 14. 5. 1958 VersR 1958 S. 679). Hier fehlt die Ausübung der tatsächlichen Herrschaft über das Motorrad.

9. **„Fahrerlaubnis"** ist zunächst die oben erwähnte Erlaubnis der Verwaltungsbehörde, wie sie in § 4 StVZO geregelt ist. Der Nachweis der Fahrerlaubnis wird durch eine amtliche Bescheinigung, den Führerschein, geführt (§ 4 Abs. 2 a. a. O.). Die Erlaubnis erstreckt sich auch auf die Klasseneinteilung des § 5 a. a. O. Ein Irrtum darüber, ob die Fahrerlaubnis für eine bestimmte Klasse zum Lenken eines Fahrzeugs berechtigt, ist unerheblich (OLG Stuttgart 30. 12. 1957 VersR 1958 S. 225). Es kommt, wie sich auch aus dem Wortlaut „vorgeschriebene Fahrerlaubnis" ergibt, auf das Vorliegen des Führerscheins an, also auch der vorgeschriebenen Klasse, nicht auf eine unabhängig hiervon etwa bestehende Fahrkunst (RGZ Bd. 160 S. 220; BGHZ 26. 9. 1957 VersR 1957 S. 678; OLG Köln 8. 4. 1960 VersR 1960 S. 602; Prölss § 2 AKB Anm. 3 B; Stiefel-Wussow § 2 Anm. 37). Auch die sog. graue Permissionskarte eines Angehörigen der amerikanischen Besatzungsmacht ist ein inländischer Führerschein (LG München 28. 10. 1954 VersR 1955 S. 54). Ein von der alliierten Militärbehörde ausgestellter Führerschein eines aus den Diensten der Militärbehörde ausgeschiedenen Fahrers berechtigt nicht mehr zum Fahren. Ein Rechtsirrtum des Halters hierüber ist unbeachtlich (LG Köln 23. 6. 1958 VersR 1958 S. 779 u. OLG Köln 8. 4. 1960 VersR 1960 S. 602; hier finden sich auch Einzelheiten betr. Fahrerlaubnis und Truppenvertrag). Unter den Begriff „Fahrerlaubnis" im Sinne der Führerscheinklausel fällt **auch** ein etwa erforderlicher **zusätzlicher behördlicher Erlaubnisschein,** wie der neben dem Führerschein (nach den §§ 4 bis 15) mitzuführende Führerschein zur Fahrgastbeförderung nach § 15 d StVZO für Fahrer von Omnibussen, Autodroschken und von Kraftfahrzeugen mit Omnibusanhängern; der Fahrlehrerschein gemäß den §§ 2 Abs. 1, 1 der VO über Fahrlehrer im Kraftfahrzeugverkehr (Fahrlehrerverordnung) v. 23. 7. 1957 (BGBl. I S. 769 = VkBl. 1957 S. 403); der internationale Führerschein; die Erlaubnis für Führer, die noch nicht das Mindestalter erreicht haben, nach § 7 Abs. 2 StVZO. Wie hier von Gierke II S. 324; Hüschelrath, Betrachtungen zum neuen Bedingungsrecht der Kraftfahrzeug-Haftpflichtversicherung, Berlin 1941, S. 51;

Pienitz AKB S. 55; Prölss § 2 AKB Anm. 3 B; Stiefel-Wussow § 2 Anm. 36 und die Darlegungen der früheren Wirtschaftsgruppe Kraftfahrtversicherung, hier S. 156; BGHZ Bd. 2 S. 360; OLG Hamm 14. 7. 1941 JRPV 1942 S. 14; LG Stuttgart 7. 11. 1956 VersR 1957 S. 159; LG Osnabrück 6. 4. 1955 VersR 1955 S. 333 und die Berufungsentscheidung des OLG Oldenburg 6. 10. 1955 VersR 1956 S. 285: Erlaubnis nach dem früheren § 67 a Abs. 5, jetzt § 7 Abs. 2 StVZO; das Revisionsurteil des BGHZ vom 28. 11. 1956 VersR 1957 S. 23 hat sich mit dieser Frage nicht befaßt. A. M. wie hier Müller Anm. 5 zu § 1 PflVG, S. 277. Diese besonderen Ausweise stehen qualitativ der Fahrerlaubnis des § 4 StVZO gleich. So ist der Führerschein nach § 15 d StVZO wie die Fahrerlaubnis mitzuführen und auf Verlangen zuständigen Personen zur Prüfung auszuhändigen. Er kann eingezogen werden (§ 15 k StVZO). Zuwiderhandlungen gegen die Vorschriften sind nach § 71 StVZO strafbar. Diese besonderen Ausweise verfolgen aber auch den gleichen Zweck wie die Fahrerlaubnis des § 4 StVZO. An die Eignung und Befähigung zum Führen von der Personenbeförderung dienenden Kraftfahrzeugen werden im Interesse des Schutzes der gewerbsmäßig beförderten Personen besondere Bedingungen hinsichtlich Erfahrung, Eignung, Zuverlässigkeit, Mindestalter, also wie bei der Fahrerlaubnis des § 4 StVZO persönliche Anforderungen gestellt (vgl. die §§ 15 e, 15 i StVZO). Die sachlichen Voraussetzungen für die hier fraglichen Fahrzeuge, die Bau- und Betriebsvorschriften, finden sich im Abschnitt „B. Fahrzeuge III" §§ 30 ff. StVZO in besonders umfassender Weise. Schließlich gelten die Gründe, wonach die abschließende Regelung der Führerscheinklausel die Anwendung der Vorschriften über die Gefahrerhöhung ausschließt, in verstärktem Maße für den besonderen Ausweis etwa bei der Lenkung von Omnibussen. Der in § 2 (2) a AKB gebrauchte Ausdruck „Fahrerlaubnis" ist daher auch in Berücksichtigung des Umstandes, daß grundsätzlich in Gesetzen verwendete Begriffe im Sinne des Gesetzes auszulegen sind, nach Sinn und Zweck der Vorschrift auszulegen, wie es hier geschehen ist (vgl. ähnlich die nicht korrekte Anwendung des Begriffes „Fahrerlaubnis" auf den ausländischen Fahrausweis in § 42 m Abs. 1 Satz 1 und Abs. 2 Satz 1 StGB; ferner Müller S. 171).

Gleichartig liegen die Verhältnisse bei den anderen Ausweisen, z. B. beim internationalen Führerschein (vgl. §§ 8, 10, 11 Abs. 2 und 3 der VO über internationalen Kraftfahrzeugverkehr v. 12. 11. 1934 (RGBl. I S. 662) i. V. m. Art. 6, 10 des Internationalen Abkommens über den Verkehr mit Kraftfahrzeugen v. 24. 4. 1926 (RGBl. 1930 II S. 1233) – vgl. Müller S. 1166 ff., 1158 ff.). Mit Rücksicht auf die Geltung der Versicherung für Europa (§ 2 Abs. 1 AKB) ist die Anwendung der Führerscheinklausel auch auf die internationalen Führerscheine, wo diese gefordert werden, geradezu eine Notwendigkeit, wenn nicht das wirtschaftliche Verhältnis von Gefahrenlage und Prämie (vgl. BGHZ Bd. 7 S. 311) gestört werden soll. Der Wehrmachtführerschein ersetzt nicht die vorerwähnte allgemeine Fahrerlaubnis und galt nach § 14 StVZO nur für die Dauer des Dienstverhältnisses (BGHZ 26. 9. 1957 VersR 1957 S. 678). Der Inhaber des Wehrmachtführerscheins konnte zwar innerhalb von 5 Jahren unter erleichterten Voraussetzungen die allgemeine Fahrerlaubnis erwerben. Solange ihm diese aber nicht erteilt war, durfte er im zivilen Verkehr kein Kraftfahrzeug führen und löste, wenn er es doch tat, die Rechtsfolgen des § 2 Abs. 2 b AKB aus (BGHZ a. a. O.). Die Erlaubnis zum Führen von Kraftfahrzeugen der Bundeswehr, Bundesbahn, Bundespost, des Bundesgrenzschutzes und der Polizei gilt auch nach § 14 StVZO in der Fassung v. 7. 7. 1960 (BGBl. I S. 485) nur für die Dauer des Dienstverhältnisses, gleich ob es sich um Dienstfahrzeuge handelt oder nicht. Auf Antrag kann dem Fahrzeugführer nach Beendigung des Dienstverhältnisses ohne nochmalige Prüfung eine allgemeine Fahrerlaubnis für die entsprechende Betriebsart und Klasse von Kraftfahrzeugen erteilt werden.

Von Bedeutung ist die Frage, ob § 2 Abs. 2 b auch dann Platz greift, wenn der Fahrer ohne Führerschein ein Fahrzeug auf einem privaten Grundstück lenkt. Die Frage ist zu bejahen. § 2 Abs. 2 b verlangt, daß der Fahrer des Fahrzeugs die für das Fahrzeug vorgeschriebene Fahrerlaubnis hat, d. h. für das Lenken, die Benutzung, den Gebrauch dieses Fahrzeugs. Gleichgültig ist hiernach, wo er das Fahrzeug lenkt, ob auf öffentlichen Straßen und Plätzen. Gleichgültig ist auch, ob nach gesetzlichen Vorschriften ein Führerschein vorgesehen ist, etwa nach dem Straßenverkehrsgesetz, der Zulassungsordnung, dem Pflichtversicherungsgesetz. Ausschlaggebend sind allein die vertraglichen Vereinbarungen, und diese verlangen zu Recht, daß ein Fahrer mit Führerschein lenken muß, wenn Versicherungsschutz beansprucht wird. Denn es kann dem Versicherer nicht zugemutet werden zu leisten, wenn jemand ohne Führerschein auf Fabrikgelände, Gutshöfen, sonstigen Privatgrundstücken einen PKW oder gar LKW führt, u. U. sogar eine Haftung nach § 158 c VVG in Frage kommt. Im übrigen fallen auf nicht öffentlichem Gelände benutzte Kraftfahrzeuge nicht unter den Einheitstarif (vgl. Grundregel 9 Ziff. 2, hier S. 141). Wie hier Ossewski VersR 1950 S. 75; Pienitz § 2 Anm. 3; Prölss § 2 AKB Anm. 3; KG 6. 6. 1931 JRPV 1931 S. 303 f. (für die früher gültige, im hier fraglichen Punkte grundsätzlich übereinstimmende Fassung der AVB). A. M. Rohde, VersR 1960 S. 486 m. Literaturangabe; Stiefel-Wussow § 2 Anm. 36. BGHZ 31. 3. 1960 VersR 1960 S. 589 nimmt keine Stellung; der Vorderrichter OLG Braunschweig ist der hier vertretenen Meinung.

Kein Versicherungsschutz besteht aus den vorstehend angeführten Gründen ferner, wenn Fahrer ein **Fahrschüler** ist; es bedarf dann besonderer Vereinbarungen mit dem Versicherer (RGZ 8. 3. 1932 VerAfP 1932 Nr. 2458 = JRPV 1932 S. 101 = Praxis 1932 S. 54; Stiefel-Wussow § 2 Anm. 35; a. M. Prölss § 2 AKB Anm. 3 A; Taube VersR 1953 S. 352; Thees-Hagemann, 2. Aufl., § 2 Anm. 3 b zu aa).

10. Aus der Rechtsprechung über **Verstöße gegen die Führerscheinklausel** seien angeführt:

Benutzung eines Motorrads durch einen noch nicht 16 Jahre alten Fahrer ohne die Sondergenehmigung der Verwaltungsbehörde gem. § 67a Abs. 5 alter Fassung – s. a. o. S. 194 (LG Osnabrück 6. 4. 1955 und OLG Oldenburg 6. 10. 1955 a. a. O.).

Ein Amputierter fährt den Kraftwagen ohne die ihm bei der Erteilung der Fahrerlaubnis auferlegten Sondereinrichtungen (OLG Celle 19. 9. 1955 VersR 1955 S. 676).

Nicht anders ist es zu bewerten, wenn dem Fahrer das Tragen einer Brille auferlegt ist und er das Tragen bei der Fahrt unterläßt.

Will der Fahrer ein ihm unbekanntes Fahrzeug führen, dann muß er sich vergewissern, ob er die für den Kraftwagen vorgeschriebene Fahrerlaubnis hat (OLG Hamm 8. 5. 1954 VersR 1954 S. 352).

Die Fahrerlaubnis hat mit dem Erfordernis der Zulassung eines Kraftfahrzeugs zum Verkehr nichts zu tun (BGHZ Bd. 2 S. 360).

Der Führerschein ist beim Führen von Kraftfahrzeugen mitzuführen und auf Verlangen zuständigen Beamten und sonstigen Personen zur Prüfung auszuhändigen (§ 4 Abs. 2 StVZO). Das gleiche gilt für die oben angeführten besonderen Erlaubnisscheine. Die vorgeschriebene Fahrerlaubnis „haben“ bedeutet „innehaben“. Aus diesem Grunde und nach der auf S. 320 erwähnten Zweckbestimmung der Klausel ist nicht der Besitz des Führerscheins im Sinne von § 854 BGB, sondern das Bestehen der Fahrerlaubnis mit Bezug auf die Führerscheinklausel entscheidend. Hat der Fahrer den Führerschein verloren oder ihn nur vergessen, so kommt die Klausel nicht zur Anwendung (RGZ 16. 12. 1932 VerAfP 1932 Nr. 2537 = JW 1932 S. 765 = JRPV 1932 S. 26 = DÖV 1932 S. 12; RGZ Bd. 160 S. 220 = JRPV 1939 S. 168 = Hans RGZ 1939 A S. 279 = DR 1939 S. 1196; KG 15. 6. 1932 VerAfP 1933 Nr. 2608 = JRPV 1932 S. 263 = DÖV 1932 S. 23). Daß der Führer, der seinen Führerschein verloren hat, sich nach § 24 Abs. 1 StVG strafbar macht, wenn er trotzdem den Wagen lenkt, ist nur in der Kraftfahrunfallversicherung hinsichtlich des Versicherungsschutzes von Bedeutung (§ 17 Abs. 3 a AKB; S. 475). Ist der Führerschein oder ein zusätzlicher Ausweis noch nicht ausgehändigt oder gar noch nicht ausgefertigt, dann „hat“ der Fahrer noch nicht die vorgeschriebene Fahrerlaubnis, mag er auch die erforderlichen Unterlagen eingereicht und die Prüfungsfahrt bereits gemacht haben (OLG Köln 28. 4. 1933 VerAfP 1933 Nr. 2590 = RdK 1934 Nr. 324 S. 366; LG Stuttgart 7. 11. 1956 VersR 1957 S. 159; OLG Hamm 14. 11. 1958 VersR 1959 S. 282). Tatsächliche Fahrkenntnisse genügen nicht (KG VerAfP 1933 Nr. 2608, s. o.; LG Köln 23. 6. 1958 VersR 1958 S. 779). Bei Nichtaushändigung des Scheins lediglich aus formellen Gründen halten manche Gerichte die Versagung des Versicherungsschutzes auf Grund der Führerscheinklausel nicht für gerechtfertigt (RGZ Bd. 160 S. 220 unter Bezugnahme auf die Entscheidung des österr. ObGHSZ XVII Nr. 82: Lichtbild fehlte noch; OLG Celle VersR 1950 S. 114: Ergänzung des Antrages; OLG Stuttgart 30. 12. 1957 VersR 1958 S. 225: Fehlen von Lichtbildern und Personalunterlagen nach der Fahrprüfung). Doch erscheint dies wegen des eindeutigen Wortlauts der Bestimmung und der Schwierigkeiten der Abgrenzung bedenklich und würde das Haftungsverhältnis mit der gleichen Unsicherheit belasten, derentwegen RGZ Bd. 160 S. 220 den Nachweis für die Fähigkeit des Lenkers zum Fahren durch eine nachträgliche Prüfung als dem Versicherer nicht zumutbar ablehnt (ebenso BGHZ 26. 9. 1957 VersR 1957 S. 678). Ist der Führerschein lediglich erst beantragt, aber noch nicht ausgestellt, ist eine Fahrerlaubnis noch nicht vorhanden. Erst wenn dem Fahrer die Fahrerlaubnis entzogen wird, ist sie erloschen (§ 4 StVG). Solange sie nicht erloschen ist, hat der Versicherer Versicherungsschutz zu gewähren, mag der Fahrer auch Anlaß zur Entziehung des Führerscheins gegeben haben und der Schein ihm später entzogen worden sein (BGHZ 18. 10. 1052 — II ZR 72/52 — Bd. 7 S. 311 = VersR 1952 S. 387 = ZfV 1952 S. 433 = NJW 1952 S. 1291; RGZ 10. 3. 1936 JW 1936 S. 2403). Wird der Führerschein durch die Verwaltungsbehörde gemäß § 4 StVG entzogen, so hat die Einlegung des Rekurses in der Regel aufschiebende Wirkung (§ 5 a. a. O.). Bis zur Rechtskraft der Entscheidung ist daher die Fahrerlaubnis in Kraft. Im Falle gerichtlicher Entziehung nach § 42 m StGB bleibt die Fahrerlaubnis ebenfalls bis zur Rechtskraft des Urteils in Kraft (§ 42 m Abs. 3 StGB). Ist dagegen nach § 111 a StPO die Fahrerlaubnis durch richterlichen Beschluß vorläufig entzogen worden, um die Allgemeinheit vor weiterer Gefährdung zu schützen, dann wird, da die Beschwerde hiergegen keine aufschiebende Wirkung hat, der Beschluß mit der Mitteilung an den Betroffenen wirksam, und diese vorläufige Entziehung steht hinsichtlich der Führerscheinklausel der endgültigen Entziehung gleich (OLG Karlsruhe Beschl. 16. 2. 1957 VersR 1957 S. 427 = NJW 1957 S. 508). Hat die Polizei dem Führer den Führerschein lediglich zur Vorbeugung einstweilen abgenommen, so „hat" er noch die Fahrerlaubnis (BGHSt 20. 10. 1954 Bd. 6. S. 364 = VRS Bd. 7 S. 466 = DAR 1955 S. 23; OLG Karlsruhe 16. 2. 1957 a. a. O.;

Müller S. 429). Ist die Fahrerlaubnis dem Fahrer — rechtskräftig — 1934 Nr. 2723 = JRPV 1934 S. 220 = DAR 1934 S. 159; a. M. KG 6. 1. 1934 VerAfP 1934 S. 24 Nr. 2679 = JRPV 1934 S. 106 = RdK 1935 S. 334). OLG Köln hat als entschuldbar angesehen, daß die Angestellten eines Vermieters von Kraftwagen an Selbstfahrer sich mit Recht OLG Karlsruhe VerAfP 1930 Nr. 2167). Als entschuld-begnügt haben (Entsch. 11. 3. 1938 HansRGZ 1938 A S. 423; strenger mit Recht OLG Karlsruhe VerAfP 1930 Nr. 2167). Als entschuldbar ist ferner der Irrtum des Versicherungsnehmers angesehen worden, der den Führerschein der Klasse 4 (statt des erforderlichen der Klasse 2) für die Lenkung einer Zugmaschine mit Anhänger als ausreichend angesehen hat, obwohl für Fahrten außerhalb des landwirtschaftlichen Betriebs — rechtlich übrigens nicht einmal unzweifelhaft — dies vorschriftswidrig gewesen ist (§§ 5, 18 Abs. 1, 2 Ziff. 4 StVZO; OLG Düsseldorf 23. 2. 1954 VersR 1954 S. 394).

11. Hat der Versicherungsnehmer (Halter) das Fahrzeug nicht selbst gelenkt, sondern einen Fahrer mit der Führung beauftragt und hat dieser nicht die vorgeschriebene Fahrerlaubnis, dann hängt die Leistungspflicht des Versicherers gegenüber dem Versicherungsnehmer (Halter) davon ab, ob er das Vorliegen der Fahrerlaubnis ohne Verschulden annehmen durfte (Abs. 2 b Satz 2 Halbsatz 1). Wer **„berechtigter“ Fahrer** ist, ist auf S. 193 f. nachzulesen. Wann den Versicherungsnehmer oder Halter ein Verschulden trifft, hängt von den Umständen des Einzelfalles ab (RGZ 25. 10. 1938 Bd. 158 S. 284 = JRPV 1938 S. 359 = JW 1938 S. 3231). Zu berücksichtigen ist, daß nach der früheren Fassung der Bedingungen die „entschuldbare“ Annahme, der Führer besitze den Führerschein, ausreichte, ein gewisses Verschulden noch als verzeihlich erscheinen zu lassen (vgl. OLG Düsseldorf 5. 6. 1939 JRPV 1939 S. 355). Seit Einführung der AKB stellt die heute gültige Fassung auf Verschulden im Sinne des § 276 BGB ab. Danach handelt fahrlässig, wer die im Verkehr erforderliche Sorgfalt außer acht läßt. Die Beachtung dieser Sorgfalt verlangt daher, daß der Versicherungsnehmer sich grundsätzlich den Führerschein vor der Fahrt vorlegen läßt. Dies wird immer notwendig sein, wenn es sich um einen fremden oder dem Versicherungsnehmer nur flüchtig bekannten Fahrer handelt. Die im Verkehr erforderliche Sorgfalt wird aber noch nicht außer acht gelassen, wenn sich der Versicherungsnehmer den Führerschein dann nicht vorlegen läßt, wenn aus besonderen Umständen entnommen werden kann, daß der Fahrer den Führerschein besitzt, etwa weil der Halter dies schon seit längerer Zeit weiß und kein Anhaltspunkt gegeben ist, daß der Führerschein dem Fahrer entzogen ist, oder weil der Fahrer bei einer angesehenen soliden Firma angestellt ist, was dem Halter bekannt ist. Fährt dieser

Fahrer aber regelmäßig einen PKW und soll er beim Versicherungsnehmer einen LKW fahren, dann verlangt die im Verkehr erforderliche Sorgfalt vom Versicherungsnehmer, daß er sich den Führerschein vorlegen läßt, um zu prüfen, ob der Fahrer neben dem Führerschein der Klasse 3 auch die zur Führung von Lastkraftwagen vorgeschriebene Klasse aufweist. Aus der Vielfalt der Lebensverhältnisse erklärt sich die unterschiedliche Rechtsprechung in dieser Frage. Sie bewegt sich von der Forderung, daß der Versicherungsnehmer sich den Führerschein vorlegen lassen muß (OLG Hamm 19. 10. 1934 HansRGZ 1937 A S. 264 und vom 5. 3. 1937 a. a. O. S. 265 = JW 1937 S. 2622; OLG Hamburg 1. 3. 1938 JRPV 1938 S. 266 und 31. 7. 1958 VersR 1958 S. 777; LG Köln 23. 6. 1958 VersR 1958 S. 779; LG Nürnberg 23. 10. 1956 VersR 1958 S. 121) bis zu der Auffassung, daß jede Erkenntnisquelle, woraus nach der allgemeinen Verkehrsanschauung vernünftigerweise auf den Besitz des Führerscheins zu schließen ist, ausreicht, z. B. Versicherung des früheren Dienstherrn und vorhergehende polizeiliche Kontrollen (RGZ 13. 2. 1940 JRPV 1940 S. 147, RGZ Bd. 158 S. 284, für die frühere Fassung der Bedingungen; OLG Düsseldorf 1. 10. 1957 VersR 1958 S. 283; dagegen OLG Düsseldorf 5. 6. 1939 JRPV 1939 S. 355). Als besondere Umstände, die die grundsätzliche Vorlage des Führerscheins als entbehrlich erscheinen lassen, sind von den Gerichten folgende Tatumstände bezeichnet worden: Wenn es sich um eine Persönlichkeit handelt, deren bloße Versicherung, im Besitz des Führerscheins zu sein, besondere Vertrauenswürdigkeit beanspruchen kann, z. B. um einen Beamten (KG 1. 6. 1938 JRPV 1938 S. 249); wenn der Fahrer schon früher beim Versicherungsnehmer beschäftigt gewesen ist, den Führerschein besaß und in der Zwischenzeit am selben Ort dauernd als Fahrer tätig gewesen ist (OLG Hamm 23. 11. 1936 HansRGZ 1937 A S. 266; OLG Köln 28. 4. 1937 HansRGZ 1937 A S. 267); wenn der Halter als Auftraggeber einer autorisierten Kundenwerkstatt mangels besonderen Anhaltspunktes — jugendliches Alter, Kenntnis von einem Strafverfahren — angenommen hat, daß der Geselle eine Fahrerlaubnis besitze (LG Düsseldorf 31. 1. 1957 VersR 1957 S. 147 — nicht rechtskräftig).

Wird dem Fahrer von der zuständigen Behörde eine Fahrerlaubnis außerhalb des gesetzlichen Verfahrens über die Erteilung des Führerscheins und ohne Ausstellung eines solchen gegeben, so wird hierdurch der Versicherungsnehmer nicht entlastet (RGZ 15. 10. 1940 Bd. 165 S. 54 = JRPV 1940 S. 179 = DÖV 1940 S. 27 = DR 1940 S. 61 = DJust 1940 S. 1397). Die Annahme des Versicherungsnehmers, der Besitz des internationalen Führerscheins berechtige den Fahrer zu Fahrten mit einem deutschen Kraftfahrzeug innerhalb Deutschlands, hat das Reichsgericht als entschuldbar angesehen (Entsch. 19. 6. 1934 VerAfP entzogen, fährt er aber gleichwohl, dann fährt er ohne Fahrerlaubnis, mag er den Führerschein auch noch in Besitz haben (RGZ Bd. 160 S. 220; OLG Düsseldorf 14. 7. 1937 VerAfP 1937 Nr. 3030 und 15. 9. 1937 JRPV 1937 S. 343). Besitzt der Fahrer einen Führerschein, den er durch unlautere Machenschaften erlangt hat, so hat er keine Fahrerlaubnis im Sinne von § 2 (2) b AKB inne (RGSt 12. 4. 1938 JW 1938 S. 1809).

12. Ist das Fahrzeug von einem **nicht berechtigten Fahrer** geführt worden, dann kommt die Vorschrift des § 2 (2) b Satz 2 Halbsatz 2 AKB zur Anwendung: Der Versicherer leistet, gleichgültig, ob der unberechtigte Fahrer den erforderlichen Führerschein zur Zeit des Unfalls gehabt hat oder nicht. Hier handelt es sich in der Regel um die Fälle der Schwarzfahrt, aber nicht ausschließlich. Daß es sich um eine Schwarzfahrt gehandelt hat, muß der Versicherungsnehmer beweisen (OLG Hamm 21. 3. 1958 VersR 1958 S. 509). Vgl. zum Begriff der Schwarzfahrt die Ausführungen auf S. 195 und den dort angeführten Fall RGZ Bd. 154 S. 340. Andererseits ist auch nicht immer im Falle einer Schwarzfahrt Versicherungsschutz für den Versicherungsnehmer oder Halter gegeben, wenn z. B. der Versicherungsnehmer den (berechtigten) Fahrer ohne die vorgeschriebene Fahrerlaubnis hat fahren lassen und dieser auf einer anschließenden Schwarzfahrt einen Unfall herbeigeführt hat (vgl. Böhme VersR 1957 S. 141 ff.). Auch hier fordern Sinn und Zweck der Führerscheinklausel, daß der Versicherer leistungsfrei ist. Der Schwarzfahrer selbst ist nicht gedeckt.

13. **Leistungsfreiheit des Versicherers** tritt gemäß § 6 Abs. 1 und 2 VVG nur unter folgenden Voraussetzungen ein:

a) Es muß eine Obliegenheitsverletzung vorliegen. Hierüber Anm. 4 und 9.

b) Der Versicherungsnehmer muß die Obliegenheit schuldhaft verletzt haben (§ 6 Abs. 1 Satz 1 VVG). Hierüber Anm. 14.

c) Der Versicherer muß den Vertrag innerhalb eines Monats nach Kenntnis der Verletzung kündigen (§ 6 Abs. 1 Satz 3 VVG). Hierüber Anm. 15.

d) Die Obliegenheitsverletzung muß auf den Eintritt des Versicherungsfalls oder den Umfang der Versicherungsleistung Einfluß gehabt haben. Hierüber Anm. 16.

Über Verletzung von Obliegenheiten, die nach Eintritt des Versicherungsfalls zu erfüllen sind, vgl. § 7 AKB Anm. 19 ff., S. 383.

14. Nach § 6 Abs. 1 Satz 1 VVG tritt die Leistungsfreiheit des Versicherers trotz Obliegenheitsverletzung durch den Versicherungsnehmer nicht ein, wenn die **Verletzung** als **unverschuldet** anzusehen ist. Dies hat der Versicherungsnehmer zu beweisen. Den Maßstab bildet

§ 276 BGB. Unkenntnis der AKB wie der allgemeinen Versicherungsbedingungen überhaupt entschuldigt nicht (RGZ Bd. 95 S. 250 u. v. a.). Im übrigen vgl. o. Anm. 326.

15. Der Versicherer kann sich bei Verletzung der vor Eintritt des Versicherungsfalls zu wahrenden Obliegenheit auf die vereinbarte Leistungsfreiheit nur berufen, wenn er den Versicherungsvertrag **innerhalb eines Monats,** nachdem er von der Verletzung Kenntnis erhalten hat, **kündigt** (§ 6 Abs. 1 Satz 2 u. 3 VVG). Der vor dem Pflichtversicherungsgesetz vom 7. 11. 1939 geltende Rechtszustand des § 6 VVG sah an Stelle einer Kündigung den Rücktritt vor. Dieser ist durch die Kündigung ersetzt, weil bei der gegebenen Sachlage die Kündigung dem Wesen des Versicherungsverhältnisses besser als der Rücktritt entspricht. Durch die Änderung soll der Versicherer, wenn er von der Obliegenheitsverletzung Kenntnis hat, innerhalb Monatsfrist von seinem Kündigungsrecht Gebrauch machen, widrigenfalls er aus diesem Grunde Leistungsfreiheit nicht mehr geltend machen kann. Dadurch soll erreicht werden, daß beispielsweise bei einer dem Versicherer bekanntgewordenen Verletzung der Anzeigepflicht durch den Versicherungsnehmer eine klare Regelung hinsichtlich des Versicherungsverhältnisses getroffen wird. Der Versicherer muß sich daher entschließen, ob er aus diesem Grunde das Versicherungsverhältnis durch Kündigung zur Auflösung bringen oder ob er es dabei bewenden lassen will. Tut er das letztere, so muß er im Versicherungsfall leisten. Er kann nicht, wie es früher möglich gewesen ist, die Prämien auch weiterhin einziehen und gleichwohl noch Monate oder Jahre nach der ihm bekannten Verletzung der Obliegenheit beim Eintritt des Versicherungsfalles Leistungsverwirkung geltend machen (vgl auch Begr. Art. III zu Nr. 1 u. 2, S. 13). Die Monatsfrist für den Versicherer beginnt in dem Zeitpunkt, in dem ihm der objektive Tatbestand der Obliegenheitsverletzung bekannt geworden ist, mag ihm auch das etwaige Verschulden des Versicherungsnehmers an der Obliegenheitsverletzung noch nicht bekannt sein (BGHZ 14. 11. 1960 VersR 1960 S. 1131 m. w. Nachr.).

Nach der ständigen Rechtsprechung des Bundesgerichtshofes gilt die dargestellte Regelung auch dann, wenn es sich um einmalige Obliegenheitsverletzungen handelt und wenn der Versicherungsfall in dem Zeitpunkt, in dem der Versicherer von dem Verstoß erfährt, bereits eingetreten ist, es sei denn, das versicherte Interesse ist vollständig weggefallen und die Kündigung damit gegenstandslos geworden (BGHZ Bd. 4 S. 369 = VersR 1952 S. 81 = NJW 1952 S. 504; 1. 12. 1955 VersR 1956 S. 29; 25. 6. 1956 VersR 1956 S. 471; Bd. 19 S. 31 = VersR 1955 S. 754 = NJW 1956 S. 220; 29. 11. 1956 VersR 1957 S. 23; Bd. 25 S. 322 = VersR 1957 S. 731 = NJW

1957 S. 1876; 28. 1. 1958 VersR 1958 S. 158; 31. 3. 1960 VersR 1960 S. 589; 14. 11. 1960 VersR 1960 S. 1107). Gleicher Meinung sind u. a. von neueren OLG-Entscheidungen München 14. 8. 1956 VersR 1957 S. 89; Düsseldorf 22. 7. 1958 VersR 1958 S. 757; Hamburg 31. 7. 1958 VersR 1958 S. 777; Hamm 14. 11. 1958 VersR 1959 S. 282. Ferner Fromm VVG S. 160; von Gierke II S. 152 u. ZHR Bd. 115 S. 181; Thees DÖV 1941 S. 17; Stiefel-Wussow § 2 Anm. 21, dem in der Begründung der auch hier vertretenen Auffassung beizutreten ist. Dort auch weitere Entscheidungen aus früherer Zeit. Thees-Hagemann, 2. Aufl., § 2 Anm. 2c. A. M. Bruck-Möller § 6 Anm. 43; Ehrenzweig VersR 1952 S. 116 u. Logik S. 20 ff.; Hagemann Hans. RGZ 1940 A 33; Prölss § 6 Anm. 10 u. JRPV 1941 S. 153; JZ 1956 S. 224; R. Schmidt, Die Obliegenheiten, S. 263 f., ferner OLG München VersR 1952 S. 205; OLG Oldenburg 6. 10. 1955 VersR 1956 S. 285; LG Berlin VersR 1953 S. 238 u. a. Danach gelte die Kündigungspflicht nur bei solchen Obliegenheitsverletzungen, durch die ein gewisser Dauerzustand der Möglichkeit einer Berufung auf die Leistungsfreiheit geschaffen wird.

Hat nur der mitversicherte Fahrer eine Obliegenheit verletzt, so entfällt die Kündigungspflicht (LG Bielefeld 11. 11. 1953 VersR 1954 S. 123; Stiefel-Wussow § 2 Anm. 22; Thees-Hagemann, 2. Aufl., § 2 Anm. 2c), es sei denn, der Mitversicherte war Repräsentant des Versicherungsnehmers (BGHZ 14. 11. 1960 VersR 1960 S. 1107).

16. Aus der Anwendung des § 6 Abs. 2 VVG folgt, daß sich der Versicherer auf eine Leistungsfreiheit nicht berufen kann, wenn die Verletzung der Obliegenheit **keinen Einfluß auf den Eintritt des Versicherungsfalls** oder auf den Umfang der ihm obliegenden Leistung gehabt hat. Beweispflichtig hierfür ist der Versicherungsnehmer. An diesen Beweis sind hohe Anforderungen zu stellen (RGZ Bd. 160 S. 221; LG Hagen 27. 2. 1954 und OLG Hamm 8. 5. 1954 VersR 1954 S. 352; OLG Stuttgart 30. 12. 1957 VersR 1958 S. 225). Die Entscheidung hängt von den Umständen des Einzelfalles ab. Aus der Rechtsprechung einige Beispiele:

Die Kausalität ist nicht ausgeschlossen, wenn ein Eigenfahrzeug an Fremde als Selbstfahrer überlassen wird (OLG Celle 19. 11. 1956 a. a. O.);

Berechtigte Vermutung, daß das Befahren einer abschüssigen Strecke mit einem LKW unter zu geringem Bremsdruck im Falle des Besitzes des Führerscheins der Klasse 2 (vgl. jetzt § 5 StVZO), d. h. durch die mit seinem Erwerb verbundene Kenntnis, ausgeschlossen gewesen wäre (LG Hagen 27. 2. 1954 und OLG Hamm 8. 5. 1954 a. a. O.).

Keine Kausalität ist vom LG Oldenburg 1. 4. 1955 VersR 1955 S. 431 hinsichtlich des Führens eines Motorrades durch einen Fahrer angenommen worden, der den Führerschein der Klassen 3 und 4 besaß; weder aus dem Unfallverlauf noch aus den Sachverständigengutachten habe sich ergeben, daß der Fahrer ein Motorrad nicht sicher habe führen können; dagegen spreche zudem, daß er nach dem Unfall den Führerschein der Klasse 1 schon nach einer Stunde erhalten habe.

Im übrigen wird es in der Regel schwierig sein, den Nachweis zu führen, daß zwischen der Obliegenheitsverletzung und dem Eintritt des Versicherungsfalles oder dem Umfang der Versicherungsleistung kein Ursachenzusammenhang bestehe. Wenn überhaupt keine Fahrerlaubnis besteht oder etwa der Fahrer nur mit einem Führerschein der Klasse 4 einen LKW fährt oder sonstwie ein Verstoß gegen § 2 Abs. 2 b AKB vorliegt, wird hinsichtlich einer fehlenden Kausalität der Gegenbeweis des Versicherungsnehmers praktisch kaum möglich (BGHZ 26. 9. 1957 VersR 1957 S. 678 f.; JRPV 1938 S. 375). Im übrigen wird noch verwiesen auf OLG Köln 10. 3. 1950 VersR 1950 S. 68; OLG Schleswig VersR 1951 S. 206.

17. Leistungsfreiheit des Versicherers im Falle einer Obliegenheitsverletzung ist auch dann gegeben, wenn nicht der Versicherungsnehmer, sondern sein **Repräsentant** eine Obliegenheit verletzt hat. Der Begriff des versicherungsrechtlichen Repräsentanten ist von der Rechtsprechung des Reichsgerichts herausgearbeitet worden. Welche Voraussetzungen erforderlich sind, um die Repräsentanteneigenschaft zu bejahen, ist streitig. Hierzu wie zur Rechtsnatur der Obliegenheiten wird auf Bruck-Möller § 6 Anm. 5 ff., 92 ff., Prölss § 4, 6 Anm. 8 B; R. Schmidt, Obliegenheiten S. 289 f. verwiesen. Nach feststehender Rechtsprechung ist Repräsentant, wer auf Grund eines Vertretungs- oder ähnlichen Verhältnisses in dem Geschäftsbereich, zu dem das versicherte Wagnis gehört, an die Stelle des Versicherungsnehmers getreten ist (vgl. u. a. RGZ Bd. 51 S. 20; JW 1913 S. 1112; Bd. 135 S. 370; Bd. 149 S. 71; JRPV 1929 S. 366; 1940 S. 146; BGHZ Bd. 11 S. 120 = VersR 1953 S. 494; 26. 1. 1956 VersR 1956 S. 147). Zur Abgrenzung des Repräsentanten von anderen Personen mit einer gewissen Selbständigkeit in den Funktionen muß ferner als erforderlich angesehen werden, daß das Vertragsverhältnis sich auf einen Geschäftsbereich von einiger Bedeutung bezieht, in welchem der Versicherungsnehmer selbst die Geschäfte nicht wahrnehmen kann oder will und ihm dies auch nicht zuzumuten ist (vgl. insbesondere RGZ Bd. 149 S. 71), oder sonstwie die gesamten Verhältnisse zu einer Ausschaltung des Versicherungsnehmers (Halters) führen, Erfordernisse, die vielfach von der Rechtsprechung als nicht notwendig angesehen werden. Die Rechtsprechung der Oberlandesgerichte ist den vorstehenden im wesentlichen der Rechtsprechung des Reichsgerichts und des Bundesgerichtshofes folgenden Grundsätzen in einigen Punkten nicht gefolgt. Sie

fordert insbesondere nicht, daß der Repräsentant rechtgeschäftlicher Vertreter des Versicherungsnehmers sein und es sich um einen Geschäftsbereich von einiger Bedeutung handeln müsse.

Unter den oben angegebenen Gesichtspunkten ist z. B. der Ehemann als Repräsentant seiner Ehefrau mit Bezug auf deren Autovermietungsbetrieb angesehen worden (OLG Hamm 11. 3. 1954 VersR 1954 S. 353; ähnlich LG Berlin 27. 10. 1936 JRPV 1937 S. 79, 158 für Fuhrunternehmen; KG 4. 7. 1934 und RGZ 15. 3. 1935 VerAfP 1934 S. 243 Nr. 2738 und 1935 S. 254 Nr. 2823: Ehemann im Omnibusbetrieb seiner Ehefrau); der Sohn eines Kraftfahrzeug-Fuhrunternehmers (OLG Hamm 20. 3. 1955 VersR 1955 S. 539) oder einer Geschäftsinhaberin, wenn der Sohn das Geschäft führt und das Fahrzeug allein benutzt und allein darüber verfügungsberechtigt ist (LG Köln 13. 3. 1958 VersR 1959 S. 337); die Schwester im Autovermietungsgeschäft des Bruders (OLG Celle 19. 11. 1956 VersR 1957 S. 176); der Käufer eines Lastkraftzuges unter Eigentumsvorbehalt, dem der Lastzug zum selbständigen Betrieb überlassen worden ist (OLG Köln 25. 7. 1935 JRPV 1936 ZusatzH. S. 1; KG 16. 1. 1935 JRPV 1935 S. 172 = DÖV 1935 S. 76); entsprechend der erwähnten Auffassung der Oberlandesgerichte hat LG Hamburg 29. 4. 1953 VersR 1954 S. 590 dazu geneigt, einen rein technischen Prokuristen, der Montageleiter gewesen ist, als Repräsentanten eines Montagebetriebes anzusehen. Repräsentant ist der Prokurist und Geschäftsführer einer Zweigniederlassung, in deren Betrieb das versicherte Kraftfahrzeug verwendet wird (LG Hof 4. 5. 1955 VersR 1956 S. 92).

Die Tätigkeit eines Ehemannes im Betriebe seiner Frau reicht für sich allein nicht aus, in ihm den Repräsentanten zu sehen, wenn nicht die oben angegebenen besonderen Umstände hinzutreten (vgl. z. B. RGZ Bd. 149 S. 71); ebensowenig die Tatsache, daß ein Sohn als Angestellter seiner Mutter in deren Betrieb regelmäßig den Kraftwagen führt (BGHZ Bd. 11 S. 120 = VersR 1953 S. 494; s. dagegen o.). Repräsentant ist auch nicht die Ehefrau, die den Wagen ihres Mannes während seines Krankenhausaufenthalts fährt (BGHZ 21. 12. 1955 VersR 1956 S. 211), ferner nicht der vorläufige Erbe bis zur Ausschlagung der Erbschaft (BGHZ 26. 1. 1956 = VersR 1956 S. 147). Auch der Gesellschafter einer Gesellschaft des Bürgerlichen Rechts, für deren geschäftliche Zwecke ein Kraftfahrzeug benutzt wird, ist in seiner Gesellschaftereigenschaft noch nicht ohne weiteres Repräsentant des anderen Gesellschafters mit Bezug auf dessen Versicherungsangelegenheiten, es sei denn, es liegen die mehrfach erwähnten Voraussetzungen zur Annahme der Repräsentanteneigenschaft vor (BGHZ 13. 6. 1957 VersR 1957 S. 458).

18. Abs. 3 begrenzt den Versicherungsschutz für alle Gefahrenarten nach zwei Richtungen. In beiden Fällen handelt es sich um Risikobeschränkungen, die gegen jedermann wirken, im Unterschied zu den in Anm. 3 und 13 erörterten Obliegenheiten, daher auch in Ansehung des Dritten (ebenso Prölss § 2 AKB Anm. 5).

Keine Deckung wird für Schäden gewährt, die unmittelbar oder mittelbar mit Kriegsereignissen, Aufruhr, inneren Unruhen, Verfügungen von höherer Hand und Erdbeben zusammenhängen. Wegen der Verfügungen von höherer Hand vgl. BGHZ 20. 2. 1956 VersR 1956 S. 186: Leistungsverpflichtung des Versicherers bleibt bestehen, wenn die Beschlagnahme eines Kraftfahrzeugs durch die sowjetische Beatzungsmacht Folge, nicht Ursache des Schadens ist. Deckung wird ferner nicht gewährt für Schäden bei Renn- oder ähnlichen Veranstaltungen, bei denen es auf die Erzielung einer Höchstgeschwindigkeit ankommt, sowie bei den dazugehörigen Übungsfahrten. Hiernach werden von dem Gefahrenausschluß nicht betroffen: Zielfahrten, Zuverlässigkeitsfahrten und Fahrten, bei denen es auf eine Mindestgeschwindigkeit ankommt. Die Beweislast dafür, daß eine Leistungspflicht des Versicherers entfällt, weil ein Schaden der in Abs. 3 a oder b erwähnten Art vorliegt, hat der Versicherer, der sich auf den Ausschluß seiner Haftung beruft, zu tragen.

§ 3. Rechtsverhältnis am Vertrage beteiligter Personen

1. Der Halter (Versicherungsnehmer) ist nach dem Pflichtversicherungsgesetz verpflichtet, **Haftpflichtversicherungsschutz** nicht nur für sich, sondern **auch für den berechtigten Fahrer** zu nehmen. Dementsprechend ist der Versicherungsschutz auch auf die gegen den berechtigten Fahrer erhobenen Ersatzansprüche ausgedehnt worden (§ 10 Abs. 1 AKB). Möglich ist ferner, daß der Halter (Versicherungsnehmer) darüber hinaus neben dem Fahrer auch Fahrgäste etwa gegen Unfall- oder Gepäckschäden versichert. In allen diesen Fällen liegt Mitversicherung vor. Soweit die Versicherung das Interesse des Halters (Versicherungsnehmers) selbst betrifft, ist es eine Versicherung für eigene Rechnung, soweit sie das Interesse des Fahrers oder anderer Insassen betrifft, eine Versicherung für fremde Rechnung (vgl. BGHZ Bd. 24 S. 378 = VersR 1957 S. 458 = NJW 1957 S. 1233; Stiefel-Wussow § 3 Anm. 2). Im Einzelfall ist möglich, daß sich die Frage, ob Versicherung im eigenen oder fremden Interesse vorliegt, erst bei Eintritt des Versicherungsfalles entscheidet (vgl. § 80 Abs. 2 VVG; RGZ Bd. 149 S. 69; Stiefel-Wussow § 3 Anm. 1). Die Pflicht-Haftpflichtversicherungsvertrag umfaßt hiernach in jedem Falle in *einem* Vertrage eine Versicherung für das eigene Interesse des Versicherungsnehmers und eine Versicherung für das Interesse des Mitver-

sicherten, wie wenn zwei selbständige Verträge vorlägen (vgl. BGHZ 13. 6. 1957 Bd. 24. S. 378 = VersR 1957 S. 458 = NJW 1957 S. 1233).

2. § 3 Abs. 1 bestimmt nun, daß im einzelnen angeführte für den Versicherungsnehmer geltende Bestimmungen der **AKB** sinngemäß **auch für die Mitversicherten** (s. o.) und andere Personen gelten, die aus dem Versicherungsvertrag Ansprüche erheben. Zu den anderen anspruchsberechtigten Personen gehören z. B. die Erben, Rechtsnachfolger, Pfandgläubiger. Die in § 158 c VVG erwähnten Dritten fallen nicht unter § 3.

Die in Abs. 1 angeführten Vorschriften zählen Rechte oder Pflichten des Versicherungsnehmers auf, die sinngemäß für die Mitversicherten und die ihnen gleichgestellten Anspruchserhebenden gelten.

Neben den in Abs. 1 aufgeführten Bestimmungen der AKB finden aber auch weitere dort nicht erwähnte Bestimmungen auf die Ansprüche der Mitversicherten und der ihnen gleichgestellten Personengruppen Anwendung. Inwieweit dies der Fall ist, ergibt sich aus dem Inhalt der jeweiligen Bestimmung (vgl. RGZ 10. 7. 1934 VerAfP 1934 Nr. 2726 = HRR 1935 Nr. 200 = Prax VersR 1935 S. 26). Hierher gehören u. a. die §§ 10 Abs. 1, 3, 4; 11 Ziff. 1 AKB. Aus der angegebenen Begrenzung der Anwendung von nicht in Abs. 1 angeführten Vorschriften ergibt sich, daß Bestimmungen, wie § 11 Ziff. 3 AKB, für sicherten gegen den Versicherungsnehmer von der Versicherung erfaßt werden ebenso wie Ansprüche von Mitversicherten gegen Mitversicherte (BGHZ 26. 10. 1956 VersR 1956 S. 799).

3. Die Einbeziehung des Halters, des berechtigten Fahrers (Beifahrers), der Insassen und sonstiger Personen als Mitversicherte in den Versicherungsvertrag wirkt sich insbesondere in der Pflicht-Haftpflichtversicherung aus. Hier dient die **Einbeziehung** der gesicherten **Durchführung des Schutzes der Verkehrsopfer,** deren etwaige Ansprüche aus Anlaß eines Verkehrsunfalles gewährleistet sein sollen. Zum anderen sollen die Mitversicherten auch ihrerseits entsprechend dem Urzweck einer jeden Versicherung vor sie selbst treffenden Schäden als Unfallfolgen geschützt sein. Beides wird durch § 3 Abs. 1, 2, wie auch durch die §§ 10 Abs. 2, 16 Abs. 5 AKB, erreicht. Die Bedeutung dieser Regelung ergibt sich u. a. daraus, daß z. B. der Fahrer, wenn er nicht durch den Pflichtversicherungsvertrag des Versicherungsnehmers geschützt wäre, einen Versicherungsvertrag gesondert für seine Person schließen müßte.

4. In der Versicherung für fremde Rechnung bietet die Abgrenzung des Verhältnisses zwischen Versicherungsnehmer und Mitversicherten, insbesondere die **Frage, wen die vertraglichen Obliegenheiten treffen,** Schwierigkeiten. Die Entscheidung ist von Fall zu Fall nach dem Wesen und Sinn der vorliegenden Versicherung für fremde Rechnung

und nach der Natur und dem Zweck der verletzten Obliegenheit zu treffen (Hagen I S. 708). Dies gilt ebenso für die unter die AKB fallenden Vertragsverhältnisse. Auch hier bestimmen das Wesen der Haftpflichtversicherung im Rahmen der Kraftfahrzeugversicherung und der Sinn der jeweiligen Obliegenheit, inwieweit ihre Verletzung die Ansprüche des Versicherungsnehmers oder seiner Mitversicherten berührt (BGHZ Bd. 26 S. 282 = VersR 1958 S. 158, 160 = NJW 1958 S. 548). Dies ist um so mehr zu betonen, als die AKB in maßgeblicher Weise durch den vom Pflichtversicherungsgesetz beabsichtigten Zweck bestimmt werden und sich insoweit dem Willen der Vertragsschließenden entziehen.

Wie allgemein in der **Versicherung für fremde Rechnung** kommt es auch in der Kraftfahrzeugversicherung darauf an, wer von den beiden Beteiligten zu derjenigen Einwirkung imstande ist, die nach dem Vertragswillen der Parteien vorgeschrieben oder ausgeschlossen ist, wessen Verhalten also durch die ausbedungene Obliegenheit in einer bestimmten Richtung geregelt werden sollte (Hagen a. a. O.). Bei Verletzung einer Obliegenheit, etwa durch den Versicherungsnehmer, ist daher an Hand der Umstände des Einzelfalles zu prüfen, ob die Obliegenheit sich nur auf die eigene Versicherung des Versicherungsnehmers bezieht oder auch auf den das fremde Interesse — des Mitversicherten — deckenden Teil des Vertrages (vgl. Begr. zu § 79 VVG bei Gerhard, Hagen u. a. S. 365). Entsprechendes gilt für die Obliegenheitsverletzung durch einen Mitversicherten. Die herrschende Meinung nimmt an, daß der Versicherungsnehmer nur von solchen Obliegenheitsverletzungen betroffen wird, die ihm selbst oder seinem Repräsentanten zur Last fallen. Der Versicherungsschutz des Halters oder des berechtigten Fahrers dagegen kann sowohl durch eine Obliegenheitsverletzung des Versicherungsnehmers als auch durch eine solche der versicherten Person in Wegfall kommen (Rechtsprechung und Schrifttum vgl. unten; ferner Stiefel-Wussow § 3 Anm. 2). Berücksichtigt man jedoch, daß in der Pflicht-Haftpflichtversicherung regelmäßig zwei selbständige Versicherungen vorliegen (zugunsten des Versicherungsnehmers und zugunsten der Mitversicherten), bedenkt man ferner, daß die Verhältnisse in der Haftpflichtversicherung wesentlich anders liegen als in der Sachversicherung, dann läßt sich durchaus vertreten, dem Versicherten hier eine „Sonderstellung" hinsichtlich der Versicherung für fremde Rechnung zuzuerkennen, „die ihm in keinem anderen Versicherungszweig eingeräumt wird" (vgl. Prölss VersR 1958 S. 148, der die Frage offen läßt). Im Grunde ist die Sachlage keine wesentlich andere wie bei einer Mehrheit von Versicherungsnehmern mit selbständigen voneinander unabhängigen Versicherungsansprüchen, wo nach den Gründen des BGHZ Bd. 24 S. 378 = VersR

1957 S. 458 = NJW 1957 S. 1233, die auch für die hier dargelegte Auffassung vielfach herangezogen werden können, die Obliegenheitsverletzung durch einen der mehreren Versicherungsnehmer nur seinen eigenen Versicherungsanspruch berührt. Dabei geht der BGH davon aus, daß die Obliegenheiten bloße Verhaltungsnormen sind, die jeder Versicherungsnehmer zur Erhaltung seines eigenen Versicherungsanspruches selbständig beachten muß. Daß die Ansprüche des Versicherungsnehmers und der Mitversicherten nicht völlig unabhängig voneinander sind (im Gegensatz zu einer Mehrheit von Versicherungsnehmern), ergibt sich u. a. aus den Ausführungen über die Verletzung einer Hauptverbindlichkeit (vgl. u. Anm. 6).

Hiernach wirkt unabhängig von einem Verschulden des Mitversicherten und unabhängig davon, ob der Mitversicherte ein selbständiges Recht wie im Falle des § 10 Abs. 2 AKB hat, eine Obliegenheitsverletzung durch den Versicherungsnehmer nicht ohne weiteres gegen den Mitversicherten, wie die herrschende Meinung annimmt (z. B. BGHZ Bd. 26 S. 282 s. o.; KG 1. 3. 1960 VersR 1960 S. 889; OLG Celle 26. 11. 1956 VersR 1957 S. 22; LG Bielefeld 30. 12. 1955 VersR 1956 S. 316; LG Hagen 24. 2. 1954 VersR 1954 S. 253; LG Itzehoe 10. 5. 1955 VersR 1955 S. 546; Prölss § 10 AKB Anm. 4 und VersR 1958 S. 497 zu I mit Bedenken; Thees-Hagemann, 2. Aufl., § 3 AKB Anm. 2; BGHZ Bd. 24 S. 378 = VersR 1957 S. 458 = NJW 1957 S. 1233 läßt die Frage offen). Abweichend von der herrschenden Meinung in Übereinstimmung mit der hier vertretenen Auffassung nehmen OLG Hamm 11. 10. 1954 VersR 1955 S. 17 (mit ablehnender Anm. Prölss VersR 1955 S. 167), LG Nürnberg — Fürth 2. 3. 1955 VersR 1955 S. 475, Bader VersR 1956 S. 467 an, daß der Mitversicherte bei Verletzung einer Obliegenheit durch den Versicherungsnehmer seinen Deckungsanspruch gegen den Versicherer nicht verliert (vgl. hiergegen insbes. Johannsen VersArch 1956 S. 353 f.), es sei denn, er ist Repräsentant des Versicherungsnehmers gewesen oder hat Kenntnis von der Obliegenheitsverletzung gehabt.

5. Auch die **„sinngemäße" Geltung** der in § 3 Abs. 1 AKB aufgeführten Bestimmungen für Mitversicherte und sonstige Personen unterstreicht die oben gemachten Ausführungen.

„Sinngemäße" Geltung bedeutet, daß die Anwendung einer Bestimmung auf Mitversicherte von dem in Frage kommenden Versicherungszweig (Haftpflicht, Kasko, Unfall, Gepäck) sowie von der in der Bestimmung getroffenen besonderen Regelung abhängig ist. So könnte § 2 (2) b Satz 2 AKB auf den Fahrer keine Anwendung finden. Aus der sinngemäßen Geltung folgt ferner, daß der mitversicherte Fahrer auch seinerseits die Obliegenheiten erfüllen muß, die er erfüllen kann, und wenn er dagegen verstößt, seinen eigenen Versicherungsanspruch verliert, ohne daß dadurch der Anspruch des Versicherungsnehmers berührt wird (vgl. BGHZ 13. 6. 1957 VersR 1957 S. 458 — s. o. — zu 1 d; 28. 1. 1958 VersR 1958 S. 158, 160 — s. o. — zu 2 b; vgl. für die allgemeine Haftpflichtversicherung BGHZ 8. 5. 1958 VersR 1958 S. 389). Scheitert andererseits etwa die vom Versicherer verlangte Erledigung eines Haftpflichtschadens durch Vergleich an dem Widerspruch des Versicherungsnehmers, während der mitversicherte Fahrer einverstanden ist (§ 10 Abs. 5 AKB), dann treffen die Folgen nur den Versicherungsnehmer, nicht auch den Fahrer.

Die nachstehend aufgeführten Beispiele zeigen, wie sich die sinngemäße Geltung der in Abs. 1 genannten Vorschriften der AKB in Verbindung mit dem Sinn und Zweck der Mitversicherung im Rahmen der Pflichtversicherung auch im Hinblick auf den Mitversicherten auswirken, und daß der Überlegung, ob die verletzte Obliegenheit nur das eigene Interesse des Versicherungsnehmers berührt oder auch dem Mitversicherten obliegt, maßgebliche Bedeutung zukommt:

Hat der Versicherungsnehmer die Anzeige des Schadens unterlassen, so ist der Versicherer auch gegenüber dem mitversicherten Fahrer frei, wenn dieser nicht anzeigt, da der Fahrer die gleiche Verpflichtung zur Anzeige wie der Versicherungsnehmer hat.

Ist dem Versicherungsnehmer und dem Mitversicherten, wenn sie Ansprüche erheben, gemäß § 8 Abs. 1 AKB Frist zur gerichtlichen Geltendmachung der Ansprüche gegen den Versicherer bei Vermeidung des Verlustes des Rechtsanspruches gesetzt worden, dann muß auch der Mitversicherte klagen. Tut er es nicht, verliert er seinen Anspruch. Gleichgültig ist hierbei, ob der Versicherungsnehmer Klage erhoben oder davon Abstand genommen hat. Andererseits kann nicht als zutreffend angesehen werden, daß der Mitversicherte die Tatsache gegen sich gelten lassen muß, daß der Versicherer infolge Fristablaufs seitens des Versicherungsnehmers nach § 8 Abs. 1 AKB von seiner Leistungspflicht frei geworden ist, wie dies LG Bielefeld 30. 12. 1955 VersR 1956 S. 316 annimmt.

Unter dem Gesichtspunkt, daß die Verletzung der Verwendungsklausel in § 2 (2) a AKB auch das vom Versicherungsnehmer gedeckte fremde Interesse des mitversicherten Fahrers berührt, ist dem BGHZ 21. 1. 1958 VersR 1958 S. 158, 160 (vgl. auch OLG Stuttgart 18. 12. 1958 VersR 1959 S. 62; LG Kiel 18. 2. 1959 VersR 1959 S. 341) insoweit zuzustimmen.

Der Fahrer eines Kraftfahrzeuges als Mitversicherter ist wie der Versicherungsnehmer nicht berechtigt, ohne vorherige Zustimmung des Versicherers einen Anspruch anzuerkennen (§ 3 Abs. 1 i. V. m. § 7 II [1] AKB). Tut er es, verletzt er also die Obliegenheit, so ist der Versicherer unter den Voraussetzungen des § 7 V AKB von der

Verpflichtung zur Leistung frei. Anerkennt dagegen lediglich der Versicherungsnehmer, verletzt also nur er diese Obliegenheit, ohne daß der mitversicherte Fahrer hierauf Einfluß hat, dann wird dadurch der Versicherer gegenüber dem Mitversicherten, der einen selbständigen Anspruch gegen den Versicherer hat, von seiner Leistung nicht frei.

Wird der Versicherungsnehmer im Rahmen der Abwicklung des Haftpflichtschadens aufgefordert, nähere Aufklärungen über früher stattgefundene Reparaturen seines Kraftfahrzeugs zu geben und unterläßt er dies, so kann die darin liegende Obliegenheitsverletzung des Versicherungsnehmers, über die der mitversicherte Fahrer u. U. nichts weiß, den Versicherer zwar gegenüber dem Versicherungsnehmer von der Verpflichtung zur Leistung befreien, nicht aber gegenüber dem Mitversicherten. Dieser kann seinen Befreiungsanspruch nicht durch die Obliegenheitsverletzung des Versicherungsnehmers verlieren, die das Vertragsverhältnis als solches nicht berührt.

Soweit der Versicherer durch das Einstehen für den Mitversicherten geschädigt wird, gehen die Ansprüche des Mitversicherten gegen den Versicherungsnehmer auf ihn über.

6. Wird eine **Hauptverbindlichkeit des Vertragsverhältnisses** durch den Versicherungsnehmer **verletzt,** die das Vertragsverhältnis als solches berührt, dann wird der Versicherer auch dem Mitversicherten gegenüber von der Verpflichtung zur Leistung frei, auch wenn den Mitversicherten an der Verletzung der Verbindlichkeit keinerlei Verschulden trifft. Wann eine Hauptverbindlichkeit oder eine Hauptvertragspflicht vorliegt, ist im Einzelfall zu prüfen. Eine solche Hauptverbindlichkeit ist die Prämienzahlungspflicht. Sie berührt das gesamte Versicherungsverhältnis, und auch der selbständige Versicherungsanspruch des Mitversicherten im Falle der §§ 10 Abs. 2, 16 Abs. 5 AKB ist von der Erfüllung dieser Verbindlichkeit durch den Versicherungsnehmer abhängig. Ist der Versicherer daher von der Verpflichtung zur Leistung infolge Nichtzahlung der Prämie durch den Versicherungsnehmer und fruchtlosem Ablauf der Zahlungsfrist nach § 39 VVG frei, dann gilt dies auch mit Bezug auf den Mitversicherten (BGHZ 12. 3. 1959 VersR 1959 S. 329; KG 1. 3. 1960 VersR 1960 S. 889). Dies im übrigen auch deshalb, weil der Versicherungsnehmer bis zum Eintritt des Versicherungsfalles über den Vertrag frei verfügen und damit u. a. die Prämienzahlung einstellen kann. Ob und inwieweit sich hierbei Schadenersatzansprüche des Mitversicherten gegen den Versicherungsnehmer ergeben, ist anhand der zwischen ihnen bestehenden Rechtsbeziehungen zu beurteilen.

7. Bei der **Versicherung für fremde Rechnung** stehen die **Rechte aus dem Versicherungsvertrag,** also der materielle Anspruch auf die Versicherungsleistung, dem Versicherten zu (§ 75 Abs. 1 Satz 1 VVG). Der Versicherungsnehmer kann aber über diese Rechte im eigenen Namen verfügen (§ 76 Abs. 1 VVG). Diese Vorschriften des Versicherungsvertragsgesetzes können abgeändert werden, insbesondere auch hinsichtlich des Verfügungsrechtes. Dies ist für die Kraftfahrversicherung durch § 3 Abs. 2 AKB geschehen. Danach steht die Ausübung der Rechte aus dem Versicherungsvertrag ausschließlich dem Versicherungsnehmer zu, wenn nichts anderes vereinbart ist.
Etwas anderes ist in folgenden zwei Fällen vereinbart: Nach § 10 Abs. 2 AKB können mitversicherte Personen ihre Versicherungsansprüche aus der Haftpflichtversicherung selbständig geltend machen. Das gleiche gilt nach § 16 Abs. 5 AKB für die Unfallversicherungsansprüche namentlich versicherter Personen (s. u.).

„Selbständig geltend machen" bedeutet nicht n e b e n dem Versicherungsnehmer (ebenso Orlowski VersR 1956 S. 395; Prölss § 10 AKB Anm. 4; Stiefel-Wussow § 3 Anm. 16; OLG Celle 1. 10. 1953 VersR 1953 S. 489; LG Bonn 28. 1. 1955 NJW 1955 S. 1034; vgl. ferner zu § 10 Anm. 13 S. 418; a. M. LG Hildesheim 13. 10. 1959 VersR 1959 S. 990; Moog Anm. zum LG Bonn, NJW 1955 S. 1324; Wussow VersR 1960 S. 11). Die beiden Bestimmungen stellen gerade eine Ausnahme von § 3 Abs. 2, der Ausübung der Rechte durch den Versicherungsnehmer, dar und wollen den Versicherten so stellen, wie er nach § 75 Abs. 2 VVG stände, wenn er im Besitz des Versicherungsscheines wäre. Für ein Verfügungsrecht des Versicherungsnehmers ist neben dem selbständigen Anspruch des Mitversicherten kein Raum.

Aus der **Verfügungsberechtigung des Versicherungsnehmers** folgt, daß er jederzeit die Versicherung ändern kann. Er kann sie verlängern oder aufheben, die Erhöhung oder Ermäßigung der Versicherungssumme beantragen; er kann kündigen und sogar auf die Versicherungssumme verzichten (Prölss § 76 Anm. 1; § 77 Anm. 8; Stiefel-Wussow § 3 Anm. 15). Dies gilt aber nur für das Verhältnis zwischen dem Versicherungsnehmer und dem Versicherer. Das Verhältnis des Versicherungsnehmers zum Versicherten — und damit die Geltendmachung der Rechte aus dem Versicherungsvertrage einschließlich eines etwaigen Verzichts durch den Versicherungsnehmer — richtet sich nach dem zwischen ihnen bestehenden Innenverhältnis, für das die allgemeinen Vorschriften des bürgerlichen Rechts maßgebend sind (Auftrag, Dienstvertrag, arbeitsrechtliche Zusage, Geschäftsführung ohne Auftrag u. a.; vgl. RGZ 24. 2. 1928 JW 1928 S. 1742; BGHZ 23. 10. 1958 VersR 1958 S. 797; 8. 2. 1960 VersR 1960 S. 339, 340 m. Anm. Prölss = LM § 179 VVG Nr. 2 m. Anm. Haidinger; KG 27. 3. 1936 VerAfP 1936 Nr. 2880 =

JRPV 1936 S. 220, 269; OLG Nürnberg 17. 11. 1953 DAR 1954 S. 135; OLG München 27. 5. 1952 VersR 1952 S. 391; BAG 30. 1. 1958 VersR 1958 S. 360 u. das dort angeführte Schrifttum; LAG Frankfurt 24. 1. 1956 VersR 1957 S. 366: Arbeitgeber-Fürsorgepflicht). Vgl. hierzu auch Möller Anm. zu OGH brit. Zone 19. 1. 1950 VersR 1950 S. 81, wonach der Versicherte einen Anspruch nach den Vorschriften über die ungerechtfertigte Bereicherung gegen den Versicherungsnehmer hat (§§ 812 ff. BGB). Die Nichtgeltendmachung und der Verzicht durch den Versicherungsnehmer können überdies gegen die guten Sitten verstoßen und sind dann nichtig (KG Beschl. 29. 7. 1954 VersR 1954 S. 454 unter Aufhebung des Beschl. des LG Berlin 17. 5. 1954 VersR 1954 S. 324). Nach den obigen Grundsätzen entscheidet sich ferner, wie weit der Versicherungsnehmer sein Verfügungsrecht ausüben kann, wenn der Versicherungsfall bereits eingetreten ist (Stiefel-Wussow § 3 Anm. 18 unter Bezug auf § 179 Abs. 3 VVG).

Aus der Verfügungsberechtigung des Versicherungsnehmers — mit Ausnahme der Tatbestände der §§ 10 Abs. 2, 16 Abs. 5 AKB — folgt ferner, daß er die vertraglichen Ansprüche gerichtlich geltend machen kann und in einem Prozeß Partei ist. Er kann auf Gewährung des Versicherungsschutzes für den Versicherten klagen (KG 28. 10. 1933 JRPV 1934 S. 76 = DÖV 1934 S. 24). Der Versicherte hat keinerlei Verfügungsbefugnis. Er kann die Ansprüche aus dem Versicherungsvertrag nicht im eigenen Namen geltend machen, auch nicht mit Zustimmung des Versicherungsnehmers (KG 15. 9. 1934 JRPV 1935 S. 78 = Praxis 1935 S. 20). Verfügt der Versicherte gleichwohl, so ist diese Verfügung gegenüber dem Versicherungsnehmer und dem Versicherer unwirksam.

8. Abs. 2 Halbsatz 2 bestimmt, daß der Versicherungsnehmer neben dem Versicherten **für die Erfüllung der Obliegenheiten verantwortlich** ist. Vgl. hierzu S. 316. Diese Verantwortlichkeit ist lediglich der Klarstellung halber ausdrücklich erwähnt; sie ergibt sich ohnedies bereits aus § 79 Abs. 2 VVG (Thees-Hagemann, 2. Aufl., § 3 AKB Anm. 4, § 10 AKB Anm. 4, entnehmen aus dieser ausdrücklichen Erwähnung, daß § 3 Abs. 1 keine Abweichung von den Grundsätzen der Versicherung für fremde Rechnung bezwecke).

9. Abs. 3 sieht vor, daß eine **Abtretung oder Verpfändung** der Versicherungsansprüche vor ihrer endgültigen Feststellung nur mit ausdrücklicher Genehmigung des Versicherers zulässig ist. *Jede* Abtretung ist von der Genehmigung des Versicherers abhängig, nicht nur die Abtretung durch den Versicherungsnehmer (KG 15. 12. 1958 VersR 1959 S. 703). Der Abtretung steht die Ermächtigung zur Einziehung des Versicherungsanspruches gleich (BGHZ 11. 2. 1960 VersR 1960 S. 300). Wird ohne Zustimmung des Versicherers abgetreten, ist die

Abtretung unwirksam (KG a. a. O.). „Endgültige Feststellung der Ansprüche" bedeutet, daß sie dem Grund und der Höhe nach für beide Vertragsteile unanfechtbar feststehen müssen (vgl. z. B. KG 6. 6. 1928 JRPV 1928 S. 218 = RdK 1929 S. 162). Solange noch Ermittlungen über den Versicherungsfall schweben oder die angerufene Sachverständigenkommission ihren Spruch noch nicht gefällt hat (z. B. Entscheidung des Obmanns steht noch aus: OLG Celle 11. 12. 1934 VerAfP 1935 S. 219), liegt eine endgültige Feststellung der Ansprüche noch nicht vor. Eine nachträgliche Genehmigung macht die bereits erfolgte Abtretung wirksam (RGZ 12. 4. 1932 HansRGZ 1932 A S. 630). Eine Genehmigung kann auch aus konkludenten Handlungen entnommen werden, z. B. wenn sich der Versicherer auf die Klage des Zessionars einläßt, ohne die Unzulässigkeit der Abtretung geltend zu machen (vgl. BGHZ Bd. 11 S. 120 = VersR 1953 S. 494 = JZ 1954 S. 122 m. Anm. Prölss; OLG Düsseldorf 9. 4. 1957 VersR 1957 S. 579).

Eine Abtretung — mit Genehmigung des Versicherers — kann insbesondere im Falle der Autofinanzierung und der Ausfertigung eines Sicherungsscheines vorliegen. Soll für den Kreditgeber ein Sicherungsschein ausgestellt werden, so hat der Versicherungsnehmer einen Antragsvordruck mit Fragen auszufüllen und die unten abgedruckte Erklärung abzugeben. Der Zessionar (Kreditgeber oder Kraftfahrzeughändler) erwirbt im Falle einer Abtretung die Rechte des Versicherungsnehmers aus dem Versicherungsvertrag, insbesondere auf Zahlung der Entschädigung, auch wenn er den Versicherungsschein nicht besitzt. Über die Rechtsnatur des Sicherungsscheins vgl. Stiefel-Wussow § 3 Anm. 22; ferner das in OLG Köln 18. 6. 1958 VersR 1958 S. 638 angeführte Schrifttum. KG 15. 12. 1958 VersR 1959 S. 703 unterscheidet scharf, ob Abtretung oder eine Versicherung für fremde Rechnung vorliegt. Eine Pfändung und Überweisung der Versicherungsansprüche wird durch Abs. 3 nicht ausgeschlossen (§ 851 Abs. 2 ZPO).

10. Wird ein **Kraftfahrzeug-Sicherungsschein** verlangt, so lautet die Erklärung des Versicherungsnehmers, wie folgt:

Der Unterzeichner erklärt sich damit einverstanden,

1. daß für die bei der ....

abgeschlossene bzw. abzuschließende Fahrzeugversicherung bis zur endgültigen Tilgung der Schuld — maßgebend sind die diesbezüglichen Angaben der unter a) genannten Personen — die folgenden Bestimmungen gelten:

a) Die Versicherung gilt in Höhe des vom Versicherungsnehmer geschuldeten Betrages für Rechnung des genannten Kreditgebers oder des Kraftfahrzeughändlers, falls dieser die Forderung gegen den Versicherungsnehmer erworben hat und der Übergang der Forderung dem Versicherer angezeigt wurde.

b) In Abweichung von den Allgemeinen Bedingungen für die Kraftfahrtversicherung ist der Versicherungsnehmer nicht befugt, die Rechte aus dem Versicherungsvertrag selbst auszuüben, vielmehr sind hierzu, insbesondere zur Annahme der Entschädigung allein die unter a) genannten Personen oder ein von diesen namentlich benannter Dritter berechtigt, und zwar auch dann, wenn diese Personen sich nicht im Besitz des Versicherungsscheines befinden;

2. daß für den Fall der Einbeziehung des Versicherungsbeitrages in die Finanzierung eine Beitragserstattung bei vorzeitiger Beendigung des Versicherungsvertrages (Haftpflicht- und/oder Fahrzeugversicherung) an den nach 1 a) oder b) Berechtigten vorgenommen wird, höchstens jedoch bis zu dem Betrage, den der Versicherungsnehmer noch schuldet.

Für den Kreditgeber soll ein Sicherungsschein wie nachstehend ausgestellt werden.

Der **Kraftfahrzeug-Sicherungsschein** lautet:

Wir teilen Ihnen hierdurch mit, daß unser oben genannter Versicherungsnehmer für das bezeichnete Kraftfahrzeug eine

Fahrzeug-Vollversicherung mit/ohne DM .... Selbstbeteiligung
Fahrzeug-Teilversicherung (nur Brand und Entwendung)
Haftpflichtversicherung

abgeschlossen hat, und daß wir Deckung erteilt haben. Die Versicherung läuft bei uns unter obiger Nummer.

Der Vertrag ist abgeschlossen für die Zeit vom .... bis .... und verlängert sich stillschweigend jeweils um ein Jahr, wenn er nicht gekündigt wird.

Der Versicherungsbeitrag ist entrichtet bis zum ....

Bis zur endgültigen Befriedigung Ihrer Forderung gegen unseren Versicherungsnehmer — sofern Sie uns eine Verlegung des Fälligkeitstermins nicht mitteilen, ist für uns der oben für die letzte Rate genannte Fälligkeitstermin maßgebend — erklären wir uns zu folgendem bereit:

1. Eine Entschädigung aus der Fahrzeugversicherung für das bezeichnete Fahrzeug wird, sofern Sie nicht ausdrücklich vorher schriftlich zugestimmt haben, nicht an den Versicherungsnehmer, sondern an Sie oder an den oben genannten Kraftfahrzeughändler, sofern dieser die Forderung gegen den Versicherungsnehmer erwirbt, oder an einen von Ihnen oder dem Kraftfahrzeughändler namentlich benannten Dritten gezahlt, höchstens jedoch bis zu dem von Ihnen oder dem Kraftfahrzeughändler anzugebenden Betrag, den der Versicherungsnehmer noch schuldet.

Der Rechtsübergang auf den Kraftfahrzeughändler ist uns unverzüglich anzuzeigen.

2. Falls der Versicherungsbeitrag in die Finanzierung einbezogen ist, wird eine Beitragserstattung bei vorzeitiger Beendigung des Versicherungsvertrages (Haftpflicht- und/oder Fahrzeugversicherung) an Sie oder an den sonst nach 1. Berechtigten vorgenommen, höchstens jedoch bis zu dem angegebenen Betrag, den der Versicherungsnehmer noch schuldet.

3. Wir werden Ihnen oder dem Kraftfahrzeughändler, falls uns dieser als Rechtsnachfolger benannt wurde, sofort Kenntnis geben, wenn

a) dem Versicherungsnehmer eine Zahlungsfrist nach § 39 VVG gestellt worden und der angemahnte Betrag nicht spätestens eine Woche nach Abgang des Mahnschreibens eingegangen ist,

b) der Versicherungsvertrag als Ganzes oder teilweise gekündigt oder vorzeitig beendet wird.

Unterschrift des Versicherers

§ 4. Vertragsdauer, Kündigung

1. § 4 trifft in Absatz 1 eine Bestimmung über die **Vertragsdauer** und führt in den Absätzen 2 bis 4 einige Kündigungsgründe auf, die im Versicherungsvertragsgesetz nur für die Haftpflichtversicherung geregelt sind (§ 158 VVG), durch die Übernahme in die allgemeinen Bestimmungen der AKB im Rahmen der Kraftfahrversicherung aber auch für die anderen Versicherungsarten gelten. Unberührt bleiben Kündigungs- und Vertragsaufhebungsmöglichkeiten aus anderen Gründen, sei es auf Grund der allgemeinen Vorschriften des Bürgerlichen Gesetzbuches, sei es auf Grund von Vorschriften des Versicherungsvertragsgesetzes, so z. B. eine Kündigung aus den §§ 6, 14 oder 39 VVG. Absatz 5 gibt eine Sonderregelung für die Kündigung, wenn der Vertrag sich auf mehrere Kraftfahrt-Versicherungsarten oder Fahrzeuge erstreckt, während Absatz 6 die Prämienfrage im Falle der Haftung des Versicherers in Ansehung des Dritten regelt. Absatz 7 schließlich schreibt Kündigung durch eingeschriebenen Brief vor.

2. Die Dauer des Vertrags ergibt sich aus dem Antrag und dem Versicherungsschein. Ist die Vertragsdauer mindestens ein Jahr, so verlängert sich der Vertrag nach der **Verlängerungsklausel** des Abs. 1 jeweils um ein Jahr, wenn er nicht drei Monate vor Ablauf gekündigt wird (vgl. auch § 8 Abs. 1 VVG). Diese Verlängerung bedeutet nicht den Abschluß eines neuen Vertrags (RGZ Bd. 112 S. 384), so daß die Prämie für den verlängerten Vertrag eine Folgeprämie nach § 39 VVG ist. Infolge der Unabdingbarkeit der AKB und AKHB (siehe S. 306) sind ein- oder mehrjährige Verträge *ohne* Verlängerungs-

klausel nicht mehr zulässig, was im Interesse der Aufrechterhaltung der Verträge zu begrüßen ist. Beträgt die Vertragsdauer weniger als ein Jahr, so endigt der Vertrag, ohne daß es einer Kündigung bedarf. Eine stillschweigende Verlängerung kommt nicht in Betracht. Die Kündigung hat nach § 4 Abs. 7 durch eingeschriebenen Brief zu erfolgen (vgl. u. Anm. 13). Wegen der Verlängerungsklausel bei Fahrrädern mit Hilfsmotor vgl. Thees-Hagemann, 2. Aufl., S. 189.

3. § 4 Abs. 2–4 entspricht dem § 158 VVG. Dieser ist im Gesetz lediglich für die Haftpflichtversicherung vorgesehen. Durch seine grundsätzliche Anwendung auf Grund seiner Stellung im Abschnitt A (Allgemeine Bestimmungen) der AKB auch auf die Kasko-, Unfall- und Gepäckversicherung ergeben sich einige Zweifelsfragen. Zu ihrer Lösung ist auf den Grund der Vorschrift des § 158 VVG zurückzugehen. Es ist der gleiche, der für die Schaffung der §§ 96 VVG (Feuerversicherung) und 113 VVG (Hagelversicherung) maßgebend gewesen ist: Dem Versicherungsnehmer die Möglichkeit eines **Kündigungsrechts** zu geben, wenn er auf Grund der Wahrnehmungen bei der Ermittlung und Feststellung des Schadens den Wunsch hat, an den Vertrag nicht weiter gebunden zu bleiben. Während in der Feuer- und Hagelversicherung die Kündigungsmöglichkeit besteht, sobald der Versicherungsfall eingetreten ist, ist in der Haftpflichtversicherung die Kündigungsmöglichkeit an spätere Vorgänge geknüpft, weil in der Haftpflichtversicherung nicht immer einwandfrei feststeht, wann und ins-
klausel nicht mehr zulässig, was im Interesse der Aufrechterhaltung
sind daher für die Kündigungsmöglichkeit in der *Haftpflichtversicherung* solche Vorgänge zu Grunde gelegt worden, aus denen sich ergibt, daß die Verhandlungen über den Haftpflichtanspruch zu einem gewissen Abschluß gelangt sind. Diese Vorgänge, die jeden Vertragsteil **nach dem Eintritt des Versicherungsfalls** zur **Kündigung des Versicherungsverhältnisses** berechtigen, sind folgende:

a) wenn der Versicherer dem Versicherungsnehmer gegenüber seine Leistungsverpflichtung hinsichtlich der Entschädigung anerkennt,

b) wenn der Versicherer dem Versicherungsnehmer gegenüber die Leistung der fälligen Entschädigung verweigert,

c) wenn der Versicherer dem Versicherungsnehmer die Weisung erteilt hat, es zum Rechtsstreit über den Anspruch des Dritten kommen zu lassen,

d) wenn in der Fahrzeug- oder Unfallversicherung der Sachverständigenausschuß angerufen wird.

Die Prüfung, inwieweit diese festbestimmten Zeitpunkte auch für die Kündigung einer *Fahrzeug-, Unfall- oder Gepäckversicherung* im Rahmen der AKB von Bedeutung sind, ergibt folgendes:

4. Zu a) Voraussetzung ist, daß feststeht, daß der Versicherer Versicherungsschutz gewährt, denn nur in diesem Falle kann ein „Versicherungs"fall eintreten. Voraussetzung für die Kündigungsmöglichkeit ist ferner, daß es sich um einen **Versicherungsfall** im Sinne von § 7 Abs. 1 Nr. 1 AKB handelt, daß also das Ereignis einen unter die Versicherung fallenden Schaden verursacht oder — bei der Haftpflichtversicherung — Ansprüche gegen den Versicherungsnehmer zur Folge haben könnte. Trifft dies zu, dann besteht das Kündigungsrecht, auch wenn sich der Versicherungsfall ausschließlich auf eine mitversicherte Person bezieht (KG 13. 3. 1937 JRPV 1937 S. 166 = JW 1937 S. 2622). Liegen die vorgenannten Voraussetzungen vor, dann haben der Versicherungsnehmer und der Versicherer das Recht zu kündigen, wenn der Versicherer dem Versicherungsnehmer gegenüber nach dem Eintritt des Versicherungsfalles anerkennt, daß er zur Leistung der Entschädigung verpflichtet sei. Die Anerkennung braucht nicht ausdrücklich erklärt zu werden. Es genügt ein entsprechendes Verhalten des Versicherers.

Erkennt der Versicherer seine Leistungsverpflichtung nur zum Teil an, so sind beide Teile in der Fahrzeug-, Unfall- und Gepäckversicherung zur Kündigung des Versicherungsverhältnisses berechtigt, wenn die Verhandlungen im wesentlichen abgeschlossen sind. Es genügt also nicht schlechthin die teilweise Ablehnung der geforderten Fahrzeugentschädigung oder die Zahlung oder Ablehnung des Tagegeldes in der Unfallversicherung, ohne daß über die Invaliditätsentschädigung entschieden ist (so Stiefel-Wussow § 4 Anm. 7). Die Entscheidungen des OLG Düsseldorf 16. 11. 1933 JRPV 1934 S. 143 und LG Bonn 4. 9. 1934 PraxVersR 1934 S. 101 sowie die von diesen abweichende Entscheidung des OLG Breslau v. 17. 5. 1930 PraxVersR 1930 S. 84 werden zur Stütze ihrer Auffassung zu Unrecht herangezogen, da die den Entscheidungen zugrunde liegende Fassung der Versicherungsbedingungen von der hier maßgeblichen entscheidend abweicht (vgl. Oberbach II S. 293 Anm. 120). In dieser Frage — und zwar sowohl in der Kasko-, Unfall- als auch Gepäckversicherung — ist auf den oben erwähnten Grund der Bestimmung zurückzugehen, wonach maßgebend ist, ob die Verhandlungen im wesentlichen abgeschlossen sind. Ist dies der Fall und werden die Ansprüche des Versicherungsnehmers oder Versicherten dann nur zum Teil befriedigt, so besteht das Kündigungsrecht für den Versicherungsnehmer oder den Versicherer. Sind die Verhandlungen aber im wesentlichen noch nicht abgeschlossen, ist etwa vor Abschluß der Verhandlungen lediglich ein Teilschaden, z. B. der Ersatz eines Kotflügels, anerkannt, dagegen über den Schaden am Motor noch nicht entschieden, dann besteht die Kündigungsmöglichkeit nach a) nicht. Denn es heißt in § 4 (2) Satz 1 nicht, daß der Versicherer seine Leistungspflicht als solche, sondern seine Verpflichtung zur Leistung der Entschädigung, d. h. des Schadens, anerkannt haben muß.

In der Haftpflichtversicherung taucht die Frage einer teilweisen Anerkennung der Verpflichtung zur Leistung durch den Versicherer nicht auf. Hier ist es ohne Bedeutung, ob der Versicherer den vom geschädigten Dritten erhobenen Anspruch ganz oder teilweise befriedigt. Die Art der Erledigung der Schadenersatzansprüche des Dritten berührt das Verhältnis zwischen dem Versicherer und dem Versicherungsnehmer nicht. Hier ist nur möglich, dem Versicherungsnehmer Versicherungsschutz durch Befreiung von seinen Verpflichtungen gegenüber dem Dritten, gegebenenfalls in Form einer Abwehr der Ansprüche des Dritten zu gewähren; eine Teilleistung ist nicht möglich.

5. Zu b) Das Recht, nach Eintritt des Versicherungsfalls zu **kündigen,** wenn der Versicherer die **Leistung** der fälligen Versicherung **verweigert,** besteht für alle Versicherungszweige (Haftpflicht-, Fahrzeug-, Unfall-, Gepäckversicherung). Die Fälligkeit richtet sich für die Haftpflichtversicherung nach § 154 VVG, für die Fahrzeugversicherung nach § 15, für die Unfallversicherung nach § 21, für die Gepäckversicherung ebenfalls nach § 15 (§ 22) AKB. Da der Versicherer in der Haftpflichtversicherung kraft seiner Vollmacht die Höhe der Entschädigung für den geschädigten Dritten von sich aus bestimmt, sei es durch Vergleich oder Anerkenntnis, falls nicht der Versicherungsnehmer rechtskräftig verurteilt wird, da ferner in den übrigen Versicherungszweigen die Fälligkeit erst eintritt, wenn die Entschädigung nach Grund und Höhe feststeht, so wird es praktisch kaum zu einer Verweigerung der fälligen Leistung durch den Versicherer kommen. Aus den gleichen Gründen wird auch nicht die Frage einer Teilentschädigung auftreten.

6. Zu c) Ein Kündigungsrecht besteht nicht, wenn der Versicherer den Versicherungsschutz verweigert. Die Möglichkeit zu **kündigen, wenn** der Versicherer dem Versicherungsnehmer (oder Versicherten) die **Weisung** erteilt hat, es **zu einem Rechtsstreit** mit dem Dritten über dessen Anspruch kommen zu lassen, beschränkt sich auf die Haftpflichtversicherung. Dritter ist hier der geschädigte Dritte. In der Kaskoversicherung handelt es sich um einen Anspruch des Versicherungsnehmers selbst; der Anspruch eines Dritten kommt nicht in Betracht. Soweit in der Unfall- oder Gepäckversicherung Ansprüche der mitversicherten Insassen infrage stehen, kommt eine Anwendung des § 4 (2) Satz 2 Halbsatz 1 nicht in Betracht, da die Mitversicherten nicht Dritte im Sinne dieser Bestimmung sind.

7. Zu d) Hier liegt eine Erweiterung des Kündigungsrechts gegenüber der Regelung in § 158 VVG vor. Die Anrufung des Sachverständigenausschusses ist nur in der Kasko- und Unfallversicherung vorgesehen (§§ 14, 20 Abs. 2 AKB), nicht dagegen in der Gepäckversicherung.

Hier wie in der Haftpflichtversicherung kommt eine Kündigung nach Eintritt des Versicherungsfalles aus dem Grunde der Anrufung eines Sachverständigenausschusses mithin nicht in Betracht.

8. Die Kündigung muß nach Abs. 3, der § 158 Abs. 2 VVG entspricht, innerhalb eines Monats seit der Anerkennung der Entschädigungspflicht oder der Verweigerung der Entschädigung (nicht etwa schon seit der Fälligkeit der Entschädigung), seit der Rechtskraft des im Prozeß mit dem Dritten ergangenen Urteils oder seit der Zustellung des Spruchs des Ausschusses dem Vertragsgegner (Versicherer oder Versicherungsnehmer) zugegangen sein. Die **Kündigungsfrist** beträgt für den Versicherer einen Monat (a. M. Prölss §§ 4 AKB Anm. 2, 158 VVG Anm. 4; der Versicherer kann auch auf einen späteren Zeitpunkt kündigen). Der Versicherungsnehmer kann mit sofortiger Wirkung, aber auch für einen späteren Zeitpunkt, jedoch nicht über den Schluß des laufenden Versicherungsjahres oder der etwa vereinbarten kürzeren Vertragsdauer kündigen. Im Falle der Kündigung durch den Versicherungsnehmer hat dieser nach § 4 Abs. 4 AKB dem Versicherer das Versicherungsentgelt für die laufende Versicherungsperiode bzw. die etwa vereinbarte kürzere Vertragsdauer zu zahlen. Sind Ratenzahlungen vereinbart, dann ist im Falle der Kündigung durch den Versicherungsnehmer der ganze Jahresbeitrag fällig, wenn eine Jahresprämie vereinbart und lediglich die Zahlung in Raten gestattet worden ist, so daß die ausstehenden Teilbeträge gestundet worden sind. Ist dagegen von vornherein Zahlung der für ein Jahr bemessenen Prämie in Halbjahres-, Vierteljahres- oder Monatsprämien vereinbart worden, dann braucht der Versicherungsnehmer im Falle der Kündigung auch nur die vereinbarten Raten zu zahlen, falls nicht ausdrücklich etwas anderes gesagt ist. Vgl. über Beitragsabrechnung bei vorzeitiger Versicherungsbeendigung Frick VW 1955 S. 220 f. Der Versicherer kann im Falle der Kündigung durch ihn selbst lediglich den auf die abgelaufene Versicherungszeit entfallenden Beitragsanteil, also den Anteil pro rata temporis, beanspruchen. Er darf nicht den Kurztarif anwenden.

9. Wird eine Kündigung nach § 4 Abs. 1—4 ausgesprochen, so können — aber nur in diesen Fällen — nach Abs. 5 von beiden Vertragsteilen sowohl der **ganze Vertrag als auch der einzelne Versicherungszweig,** also etwa die Kraftfahrhaftpflicht- oder die Kraftfahrunfallversicherung oder beide Versicherungszweige gekündigt werden. Bezieht sich die Versicherung auf mehrere Fahrzeuge, so kann die Kündigung auf e i n Fahrzeug oder einige der mehreren Fahrzeuge und auch hier wiederum auf den ganzen Vertrag oder einzelne Versicherungszweige des Vertrags beschränkt werden. Dies muß aus der Kündigungserklärung hervorgehen. Wird ohne jede Einschränkung gekündigt, so ist dies

im Zweifelsfall als die Kündigung des gesamten Vertrages und sämtlicher Fahrzeuge anzusehen. Für die beschränkte Kündigung durch den Versicherer gilt eine Besonderheit: Ist der Versicherungsnehmer mit dieser Kündigung von Teilen des Vertrages, d. h. nur von dem einen oder anderen Versicherungszweig, oder von einzelnen Fahrzeugen durch den Versicherer nicht einverstanden, so kann er durch Mitteilung hiervon an den Versicherer innerhalb von zwei Wochen nach Empfang der Teilkündigung bewirken, daß der gesamte Vertrag rückwirkend als gekündigt gilt. Die gleiche Regelung gilt übrigens auch im Falle der Kündigung bei Veräußerung (vgl. § 6 Abs. 2 letzter Satz AKB).

Die Beendigung des auf dem Pflichtversicherungsgesetz beruhenden Haftpflichtversicherungsvertrages ist vom Versicherer der Zulassungsstelle anzuzeigen (näheres vgl. S. 226, 267).

10. a) Eine besondere Regelung für die **Zahlung des Versicherungsentgelts** in den Fällen des **§ 158 c Abs. 2** VVG (nicht auch in den Fällen der Obliegenheitsverletzung nach § 158 c Abs. 1, da hier der Anspruch auf die Prämie bereits ohne weiteres auf Grund des Vertrages besteht) ist in § 4 Abs. 6 AKB getroffen (hierzu ausführlich Johannsen VersArch. 1956 S. 357 ff.). Ist der Versicherungsvertrag beendet oder besteht er nicht oder nicht mehr, ist der Versicherer aber gleichwohl in Ansehung des Dritten nach § 158 c Abs. 2 VVG zur Leistung verpflichtet, so hat er nach dieser Bestimmung über die tariflich zu zahlenden Prämien hinaus Anspruch auf einen weiteren Prämienteil, der der Zeit seiner in Ansehung des Dritten bestehenden Verpflichtung entspricht (vgl. S. 288). Grundlage dabei ist das vertragliche Versicherungsentgelt. Dabei wird als selbstverständlich angesehen, daß der Versicherer für den gleichen Zeitraum nicht etwa eine doppelte Prämie — auf Grund des Versicherungsvertrages und auf Grund des § 4 Abs. 6 AKB — verlangen kann. Der Prämienanspruch besteht nach der überwiegenden Meinung dann, wenn der Vertrag nicht besteht oder erlischt — § 158 c Abs. 2 VVG — (LG Lüneburg 3. 9. 1953 S. 246 VerBAV 1953 S. 246 = VersR 1954 S. 10; AG Altena 31. 1. 1954 VersR 1954 S. 94; Helberg VW 1952 S. 282 f.; Stiefel-Wussow § 4 Anm. 14; Würffel VW 1953 S. 206 f.). Gegen einen Prämienanspruch für den Fall, daß der Versicherungsvertrag von Anfang an nicht besteht, haben sich ausgesprochen Kramer ZfV 1951 S. 371; Prölss § 4 AKB Anm. 4; LG Braunschweig 22. 4. 1954 VersR 1954 S. 362 = NJW 1954 S. 1573. Vgl. auch Clauss VersR 1954 S. 46 ff. Grundsätzlich wird ein Anspruch auf die Prämie aber nur so lange zugestanden, wie der Versicherer ohne eigenes Verschulden dem Dritten gegenüber haftpflichtig bleibt. Er entfällt daher, wenn es der Versicherer unterläßt, die Beendigung seiner gesetzlichen Haftung durch

Anzeige nach § 29 c StVZO (vgl. S. 267) herbeizuführen oder wenn er die Beendigung schuldhaft verzögert (LG Braunschweig VersR 1954 S. 362 = NJW 1954 S. 1573 m. Anm. Prölss; Fleischmann VersR 1953 S. 273; Stiefel-Wussow § 4 Anm. 14; Würffel ZfV 1952 S. 305; BGHZ 27. 9. 1956 VersR 1956 S. 706 neigt, ohne zu entscheiden, anscheinend zu der gleichen Auffassung).

Die herrschende Meinung streitet darüber, wie § 4 Abs. 6 rechtlich einzuordnen ist. Nach den Darlegungen der früheren Wirtschaftsgruppe Kraftfahrtversicherung (Ziff. 30, hier S. 158) soll es sich um eine Art Vertragsstrafe handeln (so auch Frick ZfV 1952 S. 304; Helberg VW 1952 S. 282 f.; Prölss § 4 AKB Anm. 4). Prölss hält die Bestimmung im übrigen für unwirksam, wenn der Vertrag von Anfang an nicht besteht (Anfechtung, Rücktritt, § 38 Abs. 2 VVG). Reichert-Facilides (VersR 1955 S. 65) nimmt Vertragsleistung an. Die Annahme einer Vertragsstrafe dürfte daran scheitern, daß die Fälle des § 158 c Abs. 2 VVG durchaus nicht immer auf Grund eines vom Versicherungsnehmer zu vertretenden Verhaltens gegeben sein dürften und, abgesehen hiervon, ein Vertrag in manchen Fällen gar nicht erst zustande gekommen ist. Angesichts der §§ 40 Abs. 2, 42 VVG sehen Stiefel-Wussow a. a. O., Anm. 15, § 4 Abs. 6 als rechtsunwirksam an, wenn der Versicherungsvertrag gemäß § 38 Abs. 1 VVG durch Rücktritt beendigt ist.

11. b) § 4 Abs. 6 gehörte in das Versicherungsvertragsgesetz, in die Reihe der Vorschriften der §§ 158 b ff. Wenn ein Vertrag nicht mehr besteht oder nie bestanden hat, gelten auch nicht die Allgemeinen Kraftverkehrsbedingungen und dementsprechend auch nicht § 4 Abs. 6, ohne daß es auf weitere Erwägungen über die Unwirksamkeit, wie etwa nach den §§ 38 Abs. 2, 42 VVG, ankommt. Gegenüber Thees-Hagemann, 2. Aufl., § 4 AKB Anm. 3, die die Rechtswirksamkeit des § 4 Abs. 6 zumindest als äußerst zweifelhaft ansehen, sei noch erwähnt, daß der einer Gesetzesnorm gleichkommende Charakter der AKB nur zum Zuge kommt, wenn die AKB überhaupt zur Anwendung kommen, was bei Nichtbestehen oder bei einer Beendigung des Vertragsverhältnisses jedoch nicht der Fall ist (für eine Anwendung auch in diesem Falle Würffel VW 1953 S. 206, 207). Wie aus öffentlich-rechtlichen Gründen in § 158 c VVG die Haftung des Versicherers ohne Rücksicht auf die vertraglichen Beziehungen festgesetzt ist, so kann auch ein Entgelt nur vom Gesetzgeber festgesetzt werden. Der Gesetzgeber hat aber nur die Rückgriffsmöglichkeit in § 158 f VVG statuiert. Es erscheint im übrigen unbillig, daß der Versicherer bei einem normal verlaufenden Versicherungsvertrag im Schadenfall neben seinem Prämienanspruch k e i n e Rückgriffsmöglichkeit gegen den Versicherungsnehmer hat, wie es auch selbstverständlich erscheint,

während bei einem Versicherungsverhältnis, das beendigt ist oder nie bestanden hat (§ 158 c Abs. 2 VVG) – in welchem Falle der Versicherer lediglich gesetzlich haftet – ein Vergütungsanspruch und eine Rückgriffsmöglichkeit gewährt werden (Johannsen VersArch 1956 S. 359 f. hält. § 4 Ziff. 6 für gerechtfertigt). Daß in der Zubilligung einer Prämie der Charakter der Vertragsstrafe zum Ausdruck komme (so Helberg a. a. O.), kann nach dem zu a) hinsichtlich der Natur der Vertragsstrafe Gesagten nicht anerkannt werden.

12. c) Hat im konkreten Falle der Versicherer eine Vergütung für seine Haftung im Rahmen des § 158 c VVG erhoben, so kann hieraus nicht sein Einverständnis mit einer Fortsetzung des Versicherungsvertrages hergeleitet werden (BGHZ VersR 1956 S. 706). Kündigt im Falle der Veräußerung des Kraftwagens der Erwerber das Vertragsverhältnis, so kann der Versicherer nach der herrschenden Meinung den Prämienanspruch für die sog. „Nachhaftungszeit" des § 158 c Abs. 2 VVG gegen den Veräußerer geltend machen, da § 70 Abs. 3 a. a. O. nicht zugunsten des Veräußerers zwingend ist (Prölss § 4 AKB Anm. 4; Stiefel-Wussow § 4 Anm. 14; Thees-Hagemann, 2. Aufl., § 4 AKB Am. 3). Demgegenüber ist aber folgendes zu betonen: Ist, wie zu b) ausgeführt, nach der hier vertretenen Auffassung § 4 Abs. 6 unwirksam, so hat der Versicherer auch im Falle der Kündigung des Vertragsverhältnisses durch den Erwerber keinen Anspruch auf eine Prämie gegen den Veräußerer für die Zeit seiner gesetzlichen Haftung. Der Veräußerer haftet nur für den Betrag bis zum Schluß der laufenden Versicherungsperiode (wie hier Würffel VW 1952 S. 142).

13. Nach Abs. 7 sollen alle Kündigungen durch **eingeschriebenen Brief** ausgesprochen werden. Dies gilt sowohl für den Versicherungsnehmer als auch für den Versicherer. Hat sich der Versicherer allgemein hierzu verpflichtet, wie dies durch die Bedingungen geschehen ist, so kann er sich im Einzelfall nicht auf mehr oder weniger zufällige Umstände berufen, die eine Einhaltung dieser Form als überflüssig erscheinen lassen könnten (OLG Düsseldorf 2. 11. 1933 JRPV 1934 S. 141). Die Kündigung hat seitens des Versicherungsnehmers gemäß § 9 AKB an den Vorstand oder die im Versicherungsschein als zuständig bezeichnete Stelle zu erfolgen (vgl. die Erläuterungen zu § 9). Ein Mangel der Form (schriftlich statt eingeschrieben) schadet jedoch nicht, wenn die Kündigung rechtzeitig zugegangen ist (vgl. Stiefel-Wussow § 4 Anm. 16). Der Kündigende ist beweispflichtig für den Zugang der Kündigung, wenn dieser vom Empfänger bestritten wird.

Für die Kündigung von Verträgen gelten die allgemeinen Grundsätze des Bürgerlichen Rechts. Wegen ihrer einen großen Kreis von Haltern betreffenden Bedeutung sei hier lediglich auf die Entscheidung des BGHZ v. 27. 9. 1956 VersR 1956 S. 638 hingewiesen. Dort ist unter dem Gesichtspunkt der Anscheinsvollmacht die Kündigung eines Kraftfahrzeug-Haftpflichtversicherungsvertrages für rechtswirksam erklärt worden, die ein als Vertreter des Versicherungsnehmers, des Inhabers eines mehrere Lastzüge umfassenden Fuhrunternehmens, auftretender Dritter ausgesprochen hat, der, ohne fest angestellt gewesen zu sein, für den Versicherungsnehmer längere Zeit tätig gewesen ist. In solchen Fällen ist ohne Bedeutung, ob der Vertretene das Verhalten des vollmachtlosen Vertreters gekannt hat; es genügt, daß er es bei genügender Sorgfalt kennen mußte und verhindern konnte. Wegen der sog. „Duldungsvollmacht" vgl. BGHZ NJW 1956 S. 460; MDR 1953 S. 345.

§ 5. Vertragsunterbrechung

1. § 5 regelt den Fall, daß das versicherte Fahrzeug **vorübergehend aus dem Verkehr genommen** wird. Grundsätzlich wird der Vertrag durch eine vorübergehende Außerbetriebsetzung nicht berührt. „Grundsätzlich" bedeutet, daß die Parteien etwas anderes vereinbaren können, z. B. die in Anm. 6 erwähnte Ruheversicherung.

2. Der Versicherungsnehmer kann jedoch eine **Unterbrechung** des Versicherungsschutzes verlangen, wenn durch eine behördliche Maßnahme dem Versicherungsnehmer für mehr als einen Monat die Verfügungsgewalt über das Fahrzeug oder die Möglichkeit zu seiner Benutzung genommen wird. In letzterem Falle behält er das Verfügungsrecht, kann das Fahrzeug also veräußern — womit es auf einen anderen Verfügungsberechtigten überginge (s. u.) —, darf es nur nicht benutzen. Die behördliche Maßnahme kann eine allgemeine, für ganze Gruppen von Fahrzeugen maßgebende Anordnung oder eine Verfügung im Einzelfall sein. Sie braucht daher dem Versicherungsnehmer nicht zugestellt zu sein. Sie muß jedoch gegen den Versicherungsnehmer oder einen Versicherten, z. B. den Fahrer, unmittelbar wirken. Behördliche Maßnahmen dieser Art können etwa sein das Gebot der Stillegung von Kraftfahrzeugen wegen Benzinmangels, die Inanspruchnahme von Kraftfahrzeugen auf Grund des Bundesleistungsgesetzes vom 19. 10. 1956 (BGBl. I S. 815), zeitweiliges Verbot der Benutzung von Kraftfahrzeugen aus Verwaltungsgründen, Beschlagnahmen in der sowjetischen Zone (vgl. BGHZ 20. 2. 1956 VersR 1956 S. 187; 13. 7. 1959 VersR 1959 S. 701). Immer muß es sich um Maßnahmen vorläufiger Art und solche von unmittelbarer Wirkung handeln. Von § 5 AKB werden daher nicht betroffen das Verbot der Weiterbenutzung von Kraftfahrzeugen bestimmter Art (z. B. über eine bestimmte Länge hinaus) oder die Stillegung auf Grund wirtschaftlicher Erwägungen des Halters, mögen diese auch auf behördliche Maßnahmen zurückzuführen sein.

Kraft ausdrücklicher Bestimmung fallen nicht unter § 5 vorübergehende Stillegungen infolge Entziehung der Fahrerlaubnis, Entstempelung des Fahrzeuges oder Maßnahmen strafrechtlicher Art. Ebenso fallen Stillegungen, die auf persönliche – freiwillige oder unfreiwillige – Behinderungen des Halters zurückzuführen sind (Krankheit, Reise), nicht unter § 5 Satz 2; auch nicht Pfändungen auf Betreiben von Gläubigern oder ein Diebstahl. Die Regelung des § 5 Satz 2 gilt nicht, wenn in Verbindung mit der behördlichen Maßnahme der Versicherungsschutz auf einen anderen Verfügungsberechtigten übergeht.

3. In den unter § 5 Satz 2 einzuordnenden Fällen wird der Versicherungsvertrag um die **Dauer** der Unterbrechung des Versicherungsschutzes **verlängert.** Während der Unterbrechung, die zugleich eine Unterbrechung des Versicherungsvertrages bedeutet (arg. § 5 Satz 3), bleibt der **Versicherungsschutz** in Ansehung des Dritten aufrechterhalten, es sei denn, der Versicherer zeigt der Zulassungsstelle gemäß § 29 c StVZO an, daß die Versicherungsbestätigung ihre Geltung verloren hat. Denn wie auf S. 224 ausgeführt worden ist, liefert die Versicherungsbestätigung der Zulassungsstelle gegenüber den Nachweis, daß die Versicherungsunternehmung Versicherungsschutz nach dem Pflichtversicherungsgesetz gewährt und aufrechterhält. Auf Grund des Verlangens des Versicherungsnehmers gemäß § 5 Satz 2 AKB steht aber fest, daß die Versicherungsunternehmung ihm für begrenzte Zeit keinen Versicherungsschutz gewährt. Will die Versicherungsunternehmung also aus der Haftung in Ansehung des Dritten entlassen werden, bedarf es der Anzeige nach § 29 c a. a. O. Die erwähnte Anzeige muß zugleich als Erfüllung der Anzeigepflicht nach § 158 c Abs. 2 VVG angesehen werden. Wenn auch eine Unterbrechung des Versicherungsvertrages formell keine Beendigung des Versicherungsverhältnisses bedeutet, so kommt doch materiell die Unterbrechung des Vertrages, u. U. auf einen längeren Zeitraum, einer Beendigung gleich (vgl. hierzu auch Stiefel-Wussow § 5 Anm. 6). Einer Anzeige nach § 29 c StVZO bedarf es nicht, wenn der Versicherungsschutz für die Wagnisse aufrechterhalten bleibt, die trotz der Entziehung der Verfügungsgewalt oder der Möglichkeit der Benutzung des Fahrzeugs und der damit zusammenhängenden Unterbrechung des Versicherungsschutzes noch verbleiben. Dies ist z. B. während des Krieges für Kraftfahrzeuge und Anhänger, die nicht mehr benutzt werden durften, durch die Verordnungen vom 3. 10. 1939 (RGBl. I S. 1985) – vgl. insbesondere § 3 – und vom 17. 1. 1940 (RGBl. I S. 178) – vgl. insbesondere § 5 – geschehen. Hier mag erwähnt werden, daß die erstgenannte Verordnung Vertragsinhalt des der Entscheidung des LG Würzburg 24. 3. 1953 VersR 1954 S. 320 zugrunde liegenden Versicherungsverhältnisses gewesen ist; das Landgericht hat § 29 c StVZO

für unanwendbar erklärt. Wird das Fahrzeug wieder in Betrieb genommen, ist eine neue Versicherungsbestätigung erforderlich. – Eine Sonderregelung, die auf gleiche Erwägungen zurückzuführen ist, findet sich in der Regelung der Ruheversicherung (s. u. Anm. 6). –

4. § 5 Satz 2 ist zwar ursprünglich im Hinblick auf die bei Einführung der AKB herrschenden Kriegsverhältnisse geschaffen worden; er behält aber unabhängig davon **allgemeine Gültigkeit.**

Liegen die Voraussetzungen von § 5 Satz 2 (behördliche Maßnahmen) nicht vor, so läuft der Vertrag trotz einer vorübergehenden Stillegung entsprechend § 5 Satz 1 weiter, so daß die Stillegung ebenso wie die Wiederinbetriebnahme die Haftung und den Versicherungsschutz des Versicherers gegenüber dem Versicherungsnehmer unverändert lassen. Andererseits bleibt der Versicherungsnehmer zur Prämienzahlung verpflichtet.

5. Von einer vorübergehenden Stillegung, die nur unter den strengen Voraussetzungen des § 5 Satz 2 (behördliche Maßnahme) zu einer Unterbrechung des Versicherungsschutzes führt, ist der **endgültige Wegfall des versicherten Wagnisses** (vgl. § 6 Abs. 3 AKB) mit seinen auf S. 357 ff. geschilderten Folgen scharf zu trennen. Nur bei endgültigem Wegfall des versicherten Fahrzeuges kann ein Verkehrsunfall nicht mehr eintreten.

6. Vielfach haben nun Versicherer und Versicherungsnehmer wirtschaftlichen Bedürfnissen Rechnung getragen, indem sie, auch ohne daß die Voraussetzungen des § 5 Satz 2 vorliegen, etwa für die Wintermonate, eine **Ruheversicherung** – gegen ermäßigte Prämie – vereinbaren (vgl. die Grundregel 10, S. 355). Der Versicherungsschutz richtet sich in diesen Fällen nach den aufsichtsbehördlich genehmigten sog. Sonderbedingungen für das Einstellraumrisiko, die dem Versicherungsnehmer einen eingeschränkten Versicherungsschutz bieten (Wortlaut vgl. S. 355 ff.). Der Wortlaut dieser Bedingungen ist neu gefaßt worden. Der frühere Wortlaut findet sich in VerAfP 1950 S. 131 = VW 1950 S. 79; vgl. auch Stiefel-Wussow § 5 Anm. 8.

Die Frage, ob eine derartige Ruheversicherung mit § 5 AKB und der Unabdingbarkeit der Versicherungsbedingungen (vgl. S. 306) vereinbar ist, ist zu bejahen. § 5 Satz 1 spricht lediglich davon, daß der Versicherungsvertrag durch die Unterbrechung „grundsätzlich" nicht berührt werde. Danach kann angenommen werden, daß für abweichende Regelungen Raum ist (im Ergebnis ebenso BGHZ 20. 6. 1960 VerBAV 1960 S. 221 ff. = VersR 1960 S. 689, 690 = BB 1960 S. 808). Jedoch kann der Versicherungsnehmer, wenn nicht die Voraussetzungen des Satzes 2 vorliegen, eine abweichende Regelung nicht verlangen.

Die in Rechtsprechung und Schrifttum zu Fragen der Ruheversicherung und der Einstellraumversicherung dargelegten Auffassungen (vgl. z. B. LG Würzburg VersR 1954 S. 320; OLG Düsseldorf 18. 10. 1955 VersR 1956 S. 111; Ossewski VersR 1956 S. 415; Prölss § 158 c Anm. 3; Thees-Hagemann, 2. Aufl., § 5 AKB Anm. 3) bedürfen angesichts der Neufassung der Bedingungen der Ruheversicherung einer Überprüfung.

7. Nach der Grundregel 10 über die Ruheversicherung wird bei nachgewiesener vorübergehender Abmeldung des Kraftfahrzeuges während der Dauer der Nichtbenutzung Versicherungsschutz nach den Sonderbedingungen für das Einstellraumrisiko sowohl in der Haftpflicht-, als auch in der Fahrzeugversicherung gewährt. Die Sonderbedingungen bestimmen in den Absätzen 1–3 der Haftpflichtruheversicherung (S. 356), daß der Versicherungsnehmer Versicherungsschutz bei Schäden während der Unterbringung des Fahrzeuges im Heimateinstellraum bei r u h e n d e m Motor genießt; der Versicherungsschutz erstreckt sich ferner auf Schäden während der Fortbewegung des Wagens, wenn dies ohne Wissen und Willen des beweispflichtigen Versicherungsnehmers geschehen ist. Kein Versicherungsschutz besteht dagegen für den Versicherungsnehmer, wenn er selbst das Fahrzeug außerhalb des Heimateinstellraums benutzt. Jedoch haftet der Versicherer für hierbei eintretende Schäden mit der Möglichkeit eines Rückgriffs auf den Versicherungsnehmer gemäß § 158 f VVG in Ansehung des geschädigten Dritten. Hier findet sich die oben in Anm. 3 erwähnte den Verordnungen vom 3. 10. 1939 und 17. 1. 1940 zugrunde liegende Erwägung, daß trotz Stillegung oder Unterbrechung des Vertrages der Versicherungsschutz für die verbleibenden Wagnisse aufrechterhalten bleiben oder mindestens die Haftung des Versicherers in Ansehung des Dritten gewährleistet sein muß. Letzteres ist die in Abs. 3 der Haftpflichtruheversicherung getroffene Regelung, die dem hier vertretenen Grundgedanken einer verselbständigten Haftung des Versicherers nach § 158 c VVG nahekommt. Bei dieser Sachlage bedarf es keiner Anzeige des Versicherers nach § 29 c StVZO u. § 158 c Abs. 2 VVG, da die Versicherungsbestätigung ihre Geltung behält. Durch die Abmeldung des Fahrzeugs (Ablieferung des Kraftfahrzeug- oder Anhängerbriefes und -scheins und Entstempelung des amtlichen Kennzeichens) wird bei der vorübergehenden Stillegung des Fahrzeuges in der Regel eine Inanspruchnahme des Versicherers nach § 158 c VVG ausgeschlossen bleiben, da der Halter im Rahmen der Abmeldung den Kraftfahrzeug- oder Anhängerschein an die Zulassungsstelle abliefern und das amtliche Kennzeichen entstempeln lassen muß (vgl. § 27 Abs. 5 u. 6 StVZO in der Fassung der VO vom 7. 7. 1960 – BGBl. I S. 485) und die Wiederaushändigung des Briefes sowie die

Abstempelung von einer Bestätigung des Versicherers abhängig gemacht werden kann, daß dieser über die Absicht der Wiederinbetriebnahme des Fahrzeugs unterrichtet worden ist (§ 29 b Abs. 4 StVZO; vgl. auch S. 226).

8. Die Beschränkung des Versicherungschutzes dauert bis zur (Wieder-) Anmeldung des Fahrzeugs bei der Zulassungsstelle, und diese Anmeldung ist dem Versicherer unverzüglich anzuzeigen. Der **Versicherungsschutz lebt** dann in vollem Umfang **wieder auf.** Die oben erwähnte Entscheidung des BGHZ in VersR 1960 S. 689 betrifft den auch den Sonderbedingungen in der früheren Fassung (s. o.) zugrunde liegenden Fall, wonach der Versicherungsschutz mit der „Wiederinbetriebnahme" des Fahrzeuges wieder auflebt.

Die Versicherungsbestätigung kann nach dem Erlaß des Bundesministers für Verkehr vom 2. 10. 1953 – StV 2 Nr. 12090 H 53/II (VkBl. 1953 S. 462 u. VW 1953 S. 524) durch eine unter neuem Datum vollzogene Ausfertigung der Versicherungsbestätigung beigebracht werden. Ist, was gelegentlich auch bei vorübergehender Stillegung geschieht, die Versicherungsbestätigung zurückgezogen und Anzeige nach § 29 c StVZO erstattet worden, so bedarf es der Erteilung einer neuen Versicherungsbestätigung. Vgl. ferner die Ausführungen zu § 29 b Abs. 4 StVZO S. 226.

9. Der Versicherungsschutz ist **beitragsfrei,** sofern bereits eine Haftpflicht- oder (und) Fahrzeugversicherung besteht, im anderen Falle wird eine geringe Prämie erhoben.

10. Wegen des Begriffs Heimateinstellraum vgl. die Erläuterungen zur Grundregel 10, letzter Absatz und Rohde VersR 1960 S. 108.

Zur Frage der Stillegung, z. T. nur für den früheren Wortlaut maßgebend, vgl. u. a. Fröbe VW 1954 S. 266; Lunau VW 1954 S. 327; Würffel VW 1954 S. 604; Evers VW 1959 S. 510; Feyerabendt VW 1960 S. 82.

11. Wortlaut der **Grundregel 10** (Erläuterungen vgl. S. 148).

Ruheversicherung:

(1) Haftpflicht-Ruheversicherung

1. Bei nachgewiesener vorübergehender Abmeldung eines Fahrzeugs, für das eine Haftpflichtversicherung abgeschlossen ist, wird während der Dauer der Nichtbenutzung beitragsfrei Versicherungsschutz nach den Sonderbedingungen für das Einstellraumrisiko in der Haftpflichtversicherung gewährt.
2. Ist für ein Fahrzeug keine Haftpflichtversicherung abgeschlossen, so kann eine gesonderte Haftpflicht-Ruheversicherung nach den Sonderbedingungen für das Einstellraumrisiko in der Haftpflichtversicherung abgeschlossen werden. Der Beitrag beträgt in diesem Falle 4,– DM. Wird das Fahrzeug innerhalb eines Jahres seit Abschluß dieser geson-

derten Haftpflicht-Ruheversicherung in Betrieb genommen, so ist der Beitrag von 4,– DM auf den tariflichen Beitrag für die Haftpflichtversicherung des Fahrzeugs anzurechnen. Veräußert der Versicherungsnehmer das Fahrzeug, bevor es in Betrieb genommen wird, so steht dem Versicherer der Beitrag von 4,– DM als Geschäftsgebühr zu.

(2) Fahrzeug-Ruheversicherung

1. Bei nachgewiesener vorübergehender Abmeldung eines Fahrzeugs, für das eine Fahrzeugvollversicherung oder eine Fahrzeugteilversicherung abgeschlossen ist, wird während der Dauer der Nichtbenutzung, längstens jedoch auf die Dauer eines Jahres seit Abmeldung bei der Zulassungsstelle, beitragsfrei Versicherungsschutz nach den Sonderbedingungen für das Einstellraumrisiko in der Fahrzeugversicherung gewährt. Nach Ablauf eines Jahres kann eine Verlängerung der Fahrzeug-Ruheversicherung vereinbart werden. Der Beitrag richtet sich nach Nummer 2.
2. Ist für ein Fahrzeug weder eine Fahrzeugvollversicherung noch eine Fahrzeugteilversicherung abgeschlossen, so kann eine gesonderte Fahrzeug-Ruheversicherung nach den Sonderbedingungen für das Einstellraumrisiko in der Fahrzeugversicherung abgeschlossen werden. – Beitrag: 50 v. H. des Beitrags für Fahrzeugteilversicherung (Spalte 5 des Tarifs); bei Güterfahrzeugen sind die Beiträge für den Werkverkehr zugrunde zu legen.

Sonderbedingungen für das Einstellraumrisiko in der Kraftfahr-Haftpflicht- und Fahrzeugversicherung (vgl. Ver BAV 1960 S. 80)

1. Haftpflichtruheversicherung

Die Haftpflichtruheversicherung bezieht sich nur auf Haftpflichtansprüche aus Schäden während der Unterbringung des versicherten Fahrzeugs im Heimateinstellraum bei ruhendem Motor.

Eingeschlosssen sind Schäden, die sich bei der Fortbewegung des Fahrzeugs ereignen, wenn der Versicherungsnehmer nachweist, daß diese Fortbewegung ohne sein Wissen und seinen Willen geschah.

Darüber hinaus ist der Versicherer zur Leistung nur in Ansehung des Dritten gemäß § 158 c Abs. 3 bis 5 VVG verpflichtet, wenn der Versicherungsnehmer das Fahrzeug außerhalb des Heimateinstellraums benutzt; im Falle einer Leistung findet § 158 f VVG Anwendung.

Die Haftpflichtruheversicherung beginnt mit der vorübergehenden Abmeldung des Fahrzeugs bei der Zulassungsstelle, die dem Versicherer nachzuweisen ist, oder dem vereinbarten Zeitpunkt. Sie erlischt mit der Anmeldung des Fahrzeugs bei der Zulassungsstelle. Die Anmeldung ist dem Versicherer unverzüglich anzuzeigen.

Im übrigen bleiben die AKB unberührt.

2. Fahrzeugruheversicherung

Bei der Fahrzeugruheversicherung besteht Versicherungsschutz im Rahmen des § 12 Abs. 3 AKB für Schäden während der Unterbringung des versicherten Fahrzeugs im Heimateinstellraum bei ruhendem Motor.

Eingeschlossen sind im Rahmen des § 12 Abs. 3 AKB Schäden, die sich bei der Fortbewegung des Fahrzeugs ereignen, wenn der Versicherungsnehmer nachweist, daß die Fortbewegung ohne sein Wissen und seinen Willen geschah.

Die Fahrzeugruheversicherung beginnt mit der vorübergehenden Abmeldung des Fahrzeugs bei der Zulassungsstelle, die dem Versicherer nachzuweisen ist, oder dem vereinbarten Zeitpunkt. Sie erlischt mit der Anmeldung des Fahrzeugs bei der Zulassungsstelle, spätestens jedoch nach Ablauf eines Jahres seit ihrem Beginn, sofern nichts Abweichendes vereinbart ist. Die Anmeldung des Fahrzeugs ist dem Versicherer unverzüglich anzuzeigen.

Im übrigen bleiben die AKB unberührt.

§ 6. Wagniswegfall

1. § 6 trifft eine Regelung für den – endgültigen – **Wagniswegfall,** die sich an die §§ 69 ff. VVG anlehnt. Abs. 1 regelt die Rechtsfolgen im Falle einer Veräußerung, Abs. 2 behandelt das Kündigungsrecht in diesem Falle und trifft Bestimmungen über die Beitragsregelung, Abs. 3 ordnet die Beitragsregelung bei dauerndem Wegfall des Risikos in allen sonstigen Fällen.

2. Nach Abs. 1 tritt im Fall der **Veräußerung des Fahrzeugs** der Erwerber in den Versicherungsvertrag ein und haftet zusammen mit dem Veräußerer für das zur Zeit der Veräußerung laufende Versicherungsjahr als Gesamtschuldner. Die Veräußerung ist dem Versicherer unverzüglich anzuzeigen, widrigenfalls Leistungsfreiheit entsprechend § 71 VVG eintreten kann. Hinsichtlich der Kraftfahrzeuge, die ein Versicherungskennzeichen führen müssen (Fahrräder mit Hilfsmotor), haben sich die Versicherer bereit erklärt, auf eine ihnen nach § 71 VVG zustehende Leistungsfreiheit zu verzichten, wenn die Anzeige über die Veräußerung weder vom Erwerber noch vom Veräußerer erstattet wird (VerBAV 1957 S. 57). – Die Unterlassung der Anzeige kann, abgesehen von den Folgen nach § 71 VVG, bewirken, daß den Erwerber ein mitwirkendes Verschulden nach § 254 BGB bei der Feststellung der Höhe des Schadens durch den Versicherer trifft, so wenn dieser den Geschädigten gemäß § 158 c VVG vergleichsweise befriedigt (BGHZ 4. 7. 1957 VersR 1957 S. 502).

Die hier wiedergegebene Regelung gilt bereits kraft Gesetzes für die Fahrzeugversicherung (§§ 69 ff. VVG). In der Haftpflichtversicherung galt diese Regelung bisher nur, wenn eine Sicherungsübereignung vorlag und der Sicherungsgeber Halter blieb, oder wenn das Kraftfahrzeug im Rahmen eines geschäftlichen Betriebes veräußert worden ist (vgl. Fromm JRPV 1929 S. 57). Alle übrigen Fälle unterstanden dem Grundsatz des § 68 VVG, d. h., wenn der Eigentümer das Kraftfahrzeug veräußerte, erlosch die Haftpflichtversicherung, weil der Eigentümer in der Regel aufhörte, Halter zu sein, sein Interesse also fortfällt. Nach § 158 h VVG gelten die §§ 69 ff. VVG auch für die Pflichthaftpflichtversicherung. Hierauf fußend tritt durch die Regelung des

§ 6 Abs. 1 AKB der Erwerber eines Kraftfahrzeuges in die Rechte und Pflichten des Haftpflichtversicherungsnehmers ein, auch wenn es sich nicht um eine Sicherungsübereignung der geschilderten Art und nicht um einen Geschäftsbetrieb handelt. Dies hat zur Folge, daß eine dem Veräußerer etwa gesetzte Frist nach den §§ 8 AKB, 12 Abs. 3 VVG nunmehr gegen den Erwerber weiter läuft (RGZ Bd. 170 S. 285; OLG Frankfurt 12. 12. 1950 VersR 1951 S. 98). Eine durch den Rechtsvorgänger eingetretene Gefahrerhöhung wirkt auch gegen den Erwerber (vgl. LG Hechingen 16. 2. 1960 VersR 1960 S. 746). Die Anwendung der §§ 69 ff. VVG betrifft sowohl die Pflichtversicherung als auch mangels Beschränkung auf die Pflichtversicherung die vom Versicherungsnehmer über die Mindestdeckungssumme hinaus freiwillig versicherten höheren Versicherungssummen (im Ergebnis ebenso Prölss § 6 AKB Anm. 1; Stiefel-Wussow § 6 Anm. 2) und schließlich die auf freiwilliger Grundlage beruhende Haftpflichtversicherung von nicht unter die Pflichtversicherung fallenden Kraftfahrzeugen (vgl. S. 259). Dagegen geht die Pflichthaftpflichtversicherung nicht über, wenn der Veräußerer eines Kraftfahrzeuges versicherungspflichtig gewesen ist, der Erwerber dagegen der Versicherungspflicht nicht unterliegt (vgl. § 158 h, S. 301). Darüber, wann eine Veräußerung im Sinne dieser Bestimmung vorliegt, vgl. S. 299.

Auch die Unfallversicherung geht auf den Erwerber über, soweit sie sich auf ein bestimmtes Fahrzeug bezieht und die Versicherten nicht namentlich bezeichnet sind (a. M. Prölss § 6 AKB Anm. 1; Stiefel-Wussow § 6 Anm. 2). Die Sammelversicherung geht hiernach nicht über. Namentlich bezeichnet sind die Versicherten in den Fällen des § 16 (2) b und (3) AKB. Diese Ausnahmen sind in Abs. 1 ausdrücklich erwähnt, ebenso Nr. 2 c, weil hier die Unfallversicherung unabhängig von einem bestimmten Fahrzeug besteht. Die Gepäckversicherung geht bei Veräußerung des Fahrzeuges in aller Regel nicht über, da das den Gegenstand dieses Versicherungszweiges bildende Gepäck nicht mitveräußert wird.

Wegen der Regelung in der Pflichtversicherung vgl. die Anm. zu § 158 h (S. 298).

Der Übergang der Versicherung kraft Parteivereinbarung beruht auf Zweckmäßigkeitsgründen, da es praktisch nicht erträglich ist, daß der eine mit dem Kraftwagen verbundene Versicherungszweig übergeht, der andere nicht. Soweit Schwierigkeiten in der Praxis insoweit auftreten, sind sie überwindbar und stehen in keinem Verhältnis zu den Vorteilen der Regelung.

§ 6 kommt nicht zur Anwendung, wenn der Versicherte sein Eigentum veräußert (KG 21. 5. 1930 Ver AfP 1930 Nr. 2178 = JRPV 1930 S. 352).

3. § 6 Abs. 2 AKB enthält das **Kündigungsrecht** im Falle der **Veräußerung** entsprechend § 70 VVG. Versicherer und Erwerber können den Versicherungsvertrag innerhalb eines Monats nach Kenntnis von der Veräußerung bzw., soweit der Erwerber in Betracht kommt, nach dem Erwerb oder der Kenntnis vom Bestehen der Versicherung kündigen.

Die Kenntnis des Versicherers umfaßt die Kenntnis von der Veräußerung und die Kenntnis vom Erwerber. Daß der Erwerber keine Kenntnis von der Versicherung hatte, muß er beweisen. Daß eine Versicherung besteht, weiß er in aller Regel, soweit es sich um die Pflichtversicherung handelt. Hat der Versicherungsnehmer dem Erwerber den Namen des Versicherungsunternehmens nicht mitgeteilt, so muß sich der Erwerber um die Feststellung des Versicherers bemühen, was ohne Schwierigkeiten möglich ist. Tut er dies nicht, so kann er sich auf Unkenntnis nicht berufen, es sei denn, ihm stehen auch strengen Maßstäben standhaltende Entschuldigungsgründe zur Seite. Für die Kraftfahrzeugpflichtversicherung kann dem OLG Düsseldorf 15. 1. 1957 VersR 1957 S. 407 nicht gefolgt werden. Dort heißt es, daß der Erwerber eines Kraftfahrzeuges entschuldigt ist, wenn er in Verkennung der Rechtslage nicht das Unternehmen des Veräußerers, sondern das Unternehmen, bei dem er einen neuen Versicherungsvertrag ohne Kündigung des alten geschlossen hat, für seinen Versicherer gehalten hat. Heute weiß jeder Kraftfahrer — oder muß es wissen — daß ein Kraftfahrzeug auch aus zweiter Hand in der Regel versichert sein muß. Er kann sich nicht damit entschuldigen, daß ihm über die Versicherung weder eine Mitteilung gemacht noch ihm ein Versicherungsschein ausgehändigt worden ist.

Hinsichtlich der Kündigung ist von Bedeutung, daß der Versicherer wie bisher nur mit einer Frist von einem Monat kündigen kann, der Erwerber mit sofortiger Wirkung oder, im Gegensatz zur bisherigen Regelung, auch auf den Schluß der laufenden Versicherungsperiode oder der etwa vereinbarten kürzeren Versicherungsdauer (§ 6 Abs. 2 Satz 3 AKB). Nach Nr. 5 der Anordnung des Reichsaufsichtsamts vom 31. Juli 1940 (S. 107) darf die Versicherungsunternehmung den Vertrag im Falle des § 6 Abs. 2 AKB bzw. AKHB nur kündigen, wenn sie hinsichtlich des Erwerbers begründete erhebliche Bedenken hat. Sie m u ß den Vertrag kündigen, wenn der Erwerber nicht die nach dem Geschäftsplan des Versicherers etwa erforderlichen persönlichen oder örtlichen Voraussetzungen erfüllt (der Erwerber wohnt z. B. außerhalb des genehmigten Geschäftsgebiets der Unternehmung). Sie kann den Vertrag jedoch im Einvernehmen mit dem Erwerber bis zum Ablauf des Versicherungsjahrs fortsetzen.

Haben Versicherer u n d Erwerber gekündigt, so geht die Kündigung vor, die das Versicherungsverhältnis früher beendigt (KG 23. 10. 1929 JRPV 1929 S. 426 = Praxis 1930 S. 12).

Das Kündigungsrecht für den Erwerber in § 6 Abs. 2 kann nicht durch eine Vereinbarung zwischen dem Versicherungsnehmer und Erwerber mit Wirkung gegen den Versicherer ausgeschlossen werden, da von den genehmigten Versicherungsbedingungen nur in ausdrücklich festgelegten Fällen, zu denen § 6 nicht gehört, abgewichen werden darf (vgl. S. 306). Wie hier Stiefel-Wussow § 6 Anm. 16; a. M. Müller § 27 StVZO Anm. 21).

4. Abgesehen von der in Abs. 1 geregelten Veräußerung des Wagens liegt dauernder Wegfall des Wagnisses (Abs. 3) nur vor, wenn das **Interesse** an der Versicherung des Kraftfahrzeuges durch Totalschaden (vgl. z. B. OLG Celle VersR 1954 S. 453), Brand, Diebstahl und Unterschlagung (LG Mannheim 3. 10. 1955 VerBAV 1956 S. 49), Verschrottung oder in sonstiger Weise **fortfällt.** Der Versicherungsnehmer darf nicht mehr in die Lage kommen, das Fahrzeug trotz Wegfalles des Interesses doch noch weiter benutzen zu können. Eine solche Benutzung durch den Versicherungsnehmer ist möglich, solange das Fahrzeug noch reparabel ist, mögen auch die erforderlichen Reparaturkosten in keinem Verhältnis zum Wert stehen (vgl. AG Neu-Ulm 29. 5. 1956 VersR 1957 S. 56). Daher ist die Voraussetzung mit Bezug auf § 6 Abs. 3 AKB nicht schon dann gegeben, wenn das Fahrzeug lediglich außer Betrieb gesetzt oder stillgelegt wird, mag es auch bei der Zulassungsstelle abgemeldet werden (OLG Düsseldorf 4. 7. 1934, VerAfP 1934 Nr. 2740 = JRPV 1935 Zusatzh. 21; AG Bitburg 15. 6. 1955 VersR 1955 S. 499; AG Neu-Ulm a. a. O.; LG Limburg 21. 1. 1959 VersR 1959 S. 330; ebenso Österr. ObGH 26. 1. 1960 VersR 1960 S. 359). Stillegung ist meist vorübergehender Art (Fröbe VW 1954 S. 267; Prölss § 68 Anm. 2). Die Voraussetzung für Abs. 3 ist ferner nicht gegeben, wenn lediglich das Nummernschild entstempelt oder der unmittelbare Besitz einer Kommissionsfirma zum Zwecke des Verkaufs übertragen wird (LG Berlin 29. 6. 1929 JRPV 1929 S. 428). Ein dauernder Wegfall des Interesses liegt dagegen schon vor einem Verkauf vor, wenn das Kraftfahrzeug auseinandergenommen worden ist, so daß es nicht mehr benutzt werden kann (OLG Düsseldorf 20. 10. 1928 VerAfP 1929 S. 54 Nr. 1963 = JRPV 1929 S. 227). Das Interesse und der Wegfall des Interesses ist auch aus der Person des Mitversicherten zu beurteilen (vgl. § 10 Anm. 10 S. 415).

Die Beendigung des auf dem Pflichtversicherungsgesetz beruhenden Haftpflichtversicherungsvertrags ist vom Versicherer der Zulassungsstelle anzuzeigen (hierüber und über die Haftung des Versicherers vgl. S. 226, 268).

5. Für die **Prämienzahlung** gilt folgendes: Abs. 2 Satz 4 und 5 regeln die Beiträge für den Fall der Veräußerung. Im Falle der Kündigung durch den Erwerber hat der Veräußerer die Prämie für die zur Zeit der Beendigung des Vertrags laufende Versicherungsperiode zu zahlen (§ 6 Abs. 2 Satz 4 AKB). Hat also der Erwerber das Fahrzeug am 1. August 1959 erworben und läuft das Versicherungsjahr vom 1. November 1958 bis 31. Oktober 1959, so muß er innerhalb eines Monats entweder zu sofort oder auf den 31. Oktober 1959 kündigen. Das Versicherungsentgelt ist bis zum 31. Oktober 1959 vom Veräußerer zu zahlen. Jedoch hat das Reichsaufsichtsamt für Privatversicherung, falls der Erwerber mit sofortiger Wirkung kündigt, gewünscht, daß in diesem Falle das Versicherungsentgelt nach der nachstehend erwähnten Bestimmung des § 6 Abs. 3 AKB abgerechnet wird. Diesem Wunsche der Aufsichtsbehörde hat die Wirtschaftsgruppe durch Rundschreiben vom 15. November 1940 – Nr. 93 WK – an die ihr angeschlossenen Versicherer entsprochen. Diese Regelung gilt noch heute. So auch der Fachausschuß des HUK-Verbandes (vgl. VerBAV 1959 271). Wie hier Ossewski VerBAV 1959 S. 61, 62; ferner BAV in VerBAV 1959 S. 271 gegen Prölss VersR 1959 S. 321.

Kündigt der Versicherer nach der Veräußerung des Kraftwagens, so gilt hier für die Zahlung der Prämie das gleiche wie im Falle des Abs. 3, also des dauernden Wegfalls des versicherten Wagnisses. Danach wird entweder der über den Tag des Wagniswegfalls hinausbezahlte Beitrag innerhalb eines Jahres auf eine gleichartige Kraftfahrversicherung (also des gleichen Versicherungszweigs; a. M. Stiefel-Wussow § 6 Anm. 19) angerechnet oder der Beitrag vom Beginn der letzten Versicherungsperiode bis zum Wagniswegfall nach Kurztarif berechnet. Ein etwa überschüssiger Beitrag ist vom Versicherer zurückzuzahlen. Der Versicherungsnehmer kann das eine oder andere verlangen, ohne an eine Frist zur Erklärung gebunden zu sein. Hat also der Versicherer am 20. August 1959 gekündigt, so kann entweder der für die Zeit vom 20. September bis 31. Oktober 1959 gezahlte Beitragsteil der gekündigten Versicherung auf eine andere Kraftfahrversicherung desselben Versicherungszweigs angerechnet werden, oder aber es wird lediglich die Kurztarifprämie für die Zeit vom 1. November 1958 bis 20. September 1959 berechnet unter Rückzahlung des darüber hinaus bezahlten Betrages. Auf Auffordern des Versicherers muß er sich jedoch erklären, anderenfalls der Versicherer als berechtigt angesehen werden muß, nach Kurztarif abzurechnen. Eine Prämienverrechnung findet auch statt, wenn durch den Eintritt des Versicherungsfalls das Interesse völlig wegfällt, etwa infolge Totalschadens. Die entgegengesetzte Auffassung von Stiefel-Wussow (§ 6 Anm. 19) unter Hinweis auf § 4 Abs. 4 Satz 1 AKB findet in den Bedingungen keine Stütze. Im übrigen weicht die Regelung in § 6 Abs. 3 AKB von § 68 Abs. 4 VVG zugunsten des Versicherungsnehmers ab, was § 68 a VVG gestattet. Auf die Abweichung von § 68 Abs. 3 (Kriegsregelung) könnte sich der Versicherer nicht berufen.

6. Durch Anordnung des Reichsaufsichtsamts für Privatversicherung vom 31. Juli 1940 (vgl. S. 105) zu Nr. 2 b darf sich der Versicherer wegen der in der Kriegszeit bestehenden Schwierigkeiten bei der Wiederbeschaffung eines Kraftfahrzeugs auf die für die Beitragsanrechnung festgesetzte Jahresfrist einstweilen nicht berufen. Die Anordnung war nur für die Kriegszeit gedacht, weshalb die Worte „innerhalb eines Jahres" in der Bekanntmachung der AKB im Deutschen Reichsanzeiger (vgl. S. 171 f.) nicht gestrichen worden sind. Durch den Ausgang des Krieges ist die Aufhebung unterblieben. Da die Voraussetzungen für die Anordnung fortgefallen sind, gilt wieder die Jahresfrist (a. M. Prölss § 6 AKB Anm. 3 u. VersR 1959 S. 321 gegen das dort angeführte Schrifttum).

7. Für die Kündigung im Falle der Veräußerung gilt im übrigen § 4 Abs. 5–7 (vgl. o. S. 347 ff.). Über den Prämienanspruch des Versicherers für den Fall des § 158 c Abs. 2 vgl. § 4 Abs. 6 AKB und die Anm. auf S. 348 ff.

8. Eine Sonderregelung greift nach Abs. 4 Platz, wenn es sich um einen Versicherungsvertrag über ein Fahrzeug handelt, welches ein **Versicherungskennzeichen** führen muß. Es sind dies nach § 67 b Abs. 1 StVZO Fahrräder mit Hilfsmotor und Kleinkrafträder mit einer durch die Bauart bestimmten Höchstgeschwindigkeit von nicht mehr als 40 km/h, deren regelmäßiger Standort sich im Inland befindet (vgl. S. 184). Hier gilt aus Gründen der Vereinfachung für eine Kündigung sowohl des Erwerbers als auch des Versicherers die mit § 68 Abs. 4 VVG übereinstimmende Regelung des Abs. 2 Satz 4: Beitrag für das laufende Versicherungsjahr bzw. die etwa vereinbarte kürzere Vertragsdauer. Es gelten nicht Abs. 2 Satz 5 (Prämienverrechnung oder Kurztarif) im Falle der Kündigung durch den Versicherer noch die gleiche Regelung des Abs. 3 bei dauerndem Wegfall des Interesses (vgl. hierzu VerBAV 1957 S. 57). Die dargestellte Regelung wird den Versicherungsunternehmen auf Antrag für neu abzuschließende Versicherungsverträge für die oben bezeichneten Fahrzeuge mit Wirkung vom 1. März 1957 ab durch das Bundesaufsichtsamt genehmigt (VerBAV a. a. O.).

§ 7. Obliegenheiten im Versicherungsfall

1. **Der Versicherungsfall.** Im Zuge der Einführung der Pflichtversicherung für Kraftfahrzeughalter hat der Gesetzgeber es für erforder-

lich gehalten, neben der Pflicht des Versicherungsnehmers, die Erhebung von Haftpflichtansprüchen des geschädigten Dritten anzuzeigen (vgl. § 153 Abs. 2 VVG), eine Pflicht zur **Anzeige des Haftpflichtereignisses selbst** festzusetzen. Dies ist durch die Einfügung des § 153 Abs. 1 VVG in Artikel III PflVG geschehen. Der Zweck ist, den Versicherer – etwa bei einem Unfall, der harmlos aussieht, nach den Erfahrungen des Versicherers aber meist Folgen hinterläßt – möglichst früh in die Lage zu versetzen, die zur Schadenverhütung oder Schadenminderung oder zur Aufklärung des Sachstandes erforderlichen Schritte zu unternehmen und dadurch die Versicherungsleistung und als Folge hiervon die Prämien möglichst niedrig zu halten. Danach sind in Zukunft auch die Tatsachen anzuzeigen, die den Versicherungsnehmer gegenüber einem Dritten haftpflichtig machen könnten. Bei einem Autounfall darf daher der Versicherungsnehmer nicht, wie bisher, warten, bis der Geschädigte – vielleicht erst nach Monaten – seine Ansprüche geltend macht; vielmehr muß er ohne Rücksicht darauf, ob Ansprüche erhoben werden oder nicht, den Unfall innerhalb einer Woche nach Kenntnis anzeigen. Im Zusammenhang mit dieser Neuregelung ist von Interesse, daß die Kraftfahrversicherungsbedingungen in § 7 I Abs. 1 als Versicherungsfall in der Haftpflichtversicherung das Ereignis bezeichnen, das Ansprüche gegen den Versicherungsnehmer zur Folge haben könnte (vgl. S. 92). Damit ist die Rechtsprechung des Reichsgerichts, daß als Versicherungsfall in der Haftpflichtversicherung die Geltendmachung von Ansprüchen durch den Dritten anzusehen sei, (vgl. u. a. RGZ Bd. 114 S. 117; Bd. 136 S. 373; Bd. 144 S. 167 = VerAfP 1934 S. 20 Nr. 2676; Bd. 152 S. 235; Bd. 156 S. 378; Bd. 162 S. 238 = DJ 1940 S. 436 = JRPV 1940 S. 19, 41; 24. 2. 1939 JRPV 1939 S. 167), für die Kraftfahrhaftpflichtversicherung überholt. Wenn der Gesetzgeber bei der Neufassung des § 153 VVG den Versicherungsfall in der Haftpflichtversicherung nicht definiert hat, so ist maßgebend gewesen, der Auseinandersetzung in Rechtsprechung und Schrifttum zwecks weitestgehender Klärung der damit verbundenen Rechtsfragen nicht vorzugreifen.

Versicherungsfall ist nach § 7 I (1) AKB in der Haftpflichtversicherung das Ereignis, das Ansprüche gegen den Versicherungsnehmer zur Folge haben könnte; in der Fahrzeug-, Kraftfahrunfall- und Gepäckversicherung das Ereignis, das einen unter die Versicherung fallenden Schaden verursacht. Dies bedeutet, daß der Versicherungsfall in der Kraftfahrunfallversicherung der Unfall selbst ist, nicht etwa erst der Eintritt des Todes oder der Arbeitsunfähigkeit (BGHZ Bd. 16 S. 37, 42 = VersR 1955 S. 100, 101 m. w. N.; 8. 2. 1960 VersR 1960 S. 339, 340).

In den Bedingungen für die Kraftfahrhaftpflichtversicherung (AKHB) wird der Versicherungsfall in § 7 I (1) wie folgt definiert:

„Versicherungsfall im Sinne dieses Vertrages ist das Schadenereignis, das Haftpflichtansprüche gegen den Versicherungsnehmer zur Folge haben könnte."

Ein sachlicher Unterschied gegenüber der Begriffsbestimmung in den AKB liegt hierin nicht. Die Fassung in den AKB ist lediglich durch die Verbindung der Haftpflichtversicherung mit den anderen drei Kraftfahrzeugversicherungszweigen bedingt. OLG Stuttgart 2. 10. 1956 VersR 1957 S. 78 erscheint fraglich, ob § 7 I (1) AKB nicht im Widerspruch zum Gesetz stehe, da die Zurückbeziehung des Versicherungsfalls auf den Zeitpunkt des Schadenereignisses in den Fällen der §§ 38, 39 VVG eine nach § 42 VVG unzulässige Schlechterstellung des Versicherungsnehmers bedeute. Hiergegen mit Recht Prölss § 7 AKB Anm. 1. Es gibt keine den Versicherungsfall in der Pflicht-Haftpflichtversicherung definierende halbzwingende Vorschrift im Versicherungsvertragsgesetz.

Der neben der oben erwähnten Frage insbesondere in der allgemeinen Haftpflichtversicherung aufgetretene Streit, ob innerhalb des versicherten Zeitraums auf das Schadenereignis oder auf die Schadenursache abgestellt werden sollte, spielt in der Kraftfahrhaftpflichtversicherung nicht die gleiche Rolle wie in der allgemeinen Haftpflichtversicherung. In dieser hat der Bundesgerichtshof in der Entscheidung vom 27. 6. 1957 VersR 1957 S. 499 = NJW 1957 S. 1477 in Übereinstimmung mit dem Vorderrichter (OLG Hamburg 2. 11. 1955 VersR 1956 S. 58) und unter Hinweis auf Rechtsprechung und Schrifttum dahin Stellung genommen, daß unter dem Ereignis, das während der Wirksamkeit der Versicherung eingetreten sein muß, um eine Deckungspflicht des Haftpflichtversicherers zu begründen, nicht die einzelne Schadenursache, sondern das Schadenereignis selbst zu verstehen ist, also das äußere Ereignis, das den Personen- oder Sachschaden unmittelbar ausgelöst hat (ebenso bereits LG Hamburg 29. 4. 1953 VersR 1954 S. 590 und OLG München 24. 8. 1954 VersR 1954 S. 529; ferner OLG Köln 18. 12. 1959 VersR 1960 S. 433 f.). Diese Entscheidung deckt sich mit der Begriffsbestimmung des Versicherungsfalls in § 7 I (1) AKB. Wenn also bei einem Autounfall festgestellt wird, daß die Ursache in einem Schaden, etwa der Kardanwelle, liegt, der bereits früher eingetreten sein muß, dann ist dies für den Zeitpunkt des Schadenereignisses unerheblich. Maßgebend ist nicht, wann die Ursache eingetreten ist, sondern der Zeitpunkt, in dem der nunmehr Ersatz-Ansprüche auslösende Verkehrsunfall eingetreten ist.

2. **Anzeigepflicht.** Wie in Anm. 1 bereits hervorgehoben worden ist, ist durch § 153 VVG die Anzeigepflicht des Versicherungsnehmers

mit Bezug auf das Haftpflichtereignis selbst festgesetzt worden. Sie ist seit der Änderung des § 153 VVG durch das Pflichtversicherungsgesetz neben die Pflicht des Versicherungsnehmers getreten, die Geltendmachung von Haftpflichtansprüchen des Geschädigten anzuzeigen.

Die Anzeige ist unverzüglich, spätestens innerhalb einer Woche zu erstatten. Unverzüglich heißt ohne schuldhaftes Zögern (§ 121 BGB). Die Anzeige ist schriftlich zu erstatten; Abs. I (2) Satz 1 AKB. Schriftlich bedeutet nach den §§ 126, 127 BGB, daß die Anzeige durch den Aussteller eigenhändig durch Namensunterschrift zu unterzeichnen ist. Die Anzeige ist dem Versicherer zu erstatten. Dies bedeutet nach § 9 AKB, daß die Anzeige an den Vorstand des Versicherers oder an die im Versicherungsschein als zuständig bezeichnete Stelle zu richten ist (Filialdirektion, Bezirksdirektion, Abschlußagent u. a.). Wird das Schadenereignis mündlich einem Generalagenten des Versicherers erstattet, so muß der Versicherer dies nach LG Heidelberg (Beschl. vom 4. 10. 1956 VersR 1957 S. 107) gegen sich gelten lassen, da der Generalagent nach Treu und Glauben verpflichtet gewesen wäre, den Versicherungsnehmer (Versicherten) auf die Schriftform und die Anzeige an den Vorstand hätte aufmerksam machen müssen, wenn der Versicherer, wie es der Generalagent wissen mußte, darauf hätte Wert legen wollen (vgl. hierzu auch Anm. 2 zu § 9 AKB).

3. **Schadenanzeige.** Jeder Versicherungsfall, d. i. das Schadenereignis, das Haftpflichtansprüche gegen den Versicherungsnehmer zur Folge haben könnte, ist nach I (2) dem Versicherer unverzüglich, d. h. ohne schuldhaftes Zögern, schriftlich anzuzeigen. Anzeige spätestens innerhalb einer Woche genügt.

Die Frist ist gewahrt, wenn die Anzeige am letzten Tag der Frist abgesandt wird (§ 153 Abs. 3 VVG). Dies gilt auch für die Anzeige daß der Dritte seine Ansprüche – außergerichtlich – geltend gemacht hat. Für die Berechnung der Frist gilt § 187 Abs. 1 BGB (vgl. S. 220). Von der Anzeige des Haftpflichtereignisses darf der Versicherungsnehmer jedoch Abstand nehmen, wenn der Unfall so harmlos gewesen ist, daß mit Folgen und damit mit seiner Inanspruchnahme auf Grund von Haftpflichtbestimmungen nicht zu rechnen ist. Unterläßt er im übrigen die Anzeige, so soll eine etwa vereinbarte Leistungsfreiheit nur bei vorsätzlicher oder grobfahrlässiger Verletzung dieser Obliegenheit eintreten und bei grobfahrlässiger Verletzung auch nur insoweit, als die Verletzung ursächlich gewesen ist (§ 153 Abs. 1 Satz 2 in Verb. mit § 6 Abs. 3 VVG). Wegen der Beweispflicht vgl. S. 388. Auf eine etwa vereinbarte Leistungsverwirkung kann sich der Versicherer im Falle eine Verletzung der Anzeigepflicht hinsichtlich des Schadenereignisses im übrigen dann nicht berufen, wenn er rechtzeitig in anderer Weise von dem Schadenereignis erfahren hat (§ 153 Abs. 1 Satz 2 in Verb. mit § 33 Abs. 2 VVG).

4. Anzuzeigen sind nach § 7 I (1) AKB das Ereignis, das Haftpflichtschadenansprüche zur Folge haben könnte, nach § 153 Abs. 1 VVG die Tatsachen, die die Verantwortlichkeit des Versicherungsnehmers gegenüber dem Dritten zur Folge haben könnten. Zum **Inhalt der Schadenanzeige** gehören hiernach Ort und Zeit und nähere Umstände, aus denen sich die Verantwortlichkeit des Versicherungsnehmers, seine Schadenersatzpflicht, ergeben könnte. Daher genügt eine Mitteilung des Versicherungsnehmers, daß sich mit seinem PKW ein Unfall ereignet habe, nicht, auch wenn gleichzeitig um Zusendung der nötigen Papiere gebeten wird (ebenso OLG Braunschweig 20. 12. 1955 VersR 1956 S. 172 = ZfV 1956 S. 444). Der Anmerkung von Fleck zu dem angeführten Urteil in VersR 1956 S. 316, daß die angegebene Unfallnachricht genüge, kann nicht zugestimmt werden, gerade weil man die Anzeigepflicht nach § 7 I (2) Satz 1 und die Aufklärungspflicht dort Satz 2 voneinander unterscheiden muß, mögen sie auch, wie noch gezeigt wird, den gleichen Zweck verfolgen und vielfach ineinander übergehen. Satz 1 stellt lediglich auf die Anzeige vom Versicherungsfall ab. Die frühzeitige Anzeige des Schadenereignisses an den Versicherer soll nach der Begründung zu § 153 VVG (hier S. 14) der Schadenverhütung und der Schadenminderung – zu ergänzen: durch entsprechende vom Versicherer zu ergreifende oder anzuweisende Maßnahmen – dienen. Dieses Ziel ist nicht zu erreichen und eine Anzeige steht im Widerspruch zu § 7 I (1) und I (2) Satz 1, wenn sie lediglich besagt, es habe sich ein Unfall ereignet, gleich ob die Folge ein geringer Blechschaden oder die schwere Verletzung eines Menschen, wie im Braunschweiger Urteil, ist. Entsprechend verschieden wird der Versicherer auf die Anzeige hin handeln. Nähere Einzelheiten zur Aufklärung des Tatbestandes und zur Schadenminderung sind nicht mehr Bestandteil der Anzeige, sondern der Pflicht des Versicherungsnehmers gemäß § 7 I (2) Satz 2.

Die Anzeige muß wahrheitsgemäß und in dem dargelegten Sinne vollständig sein (RGZ 150 S. 147; OLG Braunschweig 20. 12. 1955 a. a. O.). Sie darf keine falschen Angaben enthalten (BGHZ 25. 10. 1952 VersR 1952 S. 428 = VRS V S. 23; LG Koblenz Beschl. 22. 6. 1954 VersR 1954 S. 484), nichts verschleiern, nichts verschweigen (OLG Düsseldorf 23. 1. 1939 HansRGZ 1939 A Sp. 204 = JRPV S. 138).

Die Schadenanzeigepflicht und die Pflicht zur Aufklärung des Tatbestandes gehen vielfach ineinander über, so daß die gleichen Grundsätze die Obliegenheiten des Versicherungsnehmers aus § 7 I (2) Satz 1 und 2 beherrschen. Es kann daher auch auf die Erläuterungen in der folgenden Anmerkung verwiesen werden.

Die Schadenanzeigepflicht trifft den Versicherungsnehmer, nach § 3 Abs. 1 AKB aber auch den Mitversicherten. Hat der Versicherungsnehmer den Schaden gemeldet, dann genügt dies auch hinsichtlich des Anspruches des Mitversicherten, da nach § 33 Abs. 2 VVG rechtzeitige Kenntnis vom Eintritt des Versicherungsfalles in anderer Weise ausreichend ist. Vgl. hierzu sowie zu der Frage der Abweichung der Anzeige von Formvorschriften die Anmerkungen zu § 9 AKB S. 403 ff.

Bei der Pflicht zur Anzeige des Versicherungsfalls wie auch bei der Erfüllung von Obliegenheiten muß jeder Versicherungszweig für sich behandelt werden. Ist durch einen Verkehrsunfall ein Fahrzeugschaden entstanden und gleichzeitig mit der Erhebung von Schadenersatzansprüchen zu rechnen, so sind zwei von einander getrennte Anzeigen zu machen. Die Anzeige lediglich des Fahrzeugschadens ersetzt nicht die Anzeige des Haftpflichtfalls (OLG Hamburg 14. 10. 1931 JRPV 1932 S. 107 = DÖV 1932 S. 3).

5. In der Kraftverkehrsversicherung ergeben sich für den Versicherungsnehmer auf Grund des § 7 AKB **Anzeigepflichten** an den Versicherer in folgenden Fällen:

a) Versicherungsfall — I (2) Satz 1 — unverzüglich, spätestens innerhalb einer Woche. Dies ist in allen Kraftfahrzeugversicherungszweigen das Schaden**ereignis.**

b) Ermittlungsverfahren, Strafverfügung, Zahlungsbefehl — I (2) Satz 4 — unverzüglich. Diese Anzeige besteht **neben** der Anzeige vom Versicherungsfall und ist zu erstatten, auch wenn der Versicherungsfall bereits angezeigt worden ist.

c) Erhebung von Haftpflichtansprüchen durch den Geschädigten — II (2) — innerhalb einer Woche.

d) Gerichtliche Geltendmachung von Ansprüchen durch den Geschädigten — II (3) — unverzüglich. Dazu gehören auch Armenrechtsantrag, Streitverkündung, Arrest, 'einstweilige Verfügung, Beweissicherungsverfahren auf Veranlassung des Geschädigten (s. u. Anm. 13). Diese Anzeige ist vom Versicherungsnehmer **neben** den übrigen Anzeigen, d. h. unabhängig von ihnen zu erstatten.

e) Todesfall in der Unfallversicherung — IV (3) — telegraphisch innerhalb von 24 Stunden.

Daneben sei an dieser Stelle noch erwähnt

> die unverzügliche Anzeige an die Polizeibehörde, wenn in der Fahrzeug- oder Gepäckversicherung ein Entwendungs- oder Brandschaden gegeben ist — III.

6. **Pflicht zur Aufklärung des Tatbestandes.** Die Schadenanzeige und die Aufklärungspflicht des Versicherungsnehmers verfolgen den gleichen Zweck: Den Versicherer über die zu erwartenden Ansprüche gegen den Versicherungsnehmer zu unterrichten und ihm zu ermöglichen,

Maßnahmen zur etwa erforderlichen weiteren Aufklärung des Sachverhalts oder zur Minderung des Schadens wie für die Schadenabwicklung überhaupt zu treffen (vgl. ähnlich OLG München 3. 5. 1955 VersR 1955 S. 500; OLG Koblenz 19. 10. 1956 VersR 1957 S. 511; LG Freiburg 27. 11. 1956 VersR 1957 S. 610).

Die Aufklärungspflicht des Versicherungsnehmers erstreckt sich auf alles, was hierfür „dienlich" sein kann (OLG Frankfurt 1. 3. 1960 VersR 1960 S. 721 f.). Nicht maßgebend ist, ob etwas zur Tatbestandsaufklärung oder Schadenminderung wirklich geeignet ist (LG Köln 1. 2. 1956 VersR 1956 S. 253; LG Stuttgart 6. 12. 1956 VersR 1957 S. 226). Die Aufklärungspflicht besteht immer, wenn ein Haftpflichtschaden möglich ist, mögen die einzelnen Schadenfolgen auch nicht bekannt sein (OLG Köln 18. 12. 1959 VersR 1960 S. 433 f.). Wie bei der Schadenanzeige müssen auch die der Aufklärung des Tatbestandes dienlichen Angaben wahrheitsgemäß und vollständig sein. Es genügt nicht, daß der Versicherungsnehmer nur das angibt, was er subjektiv für richtig hält. Er muß, auch wenn er anderer Meinung ist, etwa das Ergebnis einer verkehrspolizeilichen Überprüfung der Bremsen seines Kraftfahrzeugs berichten; er darf eine solche Prüfung nicht verschweigen (OLG Koblenz 19. 10. 1956 VersR 1957 S. 511). Auch jede Verschleierung des Sachverhalts oder Irreführung des Versicherers verstößt gegen die Aufklärungspflicht (OLG München 3. 5. 1955 VersR 1955 S. 500; BGHZ VersR 1952 S. 429; OLG Hamm 21. 3. 1958 VersR 1958 S. 509). Vgl. auch u. Anm. 19 bis 21.

Die Pflicht zur wahrheitsgemäßen Auskunft besteht auch hinsichtlich solcher Tatsachen, die für den Versicherungsnehmer die Gefahr einer strafrechtlichen Verfolgung bedeuten könnten (RGZ 17. 5. 1938 DÖV 1938 S. 343; BGHZ 25. 10. 1952 VersR 1952 S. 428; LG Köln 1. 2. 1956 VersR 1956 S. 253; LG Aachen 3. 7. 1956 VersR 1957 S. 96; OLG Hamm 21. 3. 1958 VersR 1958 S. 509; LG Nürnberg-Fürth 24. 4. 1959 VersR 1960 S. 434; LG Essen 29. 10. 1959 VersR 1960 S. 651; a. M. OLG Köln 13. 12. 1935 HansRGZ 1936 A Sp. 141; mit Einschränkung – Verweis auf polizeiliche Vernehmungsakten – OLG Köln 26. 1. 1938 VerAfP 1938 S. 204 Nr. 3064). Verneint der Versicherungsnehmer in der Schadenanzeige oder in einem Fragebogen des Versicherers vorsätzlich eine Alkoholeinwirkung, so liegt hierin eine Verletzung der Anzeige- oder Auskunftspflicht (vgl. LG Mönchen-Gladbach 28. 7. 1955 VersR 1955 S. 737). Eine Verletzung der Aufklärungs- und Wahrheitspflicht des § 7 I (2) Satz 2 AKB liegt ferner vor, wenn in der Schadenanzeige die Frage nach einer Blutprobe trotz Entnahme der Probe oder nach Alkoholgenuß nicht beantwortet wird (OLG Neustadt 16. 2. 1960 VersR 1960 S. 460 f.; OLG Karlsruhe 8. 4. 1959 VersR 1960 S. 699) oder der Akoholverbrauch zu niedrig angegeben wird (BGHZ 13. 6. 1957 VersR 1957 S. 458 zu 2). Wird vom Versicherer nach der Trunkenheit nicht gefragt, dann hält LG Düsseldorf 7. 3. 1957 VersR 1957 S. 284 den Versicherungsnehmer nicht für verpflichtet, die Trunkenheit anzugeben und sich selbst zu belasten. Diese Auffassung ist jedoch unzutreffend. Die Trunkenheit ist ebenso wie ein Verstoß gegen Verkehrsregeln eine Tatsache, die für die Frage der Berechtigung der Ansprüche des Geschädigten und die Verantwortlichkeit des Versicherungsnehmers von Bedeutung ist. Die Erfüllung der Aufklärungspflicht durch den Versicherungsnehmer soll den Versicherer in die Lage versetzen, sachgemäße Entschließungen über die Behandlung des Versicherungsfalls zu treffen (BGHZ VersR 1952 S. 429). Sie kann daher von entscheidendem Einfluß auf die weitere Behandlung der Schadenabwicklung durch den Versicherer sein.

7. § 7 I (2) Satz 2 verlangt, daß der Versicherungsnehmer alles tut, was zur Aufklärung des Tatbestandes dienlich sein kann. Das sind nicht nur Angaben über den Hergang des Schadenereignisses, sondern auch **positive Handlungen** an Ort und Stelle (Unterrichtung der Verkehrspolizei, Feststellung von Bremsspuren, von Zeugen, Anfertigung einer Skizze u. a.); OLG Hamm 8. 11. 1956 MDR 1957 S. 297. Unterlassen der Ermittlung von Kennzeichen und Fahrer eines schädigenden Kraftfahrzeugs muß nicht Verletzung der Aufklärungspflicht sein (OLG Celle 2. 10. 1958 VersR 1958 S. 800). Diese Handlungen laufen vielfach Hand in Hand mit Maßnahmen zur Schadenminderung (s. u.). Hinsichtlich der Verletzung der Aufklärungspflicht vgl. u. a. BGHZ 1952 S. 428; BGHZ 9. 7. 1956 VersR 1956 S. 485; OLG Hamm 13. 5. 1958 VersR 1958 S. 670. Läßt der Versicherungsnehmer die Schadenanzeige durch eine von ihm beauftragte Hilfsperson ausfüllen, unterläßt er jedoch jede Kontrolle hinsichtlich der Richtigkeit, dann liegt hierin eine Obliegenheitsverletzung (OLG Hamm 11. 7. 1958 VersR 1958 S. 699). Die Verletzung der Aufklärungspflicht kann vorsätzlich oder fahrlässig geschehen.

Fahrerflucht ist in aller Regel zugleich eine vorsätzliche Verletzung der Pflicht zur Aufklärung des Tatbestandes (vgl. LG Koblenz Beschl. 22. 6. 1954 VersR 1954 S. 484; LG Aachen 3. 7. 1956 VersR 1957 S. 96; LG Koblenz 8. 5. 1958 VersR 1958 S. 698 f.; OLG Braunschweig 20. 12. 1955 VersR 1956 S. 172; BGHZ 8. 5. 1958 VersR 1958 S. 389 = BB 1959 S. 1011; u. S. 386).

Zur Fahrerflucht vgl. ferner Bach VersR 1957 S. 276. Zur Aufklärung des Tatbestandes durch den Versicherungsnehmer gehört nicht nur, was er aus eigenem zu tun verpflichtet ist, er muß darüber hinaus auf Fragen und Anfragen des Versicherers über mit dem Versicherungsfall zusammenhängende Tatsachen und Beobachtungen wahrheitsgemäß und vollständig Auskunft geben. Gibt er trotz Aufforderung keine Aufklärung, ist der Versicherer leistungsfrei (OLG Hamm 13. 5. 1958 VersR 1958 S. 670). Selbst wenn der Versicherer nicht ausdrücklich fragt, muß der Versicherungsnehmer wahrheitsgemäß die zur Aufklärung des Sachverhalts notwendigen Angaben, auch z. B. über Alkoholeinfluß, machen (OLG Köln 17. 1. 1957 VersR 1957 S. 578; LG Berlin 23. 1. 1958 VersR 1958 S. 680 f. A. M. BGHZ Bd. 7 S. 311, 325 = VersR 1952 S. 387, 389; OLG Celle 2. 10. 1958 S. 800, 801).

Wie die Fahrerflucht gibt es viele andere Möglichkeiten positiven Handelns des Versicherungsnehmers, die eine Verletzung der Aufklärungspflicht darstellen, z. B. Bezeichnen eines anderen als Fahrers (OLG Hamm VersR 1958 S. 509; s. o.), um einer Blutprobe zu entgehen (OLG Hamm 9. 5. 1958 VersR 1958 S. 778); Dulden, daß ein anderer sich als Fahrer ausweist (OLG Düsseldorf 3. 3. 1959 VersR 1959 S. 725, 896); Alkoholgenuß zwischen Unfall und Blutentnahme zwecks Irreführung der Polizei (OLG Köln 17. 1. 1957 VersR 1957 S. 578; OLG Düsseldorf 3. 3. 1959 a. a. O.). Nachträgliche „tätige Reue" im Hinblick auf die unzutreffenden oder unvollständigen Angaben gibt es nicht (LG Berlin 23. 1. 1958 VersR 1958 S. 680; LG Essen 7. 7. 1958 VersR 1958 S. 718; Stiefel-Wussow § 7 Anm. 9).

8. **Schadenminderungspflicht.** Neben die Aufklärungspflicht setzt § 7 I (2) Satz 2 eine dem Grundgedanken des § 62 VVG entsprechende weitere Obliegenheit für den Versicherungsnehmer fest: Nach Eintritt des Versicherungsfalles alles zur Minderung des Schadens Dienliche zu tun. Diese Schadenminderungspflicht des Versicherungsnehmers steht neben der Tatsache, daß die Aufklärung des Tatbestandes im Laufe der Schadenabwicklung zugleich eine schadenmindernde Wirkung haben kann. Die Schadenminderungspflicht umfaßt Handlungen nicht nur an Ort und Stelle. Nicht an den Ort des Schadenereignisses gebunden sind z. B. die in Anm. 5 zu b, c und d erwähnten Anzeigepflichten und Abwehrmaßnahmen im Falle der Einleitung eines Ermittlungsverfahrens, gerichtlicher Maßnahmen oder einer irgendwie gearteten Anspruchserhebung des Geschädigten (vgl. auch S. 367). Ein Verstoß gegen die Schadenminderungspflicht kann auch in einem Unterlassen bestehen. Verletzung der Rettungspflicht liegt daher vor, wenn der Versicherungsnehmer einen Verletzten unversorgt liegen läßt und bewußt und gewollt die Schadenminderungspflicht verletzt (OLG Braunschweig 20. 12. 1955 VersR 1956 S. 172 = ZfV 1956 S. 444; LG Aachen 3. 7. 1956 VersR 1957 S. 96). Dabei kommt es, wenn Vorsatz vorgelegen hat, nicht darauf an, ob durch dieses Unterlassen tatsächlich ein erhöhter Schaden eingetreten ist. Verstöße gegen die Rettungspflicht finden sich vielfach in Zusammenhang mit der Fahrerflucht (vgl. oben). Berechtigten Ansprüchen des Geschädigten entgegenzuwir-

ken, ist der Versicherungsnehmer nicht verpflichtet; er ist auch nicht gehindert, sie zu wecken, jeweils jedoch nur im Rahmen des § 154 Abs. 2 VVG (s. Anm. 12; ohne diese Einschränkung BGHZ 25. 4. 1955 VersR 1955 S. 340).

Eine ernste Frage ist stets, inwieweit sich der Versicherungsnehmer oder der mitversicherte Insasse in der Unfallversicherung unter dem Gesichtspunkt der Schadenminderung einer Operation unterziehen muß. Entscheidend sind die gesamten Umstände des Einzelfalls und die persönlichen Verhältnisse des Verletzten, ferner die Frage, ob die Operation dem Verletzten subjektiv und objektiv zumutbar ist, ob sie nach den derzeitigen medizinischen Erkenntnissen einfach und gefahrlos und nicht mit besonderen Schmerzen verbunden ist. Es muß sich weiter die sichere Aussicht auf Heilung oder wenigstens Besserung der Leistungsfähigkeit bieten (RGZ Bd. 60 S. 147; 83 S. 15; 139 S. 131; RGZ 25. 1. 1935 JW 1935 S. 1402 = WarnRspr 1935 Nr. 223; RGZ JW 1938 S. 2141; BGHZ Bd. 10 S. 18 = VersR 1953 S. 278; OLG Hamm VerAfP 1935 Nr. 2842; KG 1. 2. 1954 VersR 1955 S. 458; OLG München 17. 11. 1959 VersR 1960 S. 952). Den Beweis für die Notwendigkeit der Operation hat der Versicherer zu führen, für die Unzumutbarkeit der Versicherungsnehmer (RGZ JW 1913 S. 975).

9. Sowohl für die Aufklärung des Tatbestandes als auch für die Schadenminderungspflicht des Versicherungsnehmers gilt, daß er etwaige **Weisungen des Versicherers** zu befolgen hat (§ 7 I (2) Satz 3). Er darf aber solche Weisungen nicht abwarten. Vielmehr werden von ihm aktive Handlungen verlangt, wie sich aus der Formulierung des § 7 I (2) Satz 2 ergibt: „verpflichtet, alles zu tun“ und „was dienlich ist“. Soweit Tatbestandsaufklärung und Schadenminderungspflicht zeitlichen Aufschub vertragen, ohne daß der Versicherungsnehmer seine Obliegenheit verletzt, ist er nicht gehindert, beim Versicherer nachzufragen, ob und welche Weisungen dieser ihm etwa geben will. Hat der Versicherungsnehmer (Versicherte) wegen Übertretung oder Vergehens, etwa mit Bezug auf Verkehrsvorschriften, einen Strafbefehl (§ 407 ff. StPO) oder eine Strafverfügung (§ 413 StPO) erhalten, dann taucht die Frage auf, ob der Versicherungsnehmer auch eine etwaige Weisung des Versicherers, gegen den Strafbefehl Einspruch oder gegen die Strafverfügung Antrag auf gerichtliche Entscheidung einzulegen, befolgen muß. Schärfer als in der ersten Auflage (S. 203) muß betont werden, daß hier eine Weisungsbefugnis des Versicherers nicht besteht. Es handelt sich bei den Rechtsmitteln gegen Strafentscheidungen um Abwehrmaßnahmen, die ausschließlich der persönlichen Rechtssphäre des Versicherungsnehmers angehören. Dazu kommt, daß in § 7 I (2) Satz 4, der Anzeige u. a. von der Einleitung eines Ermittlungsverfahrens oder dem Erlaß einer Strafverfügung verlangt, von Wei-

sungen des Versicherers keine Rede ist. Die Einlegung von Rechtsmitteln ist nur in § 7 II (4) geregelt. Danach hat der Versicherungsnehmer, ohne die Weisung des Versicherers abzuwarten, Rechtsmittel gegen zivilprozessuale Gerichtsentscheidungen (Zahlungsbefehl, Arrest, einstweilige Verfügung) einzulegen. Dies auch mit Recht, da durch diese Entscheidungen im Grundsatz allein der Versicherer betroffen wird, der gegebenenfalls die Schadenersatzansprüche des Dritten zu befriedigen hat. Anders im Strafverfahren. Hier könnte der Versicherungsnehmer durch Einlegung eines Einspruchs gegen einen Strafbefehl oder eines Antrags auf gerichtliche Entscheidung in jedem Falle Gefahr laufen, daß die Strafe nach den §§ 411 Abs. 3, 417 Abs. 3 StPO erhöht wird. Dies kann ihm billigerweise nicht zugemutet werden, auch ohne daß – wie in § 5 Ziffer 3 der AVB für die Allgemeine Haftpflichtversicherung – eine solche die Schadenabwendungs- und -minderungspflicht einschränkende Bestimmung in die AKB aufgenommen worden ist. Unter dem Gesichtspunkt der Nichtzumutbarkeit haben sowohl das Reichsgericht (Entscheidung vom 29. 9. 1931 HansRGZ 1931 A S. 664 = Prax VersR 1931 S. 83 = WarnRspr 1931 S. 423) als auch das OLG Stuttgart (Entscheidung vom 13. 5. 1929 JW 1930 S. 3650 = DAR 1930 S. 95) die Weigerung des Versicherungsnehmers, gegen einen Strafbefehl Einspruch einzulegen, als begründet erklärt.

10. Gemäß § 7 I (2) Satz 4 gilt für alle Arten von Kraftfahrschäden (Haftpflicht-, Unfall-, Fahrzeug-, Gepäckschäden), daß von der **Einleitung eines Ermittlungsverfahrens,** gleich ob es sich um ein gerichtliches, polizeiliches oder sonstiges (z. B. ehrengerichtliches) Verfahren handelt, sowie von dem Erlaß einer Strafverfügung oder eines Zahlungsbefehls dem Versicherer in jedem Falle unverzüglich Anzeige zu erstatten ist. Diese Verpflichtung besteht auch dann, wenn der Versicherungsnehmer das Schadenereignis bereits angezeigt hat. Die Pflicht zur Anzeige besteht ohne Rücksicht darauf, ob sich das Verfahren, die Strafverfügung usw. gegen den Versicherungsnehmer selbst oder den Versicherten oder einen Dritten richten, wenn sie nur mit dem Schadenfall, in den der Versicherungsnehmer verwickelt ist, in Zusammenhang stehen. In Verbindung mit der Tatbestandsaufklärungs- und der Schadenminderungspflicht in I (2) Satz 2 ergibt sich hieraus, daß der Versicherungsnehmer (Versicherte) den Hauptverhandlungstermin anzeigen muß (OLG Düsseldorf VerAfP 1933 S. 99 Nr. 2539; LG Köln 11. 1. 1957 VersR 1958 S. 293). Das gleiche gilt für den Ausgang des Strafverfahrens (Einstellung, Urteil; LG Köln a. a. O.). Darüber hinaus braucht der Versicherungsnehmer über den Lauf des Verfahrens nicht zu berichten (a. M. OLG Stuttgart 18. 11. 1930 JRPV 1931 S. 59; LG Köln a. a. O.; Stiefel-Wussow § 7 Anm. 16).

Interessiert den Versicherer über die Einleitung und den Ausgang des Verfahrens hinaus auch der sonstige Verlauf, so kann er beim Versicherungsnehmer nachfragen. Voraussetzung etwa für die Anzeige gerichtlicher oder polizeilicher Verfahren ist selbstverständlich, daß der Versicherungsnehmer von ihnen erfahren hat.

Über die daneben bestehende Pflicht des Versicherungsnehmers zur unverzüglichen Anzeige, wenn **Haftpflicht**ansprüche gegen den Versicherungsnehmer gerichtlich geltend gemacht werden — § 7 II (3) — vgl. u. S. 377. Hinsichtlich des Zahlungsbefehls, eines Arrestes und einer einstweiligen Verfügung im Falle eines Haftpflichtschadens gilt ferner die Sondervorschrift des § 7 II (4); vgl. S. 372 und 378.

11. **Weitere Obliegenheiten bei Haftpflichtschäden. Kein Anerkenntnis. Keine Befriedigung.** Zu den in den Anm. 2 ff. genannten Obliegenheiten treten einige hinzu, die der besonderen Sachlage des einzelnen Kraftfahrversicherungszweiges Rechnung tragen. Für Haftpflichtschäden findet sich diese Regelung in § 7 II. Nach Abs. 1 darf der Versicherungsnehmer ohne vorherige Zustimmung des Versicherers einen Anspruch nicht anerkennen oder befriedigen, auch nicht teilweise. Dieses Verbot wird in Nr. 8 der Verhaltungsregeln (vgl. S. 106) besonders erwähnt. Es besteht unabhängig von der Höhe des Anspruchs oder der Forderung des geschädigten Dritten und gilt auch bei Bagatellbeträgen (AG Hamburg 22. 3. 1955 VersR 1956 S. 315; vgl. aber KG 23. 12. 1931 VerAfP 1932 S. 33 Nr. 2390 = JRPV 1932 S. 60 = HRR 1932 Nr. 841, wonach geringfügige Zahlungen unter § 154 Abs. 2 VVG fallen; hierzu s. die Ausführungen auf S. 375). Eine Geschäftsgepflogenheit, dem Versicherungsnehmer die Erledigung von Bagatellpflichtschäden zu überlassen, besteht nach Auskunft des Bundesaufsichtsamts für das Versicherungswesen nicht (vgl. AG Hamburg a. a. O.). Der Zweck des Verbotes ist, ein Zusammenwirken des Versicherungsnehmers und des Verletzten zum Nachteil des Versicherers und damit der Gefahrengemeinschaft aller Versicherten zu verhindern.

Verboten sind nicht nur prozessuale oder rechtsgeschäftliche oder gar nur Anerkenntnisse im Sinne des § 781 BGB. Unter das Verbot fällt vielmehr jede einseitige dem Anspruchberechtigten gegenüber vorgenommene Handlung oder Äußerung, durch die der Versicherungsnehmer zu erkennen gibt, daß er den Anspruch des Verletzten anerkenne, mithin jedes Verhalten des Versicherungsnehmers, aus dem sich sein Bewußtsein vom Bestehen des Haftpflichtanspruches ergibt (RGZ 26. 7. 1935 VerAfP 1935 Nr. 2836 = JRPV 1935 S. 262; OLG Düsseldorf 20. 6. 1929 JRPV 1929 S. 322; OLG Köln 26. 1. 1938 VerAfP 1938 S. 204 Nr. 3064. Zu weitgehend OLG Köln 11. 6. 1954 VersR 1954 S. 466, wonach die Äußerung des Versicherungsnehmers, für den ganzen Schaden aufzukommen, mangels Schriftform nicht die rechtliche Bedeutung eines selbständigen Verpflichtungsgrundes habe). Es ist daher auch bereits und gerade ein Anerkenntnis lediglich dem Grund nach verboten. Daß das Verbot des Anerkenntnisses oder der Befriedigung nur gegenüber dem Geschädigten und solchen Personen besteht, die an seiner Stelle stehen (so RGZ 22. 2. 1935 HRR 1935 Nr. 941 = JRPV 1935 S. 121), ist eine zu starke Einschränkung. Nicht nur dem Verletzten, seinem gesetzlichen Vertreter, seiner Ehefrau, seinem rechtsgeschäftlichen Vertreter, Rechtsnachfolger und anderen an der Stelle des Gläubigers des Schadenersatzanspruches stehenden natürlichen und juristischen Personen gegenüber — Sozialversicherungsträger (§ 1542 RVO) — besteht das Verbot, sondern auch gegenüber den Ermittlungsbeamten (Polizei), Tatzeugen, dem Krankenhaus. Auch ein Verhalten des Versicherungsnehmers gegenüber diesen Personen, aus dem zu erkennen ist, daß der Versicherungsnehmer den Haftpflichtanspruch als bestehend ansieht, bedeutet einen Verstoß gegen die Obliegenheit des § 7 II (1). Denn ein Zusammenwirken zwischen Versicherungsnehmer und Geschädigtem, eine Störung der Schadenabwicklung durch selbständige Eingriffe des Versicherungsnehmers wird nicht nur durch ein Verhalten gegenüber dem in der Entscheidung des RGZ v. 22. 2. 1935 näher umschriebenen Personenkreis bewirkt. Daß die hier vertretene Auffassung nicht zu einer mißbräuchlichen Anwendung durch den Versicherer und zu einer einseitigen Belastung des Versicherungsnehmers zu führen braucht, wird durch die Vorschrift des § 154 Abs. 2 VVG (vgl. Anm. 12) und dadurch verhindert, daß dem Versicherungsnehmer die wahrheitsmäßige Angabe der *tatsächlichen* Vorgänge bei dem Unfall nicht verwehrt ist (RGZ 26. 7. 1935 VerAfP 1935 Nr. 2836 = JRPV 1935 S. 262; OLG Breslau 20. 11. 1934 VerAfP 1935 S. 17 Nr. 2766). Im Ergebnis einem Anerkenntnis gleich steht es, wenn der Versicherungsnehmer zwar seine Entschädigungspflicht bestritten, die Zahlung der Entschädigung aber freiwillig und unabhängig von einer bestrittenen gesetzlichen Pflicht übernommen hat (RGZ 22. 2. 1935 HRR 1935 Nr. 941 = JRPV 1935 S. 121). Nicht anders ist es zu bewerten, wenn der Versicherungsnehmer eine Vorschußzahlung leistet, mag er auch die Stellungnahme der Versicherungsunternehmung vorbehalten haben (a. M. OLG Düsseldorf 23. 4. 1934 JRPV 1935 S. 47). Ein Anerkenntnis kann auch darin liegen, daß der Versicherungsnehmer ein Versäumnisurteil über sich ergehen läßt (a. M. OLG Celle 31. 3. 1933 VerAfP 1933 Nr. 2586 = JRPV 1933 S. 240). Daß das Anerkenntnis keine Verwirkung der Versicherungsleistung herbeiführt, wenn es nachweislich dem Versicherer keine Nachteile gebracht hat, nimmt zu Unrecht OLG Celle 5. 7. 1935 VerAfP 1935 Nr. 2840 = JRPV 1936 ZusatzH. 2 S. 40 an.

Die Grundsätze über Anerkenntnisse des Versicherungsnehmers gelten auch für einen Vergleich, den der Versicherungsnehmer zur Befriedigung des geschädigten Dritten schließt.

Wie die Anerkennung des Entschädigungsanspruches ist die Befriedigung durch den Versicherungsnehmer verboten, in der in aller Regel zugleich die Anerkennung des Anspruches liegt. Befriedigung des Anspruches braucht nicht durch Zahlung zu erfolgen. Es kommt jede Form der Befriedigung, beispielsweise eine Aufrechnung, in Betracht (vgl. OLG Stettin 26. 5. 1930 VerAfP 1930 Nr. 2164 = DÖV 1930 S. 91; LG Berlin 1. 6. 1933 JRPV 1934 S. 126). Eine Befriedigung liegt nicht vor, wenn der Versicherungsnehmer zur Abwendung einer Zwangsvollstreckung auf Grund eines Titels zahlt (OLG Hamm VerAfP 1937 Nr. 3000 = Hans RGZ 1937 S. 457).

12. Eine Grenze findet diese Obliegenheit des Verbots der Anerkennung oder Befriedigung in der Vorschrift des § 154 Abs. 2 VVG, die durch das Pflichtversicherungsgesetz aus einer halb zwingenden in eine absolut zwingende Vorschrift umgewandelt worden ist. Danach muß der Versicherer die Anerkennung oder Befriedigung eines Anspruchs gegen sich gelten lassen, wenn der Versicherungsnehmer sie nach den Umständen **nicht ohne offenbare Unbilligkeit verweigern** konnte (vgl. S. 252). Wann diese Voraussetzung gegeben ist, läßt sich nur an Hand des Einzelfalls beurteilen. Erforderlich ist, daß der Anspruch des Geschädigten begründet ist. Als Beispiel mag der vom Reichsgericht unter dem 4. Juli 1933 entschiedene Fall (vgl. JRPV 1933 S. 232 = RdK 1934 S. 110 = WarnRspr. 1933 Nr. 154 = DJZ 1933 S. 1560) angeführt werden, in dem das Verschulden des Versicherungsnehmers offensichtlich gewesen ist, der Geschädigte schwer verletzt worden ist und sich in einer Notlage befunden hat, so daß die Nichtanerkennung einen Verstoß gegen die guten Sitten bedeutet hätte.

Dabei muß aber betont werden, daß es nach § 154 Abs. 2 VVG auf das Tatbestandsmerkmal der offenbaren Unbilligkeit ankommt. Nicht entscheidend ist, ob es nach den Umständen des Falles offenbar unzweckmäßig gewesen wäre, die Befriedigung oder Anerkennung zu verweigern (so LG Duisburg 10. 7. 1956 VersR 1956 S. 691; das Berufungsurteil OLG Düsseldorf 15. 1. 1957 VersR 1957 S. 407 ist auf diese Frage nicht eingegangen). In Anlehnung an das Kammergericht (5. 11. 1930 JRPV 1931 S. 29) kann Richtschnur sein, daß der Versicherer dann nicht von seiner Leistungsverpflichtung befreit ist, wenn der Versicherungsnehmer als anständiger Mensch genötigt würde, wie ein unanständiger Mensch zu handeln, falls er die Schadenersatzansprüche nicht anerkennt oder befriedigt. Das Reichsgericht (7. 12. 1934 HRR 1935 Nr. 748, 749 = JRPV 1935 S. 24 = Praxis 1935 S. 8) hat dies ähnlich ausgedrückt, wenn es sagt, daß die Erfüllung von Obliegenheiten den Versicherungsnehmer nicht davon abhalten darf, sein Verhalten gegenüber dem Verletzten den Anforderungen von Treu und Glauben und den Geboten der Menschlichkeit anzupassen. Hier kommt alles auf die Verhältnisse des **Einzel**falles an, und nur so sind einige Entscheidungen zu verstehen, denen, wenn sie grundsätzlicher Art wären, nicht zugestimmt werden könnte. Erwähnt seien die Entscheidungen RGZ 12. 12. 1933 VerAfP 1933 Nr. 2631 = Prax VersR 1934 S. 15 = DAR 1934 S. 78 = RdK 1935 S. 236 (Geldunterstützung des Verletzten durch den Versicherungsnehmer, der den Unfall verschuldet hat, da es eine offenbare Unbilligkeit gewesen wäre, wenn er nicht geholfen hätte); RGZ 17. 5. 1938 VerAfP 1938 S. 242 Nr. 3085 = JW 1938 S. 2220 = DÖV 1938 S. 344 (Befriedigung des Geschädigten in Höhe von 10,– Mark in der Aufregung des Unfalls sei kein verbotswidriges Anerkenntnis); OLG Stuttgart 13. 5. 1929 JW 1930 S. 3650 = DAR 1930 S. 95 (Zusage einer Geldunterstützung an den Schwerverletzten als Ausfluß der Anerkennung einer Anstandspflicht; der Versicherungsnehmer erklärte ihm, er rechne damit, daß er bestraft werde, der Geschädigte komme zu seinem Recht; er, der Versicherungsnehmer, sei versichert).

Wahrheitsgemäße Angabe der tatsächlichen Vorgänge ist kein verbotswidriges Anerkenntnis (RGZ 26. 7. 1935 VerAfP 1935 Nr. 2836). Ein Anerkenntnis liegt auch nicht vor, wenn der Versicherungsnehmer den Verletzten auffordert, ihm eine Schadenaufstellung zwecks Weitergabe an den Versicherer zu senden (RGZ 7. 12. 1934 HRR 1935 Nr. 748, 749 = JRPV 1935 S. 24 = Praxis 1935 S. 8), oder wenn der Versicherungsnehmer erklärt, daß man zahlen wolle, wenn und soweit man dazu verpflichtet sei (RGZ 22. 2. 1935 HRR 1935 Nr. 941 = JRPV 1935 S. 121). Dem Reichsgericht vom 17. 5. 1938 a. a. O. kann jedoch nicht darin gefolgt werden, daß nicht als verbotswidriges Anerkenntnis des Versicherungsnehmers gegenüber dem Vertreter des Verletzten eine Erklärung anzusehen sei, er gebe seine Schuld zu, könne dies aber nicht offiziell tun, weil er sonst den Führerschein verliere und ein Strafverfahren zu befürchten habe.

Der Versicherer kann sich ferner auf seine Befreiung von der Leistungspflicht nicht berufen, wenn er dem Anerkenntnis oder der Befriedigung vorher zugestimmt hat. Hat er nicht zugestimmt, aber in Kenntnis des Anerkenntnisses oder der Befriedigung durch den Versicherungsnehmer auch weiterhin Versicherungsschutz geleistet, dann kann er sich auf Leistungsfreiheit nicht mehr berufen (OLG Köln 26. 1. 1938 VerAfP 1938 S. 204 Nr. 3064). Freie Hand hat der Versicherungsnehmer, wenn der Versicherer die Gewährung von Versicherungsschutz endgültig abgelehnt hat (BGHZ VersR 1956 S. 707 = NJW 1956 S. 1796; s. a. S. 381; 21. 5. 1959 VersR 1959 S. 499; 25. 4. 1960 VersR

1960 S. 505 f.; OLG Hamm 10. 3. 1939 Hans RGZ 1939 A 103). Vgl. ferner u. Anm. 16 S. 380.

Hat der Versicherungsnehmer aus Anlaß des gleichen Schadenereignisses, aus dem er haftpflichtig gemacht wird, Ersatzansprüche, etwa wegen Beschädigung seines Wagens, gegen den Haftpflichtansprüche erhebenden Verkehrsteilnehmer, so ist er hinsichtlich eines Vergleichs oder gar eines Verzichts auf seine Ansprüche durch § 7 Abs. II Nr. 1 nicht gehindert, auch nicht, falls er gegen Fahrzeugschäden versichert ist. Die Fahrzeugversicherung ist, auch in Kombination mit der Pflicht-Haftpflichtversicherung, selbständig. Eine Bindung des Versicherungsnehmers tritt nur insoweit ein, als er etwa Ansprüche entgegen § 67 Abs. 1 Satz 3 VVG aufgibt.

13. **Erhebung von Haftpflichtansprüchen durch den Geschädigten.**

Nach § 7 II (2) und (3) AKB hat der Versicherungsnehmer Anzeige nicht nur, wie oben erwähnt, von dem Schadenereignis, sondern auch von der außergerichtlichen und gerichtlichen Geltendmachung von Ansprüchen der Geschädigten gegenüber dem Versicherungsnehmer zu machen. Die Frist für die Erstattung der Anzeige beträgt eine Woche, wenn die Ansprüche außergerichtlich erhoben werden; werden sie gerichtlich geltend gemacht (durch Klage, Zahlungsbefehl) oder wird das Armenrecht nachgesucht, der Streit dem Versicherungsnehmer verkündet, Arrest erhoben, eine einstweilige Verfügung erlassen oder ein Beweissicherungsverfahren (vgl. §§ 485 ff. ZPO) eingeleitet, so ist unverzüglich Anzeige zu erstatten. Diese Pflicht besteht auch neben einer etwa bereits erfolgten Anzeige über die außergerichtliche Geltendmachung von Ansprüchen.

Die Erhebung von Ansprüchen durch den Dritten muß nicht ausdrücklich erfolgen. Es genügt jede ernstliche Erklärung des Verletzten, die auch in schlüssigen Handlungen liegen kann, wenn aus ihr für den Versicherungsnehmer ersichtlich ist, daß der Geschädigte Schadenersatzansprüche gegen ihn geltend machen will (RGZ Bd. 152 S. 235; Bd. 156 S. 378; BGHZ 20. 2. 1956 = Ver BAV 1956 S. 88 = NJW 1956 S. 826 = VersR 1956 S. 186 f.). Liegt eine solche Erklärung vor, dann verpflichtet sie den Versicherungsnehmer zur Anzeige an den Versicherer und den Versicherer zur Gewährung von Versicherungsschutz gem. § 10 Abs. 1 AKB (vgl. dort Anm. 4, S. 410).

Durch die Neufassung des § 153 Abs. 4 VVG, dem § 7 II (3) AKB angeglichen ist, ist eine Reihe von Streitfragen beseitigt worden, die sich an den Begriff der gerichtlichen Geltendmachung in Rechtsprechung und Schrifttum geknüpft hatten. Bisher sind in der Regel die Nachsuchung des Armenrechts durch den Geschädigten und die Streitverkündung durch ihn nicht als gerichtliche Geltendmachung des Anspruchs angesehen worden. Da aber häufig schon im Armenrechtsverfahren oder anläßlich einer Streitverkündung gegen den Versicherungsnehmer der Sachverhalt weitgehend geklärt wird, erschien es zweckmäßig, beide Tatbestände der gerichtlichen Geltendmachung, also der Zustellung einer Klage, eines Arrestes, einer einstweiligen Verfügung, eines Zahlungsbefehls, gleichzustellen. Dies ist durch § 153 Abs. 4 geschehen. Auch das Beweissicherungsverfahren ist als gerichtliche Geltendmachung anzusehen.

Ohne die Weisung des Versicherers abzuwarten, hat der Versicherungsnehmer zur Wahrung der Fristen gegen einen Zahlungsbefehl Widerspruch, gegen einen Arrest und eine einstweilige Verfügung Einspruch einzulegen; § 7 II (4). Vgl. auch S. 372.

14. Prozeßführung

§ 7 II (5) bestimmt, daß der Versicherungsnehmer im Prozeß zwischen ihm und dem Dritten die Prozeßführung dem Versicherer zu überlassen, dem vom Versicherer bestellten Anwalt Prozeßvollmacht zu erteilen und ihn über den Sachverhalt jederzeit, soweit erforderlich, zu unterrichten hat. Diese Obliegenheit ergibt sich daraus, daß der Versicherer nach § 10 Abs. 1 dem Versicherungsnehmer gegenüber verpflichtet ist, unbegründete Entschädigungsansprüche, auch soweit sie gerichtlich geltend gemacht werden, abzuwehren, also dem Versicherungsnehmer in einem Prozeß Rechtsschutz, soweit notwendig durch Anwälte, zu geben und etwaige Prozeßkosten im Rahmen des § 10 Abs. 4 zu tragen. Die Unterstützungspflicht des Versicherungsnehmers rechtfertigt sich insbesondere daraus, daß materiell der Versicherer, nicht der Versicherungsnehmer, dem Dritten den entstandenen Schaden zu ersetzen hat. Hierin liegt auch der Grund für die Bestimmung in § 10 Abs. 5, daß der Versicherer, wenn die von ihm verlangte und mögliche Erledigung eines Haftpflichtanspruchs durch Anerkenntnis, Befriedigung oder Vergleich am Verhalten des Versicherungsnehmers scheitert, für den dadurch seit der Weigerung etwa entstehenden Mehrschaden einschließlich Zinsen und Kosten dem Versicherungsnehmer gegenüber – nicht auch gegebenenfalls in Ansehung des geschädigten Dritten – leistungsfrei ist.

Die Pflicht des Versicherungsnehmers, seinen Haftpflichtversicherer im Prozeß zu unterstützen, umfaßt das gesamte gerichtliche Verfahren aus Anlaß des Haftpflichtprozesses. Die Unterstützungspflicht bezieht sich somit auf alle Instanzen sowie auf alle in diesem Verfahren wie überhaupt zur Abwehr der Entschädigungsansprüche erforderlich werdenden prozessualen und gerichtlichen Maßnahmen, wie etwa auch auf Streitverkündung, einstweilige Verfügung (RGZ 9. 3. 1915 VerAfP 1915 S. 42 Nr. 879). Dagegen fällt ein Strafverfahren gegen den Versicherungsnehmer nicht unter § 7 II (5) AKB, da mit „Rechtsstreit" nur ein Zivilprozeß gemeint sein kann (a. M. Österr. ObGH 22. 12. 1959 VersR

1960 S. 308 m. Anm. Wahle dagegen). Mit der Unterstützungspflicht des Versicherungsnehmers lassen sich Handlungen und Erklärungen des Versicherungsnehmers nicht vereinigen, die hiermit in Widerspruch stehen, z. B. die Weigerung, dem vom Versicherer bestellten Prozeßvertreter Vollmacht oder Informationen zu erteilen, die Verzögerung oder Hemmung der Prozeßführung, etwa durch Nichterscheinen im Beweistermin (KG 1. 4. 1925 VerAfP 1925 Nr. 1488; KG 21. 3. 1931 VerAfP 1931 Nr. 2251 = JRPV 1931 S. 197) oder durch Ablehnung, zum Ergebnis der Beweisaufnahme Stellung zu nehmen. Der Versicherungsnehmer darf die vom Versicherer vereinbarungsgemäß übernommene Prozeßführung nicht vereiteln oder durchkreuzen (so KG VerAfP 1931 Nr. 2251 s. o.) oder durch eigenmächtige und unzweckmäßige Prozeßführung die Prozeßlage des Versicherers absichtlich verschlechtern (OLG Frankfurt 15. 1. 1931 JRPV 1931 S. 260).

Ein Widerspruch zur Unterstützungspflicht des Versicherungsnehmers liegt ferner vor, wenn er für den Verletzten den Schriftwechsel mit dem Versicherer führt oder gar die Klageschrift für den Verletzten anfertigt (OLG Düsseldorf 31. 1. 1938 JRPV 1938 S. 89 = RdK 1939 S. 114). Die Obliegenheit, dem Versicherer die Prozeßführung zu überlassen, besteht auch dann, wenn die Deckungssumme nicht ausreichen sollte (RGZ 4. 12. 1923 VerAfP 1924 Nr. 1416). Eine Aufspaltung der Prozeßführung nach Deckungssumme und Gesamtansprüchen des Geschädigten ist nicht möglich, auch nicht erforderlich, da ein Widerstreit der Interessen in aller Regel nicht gegeben sein wird. Ist die Deckungssumme höher als die Mindestversicherungssumme nach dem Pflichtversicherungsgesetz, so ist dies ohne Bedeutung, da auch insoweit die AKB und damit § 7 gelten.

15. Der Versicherungsnehmer hat dem ihm vom Versicherer angegebenen Rechtsanwalt **Vertretungsvollmacht** zu erteilen. Zwischen beiden kommt ein Dienstvertrag zustande. Daß der Versicherungsnehmer den Weisungen des Versicherers zu folgen hat, ist ein Ausfluß des zwischen dem Versicherungsnehmer und dem Versicherer bestehenden Versicherungsverhältnisses und berührt nur sie beide. Da der Rechtsanwalt Prozeßbevollmächtigter des Versicherungsnehmers ist, der ihm die Vollmacht erteilt hat, ist ein Verschulden des mit der Prozeßführung beauftragten Rechtsanwaltes dem Versicherungsnehmer zuzurechnen (LG Berlin 4. 3. 1929 VersR 1931 S. 215). Die Versäumung einer Frist durch Verschulden des Versicherers führt nicht zu einer Wiedereinsetzung in den vorigen Stand (RGZ JRPV 1941 S. 197). Auf Grund des Dienstvertrages haftet der Versicherungsnehmer für die Anwaltsgebühren (a. M. OLG Köln 10. 5. 1932 VerAfP 1932 Nr. 2448 = HRR 1932 Nr. 1699). Dem Versicherungsnehmer gegenüber hat jedoch der Versicherer auf Grund des § 10 Abs. 1 AKB die Kosten

zu tragen, sofern nicht die im Prozeß befangenen Haftpflichtentschädigungsansprüche die Deckungssumme übersteigen. Im Falle eines Obsiegens des Versicherungsnehmers im Prozeß kann der Versicherer Erstattung der Kosten von der unterlegenen Partei nur insoweit fordern, als eine unversicherte Partei sie aufgewandt hätte und sie zur zweckentsprechenden Rechtsverteidigung erforderlich sind (vgl. Beschl. LG Bonn 26. u. 29. 9. 1955 VersR 1956 S. 166; OLG Karlsruhe 19. 11. 1956 VersR 1957 S. 272; OLG Köln 2. 9. 1957 VersR 1958 S. 291; LG Stade 16. 4. 1958 VersR 1958 S. 555; Beschl. OLG Koblenz 14. 7. 1959 VersR 1960 S. 124 – insbesondere zur Frage der Kosten für einen Verkehrsanwalt; vgl. auch Prölss VersR 1960 S. 193).

16. Aus dieser hinsichtlich der Prozeßführung gegebenen Rechtslage ergibt sich u. a., daß der Versicherer vom Versicherungsnehmer nicht fordern könnte, einen Anwalt zu bevollmächtigen, der in einem anderen Rechtsstreit seinen Gegner vertritt (RAfP in VerAfP 1937 S. 76). Auch der Anwalt müßte von sich aus sorgfältig prüfen, inwieweit in einem solchen Falle die Gefahr widerstreitender Interessen besteht. Dabei ist zu beachten, daß der Versicherungsnehmer, wenn er auch bedingungsgemäß dem Versicherer die sachliche Führung des Prozesses überlassen hat, nach außen hin als beklagte Partei verantwortlich bleibt (RGZ 16. 10. 1917 VerAfP 1918 Anh. S. 26 ff.). Der Versicherungsnehmer hat daher ein berechtigtes Interesse, Einsicht in die Schriftsätze zu nehmen (RAfP in VerAfP 1933 S. 237 zu 9 b). Wie weit er von den Weisungen oder der Stellungnahme des Versicherers abweichen darf, hängt davon ab, inwieweit die Stellungnahme des Versicherers dem Versicherungsnehmer als Beklagten zumutbar ist. Unbeachtlich ist, ob der Versicherungsnehmer dem Geschädigten als Verwandter, Bekannter oder sonstwie nahe steht. Die Grenzen der Unterstützung der Prozeßführung des Versicherers bestimmt die Unzumutbarkeit. Beispiele der Unzumutbarkeit: Der Versicherungsnehmer soll eine objektive unrichtige Tatsachenschilderung mit seinem Namen decken (vgl. OLG Frankfurt 15. 1. 1931 JRPV 1931 S. 260); er soll lediglich im Interesse des Versicherers an einer unrichtigen Entscheidung des Schadenprozesses mitwirken (KG 21. 3. 1931 VerAfP 1931 Nr. 2251 = JRPV 1931 S. 197); er soll entgegen § 138 ZPO den Tatsachen zuwider einen ihm bekannten Vorgang mit Nichtwissen bestreiten u. a. In solchen Fällen ist der Versicherungsnehmer berechtigt, von den Weisungen des Versicherers abzuweichen. Im übrigen hat er über Zweckmäßigkeit des Vorbringens, über die tatsächliche und rechtliche Würdigung des Prozeß-Stoffes, über Beweisanträge, Einlegung eines Rechtsmittels u. a. nicht zu entscheiden, sondern den Weisungen des Versicherers nachzukommen. Mag allenfalls noch das Nichtbestreiten einer gegnerischen Behauptung

einer zweckmäßigen Prozeßführung entsprechen, so darf dem Versicherungsnehmer nicht zugemutet werden, eine bestimmte Prozeßbehauptung des geschädigten Dritten, die mit der Wirklichkeit übereinstimmt, auf Verlangen des Versicherers zu bestreiten. Die Ausführungen des OLG Hamm vom 9. 5. 1955 VersR 1956 S. 124 dürften zu weit gehen. Ferner ist ein Widerspruch des Versicherungsnehmers zur Prozeßführung des Versicherers unschädlich, wenn er auf der dem Versicherungsnehmer im Rechtsstreit obliegenden Wahrheitspflicht beruht (OLG Hamm 10. 3. 1939 HansRGZ 1939 A 103). Die Abwägung des Für und Wider wird auf der anderen Seite aber auch durch die Grenzen bestimmt, die die wirtschaftlichen Interessen des Versicherers, der letzten Endes die Haftpflichtansprüche des Geschädigten befriedigen muß, gegenüber den Interessen des Versicherungsnehmers als eines lediglich verfahrensrechtlich beteiligten Beklagten fordern.

Lehnt der Versicherer den Versicherungsschutz ab, so sind die Umstände des Einzelfalles dafür maßgebend, ob der Versicherungsnehmer von seinen Obliegenheiten hinsichtlich der Prozeßführung befreit ist (OLG Hamburg 14. 10. 1931 JRPV 1932 S. 107 = DÖV 1932 S. 3). Daraus erklärt sich, daß die Rechtsprechung nicht einheitlich erscheint. Folgende Grundsätze dürften in dem auf Treu und Glauben aufgebauten Versicherungsverhältnis zwischen Versicherungsnehmer und Versicherer angemessen sein: Hat der Versicherer den Versicherungsschutz abschließend und endgültig abgelehnt, dann ist der Versicherungsnehmer von seiner Obliegenheit, dem Versicherer die Prozeßführung zu überlassen, befreit (vgl. die beiden Entscheidungen des Reichsgerichts vom 30. 8. 1938 – VII 64/38 u. VII 72/38 – s. ZGesVW 1939 S. 195; LG Bielefeld 22. 12. 1953 VersR 1954 S. 94; OLG Hamm 10. 3. 1939 HansRGZ 1940 A S. 103; BGHZ 21. 5. 1959 VersR 1959 S. 499 = NJW 1959 S. 1492; OLG Celle VersR 1953 S. 81; OLG Düsseldorf 3. 12. 1957 VersR 1958 S. 409; vgl. ferner § 10 AKB Anm. 5, S. 411). Das gleiche würde gelten etwa nach Ablauf der 6-Monatsfrist im Falle der §§ 8 AKB, 12 Abs. 3 VVG.

Bestehen aber hinsichtlich einer endgültigen Ablehnung durch den Versicherer Zweifel oder will der Versicherungsnehmer auch nur an seinem Anspruch gegenüber dem Versicherer auf Gewährung von Versicherungsschutz festhalten, dann muß er den Versicherer darüber unterrichten, daß es zum Prozeß gekommen sei, und ihm die Übernahme der Prozeßführung anbieten. Dies gilt auch, wenn aus dem Schriftwechsel und sonstigen Verhalten des Versicherers zu erkennen ist, daß er trotz grundsätzlicher Ablehnung des Versicherungsschutzes den Versicherungsnehmer bei der Prozeßführung unterstützen will, wenn er den Schadenfall weiterbearbeitet und mit dem Versicherungsnehmer in Verbindung bleibt (RGZ 2. 10. 1931 VerAfP 1931 S. 277 Nr. 2334 = JRPV 1931 S. 334 = DÖV 1931 S. 86; KG 15. 10. 1930 JRPV 1930 S. 433).

Keinesfalls ist der Versicherungsnehmer, wenn der Versicherer die Prozeßführung abgelehnt hat, von der Pflicht einer sorgsamen Prozeßführung entbunden (OLG Hamm 17. 6. 1935 VerAfP 1935 S. 244 Nr. 2815). Er muß, wenn er trotz Ablehnung durch den Versicherer von ihm Versicherungsschutz verlangt, seinerseits vertragstreu bleiben, wobei die obigen Ausführungen zu beachten sind. Wegen der eigenmächtigen Prozeßführung vgl. auch u. Anm. 23.

17. Bei **Fahrzeug-** und **Gepäckversicherungsschäden** ist nach § 7 III AKB vor Beginn etwaiger Wiederinstandsetzungsarbeiten die Weisung des Versicherers einzuholen. Dies hat den Zweck, dem Versicherer die Möglichkeit zu geben, den durch den Versicherungsfall entstandenen Schaden durch Sachverständige festzustellen und Maßnahmen zur Vornahme der erforderlichen Wiederinstandsetzung in einer vom Versicherer gebilligten Werkstatt zu treffen. Von der Einholung der Weisung des Versicherers darf der Versicherungsnehmer nur Abstand nehmen, wenn ihm die vorherige Einholung der Weisung billigerweise nicht zuzumuten ist. Dies ist z. B. der Fall bei geringfügigen Schäden, bei denen die Wiederinstandsetzungskosten etwa nur 100 DM, im Einzelfall auch einmal darüber, betragen. In solchen Fällen würden die Unkosten und Nachteile, die durch die Nichtbenutzung des Fahrzeugs bis zum Vorliegen der Weisungen des Versicherers entstehen, in der Regel in keinem Verhältnis zu den Instandsetzungskosten stehen. Das Abschleppen des verunglückten Fahrzeugs fällt nicht unter § 7 III, ist daher grundsätzlich nicht an die Weisungen des Versicherers gebunden. Entwendungsschäden (Diebstahl, Einbruch, Raub — vgl. § 12 Abs. 1 I b AKB; S. 436 —) und Brandschäden sind nicht nur dem Versicherer (§ 7 I Abs. 2), sondern unverzüglich auch der Polizei zu melden (§ 7 III Satz 2).

18. § 7 IV AKB beschäftigt sich mit den der **Unfallversicherung** eigentümlichen Obliegenheiten. Zur Schadenminderungspflicht gehört hier insbesondere die Zuziehung eines staatlich zugelassenen Arztes (spätestens am vierten Tage), die regelmäßige Fortsetzung einer etwaigen ärztlichen Behandlung bis zum Abschluß des Heilverfahrens und die Sorge für angemessene Krankenpflege. Ärztliche Behandlung ist in weitestem Sinne aufzufassen. Sie umfaßt u. a. auch die Anlegung von Verbänden, elektrische Bestrahlungen, Massage, die Aufnahme in ein Krankenhaus, die Vornahme einer Operation im Rahmen der auf S. 371 erläuterten Duldungspflicht. Die durch diese Schadenminderungspflicht enstehenden Kosten gehen im Rahmen der Versicherungsbedingungen zu Lasten des Versicherers, wobei seine etwai-

gen Weisungen zu befolgen sind. Nach der Lage der häuslichen Verhältnisse richtet sich die Krankenpflege, die u. U. die Aufnahme in ein Krankenhaus erforderlich macht. Bei Zweifelsfragen ist das objektiv vernünftige Verhalten eines nichtversicherten Verletzten maßgebend (OLG Hamm 4. 10. 1935 JRPV 1936 Zusatzh. Nr. 37). Nach § 7 IV Abs. 2 AKB sind der Versicherungsnehmer und die versicherten Personen ferner verpflichtet, die behandelnden sowie etwa früher in Anspruch genommene Ärzte von der Schweigepflicht zu entbinden und sie zu veranlassen, etwaige vom Versicherer geforderte Berichte zu erstatten. Der Versicherungsnehmer ist ferner verpflichtet, sich auf Verlangen des Versicherers zur Feststellung der Unfallfolgen und ihrer Behebung den vom Versicherer bezeichneten Ärzten oder dem Ärzteausschuß (vgl. unten S. 486) zur Untersuchung zu stellen. Zur wiederholten Feststellung des Grades der Arbeitsbehinderung nach Abschluß der ärztlichen Behandlung (vgl. § 19 II Abs. 4 AKB; S. 484) braucht dem Verlangen des Versicherers nur von sechs zu sechs Monaten entsprochen zu werden (§ 7 IV (2) Satz 3).

Hat der Unfall einen Todesfall zur Folge, so ist nach § 7 IV Abs. 3 a. a. O. der Todesfall dem Vorstand der Unternehmung innerhalb 24 Stunden telegraphisch anzuzeigen, und zwar neben einer etwa bereits erfolgten Unfallanzeige. Erhält der Versicherer auf andere Weise innerhalb der vorgeschriebenen Frist Kenntnis vom Todesfall, so kann er sich nach § 33 Abs. 2 VVG auf Leistungsfreiheit aus diesem Grunde nicht berufen. Ist der Tod unmittelbar im Anschluß an den Unfall eingetreten, so genügt e i n e — telegraphische — Anzeige vom Unfall und Tod. Der Versicherer hat schließlich das Recht, die Leiche durch Ärzte besichtigen und öffnen zu lassen. Dieses Recht besteht auch, wenn die Leiche bereits beerdigt worden ist (RGZ 13. 12. 1910 VerAfP 1911 Anh. S. 57). Die Pflicht trifft die Erben (KG 2. 5. 1931 JRPV 1931 S. 270 = HansRGZ 1931 A Sp. 487). Der Weigerung der Sektion und Ausgrabung können besondere Gründe zur Seite stehen, insbesondere ethischer oder religiöser Art oder solche der Pietät (vgl. z. B. RGZ 19. 1. 1906 Ver AfP 1906 Nr. 183). Sektion und Ausgrabung können auch völlig zwecklos sein, etwa weil sie zur Feststellung der Unfallursache nicht geeignet sind. Dem Recht des Versicherers kann aber auch eine bereits von ihm gestattete Freigabe zur Beerdigung entgegenstehen.

19. a) Die **Verletzung** einer **der hier erwähnten Obliegenheiten** zieht die in den §§ 6 Abs. 3 und 62 Abs. 2 VVG festgesetzten **Folgen** nach sich. Die ersteren sind in § 7 V AKB ausdrücklich angeführt worden: Leistungsfreiheit des Versicherers, es sei denn, daß die Verletzung weder auf Vorsatz noch auf grober Fahrlässigkeit beruht, bei grob-

fahrlässiger Obliegenheitsverletzung Leistungsfreiheit nur, soweit zwischen der Fahrlässigkeit und dem Umfang des Schadens ein ursächlicher Zusammenhang besteht. Im einzelnen kann hier auf die Ausführungen auf S. 388 verwiesen werden. Soweit es sich um Obliegenheiten handelt, die der Schadenabwendung oder Schadenminderung dienen (z. B. Zuziehung eines Arztes gemäß § 7 IV Abs. 1 AKB), regeln sich die Folgen der Verletzung nach § 62 Abs. 2 VVG.

Wegen der Aufrechterhaltung des Versicherungsschutzes in der Haftpflichtversicherung „in Ansehung des Dritten" vgl. S. 259 ff. Hinsichtlich der Kenntnis über die Obliegenheiten ist nicht erforderlich, daß der Versicherungsnehmer die Bedingungen im Wortlaut gelesen und ihre rechtliche Bedeutung voll erfaßt hat. Es genügt das allgemeine Bewußtsein, daß ein Haftpflichtversicherter die Schadenfeststellung nicht erschweren darf, sondern im Gegenteil den Versicherer bei der Aufklärung des Sachverhalts aktiv unterstützen muß (BGHZ 8. 5. 1958 VersR 1958 S. 389 f.). Dieses Bewußtsein ist aber heute bei einem Versicherten, auch wenn er nicht zugleich Versicherungsnehmer ist, in der Regel vorauszusetzen (BGHZ a. a. O.; OLG Stuttgart 8. 5. 1957 VersR 1958 S. 390 f.; OLG Köln 18. 12. 1959 VersR 1960 S. 433 f.; OLG Hamm 9. 5. 1958 VersR 1958 S. 778 und Beschl. 16. 1. 1959 VersR 1959 S. 557; OLG München 25. 6. 1958 VersR 1958 S. 518; OLG Düsseldorf 3. 3. 1959 VersR 1959 S. 725, 896).

Über Verletzung von Obliegenheiten, die v o r Eintritt des Versicherungsfalls zu erfüllen sind, vgl. § 2 AKB Anm. 13 ff. S. 328.

20. b) § 7 V spricht davon, daß der Versicherer dem Versicherungsnehmer gegenüber **von der Verpflichtung zur Leistung befreit** ist. Dies bezieht sich nicht auf alle durch ein Schadenereignis begründeten Deckungsansprüche ohne Rücksicht darauf, in wessen Person sie entstanden sind, sondern nur auf einen ganz bestimmten Versicherungsanspruch, und zwar auf denjenigen, dessen Träger in Bezug auf ihn seine Obliegenheiten verletzt hat. Die Obliegenheiten sind – anders als die unmittelbar erzwingbaren Verbindlichkeiten, wie z. B. die Prämienzahlungspflicht – lediglich Verhaltungsnormen, die jeder Versicherungsnehmer selbstverständlich beachten muß, wenn er sich seinen e i g e n e n Versicherungsanspruch erhalten will (BGHZ 13. 6. 1957 VersR 1957 S. 458 = LM § 7 AVB f. KraftVers. Nr. 3 m. Anm. Haidinger; OLG Hamm 9. 5. 1958 VersR 1958 S. 778; s. a. OLG Düsseldorf 3. 3. 1959 VersR 1959 S. 725, 896; vgl. auch Kisch Hdb III S. 567). Daher berührt eine Obliegenheitsverletzung durch einen von mehreren Gesellschaftern einer bürgerlich-rechtlichen Gesellschaft nur dessen eigenen Versicherungsanspruch (BGHZ a. a. O.).

21. c) Beruht die **Obliegenheitsverletzung** des Versicherungsnehmers auf **Vorsatz,** dann ist der Versicherer leistungsfrei, ohne daß es dar-

auf ankommt, ob ein Schaden eingetreten ist (BGHZ VersR 1952 S. 428; OLG Braunschweig 20. 12. 1955 VersR 1956 S. 172; LG Köln 11. 1. 1957 VersR 1958 S. 293; OLG Nürnberg Beschl. 23. 2. 1957 VersR 1958 S. 598; OLG Hamm 13. 5. 1958 VersR 1958 S. 670). Der Vorsatz setzt voraus, daß der Versicherungsnehmer die Verpflichtung gekannt hat und im Bewußtsein des Vorhandenseins der Verhaltensnorm dagegen verstoßen will (BGHZ 25. 4. 1955 VerBAV 1955 S. 258 = VersR 1955 S. 340; OLG Stuttgart 8. 5. u. 28. 11. 1957 VersR 1958 S. 390 f. u. S. 21; OLG Köln 18. 12. 1959 VersR 1960 S. 483 f.). Zum Vorsatz gehört mithin die Vorstellung des Erfolges und seine Billigung (BGHZ 25. 4. 1955 a. a. O.; OLG Hamm 8. 11. 1956 MDR 1957 S. 297; OLG München 25. 6. 1958 VersR 1958 S. 518; Palandt § 276 Anm. 3). Stets kommt es auf die Umstände des Einzelfalls an, und man kann zunächst nicht unterstellen, daß der Versicherungsnehmer seine Ansprüche vorsätzlich habe gefährden wollen (BGHZ 25. 6. 1956 VersR 1956 S. 471). Behauptet der Versicherungsnehmer, er habe weder vorsätzlich noch grob fahrlässig die ihm obliegende Aufklärungspflicht verletzt, dann trifft ihn die Beweislast (BGHZ 25. 4. 1955 a. a. O.; Bd. 24 S. 378, 386 = VersR 1957 S. 458; 26. 9. 1957 VersR 1957 S. 678; 8. 5. 1958 VersR 1958 S. 389 f.; OLG Stuttgart 28. 11. 1957 VersR 1958 S. 21, 337; RGZ Bd. 157 S. 73; OLG München 25. 6. 1958 VersR 1958 S. 518; OLG Karlsruhe 8. 4. 1959 VersR 1960 S. 699). Jedoch muß der Versicherer, wenn er behauptet, daß der Versicherungsnehmer vorsätzlich gehandelt habe, Umstände angeben, aus denen sich der Vorsatz ergeben soll, damit der Versicherungsnehmer die Möglichkeit hat, die Behauptungen zu widerlegen (OLG München 24. 8. 1954 VersR 1954 S. 529).

Jede Irreführung des Versicherers verletzt die Aufklärungspflicht (BGHZ VersR 1952 S. 429; OLG Hamm 21. 3. 1958 VersR 1958 S. 509). Bewußt unwahre Angaben des Versicherungsnehmers sind vorsätzliche Verletzung der Anzeige- und Aufklärungspflicht, auch wenn die unwahren Angaben keinen Einfluß auf die Feststellung des Versicherungsfalles hatten (BGHZ 25. 10. 1952 VersR 1952 S. 428 ff.). Eine Verletzung der Aufklärungspflicht liegt auch vor, wenn der geschädigte Kaskoversicherte eine von einem Dritten in seiner Anwesenheit gegebene unzutreffende Unfalldarstellung vorsätzlich nicht berichtigt (LG Düsseldorf 4. 3. 1958 VersR 1958 S. 284).

Vgl. hierzu auch o. Anm. 6, 8.

Der Annahme des Vorsatzes steht nicht entgegen, wenn der Versicherungsnehmer eine falsche Schilderung in der Schadenanzeige gegeben hat, weil er sich in der Beurteilung der Rechtslage geirrt und durch die falsche Schilderung eine für sich günstigere Entscheidung herbeiführen wollte, obwohl der Versicherer bei richtiger Schilderung hätte leisten müssen (BGHZ VersR 1952 S. 428; BGHZ 9. 7. 1956 VersR 1956 S. 485). Unter Umständen könnte in einem solchen Falle die Berufung des Versicherers auf Leistungsfreiheit jedoch gegen Treu und Glauben verstoßen; in dem vom BGHZ VersR 1956 S. 485 entschiedenen Falle hatte der Versicherungsnehmer seinerseits bei der Schadenanzeige arglistig gehandelt.

22. Vorsätzliche Verletzung einer Obliegenheit, nämlich der Aufklärungspflicht, liegt in aller Regel bei **Fahrerflucht** vor (LG Stuttgart 6. 12. 1956 VersR 1957 S. 226; OLG München 14. 8. 1957 VersR 1958 S. 313 und 25. 6. 1958 VersR 1958 S. 518; OLG Düsseldorf 3. 3. 1959 VersR 1959 S. 725; 896; BGHZ 7. 4. 1960 VersR 1960 S. 593). Hier gehört zum Vorsatz, daß der Fahrer weiß, daß er als Verursacher des Unfalles in Frage kommt, gleichwohl sich aber den Feststellungen entzieht (LG Koblenz 22. 6. 1954 VersR 1954 S. 484). Daß er die versicherungsrechtlichen Folgen seines Verhaltens erkannt hat, ist zur Annahme des Vorsatzes nicht erforderlich (Bruck-Möller § 6 Anm. 28). Es ist auch nicht erheblich, wenn der Fahrer vorbringt, er habe sich darüber geirrt, ob eine Person verletzt sei (LG Koblenz a. a. O.). Ohne Bedeutung wäre schließlich der Umstand, daß der Versicherungsnehmer die Unfallflucht möglicherweise aus Angst vor einer Bestrafung begangen hat (OLG Hamm Beschl. 16. 1. 1959 VersR 1959 S. 557). Wenn auch – selten – Fälle denkbar sind, in denen Fahrerflucht weder ein Verstoß gegen die Obliegenheit einer Aufklärung des Tatbestandes oder einer Minderung des Schadens einschließlich der Rettungspflicht zu sein braucht, so erscheint es nicht vertretbar, daß wenn die Obliegenheiten verletzt worden sind, es für die Frage der Verwirkung des Versicherungsanspruches darauf ankommt, inwieweit der Schaden ganz oder zum Teil unabhängig von der Fahrerflucht entstanden ist, ob den Verletzten ein Mitverschulden trifft oder ob ihm von anderer Seite baldige Hilfe gekommen ist oder ob gerade durch das Verhalten des versicherten Fahrers der Haftpflichtschaden vergrößert oder die Aufklärung des Sachverhalts und damit die Abwehr der Haftpflichtansprüche zum Nachteil des Versicherers erschwert oder verhindert worden ist, wie RGZ 24. 2. 1939 Bd. 160 S. 3 = VerAfP 1939 S. 263 Nr. 3132 = DJ 1939 S. 873 = DR 1939 S. 871 = JRPV 1939 S. 167 = DÖV 1939 S. 219 unter Aufhebung des Berufungsurteils OLG Dresden 29. 7. 1938 JW 1938 S. 2554 m. Anm. Kersting = Hans RGZ 1938 A 373 = DÖV 1938 S. 518 meint. Die Fahrerflucht steht im Normalfall in krassem Gegensatz zur Pflicht des Versicherungsnehmers, den Tatbestand aufzuklären und den Schaden zu mindern, gleich ob den Verletzten ein Mitverschulden trifft oder ob bei vorsätzlichem Verhalten die Schadenaufklärung erschwert und der

Schaden durch die Fahrerflucht erst entstanden oder erhöht worden ist. Gerade die positiven Handlungen, von denen auf S. 369 gesprochen wird und die in der Zeit kurz nach dem Unfall von besonderer Bedeutung sind, wie Unterrichtung der Verkehrspolizei, Feststellung von Zeugen, von Bremsspuren, werden durch die Flucht des Fahrers verhindert (so OLG Dresden JW 1938 S. 2554, s. o.; OLG Braunschweig 20. 12. 1955 VersR 1956 S. 172 = ZfV 1956 S. 444 m. hinsichtlich der Beurteilung der Fahrerflucht abweichender Anm. v. Fleck VersR 1956 S. 316; OLG Celle 26. 11. 1956 VersR 1957 S. 22; LG Koblenz Beschl. 22. 6. 1954 VersR 1954 S. 484; LG Aachen 3. 7. 1956 VersR 1957 S. 96; LG Stuttgart 6. 12. 1956 VersR 1957 S. 226). – Vgl. hierzu auch o. Anm. 7.

23. Zu den Obliegenheitsverletzungen gehört in der Regel auch die **eigenmächtige Prozeßführung** durch den Versicherungsnehmer, das Nichtzuziehen des Versicherers zur Rechtsstreitführung, auch wenn dadurch ein Schaden für den Versicherer nicht entstanden ist (KG 29. 1. 1930 JRPV 1930 S. 210; OLG Frankfurt 5. 11. 1931 VerAfP 1932 S. 248 Nr. 2443 = JRPV 1932 S. 268 = HRR 1932 Nr. 838; LG Berlin 4. 3. 1929 JRPV 1931 S. 215). Es kommt jeweils auf die Verhältnisse im Einzelfall an. Die Nichtanzeige des Unfalles und der Anspruchserhebung ist selbst bei grundsätzlicher Ablehnung der Deckungspflicht durch den Versicherer Obliegenheitsverletzung, wenn der Versicherer den Schadenfall weiterbearbeitet und mit dem Versicherungsnehmer in Verbindung bleibt (KG 15. 10. 1930 JRPV 1930 S. 433). Zu weitgehend erscheint die Auffassung des Reichsgerichts, das trotz Ablehnung der Deckungspflicht durch den Versicherer die eigenmächtige Prozeßführung des Versicherungsnehmers als grobe Fahrlässigkeit ansieht (RGZ 2. 10. 1931 VerAfP 1931 S. 277 Nr. 2334 = JRPV 1931 S. 335 = DÖV 1931 S. 86 = WarnRspr 1931 Nr. 420). Dagegen ist dem OLG Hamburg 2. 12. 1932 (JRPV 1933 S. 46) zuzustimmen, wenn es in Anwendung des Rechtsgedankens des § 154 Abs. 2 VVG (vgl. S. 252) die Nichtanzeige der Klageerhebung als entschuldigt ansieht, weil der Versicherer bereits in unmittelbaren Vergleichsverhandlungen mit dem Rechtsanwalt des geschädigten Dritten stand und die Durchführung des Rechtsstreites mit Rücksicht auf die Ergebnisse des Strafverfahrens völlig aussichtslos gewesen ist.

Ebenso ist die Sachlage zu beurteilen, wenn der Versicherungsnehmer nicht an die Möglichkeit gedacht hat, es könnte eine Inanspruchnahme des Versicherers in Frage kommen und sich daher seiner Pflicht zur Anzeigeerstattung nicht bewußt gewesen ist. Hier ist nicht Vorsatz, sondern Nachlässigkeit (Fahrlässigkeit) anzunehmen (vgl. OLG Karlsruhe 20. 3. 1957 VersR 1957 S. 526).

24. d) Wie beim Vorsatz hängt auch die Frage, wann **grobe Fahrlässigkeit** anzunehmen ist, von den Umständen des Einzelfalles ab. Außer bei den bereits vorstehend erwähnten Tatbeständen liegt grobe Fahrlässigkeit u. a. vor, wenn die Obliegenheitsverletzung auf eine Unordnung im Geschäftsbetrieb des Versicherungsnehmers zurückzuführen ist (RGZ Bd. 127 S. 365 = JRPV 1930 S. 132; KG. 1. 5. 1929 JRPV 1929 S. 244); ferner, wenn der Versicherungsnehmer die Erfüllung der Obliegenheiten Angestellten oder Vertretern überläßt, ohne sich selbst um die Durchführung der Pflichten zu kümmern (KG. 8. 12. 1928 JRPV 1929 S. 51; OLG Köln 31. 12. 1927 Prax VersR 1928 S. 74). Als entschuldigt kann ein Versicherungsnehmer betrachtet werden, der sich zur Übermittlung der Schadenanzeige des Agenten des Versicherers als Boten bedient hat (OLG Stuttgart 27. 3. 1930 JRPV 1930 S. 385) oder der sich infolge nicht eindeutiger Rechtslage über die Person des Versicherers, dem gegenüber Obliegenheiten zu erfüllen waren, geirrt hat (OLG Düsseldorf 15. 1. 1957 VersR 1957 S. 407; vgl. aber auch S. 280). Die Nichtanzeige der Einleitung eines Strafverfahrens gegen den Fahrer ist nicht als grobfahrlässig zu werten, wenn der Unfall und die Anspruchserhebung angezeigt und die Aufnahme eines polizeilichen Protokolls erwähnt worden sind (RGZ 4. 5. 1934 DÖV 1934 S. 87 = WarnRspr 1934 Nr. 234; KG. 16. 12. 1933 VerAfP 1934 S. 23 Nr. 2678 = JRPV 1934 S. 93). Die Nichtanzeige des Schadens ist nicht grobfahrlässig, wenn der Versicherungsnehmer auf Grund einer Belehrung des Versicherungsagenten, der die Anzeige aufnehmen soll, zu der Auffassung kommt, er habe keinen Anspruch auf Versicherungsschutz (BGHZ 25. 4. 1955 Ver BAV 1955 S. 258 = VersR 1955 S. 340; ähnlich RGZ 22. 2. 1935 Hans RGZ 1935 A Sp. 555).

25. e) § 7 V Satz 2 übernimmt die Formulierung des § 6 Abs. 3 Satz 2 VVG. Danach bleibt der Versicherer im Falle lediglich grobfahrlässiger Obliegenheitsverletzung insoweit zur Leistung verpflichtet, als die Verletzung weder Einfluß auf die **Feststellung des Versicherungsfalles** noch auf die Feststellung oder den Umfang der dem Versicherer obliegenden **Leistung** gehabt hat (OLG Frankfurt 1. 3. 1960 VersR 1960 S. 721 f.). Beweispflichtig ist der Versicherungsnehmer, daß der Ursachenzusammenhang fehlt (OLG München 14. 8. 1957 VersR 1958 S. 313; OLG Frankfurt a. a. O.). Hier gilt ähnliches, wie für den Fall des Nachweises mangelnden Verschuldens (siehe S. 385). Der Versicherungsnehmer muß die sich aus dem Sachverhalt selbst ergebenden Möglichkeiten eines Kausalzusammenhanges widerlegen und abwarten, ob und welche konkreten Behauptungen der Versicherer über Art und Maß der Kausalität beibringt (vgl. BGHZ 25. 6. 1956 VersR 1956 S. 471). Hinsichtlich des Ursachenzusammenhanges mit Bezug auf die Feststellung des Versicherungsfalles kommt es nicht

darauf an, ob die Obliegenheitsverletzung den Versicherer irgendwie geschädigt hat, sondern ob und inwieweit die Feststellung des Versicherungsfalles erschwert worden ist oder ob ohne die Obliegenheitsverletzung eine andere Feststellung hätte getroffen werden können (vgl. etwa LG Hildesheim 13. 10. 1959 VersR 1959 S. 990). Wäre die Aufklärungsmöglichkeit nicht verändert worden und der Umfang des Schadens auch bei ordnungsmäßiger Erfüllung der Obliegenheit nicht geringer gewesen, dann liegt keine Kausalität vor (OLG Celle 26. 11. 1956 VersR 1957 S. 22; OLG Karlsruhe 20. 3. 1957 VersR 1957 S. 526). Hat die Obliegenheitsverletzung den Umfang der Versicherungsleistung beeinflußt und etwa eine Erhöhung des Schadens herbeigeführt, dann ermäßigt sich entsprechend der Anspruch des Versicherungsnehmers (OLG München 24. 8. 1954 VersR 1954 S. 529). Hat der Versicherer keinen Nachteil erlitten, bedarf es keiner Prüfung mehr, ob der Versicherungsnehmer grobfahrlässig gehandelt hat (BGHZ 24. 10. 1960 VersR 1960 S. 1033).

26. Die schon in Anm. 16 aufgetauchte Frage, inwieweit der Versicherungsnehmer bei Ablehnung des Versicherungsschutzes durch den Versicherer gehalten ist, die Prozeßführung antragsgemäß dem Versicherer zu überlassen (vgl. S. 381), ist auch mit Bezug auf jede andere Obliegenheit nach den gleichen Grundsätzen zu prüfen. So hat OLG Hamm 23. 11. 1931 (VerAfP 1932 S. 37 Nr. 2395) keine grobe Fahrlässigkeit des Versicherungsnehmers hinsichtlich der Beschaffung der vom Versicherer geforderten Unterlagen für den Haftpflichtanspruch angenommen, solange der Versicherer, ohne eine bestimmte Erklärung abzugeben, seine Deckungspflicht bestreitet. Obliegenheiten, die nach dem Eintritt des Versicherungsfalls zu erfüllen sind, verletzt der Versicherungsnehmer dann nicht schuldhaft, wenn der Versicherer die Entschädigung ablehnt (Bruck-Möller § 6 Anm. 36 und die dort angeführte Rechtsprechung; vgl. ferner o. Anm. 12 S. 375 f.).

Prozessual ist zu beachten, daß das Vorbringen von neuen Tatsachen hinsichtlich der Verletzung von Obliegenheiten in der Revisionsinstanz in der Regel nicht mehr berücksichtigt werden kann (BGHZ 29. 11. 1956 VersR 1957 S. 23).

Der Versicherer kann sich auf die Leistungsfreiheit nicht berufen, wenn er auf sein Leistungsverweigerungsrecht verzichtet hat oder diesem Recht der Einwand der unzulässigen Rechtsausübung entgegensteht. Ein Verzicht kann darin liegen, daß der Versicherer trotz Kenntnis der Obliegenheitsverletzung weiterhin Versicherungschutz gewährt (OLG Köln 26. 1. 1938; vgl. S. 376). Dagegen muß in der Zahlung an den Verletzten noch kein stillschweigender Verzicht liegen (BGHZ 25. 4. 1960 VersR 1960 S. 505, 507; OLG Köln 18. 12. 1959 VersR 1960 S. 433 f.). Entscheidend sind die Umstände des Einzelfalls (vgl. z. B.

LG Köln 11. 1. 1957 VersR 1958 S. 293). Beruft sich der Versicherer auf die Verletzung einer Obliegenheit durch den Versicherungsnehmer, so liegt darin grundsätzlich kein Rechtsmißbrauch (LG Stuttgart 6. 12. 1956 VersR 1957 S. 226). Der Versicherer verwirkt den Anspruch auf Leistungsfreiheit, wenn seit der Möglichkeit der Geltendmachung dieses Anspruchs längere Zeit verstrichen ist und besondere Umstände hinzutreten, die das verspätete Geltendmachen als Verstoß gegen Treu und Glauben empfinden lassen (RGZ Bd. 155 S. 152; LG Giessen 1. 10. 1958 VersR 1959 S. 362 f.). Der Verdacht einer Obliegenheitsverletzung durch den Versicherungsnehmer bis zur Klärung reicht nicht aus sich auf Leistungsfreiheit zu berufen (LG Köln 11. 1. 1957 VersR 1958 S. 293). Eine Verwirkung aus Anlaß der Verletzung der Auskunftspflicht tritt auch dann ein, wenn für den Versicherer aus der unvollständigen Berichterstattung kein Schaden eingetreten ist (KG 30. 11. 1935 VerAfP 1936 S. 190 Nr. 2877 = JRPV 1936 S. 157 = JW 1936 S. 1607 = HRR 1936 Nr. 413). Der Einwand der unzulässigen Rechtsausübung kann vom Versicherer auch dem Versicherungsnehmer gegenüber geltend gemacht werden, etwa wenn der Versicherungsnehmer bewußt falsche Angaben zwar nicht mit Bezug auf Tatsachen gemacht hat, die „zur Aufklärung des Tatbestandes dienlich" sein können, aber z. B. über den Erwerbspreis eines Kraftfahrzeuges in der Absicht, sich einen rechtswidrigen Vermögensvorteil zu verschaffen (OLG München 3. 5. 1955 VersR 1955 S. 500; vgl. auch LG Hamburg 12. 2. 1960 VersR 1960 S. 412: Herbeiführung eines Kaskoschadens und Selbstmordabsicht).

27. Ebenso wie bei der Schadenanzeige jeder Versicherungszweig für sich zu betrachten ist, bei einem Haftpflicht- **und** Fahrzeugschaden also sowohl eine Anzeige des Haftpflicht- als auch des Fahrzeugschadens zu erstatten ist (vgl. S. 367), so sind Obliegenheitsverletzungen gegebenenfalls für jeden Kraftfahrversicherungszweig **gesondert zu behandeln** (vgl. z. B. AG Hamburg 22. 3. 1955 VersR 1956 S. 315). Leistungsfreiheit des Versicherers tritt mithin nur bezüglich des Versicherungszweiges ein, hinsichtlich dessen die Obliegenheit verletzt worden ist (RGZ Bd. 159 S. 147). Hat der Versicherungsnehmer unwahre Angaben mit Bezug auf den Fahrzeugschaden gemacht und lassen sich diese Angaben von dem gleichzeitig vorliegenden Haftpflichtschaden trennen, wie dies bei einer unzutreffenden Angabe über die Höhe des Fahrzeugschadens der Fall sein würde, dann treffen die Folgen der Obliegenheitsverletzung den Versicherungsanspruch nur in jenem Versicherungszweig, hinsichtlich dessen die falsche Angabe gemacht worden ist. Keine Trennung wäre dagegen möglich, wenn der Versicherungsnehmer, der gegen Kasko- und Haftpflichtschäden versichert ist, die für beide Versicherungszweige wichtige Verurtei-

lung wegen Unfallflucht nicht anzeigt (LG Köln 11. 1. 1957 VersR 1958 S. 293). Im Gegensatz zur Schadenanzeige (s. o.), die von besonderer Bedeutung ist, muß hier jedoch eine Anzeige genügen; nicht notwendig ist etwa je eine Anzeige an die Kasko- und Haftpflichtabteilung des Versicherers. Es ist seine Sache dafür zu sorgen, daß die Anzeige den zuständigen Bearbeitungsstellen zugeht. Keine Trennung ist ferner möglich, wenn der Versicherungsnehmer bei einem als einheitliches Objekt (Lastzug) zu betrachtenden Maschinenwagen und Anhänger eine Obliegenheitsverletzung hinsichtlich des Anhängers begeht, falls diese Verletzung zugleich auch den Entschädigungsanspruch für den Maschinenwagen erfaßt (OLG Koblenz 19. 10. 1956 VersR 1957 S. 511).

Die oben geschilderten Grundsätze gelten auch für die in § 7 AKB nicht aufgeführten Obliegenheiten, insbesondere für die in § 2 genannten.

§ 8. Klagefrist, Gerichtsstand

1. § 8 Abs. 1 AKB übernimmt die in § 12 Abs. 3 VVG festgesetzte Vorschrift, daß der Versicherungsnehmer seinen **Anspruch auf Versicherungsschutz** zur Vermeidung des Verlustes inerhalb einer Frist von sechs Monaten bei dem zuständigen Gericht **einklagen** muß, wenn der Versicherer diesen Anspruch dem Grunde nach unter Hinweis auf die mit dem Fristablauf verbundenen Folgen schriftlich abgelehnt hat. Die Bestimmung dient der baldigen Klarstellung der mit dem Dekkungsschutz und dem Schadenfall zusammenhängenden Rechtsfragen. Wegen der Zuständigkeit der Gerichte vgl. unten.

Zwischen § 8 Abs. 1 AKB und § 12 Abs. 3 VVG bestehen Unterschiede, die deshalb von Bedeutung sind, weil sich der Versicherer auf eine Abweichung des § 8 Abs. 1 von § 12 Abs. 3 VVG zum Nachteil des Versicherungsnehmers nicht berufen kann. § 8 Abs. 1 spricht von dem Anspruch auf Versicherungsschutz (§ 12 Abs. 3 VVG von dem Anspruch auf die [Versicherungs]-Leistung), § 8 Abs. 1 von der Geltendmachung durch Klage (§ 12 Abs. 3 VVG von der gerichtlichen Geltendmachung), § 8 Abs. 1 von der Geltendmachung beim zuständigen Gericht (in § 12 Abs. 3 VVG fehlt der Hinweis auf das zuständige Gericht).

Wenn § 8 Abs. 1 AKB von der gerichtlichen Geltendmachung des Anspruchs auf Versicherungsschutz spricht, § 12 Abs. 3 VVG generell vom Anspruch auf die (Versicherungs-)Leistung, so bedeutet die Fassung in den AKB eine Beschränkung zugunsten des Versicherungsnehmers. Die mit dem Verlust der Ansprüche bei Fristablauf verbundene Ablehnung des Anspruchs des Versicherungsnehmers erstreckt sich im Falle des § 8 AKB nur auf den Anspruch auf Versicherungsschutz, während nach § 12 Abs. 3 VVG Streitigkeiten sowohl über den Versicherungsschutz als auch über Grund und Höhe der Versicherungsleistungen Gegenstand dieser Vorschrift sind. Dieser Unterschied ist in der Kraftfahrhaftpflichtversicherung ohne wesentliche Bedeutung, da hier nur infrage steht, ob der Versicherungsnehmer Versicherungsschutz = Rechtsschutz hat oder nicht. Dagegen liegt dies in den anderen Kraftfahrversicherungszweigen, z. B. in der Kaskoversicherung, anders, wo die Frage nach Versicherungsschutz neben der Frage nach der Höhe der Entschädigung steht.

2. Ist insoweit die Regelung in § 8 Abs. 1 AKB eine den Versicherungsnehmer gegenüber § 12 Abs. 3 VVG begünstigende Bestimmung, so gilt dies nicht für die Frage der **Art der gerichtlichen Geltendmachung.** Der Versicherer kann sich auf Leistungsfreiheit gem. § 8 Abs. 1 nicht berufen, wenn der Versicherungsnehmer seinen Anspruch nicht durch Klageerhebung, sondern in anderer Weise „gerichtlich geltendgemacht" hat. Denn die Berufung auf die Klage des § 8 Abs. 1 würde eine Abweichung von § 12 Abs. 3 VVG (gerichtliche Geltendmachung allgemein) zum Nachteile des Versicherungsnehmers sein; § 15 a VVG (vgl. LG Koblenz 27. 1. 1956 VersR 1956 S. 281; LG Traunstein 18. 9. 1958 VersR 1958 S. 877). Es genügt daher auch gerichtliche Geltendmachung durch Einreichung eines Gesuchs um Erlaß eines Zahlungsbefehls, oder die Anmeldung des Anspruchs zur Konkurstabelle (LG Koblenz a. a. O.). Wird Klage erhoben, so erfüllt sowohl eine Leistungs- als auch eine Feststellungsklage gem. § 256 ZPO die Voraussetzung gerichtlicher Geltendmachung (RGZ 15. 3. 1932 VerAfP 1932 S. 30 Nr. 2388; BGHZ Bd. 4 S. 205 = VersR 1950 S. 148; OLG Neustadt 6. 7. 1956 VersR 1957 S. 311; LG Offenburg DRZ 1950 S. 253; LG Frankenthal 6. 2. 1957 VersR 1957 S. 105; Bruck-Möller § 12 Anm. 36; Prölss § 12 Anm. 9).

§ 8 Abs. 1 spricht von der Klageerhebung beim zuständigen Gericht, während in § 12 Abs. 3 VVG dieser Hinweis fehlt. Da § 8 Abs. 1 insoweit nach dem vorher Gesagten eine nach § 15 a VVG unwirksame den Versicherungsnehmer benachteiligende Vereinbarung sein würde, gilt die Beschränkung nicht (vgl. auch Anm. 7).

3. Voraussetzung für die Anwendung des § 8 AKB ist, daß der Versicherungsfall eingetreten ist und der Versicherungsnehmer bereits einen Anspruch auf Versicherungsschutz erhoben hat. Da § 8 auf den Anspruch auf Versicherungsschutz dem Grunde nach abstellt, kommt es auf die Frage der Fälligkeit im übrigen nicht an. Die **Anspruchserhebung** braucht nicht ausdrücklich zu geschehen. Sie muß nur genügend deutlich zu erkennen sein (RGZ Recht 1909 Nr. 1224; RGZ LZ 1910 Sp. 409). Es genügen schlüssige Handlungen, beispielsweise die Schadenanzeige (RGZ Bd. 157 S. 78; BGHZ 20. 1. 1955 VersR 1955

S. 97; OLG München 14. 8. 1956 VersR 1957 S. 89; LG Stuttgart 7. 11. 1956 VersR 1957 S. 159; Bruck-Möller § 12 Anm. 24). Anspruchserhebung — nicht auch Klageerhebung; vgl. S. 392 — liegt auch in einer Streitverkündung (vgl. LG Berlin 11. 1. 1954 VersR 1954 S. 58). Dagegen kann nicht als „Erhebung" eines Anspruches auf Versicherungsschutz angesehen werden, wenn der mitversicherte Fahrer seinem Arbeitgeber auf Veranlassung des Versicherers eine Unfallschilderung gibt (a. M. LG Stuttgart 7. 11. 1956 VersR 1957 S. 159 m. Anm. Fleck). Eine Unfallschilderung des angestellten Fahrers ist seine Pflicht auf Grund des Arbeitsverhältnisses. Falls daher nicht andere auf eine Anspruchserhebung hinweisende Handlungen des Mitversicherten vorliegen (vgl. z. B. OLG München 14. 8. 1956 VersR 1957 S. 89) und auch der Versicherungsnehmer nicht erkennen läßt, daß er auch für den Mitversicherten Versicherungsschutz beansprucht, kann der Versicherer nicht davon ausgehen, daß auch der mitversicherte Fahrer Anspruch auf Versicherungsschutz geltend gemacht habe. Mangels Erhebung des Anspruchs ist die 6-Monatsfrist daher nicht in Lauf gesetzt worden (a. M. LG Stuttgart a. a. O.; BGHZ Beschl. 7. 1. 1957-II/ ZA 66/56 — hat das Armenrecht für die Sprungrevision verweigert; vgl. Anm. Fleck VersR 1957 S. 160). Unzutreffend auch LG Gießen 1. 10. 1958 VersR 1959 S. 362, wonach der Fahrer den Anspruch dadurch erhoben hat, daß sein Arbeitgeber, dem er den Unfall gemeldet hat, eine Schadenanzeige erstattete, wie ihm bekannt sein mußte, und ihn als berechtigten Fahrer aufgeführt hat. Hat der Versicherer in der Haftpflichtversicherung den Geschädigten befriedigt, bevor die nach § 8 Abs. 1 AKB bzw. § 12 Abs. 3 VVG gesetzte Frist abgelaufen ist, dann besteht ein Anspruch des Versicherungsnehmers nicht mehr, kann also auch nicht mehr erlöschen (BGHZ 26. 3. 1956 Bd. 20 S. 234 = VersR 1956 S. 284 in Übereinstimmung mit dem Berufungsurteil OLG Hamm 28. 6. 1954 VersR 1954 S. 458; BGHZ 13. 2. 1958 VersR 1958 S. 173; LG Berlin 6. 1. 1955 VersR 1955 S. 103; a. M. OLG München 15. 5. 1956 VersR 1956 S. 413 — nicht rechtskräftig; OLG Stuttgart 18. 4. 1956 VersR 1956 S. 753). Der Versicherungsnehmer könnte daher der Aufforderung im Ablehnungsschreiben des Versicherers, (Leistungs- oder Feststellungs-)Klage zu erheben, gar nicht mehr nachkommen (BGHZ 26. 3. 1956 a. a. O.; BGHZ 9. 7. 1956 VersR 1956 S. 485). In diesen Fällen kann der Versicherer trotz Fristablaufs gegen den Versicherungsnehmer auch nicht Rückgriff nach § 158 f VVG nehmen, wenn er im Zeitpunkt der Befriedigung des geschädigten Dritten zur Deckung verpflichtet war. Hat der Versicherer an den Dritten geleistet, weil er glaubte gemäß § 158 c VVG verpflichtet zu sein, dann könnte der Versicherungsnehmer allenfalls auf Feststellung klagen, daß dem Versicherer keine Rückgriffansprüche gegen ihn nach § 158 f VVG zuständen. Die Verpflichtung zur Erhebung einer solchen Klage wird aber durch § 8 Abs. 1 AKB bzw. § 12 Abs. 3 VVG nicht begründet (vgl. BGHZ 26. 3. 1956 a. a. O.).

Weitere Voraussetzung für § 8 Abs. 1 ist, daß der Versicherer den Anspruch des Versicherungsnehmers auf Versicherungsschutz dem Grunde nach schriftlich (§§ 126, 127 BGB) ablehnt, ihm zur Klageerhebung eine Frist von 6 Monaten setzt und gleichzeitig auf die mit dem Ablauf der Frist von 6 Monaten verbundenen Rechtsfolgen hinweist.

4. Das **Ablehnungsschreiben** des Versicherers ist eine empfangsbedürftige Willenserklärung. Sie muß jedem Anspruchsberechtigten (Versicherungsnehmer, Mitversicherten u. a.), dem gegenüber abgelehnt werden soll, zugegangen sein, wenn die 6-Monatsfrist wirksam in Lauf gesetzt werden soll. Die Ablehnung muß dem Erklärungsgegner in der Schriftform und mit dem in § 8 Abs. 1 AKB, § 12 Abs. 3 VVG vorgeschriebenen Inhalt mitgeteilt werden (OLG Düsseldorf 23. 2. 1954 VersR 1954 S. 394; das Revisionsurteil BGHZ 1. 12. 1955 VersR 1956 S. 29 hierzu ist für diese Frage ohne Bedeutung; OLG Neustadt 7. 2. 1958 VersR 1958 S. 438; OLG Düsseldorf 25. 11. 1958 VersR 1959 S. 381; LG Bonn 18. 1. 1955 VersR 1955 S. 229). Empfänger ist zunächst der Versicherungsnehmer. Ist der Versicherungsnehmer ein Minderjähriger oder eine sonstige Person, die einen gesetzlichen Vertreter hat, so ist Empfänger der gesetzliche Vertreter. Über wirksame Ablehnung gegenüber einem Minderjährigen, wenn er von seinem gesetzlichen Vertreter zu Verhandlungen bevollmächtigt worden ist, vgl. OLG Hamm 15. 10. 1931 VerAfP 1931 S. 262 Nr. 2324. Ist Versicherungsnehmer eine Erbengemeinschaft, dann sind alle Erben Empfänger, und das Schreiben muß allen zugehen (RGZ 2. 5. 1911 VerAfP 1912 S. 33 Nr. 654 = LZ 1911 Sp. 1942; OLG Düsseldorf 23. 2. 1954 VersR 1954 S. 394; vgl. auch OLG Celle 19. 1. 1956 VersR 1956 S. 389; Bruck-Möller § 12 Anm. 8; Prölss § 12 Anm. 5). Sind mehrere Halter in einem Versicherungsschein versichert, ist gegenüber allen Haltern die Ablehnung des Anspruchs zu erklären (BGHZ 13. 6. 1957 VersR 1957 S. 458 = NJW 1957 S. 1233; OLG Düsseldorf 11. 11. 1958 VersR 1959 S. 101). Bei rechtsgeschäftlicher Vertretung genügt es, wenn das Ablehnungsschreiben dem Versicherungsnehmer selbst zugeht; im übrigen gelten hier die allgemeinen Grundsätze über die rechtsgeschäftliche Vertretung.

Neben dem Versicherungsnehmer kommt der Mitversicherte als Anspruchserhebender infrage, soweit er Versicherungsansprüche selbständig geltend machen kann (§§ 10 Abs. 2, 16 Abs. 5 AKB). Soweit die Ausübung der Rechte aus dem Vertrage dem Versicherungsnehmer zusteht (vgl. hierzu § 3 S. 339), ist dieser der Empfänger des Ablehnungsschreibens auch hinsichtlich der Ansprüche der Versicherten. Erhebt nur der Mitversicherte Ansprüche, braucht das Ablehnungsschreiben nur ihm, nicht auch dem Versicherungsnehmer zugehen (LG Gießen 1. 10. 1958 VersR 1959 S. 362; vgl. aber o. S. 394). Als Empfänger kommen ferner alle sonstigen Anspruchserhebenden in Betracht, wie der Zessionar (KG 8. 10. 1930 JRPV 1930 S. 435), der Pfändungsgläubiger, der Rechtsnachfolger u. a.

Bedient sich der Versicherer hinsichtlich der Übergabe des Ablehnungsschreibens eines Boten — dies kann ein Versicherungsvertreter sein — so ist dies unschädlich, vorausgesetzt, daß der Vertreter das Ablehnungsschreiben dem Anspruchsberechtigten aushändigt (RGZ 2. 5. 1911 VerAfP 1912 S. 33 Nr. 654 s. o.; OLG Düsseldorf 24. 3. 1930 VerAfP 1930 S. 9 Nr. 2103). Beweispflichtig für das Zugehen des Ablehnungsschreibens ist der Versicherer (OLG Düsseldorf 23. 2. 1954 VersR 1954 S. 394; LG Bonn 18. 1. 1955 VersR 1955 S. 229). Kenntniserlangung des Anspruchsberechtigten auf andere Weise genügt nicht, die Ausschlußfrist in Lauf zu setzen (OLG Neustadt 7. 2. 1958 VersR 1958 S. 438; vgl. auch u. S. 396).

5. Die **Rechtsfolge** muß **klar und unmißverständlich** dem Versicherungsnehmer mitgeteilt werden; auch der einfache Mann muß die Folgen ohne weiteres verstehen können (RGZ Bd. 150 S. 257; BGHZ 27. 5. 1957 Bd. 24 S. 308 = VersR 1957 S. 442 = NJW 1957 S. 1230; OLG Freiburg 23. 3. 1954 VersR 1954 S. 219; Bruck-Möller § 12 Anm. 26, 30; Prölss § 12 Anm. 6). Der Wortlaut des § 12 Abs. 3 VVG oder des § 8 Abs. 1 AKB braucht nicht angeführt zu werden, weicht doch auch § 8 Abs. 1 AKB von § 12 Abs. 3 VVG ab. Jedoch muß in dem Schreiben des Versicherers die drohende Rechtsfolge ausdrücklich angegeben werden (RGZ 22. 1. 1935 JRPV 1935 S. 73; OLG Hamm 14. 7. 1955 VersR 1955 S. 563). Daher ist die bloße Verweisung auf die entsprechende Gesetzvorschrift oder Bestimmung der Versicherungsbedingungen ungenügend. Auch eine Ausdrucksweise: „Der Versicherungsnehmer würde das Klagerecht verlieren, es würde untergehen, erlöschen" kann nicht als ausreichend angesehen werden. Es ist nicht einzusehen, warum der rechts- und fachkundige Versicherer einem — rechtskundigen oder nicht rechtskundigen — Versicherungsnehmer vom Verlust, Erlöschen oder Untergang seines Klagerechts schreibt, wenn der Verlust des **Anspruchs** in Frage steht und Gesetz (§ 12 Abs. 3 VVG) und Bedingungen (§ 8 AKB) von Leistungsfreiheit des Versicherers bzw. Verlust des Anspruches sprechen (wie hier BGHZ Bd. 24 S. 308, s. o.; OLG Freiburg 23. 3. 1954 VersR 1954 S. 219; OLG Hamm 21. 3. 1958 VersR 1958 S. 509; AG München 14. 5. 1954 VersR 1955 S. 19; a. M. KG 8. 2. 1936 VerAfP 1936 S. 191 Nr. 2879 = JRPV 1936 S. 235 = DÖV 1937

S. 263). Mißverständlich und daher ungenügend sind die Formulierungen in folgenden Fällen: KG Beschl. 15. 10. 1938 VerAfP 1939 S. 203 Nr. 3095 = JRPV 1939 S. 24 („Die Entziehung des Versicherungsschutzes wird eine endgültige"); RGZ 7. 11. 1939 JRPV 1940 S. 53 = HansRGZ 1942 A S. 245 (Hinweis auf das „Offenstehen des Rechtsweges binnen einer Ausschlußfrist von 6 Monaten"); OLG Düsseldorf 30. 3. 1931 VerAfP 1931 S. 6 Nr. 2239 = JRPV 1932 S. 325 („Gegen diese Entscheidung steht Ihnen binnen 6 Monaten der Klageweg offen"); OLG Köln 14. 1. 1955 VersR 1955 S. 138 (Klage zu erheben, „falls Sie glauben, daß wir für diesen Fall einzutreten haben").

Eine Bemerkung des Versicherers „lediglich einer gesetzlichen Vorschrift genügend" ist nicht zu beanstanden, wenn nur im übrigen das Ablehnungsschreiben klar und unmißverständlich ist (vom AG München 14. 5. 1954 VersR 1955 S. 19 beanstandet, da es den Eindruck erwecke, es handele sich um eine bedeutungslose Formsache). Vgl. auch Neuberger JRPV 1930 S. 318, der ein Ablehnungsschreiben folgenden Inhalts: „Einer gesetzlichen Pflicht folgend verweisen wir auf § ..... – hier wäre es § 8 AKB –, insbesondere auf die in diesem Paragraphen erwähnte Sechsmonatsfrist" für nicht ausreichend hält. Eine Bezugnahme auf ein anderes Schreiben, das eine Fristsetzung und einen Hinweis auf die Rechtsfolgen enthält, genügt nicht, nicht einmal an eine rechtskundige Person. Es ist ein umittelbarer Hinweis notwendig: RGZ Bd. 148 S. 298; OLG Karlsruhe 23. 3. 1955 VersR 1955 S. 418; OLG Neustadt 7. 2. 1958 VersR 1958 S. 438. Auch Zugehen eines Durchschlags des Ablehnungsschreibens zur Kenntnis genügt nicht (OLG Düsseldorf 25. 11. 1958 VersR 1959 S. 381; vgl. auch OLG Bremen 23. 6. 1953 VersR 1953 S. 450). Der Versicherungsnehmer muß nach dem Willen des Gesetzgebers nach Möglichkeit vor einem drohenden Verlust seines Anspruchs auf Versicherungsschutz infolge Ablaufs der Ausschlußfrist geschützt werden (RGZ 11. 2. 1936 VerAfP 1936 S. 162 Nr. 2861).

Auch Mitteilung eines Miterben, der ein Ablehnungsschreiben erhalten hat, an einen anderen Miterben oder gar Kenntnisnahme der Ablehnung aus einem Klageabweisungsantrag des Versicherers erfüllen nicht die Voraussetzungen des § 8 Abs. 1 AKB (OLG Celle 19. 1. 1956 VersR 1956 S. 389).

6. Falls nicht aus dem vorhergehenden Schriftwechsel hervorgeht, aus welchem Grunde der Versicherer Versicherungsschutz ablehnt, muß **in dem Ablehnungsschreiben** eine **Begründung** gegeben werden, damit der Anspruchserhebende die Berechtigung der Ablehnung prüfen und überlegen kann, ob er Klage erheben soll oder nicht. Eine Begründung spätestens im Ablehnungsschreiben verlangen Treu und

Glauben (OLG Düsseldorf 21. 3. 1932 VerAfP 1932 Nr. 2445; OLG München VersR 1956 S. 413 hat die Frage offengelassen; RGZ 9. 11. 1934 VerAfP 1935 Nr. 2773 = JRPV 1934 S. 378 bezieht sich auf Obliegenheitsverletzungen, nicht auf § 12 Abs. 3 VVG). Im Falle der Ablehnung des Versicherungsschutzes in der Kraftfahrzeughaftpflichtversicherung braucht der Versicherer in dem Ablehnungsschreiben nicht darauf hinzuweisen, daß sich der Versicherungsnehmer bei Fristablauf ohne Klageerhebung auch im Falle eines Regreßprozesses gegen ihn nach den §§ 158 c, 158 f VVG auf seine Rechte aus dem Versicherungsvertrag nicht berufen könne (OLG Köln 25. 2. 1953 VersR 1953 S. 182; OLG München 15. 5. 1956 VersR 1956 S. 413; a. M. OLG Hamm 28. 6. 1954 VersR 1954 S. 458). Hinsichtlich der gerichtlichen Geltendmachung bei dem zuständigen Gericht vgl. o. S. 392.

7. § 12 Abs. 3 VVG fordert **nicht** gerichtliche **Geltendmachung beim zuständigen Gericht.** Die herrschende Rechtsprechung hat daher eine Klageerhebung bei einem sachlich oder örtlich unzuständigen Gericht für unschädlich gehalten, wenn die Klage nicht mangels Verweisungsantrags abgewiesen wird (vgl. u. a. RGZ Bd. 93 S. 212; Bd. 131 S. 233: sachlich unzuständig; RGZ Bd. 94 S. 133; Bd. 114 S. 122: örtlich unzuständig).

8. Die Sechsmonatsfrist bestimmt sich nach den §§ 187 ff. BGB. Sie beginnt mit dem auf den Erhalt des Ablehnungsschreibens folgenden Tag (OLG Breslau 17. 6. 1931 VerAfP 1931 S. 225 Nr. 2300). Durch Vergleichsverhandlungen wird sie nicht gehemmt, es sei denn, daß dies vereinbart wird oder die Annahme durch ein entsprechendes Verhalten des Versicherers gerechtfertigt wird (OLG Düsseldorf 12. 7. 1928 VerAfP 1928 S. 203 Nr. 1859 = JRPV 1928 S. 279; KG 4. 3. 1925 VerAfP 1926 S. 54 Nr. 1564 = JRPV 1925 S. 303 und die Ausführungen mit Schrifttum S. 400). Der Tag, in den der Zugang des Ablehnungsschreibens fällt, wird nicht mitgerechnet (§ 187 Abs. 1 BGB). Ist das Schreiben also am 19. 1. zugegangen, so endigt die Frist am 19. 7. Da durch die Zustellung der Klage eine Frist gewahrt werden soll, wirkt die erst nach Ablauf der Klagefrist vorgenommene Zustellung der rechtzeitig eingereichten Klage gemäß den §§ 261 b Abs. 3, 496 Abs. 3 ZPO auf den Zeitpunkt des Eingangs der Klage beim Gericht unter der Bedingung zurück, daß die Zustellung der Klage demnächst erfolgt oder die Verzögerung auf Umständen beruht, die der Versicherungsgnehmer nicht zu vertreten hat (BGHZ 25. 6. 1956 VersR 1956 S. 471 und das dort angeführte Schrifttum; 14. 7. 1960 VersR 1960 S. 834; KG 23. 12. 1931 JRPV 1932 S. 60; OLG Stuttgart 26. 4. 1927 VerAfP 1927 S. 224 Nr. 1738; LG Frankenthal 6. 2. 1957 VersR 1957 S. 105; Bruck-Möller § 12 Anm. 36; Prölss § 12 Anm. 9). Eine Ver-

zögerung der Zustellung durch Nichtzahlung des vom Gericht geforderten Kostenvorschusses durch den Versicherungsnehmer nimmt der Zustellung die rückwirkende Kraft der §§ 261 b Abs. 3, 496 Abs. 3 ZPO (RGZ JW 1937 S. 2467; RGZ Bd. 105 S. 422; OLG Frankfurt 26. 6. 1956 VersR 1956 S. 774; OLG Bamberg 21. 5. 1952 VersR 1952 S. 316; OLG Koblenz VersR 1953 S. 494; LG Koblenz 27. 1. 1956 VersR 1956 S. 281; LG Frankenthal 6. 2. 1957 VersR 1957 S. 105; OLG Celle 19. 1. 1956 VersR 1956 S. 389; s. a. BGHZ 14. 7. 1960 VersR 1960 S. 834).

Die durch das Armenrechtsverfahren bedingte Verzögerung der Klagezustellung geht nicht zu Lasten des Antragstellers (BGHZ wie vor). „Rechtzeitige“ Antragstellung liegt vor, wenn vor Ablauf der Frist die Äußerung des Versicherers und die Entscheidung des Gerichts über das Gesuch und die Erhebung der Klage möglich sind, damit die Klage demnächst zugestellt werden kann oder der Versicherungsnehmer bei Ablehnung des Gesuchs noch den Kostenvorschuß einzahlen oder einen Antrag auf vorläufige Befreiung von der Kostenpflicht gemäß § 74 Abs. 4 GKG einreichen kann (vgl. LG Koblenz 27. 1. 1956 VersR 1956 S. 281). Eine durch die Gegenäußerung des Versicherers oder durch das Gericht verursachte Verzögerung geht nicht zu Lasten des Versicherungsnehmers (KG 18. 9. 1937 VerAfP 1937 S. 215 Nr. 3013 = JRPV 1938 S. 7; KG 1. 8. 1940 DÖV 1940 S. 287). Im übrigen entscheidet pflichtgemäßes Ermessen des Prozeßrichters darüber, inwieweit der Versicherungsnehmer die Verzögerung zu vertreten hat (RGZ Bd. 105 S. 422; BGHZ 25. 6. 1956 VersR 1956 S. 471 und die dort angeführte Rechtsprechung des BGH).

9. Zuzustellen ist die Klage dem Vorstand der Versicherungsunternehmung. **Zustellung** an einen – nichtbefugten – Generalagenten genügt ebensowenig, wie dieser auf Zustellung der Klage vor Ablauf der Frist verzichten könnte (OLG Oldenburg 3. 11. 1955 VersR 1956 S. 111).

10. Neben der Klageerhebung muß auch der Antrag auf **Erlaß eines Zahlungsbefehls** als ausreichend angesehen werden, wenn die Zustellung gem. § 693 Abs. 2 ZPO demnächst erfolgt (RGZ Bd. 68 S. 110; RGZ 7. 4. 1933 VerAfP 1933 S. 322 Nr. 2569 = JRPV 1933 S. 151 = JW 1933 S. 2125; KG 22. 3. 1933 VerAfP 1933 S. 342 Nr. 2581 = JRPV 1933 S. 299; LG Koblenz 27. 1. 1956 VersR 1956 S. 281 u. a.; a. M. OLG Celle 16. 12. 1930 VerAfP 1931 S. 3 Nr. 2236 und 15. 11. 1932 JRPV 1933 S. 369). Über die Zulässigkeit des Zahlungsbefehls gegenüber der in § 8 Abs. 1 geforderten Erhebung einer Klage vgl. oben S. 392. Dagegen sind nicht ausreichend Streitverkündung an den Versicherer, etwa im Haftpflichtprozeß des Geschädigten gegen den Versicherungsnehmer (RGZ 20. 6. 1911 VerAfP 1913 S. 3 Nr. 711; grundsätzlich ebenso RG Gruchot Bd. 56 S. 378; OLG Frankfurt

20. 6. 1930 JRPV 1930 S. 356), ein Beweissicherungsverfahren, Arrest oder einstweilige Verfügung. Wegen des Armenrechtsgesuches vgl. unten S. 401.

11. Hat der Versicherungsnehmer die Frist ablaufen lassen, ohne daß er Klage erhoben hat, dann hat er den **Anspruch auf Versicherungsschutz verloren,** der Versicherer ist mit Ablauf der Frist von seiner Verpflichtung zur Leistung frei (BGHZ 26. 3. 1956 Bd. 20 S. 234 = VersR 1956 S. 284; 13. 2. 1958 VerR 1958 S. 173; OLG Hamm 28. 6. 1954 VersR 1954 S. 458 und die nachstehend aufgeführten Entscheidungen), es sei denn, er hat schon vor Ablauf der Frist geleistet (OLG Hamm 13. 5. 1958 VersR 1958 S. 670). Zahlungen, die der Versicherer geleistet hat, bevor er von den die Versagung des Versicherungsschutzes rechtfertigenden Umständen erfahren hat, beeinträchtigen sein Recht, die Leistung zu verweigern, nicht (LG Köln 11. 1. 1957 VersR 1958 S. 293). Hat der Versicherungsnehmer nur eine Teilklage erhoben, dann tritt die Rechtsfolge hinsichtlich des nicht eingeklagten Teils seines Anspruchs ein (OLG Düsseldorf 20. 1. 1950 VersR 1950 S. 36; Stiefel-Wussow § 8 Anm. 13 und das dort angeführte Schrifttum). Jedoch halten RGZ Bd. 152 S. 330, 336; RGZ VerAfP 1936 Nr. 2898; BGHZ 27. 11. 1958 VersR 1959 S. 22 den Versicherer nach Treu und Glauben für verpflichtet, vor Ablauf der Klagefrist den Versicherungsnehmer darauf hinzuweisen, daß er auf die Wirkungen der Fristsetzung für den nicht eingeklagten Teil des Anspruchs nicht verzichten wolle. Ebenso Bruck-Möller § 12 Anm. 36. Über Leistungsfreiheit gegenüber dem Mitversicherten vgl. § 3 Anm. 5, S. 336. Es handelt sich bei der Klagefrist um eine materiell-rechtliche Ausschlußfrist (Bruck-Möller § 12 Anm. 21; Schmidt, Obliegenheiten S. 253 und das dort angegebene Schrifttum), bei der es eine Wiedereinsetzung in den vorigen Stand wegen Fristversäumung (vgl. §§ 230 ff. ZPO) nicht gibt (LG Frankenthal 6. 2. 1957 VersR 1957 S. 105). Der Untergang des Anspruchs ist von amtswegen zu beachten (KG 22. 3. 1933 JRPV 1933 S. 298 = Ver AfP 1933 S. 341 Nr. 2581 = DÖV 1933 S. 66 = LZ 1933 Sp. 866; OLG Düsseldorf 23. 5. 1932 VerAfP 1932 S. 272 Nr. 2464).

Glaubt der Versicherungsnehmer, der Versicherer habe ihm zu Unrecht den Versicherungsschutz versagt und erhebt er keine Klage, so geht dies zu seinen Lasten. Da es sich um eine Ausschlußfrist handelt, kommt es nicht darauf an, ob der Anspruch auf Versicherungsschutz zu Recht oder zu Unrecht abgelehnt wird oder ob eine Obliegenheitsverletzung vorgelegen hat und diese für den Unfall ursächlich gewesen ist oder nicht (RGZ Bd. 150 S. 181; OLG Düsseldorf 20. 1. 1950 VersR 1950 S. 36; OLG Hamm 19. 3. 1954 VersR 1954 S. 301; OLG Karlsruhe 23. 3. 1955 VersR 1955 S. 418; OLG Stuttgart 18. 4. 1956 VersR 1956 S. 753; OLG München 14. 8. 1956 VersR 1957

S. 89; LG Bielefeld 11. 11. 1953 VersR 1954 S. 123; AG Schleswig VersR 1953 S. 356). Die Berechtigung ist dann eben gerichtlich nachzuprüfen. Selbst wenn die Ablehnung objektiv nicht gerechtfertigt gewesen ist, würde der Versicherer bei Ablauf der Klagefrist frei sein (vgl. auch Ehrenzweig VersR 1954 S. 335).

12. Die angedrohte Rechtsfolge tritt jedoch nicht ein, wenn der Versicherungsnehmer die **Klagefrist unverschuldet versäumt** hat (RGZ Bd. 88 S. 294; RGZ 2. 2. 1909 Recht 1909 Nr. 1224; RGZ 16. 11. 1909 LZ 1910 Sp. 409; Bd. 142 S. 280; Bd. 150 S. 181 u. a.; BGHZ Bd. 4 S. 205 = VersR 1950 S. 148 = NJW 1950 S. 905; Bd. 9 S. 195 = VersR 1953 S. 192 = NJW 1953 S. 939; OLG Köln 27. 7. 1953 VersR 1954 S. 57; LG Bielefeld 11. 11. 1953 VersR 1954 S. 123; LG Stuttgart 4. 11. 1954 VersR 1955 S. 113; OLG Celle 19. 1. 1956 VersR 1956 S. 389; Bruck-Möller § 12 Anm. 43 ff. A. M. KG 8. 2. 1936 VerAfP 1936 S. 191 Nr. 2879 = JRPV 1936 S. 235; OLG Frankfurt 20. 6. 1930 JRPV 1930 S. 356; OLG Breslau 9. 2. 1928 JRPV 1928 S. 93; OLG Düsseldorf 12. 7. 1928 Ver AfP 1928 S. 203 Nr. 1859 = JRPV 1928 S. 279; Prölss VersR 1951 S. 38 und § 12 Anm. 8, weil § 12 Abs. 3 eine gesetzliche Ausschlußfrist sei, die nur noch den Verstoß gegen Treu und Glauben im Falle einer Berufung auf die Ausschlußfrist zulasse; Zweifel hat OLG Braunschweig 6. 9. 1954 VersR 1954 S. 529 mit Anm. Weber; unentschieden LG Frankenthal 6. 2. 1957 VersR 1957 S. 105). Gleichwohl handelt es sich aber hinsichtlich der Wahrung der Frist um keine Obliegenheit. An die Entschuldbarkeit ist ein strenger Maßstab anzulegen. Der Versicherungsnehmer muß infolge des Entschuldigungsumstandes entweder nicht in der Lage gewesen sein, die Frist innezuhalten (z. B. wegen schwerer Erkrankung; vom Versicherungsnehmer nicht zu vertretender Verzögerungen im gerichtlichen Verfahren) oder aber aus anderen Gründen veranlaßt worden sein, die Ausschlußfrist verstreichen zu lassen. Solche Gründe sind insbesondere ein Treu und Glauben widersprechendes Verhalten des Versicherers, das nicht Arglist sein muß (so jedoch AG Schleswig 9. 6. 1953 VersR 1953 S. 356). Dies ist der Fall, wenn das Verhalten des Versicherers den Versicherungsnehmer zu der Annahme veranlaßt, der Versicherer wolle an der Ablehnung nicht festhalten (RGZ Bd. 148 S. 298 = VerAfV 1935 S. 270 Nr. 2837 = JW 1935 S. 3289 = JRPV 1935 S. 281 = DÖV 1935 S. 85; OLG Hamm 21. 1. 1952 VersR 1952 S. 125 m. Anm. Bischoff; s. a. S. 381). Ferner wenn Vergleichsverhandlungen schweben und der Versicherer zu erkennen gegeben hat, er lege auf die Beachtung oder Nichtbeachtung der Ausschlußfrist keinen Wert oder wenn der Versicherungsnehmer annehmen durfte, der Versicherer habe seinen Rechtsstandpunkt geändert und werde die Frist für die Klageerhebung nicht aufrechterhalten (vgl.

RGZ Bd. 148 S. 298 – s. o. –; OLG Köln 27. 7. 1953 VersR 1954 S. 57; keine Entschuldigungsgründe lagen in den Fällen des LG Stuttgart 4. 11. 1954 VersR 1955 S. 113 und OLG Frankfurt 1. 3. 1960 VersR 1960 S. 721 vor). Verhandlungen zwischen den Parteien nach Abgang des Ablehnungsschreibens und das In-Aussicht-stellen einer endgültigen Entscheidung der Zentrale sind Entschuldigungsgründe (OLG Karlsruhe 3. 4. 1957 VersR 1957 S. 704). Es entscheiden jeweils die Tatumstände (kein Verstoß des Versicherers gegen Treu und Glauben; vgl. etwa OLG München 29. 10. 1958 VersR 1959 S. 129 und LG Gießen 1. 10. 1958 VersR 1959 S. 362 – vgl. aber im übrigen o. S. 381 –: Versicherer schweigt auf ein Schreiben des Versicherungsnehmers mit erneuter Aufforderung zum Versicherungsschutz). Siehe hierzu ferner OLG Hamm 19. 2. 1934 VerAfP 1934 Nr. 2688 und für die allgemeine Haftpflichtversicherung LG Nürnberg-Fürth 25. 2. 1959 VersR 1960 S. 241, 243 (Widerspruch zwischen Ablehnung und sonstigem Verhalten des Versicherers). Die angedrohte Rechtsfolge tritt ferner nicht ein, wenn der Versicherer arglistig handelt oder die Berufung auf den Fristablauf arglistig ist: RGZ Bd. 150 S. 181 = VerAfP 1936 S. 184 Nr. 2874 = JW 1936 S. 1532 = HRR 1936 Nr. 881 = DÖV 1936 S. 142 (arglistiges Zusammenwirken zwischen Versicherer und Versicherungsnehmer in Bezug auf Versäumung der Klagefrist zum Nachteil des Geschädigten); KG 18. 9. 1937 VerAfP 1937 S. 215 Nr. 3013 = JRPV 1938 S. 7 (Versicherer hat unterlassen, die Beteiligten auf die bedingungsmäßige Unzulässigkeit einer Abtretung hinzuweisen); RGZ 2. 2. 1940 JRPV 1940 S. 67 = DÖV 1940 S. 287 = DR 1940 S. 735 = HRR 1940 Nr. 678 = Seuff A 40 S. 88 (Berufung auf den Fristablauf wider Treu und Glauben); vgl. ferner LG Berlin 11. 1. 1954 VersR 1954 S. 58; Bruck-Möller § 12 Anm. 43 ff.; Prölss § 12 Anm. 8. Stehen sich zwei Versicherer im Verhältnis Versicherer zu Versicherungsnehmer gegenüber, dann könnte Entschuldbarkeit der Fristversäumung angesichts der Erfahrenheit auf beiden Seiten nur unter ganz besonderen Umständen gegeben sein, etwa wenn Irreführung oder Mißachtung einer selbstverständlichen Pflicht zum Hinweis auf die Klageausschlußfrist gegeben sind (LG Berlin 11. 1. 1954 VersR 1954 S. 58).

13. Ist ein Sachverständigenausschuß einberufen worden (vgl. § 14 AKB), dann wird hierdurch die Frist aus § 8 nicht gehemmt. Der Versicherungsnehmer muß daher, auch wenn das Ausschlußverfahren noch laufen sollte, innerhalb der Sechsmonatsfrist Klage auf Feststellung erheben. Durch die Einreichung eines **Armenrechtsgesuchs** wird der Fristablauf grundsätzlich nicht unterbrochen (RGZ Bd. 150 S. 257; OLG Düsseldorf 20. 1. 1950 VersR 1950 S. 36; LG Köln Beschl. 26. 2. 1953 VersR 1954 S. 90; LG Augsburg 1. 8. 1955 VersR 1955 S. 563; LG Oldenburg Beschl. 14. 5. 1955 und OLG Oldenburg 3. 11. 1955

VersR 1956 S. 111; LG Traunstein 18. 9. 1958 VersR 1958 S. 877). Der dem Armenrechtsgesuch beiliegende Entwurf einer Klage ist ohne Bedeutung. Der Versicherungsnehmer kann nur dann als entschuldigt gelten, wenn er den Antrag rechtzeitig vor Ablauf der Frist gestellt und zugleich eine formell ordnungsmäßige Klageschrift eingereicht hat (BGHZ 25. 6. 1956 VersR 1956 S. 471; vgl. auch o. S. 398). Nach Wegfall eines die Schuldlosigkeit bedingenden Umstandes muß der Versicherungsnehmer binnen angemessener Frist die Klage gegen den Versicherer erheben oder die Voraussetzungen für eine Klagezustellung schaffen (RGZ 2. 2. 1909 LZ 1909 Sp. 696; OLG Köln 27. 7. 1953 VersR 1954 S. 57; OLG Celle 19. 1. 1956 VersR 1956 S. 389; vgl. über den Grundsatz auch BGHZ 21. 12. 1955 VersR 1956 S. 116 zu 4 m. w. Nachw.). Steht jedoch der Geltendmachung der Versäumung der Klagefrist durch den Versicherer der Einwand der Arglist gegenüber, dann verlangt OLG Köln 27. 7. 1953 a. a. O., daß der Versicherer nach Klarstellung der Rechtslage eine neue Ausschlußfrist nach § 12 Abs. 3 VVG bzw. § 8 AKB in Gang setzt.

Die Wirkungen einer versäumten Klagefrist treten ferner nicht ein, wenn der Versicherer darauf verzichtet hat (vgl. OLG Karlsruhe 23. 3. 1955 VersR 1955 S. 418; OLG Celle 14. 11. 1957 VersR 1958 S. 618). Bruck-Möller § 12 Anm. 50 halten Verzicht nicht für möglich, sondern Vertrag zwecks Wiederentstehens einer neuen Verpflichtung für erforderlich. Der Versicherer kann die 6-Monatsfrist auch verlängern; § 15 a VVG verbietet nur eine Änderung des dem § 8 AKB entsprechenden § 12 VVG zum Nachteil des Versicherungsnehmers (BGHZ 26. 9. 1957 VersR 1957 S. 678 f.; 14. 7. 1960 VersR 1960 S. 726; Bruck-Möller § 12 Anm. 32; s. a. Anm. 2 o). Über Berechnung der Klagefrist bei zwei aufeinanderfolgenden Schreiben mit der Aufforderung nach § 8 AKB – es gilt die Frist des zweiten Schreibens – vgl. BGHZ 25. 6. 1956 VersR 1956 S. 471; vgl. hierzu auch RGZ 21. 11. 1941 JRPV 1942 S. 4 = Hans RGZ 1942 A S. 34. Eine Klage des Versicherungsnehmers ist schließlich überflüssig, wenn der Versicherer bereits von sich aus geklagt hat. Seine Klage gilt dann zugunsten des Versicherungsnehmers als Wahrung der Sechsmonatsfrist (RGZ 10. 11. 1936 Bd. 152 S. 336; LG Freiburg 27. 9. 1955 VersR 1956 S. 759).

14. Die Berufung auf die Leistungsfreiheit ist **keine Einrede** (Bruck-Möller § 12 Anm. 21). Bei Rechtsübergängen sind jedoch die für Einreden geltenden Grundsätze heranzuziehen (LG Berlin 11. 1. 1954 VersR 1954 S. 58). Danach könnte die Einrede der Verjährung gegenüber einem neuen Gläubiger eingewendet werden, wenn sie zur Zeit des Rechtsüberganges gegen den bisherigen Rechtsinhaber begründet war.

In der Haftpflichtversicherung kann sich der Versicherer dem geschädigten Dritten gegenüber auf die Rechtsfolge des Fristablaufs nicht berufen, da der Versicherer nur gegenüber dem Versicherungsnehmer von der Verpflichtung zur Leistung frei ist (§§ 8 AKB, 12 Abs. 3 VVG), die Verpflichtung in Ansehung des Dritten jedoch bestehen bleibt (§ 158 c VVG). Näheres S. 260.

15. § 8 Abs. 2 bestimmt, um dem Versicherungsnehmer die Wahrnehmung seiner Rechte zu erleichtern, daß **zuständiges Gericht** für die Streitigkeiten aus dem Versicherungsvertrag neben den sonstigen Gerichtsständen auch das Gericht des Wohnsitzes des Versicherungsnehmers ist, falls er nicht im Ausland liegt. Der Gerichtsstand für die Klagen des Versicherungsnehmers oder des Versicherers bei Streitigkeiten aus dem Versicherungsvertrag betimmt sich nach der Zivilprozeßordnung und dem eben erwähnten § 8 Abs. 2 AKB. Man unterscheidet allgemeine und besondere Gerichtsstände. Der allgemeine Gerichtsstand einer Person, auch einer juristischen Person, ist nach § 12 ZPO derjenige, an dem alle *gegen* sie gerichteten Klagen erhoben werden können, während die besonderen und vereinbarten Gerichtsstände sich nach anderen Gesichtspunkten als dem der Gerichtsunterworfenheit des Beklagten richten. Die wichtigsten Gerichtsstände sind:

Der allgemeine Gerichtsstand des Wohnsitzes (§ 13 ZPO) oder des Sitzes der Versicherungsunternehmung (§ 17 ZPO), unter den Voraussetzungen des § 21 ZPO auch des Sitzes der Zweigniederlassung der Versicherungsunternehmung.

Die besonderen Gerichtsstände:

Der Gerichtsstand der Niederlassung einer ausländischen Versicherungsunternehmung in der Bundesrepublik nach § 109 VAG.

Der besondere Gerichtsstand der Niederlassung oder des Wohnsitzes des Versicherungsvertreters (§ 48 VVG).

Der besondere Gerichtsstand des Erfüllungsortes (§ 29 ZPO).

Der nach § 8 Abs. 2 AKB vereinbarte Gerichtsstand des Wohnsitzes des Versicherungsnehmers. Bei diesem Gerichtsstand können daher auch Klagen des Versicherungsnehmers gegen den Versicherer erhoben werden. Über Zweifelsfragen betr. den Wohnsitz vgl. OLG Nürnberg 15. 4. 1958 VersR 1958 S. 677.

§ 9. Anzeigen und Willenserklärungen

1. § 9 bestimmt, daß alle **Anzeigen** und Erklärungen des Versicherungsnehmers **schriftlich an den Vorstand** der Versicherungsunternehmung oder an die im Versicherungsschein als zuständig bezeichnete Stelle zu richten sind („schriftlich", §§ 126, 127 BGB = eigenhändig durch Namensunterschrift; telegraphische Übermittlung ist zulässig).

Hat der Versicherungsnehmer einen anderen bevollmächtigt, kann auch dieser die Anzeigen und Erklärungen schriftlich erstatten. § 9 gilt auch für die mitversicherten und sonstigen anspruchererhebenden Personen (§ 3 Abs. 1 AKB). Handelt es sich um eine Kraftfahrunfallversicherung, so ist ein Todesfall dem Vorstand innerhalb 24 Stunden telegrafisch anzuzeigen (§ 9 Satz 2 in Verb. mit § 7 IV (3); vgl. S. 383). Vertreter oder Vermittler, die nicht im Versicherungsschein als zuständig bezeichnet sind, sind zur Entgegennahme nicht bevollmächtigt (§ 9 Satz 1 Halbsatz 2). Die Vollmacht des Agenten in § 43 VVG ist mithin insoweit für das laufende Vertragsverhältnis durch § 9 eingeschränkt (vgl. auch § 47 VVG). Daß die Anzeigen oder Erklärungen ausdrücklich an den „Vorstand" adressiert werden, ist nicht erforderlich; es muß genügen, daß sie an die Versicherungsunternehmung und an deren Sitz gerichtet sind. Schriftliche Anzeigen und Willenserklärungen an nicht bevollmächtigte Stellen im oben angegebenen Sinne sind hiernach ohne rechtliche Wirksamkeit. Dies gilt ausnahmslos, wenn etwa eine Klage des Versicherungsnehmers nach § 8 Abs. 1 AKB (§ 12 Abs. 3 VVG) einem Generalagenten zugestellt wird (vgl. OLG Oldenburg Beschl. 3. 11. 1955 VersR 1956 S. 111). Werden aber im übrigen schriftliche Anzeigen und Willenserklärungen des Versicherungsnehmers einem Generalagenten oder einem anderen nichtbevollmächtigten Versicherungsvertreter geschickt und hat dieser die schriftliche Erklärung an den Vorstand weitergegeben, ist dieser also auf dem Wege über den Agenten in den Besitz der schriftlichen Erklärung des Versicherungnehmers gelangt, so ist dies ausreichend. Denn damit ist der Zweck des § 9 – sicherzustellen, daß solche Erklärungen des Versicherungsnehmers, die regelmäßig von Bedeutung sind, auch tatsächlich in den unmittelbaren Empfangsbereich des Vorstandes gelangen – erreicht (vgl. LG Berlin 16. 4. 1956 VersR 1957 S. 12). Die Weitergabe muß sogar nach Treu und Glauben erwartet werden, es sei denn der Generalagent weist den Versicherungsnehmer auf die Notwendigkeit einer schriftlichen Erklärung an den Vorstand ausdrücklich hin (vgl. LG Heidelberg Beschl. 4. 10. 1956 VersR 1957 S. 107).

2. Für die **Anzeige des Versicherungsfalls** bestimmt § 33 Abs. 2 VVG ausdrücklich, daß sich der Versicherer auf Verletzung der Anzeigepflicht nicht berufen kann, sofern er in anderer Weise, etwa von der Finanzierungsgesellschaft, der Reparaturwerkstatt des Versicherungsnehmers, von dem Eintritt des Versicherungsfalls rechtzeitig Kenntnis erlangt hat (vgl. OLG Braunschweig 20. 12. 1955 VersR 1956 S. 172 = ZfV 1956 S. 444; AG Hamburg 22. 3. 1955 VersR 1957 S. 315). Hier würde auch eine dem Versicherer mündlich erstattete Anzeige vom Schadenfall genügen, insbesondere wenn man berücksichtigt, daß nach einer Auskunft des Bundesaufsichtsamts für das Versicherungs- und

Bausparwesen es Handelsbrauch geworden ist, daß die Versicherer Schadenanzeigen mündlich bzw. fernmündlich entgegennehmen (AG Hamburg 22. 3. 1955 a. a. O.).

Jedoch sind Willenserklärungen des Versicherungsnehmers, die der Schriftform ermangeln, im Zweifel nichtig (AG Köln 9. 11. 1951 VersR 1953 S. 130). Gehen sie aber dem Versicherer zu und werden sie nicht unverzüglich zurückgewiesen, so schadet der Mangel der Schriftform dem Versicherungsnehmer nicht (Thees-Hagemann, 2. Aufl., § 9 AKB Anm. 3). Wissenserklärungen, die der Schriftform entbehren, muß der Versicherer gegen sich gelten lassen, wenn er von ihnen auf andere Weise zuverlässig Kenntnis erhalten hat (Thees-Hagemann, 2. Aufl., a. a. O.; Prölss § 34 a Anm. 3). Werden im Verlauf von mündlichen Verhandlungen mit bevollmächtigten Angestellten oder Vertretern des Versicherers vom Versicherungsnehmer Erklärungen abgegeben, so sind sie rechtswirksam, und es hängt von den Umständen ab, inwieweit eine schriftliche Bestätigung der Verhandlungen erforderlich oder üblich ist. Bei der Beurteilung der Verhältnisse des Einzelfalles ist zu beachten, daß der hierbei anzulegende Maßstab bei einem Kaufmann im Sinne des Handelsgesetzbuches als Versicherungsnehmer ein anderer wird sein müssen als bei einem Versicherungsnehmer, der nicht Kaufmann ist. Ebenfalls von den Umständen des Einzelfalles wird abhängen, ob der Versicherungsnehmer den Angestellten oder Vertreter als bevollmächtigt ansehen durfte. Hier wie bei der Frage, inwieweit von dem Angestellten oder Vertreter gefordert werden muß, daß er nach Treu und Glauben den Versicherungsnehmer auf die Notwendigkeit der Wahrung der Schriftform hinweist (so LG Heidelberg 4. 10. 1956 VersR 1957 S. 107 bei einem Generalagenten), wird neben sonstigen Umständen (etwa ob die Verhandlungen sich in den Geschäftsräumen des Versicherers oder seiner Vertreter abgespielt haben) von Bedeutung sein, welche Stellung der Angestellte, Agent oder Vermittler im Geschäftsbetrieb des Versicherers einnimmt. Es wäre also festzustellen, ob es sich bei dem Vertreter um einen der vielen Vermittlungs- oder sogar Gelegenheitsvertreter handelt oder um jemand, der durch seine vom Versicherer genehmigte oder geduldete Bezeichnung als „Bezirksdirektor" oder „Generalagent" dem Versicherungsnehmer als besonders vertrauenswürdig erscheinen muß (LG Köln 18. 6. 1936 VerAfP 1936 Nr. 2900).

Gibt der Versicherungsnehmer die Anzeige oder Erklärung in Erfüllung einer Obliegenheit ab und entbehrt sie der Schriftform und zutreffenden Adressierung, so kann sich der Versicherer hierauf nur stützen, wenn der Verstoß auf Vorsatz oder grober Fahrlässigkeit beruht (§ 7 V AKB).

3. § 9 regelt lediglich die Anzeigen und Erklärungen des Versicherungsnehmers. Für **Erklärungen des Versicherers** gelten die allgemeinen Grundsätze u. a. auch über Vertretung und Vollmacht. Soweit in den Bestimmungen der AKB oder den Vorschriften des Versicherungsvertragsgesetzes oder anderer Gesetze Schriftform auch für Erklärungen des Versicherers vorgesehen ist (vgl. z. B. § 4 Abs. 7 AKB: Kündigung durch Einschreiben), verbleibt es hierbei.

§ 9 a Beitrag

1. § 9 a bestimmt in seinem Absatz 1, daß Kraftfahrversicherungsverträge nur nach dem amtlich festgesetzten **Einheitstarif für Kraftfahrversicherungen** abgeschlossen werden dürfen. Absatz 2 setzt fest, daß Änderungen dieses Einheitstarifs von ihrem Inkrafttreten an auch für bereits bestehende Versicherungsverhältnisse Wirkung haben.

Versicherungsverträge, deren vereinbarte Prämie gegen die im Einheitstarif bestimmten Sätze verstoßen, sind nicht gemäß § 134 BGB nichtig. Nichtig ist lediglich die Preisvereinbarung. An ihre Stelle tritt die im Einheitstarif festgesetzte Prämie (LG Braunschweig 22. 4. 1954 VersR 1954 S. 362 = NJW 1954 S. 1573 m. Anm. Prölss; LG Kiel 22. 6. 1954 VersR 1954 S. 531).

2. § 9 a ist auf Grund des Koordinierungsbeschlusses der westdeutschen Aufsichtsbehörden nach § 81 a VAG den AKB hinzugefügt worden. Dieser Beschluß ist in Form von Rundschreiben sämtlichen der Versicherungsaufsicht unterliegenden Kraftfahrversicherungsunternehmungen zugegangen (VerAfP 1950 S. 131; vgl. Bundesanz. Nr. 183/ 1950). Die Bestimmung ist geschaffen worden, um dadurch den **amtlichen Tarif** in seiner jeweiligen Fassung zum **Bestandteil der Allgemeinen Versicherungsbedingungen** zu machen (VerAfP 1950 S. 159, 160). OGH 21. 6. 1950 (VersR 1950 S. 129) und BGHZ Bd. 10 S. 391 ff. = VersR 1953 S. 444 = VerBAV 1953 S. 264 hatten die Wirksamkeit einer Prämienerhöhung für laufende Versicherungsverträge nur insoweit anerkannt, als es sich um die noch nicht gezahlten Beiträge handelte. Nach Satz 2 in Verb. mit § 20 der unten erwähnten VO v. 19. 12. 1959 gelten etwaige Beitragserhöhungen oder -minderungen erstmalig für die nach Inkrafttreten der Verordnung beginnende Versicherungsperiode. Nicht zu den Preisvorschriften gehören die Grundregeln. Auf sie bezieht sich § 9 a nicht (Ossewski VersR 1958 S. 4, 7; Stiefel-Wussow § 10 Anm. 18; a. M. Prölss § 9 a AKB), es sei denn, daß sie von den Parteien vereinbart worden sind.

3. Der **Einheitstarif** für Kraftfahrtversicherung ist **erstmalig auf Grund einer VO v. 14. 2. 1938** erlassen worden. Der Einheitstarif hat in der Vergangenheit mancherlei Änderungen erfahren. Der zur Zeit gültige Einheitstarif beruht auf der VO PR Nr. 15/59 zur Auflockerung

der Preisbindung in der Kraftfahrtversicherung vom 19. 12. 1959 (Bundesanz. Nr. 249 vom 30. 12. 1959). Nach § 2 der VO gilt der **Einheitstarif für Kraftfahrtversicherungen 1960** für Kraftfahrthaftpflicht-, Fahrzeugvoll-, Fahrzeugteil- und Kraftfahrtunfallversicherungen bis zum 31. 12. 1961. Nach dem 1. 1. 1962 treten an die Stelle des Einheitstarifs Tarife der einzelnen Versicherungsunternehmen, die genehmigt werden müssen (§§ 13 ff. der VO). Nach § 1 des Einheitstarifs sind die Preisvorschriften auf Verträge über die Gepäckversicherung und über die namentliche Kraftfahrtunfallversicherung nicht mehr anzuwenden. Der Mehrheitsnachlaß ist fortgefallen. Im übrigen ist eine Reihe von Änderungen der Tarifpositionen vorgenommen worden. Bei der Vereinbarung höherer Deckungssummen in der Haftpflichtversicherung, als sie normalerweise vorgesehen sind, werden die Deckungssummen für Sachschäden verdoppelt; also normal 100 000 DM für Personenschäden, 10 000 DM für Sachschäden, aber 250 000 bzw. 500 000 DM für Personenschäden und 50 000 DM bzw. 100 000 DM für Sachschäden. Über die feste Beitragsermäßigung und die Beitragsermäßigung aus technischem Überschuß vgl. die §§ 4, 5 bzw. 6 ff. der VO. Hier ist von Interesse, daß bei einem vom Versicherungsnehmer vorgenommenen Wechsel des Versicherungsunternehmens die Dauer des bisherigen Vertrages und dessen schadenfreier Verlauf in der Kraftfahrthaftpflichtversicherung und Fahrzeugvollversicherung bei entsprechendem Nachweis berücksichtigt werden (§ 4 Abs. 4 der VO). Der Nachweis wird durch die nachstehend im Muster abgedruckte Bescheinigung des bisherigen Versicherers geführt. Die neuen Grundregeln 9 und 10 bestimmen die tariffreien Wagnisse und die Ruheversicherung neu (vgl. S. 141 und 355).

Bescheinigung bei Versicherungswechsel nach §§ 3 ff der VO PR 15/59

Tag der Beendigung des Versicherungsverhältnisses:	Amtliches Kennzeichen Nummer des Versicherungsscheines K
Anschrift des Versicherten:	

	Vollkasko	Haftpflicht
Der **Vertrag** bestand:		
1. ununterbrochen seit:		
2. schadenfrei seit:	1. 1. 19...	1. 1. 19...
3. Mehrheitsnachlaß am 30. 12. 1959 (mit ja oder nein beantworten)		

Art des Fahrzeuges	Fabriknummer des Fahrgestells	Hersteller des Fahrgestells

Diese Bescheinigung ist von Ihnen dem neuen Versicherer vorzulegen; nur dann haben Sie den Nachweis nach §§ 3 ff erbracht.

...................., den ....

....

(Versicherungsunternehmen)

2. Besondere Bestimmungen für die Kraftfahrhaftpflichtversicherung

§ 10. Umfang der Versicherung

1. § 10 läßt das Bestreben erkennen, angesichts des Zweckes der Pflichthaftpflichtversicherung einen **möglichst vollkommenen Versicherungsschutz** zu schaffen, der gleichzeitig dem Interesse des Versicherungsnehmers und des Geschädigten dient. § 10 ist im Zusammenhang mit den §§ 149, 150 VVG zu lesen. Nach § 149 VVG kann der Versicherungsnehmer auf Grund des Kraftfahrzeug-Haftpflichtversicherungsvertrages diejenige Leistung ersetzt verlangen, die er auf Grund seiner Verantwortlichkeit für ein während der Versicherungszeit eintretendes Schadenereignis (vgl. § 7 Abs. 1 AKB S. 363) an einen Dritten zu leisten hat (vgl. S. 246). Es ist dies ein Anspruch auf Befreiung von dieser Schuld. Gegenstand dieser Versicherung ist das Interesse, das der Versicherungsnehmer oder Versicherte daran hat, daß sein Vermögen nicht mit Haftpflichtverbindlichkeiten belastet wird (BGHZ Bd. 15 S. 154, 158 = VersR 1954 S. 592 = NJW 1955 S. 101; BGHZ 22. 9. 1958 VersR 1958 S. 749). Bei mehreren Gesellschaftern einer bürgerlich-rechtlichen Gesellschaft hat jeder Gesellschafter einen selbständigen Anspruch auf Befreiung von der gegen ihn begründeten Haftpflichtschuld (BGHZ 13. 6. 1957 VersR 1957 S. 458), wie überhaupt die Folgen des Haftpflichtfalles nach Rechtsgrund und Umfang für den Versicherungsnehmer und Mitversicherte und daher auch ihre Vermögensbelastung verschieden sein können. Der Versicherer ist, solange der Versicherungsnehmer den Haftpflichtgläubiger nicht selbst befriedigt hat, nicht verpflichtet und nicht berechtigt, zur Erfüllung seiner Verbindlichkeiten an den Versicherten selbst zu zahlen (RGZ Bd. 158 S. 6; BGHZ Bd. 7 S. 244 = VersR 1952 S. 360 = NJW 1952 S. 1333; Bd. 15 S. 154, s. o.; BGHZ 20. 2. 1956 VerBAV 1956 S. 88 = VersR 1956 S. 187 = NJW 1956 S. 826; BGHZ 13. 6. 1957 VersR 1957 S. 458). Dieser Befreiungsanspruch wandelt sich u. a. im Falle der Pfändung durch den Geschädigten in einen Leistungsanspruch um (RGZ Bd. 158 S. 6; BGHZ Bd. 7 S. 244, Bd. 15 S. 154 s. o.). § 150 VVG (vgl. S. 250) befaßt sich mit den Kosten, die dem Versicherungsnehmer durch die Abwehr der von einem Dritten geltend

gemachten Ansprüche gerichtlich oder außergerichtlich sowie in einem etwa gegen den Versicherungsnehmer wegen des Schadensereignisses eingeleiteten Strafverfahren entstehen.

2. § 10 Abs. 1 umreißt den **Versicherungsschutz** wie folgt:

a) **In sachlicher Hinsicht** erstreckt er sich auf die Befriedigung begründeter und die Abwehr unbegründeter Entschädigungsansprüche.

b) **In persönlicher Hinsicht** auf die Ansprüche, soweit sie gegen den Versicherungsnehmer, den jeweiligen Halter und den jeweiligen berechtigten Fahrer gerichtet sind.

3. **Zu a)** Die Entschädigungsansprüche müssen **auf Grund gesetzlicher Haftpflichtbestimmungen privatrechtlichen Inhalts** gegen den Versicherungsnehmer oder Versicherten erhoben werden, gleich ob er aus eigenen Handlungen haftet oder nach den §§ 278, 831 BGB in Anspruch genommen wird. Er umfaßt die Deckung solcher Personen-, Sach- oder reinen mit einem Personen- oder Sachschaden nicht mittelbar oder unmittelbar zusammenhängenden Vermögensschäden, die durch den Gebrauch des Fahrzeugs (vgl. S. 197) entstanden sind. Hinsichtlich des Begriffs „Gesetzliche Haftpflichtbestimmungen privatrechtlichen Inhalts" sei darauf hingewiesen, daß es sich hier grundsätzlich um aus den Gesetzen abgeleitete Haftungsverpflichtungen des Versicherungsnehmers, Halters oder berechtigten Fahrers handeln muß, die ihren Ursprung z. B. im Straßenverkehrsgesetz, aber auch im Bürgerlichen Gesetzbuch (unerlaubte Handlung, §§ 823, 831, 832 – BGHZ 23. 5. 1957 VersR 1957 S. 384; BGHZ 22. 9. 1958 VersR 1958 S. 749; Stiefel-Wussow § 10 Anm. 7) haben können. Dazu gehören auch die gesetzlichen auf Schadenersatz gerichteten Bestimmungen des Vertragsrechts, z. B. der Ersatz von Aufwendungen aus Auftrag, Geschäftsführung ohne Auftrag; §§ 670, 683, 684 BGB (vgl. RGZ Bd. 167 S. 92). Ob bei der Bemessung eines Schmerzensgeldanspruches (§ 847 BGB; vgl. S. 197) das Bestehen einer Haftpflichtversicherung zu berücksichtigen ist, ist streitig. Im Gegensatz zur Rechtsprechung des Reichsgerichts (vgl. z. B. RGZ Bd. 63 S. 104; Bd. 136 S. 60; Bd. 157 S. 350; s. aber RGZ in DR 1944 S. 290) werden nach dem Beschluß des Großen Zivilsenats des BGH v. 6. 7. 1955 (BGHZ Bd. 18 S. 149, 165 f. = VersR 1955 S. 615, 618 = NJW 1955 S. 1675 = DAR 1955 S. 276) bei der Bemessung alle Umstände (Grad des Verschuldens, wirtschaftliche Verhältnisse, Bestehen einer Haftpflichtversicherung) berücksichtigt. Vgl. u. a. auch BGHZ VersR 1957 S. 335, 572, 573; 1958 S. 485. Ausgeschlossen sind Ansprüche, die eine Vertragserfüllung darstellen oder auf der Verletzung einer Hauptverpflichtung aus dem Vertrage (vgl. Wussow AHB § 1 Anm. 50 S. 68) oder auf einer vertraglichen Erweiterung gesetzlicher Haftpflichtbestimmungen beruhen (vgl. auch § 11 Nr. 1 AKB, S. 424). Vorausgesetzt ist ferner,

daß die gesetzlichen Haftpflichtbestimmungen privatrechtlichen Inhalts sind, daß es sich also um einen Anspruch auf privatrechtlicher Grundlage handelt, der nach privatrechtlichen Grundsätzen geregelt ist. Dazu gehören u. a. auch die Rückgriffsansprüche von Berufsgenossenschaften, mögen sie ursprünglicher (vgl. §§ 903, 1042, 1219 RVO) oder abgeleiteter Natur (vgl. § 1542 RVO) sein (vgl. VerAfP 1932 S. 164 zu Nr. 6; OLG Nürnberg vom 2. 5. 1928 in den VerAfP 1928 Nr. 1890); ferner die dem Geschädigten als Nebenkläger nach den §§ 403 ff. StPO zuerkannte Buße (vgl. BGHZ Bd. 26 S. 261, u. Anm. 7). Ein privatrechtlicher Haftpflichtanspruch liegt auch vor, wenn die sowjetische Besatzungsmacht aus einem durch Verkehrsunfall verursachten Schaden an sowjetischem Militäreigentum Entschädigungsansprüche gegen den Kraftfahrzeughalter auf Grund rein fiskalischer Belange geltend macht, mag sie dabei auch eine zwangsweise Durchsetzung versuchen (BGHZ 20. 2. 1956 VersR 1956 S. 186 f.). Dagegen sind vom Versicherungsschutz solche Ansprüche ausgeschlossen, die öffentlich-rechtlichen Charakter haben, also z. B. verwaltungsrechtlicher Natur sind.

4. **Abwehr** der unbegründeten und **Befriedigung** der begründeten Haftpflichtansprüche umfaßt die gesamte **Abwicklung** der durch das Schadenereignis für den Versicherungsnehmer entstandenen Haftpflichtverbindlichkeiten. Der Versicherer kann nicht die damit verbundenen Mühen und Kosten auf den Versicherungsnehmer abwälzen (RGZ Bd. 70 S. 257, 260; BGHZ 30. 10. 1954 VersR 1954 S. 592; 20. 2. 1956 VersR 1956 S. 186 f.). Abwehr und Befriedigung sind ein einheitlicher Anspruch (RGZ Bd. 150 S. 227; BGHZ 20. 1. 1956 VersR 1956 S. 187; von Gierke II S. 301 f.; Sieg S. 131 ff.; Stiefel-Wussow § 10 Anm. 6; a. M.: – Der Befreiungs- und Rechtsschutzanspruch sind unabhängig voneinander – Bruck-Möller § 12 Anm. 13, Prölss § 149 Anm. 1). Dies ergibt sich auch aus dem natürlichen Ablauf der Schadenabwicklung. – Tritt das Schadensereignis, auf Grund dessen der Versicherungsnehmer haftbar gemacht werden könnte, ein, dann hat es der Versicherungsnehmer gemäß den §§ 7 Abs. 1 (2) AKB, 153 Abs. 1 VVG anzuzeigen. Mit der Haftbarmachung muß der Versicherungsnehmer stets rechnen, wenn der Dritte Schaden genommen hat. Erhebt der Dritte Schadenersatzansprüche, so hat der Versicherungsnehmer auch dies anzuzeigen (§§ 7 Abs. 2 (2) AKB, 153 Abs. 2 VVG). Wann von der Erhebung von Ansprüchen des geschädigten Dritten gesprochen werden kann, ergibt sich aus den Erläuterungen auf S. 377.

Mit dem Eintritt des Schadensereignisses erhält der Versicherungsschutz, der vorher lediglich in einer Gefahrtragung bestanden hat, umfaßt die tatsächliche und rechtliche Prüfung der Haftpflichtfrage, seinen oben im einzelnen wiedergegebenen materiellen Inhalt. Er die Befriedigung begründeter Entschädigungsansprüche und im Rahmen des Rechtsschutzes die Abwehr unbegründeter Ansprüche, die Übernahme der mit der Abwehr verbundenen gerichtlichen und außergerichtlichen Kosten einschließlich derjenigen einer Verteidigung des Versicherungsnehmers oder Versicherten in einem gegen sie gerichteten Strafverfahren und schließlich die Sicherheitsleistung und Hinterlegung zur Abwendung einer Vollstreckung gegen den Versicherungsnehmer.

Der Anspruch auf Versicherungsschutz hängt nicht davon ab, ob die Entschädigungsansprüche wirklich begründet sind, sofern sie nur auf einen unter die Haftpflichtversicherung fallenden Tatbestand gestützt werden (RGZ Bd. 148 S. 282; Bd. 152 S. 235; Bd. 154 S. 340; BGHZ 20. 2. 1956 VersR 1956 S. 187; 26. 11. 1959 VersR 1960 S. 73, 74 u. a.; a. M. Prölss § 149 Anm. 5 B).

5. Hält der Versicherer die Schadenersatzansprüche des Geschädigten für unbegründet, so erschöpft sich seine Verpflichtung nicht in dem Bestreiten des Anspruchs, sondern geht darüber hinaus dahin, den Versicherungsnehmer von diesem **Anspruch freizustellen.** Es bleibt ihm überlassen, wie er diesen Erfolg herbeiführt (BGHZ 20. 2. 1956 VersR 1956 S. 186 f., 13. 7. 1959 VersR 1959 S. 701; 26. 11. 1959 VersR 1960 S. 73, 74). Geht etwa ein Armenrechtsgesuch des Geschädigten ein, dann ist der Versicherer verpflichtet, an Stelle des Versicherungsnehmers dem Gericht eine Erwiderung zu überreichen (OLG Breslau VerAfP 1930 Nr. 2169). Will der Versicherer die seiner Meinung nach unbegründeten Ansprüche des Geschädigten nicht befriedigen, so hat er im Namen des Versicherungsnehmers den Haftpflichtprozeß zu führen und in ihm die Haftpflichtfrage klären zu lassen. Entzieht er sich dieser Pflicht – was immer bei Verweigerung des Versicherungsschutzes der Fall sein wird –, überläßt er es damit also dem Versicherungsnehmer, die Haftpflichtfrage zu entscheiden, so muß er dann auch die daraufhin von dem Versicherungsnehmer getroffene Entscheidung – auch die Prozeßführung und einen Vergleich – hinnehmen und die Befriedigung der Haftpflichtgläubiger durch den Versicherungsnehmer als in zulässiger Weise vorgenommen gegen sich gelten lassen, mit der Folge, daß nunmehr der Versicherungsnehmer nach § 154 VVG Zahlung an sich selbst verlangen kann (BGHZ 20. 2. 1956 VersR 1956 S. 186 f.; 21. 5. 1959 VersR 1959 S. 499 = NJW 1959 S. 1492). Der Versicherer kann dann gegenüber einem solchen Zahlungsanspruch nicht mehr unter nachträglicher Aufrollung der Haftpflichtfrage einwenden, daß der Versicherungsnehmer die Haftpflichtansprüche zu unrecht befriedigt habe (BGHZ VersR 1959 S. 499; s. o.; OLG Celle VersR 1953 S. 81; OLG Düsseldorf 3. 12. 1957 VersR 1958 S. 409). Im übrigen trägt der Versicherer, der seiner Verpflichtung,

den Versicherungsnehmer von Haftpflichtansprüchen freizustellen, nicht nachkommt, die Verantwortung für die durch seinen Verzug etwa eintretenden Folgen, sei es daß die Schadenforderungen der Geschädigten sich dadurch erhöhen, sei es daß dem Versicherungsnehmer Schadenersatzansprüche gegen den Versicherer erwachsen (BGHZ 13. 7. 1959 VersR 1959 S. 701).

Weigert sich der Versicherer, Versicherungsschutz zu gewähren, so genügt für eine **Feststellungsklage,** daß Entschädigungsansprüche mit einer gewissen Wahrscheinlichkeit zu erwarten sind (OLG Hamburg 5. 4. 1935 JRPV 1935 S. 269; BGHZ 20. 2. 1956 VersR 1956 S. 186 f.; Stiefel-Wussow § 10 Anm. 4). In welcher Weise der Versicherer seiner Verpflichtung, Versicherungsschutz zu gewähren, nachkommt, hängt vom Einzelfall ab und wird einerseits durch das Schadensereignis, andererseits durch das Verhalten des geschädigten Dritten bestimmt. Es ist ebensogut möglich, daß der Versicherer durch sofortige Anerkennung des Schadenersatzanspruches des Dritten, weil die Haftpflichtschuld des Versicherungsnehmers nach Grund und Höhe zweifelsfrei ist, ohne weiteres dem Befreiungsanspruch des Versicherungsnehmers Rechnung trägt, wie daß die Abwehr sich auf eine einfache schriftliche Ablehnung des Anspruches des Dritten beschränkt, weil sich der Dritte hiermit zufrieden gibt, oder aber daß ein langwieriges Prozeßverfahren mit Rechtsmitteleinlegung und Vollstreckungsschutz für den Versicherungsnehmer alle Möglichkeiten eines Rechtsschutzverfahrens ausschöpft.

6. Der Prozeß, der die Frage der Haftpflicht des Versicherungsnehmers entscheidet **(Haftpflichtprozeß),** schwebt grundsätzlich zwischen diesem und dem geschädigten Dritten. Eine Klage des Dritten gegen den Versicherer wäre möglich, wenn der Dritte den Versicherungsanspruch des Versicherungsnehmers gegen den Versicherer gepfändet und sich hat überweisen lassen. Der Haftpflichtprozeß ist vom **Deckungsprozeß** zu unterscheiden, der zum Gegenstand hat, ob der Versicherungsnehmer einen Leistungsanspruch gegen den Versicherer aus dem mit ihm abgeschlossenen Haftpflichtversicherungsvertrag hat (vgl. hierzu auch S. 246).

7. Die bei der **Abwehr** entstehenden **Kosten** hat der Versicherer zu tragen, soweit ihre Aufwendung den Umständen nach geboten ist (§§ 10 Abs. 1 AKB, 150 Abs. 1, 2 VVG). Verlangt der Geschädigte im Strafverfahren als Nebenkläger eine einem zivilrechtlichen Anspruch gleichstehende Buße (vgl. o. S. 410), so gehören insoweit auch die Kosten des Nebenklägers zu den vom Versicherer zu erstattenden Abwehrkosten (vgl. BGHZ Bd. 26 S. 261 und die dort angeführten Zitate = VersR 1958 S. 106 = MDR 1958 S. 308 = LM § 150 VVG Nr. 1; 16. 4. 1959 VersR 1959 S. 361). Ferner gehören

zu den Abwehrkosten kraft ausdrücklicher Vorschrift des § 150 Abs. 1 Satz 3 VVG auch die auf Weisung des Versicherers aufgewendeten Kosten der Verteidigung in einem Strafverfahren gegen den Versicherungsnehmer. Diese Vorschrift ist durch Art. III Nr. 5 PflVG in § 150 VVG entsprechend der Regelung in den Versicherungsbedingungen für die Allgemeine Haftpflichtversicherung und der österreichischen Regelung eingefügt worden (vgl. S. 250 und S. 14 Begr.).

Da die Kosten nur ersetzt werden, soweit sie auf Weisung des Versicherers aufgewendet werden, könnte der Versicherungsnehmer mit Einverständnis des Versicherers auch über die Sätze der Gebührenordnung hinausgehende Verteidigungskosten aufwenden. Die Belastung des Haftpflichtversicherers mit diesen Kosten rechtfertigt sich wegen der Bedeutung des Strafverfahrens für den Haftpflichtversicherungsanspruch des Geschädigten und damit für den Umfang der Versicherungsleistung. In den Versicherungsbedingungen ist eine besondere Bestimmung über den Ersatz der Strafverteidigungskosten nicht mehr enthalten, da sie, weil gesetzlich geregelt, überflüssig ist.

Der an einem Verkehrsunfall Beteiligte, der in einem Strafverfahren freigesprochen worden ist, kann die ihm entstandenen Verteidigungskosten von dem Täter des Unfalls weder nach § 823 Abs. 1 BGB noch nach Abs. 2 ersetzt verlangen, da in beiden Fällen die Kosten außerhalb des Schutzzweckes des Gesetzes liegen (BGHZ 22. 4. 1958 VersR 1958 S. 414, 415 = LM § 823 (F) BGB Nr. 11, nur Leitsatz m. Anm. v. Hauss).

8. Ein Streit hat sich an die Frage geknüpft, inwieweit der Haftpflichtversicherer auf Grund des § 10 Abs. 1 AKB in Verb. m. den §§ 149, 150 VVG verpflichtet ist, dem Versicherungsnehmer oder Mitversicherten die **Kosten** des einem Strafverfahren gegen den Versicherungsnehmer gemäß § 395 StPO als **Nebenkläger** beigetretenen Geschädigten abzunehmen.

Diese Frage ist, sofern der Nebenkläger nicht zwecks Erlangung einer Buße dem Strafverfahren beigetreten ist (s. o.), in Übereinstimmung mit BGHZ Bd. 26 S. 263 (vgl. o.) und 16. 4. 1959 (VersR 1959 S. 361) zu verneinen. § 10 Abs. 1 AKB und § 149 VVG verpflichten den Versicherer nicht, prozessuale Kosten zu erstatten; sie haben nur materiellrechtliche Schadenersatzansprüche zum Gegenstand. § 150 VVG wiederum, der die Erstattung von Kosten abschließend regelt, spricht in Abs. 1 nur in Satz 3 von Kosten im Strafverfahren und nur von „auf Weisung des Versicherers" aufgewendeten Kosten der „Verteidigung". Dazu gehören Kosten des Nebenklägers, deren Erstattung dem Versicherungsnehmer im Strafverfahren auferlegt worden ist, unzweifelhaft nicht. Die hiervon abweichende Meinung in der Rechtsprechung und im Schrifttum ist in der BGH-

Entscheidung zitiert. Zu der praktischen Auswirkung des Urteils auf die unteren Instanzen vgl. Breitinger VersR 1958 S. 211. Die dem Geschädigten im Strafverfahren als Nebenkläger entstandenen Kosten kann er von dem Fahrer – und auch Halter – nur nach strafprozessualen Vorschriften erstattet verlangen. Ein sachlich-rechtlicher Anspruch des Verletzten aus den §§ 823, 249 BGB besteht nicht (BGHZ Bd. 24 S. 263 = VersR 1957 S. 599 = NJW 1957 S. 1593; 24. 9. 1957 VersR 1957 S. 719; 20. 5. 1958 VersR 1958 S. 417; 16. 4. 1959 VersR 1959 S. 361). Hat der Versicherungsnehmer auf Weisung des Versicherers (vgl. aber S. 371) gegen einen Strafbefehl Einspruch eingelegt und hat sich der Geschädigte alsdann dem Strafverfahren gemäß den §§ 403 ff. StPO angeschlossen, dann gehören die Kosten des Nebenklägers zu den Kosten der Verteidigung im Sinne des § 150 Abs. 1 Satz 3 VVG, die auf Weisung des Versicherers aufgewendet worden sind (vgl. hierzu Clauss NJW 1957 S. 411, 413).

Der Versicherungsschutz erstreckt sich immer nur auf solche Schäden, die durch den Gebrauch des im Versicherungsvertrag nach Fabrikat, Fahrgestellnummer u. a. genau bezeichneten Kraftwagens entstanden sind. Welches Risiko im Einzelfall versichert ist, ergibt sich aus der im Versicherungsschein enthaltenen näheren Bezeichnung. Verkehrsauffassung und der Versicherungsantrag sind dabei heranzuziehen (vgl. etwa OLG München 3. 6. 1960 VersR 1960 S. 652). Ein Austausch mit einem anderen Kraftfahrzeug beseitigt den Versicherungsschutz aus diesem Vertrage (BGHZ 5. 4. 1956 VersR 1956 S. 298; OLG Düsseldorf 7. 12. 1954 VersR 1956 S. 28).

9. **Zu b)** Der durch die Kraftfahr-Haftpflichtversicherung **geschützte Personenkreis** umfaßt den Versicherungsnehmer und als Mitversicherte den jeweiligen Halter und den jeweiligen berechtigten Fahrer.

Im Interesse einer wirksamen Durchführung des Pflichtversicherungsgesetzes ist als Halter nicht nur der Versicherungsnehmer, sondern jeder versichert, der auf Grund von Veräußerung, Miete oder sonstiger Gebrauchsüberlassung als jeweiliger Halter in Betracht kommt. Im Gegensatz zum Fahrer ist nicht erforderlich, daß der Halter als „berechtigter" Halter anzusehen ist, wenngleich die Regel sein wird, daß er, wenn er nicht zugleich der Eigentümer des Kraftwagens ist, die Berechtigung zum Halten des Wagens von dem Verfügungsberechtigten herleiten wird (vgl. hierzu BGHZ Bd. 28 S. 137 = VersR 1958 S. 749 = NJW 1958 S. 1872). Halter ist auch ein Mithalter (Ausnahme aber § 11 Nr. 2 AKB). Sind an einem Kraftfahrzeug mehrere Gesellschafter einer Gesellschaft des bürgerlichen Rechts als Halter oder Fahrer beteiligt und werden sie haftbar gemacht, dann hat jeder für sich einen eigenen Anspruch auf Versicherungsschutz und Befreiung von der sein persönliches Vermögen belastenden Haftpflichtschuld (BGHZ Bd. 24 S. 378 = VersR 1957 S. 458 = NJW 1957 S. 1233). Jeder kann seinen Anspruch selbständig geltend machen (§ 10 Abs. 2 AKB). Ebenso liegt es bei einer Mehrheit von Erben, die nach dem Tode des Erblassers als Einzelne in den versicherten Gefahrenbereich treten (RGZ Bd. 159 S. 337; BGHZ Bd. 24 S. 378, s. o.). Im übrigen vgl. zum Begriff des Halters S. 189.

Wer berechtigter Fahrer ist, ergibt sich aus den Ausführungen auf S. 193. Der Versicherungsschutz erstreckt sich auch auf Rückgriffsansprüche gegen den Fahrer aus Dienstverträgen (RGZ Bd. 161 S. 94; LG Koblenz 24. 9. 1957 VersR 1959 S. 92). Ist der Fahrer nicht berechtigt und genießt er daher keinen Versicherungsschutz, so ist der Geschädigte gleichwohl insoweit geschützt, als der Halter Versicherungsschutz genießt. Voraussetzung für die Leistungspflicht des Versicherers ist, daß der Versicherungsnehmer in seiner Eigenschaft als Kraftfahrzeughalter oder -fahrer haftpflichtig geworden ist, nicht etwa wegen einer Verletzung seiner Pflichten als Hauseigentümer (BGHZ 23. 5. 1957 VersR 1957 S. 385; vgl. auch BGHZ 21. 2. 1957 VersR 1957 S. 212).

Nicht durch § 10 AKB wird der Arbeitgeber gedeckt, der durch Bestellung des Fahrers zu einer Dienstfahrt aus § 831 BGB haftpflichtig gemacht wird. Vgl. u. § 149 VVG, Anm. 4, S. 248 („gefahrengeneigte Arbeit").

10. Die Kraftfahrzeughaftpflichtversicherung enthält – unabhängig von dem individuellen Willen des Versicherungsnehmers – immer sowohl eine **Eigen-** als auch eine **Fremdversicherung,** indem bei ihr nie lediglich das Interesse des Versicherungsnehmers selbst, sondern nach § 10 AKB immer zugleich auch das Interesse des jeweiligen Halters und Fahrers mitversichert ist. Dies gilt, wenn die Versicherung vom Eigentümer des Kraftfahrzeugs oder von dem von ihm verschiedenen Halter genommen worden ist. Auch wenn der Halter die Versicherung genommen hat, erstreckt sie sich immer auch auf den jeweiligen Halter und Fahrer (BGHZ Bd. 13 S. 351, 358 = VersR 1954 S. 365; BGHZ Bd. 28 S. 137 = NJW 1958 S. 1872 = LM § 10 AKB Nr. 2, nur Leitsatz m. Anm. Haidinger = JZ 1958 S. 213 m. Anm. Prölss (= VersR 1958 S. 749; s. auch § 158 h Anm. 3 b, S. 300). Das Interesse und der Wegfall des Interesses ist daher auch aus der Person des Mitversicherten zu beurteilen (Prölss § 74 Anm. 3). Gibt der Halter, der die Pflicht-Haftpflichtvericherung genommen hat, seine Haltereigenschaft auf, bleibt das Fahrzeug aber weiter in Gebrauch und sind deshalb der mitversicherte jeweilige Halter und Fahrer weiter den Haftpflichtgefahren ausgesetzt, so bleibt der Versicherer mit diesen Wagnissen belastet, und es fehlt dann an einem Grund für die Beendigung des Versicherungsverhältnisses infolge Wegfalles des

Interesses (BGHZ Bd. 28 S. 137, s. o.; a. M. Prölss JZ 1953 S. 658). Die Ansicht des Bundesgerichtshofes wird sich in der Praxis kaum auswirken, da der Halter, der ursprünglich die Versicherung genommen hat, die Versicherung nicht aufrechterhalten wird, insbesondere keine Prämie mehr zahlen wird, wenn sein Interesse weggefallen ist und wenn der „jeweilige" Halter auf Dauer Nutznießer des von ihm als dem ursprünglichen Halter geschlossenen Kraftfahrzeug-Haftpflichtversicherungsvertrages sein will. Den Halter mit dem Bundesgerichtshof für verpflichtet zu halten, die für ihn wertlose Versicherung zum Vorteil eines inzwischen zum Wagenhalter gewordenen Dritten aufrechterhalten zu müssen, weil die Pflichtversicherung durch Mitversicherung des jeweiligen Halters auch Fremdversicherung ist, kann nicht anerkannt werden, auch nicht unter Hinweis auf Sinn und Zweck des Pflichtversicherungsgesetzes. Im Ergebnis ist dem Urteil des Bundesgerichtshofes in dem konkreten Falle zuzustimmen, da die Versicherung des ursprünglichen Halters noch bestand und der das Fahrzeug benutzende Halter gemäß § 10 AKB mitversichert gewesen ist.

11. Die **Art der** durch die Haftpflichtversicherung gedeckten **Schäden.** Der Versicherungsschutz tritt ein, wenn durch den Gebrauch des Fahrzeugs

a) Personen verletzt oder getötet werden,

b) Sachen beschädigt oder zerstört werden oder abhandenkommen,

c) reine Vermögensschäden herbeigeführt werden, die weder mit einem Personen- noch mit einem Sachschaden mittelbar oder unmittelbar zusammenhängen.

Zu a)

Schäden werden nur insoweit ersetzt, als für sie nach den Vorschriften des Strafgesetzbuches, des Bürgerlichen Gesetzbuches, des Reichshaftpflichtgesetzes usw. eine Ersatzpflicht besteht. Dies bedeutet u. a., daß Schmerzensgeld nur im Rahmen des § 843 BGB, Renten nur im Rahmen der §§ 844, 845 BGB zu ersetzen sind.

Zu b)

Ein Schadenersatzanspruch für abhandengekommene Sachen besteht insoweit, als das Abhandenkommen mit dem Gebrauch des Kraftfahrzeugs, also mit dem Schadenereignis, in Zusammenhang steht.

Zu c)

Als reine Vermögensschäden sind solche Schäden zu betrachten, die weder Personen- noch Sachschäden sind, noch sich aus solchen herleiten lassen (RGZ Bd. 160 S. 48 = DR 1939 S. 1088 = JRPV 1939 S. 122 = DÖV 1939 S. 239; OLG Karlruhe 20. 3. 1957 VersR 1957 S. 526). Thees-Hagemann S. 47 führen als Beispiel an, daß durch einen Zusammenstoß von Kraftfahrzeugen die Straße für Dritte unbenutzbar wird, die dadurch Vermögensnachteile erleiden. Andere Beispiele finden sich bei Hüschelrath S. 79 unter Hinweis auf Kreuzhage. Vgl. auch Stiefel-Wussow § 10 Anm. 19.

Die Schäden müssen durch den Gebrauch des Kraftfahrzeugs verursacht worden sein. Wann Gebrauch vorliegt, vgl. S. 197 ff.

12. Der Anspruch des Versicherungsnehmers oder Versicherten auf Versicherungsschutz entfällt, wenn der Versicherungsnehmer das Schadenersatzansprüche auslösende Haftpflichtereignis **vorsätzlich** widerrechtlich **herbeigeführt** hat (§ 152 VVG). Fahrlässigkeit, selbst grobe Fahrlässigkeit, schließt in der Haftpflichtversicherung die Haftung des Versicherers nicht aus (s. dagegen S. 432, 443, 474, 493: Fahrzeug-, Unfall-, Gepäckversicherung). Das gleiche gilt, wenn das Merkmal der Widerrechtlichkeit fehlt.

Der Vorsatz ist im gewöhnlichen Sinne des Zivilrechtes zu verstehen. Näheres vgl. S. 251.

Von ganz besonders liegenden Ausnahmefällen abgesehen (z. B. LG München VersR 1952 S. 206) ist **Trunkenheit** am Steuer nicht als Vorsatz, auch nicht als bedingter Vorsatz anzusehen (BGHZ 18. 10. 1952 Bd. 7 S. 311 = VersR 1952 S. 387). Trunkenheit am Steuer, jedenfalls eine einmalige Fahrt, ist auch nicht Gefahrerhöhung (§ 23 VVG; BGHZ Bd. 7 S. 311; s. o.; vgl. auch BGHZ 27. 6. 1951 Bd. 2 S. 360 = VersR 1951 S. 195). Daß die Vorschriften über die Gefahrerhöhung grundsätzlich auch für die Haftpflichtversicherung gelten, hatte bereits das Reichsgericht in Bd. 150 S. 48 festgestellt und der Bundesgerichtshof in Zivilsachen in Bd. 1 S. 159 = VersR 1951 S. 99 und in Bd. 2 S. 360 = VersR 1951 S. 195 bestätigt. Hieran hat sich durch die Einführung der AKB nichts geändert (vgl. auch Prölss § 23 Anm. 2; Hüschelrath S. 51). Jedoch sind Gefährdungsvorgänge nach der Entscheidung des Bundesgerichtshofes in Bd. 7 S. 311 nur dann als Gefahrerhöhung anzusehen, wenn sie einen neuen Zustand erhöhter Gefahr von so langer Dauer schaffen, daß er die Grundlage eines neuen natürlichen Gefahrenverlaufs bilden und damit den Eintritt des Versicherungsfalles generell fördern kann. Eine einmalige Fahrt in Trunkenheit liegt im Rahmen des übernommenen Versicherungsrisikos (BGHZ Bd. 7 S. 311; s. o.). Nach OLG Hamm 20. 11. 1952 VersR 1953 S. 82 = NJW 1953 S. 1517 fallen sogar wiederholte Trunkenheitsfahrten nicht unter den Begriff der Gefahrerhöhung, was jedoch nicht als zutreffend angesehen werden kann. Über die Frage, wann Trunkenheit vorliegt, vgl. u. a. Weinig VW 1952 S. 185; ferner Müller S. 499 ff.

Wie die Trunkenheit am Steuer ist die Übermüdung des Fahrers hinsichtlich Vorsatz und Gefahrerhöhung zu beurteilen (BGHZ Bd. 7 S. 333).

Nach den obigen Grundsätzen über Vorsatz und Gefahrerhöhung ist auch die Benutzung eines nicht verkehrssicheren Kraftfahrzeugs zu beurteilen. So stellt das Fahren eines Fahrzeugs mit Bremsen, die nach Versicherungsbeginn untauglich geworden sind, eine Gefahrerhöhung dar (OLG Frankfurt 14. 4. 1955 VersR 1955 S. 517), wie überhaupt das Dulden der Benutzung eines verkehrsunsicheren Fahrzeuges auf längere Zeit eine Gefahrerhöhung darstellen könnte. Eine einmalige Fahrt dagegen, bei der sich herausstellt, daß die Bremsen untauglich sind, daß Fehler in der Beleuchtung des Fahrzeuges vorliegen, oder eine einmalige Fahrt mit einem überladenen Fahrzeug (ebenso Thees-Hagemann, 2. Auflage, S. 303) führt nicht zu einer Gefahrerhöhung.

13. Abs. 2 gibt den mitversicherten Personen (Halter, berechtigter Fahrer, Beifahrer, falls er den Fahrer abgelöst hat, vgl. S. 189, 193, 196) das Recht, ihre Versicherungsansprüche selbständig geltend zu machen (vgl. auch S. 339). Der Besitz des Versicherungsscheins ist nicht erforderlich. Mit dieser Bestimmung ist die Anwendbarkeit des § 75 Abs. 2 VVG ausgeschlossen.

Zugleich ist § 10 Abs. 2 AKB eine Ausnahme von § 3 AKB. Ist einmal der Versicherungsfall eingetreten, dann ist der Versicherungsnehmer nicht mehr berechtigt, seinerseits die Ansprüche der Mitversicherten geltend zu machen oder über sie durch Kündigung, Herabsetzung der Versicherungssumme u. a. zu verfügen. Insoweit ist § 76 VVG nicht anwendbar (wie hier OLG Düsseldorf 7. 12. 1954 VersR 1956 S. 28; LG Bonn 28. 1. 1955 VersR 1955 S. 667 = NJW 1955 S. 1034 mit abweichender Anmerkung von Moog in NJW 1955 S. 1324; Johannsen VersArch 1956 S. 351 f.; Prölss § 10 AKB Anm. 4; Stiefel-Wussow, § 3 Anm. 16, § 10 Anm. 21; Thees-Hagemann, 2. Auflage, § 10 AKB Anm 4; a. M. LG Hildesheim 13. 10. 1959 VersR 1959 S. 990; hierzu s. a. Wussow VersR 1960 S. 11; Österr. ObGH 6. 10. 1959 VersR 1960 S. 191 m. Anm. Wahle). Ist der Versicherungsfall dagegen noch nicht eingetreten, so ist der Versicherungsnehmer allein verfügungsberechtigt.

Über den Versicherungsschutz des Mitversicherten u. a. bei Obliegenheitsverletzungen vgl. § 3 S. 334 f.

14. Abs. 3 erteilt dem Versicherer die **Vollmacht**, alle ihm zur Befriedigung oder Abwehr der Ansprüche zweckmäßig erscheinenden Erklärungen im Namen der versicherten Personen abzugeben (BGHZ Bd. 24 S. 308 = VersR 1957 S. 442, 444 = NJW 1957 S. 1230). „Im Namen der Versicherten" bedeutet, daß der Versicherer sich nicht unmittelbar zum Schadenersatz verpflichten, kein selbständiges Schuldanerkenntnis abgeben will. Soll letzteres der Fall sein, dann bedarf es einer ausdrücklichen dahingehenden Erklärung des Versicherers (LG

Düsseldorf 13. 3. 1957, VersR 1957 S. 477; RGZ JW 1929 S. 579). Die Vollmacht ist, soweit das Haftpflichtversicherungsverhältnis zwischen Versicherer und Versicherungsnehmer besteht, unwiderruflich (vgl. aber § 158 f. Anm. 4 S. 289). Sie berechtigt auch zur Vertretung der Mitversicherten bei der Schadenabwicklung (BGHZ Bd. 28 S. 244 = VersR 1958 S. 830 m. Anm. Fleischmann in VersR 1959 S. 16 = LM § 10 AKB Nr. 3, nur Leitsatz, m. Anm. Haidinger).

Die Vollmacht berechtigt den Versicherer zur Abgabe aller Erklärungen, die zur Schadenabwicklung zweckmäßig erscheinen. Soweit der Versicherungsnehmer mitzuwirken hat, ergibt sich dies aus § 7 II (Obliegenheiten im Versicherungsfall) AKB. Der Versicherer kann mithin im Namen des Versicherungsnehmers (Mitversicherten) den Schadenersatzanspruch des Geschädigten anerkennen; er kann ihn ablehnen, auch wenn durch die Ablehnung sonstige Interessen des Versicherungsnehmers, etwa wirtschaftlicher Art, berührt werden. Die Prozeßführung in einem durch die völlige oder teilweise Ablehnung des Schadenersatzanspruches des Versicherungsnehmers entstehenden Rechtsstreit des Geschädigten gegen den Versicherungsnehmer liegt beim Versicherer. Dies folgt aus § 7 II Ziff. 5 AKB, der eine Ergänzung zu § 10 Abs. 3 AKB bildet (vgl. § 7 Anm. 14).

15. Der Versicherer ist ferner ermächtigt, im Namen des Versicherungsnehmers mit dem Geschädigten einen **Vergleich** zu schließen. Die Unterzeichnung einer „Entschädigungsquittung“, worin der Geschädigte sich durch Zahlung eines bestimmten Betrages für seinen Schaden als befriedigt erklärt, besagt für sich allein noch nichts über das Zustandekommen eines Vergleichs. Er liegt erst vor, wenn der Geschädigte den Betrag dann auch tatsächlich erhält (BGHZ 29. 9. 1954 VersR 1955 S. 10). Der Versicherer muß dafür sorgen, daß der Inhalt des Vergleichs, der vielfach in einer Abfindungserklärung niedergelegt ist, klar und eindeutig ist, insbesondere auch mit Bezug auf etwaige Spätfolgen (vgl. z. B. Beschluß OLG Düsseldorf 13. 9. 1954 VersR 1954 S. 598 m. Anm. Böhmer VersR 1955 S. 63). Über Anfechtung eines Abfindungsvergleichs unter dem Gesichtspunkt des Wegfalls der Geschäftsgrundlage und des Verstoßes gegen die guten Sitten vgl. Beschluß OLG Celle 26. 7. 1955 VersR 1955 S. 646. Haben sich die Parteien beim Vergleichsabschluß nur einen begrenzten Schadenkreis vorgestellt und ist der nachträglich eingetretene Schaden außerhalb dieses Kreises gelegen und unvorhersehbar gewesen, so daß die Parteien bei seiner Kenntnis den Vergleich nicht geschlossen hätten, dann kann der in dem Abfindungvergleich erklärte Verzicht auf weitere zukünftige Ansprüche unwirksam sein (BGHZ 11. 5. 1955 VersR 1955 S. 404 ff. m. Am. Böhmer a. a. O. S. 503; RGZ Bd. 131 S. 278; Bd. 159 S. 264). Ein Vergleich über die Abfindung eines Geschädigten auch

einem Dritten gegenüber gewährt diesem ein dauerndes Leistungsverweigerungsrecht (OLG Düsseldorf 17. 7. 1956 VersR 1956 S. 665). Nach dem BAV kann nur eine einfache Quittung verlangt werden, wenn die Entschädigung lediglich für die bis zum Zeitpunkt der Zahlung entstandenen und fälligen Ansprüche verlangt und gewährt wird (VerBAV 1953 S. 152 f.).

16. Der Versicherer ist gehalten, die ihm durch § 10 Abs. 3 erteilte Vollmacht ordnungs- und pflichtgemäß auszuüben. Wenn sich auch, wie oben ausgeführt, vielfach nicht vermeiden läßt, daß die Interessen des Versicherungsnehmers berührt werden, so darf der Versicherer jedoch nicht schuldhaft die Interessen des Versicherungsnehmers schädigen. Geschieht dies doch, so haftet er dem Versicherungnehmer für dadurch eintretende Schäden (OLG Hamm 21. 3. 1958 VersR 1958 S. 509; vgl. auch BGHZ 4. 7. 1957 VersR 1957 S. 502).

Über die Vollmacht in den Fällen des § 158 f vgl. dort Anm. 4 f.

Kommt es wegen der Haftpflichtansprüche zu einem Rechtsstreit, dann hat der Versicherer, wie sich aus § 10 Abs. 4 Satz 3 arg. e. contr., § 150 Abs. 1, 2 VVG ergibt, die Gerichts- und Anwaltskosten sowie die etwa sonst vom Prozeßgericht festgesetzten Kosten zu tragen. Er kann sie ebensowenig wie seine Ermittlungskosten zur Aufklärung des Schadens auf den Versicherungsnehmer abwälzen.

17. Abs. 4 Satz 1 und 2 bestimmen nun, daß die vereinbarte Versicherungssumme die **Höchstgrenze der Leistungspflicht des Versicherers** bei jedem Schadenereignis darstellt, wobei die Kosten außer Betracht bleiben. Mehrere zeitlich zusammenhängende Schäden auf Grund derselben Ursache gelten als ein Schadenereignis. Beispiel: Ein Kraftwagen fährt einen Radfahrer um, wird aus der Fahrbahn geschleudert und drückt 100 Meter weiter einen Fußgänger an die Hausmauer.

Beträgt die zwischen dem Versicherungsnehmer und dem Versicherer in der Haftpflichtversicherung vereinbarte Versicherungssumme für Personenschäden 100 000,– DM, erreichen die begründeten Ansprüche des Radfahrers wegen Körperschadens 90 000,– DM, die des Fußgängers 60 000,– DM, so braucht der Versicherer insgesamt nur 100 000,– DM zu decken, der darüber hinausgehende Schadenbetrag geht zu Lasten des Versicherungsnehmers. Die Kosten eines Rechtsstreits (gerichtliche Kosten, Anwaltskosten, nicht auch außergerichtliche Kosten oder Aufwendungen nach § 63 VVG) werden in diesem Falle nach Satz 3 auf den Versicherer und den Versicherungsnehmer derart verteilt, daß der Versicherer die Prozeßkosten nur im Verhältnis der Versicherungssumme zur Gesamthöhe der Ansprüche trägt. In dem Beispiel würde also der Versicherer $^2/_3$, der Versicherungsnehmer $^1/_3$ der Prozeßkosten zu tragen haben, während sonstige Aufwendungen (die außergerichtlichen Kosten) dem Versicherer allein zur Last fielen. Hierbei sind nur die begründeten Ansprüche der Geschädigten zu Grunde zu legen, nicht die überhaupt geltend gemachten, also nicht die unbegründeten Ansprüche (wie hier RGZ Bd. 124 S. 235; Bd. 145 S. 21 = VerAfP 1934 Nr. 2734 = JRPV 1934 S. 232; Stiefel-Wussow § 10 Anm. 25; zweifelnd Thees-Hagemann, 2. Aufl., § 10 AKB Anm. 6. A. M. Bläsner JRPV 1935 S. 281; Prölss § 150 Anm. 4). Dies folgt aus Satz 3 im Zusammenhalt mit Satz 1 des Abs. 4: „Übersteigen die (die Leistung des Versicherers bildenden) Haftpflichtansprüche die Versicherungssummen . . .". Die Kosten lassen sich erst nach der Prozeßentscheidung verteilen, wenn sie der Höhe nach ermittelt sind. Bis dahin sind die Aufwendungen Kosten der Abwehr, wobei der Versicherer die Möglichkeit hat, von seinem Recht nach Abs. 4 Satz 4–Abandonrecht–Gebrauch zu machen (vgl. u. Anm. 18).

Halten sich die – begründeten oder auch unbegründeten – Haftpflichtansprüche im Rahmen der Versicherungssummen, so gehen vom Prozeßgegner nicht erstattete Prozeßkosten in vollem Umfang zu Lasten des Versicherers. Würden die Ansprüche der Geschädigten in vollem Umfange im Prozeß für unbegründet erklärt, ihre Klage also abgewiesen werden, dann hätte der Versicherer neben den sonstigen Aufwendungen auch die nicht erstatteten Kosten ganz zu tragen – hierin bestünde dann seine Versicherungsleistung –, während nach der Gegenmeinung auch bei Klageabweisung, also völliger Unbegründetheit der Ansprüche, der Versicherungsnehmer gleichwohl ein Drittel der Kosten tragen müßte, was unbillig erscheint.

18. Abs. 4 Satz 4 sieht vor, daß der Versicherer nach Eintritt des Versicherungsfalles die Versicherungssumme und den entsprechenden Kostenteil mit der Wirkung **hinterlegen** kann, daß er hierdurch von weiteren Leistungen befreit wird. Es handelt sich hier nicht um ein Abandonrecht im eigentlichen Sinne, wie es in § 145 VVG geregelt ist und sich in den vor Einführung der AKB gültigen Versicherungsbedingungen gefunden hat (vgl. noch heute § 3 III (1) Satz 2 AHB). Dort stellte der Versicherer die Versicherungssumme dem Versicherungsnehmer zur Verfügung, während nach § 10 Abs. 4 Satz 4 AKB der Versicherer die Versicherungssumme und den prozentual auf ihn entfallenden Kostenanteil hinterlegen kann. Die Hinterlegung richtet sich nach den §§ 372 ff. BGB. § 372 BGB setzt u. a. voraus, daß der Versicherer seine Verbindlichkeit infolge Ungewißheit über die Person des Gläubigers nicht oder nicht mit Sicherheit erfüllen kann. Diese Voraussetzung kann gegeben sein, wenn mehrere Geschädigte aus dem gleichen Rechtsgrund und Schadenereignis Ansprüche erhe-

ben. Abgesehen hiervon kann der Versicherer von Abs. 4 Satz 4 kaum Gebrauch machen, da über die Voraussetzungen der Hinterlegung hinaus auch § 156 VVG zu beachten ist.

Nach Abs. 1 a. a. O. sind Verfügungen über die Entschädigungsforderung dem Dritten gegenüber unwirksam. Nur wenn der Dritte zustimmt, wäre eine Hinterlegung möglich (BGHZ Bd. 15 S. 154 = VersR 1954 S. 592 = WJ 1954 S. 215 = JZ 1955 S. 209 m. Anm. Prölss). Ohne Zustimmung des Dritten könnte der Versicherer hinterlegen, wenn er das Risiko, eine dem Dritten gegenüber unwirksame Verfügung zu treffen, auf sich nehmen will. Sind mehrere Geschädigte vorhanden und reicht die Versicherungssumme zur Befriedigung ihrer Ansprüche nicht aus, so hat der Versicherer nach § 156 Abs. 3 VVG die Pflicht, die Forderungen der Geschädigten nach dem Verhältnis ihrer Beträge zu berichtigen. Auch hierdurch ist der Versicherer in der Anwendung des Abs. 4 Satz 4 gehemmt. Denn handelt er nicht gemäß § 156 Abs. 3 a. a. O., dann kann er etwaigen Nachteilen eines Dritten aus der Nichterfüllung dieser Bestimmung nicht dadurch begegnen, daß er sich verpflichtet hat, Versicherungssumme und Kostenanteil nach Maßgabe der gesetzlichen und vertraglichen Bestimmungen für die Auszahlung durch Hinterlegung zur Verfügung der Berechtigten zu halten mit der Maßgabe, daß der Versicherungsnehmer nur den Befreiungsanspruch hat und dem Dritten kein unmittelbarer Rechtanspruch gegen den Versicherer zusteht (vgl. hierzu OLG Köln VersR 1953 S. 131; Prölss § 3 AHB Anm. 4; Thees-Hagemann, 2. Aufl., § 10 AKB Anm. 7). Durch Hinterlegung wird der Versicherer der Regelung in § 156 Abs. 3 nicht gerecht (a. M. die 1. Aufl., S. 211).

19. Kann somit der Versicherer die Hinterlegung nach Abs. 4 Satz 4 gegenüber dem Dritten nur in wenigen Fällen anwenden, so ist die Bedeutung dieser Bestimmung auch für das Verhältnis zwischen Versicherer und Versicherungsnehmer, für das sie in vollem Umfang gilt, nur gering. Das mit dieser Bestimmung offenbar angestrebte Ziel, dem Versicherer die Möglichkeit zu geben, sich vor u. U. erheblichen Kosten zu schützen, die neben dem Entschädigungsanspruch durch umfangreiche Ermittlungen, Sachverständigengutachten, Prozesse u. a. entstehen können, kann auf diesem Wege nicht erreicht werden. Es ist daher Ossewski in VersR 1953 S. 312 zuzustimmen, daß das Abandonrecht praktisch so gut wie gegenstandslos ist. Sind die Voraussetzungen für das Abandonrecht gegeben, so ist zu beachten, daß der Versicherer gegen Treu und Glauben verstößt, wenn er eine früher mögliche vergleichsweise Regelung zwischen Versicherungsnehmer und Geschädigten innerhalb der zur Verfügung stehenden Deckungssummen verhindert hat und sich in einem späteren Stadium auf das Abandonrecht beruft (OLG Hamm 1. 4. 1953 VerBAV 1953 S. 276, das zu

Unrecht die AHB angewandt hat). Ist von dem geschädigten Dritten bereits Klage erhoben worden und übt der Versicherer erst während des Rechtsstreits ein Abandonrecht aus, dann muß er die bis zum Zeitpunkt der tatsächlich erfolgten Hinterlegung (vgl. auch § 375 BGB) entstandenen Prozeßkosten tragen (vgl. KG 13. 7. 1935 Praxis 1935 S. 71).

20. § 10 Abs. 5 setzt fest, daß der Versicherer für einen etwaigen **Mehrschaden** einschließlich Zinsen und Kosten dem Versicherungsnehmer — und Mitversicherten — gegenüber nicht einzutreten braucht, wenn er dadurch entstanden ist, daß eine vom Versicherer verlangte und mögliche Erledigung des Haftpflichtanspruchs durch Anerkenntnis, Befriedigung oder Vergleich am Verhalten des Versicherungsnehmers gescheitert ist.

Es handelt sich hier um eine nach Eintritt des Versicherungsfalles zu erfüllende Obliegenheit des Versicherungsnehmers. Es ist daher § 6 Abs. 3 VVG anzuwenden (vgl. OLG Hamm VersR 1950 S. 163; Stiefel-Wussow § 10 Anm. 27; Thees-Hagemann, 2. Aufl., § 10 AKB Anm. 8; a. M. Prölss § 10 AKB Anm. 7). Dies bedeutet, daß das Verhalten des Versicherungsnehmers, seine Weigerung, auf Vorsatz oder grober Fahrlässigkeit beruhen muß. Die weitere Voraussetzung des § 6 Abs. 3 VVG, wonach die grobfahrlässige Weigerung Einfluß auf die Feststellung oder den Umfang der Leistung des Versicherers gehabt haben muß, widrigenfalls der Versicherer zur Leistung verpflichtet bleibt, deckt sich im wesentlichen mit der durch Abs. 5 verlangten Kausalität zwischen Weigerung und eingetretenem Mehrschaden. Eine Weigerung des Versicherungsnehmers ist begrifflich nur möglich, wenn der Versicherer den Versicherungsnehmer aufgefordert hat, seine Zustimmung zu dem Vergleich, dem Anerkenntnis oder der Befriedigung zu geben. Da der Versicherer die Möglichkeit zu derartigen Maßnahmen der Schadenerledigung bereits auf Grund der in § 10 Abs. 3 festgesetzten Vollmacht besitzt, kommt sein Verlangen nach Zustimmung des Versicherungsnehmers in der Regel nur in besonders gelagerten Fällen in Betracht, insbesondere dann, wenn die Haftpflichtansprüche die Versicherungssumme übersteigen, der Versicherungsnehmer daher einen Teil der Ansprüche selbst decken muß.

Das Verlangen des Versicherers ist in jedem Zeitpunkt der Schadenabwicklung möglich. Die Weigerung des Versicherungsnehmers braucht nicht ausdrücklich erklärt zu werden; es genügt, wenn sie sich für den Versicherer aus den Umständen des Falles zweifelsfrei ergibt.

21. Abs. 5 ist gegenüber der Obliegenheitenregelung in § 7 AKB eine **Sonderregelung.** Unterlassungen hinsichtlich der Aufklärung des Tatbestandes oder der Minderung des Schadens fallen nicht unter § 10 Abs. 5.

Zu ersetzen ist der von dem Zeitpunkt des tatsächlichen oder aus den Umständen zu entnehmenden fiktiven Zugangs der Weigerung entstehende Mehrschaden, der sich auf die Schadenshöhe, die Zinsen und die Kosten erstrecken kann.

Daß der Versicherer unabhängig von seinem in Abs. 5 geregelten Verhältnis zum Versicherungsnehmer in Ansehung des Dritten im Rahmen des § 158 c haftet, ist auf S. 259 ff. nachzulesen.

§ 11. Haftungsausschlüsse

Von großer Bedeutung für den Umfang des Haftpflichtversicherungsschutzes sind die Gefahren- oder Risikoausschlüsse, da insoweit ein Versicherungsschutz des Vericherungsnehmers nicht in Frage kommt und auch eine Leistung des Versicherers in Ansehung des Dritten entfällt (vgl. S. 261). Im einzelnen handelt es sich um folgende Ausschlüsse:

1. Ziff. 1. Haftpflichtansprüche, die über den gesetzlichen Haftungsumfang, wie er oben erwähnt ist (S. 409), hinausgehen, auf besonderen Parteivereinbarungen oder besonderen Zusagen beruhen und dadurch dem geschädigten Dritten einen über die gesetzliche Haftpflicht hinausgehenden Betrag verschaffen würden.

2. Ziff. 2. Haftpflichtansprüche gegen Kraftwagenhalter, die der Versicherungspflicht nicht unterliegen und nicht Versicherungsnehmer sind, wie z. B. Gemeinden über 100 000 Einwohner, Halter von Kraftfahrzeugen mit einer Höchstgeschwindigkeit von 6 km in der Stunde (vgl. S. 176). Die durch das Pflichtversicherungsgesetz bedingte Ausdehnung des Versicherungsschutzes auf den jeweiligen Halter (S. 414) ist dann entbehrlich, wenn der Halter der Versicherungspflicht nicht unterliegt. Wird z. B. ein versicherter Privatwagen von einer Gemeinde von 200 000 Einwohnern vorübergehend gemietet, so daß die Gemeinde Halter wird, ohne selbst für diesen Wagen eine Versicherung zu nehmen, so werden Haftpflichtansprüche gegen die Gemeinde durch den Versicherungsvertrag für den Privatwagen nicht gedeckt. Es besteht auch kein Anlaß, ihr den Schutz aus dem Versicherungsvertrag eines anderen Versicherungsnehmers zugute kommen zu lassen, da sie nicht der Versicherungspflicht unterliegt und von ihrer Versicherungsfreiheit Gebrauch gemacht hat.

3. Ziff. 3. Haftpflichtansprüche des Versicherungsnehmers gegen mitversicherte Personen. Dem Versicherungsnehmer sind gleichgestellt:

Der Halter oder Mithalter; der Mieter eines Kraftwagens, für den ein Fahrer nicht gestellt wird, also der Selbstfahrer eines Vermietwagens; andere Personen, denen der Mieter das Fahrzeug überlassen hat. Auch der Rechtsnachfolger des Versicherungsnehmers, Halters, Mieters ist von der Versicherung ausgeschlossen, nicht dagegen der Hinterbliebene (§ 844 BGB; § 10 StVG). Vgl. Stiefel-Wussow § 11 Anm. 5; Thees-Hagemann, 2. Aufl., § 11 AKB Anm. 3. Etwa gegen Mitversicherte erhobene Ansprüche des Versicherungsnehmers, Halters usw. anderer Art als Haftpflichtansprüche bleiben unberührt.

Ziff. 3 beschränkt sich nicht auf den Alleinmieter. Selbst wenn zwei Personen ein Motorrad mieten, besteht kein Versicherungsschutz, wenn der eine als berechtigter Fahrer und Mieter von dem anderen Mieter in Anspruch genommen wird (OLG Hamm 19. 11. 1953 VersR 1954 S. 218; BGHZ 6. 2. 1954 – am gleichen Ort – hat das Armenrecht wegen Aussichtslosigkeit versagt). Haftpflichtansprüche von Repräsentanten des Versicherungsnehmers sind durch Ziffer 3 nicht ausgeschlossen (BGHZ 17. 2. 1955 VersR 1955 S. 180). Bei mitversicherten Personen handelt es sich um solche Personen, die durch den g l e i c h e n Auto-Haftpflichtversicherungsvertrag, durch den der Versicherungsnehmer, der Halter usw. geschützt sind, gegen Haftpflichtschäden gedeckt sind (BGHZ 26. 10. 1956 VersR 1956 S. 799). Etwa gemäß § 16 AKB mitversicherte Personen, die nicht zugleich im Rahmen der Autohaftpflichtversicherung mitversichert sind, fallen nicht unter diese Bestimmung. Hat der Vermieter eines Kraftwagens im eigenen Namen einen Haftpflichtversicherungsvertrag für seinen Selbstfahrervermietwagen geschlossen, so würde zwar der Mieter dieses Wagens, falls er den Wagen selbst fährt oder als Fahrzeughalter anzusehen ist, mitversichert sein (§ 10 AKB; BGHZ 29. 10. 1956 Bd. 22 S. 109 [114] = VersR 1956 S. 725; BGHZ Bd. 26 S. 282 VersR 1958 S. 158, 160 = NJW 1958 S. 548). Haftpflichtansprüche des Vermieters (Versicherungsnehmers) gegen den mitversicherten Mieter wären dagegen gemäß § 11 Ziffer 3 AKB von der Versicherung ausgeschlossen, nicht dagegen Ansprüche mitversicherter Personen gegen den Versicherungsnehmer oder gegeneinander oder nicht versicherter Personen gegen eine mitversicherte Person (BGHZ Bd. 22 S. 109 (114) = VersR 1956 S. 725 m. Anm. Prölss in VersR 1957 S. 124; BGHZ Bd. 26 S. 282, s. o.; Bd. 30 S. 40 = VersR 1959 S. 500 = NJW 1959 S. 1221). Vgl. § 3 Ziff. 1 AKB, worin unter den sinngemäß für mitversicherte Personen geltenden Bestimmungen für den Versicherungsnehmer § 11 Ziff. 3 AKB nicht aufgeführt ist (s. a. Prölss § 11 AKB Anm. 2).

Liegt einem Selbstfahrermietvertrag eine Klausel zu Grunde, wonach der Mieter eine „Versicherungsgebühr für Haftpflicht und Kasko" zahlt, wie dies in dieser oder ähnlicher Form allgemein üblich ist (Breucker ZfV 1953 S. 143; Möller DAR 1953 S. 108), dann liegt hierin eine vertragliche Haftungsbeschränkung zu Gunsten des Mieters, eine Abgeltung des Ersatzanspruches gegen ihn. Dieser wird so gestellt, wie wenn er selbst die Versicherung für einen ihm gehörenden Wagen geschlossen hätte (BGHZ Bd. 22 S. 109 (112), s. o.; BGHZ Bd. 26 S. 282, s. o.). Das gleiche gilt, wenn eine Firma einem selbständigen Handelsvertreter einen Kraftwagen zur Benutzung überläßt und dieser neben Treibstoff und Öl auch die Kaskoversicherungsprämie, die die Firma ihm aufgebürdet hat, trägt (OLG Nürnberg 1. 7. 1958 VersR 1958 S. 857, 858). Liegt eine solche Klausel nicht vor, dann würde es zu weit führen, wollte man den Vermieter — oder Verleiher — des Kraftfahrzeugs für verpflichtet halten, eine den Mieter als Selbstfahrer schützende Kasko- oder Haftpflichtversicherung zu schließen (ebenso OLG München 30. 4. 1957 VersR 1958 S. 149 in einem Kaskoversicherungsfall. BGHZ Bd. 26 S. 282 läßt die Frage — für Haftpflicht — offen). Auf die Haftungsbeschränkung kann sich der Mieter jedoch im Falle einer Fahrzeugversicherung nicht berufen, wenn er den Schaden vorsätzlich oder grob fahrlässig verursacht hat (BGHZ Bd. 22 S. 109, s. o.). Gleiches gilt, wenn sich der Mieter in einem solchen Falle auf die Erklärung des Vermieters im Mietvertrag beruft, es bestehe Kaskoversicherungsschutz (OLG München 1. 4. 1958 VersR 1959 S. 74). Ein beschränkter Haftungsausschluß, wie dargestellt, kann im Falle einer Kaskoversicherung beim Fehlen eines näheren Anhaltspunktes nicht ohne weiteres als stillschweigend vereinbart angesehen werden (BGHZ Bd. 30 S. 40 = VersR 1959 S. 500, 502 = NJW 1959 S. 1221). Wie weit der Fahrer haftet, dem der Mieter des Mietwagens die Führung des Kraftwagens überlassen hat, hängt von den zwischen ihnen bestehenden Rechtsbeziehungen ab, insbesondere davon, ob die vertragliche Beschränkung zwischen Vermieter und Mieter des Wagens auch auf den Fahrer ausgedehnt werden sollte, wobei eine Haftung für Vorsatz und grobe Fahrlässigkeit unberührt bliebe (BGHZ Bd. 22 S. 109, s. o.).

Vgl. zur Ausschlußklausel des § 11 Ziff. 3 AKB auch Kramer VW 1953 S. 300 und Breucker S. 452.

4. Ziff. 4. **Verwandtenklausel.** Haftpflichtansprüche aus Schadenfällen von Angehörigen des Versicherungsnehmers, denen der Versicherungsnehmer zur Zeit des Unfalles, nicht erst infolge des Unfalles, tatsächlich Unterhalt gewährt, und zwar infolge gesetzlicher Pflicht, nicht lediglich aus Gründen einer moralischen Verpflichtung. Betroffen werden Ansprüche sowohl gegen den Versicherungsnehmer als auch gegen den Mitversicherten (OLG Neustadt 19. 12. 1958 VersR 1959 S. 885). Die Voraussetzungen des § 11 Ziff. 4 müssen bei Eintritt des Versicherungsfalls gegeben sein. Eine gesetzliche Unterhaltspflicht besteht nach den § 1360, 1601 ff. BGB hinsichtlich der Ehefrau und Verwandten in gerader Linie (Eltern, Großeltern, Kinder, Enkel). Hiernach besteht im Gegensatz zu der vor der Ein-

führung der AKB geltenden Regelung ein Versicherungsschutz gegen Haftpflichtansprüche etwa von Schwiegereltern, Schwiegerkindern, Geschwistern sowie deren Ehegatten und Abkömmlingen. Uneheliche Kinder gehören zu den Angehörigen i. S. des § 11 Ziff. 4. Ihre Ansprüche sind von der Versicherung ausgeschlossen, wenn die sonstigen Voraussetzungen gegeben sind (OLG Bamberg Beschl. 24. 2. 1959 VersR 1959 S. 442). Ob die gesetzliche Unterhaltspflicht in einer Vereinbarung, einem Urteil oder sonstwie allgemein oder im einzelnen festgesetzt ist, ist ohne Bedeutung. Die tatsächliche Unterhaltsgewährung schließt Versicherungsansprüche des Angehörigen nur dann aus, wenn sie auf einer gesetzlichen Verpflichtung beruht. Dies ist z. B. nicht der Fall, wenn etwa der Vater dem Sohne (Meistersohn) auf Grund eines familienrechtlichen Dienstleistungsverhältnisses im Sinne von § 1617 BGB den Unterhalt gewährt und somit die Voraussetzung der gesetzlichen Unterhaltspflicht aus § 1602 BGB, daß der Sohn außer Stande ist, sich selbst zu erhalten, nicht vorliegt (BGHZ 25. 4. 1955 VersR 1955 S. 340 ff.).

5. Für die Frage der gesetzlichen Unterhaltspflicht und der **Unterhaltsgewährung von Eheleuten** untereinander ist § 1360 in der Fassung des Gleichberechtigungsgesetzes vom 18. 6. 1957 – BGBl. I S. 609 – heranzuziehen. Eine gesetzliche Unterhaltspflicht trifft hiernach jeden Ehegatten mit Bezug auf den anderen. Sie sind verpflichtet, sich und den anderen und gemeinsam die Kinder zu unterhalten. Ob unter diesem Gesichtspunkt der aus einem Verkehrsunfall der Eheleute geltend gemachte Anspruch der Ehefrau gegen ihren Ehemann, der Versicherungsnehmer, Halter und Fahrer zugleich sein soll, unter die Ausschlußbestimmung des § 11 Ziff. 4 fällt, hängt von dem Sinn und Zweck dieser Bestimmung ab. Sie ist entstanden, als die Gleichberechtigung von Mann und Frau gesetzlich noch nicht bestand. Sie hatte aber schon damals das Ziel, nicht Ansprüche von Angehörigen, die der Versicherungsnehmer auf Grund gesetzlicher Verpflichtungen und tatsächlicher Handhabung sowieso zu erfüllen hatte, auf dem Umweg über die Haftpflichtversicherung dem Versicherungsnehmer abzunehmen und der Gemeinschaft der Versicherten aufzuerlegen. Es sollte z. B. nicht der Anspruch des unterhaltsberechtigten Kindes auf Übernahme der Kosten einer ärztlichen Behandlung (aus Anlaß des Unfalles) oder auf Ersatz von beschädigter Kleidung durch den Versicherer befriedigt und der Vater dadurch von einer ihm gesetzlich auferlegten Verpflichtung, der Unterhaltspflicht, befreit werden. Der Anspruch des Kindes auf Unterhalt gegen den Vater sollte nicht zu einem Haftpflichtanspruch eines Dritten werden. Wenn daher nach § 1360 BGB in seiner neuen Fassung Mann und Frau verpflichtet sind, sich selbst und den anderen zu unterhalten, dann behält § 11

Ziff. 4 AKB auch unter der neuen Regelung der Unterhaltsverpflichtung der Ehegatten seine Bedeutung in dem Sinne, daß die Pflicht des einen Ehegatten zum Unterhalt des anderen und umgekehrt nicht auf dem Umwege über die Autohaftpflichtversicherung auf den Haftpflichtversicherer abgewälzt werden soll. Da bei Ehegatten, wie sich schon aus der Formulierung des § 1360 BGB n. F. ergibt, Unterhaltspflicht und Unterhaltsgewährung im Normalfall stets im Sinne eines Gebens und Nehmens zu verstehen sind, ist auch die in Ziff. 4 geforderte Voraussetzung der tatsächlichen Unterhaltsgewährung stets gegeben, sei es durch Haushaltsführung, durch Erwerbstätigkeit oder beides. Eine Trennung zwischen ehelichem Aufwand und Unterhalt, ein Verrechnen und Anrechnen der von den Ehegatten aufgewendeten Leistungen und Zuschüsse mit dem Ergebnis, daß der Ehegatte, dessen Leistungen zur Deckung seines Gesamtbedarfs ausreichen, seinen Unterhalt selbst trägt (so OLG Bremen 5. 2. 1958 VersR 1958 S. 213 m. Anm. Stelzer in VersR 1959 S. 282), wird der Neuregelung des § 1360 BGB im Sinne der Gleichberechtigung nicht gerecht. Durch den Gleichberechtigungsgrundsatz für Mann und Frau hat § 11 Ziff. 4 AKB seine Bedeutung nicht nur behalten, sondern sogar gegen früher ausgeweitet, wenn man etwa an den Fall denkt, daß Ansprüche des verletzten Ehemannes gegen die Ehefrau als Versicherungsnehmerin und Fahrerin von der Versicherung ausgeschlossen sind, gleich ob der Ehemann sich selbst zu unterhalten imstande ist oder nicht.

Im Ergebnis wie hier LG Köln 21. 3. 1956 VersR 1956 S. 285 f.; Clauss, Anm. zu OLG Bremen in VersR 1959 S. 414; s. a. Fleischmann VersR 1952 S. 380; a. M. OLG Bremen 5. 2. 1958 VersR 1958 S. 213, s. o.; OLG Neustadt 7. 2. 1958 VersR 1958 S. 438; LG Aachen 10. 7. 1959 VersR 1959 S. 799, 801 m. Anm. Ruhkopf a. a. O. S. 917; Stiefel-Wussow, § 11 Anm. 9. Siehe auch Ruhkopf VW 1959 S. 207 und OLG Oldenburg Beschl. 28. 4. 1953 NJW 1953 S. 909. Die von Stiefel-Wussow a. a. O. angeführte Entscheidung BGHZ 14. 12. 1956 VersR 1957 S. 128, 129, 227 dürfte der hier vertretenen Auffassung nicht entgegenstehen.

Im Gegensatz zu der vor Einführung der AKB geltenden Regelung ist ohne Bedeutung, ob die Angehörigen, deren Ansprüche vom Versicherungsschutz ausgeschlossen sind, sich im Kraftwagen befunden haben oder nicht, so daß ein Anspruch der vom Versicherungsnehmer unterhaltenen Mutter auch dann vom Versicherungsschutz ausgeschlossen ist, wenn sie vom Kraftwagen des Versicherungsnehmers überfahren wird.

6. **Wann** eine **tatsächliche Unterhaltsgewährung** vorliegt, hängt von den Umständen des Einzelfalles ab. OLG Karlsruhe Beschl. vom 13. 12. 1956 VersR 1958 S. 257 nimmt an, daß die Unterhaltsgewährung durch

eine Mutter bereits in der Form der Pflege und Betreuung des Kindes liegen könne. Dies dürfte mindestens dann zutreffen, wenn die Mutter durch Erwerbstätigkeit zur gemeinsamen Unterhaltspflicht der Eltern gemäß den §§ 1601, 1602 BGB beiträgt. Daß der Unterhalt stets in Geld erfolgen müsse, wenn Ziff. 4 zur Anwendung kommen soll (so Stiefel-Wussow, § 11 Anm. 9), trifft nicht zu. Der Bezug und die Weitergabe von Kindergeld bedeutet noch nicht Unterhaltsgewährung (Österr. ObGH 9. 2. 1960 VersR 1960 S. 502 gegen Wahle i. d. Anm. dazu a. a. O.). Es kommt darauf an, daß die Leistungen des Unterhaltsverpflichteten nach allgemeiner Anschauung auch in ihrem Umfang als – vollständige oder nahezu vollständige – Unterhaltsgewährung anzusehen sind. Teilweise Gewährung kann nicht als ausreichend für die Anwendung des § 11 Ziff. 4 angesehen werden (a. M. Wahle a. a. O. – Stiefel-Wussow, § 11 Anm. 9, Thees-Hagemann, 2. Aufl., § 11 AKB Anm. 4 nehmen zu dieser Frage keine oder nur am Rande Stellung). Daß ein geschädigter Angehöriger, der sich seiner Unterhaltspflicht böswillig entzieht, seinen Anspruch behält, ist eine bedauerliche Folge der hier fraglichen Regelung (vgl. Fleischmann VersR 1952 S. 380).

Unterhalten sich die Kinder, die Ehefrau etwa bei getrennt lebenden Ehegatten oder sonstige Angehörige selbst, beziehen sie also ihren Unterhalt zur Zeit des Unfalles nicht vom Versicherungsnehmer, so gewährt der Versicherer Haftpflichtversicherungsschutz auch gegen Ansprüche dieser Angehörigen.

7. Was vom Versicherungsnehmer gesagt ist, gilt nach § 3 Abs. 1 AKB entsprechend für den Versicherten, **Mitversicherten** und sonstige Personen, die Ansprüche aus dem Versicherungsvertrag geltend machen.

Dies bedeutet u. a., daß Ansprüche der Angehörigen von Mitversicherten gegen diese, wenn diese ihnen auf Grund gesetzlicher Verpflichtung zur Zeit des Unfalles Unterhalt gewährt haben, von der Versicherung ausgeschlossen sind (vgl. Beschl. OLG Karlsruhe 13. 12. 1956 VersR 1958 S. 257: Kein Anspruch der Kinder gegen ihre als Fahrerin mitversicherte Mutter). Dagegen sind durch § 11 Ziff. 4 i. V. m. § 3 Abs. 1 AKB Ansprüche von mitversicherten Personen und ebenso von Angehörigen eines Mitversicherten gegen den Versicherungsnehmer vom Versicherungsschutz nicht ausgeschlossen (wie hier Prölss § 11 AKB Anm. 3; Thees-Hagemann, 2. Aufl., § 11 AKB Anm. 4; a. M. Stiefel-Wussow § 11 Anm. 8).

In den vor Einführung der AKB maßgeblichen Versicherungsbedingungen waren „Haftpflichtansprüche von Angehörigen" von der Versicherung ausgeschlossen. Nach der jetzigen Fassung „Haftpflichtansprüche aus Schadenfällen von Angehörigen" sind hierunter nicht nur die Haftpflichtansprüche der unmittelbar betroffenen Angehörigen selbst zu verstehen, sondern auch Ansprüche ihrer Erben, ihrer Hinterbliebenen, die Ansprüche aus § 844 BGB erheben (LG Köln 12. 8. 1936 DÖV 1936 S. 535), sowie etwaiger Rechtsnachfolger (Zessionare, Pfändungsgläubiger) und Dritter, die auf dem Gesetz beruhende Ausgleichsansprüche (z. B. aus den §§ 903 RVO, 17, 18 StVG) geltend machen; vgl. RGZ Bd. 160 S. 317 ff. für die frühere Fassung der Bedingungen; OLG Bremen 5. 2. 1958 VersR 1958 S. 213.

Will übrigens der Versicherungsnehmer seine Angehörigen, denen keine Haftpflichtansprüche zustehen, im Falle eines Verkehrsunfalles gleichwohl sichern, so hat er hierzu die Möglichkeit durch Ausdehnung der Kraftfahrzeugversicherung auf die Insassenunfallversicherung (vgl. S. 466).

8. Ziff. 5. Haftpflichtansprüche aus Schadenfällen **gesetzlicher Vertreter von Gesellschaften,** juristischen Personen, geschäftsunfähigen (§ 104 BGB) oder beschränkt geschäftsfähigen Personen (§§ 107, 114 BGB). Hierzu gehören z. B. die geschäftsführenden Gesellschafter von Gesellschaften des Bürgerlichen Rechts, von offenen Handelsgesellschaften, die Vorstände von Aktiengesellschaften und Versicherungsvereinen auf Gegenseitigkeit, von rechtsfähigen Vereinen, die Geschäftsführer von Gesellschaften mit beschränkter Haftung und von Genossenschaften. Ihnen sind ihre Angehörigen im Sinne von Ziffer 4 gleichgestellt. Auch Ansprüche der Hinterbliebenen der gesetzlichen Vertreter usw. und ihrer Angehörigen sind von der Versicherung ausgeschlossen. Die Ansprüche können sich gegen die genannten juristischen oder natürlichen Personen als Versicherungsnehmer oder als Halter richten, aber auch gegen mitversicherte Personen (vgl. hierzu Stiefel-Wussow § 11 Anm. 10). Ferner Kober VW 1953 S. 182.

Nicht unter diese Ziffer fallen Organe der juristischen Personen, Handelsgesellschaften usw., die nicht die gesetzlichen Vertreter sind, wie z. B. Aufsichtsräte, Verwaltungsräte, Prokuristen, Repräsentanten (vgl. hierzu § 11 Ziff. 3, oben S. 425).

Sollen die gesetzlichen Vertreter, denen keine Haftpflichtansprüche zustehen, für den Fall eines Autounfalles gleichwohl gesichert werden, so ist dies durch Abschluß einer Insassenunfallversicherung möglich (vgl. S. 466).

9. Ziff. 6. Haftpflichtansprüche wegen Beschädigung, Zerstörung oder Abhandenkommen von Sachen, die dem Versicherungsnehmer oder seinen Angestellten zur **Beförderung** übergeben oder zur Benutzung überlassen worden sind oder die sich zu anderen Zwecken in ihrem **Gewahrsam** befanden.

Es handelt sich um drei zum Teil ineinander übergehende Tatbestände mit bestimmter Zielsetzung. Zunächst kommen Sachen in Frage, die dem Versicherungsnehmer oder seinen Angestellten zum Zwecke der Beförderung übergeben worden sind. Es muß eine ausdrückliche Übergabe stattfinden. Ein stillschweigendes Abstellen genügt nicht. Unter Ziff. 6 fallen ferner Tatbestände, bei denen dem Versicherungsnehmer oder seinen Angestellten Sachen zur Benutzung überlassen werden (Entleihen einer Dreschmaschine: LG Stade 21. 12. 1955 VersR 1956 S. 345). Die Überlassung kann entgeltlich oder unentgeltlich (Leihe; s. LG Stade) sein. Schließlich sind Haftpflichtansprüche wegen Beschädigung, Zerstörung oder Abhandenkommen von Sachen ausgeschlossen, die sich im Gewahrsam des Versicherungsnehmers oder seiner Angestellten befinden. Gewahrsam ist nicht das gleiche wie Obhut, wie es noch in den Versicherungsbedingungen alter Fassung hieß. „Gewahrsam" ist ein tatsächliches Herrschaftsverhältnis über eine Sache, das die Möglichkeit einer Verfügungsgewalt voraussetzt. Auch der Obhutsbegriff, der übrigens zu vielfachen Streitigkeiten geführt hat, verlangt eine gewisse räumliche Beziehung zur Sache. Sie ist aber nicht so eng wie beim Gewahrsam, erfordert andererseits jedoch das Merkmal der Behütung der Sache im Sinne einer Nichtbeschädigung. Dagegen ist tatsächliche Verfügungsmacht nicht Voraussetzung für den Obhutsbegriff. So betrachtet ist dieser der weitere Begriff.

Mitgewahrsam genügt, wenn er, z. B. beim Abschleppen eines Kraftfahrzeugs, Baggers u. a., von maßgeblicher Bedeutung ist, wie dies beim Abschleppvorgang selbst der Fall ist (vgl OLG Nürnberg 16. 10. 1959 VersR 1959 S. 1038 f.; LG Köln 16. 11. 1951 VersR 1953 S. 387). Auch hier ist ein Wissen und Wollen des Versicherungsnehmers zur Gewahrsamsbegründung erforderlich. Es genügt daher nicht, ein eigenmächtiges und nicht einmal angekündigtes Abstellen des Fahrzeugs auf dem Gelände des Versicherungsnehmers, um ein Gewahrsamsverhältnis des Versicherungsnehmers an dem Fahrzeug zu begründen (OLG Hamm 9. 5. 1955 VersR 1956 S. 124). Der Mieter einer verschließbaren Einzelbox in einer Sammelgarage hat kein Gewahrsam am Tor der Garagenhalle (LG Düsseldorf 25. 4. 1957 VersR 1957 S. 293).

10. Ziff. 7. Haftpflichtansprüche **aus reinen Vermögenschäden,** wenn sie dadurch entstanden sind, daß der Versicherungsnehmer bewußt gesetz- oder vorschriftswidrig gehandelt, sich z. B. betrunken an das Steuer gesetzt hat (vgl. § 2 StVZO; LG Berlin 13. 11. 1951 VersR 1952 S. 93) oder Liefer- und Beförderungsfristen nicht eingehalten hat.

Die Ansprüche können gegen den Versicherungsnehmer oder einen Mitversicherten gerichtet sein. Wegen des Begriffs „Haftpflichtansprüche aus reinen Vermögensschäden" vgl. die Ausführungen zu § 10 S. 416). § 11 Ziff. 7 bezieht sich nur auf die oben erwähnten reinen Vermögensschäden. Es handelt sich hier um eine Sonderregelung, die die Anwendung des § 152 VVG bei vorsätzlicher Herbeiführung eines mittelbar oder unmittelbar auf Personen- oder Sachschäden zurückzuführenden Vermögensschadens unberührt läßt (vgl. BGHZ 27. 10. 1954 VerAfP 1955 S. 74 = VersR 1954 S. 591 = DAR 1955 S. 39; OLG Köln 12. 1. 1960 VersR 1960 S. 410 f.). Vgl. zu dieser Bestimmung noch Stiefel-Wussow § 11 Anm. 14, zu § 152 VVG S. 251.

3. Besondere Bestimmungen für die Kraftfahrzeugversicherung

Die Versicherung des Kraftwagens als Sachkörpers wird in den neuen Bedingungen als Fahrzeugversicherung bzw. Kraftfahrzeugversicherung bezeichnet, während man im Falle der Zusammenfassung mehrerer Versicherungszweige von „Kraftfahrversicherung" spricht. Damit ist der Begriff Autokaskoversicherung für die Fahrzeugversicherung entbehrlich geworden.

Die Kraftfahrzeugversicherung wurde ursprünglich überwiegend als Transportversicherung und damit als nicht aufsichtspflichtig angesehen. Das Reichsaufsichtsamt für Privatversicherung hat dagegen von jeher die Fahrzeugversicherung als eine selbständige Art der Sachschadenversicherung angesehen und ihre Beaufsichtigung in Anspruch genommen, da für die Fahrzeugversicherung die für die Aufsichtsfreiheit der Transportversicherung maßgebenden Gesichtspunkte keine Gültigkeit besitzen (vgl. z. B. schon VerAfP 1908 S. 154 ff.). Gleichwohl wurde die Aufsicht über die Fahrzeugversicherung aus Gründen, die hier unerörtert bleiben können, erst vom Jahre 1931 ab ausgeübt, nachdem durch das Änderungsgesetz zum Versicherungsaufsichtsgesetz vom 30. März 1931 (RGBl. I S. 102) § 148 VAG durch einen neuen Absatz 2 dahin ergänzt wurde, daß die Kraftfahrversicherung nicht als Transportversicherung anzusehen sei.

Die §§ 12–15 umfassen die Fahrzeugversicherung. Auf sie finden als Schadenversicherung hilfsweise die §§ 49–80 VVG Anwendung, u. a. also § 61 VVG über Leistungsfreiheit des Versicherers bei vorsätzlicher oder grobfahrlässiger Herbeiführung des Versicherungsfalles durch den Versicherungsnehmer sowie die §§ 74 ff. VVG über die Versicherung für fremde Rechnung. Diese kann vorliegen, wenn der Versicherungsnehmer (etwa ein Beamter, ein Handelsvertreter) das im Eigentum eines anderen (etwa einer Behörde, einer Firma) stehende Fahrzeug gegen Kaskoschäden versichert. Mitversicherte wie in der Haftpflichtversicherung der Halter und Fahrer kommen hier nicht in Frage.

Im einzelnen regelt § 12 den Umfang der Fahrzeugversicherung, § 13 die Ersatzleistung, § 14 das Sachverständigenverfahren und § 15 die Entschädigungszahlung.

§ 12. Umfang des Versicherungsschutzes

1. § 12 unterscheidet zwischen der **Teil- und** der **Vollversicherung.** Ersetzt werden die Beschädigung, die (darüber hinausgehende) Zerstörung sowie der Verlust (das Abhandenkommen) des Kraftfahrzeugs und (oder) seiner Teile.

Besteht der entstandene Schaden nicht in einer Beschädigung, Zerstörung oder in dem Verlust des Fahrzeuges, so wird er nicht ersetzt. Nicht ersetzt wird daher u. a. verloren gegangener Treibstoff durch Entleerung des Tanks und dgl. (vgl. auch § 13 Abs. 4).

Die angeführten Schadenfolgen begründen aber nicht schon für sich allein die Ersatzpflicht des Versicherers, vielmehr müssen diese Schadenfolgen durch bestimmte Ereignisse bzw. Gefahren herbeigeführt worden sein (vgl. OLG München 15. 6. 1959 VersR 1959 S. 944, 945). Die Ereignisse sind in § 12 I a—c und II d—e aufgeführt (im wesentlichen Brand, Entwendung, Elementarereignisse bei der Teilversicherung und dazu ferner Unfall und mutwillige Handlung Betriebsfremder bei der Vollversicherung). Die angeführten Ereignisse sind unabhängig voneinander. Es braucht jeweils immer nur der eine oder andere Tatbestand gegeben zu sein (OLG Hamburg 7. 12. 1955 VersR 1956 S. 42). Der Versicherungsschutz erstreckt sich auf die unmittelbaren Sachschäden, d. h. auf die Schäden an der Sachsubstanz des Fahrzeugs, nicht auf Sachfolgeschäden wie Regulierungskosten, Rettungskosten, Nutzungsschäden und ähnliches (BGHZ 30. 9. 1957 VersR 1958 S. 13, 14 = NJW 1958 S. 180). Rettungskosten zur Verminderung eines Schadens sind nicht nach § 12 AKB, sondern nach § 62 VVG erstattungsfähig (vgl. auch Stiefel-Wussow § 13 Anm. 11 a. E.).

Die in den §§ 12 ff. AKB geregelte Fahrzeugversicherung gewährt dem Eigentümer Deckungsschutz auch dann, wenn der Fahrer das Fahrzeug beschädigt (BGHZ Bd. 30 S. 40 = VersR 1959 S. 500 = NJW 1959 S. 1221 = BB 1959 S. 579). Dagegen ist der Versicherungsschutz nicht auf den „berechtigten Fahrer" als Mitversicherten ausgedehnt, wie dies in § 10 AKB der Fall ist, der sich ausschließlich auf die Haftpflichtversicherung bezieht (BGHZ Bd. 22 S. 109 = VersR 1956 S. 725, 726 mit Anm. Prölss VersR 1957 S. 124 = NJW 1956 S. 1915; Bd. 30 S. 40, s. o.; OLG Nürnberg 1. 7. 1958 VersR 1958 S. 857, 858). Denn die Fahrzeug(Kasko-)Versicherung des Kraftwagens deckt nur das Interesse des Eigentümers (Verfügungsberechtigten) an dem Sachwert des Kraftfahrzeugs. Etwa aus der Schadenregelung für den Kraftwagen auf den Kaskoversicherer übergegangene Ersatzansprüche kann dieser gegen den berechtigten Fahrer gemäß § 67 VVG geltend machen (BGHZ Bd. 30 S. 40; s. o.). Vgl. hierzu ferner § 13 AKB Anm. 8 und § 149 Anm. 4, S. 248, insbes. zur Frage der „gefahrengeneigten Arbeit".

Hinsichtlich der Schadendeckung bei Anhängern und geschleppten Kraftfahrzeugen vgl. die Ausführungen zu S. 439.

2. Was als **„Teil" des Kraftfahrzeuges** anzusehen ist, bestimmt sich nach der Verkehrsanschauung. Auszugehen ist von einem Fahrzeug normaler und durchschnittlicher Bauart und Ausstattung. Mit dieser Begrenzung sind nicht nur die Bestandteile, sondern auch Zubehör- und Ersatzteile mitversichert, auch soweit sie nicht zur serienmäßigen Ausstattung gehören. Hiermit stimmt die Grundregel 11 des Einheitstarifs 1960 (vgl. S. 142) überein. Ein Prämienzuschlag kommt nur für Fahrzeuge von überdurchschnittlichem Wert und für Fahrzeuge mit Spezialkarosserien oder ungewöhnlicher Sonderausstattung in Frage (Tank-, Thermos-, Möbelwagen, Arbeitsmaschinen u. a.).

Zu den Teilen gehören hiernach z. B. der Motor, Werkzeug, Wagenheber, Reserverad, Lichthupe, Schonbezüge, Sanitätskasten, Radio, Plane und Plangestell (vgl. LG Berlin 11. 2. 1954 VersR 1954 S. 171), Tachograf, Nummernschild (vgl. VW 1952 S. 138 f.); aber auch Teile, die der Schadenverhütung oder der Minderung eines eingetretenen Schadens dienen, wie etwa Diebstahlssicherungen, Schneeketten, Feuerlöscher, Kühlerhaube oder -jalousie. Nicht mitversichert sind Treibstoff, Zusatztanks, Reservekanister, Faltgarage u. ä. Vgl. auch die Aufstellung von Stelzer VW 1960 S. 154. -- Nicht als „Teil" eines Kraftfahrzeugs ist ein auswechselbarer Aufsatzkasten (Auflieger) anzusehen. Er ist wie ein Anhänger zu behandeln (vgl. OLG München 3. 6. 1960 VersR 1960 S. 652; ferner Grundregel 8 (1 bis 3) u. hier S. 204).

Die vorstehend erwähnten Teile sind versichert, wenn sie unter Verschluß verwahrt oder am Auto befestigt sind. Sie sind **unter Verschluß verwahrt,** wenn man ohne Gewaltanwendung nicht an sie herankommt. Der Verschluß muß so beschaffen sein, daß sein Öffnen den Tatbestand des Einbruchdiebstahls erfüllt. Es genügt, wenn die Wagentüren mit den serienmäßig gelieferten Schlössern gesichert werden. Ein etwaiges Schiebedach oder Verdeck muß geschlossen sein. Kofferraum und Motorhaube gelten als „verschlossen", wenn sie, ohne daß ein eigenes Schloß vorhanden ist, vom Wageninnern aus verriegelt sind, sofern nur der Wagen selbst verschlossen ist. Nicht erforderlich ist, daß die Teile im Kraftfahrzeug selbst unter Verschluß gehalten werden. Sie können dort (wie etwa ein Feuerlöcher) unverschlossen liegen, wenn nur die Wagentüren verschlossen sind. Unter dieser Voraussetzung können sie, auch in einem Behälter (wie etwa Werkzeug) aufbewahrt sein, der offen oder verschlossen sein kann. Wird der Behälter gestohlen, besteht auch insoweit Versicherungsschutz (a. M. Stiefel-Wussow § 12 Anm. 6), da das Werkzeug und der Behälter im verschlossenen Wagen gewesen sind und im übrigen einfacher Diebstahl (s. u. Anm. 4) genügt. Die Teile brauchen sich nicht im Fahrzeug selbst zu befinden, sie können auch anderweitig, etwa in der Garage oder Werkstatt, unter Verschluß gehalten werden. Hier sind auch ausgebaute Teile des versicherten Kraftfahrzeugs gedeckt, nicht dagegen ein ausgebauter Motor, an dessen Stelle im Kraftfahrzeug ein Austauschmotor getreten ist. Die fraglichen Teile müssen bei Eintritt des Schadenfalles unter Verschluß sein. Löst sich der Verschluß ohne Wissen und Willen der aufsichtspflichtigen Person und tritt dann der Versicherungsfall ein, bevor sie davon Kenntnis erhielt oder bevor ihre Bemühungen um Wiederverschließung zum Erfolg führen, so dauert der Versicherungsschutz fort (KG 7. 7. 1952 in VersR 1952 S. 282; a. M. Stiefel-Wussow § 12 Anm. 6).

Am Kraftfahrzeug befestigte Teile können mit Schrauben, Haltern oder in ähnlich stabiler Weise befestigt sein. Eine Befestigung außerhalb des Fahrzeugs genügt nicht. Löst sich die Befestigung, so dauert der Versicherungsschutz fort, bis die beaufsichtigenden Personen es bemerken und die Befestigung nicht wiederherstellen oder nicht wiederherstellen können (KG a. a. O.; Stiefel-Wussow § 12 Anm. 7, im Gegensatz zu seiner Auffassung hinsichtlich der Verwahrung unter Verschluß).

3. I. **Die Teilversicherung** deckt Schäden der auf S. 433 erwähnten **Art** nur bei Verursachung durch b e s t i m m t e Gefahren, nämlich

a) **Durch Brand oder Explosion** (Abs. 1 I a)

Da die AKB keine Begriffsbestimmung des Brandes geben, ist auf die Allgemeinen Feuerversicherungsbedingungen zurückzugreifen. Nach § 1 Abs. 2 Satz 1 dort gilt als **Brand** „ein Feuer, das ohne einen bestimmungsmäßigen Herd entstanden ist oder ihn verlassen hat und sich aus eigener Kraft auszubreiten vermag (Schadenfeuer)". Der Brand kann im Fahrzeug entstehen (Vergaserbrand, Kurzschluß) oder außerhalb und auf das Fahrzeug übergreifen. Schmorschäden (Kabelbrände) und Sengschäden (Polster) werden nicht ersetzt. Die Voraussetzung der Ausbreitung aus eigener Kraft ist nicht gegeben. Entwickeln sich dagegen helle Flammen, so liegt ein Brand vor. Auch das Durchbrennen von Zündkerzen, das Heißlaufen von Lagern u. a. ist in der Regel kein „Brand". Der Brand kann auch auf Anstiftung beruhen, wobei es belanglos ist, ob der Brandstifter eine betriebszugehörige oder betriebsfremde Person gewesen ist (OLG Hamburg 7. 12. 1955 VersR 1956 S. 42). Über den Begriff der **Explosion,** der ebenfalls aus der Feuerversicherung zu übernehmen ist, vgl. Prölss § 82 VVG Anm. 3. Abnutzungsschäden durch die normalen Treibstoffexplosionen innerhalb des Zylinders sind keine Explosionsschäden im Sinne des (1) I a.

4. b) **Durch Entwendung, Diebstahl usw.** (Abs. 1 I b)
Im einzelnen handelt es sich um folgende Tatbestände: Entwendung (insbes. Diebstahl, unbefugten Gebrauch durch betriebsfremde Personen, Raub, Unterschlagung. Es müssen die Tatbestandsmerkmale des Strafgesetzbuches vorliegen, d. h. der §§ 242, 243, 246, 248 b 249, 250 (vgl. RGZ Bd. 114 S. 347; KG 10. 4. 1952 VersR 1952 S. 175; OLG Düsseldorf 15. 11. 1955 VersR 1956 S. 587; Bruck-Möller Einl. Anm. 57). Dagegen ist die Strafbarkeit des Täters nicht Voraussetzung für die Ersatzpflicht des Versicherers; Versicherungsschutz bestände auch, wenn der Täter durch persönliche Strafausschließungsgründe vor einer Strafe geschützt wäre.

Gedeckt sind der Kraftwagen selbst und seine Teile, im Falle einer Entwendung nicht nur das Fahrzeug selbst, sondern auch bei dieser Gelegenheit eingetretene Schäden durch Beschädigung oder Zerstörung. Der Versicherer haftet ferner für Schäden am Kraftfahrzeug, die ein Dieb bei einem Diebstahl des nicht versicherten Inhalts des Kraftwagens vorgenommen hat, z. B. durch Aufschneiden des Verdecks (LG Bonn 30. 5. 1952 VersR 1952 S. 276; AG Düsseldorf 17. 6. 1955 VerBAV 1956 S. 49 f.; a. M. Prölss § 12 AKB Anm. 7). Unfallschäden des Fahrzeugs auf einer Fahrt n a c h der Entwendung sind nicht Schäden durch die Entwendung und fallen daher nicht unter § 12 (OLG München 15. 6. 1959 VersR 1959 S. 944 f.). Ist der Diebstahl durch grobe Fahrlässigkeit des Versicherungsnehmers herbeigeführt worden, so entfällt die Haftung des Versicherers gemäß § 61 VVG (vgl. u. Anm. 13).

5. Die **Gebrauchsanmaßung** (furtum usus) durch Betriebsfremde ist erst durch die AKB unter Versicherungsschutz gelangt. Beim Gebrauchsdiebstahl nach § 248 b StGB gelten als betriebsfremde Personen Dritte, die außerhalb des Betriebes des Fahrzeuges stehen und keinerlei Berechtigung oder Befugnis haben, es zu benutzen. Es sind Personen, die ohne Wissen und Willen des Halters sich am Wagen zu schaffen machen (Schwarzfahrer, § 7 StVG; Erwachsene oder Minderjährige ohne die Absicht einer Benutzung oder eines Ansichbringens des Wagens). Wer dagegen mit Willen des Versicherungsnehmers die Möglichkeit hat, auf das Fahrzeug einzuwirken, oder beauftragt ist, es zu betreuen oder wer sonstwie befugt ist oder als befugt gelten kann, gehört nicht zu den betriebsfremden Personen (z. B. der Fahrer; Angestellte, die die Möglichkeit des Zutritts zum Wagen haben; der Wagenwäscher; die Hausangestellte; die Ehefrau; die Kinder; der Abzahlungskäufer: OLG Hamburg 22. 3. 1933 VerAfP 1933 Nr. 2557 = JRPV 1933 S. 142).

6. Eine **Unterschlagung** liegt nach § 246 StGB vor, wenn jemand eine fremde bewegliche Sache, die er in Besitz oder Gewahrsam hat,

sich rechtswidrig zueignet. Die Unterschlagung jedoch durch denjenigen, an den der Versicherungsnehmer das Fahrzeug unter Eigentumsvorbehalt veräußert hat, oder durch denjenigen, dem es zum Gebrauch (Mietwagen) oder zur Veräußerung (Gebrauchtwagenhändler als Kommissionär) überlassen wurde, ist kraft ausdrücklicher Bestimmung des Abs. 1 I b Satz 2 von der Versicherung ausgeschlossen. Eine Ersatzpflicht wegen Unterschlagung ist daher selten. Sie ist z. B. gegeben, wenn ein zum Gebrauch Berechtigter ohne oder gegen den Willen des Versicherungsnehmers den Wagen einem Dritten übergibt und dieser ihn unterschlägt. Für Schäden, die während der Dauer der Unterschlagung eintreten, haftet der Versicherer nicht (LG Kassel 14. 2. 1957 VersR 1957 S. 294 m. zustimmender Anm. v. Venzmer a. a. O. S. 387; LG Mannheim 3. 10. 1955 VerBAV 1956 S. 49 = VersR 1957 S. 368). Beschlagnahmen und sonstige Verfügungen von hoher Hand erfüllen nicht den Tatbestand der Entwendung, führen daher auch nicht zu einer Ersatzpflicht (§ 2 Abs. 3 a AKB), da sie keine unbefugte Wegnahme darstellen. Auch die Beschlagnahme durch einen fremden Staat ist in diesem Sinne eine Verfügung von hoher Hand (vgl. RGZ vom 31. 3. 1916 in VerAfP 1916 Nr. 945).

Strafrechtliche Vermögensdelikte, die nicht unter den Begriff „Entwendung" fallen, z. B. Betrug, begründen keine Ersatzpflicht nach Abs. 1 I b) (RGZ 23. 10. 1931 VerAfP 1931 Nr. 2352 = JRPV 1931 S. 349 = JW 1932 S. 2521; KG 10. 4. 1952 VersR 1952 S. 175).

7. c) **Durch unmittelbare Einwirkung von Sturm, Hagel Blitzschlag, Überschwemmung.**

Diese Bestimmung ist im Zusammenhang mit der VO PR Nr. 15/59 v. 19. 12. 1959 (vgl. S. 116) neu in die AKB aufgenommen worden. Durch diese Regelung wird klargestellt, daß durch die genannten Naturgewalten entstehende Fahrzeugschäden, deren Ersatz bisher vielfach zweifelhaft gewesen ist, in Zukunft zu decken sind.

Der Blitzschlag braucht keinen Brand verursacht zu haben, sog. „kalter Schlag" genügt. Im Falle der Überschwemmung muß ein stehendes oder fließendes Wasser auf das umliegende Gelände über die Ufer getreten sein (vgl. BGHZ VersR 1951 S. 79 = LM Nr. 1 zu § 4 A Haftpflicht VB; OLG Düsseldorf 28. 7. 1959 VersR 1959 S. 822, 824).

Die das Fahrzeug gegen unmittelbare Elementarschäden schützende Versicherung schließt auch solche Schäden ein, die dadurch verursacht werden, daß durch die erwähnten Naturgewalten Gegenstände auf das Fahrzeug oder gegen das Fahrzeug geworfen werden, etwa Steine, entwurzelte Bäume und dgl. (I c Satz 2). Nicht ersetzt werden Schäden, die auf ein durch die erwähnten Naturgewalten veranlaßtes Verhalten des Fahrers zurückzuführen sind (I c Satz 3), wie etwa eine durch scharfes Bremsen entstehende Beschädigung des Fahrzeugs.

8. II. Die **Vollversicherung** deckt die gleichen Gefahren für das Kraftfahrzeug und seine Teile, die durch die Teilversicherung gedeckt sind. Dies sind Brand und Explosion, Entwendung, unbefugter Gebrauch, Raub und Unterschlagung sowie Einwirkung durch Naturereignisse. Darüber hinaus ist der Versicherungsnehmer in der Vollversicherung noch geschützt, wenn die auf S. 433 erwähnten Schäden durch folgende Gefahren verursacht werden:

9. d) **Durch Unfall** (Abs. 1 II d)

Der Unfallbegriff in § 12 AKB ist nicht völlig übereinstimmend mit der Begriffsbestimmung in § 17 AKB (s. dort). § 12 fordert ein Ereignis, das unmittelbar von außen her plötzlich mit mechanischer Gewalt einwirkt. Mechanische Gewalt bedeutet, daß die Einwirkung mit den Gesetzen der Mechanik, namentlich mit der Lehre von der Bewegung und dem Gleichgewicht der Körper, zu erklären ist (BGHZ 6. 2. 1954 VersR 1954 S. 113 = NJW 1954 S. 596). Ausgeschlossen sind also Schäden, die durch Einwirkung chemischer oder elektrischer Energie entstehen, z. B. Lackschäden durch Seewasserspritzer auf Küstenstraßen, Blitzschäden (sofern sie nicht gleichzeitig Brandschäden sind). Ein bestimmtes Größenverhältnis zwischen der mechanischen Gewalt und dem verursachten Schaden wird nicht verlangt. Die Ersatzpflicht besteht auch dann, wenn die mechanische Gewalt sehr klein, der Schaden dagegen sehr groß ist.

Die mechanische Gewalt muß **von außen her** kommen. Das ist der Fall, wenn das Schadenereignis nicht auf einem Betriebsschaden beruht, der durch einen inneren Betriebsvorgang hervorgerufen wird; dagegen kann der Schaden selbst in einer Betriebsstörung bestehen (BGHZ 6. 2. 1954 a. a. O.). Maschinenschäden infolge von Bedienungsfehlern sind grundsätzlich nicht ersatzfähig, da dann die mechanische Gewalt nicht von außen kommt, sondern im Fahrzeug selbst erzeugt wird, das eigentliche Schadenereignis also ein innerbetrieblicher Vorgang ist (vgl. KG 24. 10. 1928 JRPV 1929 S. 18; OLG Königsberg 24. 1. 1930 in JRPV 1930 S. 357 = Praxis 1930 S. 31). Fährt der Wagen aber infolge eines Bedienungsfehlers oder eines inneren Betriebsvorganges auf ein Hindernis auf oder stürzt er um, so ist der dabei entstehende Schaden ein ersatzpflichtiger Unfallschaden (OLG Stuttgart 20. 7. 1954 MDR 1955 S. 235 = VersR 1955 S. 273; LG Essen 26. 9. 1957 VersR 1957 S. 817; Stiefel-Wussow § 12 Anm. 14). Ein von außen einwirkendes Ereignis liegt ferner vor, wenn Fremdkörper durch irgendeinen Umstand von außen in den Motor dringen und hier mit inneren Teilen des Motors mit mechanischer Gewalt in Berührung kommen (BGHZ 6. 2. 1954 VersR 1954 S. 113; OLG Naumburg 1. 11. 1940 RdK 1941 S. 127; OLG Hamm 1. 12. 1952 VersR 1956 S. 537, 538) oder wenn der Wagen infolge schlechter Straßenbeschaffenheit ins

Schleudern gerät und in den Graben rutscht (OLG Hamm 20. 3. 1953 VersR 1955 S. 539; vgl. auch OLG Hamm 7. 5. 1931 in VerAfP 1931 Nr. 2313 = JRPV 1932 S. 94; OLG Dresden 15. 3. 1934 in VerAfP 1934 Nr. 2699 = Hans RGZ 1935 Sp. 123). Das Umschlagen eines Kraftfahrzeugs ist immer ein von außen wirkendes Ereignis, auch wenn es auf Steuerfehler des Fahrers zurückzuführen ist (so: KG 26. 9. 1931 in JRPV 1931 S. 374; Pfeiffer in JRPV 1926 S. 10; Becker in JRPV 1927 S. 343). Ein von außen wirkendes Ereignis liegt auch dann vor, und zwar für Triebwagen und Anhänger, wenn der Schaden durch Reißen der Verbindung zwischen Triebwagen und Anhänger hervorgerufen wird (OLG Celle 6. 11. 1934 in VerAfP 1935 Nr. 2825 = JRPV 1935 Zusatzheft 2 S. 61 Nr. 35) oder wenn auf abschüssiger Straße der Anhänger oder ein sonstiges geschlepptes Fahrzeug (vgl. auch die Darlegungen der früheren Wirtschaftsgruppe Kraftfahrtversicherung zu Nr. 49 Satz 3 und 4 (hier oben S. 164) auf den Triebwagen auffährt (OLG Celle VerAfP 1932 Nr. 2414 = JRPV 1932 S. 125; Anm. Stelzer VersR 1958 S. 122 zum Urteil LG Essen 26. 9. 1957 VersR 1957 S. 817). Auch betriebsfremde Personen können einen Unfall im Sinne von Abs. 1 a verursachen, ohne daß es sich um mut- oder böswillige Handlungen (vgl. Abs. 1 II e) zu handeln braucht (BGHZ VersR 1954 S. 113 f.; OLG Naumburg RdK 1941 S. 127).

Die von außen kommende mechanische Gewalt muß unmittelbar auf das Fahrzeug einwirken. Entsteht ein Maschinenschaden, weil der Fahrer infolge eines Fremdkörpers, der ihm ins Auge gerät, einen Bedienungsfehler macht, so tritt die Versicherung nicht ein. Verliert aber der Fahrer infolge der Sehstörung die Gewalt über den Wagen und fährt gegen einen Baum, so liegt ein Unfall nach § 12 vor. Ein Unfall würde wiederum nicht vorliegen, wenn z. B. eine im Kraftfahrzeug beförderte Kiste, die auf einem Stapel anderer Kisten steht, während der Fahrt herunterfällt und Schaden anrichtet. Das von außen einwirkende Ereignis hat diese Schäden nur mittelbar verursacht. An der Unmittelbarkeit fehlt es ferner bei Schäden, die zwar durch einen Unfall bedingt sind, sich aber erst aus der Fortsetzung der Fahrt unter Nichtbeachtung des bereits eingetretenen Unfallschadens ergeben (OLG München 28. 3. 1958 VersR 1959 S. 103).

Das Schadenereignis muß sich plötzlich vollzogen haben. Das erfordert zunächst, daß es sich innerhalb eines kurz bemessenen Zeitraumes abgespielt hat. Es genügt hierbei, daß das Ereignis selbst sich plötzlich vollzogen hat, d. h. es ist nicht erforderlich, daß sich auch schon die früheren Vorgänge innerhalb dieser kurzen Zeitspanne ereigneten, die dann das Schadenereignis herbeigeführt haben (BGHZ 6. 2. 1954 VersR 1954 S. 113 f., s. o.). Zum Begriff der Plötzlichkeit gehört weiterhin, daß das Ereignis sich überraschend, unerwartet und unvorhergesehen abgespielt hat (RGZ 2. 6. 1911 VerAfP 1911 Nr. 624; RGZ Bd. 97 S. 189; BGHZ 6. 2. 1954 a. a. O.; Prölss § 182 Anm. 3 b). Manche Dauereinwirkungen können dadurch zu einem plötzlichen Ereignis werden, daß sie sich plötzlich verstärken: Eine unerwartete Bö trägt den Wagen aus der Bahn. Nach dem plötzlichen Eintritt des Unfallereignisses können sich die Folgen auf längere Zeit erstrecken, ohne daß dies an der Ersatzpflicht des Versicherers etwas ändert (LG Dortmund 31. 3. 1955 VersR 1956 S. 83). Unfreiwilligkeit des Unfalls wird im Gegensatz zu § 17 Abs. 2 AKB nicht verlangt. Wie aus dem Wortlaut des § 17 AKB und den Ausführungen dort (S. 473) hervorgeht, hat die „unfreiwillig" erlittene Gesundheitsschädigung ihren guten Sinn. In § 12 ist die Unfreiwilligkeit jedoch gewollt kein Tatbestandsmerkmal. Mit Recht. Ist der Unfall nicht unfreiwillig eingetreten, müßte der Versicherungsnehmer ihn in seinen Willen aufgenommen, ihn vorsätzlich herbeigeführt haben. Dies aber widerspricht der Lebenserfahrung. Sollte gleichwohl einmal Vorsatz gegeben sein, müßte dies der Versicherer ebenso wie grobe Fahrlässigkeit beweisen (§ 61 VVG); vgl. Büchner VerAfP 1950 S. 176 f. Dagegen verlangen Unfreiwilligkeit RGZ 13. 12. 1927 VerAfP 1928 Nr. 1829 = JRPV 1928 S. 22 = Praxis 1928 S. 55 = JW 1928 S. 554 mit Anm. von Hallstein. Mit gleichem Ergebnis wie hier Stiefel-Wussow § 12 Anm. 21; unbestimmt Prölss § 12 AKB Anm. 2. Es verlangt vom Versicherungsnehmer den Beweis der Unfreiwilligkeit mit der Begründung, daß ein von außen her einwirkendes Ereignis nicht vorliege, die Einwirkung vielmehr von dem Betrieb, von innen her, erfolge.

Zwischen dem Ereignis mit seiner mechanischen Einwirkung und dem Schaden muß ein ursächlicher Zusammenhang bestehen. Es ist aber nicht nötig, daß der Schaden die unmittelbare Folge des Unfalls ist; unmittelbar muß nur die Einwirkung der mechanischen Gewalt auf das Kraftfahrzeug sein. Daher ist auch ein nur mittelbar von dieser Einwirkung hervorgerufener Schaden ersatzfähig, sofern ein adäquater Kausalzusammenhang besteht (OLG Hamm 20. 3. 1955 VersR 1955 S. 539). Auf einen verunglückten Wagen fahren andere auf und beschädigen ihn weiter; er erleidet bei der Bergung Schaden usw. Diese Schäden entstammen dann nicht neuen Unfällen, sondern sind Folgen des ersten (RGZ Bd. 119 S. 206 ff.). Notwendig ist stets, daß der Schaden durch einen Unfall (Schadenereignis) verursacht wird, mag die Unfallursache auch ein nicht ersatzpflichtiger Brems-, Betriebs- oder Bruchschaden sein.

Keine Unfallschäden sind Brems-, Betriebs- und reine Bruchschäden. Sie sind vom Versicherungsschutz ausgeschlossen. Bremsschäden müssen unmittelbar oder mittelbar an dem versicherten Kraftfahrzeug entstanden sein (OLG Celle 23. 10. 1931 VerAfP 1932 S. 57 Nr.

2414 = JRPV 1932 S. 125; OLG Köln 8. 10. 1931 VerAfP 1931 S. 285 Nr. 2341; a. M. LG Frankfurt 21. 10. 1953 VersR 1954 S. 17). Führt das Bremsen zu einem Unfall – der Wagen fährt gegen ein Hindernis oder überschlägt sich –, so handelt es sich um einen zu ersetzenden Unfallschaden. Betriebsschäden sind Schäden, die durch die normale Abnutzung, durch Material- oder Bedienungsfehler (schlechtes Kuppeln, Ölmangel u. a.) an dem Fahrzeug oder seinen Teilen entstehen. Sie können auch anläßlich der Reparatur eines Wagens auftreten. Betriebsschäden sind ferner Schäden, die zwar auf einer Einwirkung mechanischer Gewalt beruhen, deren Eintritt aber einen inneren Betriebsvorgang darstellt oder die doch zumindest im normalen Betrieb zu erwarten sind. Das ist z. B. der Fall, wenn durch das Kraftfahrzeug ein Stein hochgeschleudert und die Scheibe zertrümmert oder der Lack beschädigt wird oder wenn ein hochgeschleuderter Stein die Ölwanne durchschlägt, das Öl ausläuft und hierdurch der Motor zerstört wird. Das Hochschleudern von Steinen ist vom normalen Fahrbetrieb nicht zu trennen. Der Versicherer braucht daher den Motorschaden als Betriebsschaden nicht zu ersetzen (a. M. LG Hannover 4. 2. 1930 Praxis 1930 S. 84 = RdK 1931 S. 119; Stiefel-Wussow § 12 Anm. 20). Ein Betriebsschaden liegt auch vor, wenn der Fahrzeugschaden durch von außen in den Motor gelangte Fremdkörper (Schrauben u. a.) herbeigeführt wird. Für die Annahme eines Unfalles fehlt es an der Plötzlichkeit (a. M. OLG Hamm 1. 12. 1952 VersR 1956 S. 537 u. BGHZ 6. 2. 1954 VersR 1954 S. 113). Wird jedoch durch den Betriebsschaden die Ursache zu einem – anschließenden – Unfall gesetzt, dann haftet der Versicherer gemäß Abs. 1 a, 1. Halbsatz (vgl. z. B. BGHZ 6. 2. 1954 VersR 1954 S. 113). Streitig ist, ob Schäden durch Schlaglöcher oder ähnliche Hindernisse Betriebs-, d. h. im normalen Fahrbetrieb entstehende Schäden sind (vgl. LG Karlsruhe 3. 10. 1952 VersR 1952 S. 400), oder ob sie als Unfallschäden (vgl. KG 6. 5. 1931 – JRPV 1931 S. 273) anzusehen sind. Allgemeingültig läßt sich dies nicht entscheiden. Es kommt auf die Umstände des Einzelfalles an, darauf, inwieweit das fragliche Schlagloch für die gerade befahrene Straße etwas außergewöhnliches ist, womit man nicht zu rechnen brauchte, oder ob dies nicht der Fall ist. Ein kleines Schlagloch auf einer sonst gut ausgebauten Straße wie der Autobahn kann zu einem unabwendbaren, unerwarteten Ereignis werden; andererseits kann auf einer unbefestigten Nebenstraße selbst ein großes Schlagloch, wie LG Karlsruhe a. a. O. ausführt, durchaus zum normalen Betrieb gehören. Dann ist aber – wie überhaupt hinsichtlich des Versicherungsschutzes bei Unfall (vgl. u. S. 443) – § 61 VVG (grobe Fahrlässigkeit des Fahrers!) zu beachten. Inwieweit die Ursache, etwa ein Achsenbruch, ein Materialfehler oder Materialabnutzung ist (vgl. z. B. KG 27. 6. 1925 JRPV 1925 S. 267: Abgenutzte 8 Jahre alte Achse), ist Tatfrage. Vgl. hierzu auch Prölss § 12 AKB Anm. 2; Stiefel-Wussow § 12 Anm. 14.

Reine Bruchschäden sind in der Regel auf Abnutzung und Materialfehler zurückzuführen, können ihre Ursache aber auch in Bedienungsfehlern oder Gewalteinwirkung haben. Hier gilt grundsätzlich das oben bei den Betriebsschäden Gesagte (vgl. oben das Beispiel des Achsenbruches; Federbruch und nachfolgender Unfall: Sämtliche beschädigten Teile mit Ausnahme der Feder werden ersetzt; vgl. OLG Königsberg 24. 1. 1930 JRPV 1930 S. 357).

Die Nichterstattung von Brems-, Betriebs- und reinen Bruchschäden ist auf Schäden durch Unfallereignisse beschränkt.

Soweit Zweifel bestehen, ob im gegebenen Falle ein Unfall im Sinne von § 12 Abs. 1 a vorliegt, sind Verkehrsauffassung und Sprachgebrauch zusätzlich als Auslegungsmittel heranzuziehen (LG Karlsruhe 3. 10. 1952 VersR 1952 S. 400).

10. e) **Durch mut- oder böswillige Handlungen betriebsfremder Personen** (Abs. 1 II e). Über den Begriff betriebsfremde Personen vgl. o. Anm. 5.

Die Handlungen der betriebsfremden Personen müssen auf Mutwilligkeit oder Böswilligkeit beruhen (vgl. hierzu KG 10. 4. 1952 VersR 1952 S. 175). Ohne diese besondere innere Einstellung des Täters zu seiner Tat besteht keine Ersatzpflicht, z. B. nicht beim Schwarzfahrer, der nicht beschädigen, sondern den Wagen lediglich benutzen will (dann Abs. 1 I b).

11. **Abs. 2. Glasbruchschäden.** Im Zusammenhang mit der VO PR Nr. 15/59 v. 19. 12. 1959 ist durch Abs. 2 die Ausdehnung des Versicherungsschutzes in der Voll- und Teilversicherung auf Bruchschäden an der Verglasung des Fahrzeugs neu in die AKB aufgenommen worden.

12. **Abs. 3. Reifenschäden.** Reifenschäden werden in Ausdehnung gegenüber den bisherigen Bedingungen ersetzt, wenn der Gummischaden die Folge eines ersatzpflichtigen Schadens ist oder gleichzeitig andere versicherungspflichtige Schäden durch das gleiche Schadenereignis enstehen. Dies hat der Versicherungsnehmer zu beweisen.

Die normalen Reifenschäden sind nicht gedeckt. Dies betrifft die Abnutzungsschäden der Reifen, Schäden durch die Witterung, das Platzen der Reifen durch Fremdkörper u. a. Platzt der Reifen und fährt als Folge hiervon der Kraftwagen gegen eine Mauer, so hat der Versicherer wohl die sonstigen durch den Anprall an die Mauer entstehenden Schäden, nicht aber den Reifenschaden zu ersetzen, und zwar deshalb nicht, weil die Bereifung nicht gleichzeitig mit dem den sonstigen Schaden verursachenden Ereignis eingetreten ist. Entsteht dagegen ein ersatzpflichtiger Schaden, etwa ein Brandschaden, und werden gleichzeitig oder als Folge des Brandereignisses die Reifen von dem Brande erfaßt, dann sind auch die Reifen vom Versicherer zu decken (KG 30. 4. 1930 JRPV 1930 S. 301; OLG Hamm 5. 11. 1953 VersR 1954 S. 34). Ein Schaden am Reserverad wird unter den Voraussetzungen des § 12 Abs. 1 ersetzt.

13. Wie bereits in Anm. 4 und 9 hervorgehoben, gilt für die Auto-Kaskoversicherung als Schadenversicherung auch § 61 VVG: der Versicherer ist von der Verpflichtung zur Leistung frei, wenn der Versicherungsnehmer den Versicherungsfall vorsätzlich oder durch grobe Fahrlässigkeit herbeiführt. Grob fahrlässig im Sinne des § 61 a. a. O. handelt, wer die im Verkehr erforderliche Sorgfalt nach den gesamten Umständen in ungewöhnlich großem Maße verletzt, indem er schon einfachste, ganz naheliegende Überlegungen anzustellen versäumt oder dasjenige unbeachtet läßt, was im gegebenen Falle jedem einleuchten müßte (RGZ Bd. 166 S. 101; BGHZ Bd. 10 S. 14 = VersR 1953 S. 335 = NJW 1953 S. 1139; 25. 4. 1957 VersR 1957 S. 353; 2. 12. 1957 VersR 1958 S. 16; OLG Hamm 11. 3. 1954 VersR 1954 S. 353 und 5. 12. 1957 VersR 1958 S. 671). Nur die Verletzung elementarer Vorsichtsgebote kann als grobe Fahrlässigkeit angesehen werden (OLG Hamm 5. 12. 1957 a. a. O.), aber auch eine erheblich über dem Durchschnitt eines augenblicklichen menschlichen Versagens liegende Schuld (OLG Köln 7. 10. 1959 VersR 1960 S. 315, 316). Die Vorschrift des **§ 61 VVG** ist von besonderer Bedeutung bei einigen stets wiederkehrenden Tatbeständen. Aus der sehr umfangreichen Rechtssprechung sollen die hier erwähnten Entscheidungen lediglich veranschaulichen, welche Tatbestände in Frage kommen können. Die wenigen Beispiele zeigen zugleich, daß die Frage, ob grobe Fahrlässigkeit vorliegt, stets nur nach den jeweiligen Umständen des einzelnen Falles entschieden werden können. Dies hat die Entscheidung BGHZ VersR 1958 S. 16 (s. o.) aus Anlaß der Abstellung eines Motorrads vor einer Gastwirtschaft mit 10 bis 12 anderen Rädern, und zwar ohne Blockierung der Räder und Lenkstange, besonders betont. Auch der Fahrer eines Leichtmotorrads hat für Sicherung des Rades zu sorgen (BGHZ 16. 1. 1959 BB 1959 S. 1011).

Entwendung von Kraftfahrzeugen. Beim Abstellen auf offener Straße genügt das Abziehen des Zündschlüssels bei einem Kraftfahrzeug oder Motorrad nicht. Bei einem Kraftfahrzeug müssen vielmehr die Türen verschlossen und der Zündschlüssel abgezogen sein. (KG 11. 5. 1953 VersR 1953 S. 307; LG Münster 4. 5. 1955 VersR 1955 S. 399 f.; LG Hannover 17. 5. 1955 VersR 1956 S. 237; AG Rastatt 7. 1. 1955 VersR 1955 S. 105; LG Köln 2. 5. 1955 VersR 1955 S. 493; KG 12. 5. 1955 VersR 1955 S. 519 u. a.). Keine grobe

Fahrlässigkeit liegt vor, wenn ein Motorrad nachts zeitweilig vor einem Gasthaus während des Gasthausbesuches abgestellt wird (OLG Hamburg 10. 4. 1953 VersR 1953 S. 203) oder wenn ein Motorrad abends gegen 21 Uhr in einer belebten beleuchteten Straße abgestellt und der Zündschlüssel abgezogen wird (LG Frankenthal 4. 1. 1956 VersR 1956 S. 286). Der Versicherungsnehmer handelt ferner nicht grob fahrlässig, wenn er sein Kraftrad auf einem bewachten Parkplatz an einer hell beleuchteten Stelle abstellt und den Zündschlüssel abzieht, das Lenkradschloß jedoch nicht absperrt (LG Wuppertal 21. 5. 1954 DAR 1954 S. 186; vgl. auch OLG Hamburg 10. 4. 1953 VersR 1953 s. 203). Die Ausstattung mit Sonderschlüsseln und das Stehenlassen auf der Straße nachts bedeutet keine grobe Fahrlässigkeit (KG 21. 10. 1953 VerAfP 1933 Nr. 2654 = JRPV 1934 S. 25 = DAR 1935 S. 39). KG 12. 5. 1955 VersR 1955 S. 519 hat eine Entscheidung des LG Berlin vom 13. 1. 1955 VersR 1955 S. 104 aufgehoben, die das unbeaufsichtigte Abstellen eines Motorrads ganze Nächte hindurch vor dem Hause unter einer Laterne in einem stillen Viertel trotz der Sicherung durch Abziehen des Zündschlüssels und durch eine Kette mit Sicherheitsschloß als grobe Fahrlässigkeit angesehen hat. Das KG vertrat die Auffassung, daß die mit der Aufstellung von unbeaufsichtigten Motorrädern auf der Straße verbundene Diebstahlgefahr vom Versicherer so weit in Kauf genommen werden müsse, als sie bei angemessenem Gebrauch des Rades für Zwecke des Verkehrs auch bei Anwendung der im Verkehr erforderlichen Sorgfalt nicht ausgeschlossen ist. Hier lagen allerdings besondere Umstände vor, weil der Kläger, der das Rad regelmäßig nachts in einer Garage untergestellt hat, einige Male aus Anlaß einer schweren Erkrankung seiner Mutter das Rad vor seiner Wohnung auf der Straße mit den oben angegebenen Sicherungsmaßnahmen stehen gelassen hatte, um nachts schnell zur Verfügung zu stehen, da die Garage zu weit weg war.

Für die Beurteilung einer groben Fahrlässigkeit sind u. U. für den Fall einer Unterschlagung die Grundsätze heranzuziehen, die der Bundesgerichtshof in der Frage einer Benutzung durch Unbefugte aufgestellt hat (BGHZ 12. 4. 1960 VersR 1960 S. 695 u. 736: Mitnahme bzw. sichere Aufbewahrung des Zündschlüssels).

Fahren und Lenken von Kraftfahrzeugen. Grobe Fahrlässigkeit beim Fahren mit schlechten Vorderreifen, die geplatzt sind (LG Bielefeld 16. 12. 1954 VersR 1955 S. 170); grobe Fahrlässigkeit durch Nichtbetätigung der Bremsen und Benutzung eines schadhaften, dann geplatzten Reifens (KG 26. 10. 1940 JRPV 1941 S. 17 = Hans RGZ 1942 A S. 38); grobe Fahrlässigkeit beim Schneiden einer Kurve im Dunkeln mit erheblicher Geschwindigkeit (OLG Köln 7. 10. 1959 VersR

1960 S. 315 f.); keine grobe Fahrlässigkeit, wenn versucht wird, einen im Sand festgefahrenen Kraftwagen mit eigener Kraft herauszufahren und das Fahrzeug dabei in Brand gerät (KG 29. 3. 1930 JRPV 1930 S. 253; KG 3. 6. 1931 JRPV 1931 S. 304).

Betreuung des Kraftfahrzeuges. Grobe Fahrlässigkeit – wenn offenes Licht in der Garage (Lötlampe) verwendet wird (RGZ 1. 4. 1930 JRPV 1930 S. 166 = Prax 1930 S. 44 = DJZ 1930 S. 1332). Keine grobe Fahrlässigkeit bei Gebrauch einer offenen Kerze nachts auf dunkler Landstraße (OLG Köln 13. 5. 1931 VerAfP 1931 S. 244 Nr. 2315 = JRPV 1931 S. 308).

Beim Tanken hat größte Vorsicht zu walten. Eine Unvorsichtigkeit hierbei wird im allgemeinen als grobe Fahrlässigkeit gewertet werden müssen (RGZ 15. 3. 1935 VerAfP 1935 Nr. 2823 = RdK 1936 S. 264 = HRR 1935 Nr. 939).

Trunkenheit am Steuer. Hier kann auf die Rechtsprechung verwiesen werden, die bereits in § 10 AKB Anm. 12 aufgeführt worden ist.

Es seien noch folgende Entscheidungen angeführt, die grundsätzlich davon ausgehen, daß bei einem Alkoholgehalt im Blut von 1,5‰ das Fahren eines Kraftfahrzeuges oder Motorrades eine grobe Fahrlässigkeit bedeutet: LG Zweibrücken 16. 12. 1954 VersR 1955 S. 104 mit darin erwähnten weiteren Zitaten; LG Stuttgart Beschl. 10. 5. 1955 VersR 1955 S. 401; OLG Oldenburg 1. 4. 1955 VersR 1955 S. 387.

Über Alkoholgenuß und seine Feststellung vgl. Kohlhaas in VersR 1955 S. 324 ff.

§ 13. Ersatzleistung

1. Abs. 1 stellt den Grundsatz für die Ersatzleistung des Versicherers auf, während die Absätze 2 bis 6 Spezialbestimmungen treffen. Nach Abs. 1 wird als Schaden grundsätzlich der **Zeitwert** des Kraftfahrzeugs oder seiner Teile ersetzt, der dem gemeinen Wert gleichgestellt wird. **Gemeiner Wert** ist derjenige Wert, den eine Sache für jedermann hat, der Handels-, Verkaufs-, Verkehrs- oder Marktwert. Es ist dies nicht der Wiederbeschaffungswert (mit Abzügen), sondern der Wert, den der Kraftwagen im Falle einer Veräußerung im gewöhnlichen Geschäftsverkehr hat, wobei alle für die Preisbildung beim Verkauf gebrauchter Wagen maßgebenden Faktoren (Abnutzung, äußeres Ansehen, Verhältnis von Angebot und Nachfrage, Beliebtheit der Typen u. a.) von Bedeutung sind (vgl. die Stellungnahme des BWM im Bundestag zur Frage der über die übliche Abschreibung hinausgehenden Wertabsetzungen durch die Versicherer, zit. im BB 1959 S. 1278). Der gemeine Wert am Schadentage bildet die Höchstgrenze für den Schadenersatz durch den Versicherer. Die Höchstgrenze wird in jedem

Falle bei Totalverlust erreicht. Dieser liegt vor, wenn der Wagen, weil völlig vernichtet, nicht mehr zu reparieren ist, die Reparaturkosten den Zeitwert überschreiten (BGHZ 24. 5. 1956 VersR 1956 S. 365; OLG Kassel 13. 12. 1932 VerAfP 1933 Nr. 2555) oder sonstwie die Ausbesserung unwirtschaftlich wäre (LG Berlin 6. 12. 1928 JRPV 1929 S. 308). Dies ist der Fall, wenn der gemeine Wert von der Höhe der Ausbesserungskosten fast erreicht wird: Taxwert 2400,– DM, Reparaturkosten 2200,– DM (KG 2. 11. 1929 VerAfP 1929 Nr. 2087 = JRPV 1929 S. 425 = DÖV (Prax.) 1930 S. 40; vgl. auch OLG Düsseldorf 3. 10. 1929 JRPV 1930 S. 283 = DÖV (Prax.) 1930 S. 40; OLG Hamburg Hans RGZ A 1930 S. 275). Totalschaden ist hiernach nicht nur die tatsächliche äußerliche Vernichtung des Wagens, sondern schon die Vernichtung des wirtschaftlichen Wertes (KG 2. 11. 1929 wie oben; RGZ 12. 2. 1932 VerAfP 1932 Nr. 2547 = JRPV 1932 S. 86 = DÖV Praxis 1932 S. 55 = Seuff A Bd. 86 Nr. 107). Die Abschleppkosten bei Totalverlust gehören zu den Wiederherstellungskosten, nicht zum Zeitwert (OLG Düsseldorf 9. 4. 1934 JRPV 1934 S. 172). Bei Totalverlust sind die Abschleppkosten nur insoweit erstattungsfähig, als sie tatsächlich enstanden und erforderlich gewesen sind. Die Überführungskosten des ehemals neuen Fahrzeugs vom Werk zum Käufer sind bei Totalschaden jedoch nicht erstattungsfähig (LG Berlin 11. 2. 1954 VersR 1954 S. 171; Bischoff VW 1952 S. 138). Haben sich Versicherer und Versicherungsnehmer in einem Schadenfeststellungsvertrag über die Höhe des Zeitwerts und die Reparaturunwürdigkeit des Kraftwagens geeinigt, so kann der Versicherer nachträglich weder gemäß § 779 BGB noch unter dem Gesichtspunkt des Fehlens der Geschäftsgrundlage Einwendungen geltend machen, daß die Reparaturkosten in Wahrheit wesentlich geringer seien als der Zeitwert und daher nur sie zu ersetzen seien (BGHZ 24. 5. 1956 VersR 1956 S. 365).

2. Ist nur ein Teilschaden entstanden, so ersetzt der Versicherer gemäß Abs. 2 Satz 1 die **Kosten der Wiederherstellung,** d. h. der Versetzung des Wagens in den Zustand, in dem er sich bei Eintritt des Schadensereignisses befunden hat. Dies bedeutet, daß beschädigte Autoteile zu reparieren sind, wobei für den Ersatzanspruch die wirklich entstandenen Wiederherstellungskosten, nicht etwaige Berechnungen in einem Voranschlag maßgebend sind (RGZ 7. 5. 1929 HRR 1929 Nr. 1592). Der Versicherungsnehmer kann nicht neue Teile verlangen (vgl. Krieger ZfV 1954 S. 524). Dies ist nur dann begründet, wenn die Gebrauchssicherheit des Fahrzeuges den Ersatz an sich ausbesserungsfähiger Teile durch neue Teile erfordert (OLG Köln 2. 2. 1934 VerAfP 1934 S. 46 Nr. 2697 = JRPV 1934 S. 301). Zu den Wiederherstellungskosten kommen etwaige Auslagen für das Abschleppen des Wagens, für Fracht- und sonstige Transportkosten, aber grundsätzlich nur zur

nächsten zuverlässigen Werkstätte (KG 24. 11. 1937 JRPV 1938 S. 74). Bei den Kosten der Ersatzteile und der Lackierung wird ein Abzug „neu für alt" gemacht, d. h. ein Betrag, der dem Wertzuwachs des Wagens durch den Einbau neuer an Stelle alter und abgenutzter Teile oder durch die Neulackierung an Stelle der alten entspricht. Eine Teillackierung bedeutet keine Werterhöhung, ein Abzug ist daher nicht gerechtfertigt (AG Düsseldorf 18. 11. 1954 VersR 1955 S. 143 ff.). Bei Krafträdern, Personen- und Kombinationswagen sowie bei Omnibussen beschränkt sich der Abzug „neu für alt" bis zum Schluß des vierten auf das Baujahr des Kraftfahrzeugs folgenden Kalenderjahres auf die Bereifung, die Batterie und Lackierung (Abs. 2 Satz 3). Bei allen übrigen Fahrzeugen, insbesondere also bei Lastkraftwagen, gilt die Beschränkung bis zum Schluß des dritten Kalenderjahres. Beispiel: Das Baujahr des Personenkraftwagens sei 1958. Erst nach dem 1. Januar 1963 ist ein Abzug auch für andere Ersatzteile als für die Bereifung, die Batterie und die Lackierung zu machen, vorher nicht. Doch ist, auch wenn kein Abzug gemacht werden darf, der Zeitwert die obere Grenze für die Kosten der neuen Ersatzteile (vgl. Abs. 2: „In diesem Rahmen .....“). Der Geschädigte muß sich einen Abzug „neu für alt" bei Einbau von Ersatzteilen ohne Rücksicht darauf gefallen lassen, ob außer dem Wert des Fahrzeugs im ganzen auch die Lebensdauer erhöht ist (AG Düsseldorf 18. 11. 1954 a. a. O.). Im Einzelfall kann die Sachlage aber auch so beschaffen sein, daß der Wertzuwachs „neu für alt" durch den Wertverlust ausgeglichen wird, den der unfallbeschädigte Kraftwagen infolge der Unfallschäden über die Reparaturkosten hinaus erleidet (OLG Celle 16. 5. 1941 HRR 1941 Nr. 993; OLG Köln DAR 1955 S. 159 = VersR 1955 S. 488 = MDR 1955 S. 474). Kein Abzug „neu für alt" ist gerechtfertigt, wenn der Mehrwert der eingebauten Ersatzteile geringfügig ist und keine meßbare Werterhöhung des Fahrzeugs herbeigeführt hat (OLG Oldenburg VersR 1952 S. 169; OLG München 9. 7. 1957 VersR 1958 S. 407). Der Versicherungsnehmer hat Anspruch auf die Versicherungsleistung, auch wenn das Fahrzeug nicht repariert wird (RGZ 27. 4. 1928 JRPV 1928 S. 184 = Praxis 1928 S. 106 = JW 1928 S. 1744).

3. Sind trotz der Instandsetzung Mängel zurückgeblieben, die die Gebrauchsfähigkeit, die Betriebssicherheit, die Lebensdauer oder das äußere Aussehen des Wagens gegenüber dem Zustand vor dem Unfall beeinträchtigen (sog. **technischer Minderwert**), so kann der Versicherungsnehmer Ersatz dieses Minderwerts verlangen.

Man spricht ferner vom **merkantilen Minderwert.** Dieser ist nach der Rechtsprechung gegeben, wenn der Verkaufswert des Wagens durch den Verdacht verborgener, erst später feststellbarer Schäden oder durch die Abneigung des Publikums gegen derartige „Unfallwagen" beeinträchtigt wird (vgl. BGHZ 28. 1. 1958 VersR 1958 S. 161 = NJW 1958 S. 1085; 29. 4. 1958 Bd. 27 S. 181 = VersR 1958 S. 453 = DAR 1958 S. 214 = MDR 1958 S. 502 = NJW 1958 S. 1085 = BB 1958 S. 606; OLG Augsburg JW 1931 S. 3386; OLG Düsseldorf MDR 1956 S. 547; Geigel, Haftpflichtprozeß, 8. Aufl., S. 39). Hierzu ist folgendes zu sagen: Ein merkantiler Minderwert kann zunächst nur in Frage kommen, wenn nach Wiederinstandsetzung des Kraftfahrzeugs und nach Beseitigung oder nach Berücksichtigung etwa noch vorhandener technischer Mängel im Sinne des erwähnten technischen Minderwerts infolge des Unfalls, sei es wegen der Schwere, sei es wegen der Beschädigung besonders lebenswichtiger Teile oder auch wegen der Einstellung des Publikums gegenüber einem „Unfallwagen" der Verkaufswert des Wagens beeinträchtigt ist und dieser Schaden bereits feststeht oder doch schätzbar ist. Auf Ersatz dieses Schadens hat der Versicherungsnehmer Anspruch, wenn die Wiederherstellung des Wagens zur Entschädigung des Versicherungsnehmers nicht genügend ist (§ 251 Abs. 1 BGB) oder nur mit unverhältnismäßigen Aufwendungen möglich ist (§ 251 Abs. 2 BGB). Dies könnte der Fall sein, wenn ein Kraftfahrzeug einer bestimmten Marke, etwa aus dem Ausland, schwer beschädigt wird und die dazu passenden Ersatzteile nur mit hohen Kosten aus dem Ausland herbeigeschafft werden könnten. Hier würden beispielsweise ein neuer Motor sowie Autoteile anderer inländischer Marken zwar die Wiederinbetriebsetzung des Kraftfahrzeugs ermöglichen und weder die Gebrauchsfähigkeit, die Betriebssicherheit, die Lebensdauer noch das äußere Ansehen des Wagens beeinträchtigen. Kann es daher dem Ersatzverpflichteten nicht zugemutet werden, die ausländischen Teile zu beschaffen, so wird doch das wiederhergestellte Fahrzeug in der Regel einen Minderwert haben, da es nicht mehr die bestimmte Marke aus dem Ausland repräsentiert. Der Versicherungsnehmer ist in seinem Vermögen durch die Minderung des Wertes des Kraftfahrzeuges gegenüber dem Zustand vor dem Unfall geschädigt (wie hier BGHZ 29. 4. 1958 VersR 1958 S. 453). Es liegt ein echter Sachschaden vor, zu dessen Deckung der Versicherungsnehmer die Kaskoversicherung abgeschlossen hat. Der Versicherungsnehmer hat somit Anspruch auf Entschädigung in Geld.

4. Ein Minderwert kann vielfach auch dadurch gegeben sein, daß wegen Verdachts verborgener Mängel und wegen der Abneigung des Publikums gegen einen „Unfallwagen" das Kraftfahrzeug an Wert verliert. Doch darf nicht außer Acht bleiben, daß nicht jede Reparatur aus Anlaß eines Unfalls das Kraftfahrzeug zu einem „Unfallwagen" stempelt. Man denke an einen Blechschaden einerseits, einen Achsenbruch andererseits (vgl. auch Wille VW 1960 S. 500). Anzunehmen, daß der merkantile Minderwert im wesentlichen oder gar ausschließ-

lich in der Wertminderung wegen etwaiger verborgener Mängel oder der Charakterisierung als Unfallwagen bestehe, wäre ein Fehlschluß. Einige Gerichte wie OLG Braunschweig 17. 5. 1956 MDR 1956 S. 547, OLG Nürnberg 21. 1. 1954 NJW 1954 S. 601 f., bezeichnen den merkantilen Minderwert als ideellen Minderwert. Die Auffassung der Wertminderung als eines ideellen Minderwerts ist jedoch viel zu eng und würde praktisch nur Schäden umfassen, die den Gebrauchswert oder das äußere Ansehen des Wagens für den Versicherungsnehmer betreffen. Ein solcher ideeller Minderwert wird jedoch nicht ersetzt, wie Abs. 4 ausdrücklich bestimmt (vgl. u. S. 452).

5. Der Ersatz des merkantilen Minderwerts wird in der Rechtsprechung allgemein anerkannt, wenn auch in der Regel in dem oben wiedergegebenen Sinne eines „Unfallwagens" (vgl. BGHZ 28. 1. 1958 VersR 1958 S. 161; 29. 4. 1958 VersR S. 453 = NJW 1958 S. 1085; a. M. Prölss VVG § 13 AKB Anm. 4, der unter Bezugnahme auf Abs. 4 jeden Ersatz ablehnt; ebenso Stiefel-Wussow § 13 Anm. 14). Streitig ist in der Rechtsprechung lediglich, ob der merkantile Minderwert nur geltend gemacht werden kann, wenn der Geschädigte das Kraftfahrzeug auch tatsächlich veräußert oder der Schaden sich bei Zwangsversteigerung, Konkurs, Verpfändung oder Sicherungsübereignung auswirkt (so OLG Zweibrücken JW 1934 S. 923; OLG Nürnberg 21. 1. 1954 NJW 1954 S. 601 f.; OLG Köln 22. 2. 1957 VersR 1958 S. 405 = DAR 1957 S. 181 = BB 1957 S. 452; Becker S. 89; Krach VersR 1957 S. 564 ff., beide mit Schrifttum). Die Gegenmeinung ist der auch hier vertretenen Auffassung, daß der Ersatzanspruch auf den merkantilen Minderwert unabhängig vom Zeitpunkt des Verkaufs und der erst dadurch in die Erscheinung getretenen Minderung des Gesamtvermögens besteht (BGHZ 29. 4. 1958 VersR 1958 S. 453; OLG München 8. 5. 1956 NJW 1956 S. 1032 = DAR 1957 S. 16; OLG Braunschweig 17. 5. 1956 MDR 1956 S. 547; OLG Oldenburg 14. 5. 1958 VersR 1958 S. 648; ebenso Geigel a. a. O. u. Anm. zu NJW 1954 S. 601 u. 1956 S. 553; Meeske BB 1959 S. 1158 m. umfangreichen Nachw. zu der Streitfrage).

Es kann nicht anerkannt werden, daß eine merkantile Wertminderung erst entsteht, wenn das Kraftfahrzeug — zu einem geringeren Preis als dem ohne Unfall marktgerechten Preis — veräußert wird (so LG Hamburg 8. 11. 1957 MDR 1958 S. 100 = VerR 1958 S. 428; OLG Celle 10. 2. 1958 VersR 1958 S. 344; Krach a. a. O. S. 565 f). Noch weniger kann gebilligt werden, daß die Wertminderung überhaupt nicht verlangt werden kann, wenn der Geschädigte das Fahrzeug nicht veräußert (OLG Köln 22. 2. 1957 VersR 1958 S. 405) oder wenn der Minderwert durch vorzeitige Veräußerung eintritt, weil der Geschädigte sich nicht so verhalten hat, wie sich ein in gleicher Lage befindlicher vernünftiger Geschädigter verhält, bei dem kein Haftpflichtschädiger vorhanden ist (OLG Celle 10. 2. 1958 a. a. O.; Wussow-Allofs, Merkantiler Minderwert bei Kraftfahrzeugen, 1957 S. 36). Wussow-Allofs a. a. O. und mit ihnen OLG Celle a. a. O. nehmen also an, daß ein Versicherungsnehmer unvernünftig handelt, wenn er seinen Kraftwagen nach einem Unfall – wenn auch mit Verlust – veräußert. Daher müsse der Versicherungsnehmer diesen Schaden, auch wenn ein Dritter für den Unfallschaden ersatzpflichtig ist, selbst tragen. Mit Recht wendet sich Meeske a. a. O., Anm. 15, gegen diese „Verfügungsbeschränkung zugunsten des Schädigers". Soweit der eingetretene Verlust lediglich durch den gefühlsmäßigen Wunsch des Kraftfahrzeugbesitzers bedingt ist, keinen unfallbetroffenen Wagen zu fahren, kommt ein Ersatz, da insoweit ein ideeller Schaden vorliegt, §§ 253, 847 BGB, nicht in Frage (so auch OLG Stuttgart 15. 1. 1959 VersR 1959 S. 318). Ist das Kraftfahrzeug trotz der Wiederinstandsetzung so beschaffen, daß es den Marktwert, den es ohne den Unfall und die Reparaturarbeiten gehabt hätte, nicht erreicht, dann ist eine ziffermäßig feststellbare Vermögenseinbuße gegeben, die der Schadenstifter ersetzen muß. Kann der merkantile Minderwert als bleibender Schaden noch nicht bestimmt oder geschätzt werden, so kann der Anspruch auf Ersatz des Minderwertes nur durch Feststellungsklage verfolgt werden, daß der Schädiger verpflichtet ist, dem Versicherungsnehmer den Minderwert des Fahrzeugs zu ersetzen (BGHZ 29. 4. 1958 VersR 1958 S. 453 und das dort angeführte Schrifttum; LG Berlin 1. 2. 1957 VersR 1958 S. 492).

6. **In welcher Höhe** ein **merkantiler Minderwert** in Frage kommt, hängt von den Umständen des Einzelfalles ab (OLG Düsseldorf 23. 10. 1958 VersR 1958 S. 890). Dabei ist, falls der Minderwert sich bei einer bald nach dem Unfall erfolgenden Veräußerung herausstellt, sorgfältig zu prüfen, welche Faktoren den Verkaufspreis bestimmt haben und inwieweit diese Faktoren auf den durch den Unfall eingetretenen merkantilen Minderwert zurückzuführen sind. Jedenfalls ist der merkantile Minderwert nicht ohne weiteres der Differenz zwischen dem Zeitwert des Wagens und einem etwa erzielten geringeren Verkaufspreis gleichzusetzen (OLG Düsseldorf 23. 10. 1958 a. a. O.). Daß der merkantile Minderwert des Kraftfahrzeugs infolge Weiterbenutzung des Wagens über eine längere Zeit sinken kann, sogar auf Null (so BGHZ 29. 4. 1958 VersR 1958 S. 453; LG München 16. 4. 1958 VersR 1958 S. 654), kann nach dem oben Gesagten nicht anerkannt werden. Vielmehr ist grundsätzlich durch den Unfall für den Kraftwageneigentümer ein Minderwert eingetreten, der feststeht, mag sich auch der Wert des Fahrzeugs in übrigen durch Abnutzung usw. ermäßigen (so auch Meeske BB 1959 S. 1158 ff.) verborgener Mängel durch den Unfall oder die Abneigung des Kaufes eines „Unfallwagens" eine Rolle spie-

len, nicht aber für sonstige Fälle des merkantilen Minderwerts. Vgl. zur Frage: Merkantiler Minderwert und Rechtsübergang nach § 67 Abs. 1 Satz 2 VVG Möring VersR 1959 S. 12.

7. Die Kosten eines privaten Gutachtens zur Sicherung der Feststellung der unfallbestimmten Schäden oder zur Besichtigung der Unfallörtlichkeit sind Vorbereitungskosten, die im Falle eines Prozesses nach § 91 ZPO zu erstatten sind, wenn sie für die im Prozeß getroffene Entscheidung von Bedeutung gewesen sind (OLG Düsseldorf, Beschl. 13. 11. 1957 NJW 1958 S. 1148; s. a. VersR 1958 S. 709; vgl. auch § 18 Anm. 7).

8. **Entwendete Gegenstände** im Sinne des § 12 Abs. 1 I b) – also das Fahrzeug oder seine Teile – sind, wenn sie innerhalb von zwei Monaten nach Eingang der Schadenanzeige beim Versicherer wieder zur Stelle gebracht werden, vom Versicherungsnehmer zurückzunehmen (Abs. 3 Satz 1). Die Verpflichtung zum Schadenersatz gemäß Abs. 1 entfällt mithin. Eine etwa ausnahmsweise (vgl. § 15 AKB) bereits geleistete Entschädigung ist daher zurückzuzahlen. „Zur Stelle gebracht" heißt hier soviel wie „wieder zur Verfügung stehen" (LG Detmold 2. 6. 1950 ZfV 1952 S. 28). Es genügt nicht, daß der Wagen wieder irgendwo auftaucht und sichergestellt ist. Der Geschädigte muß vielmehr wie vorher wieder ohne Schwierigkeiten nach Belieben auf den Wagen einwirken können. Er muß wieder Gewahrsam haben können. Eine andere Auslegung widerspräche dem Sinn des Abs. 3, der den Versicherer dann von der Leistungspflicht befreien soll, wenn der Schaden des Versicherungsnehmers innerhalb eines zumutbaren Zeitraumes von selbst wieder verschwindet. Wird z. B. ein in der Bundesrepublik gestohlener Wagen in der DDR sichergestellt, so heißt das nicht, daß damit der Schaden des Versicherungsnehmers behoben ist und Abs. 3 zur Anwendung kommt. Das ist erst dann der Fall, wenn feststeht, daß der Versicherungsnehmer ohne Behinderung durch staatliche oder politische Maßnahmen über den Wagen verfügen kann. Läßt der Versicherungsnehmer die 2-Monatsfrist verstreichen, obwohl er innerhalb dieser Frist den Wagen hätte in Besitz nehmen können, ist der Anspruch auf Schadenersatz ausgeschlossen (LG München 14. 11. 1958 VersR 1959 S. 63). Das gleiche gilt, wenn ein Wagen in der DDR beschlagnahmt und wieder freigegeben wird. Bis zum Ablauf der 2-Monatsfrist bleibt der Versicherungsnehmer Eigentümer des Kraftwagens. Nach Ablauf der Frist wird der Versicherer automatisch Eigentümer. Es handelt sich um eine vorweggenommene, durch die Nichtherbeischaffung des Kraftwagens innerhalb 2 Monaten aufschiebend bedingte dingliche Einigung, verbunden mit der Abtretung des Herausgabeanspruches gegen den Dieb gemäß § 931 BGB. (LG Kiel 22. 12. 1949 NJW 1950 S. 350; Stiefel-Wussow § 13 Anm. 10). Wird der

Wagen nach Ablauf der zwei Monate wieder aufgefunden, so verbleibt er im Eigentum des Versicherers. Er kann – ist aber rechtlich dazu nicht verpflichtet – das Eigentum gemäß § 929 BGB auf den Versicherungsnehmer gegen Rückerstattung der Entschädigung rückübertragen (a. M. Zonenamt VerAfP 1948 S. 47, wonach der Versicherungsnehmer einen Anspruch auf Rückübereignung hat) und wird es tun, wenn der Versicherungsnehmer die Entschädigung zurückzahlt.

Vgl. zu dieser Frage noch Bach VersR 1951 S. 188; Pienitz S. 209, Sieg VersR 1954 S. 205 ff.

Für etwaige Beschädigungen des wiederbeschafften Fahrzeugs gilt die Regelung des § 12 Abs. 1 I b AKB (vgl. S. 436).

9. Nach Abs. 4 wird kein Ersatz für Schäden geleistet, die durch **Gewinnentgang** entstanden sind oder eine Minderung des Gebrauchswerts, einen Verlust an äußerem Ansehen oder Leistungsfähigkeit usw. darstellen (vgl. o. Anm. 4). Kein Ersatzanspruch besteht u. a. auch für Nutzungsausfall sowie für die Kosten eines Ersatzwagens oder von Treibstoff, der unter Umständen beim Schadenfall verlorengegangen ist. Schließlich werden Veränderungen, Verbesserungen und Verschleißarbeiten nicht ersetzt, da es sich nicht um Schäden im Sinne von § 12 Abs. 1, 3 AKB handelt.

10. Etwaige **Altteile** verbleiben dem Versicherungsnehmer und werden ihm zum Zeitwert auf die Ersatzleistung angerechnet (Abs. 5). Auch den Material- oder Schrottwert seines Wagens muß sich der Versicherte nach § 255 BGB anrechnen lassen (LG Düsseldorf 27. 9. 1951 VersR 1955 S. 221).

11. Abs. 6 stellt klar, daß eine etwa vereinbarte Selbstbeteiligung für jedes versicherte Fahrzeug besonders gilt und sich nur auf die Vollversicherung bezieht, soweit es sich um Schäden durch Unfall oder böswillige Beschädigung durch betriebsfremde Personen handelt, nicht jedoch um Brand- und Entwendungsschäden sowie Schäden durch Sturm, Hagel usw.

12. Ersatzforderungen des Versicherungsnehmers – oder Versicherten (RGZ Bd. 148 S. 137, 144; BGHZ Bd. 26 S. 133, 138 = VersR 1957 S. 814 m. Anm. Prölss VersR 1958 S. 148) – gegen Dritte gehen auf den Versicherer über, soweit dieser dem Versicherungsnehmer den Schaden ersetzt (§ 67 Abs. 1 Satz 1 VVG). Wird der Schaden vom Versicherer nur teilweise ersetzt, etwa weil der Schädiger nicht in vollem Umfange haftet oder der Versicherungsnehmer auf Grund einer Selbstbeteiligung oder sonstwie bedingungsmäßig den entstandenen Schaden nicht voll entschädigt erhält, so gewinnt § 67 Abs. 1 Satz 2 VVG Bedeutung, wonach der Übergang des Anspruchs auf den Versicherer nicht zum Nachteil des Versicherungsnehmers geltend gemacht werden darf. Dies bedeutet nach der herrschenden Diffe-

renztheorie (BGHZ Bd. 13 S. 28 = VersR 1954 S. 211 = NJW 1954 S. 1113 = DAR 1954 S. 111; Bd. 25 S. 340 = VersR 1958 S. 13 m. Anm. Prölss S. 53 = NJW 1958 S. 180 = LM § 67 VVG Nr. 10 m. Anm. v. Pagendarm; 28. 1. 1958 VersR 1958 S. 161 = NJW 1958 S. 1085; ausführlich Prölss § 67 VVG Anm. 6), daß dem Versicherungsnehmer die Ersatzforderung gegen den Dritten bis zur völligen Deckung seines Schadens verbleibt. Der Versicherungsnehmer muß seinen Schaden erst voll ersetzt erhalten haben, bevor seine Schadenersatzforderung gegen den Dritten auf den Versicherer übergeht (vgl. zur Differenztheorie Bach, VersR 1958 S. 657). Auf den Versicherer geht der Ersatzanspruch des Versicherungsnehmers nur insoweit über, als er zusammen mit der gezahlten Versicherungssumme den Schaden des Versicherungsnehmers übersteigt. Beispiel: A haftet zu $^2/_3$, B zu $^1/_3$. Der Schadenbetrag sei 3000,– DM, die vom Versicherer an A gezahlte Entschädigung 1800,– DM. A steht dann das volle Drittel des Schadenbetrages, d. s. 1000,– DM, zu. Der Ersatzanspruch ist nicht auf den Versicherer übergegangen, da er zusammen mit der gezahlten Versicherungssumme (1000,– + 1800,– DM) den Schaden des A von 3000,– DM nicht übersteigt. Voraussetzung ist im übrigen, daß sich das Quotenvorrecht des Versicherungsnehmers gegenüber dem Versicherer in der Kaskoversicherung nur auf den unmittelbaren Sachschaden am Fahrzeug, nicht auf Sachfolgeschäden, wie Nutzungsausfall u. a., bezieht (BGHZ Bd. 25 S. 340, s. o.; BGHZ 28. 1. 1958 a. a. O.) und daß das Quotenvorrecht dem Versicherungsnehmer nur für solche Schäden zugute kommt, die zu der gleichen Schadenart gehören wie die Schäden, deren Deckung die vom Versicherungsnehmer abgeschlossene Versicherung dient (BGHZ 21. 11. 1957 VersR 1958 S. 15 m. Anm. Prölss S. 53; BGHZ 28. 1. 1958 a. a. O.). Das Quotenvorrecht des Versicherungsnehmers besteht auch beim Vorliegen eines technischen oder merkantilen Minderwerts (BGHZ 28. 1. 1958 a. a. O.). Bleibt hiernach ein Teil des Personenschadens, Verdienstentgangs usw. ungedeckt, weil der Schädiger nur zu einem Bruchteil haftet, so steht dem Geschädigten aus dem Ersatzanspruch für den Sachschaden kein Quotenvorrecht vor dem Kaskoversicherer zu. Besonders wichtig ist diese Auslegung, wenn auch der sonstige Ersatzanspruch nicht den ganzen Schaden umfaßt (§ 254 BGB).

13. Auch die Ansprüche des gegen Kaskoschaden versicherten Kraftfahrzeughalters gegen den Fahrer des Wagens gehen gemäß § 67 VVG auf den Versicherer über, soweit dieser den vom Fahrer verursachten Schaden ersetzt (vgl. u. a. BGHZ 30. 4. 1959 VersR 1959 S. 500 = BB 1959 S. 579). Ob der Halter des Kraftfahrzeuges gegen den angestellten Fahrer Ersatzansprüche hat, richtet sich nach den zwischen ihnen bestehenden Rechtsbeziehungen. Im Verhältnis zwischen

Arbeitgeber und Arbeitnehmer gelten im Rahmen der sog. „gefahrengeneigten Tätigkeit" andere Haftungsmaßstäbe als zwischen den Parteien anderer Schuldverhältnisse. Näheres hierüber vgl. § 149 VVG Anm. 4, S. 248.

14. Im Verhältnis des Selbstfahrervermieters und des Mieters des Kraftfahrzeuges kommt es gleichfalls auf die zugrundeliegenden Vereinbarungen an, ob der Mieter dem Vermieter für den von ihm verursachten Schaden haftet und der Versicherer eine Regreßmöglichkeit kraft des § 67 VVG hat. Haben Vermieter und Mieter vereinbart, daß der Mieter außer dem Mietzins einen Pauschsatz für die Kaskoversicherung trägt, dann haftet der Mieter dem Vermieter gegenüber nicht für von ihm verursachte Kaskoschäden, für deren Deckung durch Versicherung er ja dem Vermieter die (anteilige) Prämie gezahlt hat (vgl. OLG München 30. 4. 1957 VersR 1958 S. 149). Eine derartige Versicherungsklausel kann nur dahin ausgelegt werden, daß der Mieter hinsichtlich seiner Haftung so dastehen soll, wie wenn er selbst eine Kaskoversicherung für einen ihm gehörenden Wagen abgeschlossen hätte (BGHZ Bd. 22 S. 109, 113 ff. = VersR 1956 S. 725 ff.). Gleiches gilt, wenn im Rahmen eines Auto-Benutzungsvertrages zwischen einer Firma und einem selbständigen Handelsvertreter diesem der Beitrag zur Kaskoversicherung ausdrücklich in Rechnung gestellt wird (OLG Nürnberg 1. 7. 1958 VersR 1958 S. 857 [858]). Wird der Selbstfahrermieter wegen eines von ihm an dem vermieteten Fahrzeug verschuldeten Fahrzeugschadens von dem Vermieter in Anspruch genommen, so kann er nicht einwenden, daß der Vermieter es unterlassen habe, den Schaden durch Abschluß einer Kaskoversicherung zu mindern (OLG München 30. 4. 1957 a. a. O.).

15. Tritt der Fahrer eines Kraftfahrzeuges als **Repräsentant** des Halters auf, so entfällt jede Regreßmöglichkeit des Versicherers; der Halter haftet aber für das Verschulden seiner Repräsentanten, und der Versicherer wird bei Vorsatz oder grober Fahrlässigkeit dieser gemäß § 61 VVG leistungsfrei. Repräsentant kann der angestellte Fahrer, der Beamte oder Behördenangestellte, der Handelsvertreter und jeder sein, der in dem Geschäftsbereich, zu dem das versicherte Risiko gehört, auf Grund des bestehenden Vertrages oder ähnlichen Verhältnisses an die Stelle des Versicherungsnehmers getreten ist und innerhalb des Geschäftsbereiches für den Versicherungsnehmer selbständig rechtsgeschäftlich handelt (vgl. z. B. RGZ Bd. 135 S. 370 f.; BGHZ VersR 1952 S. 428; VersR 1953 S. 316; 26. 1. 1956 VersR 1956 S. 147, 149: Nicht der vorläufige Erbe bis zur Ausschlagung der Erbschaft; s. a. BGHZ Bd. 24 S. 378 = VersR 1957 S. 458 = NJW 1957 S. 1233 zu Ziff. 2). Zum Repräsentantenbegriff vgl. auch S. 331.

Selbstfahrer eines Vermietwagens sind nicht als Repräsentanten des Halters anzusehen, sie stehen nur bezüglich des Wagens in einem Vertragsverhältnis zum Versicherungsnehmer und sind nicht an die Stelle des Halters getreten. Auch Kaufinteressenten eines Händlers, die auf einer Probefahrt den ihnen überlassenen Wagen beschädigen, sind nicht als Repräsentanten des Händlers anzusehen und daher dem Rückgriff des Versicherers ausgesetzt.

§ 14 Sachverständigenverfahren

1. Die Bestimmungen des **§ 14 (Sachverständigenverfahren)** stellen Grundsätze für die Einberufung eines Sachverständigenausschusses bei Meinungsverschiedenheiten über die Höhe des Schadens oder den Umfang der erforderlichen Wiederherstellungsarbeiten auf. Von § 14 unberührt bleibt § 64 VVG, wonach die Sachverständigenstellungen unverbindlich sind und durch Urteil erfolgen, wenn sie offenbar von der wirklichen Sachlage erheblich abweichen.

2. Der **Ausschuß besteht** gemäß Abs. 2 **aus 2 Mitgliedern.** Ein Mitglied wird vom Versicherer, das andere vom Versicherungsnehmer oder dem Ansprüche aus dem Vertrage geltend machenden Versicherten (§ 3 AKB – vgl. RGZ 3. 7. 1931 VerAfP 1931 Nr. 2305; a. M. RGZ Bd. 162 S. 269) benannt.

Hat eine Vertragspartei ihr Mitglied benannt, dann hat sie den anderen Vertragsteil schriftlich aufzufordern, auch seinerseits einen Sachverständigen zu benennen. Geschieht dies nicht innerhalb von 2 Wochen nach der Aufforderung, so geht das Recht der Benennung auf den auffordernden Vertragsteil über. Hat dieser den Sachverständigen nicht innerhalb angemessener Frist, die man ebenfalls mit zwei Wochen annehmen kann, benannt, so erfolgt die Schadenfeststellung in entsprechender Anwendung von § 64 Abs. 1 Satz 4 VVG durch das Gericht. Es muß sich um Sachverständige für Kraftfahrzeuge handeln (Abs. 4). Die Benennung der Ausschußmitglieder nach Abs. 2 ist keine Vertragspflicht und keine Obliegenheit. Die Parteien müssen einander gegenseitig von der Ernennung benachrichtigen; es genügt nicht, daß ein Sachverständiger dem anderen Vertragsteil mitteilt, er sei ernannt. Die Benachrichtigung von der Benennung des eigenen Sachverständigen gilt jedoch nicht gleichzeitig als Aufforderung an die andere Partei zur Benennung des anderen Ausschußmitgliedes; diese muß ausdrücklich und schriftlich erfolgen. Beides kann aber verbunden werden. Die Benennung unterliegt als empfangsbedürftige Willenserklärung den Regeln des BGB. Für die Erklärung des Versicherungsnehmers gilt § 9 AKB (schriftlich an den Vorstand). Der Sachverständige ist Beauftragter der ihn benennenden Partei, die ihn gegebenenfalls abberufen und durch einen anderen Sachverständigen ersetzen kann (RGZ Bd. 152 S. 201; a. M. Stiefel-Wussow § 14 Anm. 7). Anders beim Obmann. Er ist für beide Parteien tätig und muß daher unabhängig sein (RGZ Bd. 69 S. 159 = VerAfP 1908 Anh. S. 87 Nr. 408 = JW 1908 S. 556; OLG Schleswig VersR 1954 S. 506). Eine Erweiterung oder Einengung der Aufgaben des Sachverständigenausschusses ist nur mit Zustimmung beider Vertragsparteien möglich (vgl. BGHZ 18. 2. 1955 VersR 1955 S. 265 = BB 1955 S. 296).

3. Der Obmann ist vor Beginn des Verfahrens von den Sachverständigen des Ausschusses zu wählen (Abs. 3 Satz 1). Können sie sich über die Person des Obmannes nicht einigen, so entscheidet auf Antrag einer Partei das Amtsgericht, in dessen Bezirk der Schaden entstanden ist (§§ 14 Abs. 3 Satz 2 AKB, 64 Abs. 2 VVG). Der Obmann tritt nur in Funktion, wenn die beiden Ausschußmitglieder sich nicht einigen können und ihn anrufen. Die Sachverständigen haben dann ihre Arbeit beendet, er entscheidet allein. In die Gutachten beider Sachverständiger kann jede Partei Einsicht nehmen. Mit seinem Gutachten muß sich der Obmann innerhalb der Grenzen halten, die die Gutachten der Sachverständigen setzen. Die von ihm geschätzte Schadensumme darf nicht höher als der höchste und nicht niedriger als der niedrigste von den Sachverständigen geschätzte Betrag sein. Glaubt er eine Schätzung innerhalb dieser Grenzen nicht verantworten zu können, so bleibt ihm nur die Möglichkeit, das Amt abzulehnen. Einigen sich die Sachverständigen nicht und rufen sie trotzdem den Obmann nicht an, so ist anzunehmen, daß sie die Feststellung nicht treffen wollen. Dann kann jede Partei nach § 64 Abs. 1 Satz 3 VVG vorgehen (vgl. u. Anm. 8).

Ausschußmitglied und Obmann müssen Sachverständige für Kraftfahrzeuge sein (Abs. 4). Es ist nicht notwendig, daß sie als Sachverständige nach der VO über amtlich anerkannte Sachverständige und amtlich anerkannte Prüfer für den Kraftfahrzeugverkehr (Kraftfahrsachverständigen-VO) v. 10. 11. 1956 (BGBl. I S. 855) anerkannt sind. Dies schon deshalb nicht, weil das Tätigkeitsfeld der amtlich anerkannten Sachverständigen auf rein technischem Gebiet (Zulassung von Kraftfahrzeugen, Nachprüfung bereits zugelassener Fahrzeuge) liegt, hier aber auch wirtschaftliche Fragen eine maßgebliche Rolle spielen (Zeitwert, neu für alt). Bei Bestreiten der Eignung eines nicht gerichtlich oder sonstwie anerkannten Sachverständigen durch eine Vertragspartei muß die Eignung nachgewiesen werden, etwa durch Bescheinigungen über eine kraftfahrzeugtechnische Ausbildung.

4. Die Sachverständigen sind **Schiedsgutachter,** keine Schiedsrichter, denn sie geben nur ein Gutachten über einzelne Fragen ab und entscheiden über die Ansprüche der Parteien nicht endgültig. Das Verfahren ist ein Schiedsgutachterverfahren, kein Schiedsgerichtsverfahren

nach § 1025 ZPO (RGZ Bd. 152 S. 204; 162 S. 269; BGHZ Bd. 6 S. 335 = JZ 1952 S. 594; 31. 1. 1957 VersR 1957 S. 122; OLG Hamburg 10. 9. 1952 VersR 1952 S. 366). Die Entscheidung des Ausschusses ist daher nicht vollstreckbar (RGZ Bd. 162 S. 269; OLG Hamm 25. 6. 1951 VersR 1951 S. 258; BGHZ 9. 12. 1951 VersR 1952 S. 35; BGHZ Bd. 6 S. 335, s. o.). Die Sachverständigen entschieden nur über die Höhe des Schadens (Umfang der Beschädigung oder Zerstörung und Wert der in Verlust geratenen Gegenstände) und den Umfang der erforderlichen Wiederherstellungsarbeiten sowie über die unmittelbar damit zusammenhängenden Fragen (Fracht- und Transportkosten, Veränderungen, Verbesserungen, Wertminderung, Reifenbeschädigung u. a.). Zu den Aufgaben des Sachverständigenausschusses gehört auch die Prüfung, ob und inwieweit überhaupt ein Unfallschaden vorliegt und ob etwa die eingetretene Beschädigung eine Folge des Unfalls oder ein Brems-, Betriebs- oder Bruchschaden ist. Soweit die Zuständigkeit des Ausschusses reicht, ist das ordentliche Gericht kraft Parteivereinbarung unzuständig. Die Entscheidung über alle übrigen Fragen, die im Zusammenhang mit dem Schaden stehen, obliegt den ordentlichen Gerichten ohne weitere Einschränkung, so über die Deckungspflicht, die Schadenursachen (a. M. LG Traunstein 25. 5. 1939 RdK 1940 S. 126), über die Unmöglichkeit der Ersatzteilbeschaffung, die einen Totalschaden begründen könnte (OLG Düsseldorf 23. 10. 1930 JRPV 1931 S. 344; OLG Celle 13. 10. 1952 VersR 1952 S. 400) usw. Solange der Sachverständigenausschuß die Höhe des Schadens noch nicht festgestellt hat, hat der Versicherer gegenüber einer Leistungsklage des Versicherungsnehmers die Einrede der mangelnden Fälligkeit (vgl. § 15 AKB). Das Gericht muß die Klage abweisen (OLG Breslau 25. 2. 1937 JRPV 1937 S. 174; LG Hamburg 25. 6. 1952 VersR 1952 S. 272; OLG Düsseldorf 15. 11. 1955 VersR 1956 S. 587; OLG München 3. 6. 1960 VersR 1960 S. 652), es sei denn, der Versicherer hat in erster Instanz zur Leistungsklage verhandelt (OLG Düsseldorf a. a. O.) oder die Sachverständigen haben das Gutachten nicht erstatten können, nicht wollen oder es verzögert (vgl. § 64 Abs. 1 Satz 3 VVG, u. Anm. 8). Erhebt der Versicherer den Einwand der Zuständigkeit des Sachverständigenausschusses nach § 14 AKB, so muß das Übergehen des Versicherungsnehmers von der Leistungs- zur Feststellungsklage als sachdienlich angesehen werden (ebenso Stiefel-Wussow § 14 Anm. 4 a E.). Bestreitet der Versicherer seine Deckungspflicht, so muß er sich darüber klar werden, ob dies grundsätzlich geschieht oder ob er sich die Möglichkeit eines Sachverständigenverfahrens über die Höhe vorbehalten will für den Fall, daß seine Ablehnung unbegründet ist. Dies müßte er dem Versicherungsnehmer gegenüber mitteilen. Tut er dies nicht, dann kann er später den Einwand der Zuständigkeit des Sachverständigenausschusses nicht geltend machen, da dies arglistig wäre (im Ergebnis wie hier: RGZ 15. 5. 1925 JRPV 1925 S. 175 = Praxis 1926 S. 14; KG 20. 4. 1932 JRPV 1932 S. 198; KG 1. 2. 1933 JRPV 1933 S. 169; KG 10. 3. 1937 JRPV 1937 S. 183; OLG Hamburg 22. 9. 1937 JRPV 1937 S. 329 = JW 1937 S. 3169; Bruck-Möller § 11 Anm. 9; Stiefel-Wussow § 14 Anm. 5 m. Einschränkung). Für die Feststellungsklage unter Vorbehalt der Entscheidung über die Höhe der Entschädigung zu Gunsten des Sachverständigenausschusses: KG 18. 12. 1940 JRPV 1941 S. 46; a. M. RGZ 15. 5. 1925 JRPV 1925 S. 175; KG 29. 10. 1930 JRPV 1930 S. 435; KG 20. 4. 1932 JRPV 1932 S. 108; KG 10. 3. 1937 JRPV 1937 S. 183; KG 6. 12. 1939 JRPV 1940 S. 22; Prölss § 64 Anm. 3. Besteht über die Höhe des Schadens Einigkeit, ist also kein Raum für ein Sachverständigenverfahren, so ist nur die Leistungsklage, nicht die Feststellungsklage gegeben (OLG Hamburg 7. 12. 1955 VersR 1956 S. 42).

Leistungsklage, nicht Feststellungsklage, ist gegeben, wenn die Entscheidung des Sachverständigenausschusses von keiner Seite angerufen worden ist oder der Versicherer jede Leistung endgültig und formell unter Setzung einer Klageausschlußfrist abgelehnt hat (RGZ 15. 5. 1925 JRPV 1925 S. 175 = Praxis 1926 S. 14; KG 29. 10. 1930 JRPV 1930 S. 435; KG 20. 4. 1932 JRPV 1932 S. 198; KG 9. 7. 1932 JRPV 1932 S. 323; KG 10. 3. 1937 JRPV 1937 S. 183; OLG Hamburg 7. 12. 1955 VersR 1956 S. 42; OLG Köln 30. 1. 1959 VersR 1959 S. 193, 303).

Bestreitet der Versicherer die Deckungspflicht dem Grunde nach, so ist es für den Versicherungsnehmer praktisch, vor Anrufung des Sachverständigenausschusses Feststellungklage auf Bestehen des Versicherungsschutzes zu erheben, da er für die Kosten des Sachverständigenverfahrens aufkommen müßte, falls er mit einer späteren Leistungsklage abgewiesen wird, weil keine Deckungspflicht besteht. Die Erhebung der Klage durch den Versicherungsnehmer auf Gewährung des Versicherungsschutzes zur Erhaltung seines Versicherungsanspruchs ist notwendig, wenn die 6 Monatsfrist des § 8 AKB läuft (vgl. dort S. 401).

5. Dem Sinn ihrer Aufgabe nach sollen die Sachverständigen, insbesondere aber der Obmann **unabhängig** sein. Sind sie befangen, was analog den gesetzlichen Bestimmungen über Sachverständige im Zivilprozeß festzustellen wäre, so geben trotzdem weder das Versicherungsvertragsgesetz noch § 14 AKB eine Handhabe, sie abzulehnen (RGZ Bd. 152 S. 201; RGZ 8. 3. 1940 DÖV 1940 S. 215; BGHZ 31. 1. 1957 VersR 1957 S. 122 = VerBAV 1957 S. 70; a. M. OLG Breslau JRPV 1931 S. 299; OLG Königsberg 8. 7. 1941 JRPV 1941 S. 217; Prölss § 64 Anm. 9). Dies muß auch für den Obmann gelten (BGHZ a. a. O. läßt die Beurteilung der Rechtsfrage insoweit offen). Möglich wäre in

solchen Fällen eine Anfechtung des Gutachtens nach § 64 VVG, wenn die Befangenheit sich in einer „von der wirklichen Sachlage offenbar erheblich abweichenden" Schadenfeststellung auswirkt (LG Bochum 25. 1. 1938 DÖV 1938 S. 213). Das Verfahren vor dem Ausschuß ist formlos. Seine Durchführung liegt im Ermessen der Ausschußmitglieder. Das Gutachten muß den Parteien zugestellt werden. Schriftform ist zwar nicht ausdrücklich verlangt, wird aber erforderlich sein, um eine Nachprüfung zu ermöglichen (OLG München 15. 11. 1957 VersR 1959 S. 302). Nach der Mitteilung des Gutachtens an die Parteien sind die Sachverständigen an ihr Gutachten gebunden (RGZ 2. 8. 1935 Praxis 1935 S. 73). Lediglich offenbare Unrichtigkeiten im Sinne des § 319 ZPO dürfen noch berichtigt werden. Sonst können die Gutachten nur noch nach § 64 VVG angefochten werden, falls nicht ausnahmsweise ein Anfechtungsgrund nach den §§ 119, 123 BGB (Irrtum oder Täuschung) vorliegt. Eine Anfechtung durch die Parteien wegen Verfahrensmängel ist nicht möglich, solange das Ergebnis selbst nicht unter den Voraussetzungen des § 64 VVG anfechtbar ist (vgl. etwa RGZ Bd. 96 S. 62; BGHZ Bd. 6 S. 335; 31. 1. 1957 VersR 1957 S. 122).

6. Die Entscheidung, **ob eine Sachverständigenfeststellung offenbar von der wirklichen Sachlage erheblich abweicht** und deshalb nach § 64 Abs. 1 Satz 1 VVG unverbindlich ist, liegt auf tatrichterlichem Gebiet (RGZ 4. 11. 1930 JRPV 1930 S. 427). Sie ist nach dem Zeitpunkt der Abgabe des Gutachtens zu beurteilen, d. h. zu diesem Zeitpunkt muß die Abweichung sowohl vorhanden als auch offenbar sein; neue Tatsachen, die erst später im Prozeß vorgebracht werden, sind unbeachtlich (RGZ 27. 11. 1931 VerAfP 1932 Nr. 2367 = JRPV 1932 S. 7 = DÖV 1932 S. 6 = Seuff Arch 1932 Bd. 86 Nr. 64). „Offenbar" heißt nicht, daß die Abweichung jedem Laien sofort ins Auge fällt, sondern daß sie sich dem Blick eines sachkundigen und unbefangenen Beurteilers sofort aufdrängt, sobald er sich mit dem Fall befaßt (vgl. z. B. RGZ 25. 4. 1933 JRPV 1933 S. 168; KG 23. 12. 1939 JRPV 1940 S. 61; OLG München 15. 5. 1959 VersR 1959 S. 1017); eine Abweichung von der wirklichen Sachlage ist nicht „offenbar", wenn sie erst nach längerer Untersuchung zutage tritt. Die zufällig günstigere Schätzung eines anderen Sachverständigen ist kein Beweis für die Unrichtigkeit (RGZ Bd. 69 S. 167; RGZ 16. 11. 1928 VerAfP 1929 Nr. 1949 = JRPV 1928 S. 369; RGZ VerAfP 1932 Nr. 2367, s. o.; RGZ 11. 3. 1941 JRPV 1941 S. 89; KG 23. 12. 1939 JRPV 1940 S. 61; OLG Celle 13. 10. 1952 VersR 1952 S. 400). Es muß das Gesamtergebnis unrichtig sein, Unrichtigkeiten in Einzelpunkten können kompensiert werden (RGZ 2. 8. 1935 VerAfP 1935 Nr. 2843; BGHZ Bd. 6 S. 335, s. o.; Bd. 9 S. 195 = VerBAV 1953 S. 106 = VersR 1953 S. 192; OLG Kiel 24. 4. 1931 DÖV 1931 S. 65; OLG München 15. 5. 1959 VersR 1959 S. 1017), und haben

nicht die Unverbindlichkeit des gesamten Gutachtens zur Folge (BGHZ 3. 10. 1957 VersR 1958 S. 91 = NJW 1957 S. 1834). Werden über einzelne Teile des Anspruchs getrennte Gutachten abgegeben, so sind sie auch getrennt anfechtbar (OLG Düsseldorf 2. 8. 1937 JW 1937 S. 2669).

7. **Beispiele offenbarer Unrichtigkeit:**

Mangelnde Benutzung vorhandener Erkenntnisquellen (RGZ VerAfP 1932 Nr. 2367, s. o.); Übergehen von Schadenposten, die den Sachverständigen unbekannt geblieben sind (RGZ 4. 11. 1930 JRPV 1930 S. 427); Zugrundelegung falscher Berechnungsunterlagen durch den Obmann (KG 25. 7. 1936 JRPV 1937 S. 12; BGHZ 1. 4. 1953 Bd. 9 S. 195 = VerBAV 1953 S. 106 = VersR 1953 S. 192); unzutreffender Ersatztyp eines beschädigten Kraftwagens wird für die Ermittlung des Totalschadens benutzt (BGHZ 21. 6. 1956 VersR 1956 S. 473; OLG Hamburg VerAfP 1932 Nr. 2502; OLG Düsseldorf 9. 4. 1934 JRPV 1934 S. 172); Sachverständige machen Abschlag vom gewonnenen Ergebnis, da der Versicherungsnehmer erfahrungsgemäß zu viel verlange (KG 18. 4. 1934 VerAfP 1934 Nr. 2734); offensichtlich verfehlte Schätzungsweise (LG Bochum 25. 1. 1938 DÖV 1938 S. 213), Eine Anfechtung ist auch möglich, wenn fälschlich über den Anspruch dem Grunde nach entschieden und dadurch die Entscheidung über die Schadenhöhe beeinflußt wird.

8. Nach § 64 Abs. 1 Satz 3 VVG **trifft das Gericht die Feststellung** auch, wenn die Sachverständigen die Feststellung nicht treffen können, nicht wollen oder sie verzögern. Eine Entscheidung „nicht treffen können" kann gegeben sein, wenn aus irgendeinem Grunde nicht genügend Erkenntnisquellen vorliegen. Ein „Nichtkönnen" oder ein „Nichtwollen" im Sinne des § 64 Abs. 1 Satz 3 liegt auch vor, wenn der Ausschuß die Feststellung nicht selbst trifft, sondern sie einem Dritten überläßt (OLG Naumburg 20. 10. 1932 VerAfP 1933 Nr. 2526). Legt ein Sachverständiger sein Amt nieder, so heißt das nicht, daß er die Feststellung nicht treffen will, sondern daß er sein Amt den Parteien zur Benennung eines neuen Gutachters zur Verfügung stelle, ohne den Gang des Verfahrens oder das Ergebnis beeinflussen zu wollen.

Eine Verzögerung nach § 64 Abs. 1 Satz 3 VVG liegt nur vor, wenn sie vermeidbar war und nicht durch den normalen Geschäftsablauf gegeben ist. Sie muß in der Person der Sachverständigen begründet sein. Die Beweispflicht dafür trifft den, der sich auf die Verzögerung beruft (OLG Nürnberg 5. 2. 1934 JRPV 1934 S. 168).

9. Die **Kostenentscheidung** des § 14 Abs. 5 AKB folgt den Regeln der ZPO. Jede Partei haftet dem von ihr ernannten Sachverständigen für seine Vergütung aus Dienstvertrag; eine gesamtschuldnerische Haftung der Parteien den Sachverständigen gegenüber besteht nicht (RGZ Bd. 152 S. 201), dafür aber gegenüber den Ansprüchen des Obmannes

(BGHZ 29. 11. 1952 VersR 1953 S. 51). Im übrigen fallen die Kosten dem Versicherer zur Last, wenn der Sachverständigenausschuß die – höhere – Forderung des Versicherungsnehmers bewilligt. Der Versicherungsnehmer muß die Kosten tragen, wenn der Ausschuß über das vom Versicherungsnehmer abgelehnte – niedrigere – Angebot des Versicherers hinausgeht. Liegt die Entscheidung zwischen dem Angebot des Versicherers und der Forderung des Versicherungsnehmers, dann werden die Kosten verhältnismäßig auf die beiden Parteien aufgeteilt. Etwaige Kosten, die dem Versicherungsnehmer durch Beauftragung eines Rechtsanwaltes oder eines anderen Beistands zwecks Ermittlung oder Feststellung des Schadens entstehen, gehen zu Lasten des Versicherungsnehmers. Sie können weder nach § 14 AKB noch nach § 66 Abs. 2 VVG dem Versicherer gegenüber geltend gemacht werden (vgl. Schiedsgutachten der Rechtsanwaltskammer Frankfurt/M. – Gebührenausschuß – v. 28. 4. 1953 – 255/53 in VW 1953 S. 274).

§ 15. Zahlung der Entschädigung

1. Die vom Versicherer zu leistende Entschädigung ist nach Satz 1 zu zahlen, **sobald der Schaden festgestellt** ist, spätestens innerhalb von zwei Wochen nach der Feststellung. Sind Sachen entwendet, kommt eine Ersatzleistung frühestens nach Ablauf der Zweimonatsfrist in Frage, bis zu der der Versicherungsnehmer zur Rücknahme verpflichtet ist (vgl. § 13 Abs. 3 AKB, S. 451).

Festgestellt ist der Schaden, wenn die Parteien sich geeinigt haben, der Schaden vom Versicherungsnehmer anerkannt ist oder bei Meinungsverschiedenheiten das Gutachten des Sachverständigenausschusses nach § 14 AKB vorliegt (RGZ Bd. 155 S. 50; OLG München 15. 11. 1957 VersR 1959 S. 302). Ist es zu einem Rechtsstreit gekommen, so ist die Feststellung erst erfolgt, wenn das Urteil rechtskräftig geworden ist. Die Begutachtung des Schadens durch einen Sachverständigen zur Ermittlung der Schadenhöhe ist noch keine Feststellung, sondern hat nur vorbereitende Wirkung (AG Aachen 21. 10. 1955 VersR 1956 S. 83).

2. Bestehen **Meinungsverschiedenheiten** über die Höhe des Schadens, ist aber ein Sachverständigenausschuß nicht bestellt, so kann die Feststellung der Schadenhöhe nicht erfolgen, bevor nicht konkrete Unterlagen, insbesondere die Reparaturrechnung (vgl. OLG Hamm 20. 3. 1955 VersR 1955 S. 539), vorliegen. Wird der Schaden vom Versicherer anerkannt, so ist die Entschädigung sofort fällig (BGHZ 21. 4. 1955 VersR 1955 S. 205). Lehnt der Versicherungsnehmer die Leistung ausdrücklich ab, dann ist die Versicherungsforderung mit der Ablehnung fällig, und es bedarf keiner Mahnung, um den Versicherer in Verzug zu setzen (RGZ Bd. 158 S. 115; OHG 27. 4. 1950 VerBAV

1953 S. 50 = VersR 1950 S. 100; BGHZ 23. 6. 1954 VerBAV 1954 S. 212 = VersR 1954 S. 388; OLG Oldenburg 18. 7. 1951 VersR 1951 S. 274; OLG Hamm 5. 12. 1957 VersR 1958 S. 671; Bruck-Möller § 11 Anm. 9, 15; Prölss § 11 Anm. 1, 6). Bietet der Versicherer einen Vergleich an, lehnt der Versicherungsnehmer jedoch den Vergleichvorschlag ab, so wird die Entschädigung ebenfalls fällig (OLG Hamm 5. 12. 1957 a. a. O.).

3. **Verzug** setzt Fälligkeit und Verschulden voraus. Haben die tatsächlichen Ermittlungen auch ohne Rechtsstreit die Leistungspflicht des Versicherers klargestellt, dann ist der Versicherer schon vor Rechtskraft des Urteils in Verzug geraten (OGH 27. 4. 1950 VerBAV 1953 S. 50, 53; s a. Bruck-Möller § 11 Anm. 7). Der Verzug des Versicherers tritt nach dem oben Gesagten ein, wenn er nach Ablauf der Fristen in Satz 1 gemahnt wird und schuldhaft nicht zahlt (§ 284 Abs. 2 BGB). Verschulden liegt u. a. vor, wenn die Zahlung vom Versicherer verspätet erfolgt oder gar verweigert wird, weil er den Sachverhalt nicht genügend oder nicht zügig genug aufgeklärt hat (OGH 27. 4. 1950 VerBAV 1953 S. 50, 52 f.; BGHZ 15. 11. 1952 VerBAV 1953 S. 53). Die Gefahr des Verzugs des Versicherers ist namentlich dann gegeben, wenn es wegen der Versicherungsforderung zu einem Rechtsstreit zwischen ihm und dem Versicherungsnehmer kommt. Der Versicherer kommt nicht in Verzug, wenn er entschuldbarerweise angenommen hat, zur Zahlung nicht verpflichtet zu sein. Seine irrtümliche Annahme kann auf einem Tatsachen- oder Rechtsirrtum beruhen. Die neuere Rechtsprechung behandelt beide Arten des Irrtums gleich. Wie der Irrtum müssen auch Zweifel des Versicherers behandelt werden. In tatsächlicher Hinsicht ist der Versicherer verpflichtet, etwa bestehende Zweifel beschleunigt aufzuklären, da er sonst fahrlässig handelt (OGH 27. 4. 1950 a. a. O.). Ein Strafverfahren, das für den Sachverhalt von Bedeutung ist, kann er abwarten, auch wenn es nicht gegen den Versicherungsnehmer selbst gerichtet ist (RGZ 19. 6. 1931 VerAfP 1931 Nr. 2304 = JRPV 1931 S. 253; RGZ Bd. 158 S. 113 u. a.). Wenn hiernach die Annahme des Versicherers, er brauche nicht zu leisten, durch für seine Leistungspflicht bedeutsame Tatsachen begründet gewesen ist, liegt ein Verschulden nicht vor. Anders dagegen, wenn der Versicherer den Sachverhalt in fahrlässiger Weise falsch gewürdigt hat (BGHZ VerBAV 1953 S. 53; s. o.). Hinsichtlich eines Rechtsirrtums wird verlangt, daß er nicht auf Fahrlässigkeit beruht. (Fahrlässiger Rechtsirrtum: OGH 27. 4. 1950 VerBAV 1953 S. 50, 53; s. o.). Keine Fahrlässigkeit ist gegeben, wenn der Versicherer auch bei Wahrung der im Verkehr erforderlichen Sorgfalt mit seinem Unterliegen im Rechtsstreit nicht zu rechnen brauchte (BGHZ 9. 2. 1951 NJW 1951 S. 398 = MDR 1951

S. 217; 11. 12. 1951 VersR 1952 S. 118). Im einzelnen vgl. hierzu Bruck-Möller § 11 Anm. 18 ff.; Prölss § 11 Anm. 6. Verzögert der Versicherer die Feststellung der Entschädigung, so tritt die Fälligkeit ein, sobald die Nichtbeendigung der nötigen Erhebungen auf Verschulden des Versicherers beruht (Bruck-Möller § 11 Anm. 5).

Steht ein Anspruch des Versicherungsnehmers fest, kann aber bis zum Ablauf eines Monats seit der Anzeige vom Versicherungsfall die Höhe noch nicht abschließend festgestellt werden, so bestimmt § 15 Satz 2 AKB in Übereinstimmung mit § 11 Abs. 2 VVG, daß auf Verlangen des Versicherungsnehmers an ihn Anrechnung auf die Gesamtforderung — sofort fällige — angemessene Abschlagzahlungen (in § 15 Satz 2 „Vorschüsse" genannt) zu leisten sind. Als angemessen ist der Betrag anzusehen, den der Versicherer nach Lage der Sache mindestens zu zahlen hat (§ 11 Abs. 2 VVG). Werden die Ermittlungen des Versicherers zur Feststellung des Schadens durch Verschulden des Versicherungsnehmers gehindert, so wird der Lauf der Monatsfrist gehemmt (§ 11 Abs. 3 VVG). Schuldet der Versicherer auch nach *seiner* Auffassung eine bestimmte Summe und besteht zwischen den Parteien nur über einen Mehrbetrag Streit, dann muß der Versicherer die auch nach seiner Ansicht geschuldete Summe zahlen, wenn er nicht in Verzug geraten will, und muß ein Sachverständigenverfahren auf den Mehrbetrag beschränken. Er darf nicht jede Entschädigung bis zur Entscheidung des Sachverständigenverfahrens zurückstellen (RGZ Bd. 155 S. 50). Zu verzinsen ist die Ersatzleistung des Versicherers erst von dem Zeitpunkt an, an dem der Versicherer in Verzug gerät. Zahlt der Versicherer die Entschädigung, kann er nur eine einfache Quittung, keine Abfindungserklärung verlangen, es sei denn, es liegt ein Vergleich zugrunde (vgl. die Grundsätze des BAV über Abfindungsklärungen in VerBAV 1953 S. 152 f.).

4. Besondere Bestimmungen für die Kraftfahrunfallversicherung

§ 16. Versicherte Personen

1. Die Kraftfahrunfallversicherung ist eine **Personenversicherung.** Der Versicherungsnehmer bestimmt die Höhe der Versicherungssumme nach freiem Ermessen, und die Auszahlung erfolgt im Versicherungsfalle ohne Nachweis eines Schadens, sofern es sich nicht um Heilkosten handelt. Soweit Heilkosten infrage kommen, ist die Unfallversicherung eine Schadenversicherung. Die Kraftfahrunfallversicherung wird für Insassen des Fahrzeugs und für Berufsfahrer, das sind Fahrer und Beifahrer, abgeschlossen. Insasse kann der Versicherungsnehmer selbst sein. In der Regel wird die Insassenunfallversicherung so abge-

schlossen, daß der Versicherungsnehmer sich selbst und zugleich etwaige Insassen gegen Unfallschäden versichert (vgl. RGZ 152 S. 199 = JW 1936 S. 2788 und BGHZ 19. 11. 1955 Bd. 19 S. 94 = VersR 1956 S. 48 = JZ 1956 S. 368 m. Anm. Sieg). Erst bei Eintritt des Versicherungsfalls, d. i. der Unfall, ergibt sich, wer Versicherter gewesen ist (BGHZ Bd. 19 S. 94, s. o.; 8. 2. 1960 VersR 1960 S. 339, 340). Soweit der Versicherungsnehmer selbst als Insasse des Wagens versichert ist, handelt es sich um eine Versicherung für eigene Rechnung, im übrigen um eine Versicherung für fremde Rechnung.

2. Soll die Unfallversicherung, **auch soweit anderen Personen Unfälle zustoßen, für eigene Rechnung des Versicherungsnehmers** gelten, so ist zur Gültigkeit des Vertrages die schriftliche Einwilligung dieser anderen notwendig (§ 179 Abs. 3 Satz 1 VVG; vgl. auch VerBAV, Geschäftsbericht 1954/55, S. 29). Auf Innehaltung dieser zwingenden Vorschrift zum Schutze dieser anderen Personen kann nicht verzichtet werden, wenn eine Eigenversicherung des Versicherungsnehmers angenommen werden soll (BGHZ Bd. 19 S. 94, s. o.; ebenso BGHZ 8. 2. 1960 VersR 1960 S. 339, 340 m. Anm. Prölss = LM § 179 VVG Nr. 2, nur Leitsatz m. Anm. Haidinger; LG Köln 28. 2. 1956 VersR 1956 S. 789). Da der Versicherungsnehmer bei Vertragsabschluß aber in der Regel nicht weiß, wer jeweils als Insasse in Frage kommt, liegt im allgemeinen eine schriftliche Einwilligung dieser anderen nicht vor. Die Insassenunfallversicherung ist daher in solchen Fällen, soweit sie nicht den Versicherungsnehmer selbst betrifft, nach der Auslegungsregel des § 179 Abs. 2 Satz 1 VVG eine Versicherung für Rechnung dieser anderen (BGHZ Bd. 19 S. 94, 100, s. o.; VersR 1960 S. 339, 340, s. o.). Auf sie finden die Vorschriften der §§ 75–79 VVG entsprechende Anwendung (§ 179 Abs. 2 Satz 2 VVG), falls nicht die AKB etwas anderes bestimmen (vgl. unten). Im Zweifel ist daher anzunehmen, daß der Versicherungsnehmer den Anspruch auf die Versicherungssumme den Insassen hat erwerben wollen (Ehrenzweig S. 443 f.; BGHZ 19. 11. 1955 a. a. O.). Eine Einwilligung könnte praktisch nur beigezogen werden, wenn die Unfallversicherung auf die Namen der Versicherten abgeschlossen wird (vgl. unten Abs. 2 b, Abs. 3). Mangels der schriftlichen Einwilligung ist nur der Insasse Versicherter i. S. des § 75 VVG, so daß der Versicherungsanspruch allein ihm zusteht und als Bestandteil seines Vermögens in seinen Nachlaß fällt (BGHZ VersR 1960 S. 339, 340 s. o., und die dort angeführten Nachweisungen; ferner Prölss § 18 AKB Anm. 2 u. Anm. zu vorst. Urteil in VersR 1960 S. 341 f.; Stiefel-Wussow § 16 Anm. 15; a. M. das vom BGHZ a. a. O. revidierte Urteil des OLG München 28. 2. 1958 VersR 1959 S. 262 u. BFH 23. 9. 1959 BStBl. 1960 III S. 54; s. a. VersR 1960 S. 284).

3. Steht hiernach zwar der Versicherungsanspruch materiell-rechtlich dem Versicherten zu, so ist andererseits zu bedenken, daß nach §§ 76 VVG 3 Abs. 2 AKB **nur der Versicherungsnehmer** darüber **verfügen** kann mit der Folge, daß die Versicherungsforderung mit der Zahlung der Versicherungssumme an den Versicherungsnehmer erlischt. Ob und an wen der Versicherungsnehmer die Versicherungssumme auszukehren hat, entscheidet sich nach den Rechtsbeziehungen, die im Innenverhältnis zwischen dem Versicherungsnehmer und dem Versicherten bestehen (BGHZ 23. 10. 1958 VersR 1958 S. 797; 8. 2. 1960 VersR 1960 S. 339, 340 m. Anm. Prölss; BAG 30. 1. 1958 VersR 1958 S. 360 m. w. Nachw., auf die hier ausdrücklich verwiesen wird; Hofmann VersR 1960 S. 97, 100). Hier wäre etwa an einen Arbeitsvertrag zu denken, aber auch an Auftrag, Schenkung und dgl. Bestehen zwischen dem Versicherungsnehmer und dem verunglückten Versicherten keine irgendwie gearteten vertraglichen Abmachungen, aus denen sich eine Bestimmung über die Verwendung der eingezogenen Versicherungssumme herleiten ließe, dann muß der Versicherungsnehmer die etwa an ihn gezahlte Versicherungssumme nach den §§ 681, 667 BGB an den Versicherten herausgeben (BGHZ VersR 1960 S. 339, 341 m. w. Nachw. und den Gegenmeinungen; OLG Hamburg 1. 3. 1960 VersR 1960 S. 1132). Denn in dem ohne Einwilligung des Insassen geschlossenen Fremd-Unfall-Versicherungsvertrag liegt eine Geschäftsführung ohne Auftrag für den Versicherten (BGHZ 8. 2. 1960 VersR 1960 S. 339, 340; OLG Hamm RdK 1936 S. 144; OLG Nürnberg DAR 1954 S. 135; LG Kassel VersR 1955 S. 268; Prölss § 77 Anm. 1; Stiefel-Wussow § 3 Anm. 18; a. M. Hofmann VersR 1960 S. 98, 108).

4. Ist der Halter oder Fahrer den Insassen aus Anlaß eines Unfalls schadenersatzpflichtig, so entsteht die Frage, ob Zahlungen an den verletzten Insassen aus der Insassenunfallversicherung auf den Schadenersatzanspruch des Geschädigten gegen den Versicherungsnehmer und Halter oder Fahrer – etwa im Wege der Vorteilsausgleichung – anzurechnen sind. Die Anrechenbarkeit ist vom Reichsgericht Bd. 152 S. 199 ff. bejaht worden. Dieser Auffassung haben sich andere Gerichte sowie ein Teil des Schrifttums angeschlossen (vgl. z. B. OLG München 27. 5. 1952 VersR 1952 S. 391; Geigel b. Oberbach, Die Grundlagen der allgemeinen Haftpflichtversicherung, 1951, B 1 S. 15; Schmidt-Tüngler, Recht der Kraftfahrversicherung, 1951, 3. Aufl., S. 138 ff.).

BGHZ 8. 2. 1960 VersR 1960 S. 339, 341 hat die Frage der Anrechnung offen gelassen. Sie läßt sich nicht für alle Fälle einheitlich beantworten. Es wird vielmehr auf die Umstände des Einzelfalls ankommen. Maßgebend muß sein, welche Beweggründe und welchen Willen der verfügungsberechtigte Kraftfahrzeughalter und Versicherungsnehmer beim Abschluß der Insassenunfallversicherung hinsichtlich einer Anrechenbarkeit der Leistung aus der Unfallversicherung gehabt hat. Es wird darauf ankommen, wieweit Beweggründe und Wille, daß die Versicherungssumme auf den Schadenersatzanspruch angerechnet wird, in Vereinbarungen, in den zwischen dem Versicherungsnehmer und dem verletzten Insassen bestehenden Rechtsbeziehungen oder in sonstigen aus der Gesamtlage des Einzelfalls zu entnehmenden Umständen ihren Ausdruck gefunden haben (wie hier im Ergebnis BGHZ 19. 11. 1955 Bd. 19 S. 94, 102 = VersR 1956 S. 48, 50; OLG Hamburg 1. 3. 1960 VersR 1960 S. 1132; ferner Stiefel-Wussow § 16 Anm. 2; v. d. Thüsen VW 1953 S. 435; Engelbrecht VersR 1954 S. 110). Mit dieser Maßgabe ist jener Auffassung zuzustimmen, wonach im Normalfall die Leistung aus der Insassenunfallversicherung zusätzlich zu den Ansprüchen aus der Haftpflichtversicherung hinzutritt und nicht auf den Schaden angerechnet werden kann (Blaesner VW 1950 S. 207; Prölss Anm. zu RGZ Bd. 152 S. 199 und OLG München 27. 5. 1952 a. a. O. in JW 1936 S. 2788 und VersR 1952 S. 391; Orlowski VersR 1954 S. 45; OLG Neustadt 5. 6. 1953 VersR 1953 S. 309 = VRS 5 S. 430; Reichsaufsichtsamt, vgl. Rundschrb. 15/42 der früheren Wirtschaftsgruppe Kraftfahrtversicherung vom 21. 3. 1942; HUK-Verband Rundschrb. K 8/48 vom 3. 9. 1948).

5. Den besonderen Bestimmungen über die Kraftfahrunfallversicherung im Rahmen der AKB ist in § 16 eine Zusammenfassung der gegen Unfall versicherbaren Personengruppen vorausgeschickt. Hierdurch wird eine Reihe von Sonderbedingungen im Tarif für Kraftfahrzeugversicherungen überflüssig gemacht.

Abs. 1 behandelt die **Insassenversicherung.** Sie bezieht sich grundsätzlich auf ein bestimmtes Kraftfahrzeug. Danach ist jeder berechtigte Insasse des Kraftfahrzeugs, sofern nichts anderes vereinbart ist, mit dem Teilbetrag der versicherten Summe gedeckt, der der Anzahl der im Kraftfahrzeug z u r Z e i t d e s U n f a l l s befindlichen Personen entspricht. Es entscheidet also nicht die Anzahl der vorgesehenen Sitzplätze, sondern der beförderten Personen. Ist nur eine Personen Insasse, steht ihr die volle Versicherungssumme zu (vgl. LAG Frankfurt 24. 1. 1956 VersR 1957 S. 366). Hierbei handelt es sich um das sog. **Pauschalsystem.** Von der Insassenversicherung ausgeschlossen und daher nicht mitgezählt werden Berufsfahrer (vgl. unten Abs. 2). Die nach vorstehendem Verfahren sich für den einzelnen Insassen ergebende Versicherungssumme ist aber ihrer Höhe nach begrenzt, z. B. mit 200 000 DM für den Todesfall, 300 000 DM für den Fall dauernder Unfallfolgen, 10 000 DM für Heilkosten und 100 DM Tagegeld bei vorübergehenden Unfallfolgen. Ist etwa die Unfallversicherungssumme für den Todesfall mit 500 000 DM festgesetzt und handelt es sich um eine Fahrt mit Chauffeur, an der zwei Insassen teilnehmen, so beträgt die Versicherungssumme für jeden einzelnen Insassen (statt rechnungsmäßig $^1/_2$ vom 500 000 DM) höchstens 200 000 DM. Die für den einzelnen Insassen ermittelte Versicherungssumme ändert sich nicht, d. h. erhöht sich nicht, wenn nur eine Person verletzt oder getötet wird, während die anderen unverletzt bleiben. „Berechtigt" ist ein Insasse, wenn er mit Wissen und Willen des Verfügungsberechtigten (Versicherungsnehmers oder eines anderen Verfügungsberechtigten) entgeltlich oder unentgeltlich mitfährt, sei es in oder auf dem Fahrzeug, oder im ursächlichen Zusammenhang mit seiner Beförderung beim Gebrauch des Fahrzeugs (vgl. S. 197) im Rahmen des § 17 Abs. 1 AKB tätig wird, also etwa am Steuer sitzt (Lenken), ein- oder aussteigt (Benutzen), das Kraftfahrzeug belädt oder entlädt u. a. (§ 16 Abs. 1 Satz 2 AKB; vgl. auch Anm. 2 zu § 17, S. 470). Wer belädt oder entlädt und mit dem LKW befördert worden ist, ist Insasse, mag er auch vorher ausgestiegen sein (a. M. z. Zt. der Geltung des alten Wortlauts von § 16 AKB OLG Karlsruhe 3. 4. 1957 VersR 1957 S. 704). Belädt oder entlädt jemand, ohne vorher mitgefahren zu sein, ist er nicht Insasse. Insasse könnte auch ein unterwegs zufällig mitgenommener Passant sein. Insasse ist auch der Versicherungsnehmer selbst, gleichgültig ob er selber lenkt oder nicht. Schwarzfahrten deckt die Kraftfahrzeugunfallversicherung nicht (§ 17 Abs. 3 b AKB; vgl. S. 476).

6. Die Insassenversicherung kann auch in der Weise vereinbart werden, daß sie **nur für einen bestimmten Personenkreis** gilt, z. B. nur für Geschäftsfreunde, bestimmte Angestellte usw. Es kann aber auch ein bestimmter Personenkreis von der Insassenversicherung ausgeschlossen werden; sie kann auch lediglich für den Führersitz, d. h. für den jeweiligen Lenker des Fahrzeugs, abgeschlossen werden.

Über die Insassenversicherung vgl. Enge, Der Anspruch der Insassen in der Kraftfahr-Unfallversicherung, 1958. Neben dem Pauschalsystem hat der Versicherungsnehmer die Möglichkeit, nach dem (Sitz-)**Platzsystem** zu versichern (vgl. auch u. Anm. 10). Dann ist jeder einzelne Platz des im Antrag bestimmten Fahrzeugs mit der gleichen Summe versichert, wobei der Platz des Lenkers ausgenommen werden kann. Bei Omnibussen mit mehr als 10 Plätzen und bei Güterfahrzeugen (mit Ausnahme des Führerhauses) kann die Insassenunfallversicherung nur nach dem Platzsystem abgeschlossen werden.

7. Abs. 2 behandelt die **Berufsfahrerversicherung.** Berufsfahrer sind Kraftfahrer und Beifahrer, die beim Versicherungsnehmer in dieser Eigenschaft angestellt sind (Abs. 1), d. h. als Chauffeur oder als Beifahrer, um den Fahrer zu begleiten oder abzulösen, beim Be- und Entladen zu helfen, beförderte Waren auszutragen und ähnliche Dienste

zu verrichten; der Beifahrer braucht nicht den Führerschein zu besitzen (vgl. Rundschrb. der früheren Wirtschaftsgruppe Kraftfahrtversicherung v. 21. 7. 1943). Der Berufsfahrer ist nicht Insasse i. S. der Insassenunfallversicherung. Die Berufsfahrerversicherung kann in Verbindung mit dem Einheitstarif für Kraftfahrtversicherungen 1960 in folgenden Formen abgeschlossen werden:

a) Mit Bezug auf ein **bestimmtes,** im Antrag bezeichnetes Fahrzeug: Für den jeweiligen Lenker oder den jeweiligen bzw. die jeweiligen Beifahrer (§ 16 Abs. 2 a AKB und Kennziffer 22 Nr. 2 und 3 des Einheitstarifs). In diesem Falle würde sich die Unfallversicherung auch auf n i c h t angestellte Fahrer und Beifahrer beziehen, also insbesondere auf solche Fahrer und Beifahrer, die nur gelegentlich oder aushilfsweise für den Versicherungsnehmer tätig sind, ohne als solche bei ihm angestellt zu sein. Diese Regelung, wonach auch nicht angestellte Fahrer und Beifahrer als Berufsfahrer versichert werden können, deckt sich nicht mit der Begriffsbestimmung des Berufsfahrers in Abs. 1 Satz 1, ist aber im Einheitstarif für Kraftfahrtversicherungen 1960 Kennziffer 22 Nr. 2 und 3 unter der Überschrift Berufsfahrer und Beifahrer vorgesehen. Gleiches gilt für die Fälle u. zu c). Hier ist offenbar an das Berufsbild des Fahrers und Beifahrers gedacht. Eine Änderung der AKB in Abs. 1 erscheint empfehlenswert. Es kann dann auch nicht darauf ankommen, ob ein Beifahrer ständig zur Begleitung des Kraftfahrzeugs gehört oder nur gelegentlich mitfährt oder mitgefahren ist, wenn nur seine Tätigkeit zu den typischen Dienstleistungen eines Beifahrers gehört, wie sie oben angegeben ist. Er ist also Beifahrer, auch wenn er den Fahrer nicht ablöst und keine kraftfahrzeugtechnischen Verrichtungen vornimmt (vgl. LG Bielefeld 8. 12. 1952 VersR 1953 S. 133). Daß es bei Personenwagen keine Beifahrer gebe (so LG Kassel 4. 11. 1954 VersR 1955 S. 268), ist in dieser Allgemeinheit nicht zutreffend.

b) Mit Bezug auf ein **bestimmtes,** im Antrag bezeichnetes Fahrzeug: Für den jeweiligen angestellten Kraftfahrer oder den jeweiligen angestellten Beifahrer (so nach dem Antragsvordruck zu III b und c).

c) Mit Bezug auf ein **beliebiges** Kraftfahrzeug: Für namentlich bezeichnete Kraftfahrer und Beifahrer (Abs. 2 b AKB und Kennziffer 21 des Einheitstarifes). Die namentlich bezeichneten Kraftfahrer und Beifahrer brauchen beim Versicherungsnehmer nicht angestellt zu sein (wie hier Stiefel-Wussow § 16 Anm. 8; a. M. Sieg VersR 1953 S. 349).

d) Mit Bezug auf ein **beliebiges** Kraftfahrzeug: O h n e Namensnennung, wenn sämtliche beim Versicherungsnehmer angestellten Kraftfahrer oder Beifahrer mit gleichen Versicherungssummen versichert werden (Abs. 2 c AKB und Kennziffer 22 Nr. 1 des Einheitstarifs).

Da bei einer Versicherung nach c) oder d) die Berufsfahrerunfallversicherung an kein bestimmtes Fahrzeug gebunden ist, fallen auch Schäden darunter, die der Fahrer oder Beifahrer in dieser Eigenschaft in oder auf einem dem Versicherungsnehmer nicht gehörigen Fahrzeug erleidet (vgl. Stiefel-Wussow § 16 Anm. 8).

8. Berufsfahrer müssen ihren Erwerb aus der Tätigkeit als Lenker oder Beifahrer eines Kraftfahrzeugs ziehen. Wer in Ausübung eines anderweitigen Berufes als Lenker oder Beifahrer eines Kraftfahrzeugs oder Anhängers tätig ist, wie z. B. ein kaufmännischer Angestellter, ein Reisevertreter, ist nicht als Berufsfahrer anzusehen, da er nicht als solcher angestellt ist. Er ist Insasse (LG Kassel 4. 11. 1954 a. a. O.; LAG Frankfurt 24. 1. 1956 VersR 1957 S. 366). Über die Versicherung zugunsten von Beamten vgl. LG Kassel 4. 11. 1954 a. a. O.

9. Wird die Unfallversicherung in der Weise abgeschlossen, daß andere Personen als Berufskraftfahrer und Beifahrer **namentlich versichert** werden, so gilt die Versicherung für alle Unfälle, die diese Personen bei der Führung, Benutzung oder Behandlung eines b e l i e b i g e n Kraftfahrzeugs erleiden ohne Rücksicht darauf, wer Eigentümer oder Halter dieses Fahrzeugs ist (Abs. 3). Wegen Geltendmachung ihrer Rechte vgl. unten Abs. 5.

10. Abs. 4 trifft eine Regelung für die Kraftfahrunfallversicherung, die für eine bestimmte Zahl von Personen oder Plätzen abgeschlossen wird. Insbesondere kommt hier bei der reinen Insassenunfallversicherung das oben in Anm. 6 erwähnte Sitzplatzsystem für **Omnibusse** in Betracht. Abs. 4 gilt aber auch für die Berufsfahrerversicherung, wie sich aus der allgemeinen Bezeichnung „Unfallversicherung" in Abs. 4 und der Stellung dieses Absatzes im Rahmen des § 16 ergibt (LG Bielefeld 8. 12. 1952 VersR 1953 S. 133). Die Regelung des Abs. 4 hat folgende Wirkung: Werden zur Zeit des Unfalls mehr versicherte Personen befördert, als Personen oder Plätze bei Abschluß des Vertrages für die Versicherung angegeben worden sind, so tritt eine entsprechende Kürzung der Entschädigung für die einzelne Person ein. Beträgt etwa die Versicherungssumme im Todesfall für einen Omnibus, der 40 Personen faßt, 500 000 DM = je 12 500 DM pro Platz und werden 50 Personen befördert, so beträgt die auf die einzelne Person entfallende Versicherungssumme $^4/_5$ von 12 500 DM, das sind 10 000 DM. Werden nur 20 Personen befördert, verbleibt es bei der Summe von 12 500 DM für den einzelnen Fahrgast. Wird durch die entsprechend Abs. 4 vorzunehmende Kürzung der Versicherungssumme die vorgeschriebene Mindestversicherungssumme unterschritten, so macht sich der Halter oder Fahrer nach Art. I § 5 PflVG strafbar. Der Versicherer wiederum brauchte nur in Höhe der ge-

kürzten Versicherungssumme zu leisten. Die nach obigem auf den einzelnen Insassen entfallende Versicherungssumme bleibt unverändert, auch wenn nur wenige Insassen verletzt werden.

11. Nach Abs. 5 können namentlich versicherte Personen (vgl. oben Anm. 7 zu c und Anm. 6) ihre **Versicherungsansprüche selbständig geltendmachen** (vgl. dagegen § 3 Abs. 2 AKB; S. 339). Diese Bestimmung dient dem besonderen Interesse der geschädigten Insassen, die auf Grund ihrer namentlichen Benennung in einem besonderen Verhältnis zum Versicherungsnehmer stehen. Eine Abweichung von dieser Bestimmung ist nur ausnahmsweise in besonderen Fällen zugelassen (vgl. Rundschr. Reichsaufsichtsamt f. PrivVers v. 31. 7. 1940; S. 104). Danach ergibt sich folgende Rechtslage: Der Versicherungsnehmer kann bis zum Eintritt des Versicherungsfalls die von ihm abgeschlossene Unfallversicherung, auch soweit Personen namentlich versichert sind, nach Belieben ändern und ist nur durch die Vertragsbestimmungen in seiner Verfügungsbefugnis eingeschränkt. Er kann kündigen, die Bezugsberechtigung ändern usw. Nach Eintritt des Versicherungsfalles steht das Recht zu Verfügungen über den Versicherungsanspruch, wenn Personen namentlich versichert sind, ausschließlich diesen zu. Das Verfügungsrecht des Versicherungsnehmers ist damit ausgeschlossen (vgl. LG Bonn 28. 1. 1955 NJW 1955 S. 1034; ferner die Ausführungen zu § 3 AKB, S. 340). Unberührt hiervon bleibt das zwischen dem Versicherungsnehmer und Versicherten bestehende Innenverhältnis.

§ 17. Umfang der Versicherung

1. Das Bestreben nach möglichst vollkommenem Versicherungsschutz, auf das bereits auf S. 171 hingewiesen worden ist, ist im besonderen Maße in § 17 AKB festzustellen. Die Kraftfahrunfallversicherung hat besondere Bedeutung für die Versicherung von Angehörigen, deren Haftpflichtansprüche gemäß § 11 Nr. 4 AKB ausgeschlossen sind, und für sonstige Insassen, denen der Versicherungsnehmer nach § 8 Abs. 2 StVG nicht haften würde (vgl. S. 430).

2. In Abs. 1 und 2 wird eine umfassende Bestimmung über den Umfang des Versicherungsschutzes an die Spitze gestellt. Danach ist Versicherungsschutz gegeben, wenn der Versicherte durch einen **Unfall** (vgl. Anm. 3), der **in ursächlichem Zusammenhang** mit dem Lenken, Benutzen, Behandeln, dem Be- und Entladen sowie Abstellen von Kraftfahrzeugen und Anhängern steht, eine Gesundheitsschädigung erleidet (s. a. § 16 Anm. 5 S. 467).

Beweispflichtig für das Vorliegen eines Unfalls und den ursächlichen Zusammenhang mit dem Lenken usw. des Kraftfahrzeugs oder Anhängers ist der Anspruckerhebende. Er muß einen konkreten Unfallverlauf behaupten (OLG Düsseldorf 4. 12. 1956 VersR 1957 S. 282).

Bei näherer Betrachtung werden von der Kraftfahrunfallversicherung mithin **alle Unfälle** erfaßt, die sich bei Tätigkeiten ereignen, die in ursächlichem Zusammenhang mit dem **„Gebrauchen"** des Fahrzeugs im Sinne der Ausführungen auf S. 197 ff. stehen. Hieraus ergibt sich u. a., daß der Versicherte sich nicht gerade in dem Kraftfahrzeug oder auf dem Fahrzeug befinden muß. Es genügt eine Tätigkeit, die eine nahe örtliche und zeitliche Verbindung mit dem Gebrauchen des Kraftfahrzeuges in dem angeführten Sinne darstellt. Dazu gehört z. B. auch das Ein- und Aussteigen, weshalb es durch die Neufassung (Abs. 1 Satz 2) ausdrücklich mitversichert ist. Entsprechend sind auch Unfälle beim Schieben des Fahrzeugs (s. u.), beim Zusammenkoppeln, bei Reparaturen, beim Schmieren, Tanken, beim Auf- und Abladen gedeckt. Der ursächliche Zusammenhang zwischen dem Unfall und den Tätigkeiten in Abs. 1 ist nicht mehr gegeben, wenn der Verletzte (Insasse oder Berufsfahrer [Beifahrer], der nicht Insasse zu sein braucht; vgl. § 16 Anm. 4 u. 7) den Unfall nur gelegentlich seiner Tätigkeit nach Abs. 1 erleidet, das Ereignis aber auch jeden beliebigen Dritten treffen könnte. Ein eingeschränkter Versicherungsschutz, der nur solche Unfälle deckt, bei denen dem Kraftwagen selbst ein Unfall durch ein von außen her plötzlich einwirkendes Ereignis zustößt, darf bei Neuabschlüssen und bei Vertragsverlängerungen auf Grund besonderer Anordnung des Reichsaufsichtsamts nicht gewährt werden (vgl. Nr. 6 der Anordnung vom 31. Juli 1940, S. 107), da eine solche Einschränkung nicht im Interesse des Versicherungsnehmers liegt und in ihrer Bedeutung von ihm in der Regel nicht erkannt wird.

3. Nach Abs. 2 deckt die Kraftfahrhaftpflichtversicherung die durch Unfälle im Zusammenhang mit dem Gebrauchen des Kraftfahrzeuges (Abs. 1) eintretende **Gesundheitsschädigung.** Als Gesundheitsschädigung gelten nicht Erkrankungen infolge psychischer Einwirkungen. Ein **Unfall** liegt vor, wenn der Versicherte die Gesundheitsschädigung „durch ein plötzlich von außen auf seinen Körper einwirkendes Ereignis unfreiwillig erleidet".

a) Es muß sich um ein plötzliches Ereignis handeln. „Plötzlich" ist es, wenn es unerwartet, nicht voraussehbar, unentrinnbar eintritt (so die herrschende Rechtsprechung, vgl. RGZ Bd. 97 S. 189; BGHZ VersR 1954 S. 113 = NJW 1954 S. 596; OLG Düsseldorf 16. 3. 1954 VersR 1954 S. 317 = VersPrax 1954 S. 95; LG Köln 12. 6. 1947 NJW 1948 S. 304 = VW 1948 S. 26). Das Ereignis muß sich mit einer gewissen Schnelligkeit abspielen, innerhalb eines kurz bemessenen Zeitraumes (RGZ Bd. 97 S. 189; RGZ 4. 2. 1944 DR 1944 S. 807).

Unter diesen Voraussetzungen kann auch eine Körperbewegung, eine Bewegung des Verletzten, eine Kraftanstrengung ein Unfall sein. Auf die Plötzlichkeit der eingetretenen Wirkung dagegen kommt es hierbei nicht an, vielmehr auf die Schnelligkeit, zugleich auf die Nichtvoraussehbarkeit, Unentrinnbarkeit, wie sie bei Abwehrbewegungen und instinktiven Körperbewegungen auf Grund unvermuteter Ereignisse gegeben sein können (vgl. OLG Hamburg 22. 6. 1954 VersR 1954 S. 411; ferner LG Nürnberg-Fürth 8. 5. 1956 VersR 1957 S. 144; LG Berlin 21. 4. 1959 VersR 1959 S. 1037; in diesen Entscheidungen wurden die Voraussetzungen für die Annahme eines Unfalls als nicht gegeben angesehen). Daher ist die durch das Anschieben eines Kraftwagens hervorgerufene Kraftanstrengung, die zu einer Gesundheitsschädigung führt, kein Unfall, da die Einwirkung auf den Körper nicht unerwartet, überraschend, sondern planmäßig durchgeführt wird (OLG Stuttgart Beschl. 18. 7. 1953 VersR 1953 S. 395; a. M. OLG München 7. 8. 1956 VersR 1957 S. 144); ebenso kein Unfall eine planmäßig willensgesteuerte Körperbewegung (vgl. LG Nürnberg-Fürth u. LG Berlin wie vor). Anders, wenn im Zuge des Vorhabens unerwartete Ereignisse eintreten (Ausgleiten, Sturz: OLG München 7. 8. 1956 VersR 1957 S. 144; vgl. auch OLG Hamburg 22. 6. 1954 VersR 1954 S. 411). Zerrungen, Zerreißungen, Verrenkungen, die durch plötzliche Kraftanstrengungen hervorgerufen werden, sowie Wundinfektionen, bei denen der Ansteckungsstoff durch eine Unfallverletzung in den Körper gelangt ist, fallen nicht unter den Begriff Unfall im Sinne der AKB (arg. e contr. aus § 2 II 1 a AUB), falls nicht die Voraussetzungen des § 17 Abs. 2 AKB gegeben sind (vgl. den Fall in RGZ 4. 2. 1944 a. a. O.; s. o.). Vgl. auch auch die Ausführungen zu § 12, S. 438 ff.

4. b) Die Einwirkung muß **von außen** auf den Körper erfolgen. Dies ist nicht nur der Fall beim Zusammenstoß zweier Fahrzeuge oder beim Aufprallen auf ein Hindernis, sondern kann auch etwa beim Zurückrollen des Kraftwagens, bei einer Explosion des Reifens eines LKW und ähnlichen Vorgängen (unerwartetes Hängenbleiben mit dem Fuß: LG Nürnberg-Fürth 8. 5. 1956 VersR 1957 S. 144) eintreten. Auf die Erheblichkeit der körperlichen Beschädigung durch die erste Ursache kommt es nicht an, ebensowenig darauf, daß das Unfallereignis mit einer gewissen Gewalt über den Betroffenen hereingebrochen ist (RGZ 4. 2. 1944 a. a. O.: Eindringen von Keimen in eine aufgeplatzte Hautblase mit anschließender Blutvergiftung). Eine Einwirkung von außen kann auch dann vorliegen, wenn eine Eigenbewegung des Verletzten mitgewirkt hat, der Fahrer etwa auf der falschen Straßenseite gefahren ist (LG Siegen 8. 11. 1951 VersR 1952 S. 94) oder mit dem Wagen in einen Fluß gefahren ist (vgl. im übrigen

RGZ 24. 3. 1914 VerAfP 1914 Anh. Nr. 838; KG 6. 2. 1924 VerAfP 1924 Nr. 1517; OLG Hamburg 7. 12. 1951 VersR 1952 S. 19).

5. c) Schließlich muß die Gesundheitsschädigung **unfreiwillig** erlitten werden. Es darf nicht Vorsatz oder bedingter Vorsatz (dolus eventualis) vorliegen, etwa Selbstmord, Selbstverstümmelung o. ä. (vgl. LG Münster VersR 1957 S. 21). Beweispflichtig für die vorsätzliche Herbeiführung des Unfalls ist der Versicherer (vgl. im Einzelnen § 181 Abs. 1 VVG und Prölss § 181 Anm. 1; ferner für den Fall des § 181 Abs. 1 Satz 2 RGZ 157 S. 83 = JW 1938 S. 1117 = DÖV 1938 S. 150 = JRPV 1938 S. 133). Die Versicherungsbedingungen können die Beweislast anders regeln; dies ist in § 17 Abs. 2 der Fall, wo – wie auch in anderen Unfallversicherungsbedingungen – gefordert wird, daß der Versicherte die Gesundheitsschädigung „unfreiwillig" erleiden muß. Dann gehört dieses Tatbestandsmerkmal zum Unfallbegriff, und der Anspruchberechtigte muß die Unfreiwilligkeit nachweisen (RGZ Bd. 145 S. 322 = JW 1935 S. 351 = JRPV 1934 S. 376 = VerAfP 1935 Nr. 2757 = PraxVersR 1935 S. 5 = HRR 1935 Nr. 192; ebenso RGZ 21. 5. 1935 VerAfP 1935 Nr. 2806 = JRPV 1935 S. 233 = Praxis 1935 S. 63 = HRR 1935 Nr. 1486). An die Beweispflicht des Versicherungsnehmers sind in der Regel keine hohen Anforderungen zu stellen. Dieser Grundsatz ist jedoch dann nicht anwendbar, wenn hinsichtlich der Unfreiwilligkeit, etwa in der Richtung auf Selbstmord, Bedenken ernster Art bestehen (RGZ Bd. 145 S. 322 und 21. 5. 1935, s. o.; RGZ 12. 5. 1933 VerAfP 1933 Nr. 2578 = WarnRspr 1933 Nr. 155 = JRPV 1933 S. 187 = HRR 1933 Nr. 1504 = PraxVersR 1933 S. 46 = HansRGZ 1933 A S. 521; OLG Düsseldorf 4. 12. 1956 VersR 1957 S. 282).

Keine vorsätzliche (auch nicht bedingt vorsätzliche) Herbeiführung des Unfalles liegt vor, wenn der Autofahrer sich betrunken hat, da er den als möglich erkannten Schadenerfolg nicht gebilligt hat (Bischoff VersR 1950 S. 169; Jacobi VersR 1950 S. 336; LG Siegen 8. 11. 1951 a. a. O.; KG 15. 11. 1951 VersR 1952 S. 21; OLG Celle 7. 1. 1952 VersR 1952 S. 36). Auf anderer Ebene liegt, ob die Voraussetzungen des Abs. 3 a gegeben (s. u.).

6. Abs. 3 zählt die **Risikoausschlüsse** auf. Es sind dies

a) Unfälle des Versicherten bei der Ausführung oder dem Versuch von Verbrechen oder Vergehen sowie

b) Unfälle bei den sog. Schwarzfahrten.

Zu a) Was Verbrechen und Vergehen sind, richtet sich nach § 1 StGB in Verbindung mit den einschlägigen Straftatbeständen (RGZ 28. 1. 1938 – VII 130/37 – Seuff A 92 Nr. 53 S. 135; vgl. hierzu und zum folgenden auch Krebs VersR 1960 S. 289 ff.). Dabei ist maßgebend, ob der Tatvorgang zur Zeit des Unfalls (nicht schon zur

Zeit des Vertragsschlusses) unter das Strafgesetz fällt (wie hier Stiefel-Wussow § 17 Anm. 7; Pfennig VersR 1956 S. 333; Prölss Anm. NJW 1955 S. 1035; LG Frankfurt 15. 11. 1954 NJW 1955 S. 1035 = VersR 1955 S. 210 = VerBAV 1955 S. 47 hat Bedenken, aber entscheidet nicht). Vgl. hierzu auch § 2 Abs. 2 StGB, wonach sich die Strafbarkeit einer Tat nach dem Gesetz bestimmt, das zur Zeit der Tat gilt, und RGZ 28. 1. 1938 a. a. O.: „Der Versicherer übernahm die strafrechtlichen Begriffsbestimmungen mit dem Inhalte, den immer sie haben würden, so lange die Rechtsordnung die Unterscheidung zwischen Verbrechen, Vergehen und Versuch hierzu für die einzelnen Tatbestände des materiellen Strafrechts kennt."

Von dem Risikoausschluß werden Unfälle erfaßt, die der Versicherte bei der Ausführung oder dem Versuch von Verbrechen und Vergehen s c h l e c h t h i n erleidet. Man wollte nicht denjenigen, der eine Straftat begeht und hierbei einen Unfall erleidet, gewissermaßen noch belohnen. Der Risikoausschluß beruht daher nicht allein auf Erwägungen, das mit der Ausführung einer strafbaren Handlung oftmals verbundene erhöhte Risiko auszuschließen (so RGZ 28. 1. 1938 a. a. O.; BGHZ 10. 1. 1957 Bd. 23 S. 76 = VersR 1957 S. 90; Krebs VersR 1960 S. 289; Prölss JRPV 1941 S. 77). Dagegen spricht schon der ganz allgemein gehaltene Wortlaut der Bestimmung, aber auch die Tatsache, daß beispielsweise eine ähnliche Bestimmung sich auch in § 4 (9) der Grundbedingungen der Krankenversicherung findet, wo der Versicherer leistungsfrei ist, wenn Krankheiten, Unfälle oder Todesfälle vom Versicherungsnehmer vorsätzlich oder beim Begehen eines Verbrechens oder vorsätzlichen Vergehens herbeigeführt werden. Wollte man den Risikoausschluß unter den Gesichtspunkt der Gefahrerhöhung subsumieren, so würde ein großer Teil von Unfällen, die offenbar vom Risikoausschluß erfaßt werden sollten, gedeckt werden müssen.

7. Sowohl vorsätzlich als auch fahrlässig begangene Vergehen fallen unter die Ausschlußklausel des Abs. 3 a. Wie hier Stiefel-Wussow § 17 Anm. 6; Wussow § 3 Anm. 4 m. w. Nachw.; Prölss (unter Beschränkung auf bewußt fahrlässig begangene Vergehen) § 3 AUB Anm. 2 und Anm. zu LG Frankfurt 15. 12. 1954 NJW 1955 S. 1035. A. M. (nur Vorsatz) u. a. Holtz DAR 1951 S. 122; Dern VersR 1951 S. 191; Pfennig VersR 1956 S. 333; LG Frankfurt 15. 12. 1954 a. a. O. = VerBAV 1955 S. 47. Hat der Versicherer die strafrechtlichen Begriffsbestimmungen übernommen, dann muß dies auch für fahrlässig begangene Vergehen gelten, z. B. für § 316 StGB. Insoweit können auch nicht die Ausführungen von Pfennig a. a. O. überzeugen. Das Ergebnis ist für den Anspruchberechtigten auch nicht unbillig, wenn, was erforderlich ist, ursächlicher Zusammenhang zwischen dem Unfall

und dem strafrechtlichen Tatbestand gegeben ist (BGHZ 10. 1. 1957 a. a. O.; OLG Oldenburg 6. 5. 1955 VersR 1955 S. 513 = ZfV 1955 S. 531; LG Osnabrück 10. 9. 1959 VersR 1960 S. 490 m. Anm. Krebs S. 697 und Feuchtinger S. 793; Krebs VersR 1960 S. 289, 291; ferner RGZ 28. 1. 1938 a. a. O.: Ein enger Zusammenhang ist zu fordern; Prölss Anm. 2 zu § 3 AUB; bedingt Stiefel-Wussow § 17 Anm. 6; a. M. OLG München 23. 1. 1937 JRPV 1937 S. 154 = VerAfP 1937 Nr. 2972; Jannott, Kernfragen der Versicherungs-Rechtsprechung, S. 101). Im übrigen muß der Täter zurechnungsfähig sein.

Für den Versuch (§ 43 StGB) genügt, daß mit einer Handlung, die zum Tatbestand der Straftat gehört, der Anfang der Ausführung gemacht ist. „Ausführung" bedeutet „Begehen" (vgl. § 4 (9) Grundbedingungen Krankenversicherung; ferner Henke, Die Ausschlüsse und Grenzfälle in der Unfallversicherung, 1950, S. 67; Prölss NJW 1955 S. 1035; vgl. auch OLG Oldenburg 6. 5. 1955, s. o.; a. M. Pfennig VerR 1956 S. 333: Ein fahrlässiges Vergehen könne nur begangen, nicht aber ausgeführt werden). Dem Verbrechen und Vergehen gleichgestellt sind die Mittäterschaft und die Beihilfe (§ 49 StGB), nicht dagegen die Anstiftung (§ 48 StGB). Wie hier Krebs VersR 1960 S. 289, 290; a. M. Henke S. 65. Die Ausführung des Verbrechens oder Vergehens braucht nicht vollendet zu sein, da schon das minus – der Versuch – genügt. Der Versuch eines Vergehens fällt unter Abs. 3 a nur, wenn der Versuch im Strafgesetz ausdrücklich als strafbar bestimmt worden ist (vgl. § 43 Abs. 2 StGB). Die „Ausführung" kann noch andauern, wenn die unerlaubte Handlung im strafrechtlichen Sinne schon vollendet ist (BGHZ 10. 1. 1957 a. a. O.; OLG München 13. 7. 1933 PraxVersR 1933 S. 82; OLG Oldenburg VersR 1955 S. 513 = ZfV 1955 S. 531).

Übertretungen fallen nicht unter Abs. 3 a (LG Siegen 8. 11. 1951 a. a. O.).

Beispiele: Ein Vergehen nach § 23 STVG liegt vor, wenn ein polizeilich nicht zugelassenes Kraftfahrzeug oder Motorrad benutzt wird (OLG München 23. 1. 1937 a. a. O.; BGHZ 27. 6. 1951 VersR 1951 S. 195 = DAR 1951 S. 127). Fahrerflucht ist ein Vergehen gegen § 142 StGB; Versuch ist strafbar. Vergehen liegt ferner vor, wenn der Kraftfahrer ein Fahrzeug führt, ohne einen Führerschein zu besitzen, oder obwohl ihm die Fahrerlaubnis entzogen ist (§ 24 Abs. 1 StVG) oder wenn der Kraftfahrzeughalter vorsätzlich oder fahrlässig eine Person zur Führung des Fahrzeugs bestellt oder ermächtigt, die sich nicht durch einen Führerschein ausweisen kann oder der die Fahrerlaubnis entzogen ist (§ 24 Abs. 2 StVG; BGHZ 14. 11. 1960 VersR 1960 S. 1107 f.; LG Coburg 11. 4. 1957 u. OLG Bamberg 8. 5. 1957 VersR 1957 S. 426).

8. **Trunkenheit am Steuer** ist unter den Voraussetzungen der §§ 315 a Abs. 1 Nr. 2, 316, 330 a StGB Ausschließungsgrund. Wegen des Vorsatzes, der sich etwa im Falle des § 315 a Abs. 1 Nr. 2 auf die Unfähigkeit zur sicheren Führung, im Falle des § 315 a Abs. 1 Nr. 4 auf die grob verkehrswidrige und rücksichtslose Nichtbeachtung der Verkehrsvorschriften, z. B. die Vorfahrt, in allen Fällen des § 315 a des weiteren auf die Beeinträchtigung der Verkehrssicherheit und das Herbeiführen der Gemeingefahr erstrecken muß, vgl. OLG Braunschweig 9. 1. 1954 NJW 1954 S. 486; ferner BayObLG 24. 3. 1954 – Rev. Reg. 1 St. 70/54 – NJW 1954 S. 730; OLG Köln NJW 1954 S. 732; KG 15. 3. 1956 VerkMitt 1956 S. 28; Müller S. 469; Lackner MDR 1953 S. 73 ff. Dieselben über Fahrlässigkeit im Falle des § 316 a. a. O.; vgl. ferner OLG Oldenburg 9. 2. 1954 DAR 1954 S. 116; Krebs VersR 1960 S. 289, 291 f.

Der Anwendungsbereich des § 315 a StGB ist nur gering. Vorsätzliches Begehen wird selten sein, da der Vorsatz sich auch auf die Herbeiführung einer Gemeingefahr erstrecken muß. In der Regel kann mit OLG Braunschweig 9. 1. 1954 a. a. O. angenommen werden, daß sich der Täter in Fällen, in denen er sich selbst durch die Herbeiführung der Gemeingefahr gefährden würde, der Herbeiführung dieser Gefahr nicht bewußt geworden ist, oder die Möglichkeit des Eintritts zwar erkannt, aber gehofft hat, die Gefahr werde nicht eintreten. Es entfällt daher der Vorsatz. Im Falle des § 315 a Abs. 1 Ziff. 4 StGB kann Rücksichtslosigkeit mit fahrlässiger Begehung der Straßenverkehrsgefährdung verbunden sein (BGHSt 25. 2. 1954 – 4 StR 796/53 – NJW 1954 S. 729).

9. Zu b) **Unfälle bei Schwarzfahrten** (vgl. S. 473) sind von der Versicherung ausgeschlossen (Risikoausschluß). Dies gilt bereits bei Unfällen während der Vorbereitung einer solchen Fahrt. Im einzelnen vgl. hierzu S. 194 f.

10. Die in der allgemeinen Unfallversicherung geltenden Risikoausschlüsse, nämlich Unfälle durch Schlaganfälle, Ohnmachten, Schwindelanfälle, Bewußtseinsstörungen usw., die nicht ihrerseits durch den Versicherungsfall hervorgerufen waren, sowie Unfälle, die zu Bauch- oder Unterleibbrüchen, Krampfadern usw. geführt oder solche Leiden verschlimmert haben, sind nunmehr eingeschlossen. Dies ist im Interesse der Versicherten von erheblicher Bedeutung und wird dazu beitragen, auf Grund der früheren Regelung eingetretene Streitigkeiten in Zukunft zu vermeiden.

11. Der in Abs. 4 festgesetzte Kreis der n i c h t v e r s i c h e r u n g s f ä h i g e n P e r s o n e n umfaßt Geisteskranke, völlig Blinde oder Taube, Gelähmte sowie durch Unfall oder Krankheit dauernd arbeits-

unfähig gewordene Personen. Bei diesen wird eine Arbeitsbehinderung von 70 v. H. gefordert.

Trunkenheit fällt nicht unter Abs. 4 (LG Siegen 8. 11. 1951 VersR 1952 S. 94). Der von Abs. 4 erfaßte Personenkreis ist schlechthin von der Kraftfahrunfallversicherung ausgeschlossen. Maßgebend ist, sofern es sich nicht um einen Dauerzustand handelt wie bei der völligen Blindheit oder Taubheit, der Zeitpunkt des Versicherungsfalles, d. h. des Unfalls. Den Beweis dafür, daß die Voraussetzung des Abs. 4 vorgelegen hat, hat der Versicherer zu führen (RG 19. 4. 1932 VerAfP 1932 S. 245 Nr. 2439).

Eine Ausnahme von Abs. 4 kann für Personen vereinbart werden, die völlig erblindet oder durch Kriegsverletzung oder Unfälle mehr als 70 v. H. dauernd arbeitsbehindert sind. Voraussetzung ist jedoch, daß der Verletzte arbeitsfähig ist. Die Ausnahme bezieht sich nicht auf Unfälle beim Ein- und Aussteigen sowie beim Hantieren am Fahrzeug, ferner nicht auf die Berufsfahrer-Unfallversicherung (vgl. § 16 Anm. 7). Bei der Feststellung des Grades der Arbeitsbedingung nach § 19 AKB bleibt die vorhandene Beschädigung unberücksichtigt. Eine entsprechende Klausel hat das Bundesaufsichtsamt in Erweiterung der in VerBAV, Geschäftsbericht 1953/54, S. 25 abgedruckten Klausel genehmigt (VerBAV 1959 S. 271).

12. **Beweispflichtig** für das Vorliegen der Risikoausschlüsse ist der Versicherer (RGZ 19. 4. 1932 VerAfP 1932 S. 245 Nr. 2439 = JRPV 1932 S. 150; KG 29. 1. 1936 JRPV 1936 S. 218; OLG München 7. 8. 1956 VersR 1957 S. 144; BGHZ 21. 2. 1957 VersR 1957 S. 212, 213 u. das dort angeführte Schrifttum).

§ 18. Ersatzleistung

1. § 18 I enthält einige **allgemeine Bestimmungen** über die Ersatzleistung des Versicherers.

Nach I (1) richtet sich die Ersatzleistung des Versicherers nach den Versicherungssummen, die auf Grund des Antragvordrucks (Muster vgl. S. 111) für Tod, Dauerfolgen (Invalidität), Heilkosten und Tagegeld (vorübergehende Unfallfolgen) vereinbart werden. Im Falle der Arbeitsbehinderung bestimmt sich die Versicherungsleistung ferner noch nach dem Grad der Behinderung. § 18 I (2) bestimmt, daß die Versicherungsleistung bei Mitwirkung etwaiger Krankheiten oder Gebrechen bei den Unfallfolgen entsprechend zu kürzen ist, sofern der Anteil der Krankheiten oder Gebrechen mindestens 25 v. H. beträgt. Beweispflichtig ist der Versicherer. Gebrechen ist das Vorliegen eines regelwidrigen, die gewöhnlichen Körperleistungen nicht unerheblich beeinträchtigenden Dauerzustandes (RGZ 5. 6. 1934 JRPV 1934 S. 197 = VerAfP 1934 Nr. 2722). Ohne Bedeutung ist, ob die Krankheit oder das Gebrechen dem Versicherungsnehmer oder Versicherer vorher bekannt gewesen ist oder nicht (vgl. OLG Hamburg 24. 5. 1955 VersR 1957 S. 106: Durch Sektion festgestellt). In diesen Fällen des § 18 I (2) ist das Anteilverhältnis der verschiedenen Ursachen festzustellen oder zu schätzen. Eine Entschädigung mit der Begründung ganz zu versagen, daß die Unfallfolgen als Todesursache völlig in den Hintergrund treten und eine genaue Anteilschätzung nicht möglich sei, ist nicht zulässig (RGZ 19. 2. 1935 JRPV 1935 S. 122 = VerAfP 1935 Nr. 2804 = RdK 1936 S. 325). In I (3) ist festgelegt, daß die Kosten der ärztlichen Zeugnisse vom Versicherer getragen werden, wenn auf Verlangen des Versicherers der Unfallgeschädigte sich Ärzten zur Untersuchung stellt (§ 7 IV Abs. 2 AKB; S. 382) oder wenn die Leiche eines durch Unfall Getöteten besichtigt oder untersucht wird (§ 7 IV Abs. 3 AKB; S. 383). Wendet der Versicherungsnehmer solche Kosten aus eigenem Antrieb zur Sicherung seiner Ansprüche auf, könnte er sie nur als Kosten der Rechtsverfolgung geltend machen (vgl. u. Anm. 7 u. § 13 Anm. 7).

2. Die Ersatzleistung des Versicherers gliedert sich in die Leistungen im Falle **vorübergehender Unfallfolgen** (II), einer **dauernden Arbeitsbehinderung** (III) und im Falle des **Todes** als Unfallfolge (IV). Ergänzend heranzuziehen sind die Bestimmungen des § 19, falls es sich um eine Arbeitsbehinderung handelt und die Höhe der Entschädigung festgestellt werden soll.

Im Falle vorübergehender Unfallfolgen (§ 18 II AKB) werden nach II (1) Heilkosten oder Tagegelder, längstens für ein Jahr, von dem Unfall an, ersetzt, d. h. von dem Ereignis an, das die Gesundheitsschädigung zur Folge gehabt hat. Sind H e i l k o s t e n versichert, so werden die durch den Unfall erforderlich werdenden Kosten einer Heilbehandlung ersetzt. Die Versicherung der Heilkosten ist Schadenversicherung. Wie weit diese Kosten erforderlich sind, ist notfalls durch Gutachten eines ärztlichen Sachverständigen festzustellen. Heilmittel sind u. a. Arztkosten, Krankenhauskosten, Arzneien, Verbandszeug, Röntgenaufnahmen, künstliche Glieder u. a. Nicht zu den Kosten eines Heilverfahrens gehören nach der ausdrücklichen Bestimmung in II (2) Nahrungs- und Genußmittel, Erholungs- und Badereisen. Der Höchstbetrag der Heilkosten wird durch die vereinbarte Versicherungssumme bestimmt. Die Heranziehung des § 21 I AUB (vgl. für eine andere Bestimmung OLG Köln 11. 1. 1957 VersR 1957 S. 147) bei Zweifelsfragen, welche Kosten zu den zu ersetzenden Heilkosten gehören, erscheint nicht gerechtfertigt (vgl. S. 304; a. M. Stiefel-Wussow § 18 Anm. 5).

Ist T a g e g e l d versichert, dann wird es ebenfalls längstens für ein Jahr gezahlt. Während der Dauer der Arbeitsbehinderung und der ärztlichen Behandlung richtet sich die Höhe des Tagegeldes nach den Feststellungen des Arztes hinsichtlich des Grades der Arbeitsbehinderung. Ist die ärztliche Behandlung abgeschlossen und ist der Versicherte noch arbeitsbehindert, so ist die Fortdauer der Behinderung in angemessenen Zeiträumen auf Kosten des Versicherten durch Bescheinigung eines Arztes, der nicht beamtet zu sein braucht, nachzuweisen (II 3); die angemessenen Zeiträume werden in der Regel vom Arzt selbst festgelegt werden. Auf Verlangen des Versicherers hat sich der Versicherte einem vom Versicherer bezeichneten Arzt zu stellen (§ 7 IV 2 AKB; vgl. S. 383). Ist Tagegeld versichert und keine Arbeitsbehinderung eingetreten, so werden die erforderlichen Kosten der ärztlichen Heilbehandlung bis zu einem Viertel des Tagegeldes gezahlt, so lange die ärztliche Behandlung andauert, längstens für ein Jahr (II 4). Erstreckt sich z. B. eine ärztliche Behandlung über 40 Tage, so werden $40 \times 1/4$ des im Vertrage vereinbarten Tagegeldes gezahlt. Bei Personen unter 16 Jahren wird kein Tagegeld gezahlt, ohne Rücksicht darauf, ob ein Verdienstausfall – etwa bei Lehrlingen – infrage kommt oder nicht. Stattdessen werden die erforderlichen Kosten der ärztlichen Behandlung bis zur Höhe des versicherten Tagegeldes ersetzt (II 5).

In den Fällen II (4) und (5) ist zu beachten, daß hier Maßstab der Versicherungsleistung die Kosten der ärztlichen Behandlung, nicht des Heilverfahrens im ganzen, sind (vgl. auch § 6 I 3 AUB. A. M. für II (4) – erforderliche Kosten des Heilverfahrens – Stiefel-Wussow § 18 Anm. 6). Wünscht der Versicherungsnehmer oder Versicherte diese Wirkung nicht, müssen Heilkosten versichert werden.

3. Im Falle einer **dauernden Arbeitsbehinderung** enthält § 18 III die Voraussetzungen, unter denen der Versicherer in diesem Falle Leistungen in der Kraftfahrunfallversicherung zu gewähren hat. Arbeitsbehinderung ist Behinderung der Arbeitsfähigkeit. Arbeitsfähigkeit ist nach RGZ Bd. 161 S. 184 ff., wenn nichts anderes vereinbart ist, „die jedem Menschen auf der Grundlage körperlicher Unversehrtheit regelmäßig innewohnende Fähigkeit, Arbeit zu leisten". Für die Frage, wann eine Arbeitsbehinderung als dauernd anzusehen ist, bestimmt § 18 III (1), daß sich innerhalb eines Jahres, vom Unfall an gerechnet, ergeben muß, daß eine dauernde Arbeitsbehinderung zurückbleibt. Es kommt also nicht darauf an, ob der Unfall eine Arbeitsbehinderung überhaupt mit sich gebracht hat – diese könnte auch eine vorübergehende sein –, sondern ob innerhalb eines Jahres objektiv festgestellt werden kann, „sich ergibt", daß die Arbeitsbehinderung eine Folge des Unfalls ist und daß die Arbeitsfähigkeit dauernd beeinträchtigt sein wird (BGHZ 19. 12. 1953 VersR 1954 S. 33 m. Nachw.; Bd. 12 S. 129, 133 = VersR 1954 S. 111 = NJW 1954 S. 509; VersR 1955 S. 97 = MDR 1955 S. 221). Daß Dauerinvalidität mindestens dann vorliegt, wenn eine Arbeitsbehinderung zu erwarten ist, die noch 3 Jahre nach

Abschluß der ärztlichen Behandlung oder 4 Jahre nach dem Unfall andauern wird, ohne daß deren Ende vorauszusehen ist (vgl. RGZ Bd. 161 S. 184; LG Köln 20. 1. 1956 VersR 1956 S. 217, 218), könnte aus § 19 II 4 AKB gefolgert werden. Ist dies der Fall, dann besteht ein Entschädigungsanspruch entsprechend dem Grade der dauernden Arbeitsbehinderung. Bei Zweifeln über den Grad der Arbeitsbehinderung vgl. § 19 II 4. Der Versicherungsnehmer muß seinen Krankheitszustand als Dauerinvalidität und Unfallfolge erkannt haben, sonst kann er der nachstehenden Meldefrist nicht gerecht werden (BGHZ 19. 12. 1953 a. a. O.; OLG München 20. 10. 1951 VersR 1951 S. 269; Pfennig VersR 1956 S. 203). Der **Versicherungsnehmer** hat nämlich den **Anspruch** auf Entschädigung innerhalb von drei Monaten nach Ablauf des auf den Unfall folgenden Jahres, also innerhalb von 1¼ Jahr nach dem Unfalltag, beim Versicherer **anzumelden** und das ärztliche Gutachten, das die Feststellung getroffen hat, beizufügen (III 2). Die Frist ist reichlich bemessen, damit nach Abschluß des Unfalljahres genügend Zeit für den Versicherungsnehmer zur Anmeldung, insbesondere auch für die Anstellung ärztlicher Ermittlungen, zur Verfügung steht. Daß auch dem Versicherer innerhalb dieses Jahres die Dauerfolgen zur Kenntnis gekommen sein müssen, kann nicht als zutreffend angesehen werden (wie hier LG Köln 20. 1. 1956 VersR 1956 S. 217; Haidinger VersR 1952 S. 412; Pfennig VersR 1956 S. 203; Stiefel-Wussow § 18 Anm. 8. Die abweichende Meinung vertreten u. a. BGHZ Bd. 12 S. 129; Bd. 16 S. 37; 19. 12. 1953 VersR 1954 S. 33; OLG Köln 28. 5. 1951 VersR 1951 S. 160; Bischoff VW 1950 S. 310; Prölss AUB § 6 Anm. 2). Die Bedingungen sagen darüber nichts. Aus § 18 III (1) läßt sich nur entnehmen, daß sich innerhalb Jahresfrist eine dauernde Arbeitsbehinderung feststellen lassen muß. Das Interesse des Versicherers ist durch die Forderung nach objektiver ärztlicher Feststellung (s. u.) und durch § 19 II (4) gewahrt, durch sein Recht, den Grad der Arbeitsbehinderung und damit die Arbeitsbehinderung überhaupt während der ersten 3 Jahre nach Abschluß der ärztlichen Behandlung jährlich neu feststellen zu lassen mit der sich auf seine vorläufige Zahlungsverpflichtung gemäß § 21 Abs. 2 auswirkenden Folge. Daß der Verletzte die Dauerinvalidität von sich aus — als Laie — erkannt hat, kann nicht ausreichen, nicht einmal bei schweren Unfallfolgen. Notwendig ist immer eine objektive Feststellung auf Grund ärztlichen Gutachtens, das der Versicherungsnehmer einzureichen hat und das, wenn der Versicherer anderer Meinung ist, durch Spruch eines ärztlichen Ausschusses ersetzt werden muß (§ 20 III AKB; RGZ VerAfP 1934 Nr. 2672 = JRPV 1934 S. 53 = PraxVersR 1934 S. 29).

4. Die **Feststellung der dauernden Arbeitsbehinderung** innerhalb des ersten Jahres nach dem Unfall ist eine Bedingung für die Entstehung

des Anspruchs auf die Invaliditätsentschädigung (BGHZ 19. 12. 1953 a. a. O.; OLG Köln 28. 5. 1951 a. a. O.; OLG München 20. 10. 1951 VersR 1951 S. 269). Wird die Arbeitsbehinderung erst zu einem späteren Zeitpunkt als eine dauernde erkannt oder tritt eine Arbeitsbehinderung erst später als ein Jahr nach dem Unfalltage auf, so besteht eine Entschädigungspflicht des Versicherers überhaupt nicht (RGZ VerAfP 1909 Nr. 458; OLG Hamm VersR 1955 S. 562 und VersPrax. 1953 S. 31; KG 25. 10. 1953 VerAfP 1933 Nr. 2632 = JRPV 1934 S. 55 = Praxis 1934 S. 49 u. a.; ebenso Gräber VersR 1959 S. 869 f.). Die Anmeldefrist von 3 Monaten nach Ablauf des auf den Unfall folgenden Jahres ist eine Obliegenheit des Versicherungsnehmers, die nach dem Versicherungsfall zu erfüllen ist, auf die als § 6 Abs. 3 VVG Anwendung findet (OLG München 20. 10. 1951 VersR 1951 S. 269; OLG Köln 20. 1. 1956 a. a. O.). Die Inanspruchnahme des Versicherers ist erst dann als
1934 S. 49 u. a.; ebenso Gräber VersR 1959 S. 869 f.). Die Anmeldefrist
1$^1/_4$ Jahren nach dem Unfall erfolgt. Es kommt nicht darauf an, ob die Invalidität als Unfallfolge schon vor Ablauf des Unfalljahres erkannt worden ist oder erst nachher. Sie muß nur so rechtzeitig erkannt worden sein, daß dem Versicherungsnehmer noch eine fristgemäße Anmeldung möglich war. Hat der Versicherungsnehmer die Anmeldefrist versäumt, so kann er sich nicht mehr darauf berufen, es sei nicht in der Lage gewesen, die dauernde Arbeitsbehinderung als Unfallfolge zu einem die Wahrung der Anmeldefrist ermöglichenden Zeitpunkt zu erkennen (BGHZ VersR 1954 S. 33; s. o.).

5. Eine **Sonderregelung für Personen über 65 Jahren** trifft III (3). Diese erhalten im Falle dauernder Arbeitsbehinderung statt der Kapitalsumme eine Rente, die 10 v. H. der nach dem Grad der Arbeitsbehinderung in Betracht kommenden Summe beträgt. Weitere Bestimmungen über Beginn, Fälligkeit, Zahlungsmodus usw. fehlen. Der Personenkreis wird dadurch bestimmt, daß der Verletzte im Zeitpunkt des Unfalls das 65. Lebensjahr vollendet haben muß. Ergänzend sind die Vorschriften des bürgerlichen Gesetzbuches über die Leibrente heranzuziehen. In Anwendung von § 759 Abs. 2 BGB ist der Rentenbetrag von 10 v. H. der Invaliditätssumme der Jahresbetrag. Die Zahlung ist in vierteljährlichen Raten im voraus vorzunehmen (§ 760 Abs. 2 BGB). Nach § 759 Abs. 1 BGB ist die Rente im Zweifel für die Lebensdauer des Versicherten zu entrichten. Daraus folgt, daß mangels näherer Vereinbarung die Zahlung der Rente mit dem Tode des Versicherten aufhört. Die Dauer der Rentenzahlung im übrigen ergibt sich aus den Vertragsbestimmungen, nämlich dem Höchstbetrag, der sich aus der vereinbarten Kapitalsumme in Verbindung mit der Festsetzung des Grades der Arbeitsbehinderung ergibt (§ 18 I [1], III [1] AKB); da die Jahresrente 10 v. H. der Invaliditätssumme beträgt, ist sie längstens

10 Jahre lang zu zahlen. Über den Beginn der Zahlung vgl. S. (§ 21 Abs. 2).

Gründe für die Regelung sind das größere Risiko der älteren Personen, das zu einer Kürzung der Entschädigung führt, wenn der Versicherte die 10 Jahre nicht erlebt, andererseits aber auch die für ältere Personen zweckmäßigere Zahlung der Entschädigung in Form einer Rente (vgl. auch Pfennig VersR 1956 S. 203). Hinsichtlich der Fälligkeit vgl. § 21 Anm. 1.

Die Zahlung von Renten im übrigen ist nicht vorgesehen und kann wegen der Unabdingbarkeit der Bedingungen (vgl. S. 306) auch nicht vereinbart werden.

6. Im Falle des **Todes als Unfallfolge** (§ 18 IV AKB) ist die versicherte Todesfallsumme auszuzahlen. Voraussetzung ist, daß der Tod innerhalb eines Jahres vom Unfall an gerechnet eintritt. Sind bereits Kapitalzahlungen für dauernde Unfallfolgen aus dem gleichen Unfall geleistet worden, so werden sie auf die Todesfallentschädigung angerechnet, nicht dagegen Tagegelder. Bei Personen unter 16 Jahren ist die Todesfallentschädigung auf höchstens 1000 DM begrenzt (in den früheren Bedingungen waren als Grenze die Kosten einer orts- und standesüblichen Bestattung gesetzt). Stirbt der Versicherte nach Ablauf des auf den Unfall folgenden Jahres, aber vor endgültiger Feststellung der Entschädigung, so leistet der Versicherer eine dem zuletzt festgestellten Grad der Arbeitsbehinderung entsprechende Entschädigung (§ 21 Abs. 2 Satz 2 AKB).

7. Die **Kosten** für ein privates ärztliches Gutachten über vermutliche Gesundheitsschäden sind Vorbereitungskosten, die im Falle eines Prozesses nach § 91 ZPO zu erstatten sind, wenn sie zur zweckentsprechenden Rechtsverfolgung erforderlich sind (LG Göttingen Beschl. 9. 3. 1957 VersR 1957 S. 685; 3. 10. 1957 VersR 1958 S. 346; vgl. auch § 13 Anm. 7).

§ 19. Feststellung des Grades der Arbeitsbehinderung

1. Nach § 18 II werden bei **vorübergehenden Unfallfolgen,** abgesehen von Heilkosten, nur Tagegelder gezahlt, deren Höchstbetrag im Versicherungsantrag bzw. Versicherungsschein festgelegt ist. Ob dieser Betrag ganz oder zu welchem Teil gezahlt wird, hängt von dem Grad der Arbeitsbehinderung ab. Die Bemessungsgrundlage im Falle der Beschränkung der Arbeitsfähigkeit ist bei vorübergehenden Unfallfolgen anders als bei Dauerfolgen. Bei vorübergehender Arbeitsbehinderung ist der Grad der Behinderung im Beruf oder in der Beschäftigung des Versicherten gegenüber der Zeit unmittelbar vor dem Unfall maßgebend. Arbeitsbehinderung und Beschäftigungsbehin-

derung sind gleichwertig zu behandeln. Auch die Hausfrau, der eine Beschäftigung ausübende Rentner können anspruchsberechtigt sein (vgl. Stiefel-Wussow § 19 Anm. 1). Der Begriff der Arbeitsunfähigkeit in der sozialen Krankenversicherung kann dabei nicht herangezogen werden, da er ein anderer ist als in den AKB und AUB (OLG Celle 18. 2. 1957 VersR 1957 S. 211).

Bei **dauernder Arbeitsbehinderung** ist die Bemessung davon abhängig, ob es sich a) um den völligen oder teilweisen Verlust von Gliedern oder Sinnesorganen oder um die völlige oder teilweise Gebrauchsunfähigkeit der Glieder oder Organe oder b) um andere Ursachen handelt. Im Falle a) richtet sich der für die Versicherungsleistung maßgebliche Grad der Beeinträchtigung der Arbeitskraft ausschließlich nach der in § 19 II (1) festgesetzten Gliederverlusttafel (meist wenig schön „Gliedertaxe" genannt). Ihre Sätze sind für alle am Vertrag Beteiligten derart bindend, daß auch bei einer etwaigen durch den Verlust oder die Gebrauchsunfähigkeit eines Gliedes oder Sinnesorganes eingetretenen höheren oder geringeren Arbeitsminderung, als in der Aufstellung angegeben, immer nur die in der Gliederverlusttafel aufgezeichneten Sätze für die Leistung des Versicherers maßgebend sind (vgl. AG Ansbach 19. 7. 1960 VersR 1960 S. 913).

3. Ist die dauernde Arbeitsbehinderung auf andere Ursachen als die Gebrauchsunfähigkeit von Gliedern oder Sinnesorganen zurückzuführen, z. B. innere Verletzungen, so erfolgt eine freie Schätzung gemäß II (3). Maßgebend ist dann nicht mehr die Fähigkeit zur Ausübung eines bestimmten Berufes oder einer bestimmten Beschäftigung und ihre Behinderung; es ist auch gleichgültig, welchen Beruf der Versicherte gerade ausübt und ob er überhaupt einen Beruf und eine Beschäftigung hat. Entscheidend ist vielmehr die Arbeitsfähigkeit des Versicherten und ihre Behinderung, d. h. die Möglichkeit des Versicherten, eine Erwerbstätigkeit auszuüben, die seinen Kräften und Fähigkeiten entspricht und die ihm nach Ausbildung und bisherigem Beruf billigerweise zuzumuten ist (vgl. auch RGZ Bd. 161 S. 184 ff.).

Hiernach ist die Behinderung des Versicherten im Beruf kein Prüfstein dafür, ob eine vorübergehende oder dauernde Beeinträchtigung der Arbeitsfähigkeit vorliegt, sondern umgekehrt ist die entweder vorübergehende oder dauernde Beeinträchtigung der Arbeitsfähigkeit dafür entscheidend, inwieweit die Behinderung im Beruf zum Maßstab für die Entscheidung — für das Tagegeld im Falle vorübergehender Beeinträchtigung der Arbeitsfähigkeit — genommen werden darf (so RGZ Bd. 161 S. 184 [190]). Ist die Arbeitsbehinderung eine solche von Dauer, ist allein die freie Schätzung der Erwerbsfähigkeit des Versicherten nach den obigen Grundsätzen — oder die Gliederverlusttafel — maßgebend.

4. Ist für die Bemessung der Beschränkung der Arbeitsfähigkeit die Gliederverlusttafel zugrundezulegen, so werden nach II (2) bei **teilweisem Verlust** oder teilweiser Gebrauchsunfähigkeit von Gliedern und Sinnesorganen die Sätze der Tafel entsprechend herabgesetzt, bei Verlust oder Gebrauchsunfähigkeit von mehreren Gliedern oder Sinnesorganen bis auf höchstens 100 v. H. zusammengerechnet. Beim völligen Verlust der Sehkraft beider Augen werden 100 v. H. (statt 2 × 30 v. H.) und beim völligen Verlust des Gehörs auf beiden Ohren 60 v. H. (statt 2 × 15 v. H.) zugrundegelegt.

Bei der Feststellung des Grades der Arbeitsbehinderung kriegsbeschädigter Personen bleibt die vorhandene Kriegsbeschädigung aufgrund der auf S. 477 erwähnten Klausel unberücksichtigt.

5. Bemerkenswert ist hier die Befugnis des Versicherers, im Falle dauernder Unfallfolgen den **Grad der Arbeitsbehinderung**, soweit er nicht auf Grund der Gliederverlusttafel feststeht (s. o.), **jährlich neu festzustellen** (§ 19 II Abs. 4 AKB). Diese Bestimmung muß im Zusammenhang mit § 18 III (1) gelesen werden. Danach muß sich die dauernde Beeinträchtigung der Arbeitsfähigkeit zur Begründung eines Entschädigungsanspruchs innerhalb eines Jahres, vom Unfalltag an gerechnet, ergeben (vgl. § 18 Anm. 4). Damit der Versicherte über die endgültige Feststellung der ihm zustehenden Entschädigung nicht zu lange im ungewissen bleibt, sind der jährlichen Feststellung und der damit verbundenen Bemessung des Grades der dauernden Arbeitsbehinderung in diesem Zeitpunkt gewisse Schranken gesetzt. Die Feststellung ist nur in den ersten drei Jahren nach Abschluß der ärztlichen Behandlung und nur innerhalb von vier Jahren vom Unfalltage an zulässig. Von diesem Zeitpunkt ab bleiben Änderungen im Gesundheitszustand des Versicherten ohne Einfluß auf die Erhöhung oder Minderung des Grades der Arbeitsbehinderung. Ferner sind äußerstens bis zu diesem Zeitpunkt vom Fortfall der Zahlung eines Tagegeldes oder, wenn ein Tagegeld nicht in Frage kommt, vom Abschluß der ärztlichen Behandlung an Zinsen von der Entschädigungssumme zu zahlen, die dem zuletzt vorläufig festgestellten Grad der dauernden Arbeitsbehinderung entspricht (§ 21 Abs. 2 AKB). Über den Ablauf der 4-Jahresfrist und Verschulden des Versicherungsnehmers vgl. LG Köln 20. 1. 1956 VersR 1956 S. 217, 218. Der Grad der Arbeitsbehinderungen zwischen den jährlichen Feststellungen ist ohne Bedeutung (OLG Düsseldorf 20. 10. 1941 JRPV 1942 S. 27). Während des 4jährigen Zeitraumes hat der Versicherer ein Interesse daran, durch eine neue Feststellung eine eingetretene oder fortschreitende Besserung der für die Bemessung der endgültigen Kapitalentschädigung maßgebenden dauernden Arbeitsbehinderung und damit die weitere Aussetzung der Zahlung geltend zu machen, während

für den Versicherten, der von sich aus die jährliche Feststellung nicht betreiben kann, von Bedeutung ist, den endgültigen Grad der Arbeitsbehinderung feststellen zu lassen, damit die Versicherungsleistung fällig wird. Zur Wahrung der beiderseitigen Belange wird bestimmt, daß der Versicherer die Feststellung des Grades der Arbeitsbehinderung, wenn sie später als zwei Jahre nach dem Unfalltag erfolgen soll, auf seine Kosten durch ein Gutachten des Ärzteausschusses (vgl. § 20 Abs. 3; S. 486) treffen lassen muß. Hiervon wird die Unternehmung wegen des umständlichen Verfahrens und der recht erheblichen Kosten nur in den wichtigsten Fällen Gebrauch machen. Andererseits bietet der Ärzteausschuß die Gewähr einer objektiven Feststellung. Vgl. hierzu RGZ 19. 1. 1934 VerAfP 1934 Nr. 2672; RGZ Bd. 161 S. 184, 187 f.; BGHZ 30. 6. 1958 VerBAV 1958 S. 264 = VersR 1958 S. 507 = NJW 1958 S. 1679 m. abl. Anm. Dern. Wegen der Erklärungspflicht des Versicherers vgl. § 20 Abs. 1 AKB, S. 486; wegen der im Falle des § 19 II (4) AKB vom Versicherer zu leistenden Abschlag- und Zinszahlungen vgl. § 21 Abs. 1 und 2, S. 489.

6. § 19 III trifft eine Regelung für den Fall, daß der Versicherte **schon vor dem Unfall dauernd arbeitsbehindert** gewesen ist, sei es durch Krankheit oder Gebrechen, sei es infolge völligen oder teilweisen Verlustes oder der völligen oder teilweisen Gebrauchsunfähigkeit von Gliedern oder Sinnesorganen. Ist die Arbeitsfähigkeit des Versicherten vor dem Unfall nur vorübergehend beeinträchtigt gewesen, so bleibt dies unberücksichtigt. In allen anderen Fällen wird von dem als Unfallfolge festgestellten Grad der Arbeitsbehinderung des Versicherten ein Abzug gemacht, der der schon vorher vorhandenen Beeinträchtigung der Arbeitsfähigkeit entspricht (vgl. hierzu § 18 Anm. 1). Der Abzug wird sowohl in den Fällen des § 19 I (vorübergehende Unfallfolgen) als auch des § 19 II (dauernde Unfallfolgen) gemacht, wie sich aus der selbständigen Stellung dieser Vorschrift (III) neben I und II ergibt. Die Bemessung des Abzugs richtet sich nach den Grundsätzen des § 19 II (1) bis (3). Dabei kann zugunsten des Versicherten auch ein höherer Grad der Arbeitsbehinderung als 100 v. H. – etwa unter Berücksichtigung der Gliederverlusttafel – angenommen werden, falls der Versicherte nicht schon einmal von dem Versicherer aus Anlaß eines Unfalls entschädigt worden ist.

7. § 19 IV schließlich schließt eine Ersatzleistung für eine Arbeitsbehinderung aus, sofern sie durch **psychische und nervöse Störungen** verursacht worden ist. Hier kommt insbesondere die Unfallneurose in Betracht. Sind die genannten Störungen jedoch auf eine organische Erkrankung des Nervensystems oder auf eine Epilepsie zurückzuführen, die durch den Unfall neu entstanden bzw. verursacht sind,

dann wird eine Entschädigung für vorübergehende oder dauernde Arbeitsbehinderung gewährt.

§ 20. Feststellung der Entschädigung

1. § 20 Abs. 1 AKB bestimmt, daß der **Versicherer** sich innerhalb bestimmter Frist über die **Anerkennung seiner Entschädigungspflicht erklären** muß. Die Frist beträgt bei Ansprüchen auf Entschädigung wegen dauernder Arbeitsbehinderung drei Monate, im übrigen einen Monat nach Eingang der Nachweise über den Abschluß des Heilverfahrens und die Unfallfolgen. Das Heilverfahren braucht nicht in jedem Falle restlos abgeschlossen zu sein, was bei Dauerfolgen vielleicht erst nach Jahren möglich wäre. Es muß ein Stand des Heilverfahrens genügen, der eine Stellungnahme des Versicherers im Sinne des Abs. 2 (Art, Umfang der Unfallfolgen, Kausalität) ermöglicht. Äußert sich der Versicherer nicht oder lehnt er eine Erklärung ab, so kann er schadenersatzpflichtig werden (OLG Düsseldorf 6. 11. 1939 JRPV 1940 S. 102). Der Versicherungsnehmer kann ferner das Gericht anrufen, da er davon ausgehen kann, der Versicherer lehne seine Leistungspflicht überhaupt ab. Sonstige Rechtsfolgen, etwa Verwirkung, treten nicht ein (OLG Düsseldorf a. a. O.; LG Ravensburg 17. 4. 1958 VersR 1958 S. 558, 559). Bei Meinungsverschiedenheiten darüber, inwieweit nach Art und Umfang Unfallfolgen entstanden und wieweit sie auf den Versicherungsfall zurückzuführen sind, entscheidet auf Verlangen des Versicherungsnehmers (Versicherten) oder des Versicherers ein **Ärzteausschuß,** für den Abs. 3 nähere Bestimmungen gibt.

2. Der Ärzteausschuß ist ferner **zuständig** im Falle des § 19 II (4) Satz 2 (vgl. S. 485). Bei allen übrigen Streitigkeiten müssen die Gerichte angerufen werden, z. B. ob ein Versicherungsfall vorliegt (KG 6. 12. 1939 JRPV 1940 S. 22 und 18. 12. 1940 JRPV 1941 S. 46; OLG Düsseldorf 22. 9. 1941 HansRGZ 1941 S. 226; LG München VersR 1952 S. 258; OLG Bremen VersR 1960 S. 842, 843; s. o.). Bestreitet der Versicherer das Vorliegen eines Versicherungsfalls, so sind für den Versicherungsnehmer die Voraussetzungen einer Feststellungsklage gegeben, damit der Anspruch gegebenenfalls vor den Ärzteausschuß gebracht werden kann (OLG Bremen VersR 1960 S. 842, 844; s. o.; a. M. KG 6. 12. 1939 JRPV 1940 S. 22). Gegenstand der Entscheidung des Ärzteausschusses sind medizinische, aber auch juristische Fragen, insbesondere über den ursächlichen Zusammenhang zwischen dem Unfall und den eingetretenen Folgen (RGZ Bd. 149 S. 215; RGZ 17. 10. 1939 JRPV 1939 S. 317 = DÖV 1940 S. 95; BGHZ VersR 1952 S. 35; OLG Karlsruhe 8. 4. 1960 VersR 1960 S. 396 u. a.). Solange der Ärtzeausschuß den Schaden nicht festgestellt hat, ist der Zahlungsanspruch des Versicherungsnehmers nicht fällig (OLG Bremen

16. 12. 1958 VersR 1960 S. 842, 843; vgl. auch § 14 AKB Anm. 4). Der Ärzteausschuß ist eine Kommission von Schiedsgutachtern (vgl. OLG Bremen a. a. O.; § 14 AKB Anm. 4).

3. Der Ausschuß besteht im Gegensatz zu dem Ausschuß in § 14 AKB von vornherein aus **drei Sachverständigen:** Aus je einem vom Versicherer und Versicherungsnehmer zu benennenden Arzt und dem für den Wohnsitz des Versicherungsnehmers zuständigen beamteten Arzt (Kreisarzt, Amts- oder Bezirksarzt) als Obmann. Ist der beamtete Arzt behindert oder hat er den Versicherungsnehmer (Versicherten) im Anschluß an den Versicherungsfall behandelt, so tritt an seine Stelle der beamtete Arzt eines Nachbarbezirks. An Stelle des beamteten Arztes kann auf Verlangen des Versicherers oder Versicherungsnehmers (Versicherten) als Obmann auch der leitende Arzt eines öffentlichen Krankenhauses oder einer anderen öffentlichen Heilanstalt oder ein deutscher Hochschullehrer berufen werden. In diesem Falle wird der Obmann stets vom Versicherer benannt mit der Möglichkeit der Ablehnung durch den Versicherungsnehmer innerhalb zweier Wochen nach Eingang der Benennung bei ihm. Gründe für die Ablehnung brauchen nicht angegeben zu werden. Eine Ablehnung von Ärzten im übrigen durch den Versicherungsnehmer oder den Versicherer kommt nicht in Betracht (vgl. OLG Karlsruhe 8. 4. 1960 VersR 1960 S. 396). Wird der Obmann abgelehnt, so benennt ihn der für den Wohnsitz des Versicherten zuständige Vorsitzende der Ärztekammer bzw. der Vorsitzende der Ärztekammer am Sitz des Versicherers, wenn der Versicherte seinen Wohnsitz im Ausland hat. Benennen der Versicherer oder der Versicherungsnehmer ihren für den Ausschuß bestimmten Arzt innerhalb zweier Wochen nach schriftlicher Aufforderung nicht, dann wird der Arzt von der nach obigen Ausführungen zuständigen Ärztekammer ernannt.

4. Über das **Verfahren des Ärzteausschusses** treffen die Bedingungen im Gegensatz zur früheren Regelung und zu § 13 II AUB keine Bestimmungen. Dies erscheint auch nicht erforderlich, da die Festsetzung über Ort und Zeit des Zusammentritts des Ausschusses, ein etwaiges Anhören des Versicherers oder Geschädigten, die schriftliche Begründung des Gutachtens usw. sich entweder von selbst verstehen oder sich aus der Verfahrensleitung durch den Obmann ergeben, der zugleich das Verfahren in Gang zu bringen hat. Das Versicherungsvertragsgesetz trifft lediglich für den Fall eines erheblichen Abweichens des Gutachtens von der wirklichen Sachlage (vgl. § 184, § 64 VVG) eine Sonderregelung, für die das auf S. 456 ff. Gesagte gilt.

5. Die Entscheidung über die **Kosten der Einberufung des Ausschusses** richtet sich nach § 20 Abs. 4 AKB. Der Versicherer trägt die gesamten Kosten, falls die Entscheidung des Ausschusses günstiger

ist als das letzte vor seinem Zusammentritt gemachte Angebot des Versicherers. Ist dies nicht der Fall, ist also die Entscheidung des Ausschusses ungünstiger für den Versicherungsnehmer als das letzte Angebot des Versicherers, so trägt die Kosten der Versicherungsnehmer. Hieran ändert sich dadurch nichts, daß der Versicherer nach der Entscheidung des Ausschusses nicht mehr von seinem Recht nach § 21 Abs. 2 Gebrauch macht, sondern sich zur sofortigen Auszahlung der Kapitalentschädigung auf der Grundlage des von dem Ärzteausschuß geschätzten niedrigeren Invaliditätsgrades entschlossen hat (BGHZ 30. 6. 1958 VersR 1958 S. 507 = NJW 1958 S. 1679 für § 13 Ziff. III AUB). Trägt der Versicherungsnehmer die Kosten, so besteht eine Höchstgrenze für die Kostentragung in Höhe bis zu 10 v. H. der versicherten Heilkosten oder bis zum Zwanzigfachen des versicherten Tagegeldes — dies war in den früheren Bedingungen nicht vorgesehen — oder bis zu 2 v. H. der für den Fall der dauernden Arbeitsbehinderung oder den Todesfall festgesetzten Versicherungssumme. Im Einzelfall ist für die Berechnung der Höchstkosten die Art der geforderten Leistung entscheidend. Vgl. auch § 14 Anm. 9.

§ 21. Zahlung der Entschädigung

1. Die Entschädigung ist zwei Wochen nach ihrer endgültigen Feststellung **fällig** (Abs. 1). Endgültig festgestellt ist die Entschädigung, wenn sie nach Grund und Höhe feststeht. Dies ist im Falle der dauernden Arbeitsbehinderung die Bemessung des Grades durch die Ärztekommission, wenn Meinungsverschiedenheiten zwischen Versicherer und Versicherungsnehmer bestehen. Für die Höhe des Versicherungsanspruchs ist stets der endgültig festgestellte Grad der Dauerinvalidität maßgeblich, nicht ein etwa vorher festgestellter vorläufiger Grad (LG Düsseldorf 10. 7. 1958 VersR 1958 S. 668). Dieser ist von Bedeutung für eine Zahlung der Zinsenrente im Falle des § 19 II (4) AKB (s. u. Anm. 2, 3). In Verzug kommt der Versicherer erst, wenn er gemahnt wird (§ 284 Abs. 1 BGB). Solange der Versicherer gewichtige tatsächliche Bedenken gegen das Vorliegen eines Versicherungsfalls haben kann, ist er mit der fälligen Leistung nicht im Verzug (Bruck-Möller § 11 Anm. 24; Prölss § 11 Anm. 6 B, beide mit Nachw.). Er gerät aber in Verzug, wenn er aus dem erstinstanzlichen Urteil ersehen kann, daß die vorliegenden Tatsachen seinen Standpunkt bei objektiver Betrachtung nicht stützen können, gleichwohl aber auf seiner Zahlungsverweigerung beharrt (KG JRPV 1930 S. 35). Schweben keinerlei Erhebungen über die Entschädigung, hat der Versicherer vielmehr die Leistung abgelehnt, dann tritt die Fälligkeit bereits mit der Ablehnung der Leistung durch den Versicherer ein, und er gerät ohne Mahnung in Verzug (BGHZ 23. 6. 1954 VersR 1954 S. 388 unter Hinweis auf die

herrschende Rechtsprechung, u. a. RGZ Bd. 158 S. 113; Bruck-Möller § 11 Anm. 9; Prölss § 11 Anm. 1).

Liegt eine Entscheidung des Ärztesausschusses (§ 20 AKB) vor, dann ist der Anspruch zwei Wochen nach dem Zugehen der Entscheidung an die Beteiligten fällig (BGHZ 20. 1. 1955 VerBAV 1955 S. 93 = VersR 1955 S. 97).

Im Falle des § 18 III (3) – Zahlung einer Rente an Personen über 65 Jahre – besteht der Anspruch auf die Rente, auf den bis zur endgültigen Feststellung gegebenenfalls Vorschüsse zu entrichten sind, rückwirkend vom Zeitpunkt der Entstehung des Geldanspruchs entsprechend § 18 III (1) und (2). Vgl. hierzu LG Köln 20. 1. 1956 VersR 1956 S. 217; Pfennig VersR 1956 S. 203. Die Heranziehung der Sonderbestimmung des § 20 AUB (so OLG Köln 11. 1. 1957 VersR 1957 S. 147) ist nicht möglich. § 18 III 3 AKB ist eine in den AUB nicht enthaltene Sonderregelung.

2. Da die endgültige Feststellung sich unter Umständen vier Jahre hinziehen kann (§ 18 III [1] in Verb. m. § 19 II [4] AKB), ist eine **Vorschuß- oder Zinszahlung** vorgesehen, um einerseits die Zahlung einer Entschädigung möglichst an den Zeitpunkt der Entstehung des Entschädigungsanspruches heranzutragen, andererseits dem Versicherer Zeit zur Anstellung von Ermittlungen über die endgültige Höhe seiner Leistung zu geben. Dem Versicherungsnehmer können daher nach Ablauf je eines Monats seit der Anzeige vom Unfall auf Verlangen **Vorschüsse** – gegebenenfalls auch wiederholt – geleistet werden, auch wenn der Anspruch dem Grunde nach noch nicht feststeht, in diesem Falle jedoch begrenzt auf die Heilkosten und das Tagegeld. Die Anerkennung einer Entschädigungspflicht kann hieraus weder dem Grunde noch der Höhe nach gefolgert werden. Steht der Anspruch bereits dem Grunde nach fest, sei es auf Grund einer Einigung der Parteien, eines Gutachtens des Ärzteausschusses oder eines rechtskräftigen Urteils, so hat der Versicherungsnehmer Anspruch auf „angemessene" Vorschüsse. Wie aus der Fassung von Abs. 1 Satz 2 und 3 hervorgeht, kommen hier auch Vorschüsse für den Fall einer dauernden Arbeitsbehinderung in Betracht (vgl. LG Köln 20. 1. 1956 VersR 1956 S. 217; ebenso wohl die Berufungsentscheidung OLG Köln 11. 1. 1957 VersR 1957 S. 147 a. E.). Sind zu hohe Vorschüsse gezahlt worden, dann hat der Versicherer einen Anspruch aus ungerechtfertigter Bereicherung gegen den Versicherungsnehmer oder Versicherten (§ 812 ff. BGB). Als angemessenen Vorschuß kann der Versicherungsnehmer denjenigen Betrag verlangen, den der Versicherer mindestens zu zahlen hat.

3. Hat sich der Versicherer das Recht vorbehalten, den Grad der Arbeitsbehinderung nach § 19 II Abs. 4 AKB (vgl. oben S. 484) jährlich neu festzustellen, so hat er die noch ausstehende, d. h. nicht bereits

durch die oben erwähnten angemessenen Vorschußzahlungen als erledigt zu betrachtende Entschädigungssumme entsprechend dem vorläufig festgestellten Grad der Arbeitsbehinderung mit 4 v. H. in vierteljährlichen Teilbeträgen zu **verzinsen** (§ 21 Abs. 2 Satz 1). Maßgebend ist der jeweils zuletzt festgestellte Grad der dauernden Arbeitsbehinderung. Die Verzinsung gilt jeweils für die Dauer eines Jahres bis zur nächsten Feststellung; Veränderungen in der Zwischenzeit sind unbeachtlich (OLG Düsseldorf 20. 10. 1941 JRPV 1942 S. 27). Beispiel: Vereinbarte Kapitalzahlung im Falle dauernder Arbeitsbehinderung 10 000 DM, vorläufige Arbeitsbehinderung nach der letzten ärztlichen Feststellung 50 v. H. Als dauernde Arbeitsbehinderung werden mindestens verbleiben 30 v. H. Der Versicherer hat sich das Recht einer erneuten Feststellung des Grades der Arbeitsbehinderung vorbehalten. Dann hat der Versicherte nach § 21 Abs. 1 Satz 2 AKB Anspruch auf Zahlung von 3000 DM als angemessenen Vorschuß. Nach § 21 Abs. 2 Satz 1 a. a. O. hat der Versicherer außerdem einen Betrag von 2000 DM (5000 – 3000) mit 4 v. H. jährlich in vierteljährlichen Raten zu verzinsen, bis die Arbeitsbehinderung endgültig festgestellt ist. BGHZ 30. 6. 1958 VersR 1958 S. 507, 508 geht zu Unrecht davon aus, daß im Falle der Aufschiebung der Zahlung der Kapitalentschädigung bis zur nächsten Feststellung nur die Zinsenrente zu zahlen sei und diese lediglich von der Entschädigung, die dem voraussichtlichen Grad der dauernden Beeinträchtigung der Arbeitsfähigkeit entspricht. Hierbei wird nicht berücksichtigt, daß der Grad der dauernden Arbeitsbehinderung ärztlicherseits noch nicht festgestellt werden kann, je näher die Feststellung dem Unfalltag liegt; u. U. würde der Versicherte dann nicht einmal eine Zinsenrente erhalten, nämlich jeweils dann nicht, wenn das ärztliche Gutachten zur dauernden Arbeitsbehinderung keine Stellung nimmt oder nicht nehmen kann. Dazu kommt, daß in § 21 Abs. 2 ausdrücklich von der „noch ausstehenden" Entschädigungssumme die Rede ist, die dem vorläufig festgestellten Grad der Arbeitsbehinderung entspricht; dies kann nur der auch in den Darlegungen der Wirtschaftsgruppe zu Ziff. 56 erwähnte „zweifelhafte Teil der Versicherungsleistung" (vgl. S. 166) sein, von dem die Zinsenrente zu zahlen ist.

Wegen des § 21 II Abs. 2 Satz 2 vgl. oben S. 482.

5. Gepäckversicherung. § 22

1. Die Gepäckversicherung bezieht sich auf alle Gegenstände, die der Versicherungsnehmer, der Wagenführer sowie die Fahrgäste zum persönlichen Bedarf im Fahrzeug oder außen am Fahrzeug einschließlich ihrer am Körper getragenen Kleidung mit sich führen. **Versicherungsgegenstand** sind also die am Körper getragene Kleidung und das

mitgenommene Reisegepäck. Die Fahrgäste müssen mit dem ausdrücklichen oder stillschweigenden Einverständnis des Versicherungsnehmers oder seines verfügungsberechtigten Vertreters mitfahren. Der Versicherungsnehmer selbst braucht nicht mitzufahren. Der Fahrgast darf den Wagen noch nicht verlassen haben, weil die Reise für ihn beendet ist, andernfalls besteht für ihn kein Versicherungsschutz (LG Düsseldorf 22. 8. 1957 VerBAV 1957 S. 282 = MDR 1958 S. 206). Was zum persönlichen Bedarf gehört, ist nicht immer leicht festzustellen. Richtschnur kann der Sprachgebrauch sein: Sachen, die man für die Reise „packt". Hierunter fallen daher nicht solche Sachen, die nicht dem persönlichen Bedarf der Insassen dienen, also nicht Gegenstände, die dem Bedarf anderer Personen dienen, z. B. mitgeführte Waren, Warenkollektionen, Frachtgüter u. ä. Es fallen aber auch solche Gegenstände nicht darunter, die zwar nicht dem Bedarf anderer Personen dienen, deren aber auch nicht die **eigene Person bedarf,** die also nicht für den persönlichen Bedarf der eigenen Person bestimmt sind, wobei der Begriff „Bedarf" gleichbedeutend mit „Bedürfnis" im Sinne einer persönlichen Notwendigkeit ist. Daher gehören nicht zum persönlichen Bedarf z. B. Gegenstände, die zu Berufs- oder Arbeitszwecken mitgeführt werden, wie Reiseschreibmaschinen, Diktiergeräte, Handwerkszeug, die Arbeitsgeräte eines Feldmessers (a. M. Prölss § 22 AKB Anm. 2; unbestimmt Reinhold VW 1956 S. 107) u. a. Dagegen würde der zu Liebhaberzwecken mitgenommene Film- oder Photoapparat, das Reisefernglas noch zum persönlichen Bedarf rechnen können und daher unter die Gepäckversicherung fallen (im Ergebnis wie hier Pienitz VW 1957 S. 444). Daß die Film- oder Photoapparaturen eines Berufsphotographen mit den zahlreichen Hilfsgeräten nicht zum „persönlichen" Bedarf gehören, erscheint auch begründet, wenn man weiter bedenkt, welche hohen Werte – im Gegensatz zur Regel bei den Liebhaberapparaten – diese Gegenstände im allgemeinen darstellen. Nicht entscheidend ist, ob die Gegenstände in einem Koffer, einer Reisetasche oder einem sonstigen Behältnis untergebracht gewesen sind. Es genügt, daß sie im oder am Kraftfahrzeug mitgeführt worden sind. Andererseits könnten in Koffern auch nicht unter die Versicherung fallende Gegenstände (Modellkleider) transportiert werden.

Die Abgrenzung in § 22 ist dem Versicherungsnehmer nicht nachteilig, da er nicht eingeschlossene Gegenstände durch Sondervereinbarung versichern kann und die ausgeschlossenen Gegenstände vielfach einen größeren Wert darstellen, der vom Versicherungsnehmer schon summenmäßig meist nicht berücksichtigt werden würde, wodurch die Gefahr einer Unterversicherung eintritt. Bargeld, Banknoten und Urkunden jeder Art gelten kraft ausdrücklicher Vorschrift des Abs. 2

nicht als Gepäck. Schmucksachen und Gegenstände aus Edelmetall sind nur bis zu einem Viertel der Versicherungssumme, höchstens mit 2000 DM, eingeschlossen.

2. **Der Versicherungsort** wird durch folgende Voraussetzungen bestimmt:

Es muß sich um einen Schaden auf einer **Reise** handeln, nicht um einen Schaden am Wohnort des Versicherungsnehmers (Halters). Daher die Bezeichnung „Gepäckversicherung".

Der Versicherungsnehmer muß die Gegenstände mit sich führen, und zwar

a) entweder im oder am Kraftfahrzeug (Abs. 1) oder

b) in Unterkunftsräumen, Gasthäusern oder Wohnungen außerhalb des Wohnorts des Versicherungsnehmers (Abs. 3 Satz 2).

Zu den Gegenständen, die unter Versicherungsschutz fallen, gehört auch die am Körper getragene Kleidung. Ob das Kraftfahrzeug während der Reise sich vorwärts bewegt oder ob ein kürzerer oder längerer Aufenthalt während der Reise gemacht wird, das Kraftfahrzeug parkt oder nachts etwa in einer Garage untergestellt wird, ist gleichgültig. Es muß sich nur jeweils um eine „Reise" handeln, die Stunden, aber auch Wochen dauern kann (z. B. Hin- und Rückreise zur Messestadt einschl. weniger Tage Aufenthalt: OLG Nürnberg 10. 6. 1960 VersR 1960 S. 892, 893). Doch kommt der Frage eines grobfahrlässigen Handelns bei Aufenthalten, beim Parken usw. eine besondere Bedeutung zu (vgl. OLG Nürnberg a. a. O.). Daß die Gepäckversicherung nur für die Reise gilt, ergibt sich aus den Begriffen „Gepäck" und „mit sich führen" (vgl. LG Düsseldorf 22. 8. 1957 VerBAV 1957 S. 282 = MDR 1958 S. 206; im Ergebnis wie hier Menzel VW 1958 S. 210). Die „Reise" ist nicht mehr als gegeben anzusehen, wenn ein Zielort im Sinne einer Beendigung der Reise erreicht ist. Da der Versicherungsschutz sich auch auf einen Einbruchdiebstahl in verschlossenem Raum erstreckt, würde der Schaden, der durch einen Einbruch in die Garage entsteht, auch wenn der Wagen selbst unverschlossen wäre, hierunter fallen (vgl. auch Pienitz VW 1957 S. 444). Handelt es sich dagegen um die Garage des Versicherungsnehmers am Wohnort, so bietet die Gepäckversicherung keinen Versicherungsschutz (so auch Stiefel-Wussow § 22 Anm. 4; a. M. Pienitz a. a. O.). Dabei ist es unerheblich, ob es sich am Wohnort um eine eigene oder eine „fremde" Garage handelt.

Der Versicherungsschutz entfällt, wenn das Gepäck vom Kraftfahrzeug getrennt ist, sich also weder im oder am Kraftwagen noch in dem Hotel- oder Pensionszimmer oder sonstigen Unterkunftsräumen befindet, wenn also beispielsweise der Mantel auf einem Ausflug oder einem Spaziergang in einem Kaffeehaus abhandenkommt. Dagegen wird man den Weg vom Kraftwagen bis zum Hotelzimmer als noch unter die Gepäckversicherung fallend ansehen müssen.

3. Gedeckt sind nach Abs. 3 die **Schäden,** die durch Unfall des Fahrzeugs verursacht werden, durch mut- oder böswillige Handlungen betriebsfremder Personen, durch Brand (nicht durch eine Explosion, wenn sie nicht zugleich einen Brand bewirkt), durch einfachen Diebstahl oder Unterschlagung ganzer Gepäckstücke. Diebstahl einzelner Gegenstände aus einem offenen Koffer fällt nicht unter die Gepäckversicherung. Dagegen werden von ihr ferner erfaßt Einbruchdiebstahl in verschlossene Gepäckstücke oder verschlossene Räume sowie Raub. Wird ein Koffer oder ein verschlossenes Fach im Kraftfahrzeug aufgebrochen, dann besteht Versicherungsschutz auch hinsichtlich einzelner Gegenstände, die hierin verschlossen waren. Sonstige Schäden durch hier nicht angeführte Ursachen (ein Koffer auf dem Verdeck geht verloren, weil er schlecht befestigt gewesen ist) fallen nicht unter die Gepäckversicherung.

4. Nach Abs. 4 gilt im Falle des Einschlusses eine **Faltgarage** in die Versicherung diese sowohl zusammengefaltet als auch um das Kraftfahrzeug gelegt als versichert.

Im übrigen gelten die für die Fahrzeugversicherung maßgebenden Grundsätze über die Ersatzleistung (§ 13 AKB, vgl. S. 445) und die Zahlung der Entschädigung (§ 15 AKB, vgl. S. 461). Einberufung eines Sachverständigenausschusses kommt nicht in Betracht.

5. Bei der Gepäckversicherung handelt es sich um eine **Schadenversicherung,** dagegen nicht, wie vielfach bei einer Außenversicherung, mit der Ähnlichkeit besteht, um eine Versicherung auf erstes Risiko. Es gelten daher die allgemeinen Vorschriften für die Schadenversicherung, insbesondere also diejenigen über die Überversicherung, Unterversicherung, Doppelversicherung und den Ausschluß des Versicherungsanspruches bei vorsätzlicher oder grobfahrlässiger Herbeiführung des Versicherungsfalles (§ 61 VVG; vgl. auch o. S. 443). Da die Versicherung nicht nur das Reisegepäck, sondern auch die am Körper getragene Kleidung umfaßt, ist die Bezeichnung lediglich als „Gepäck"versicherung irreführend. Dies macht sich vielfach bei der Bemessung der Versicherungssumme unangenehm bemerkbar, bei der die am Körper getragene Kleidung der sämtlichen Insassen in der Regel nicht berücksichtigt wird, so daß leicht eine Unterversicherung entstehen kann.

Vgl. auch Lämmel VW 1955 S. 68; Menzel VW 1958 S. 211; Reinhold VW 1956 S. 107; Pienitz, Reisegepäck- oder KFZ-Gepäckversicherung, VW 1957 S. 444.

Über die bei der Einstellung von Kraftfahrzeugen in Hotelgaragen und -parkplätzen gegebene Gastwirtehaftung nach § 701 BGB vgl. LG Wiesbaden 30. 11. 1954 NJW 1955 S. 464.

IV. Versicherung für Kraftfahrzeug – Handel und – Handwerk

1. Es gilt folgende Sonderbedingung (Kennziffern 091—92 des Einheitstarifs für Kraftfahrtversicherungen 1960)

(1) Die Versicherung bezieht sich entsprechend dem Antrag

1. auf e i g e n e Fahrzeuge des Versicherungsnehmers. Als eigene Fahrzeuge gelten auch solche,
   a) die einem anderen zur Sicherung übereignet, aber im Besitz des Versicherungsnehmers belassen sind; Fahrzeuge, die der Versicherungsrungsnehmer unter Eigentumsvorbehalt verkauft und übergeben hat, gelten vom Tage der Übergabe ab nicht mehr als eigene Fahrzeuge;
   b) die leitenden Angestellten und angestellten Verkäufern des Versicherungsnehmers gehören, solange sie auf seinen Namen zugelassen sind. Der Einschluß dieser Fahrzeuge muß besonders beantragt werden;
2. auf f r e m d e Fahrzeuge, wenn und solange sie sich zu irgendeinem Zweck, der sich aus dem Wesen eines Kraftfahrzeug-Handels- oder eines -Werkstattbetriebes, sofern dieser versichert ist, ergibt, in der Obhut des Versicherungsnehmers oder einer von ihm beauftragten oder bei ihm angestellten Person befinden;
3. auf Fahrzeuge, wenn und solange sie mit einem dem Versicherungsnehmer von der Zulassungsstelle zugeteilten Probefahrtkennzeichen versehen sind.

(2) Umfang des Versicherungsschutzes

1. Die Versicherung bezieht sich entsprechend dem Antrag im Rahmen der Allgemeinen Bedingungen für die Kraftfahrversicherung (AKB) auf die gesetzliche Haftpflicht- und/oder Fahrzeugversicherung.
2. Haftpflichtversicherung
   a) Die Haftpflichtversicherung erstreckt sich nach Maßgabe der §§ 10 ff. AKB auf die Befriedigung begründeter sowie die Abwehr unbegründeter Entschädigungsansprüche, wenn durch den Gebrauch der gemäß Abs. 1 versicherten Fahrzeuge
      aa) Personen verletzt oder getötet werden,
      bb) Sachen beschädigt oder zerstört werden oder abhandenkommen,
      cc) reine Vermögensschäden herbeigeführt werden, die weder mit einem Personen- noch mit einem Sachschaden mittelbar oder unmittelbar zusammenhängen.
   b) Nach § 11 AKB sind u. a. von der Versicherung ausgeschlossen Haftpflichtansprüche wegen Beschädigung, Zerstörung oder Abhandenkommens von Kraftfahrzeugen oder sonstigen Sachen, die dem Ver-

sicherungsnehmer oder seinen Angestellten zur Beförderung übergeben oder zur Benutzung überlassen worden sind oder die sich zu anderen Zwecken in ihrem Gewahrsam befanden. (Diese Schäden an Fahrzeugen können durch Abschluß einer Fahrzeugversicherung gemäß § 12 AKB versichert werden.)

c) Entfällt nach dieser Sonderbedingung der Versicherungsschutz für ein Fahrzeug, weil es aus dem Kreis der nach Abs. 1 Ziffern 1 und 2 versicherten Risiken ausgeschieden ist, so tritt der Versicherer im Rahmen der amtlich festgelegten Mindestversicherungssummen für Schäden solcher Fahrzeuge ein, wenn der geschädigte Dritte nicht auf andere Weise Ersatz seines Schadens zu erlangen vermag. Voraussetzung für die Eintrittspflicht ist, daß der geschädigte Dritte seine Ersatzansprüche gegen den Fahrer, den Halter sowie sonstige Ersatzpflichtige abtritt.

3. Fahrzeugversicherung

a) Für eigene Fahrzeuge umfaßt die Fahrzeugversicherung die Beschädigung, die Zerstörung und den Verlust der unter die Versicherung fallenden Fahrzeuge im Rahmen der §§ 12 bis 15 AKB.

b) Für fremde Fahrzeuge gemäß Abs. 1 Nr. 2 und für Fahrzeuge gemäß Abs. 1 Nr. 3, soweit es sich um fremde Fahrzeuge handelt, gilt die Fahrzeugversicherung,

aa) als eingeschränkte Fahrzeugversicherung mit der Maßgabe, daß sie sich nur auf Schäden beschränkt, für die der Versicherungsnehmer gesetzlich haftbar gemacht wird.
Gegenstand der Versicherung ist die Prüfung der Haftpflichtfrage, die Abwehr unberechtigter Ansprüche sowie die Befriedigung berechtigter Ansprüche im Rahmen der Fahrzeugversicherung;

bb) als uneingeschränkte Fahrzeugversicherung nach Maßgabe der §§ 12 bis 15 AKB ohne Rücksicht auf ein Verschulden des Versicherungsnehmers.

c) Die Fahrzeugversicherung für nicht zugelassene eigene und fremde Fahrzeuge ist stets eine Fahrzeugvollversicherung ohne Selbstbeteiligung, gleichgültig, welche Art der Fahrzeugversicherung für die übrigen Fahrzeuge gewählt wird.

(3) Ausgeschlossen von der Versicherung sind

1. eigene Fahrzeuge, die als Droschken und Omnibusse zugelassen sind;
2. solche Fahrzeuge, die bei dem Versicherungsnehmer garagenmäßig untergestellt sind oder untergebracht werden sollen, soweit ein Schadenfall auf dieser rechtlichen Beziehung beruht;
3. auf Antrag einkaufsfinanzierte Fahrzeuge, solange sie im Eigentum des Herstellers stehen;
4. in der Fahrzeugversicherung auf Antrag eigene Fahrzeuge des Versicherungsnehmers.
Dies gilt auch für den Fall, daß diese Fahrzeuge mit einem Probefahrtkennzeichen versehen sind.

(4) Der Versicherer ist von der Verpflichtung zur Leistung frei,

1. wenn der Versicherungsnehmer gegen Entgelt Personen oder Güter auf Fahrten befördert, die nicht dem Abschleppen von Fahrzeugen dienen, oder auf Güterfahrzeugen mehr als 8 Personen mitnimmt, die in keiner inneren Beziehung zur Ladung stehen;
2. wenn der Versicherungsnehmer ein Fahrzeug ohne Stellung eines Fahrers in Ausübung eines Vermietgewerbes vermietet.

(5) Meldeverfahren

1. Zur Beitragsberechnung sind je nachdem, worauf sich die Versicherung bezieht, vierteljährlich bei Beginn der Versicherung die vorhandenen, unter die Versicherung fallenden Fahrzeuge – mit Ausnahme der fremden Fahrzeuge in Werkstattobhut –, die für den Versicherungsnehmer ausgegebenen Probefahrtkennzeichen sowie das handwerksmäßig beschäftigte Werkstattpersonal dem Versicherer anzuzeigen. Der Versicherer ist berechtigt, bei der Aufstellung des Verzeichnisses durch einen Beauftragten mitzuwirken.
2. Unterbleibt die vierteljährliche Anzeige trotz vorheriger Erinnerung, so ist ein Beitrag in Höhe von 150 % des zuletzt gezahlten Beitrags fällig. Werden die Angaben nachträglich, aber innerhalb zweier Monate nach Empfang der Zahlungsaufforderung gemacht, so ist der Beitrag nach der Anzeige abzurechnen.
3. Unrichtige Angaben zum Nachteil des Versicherers berechtigen diesen
   a) in der Haftpflichtversicherung eine Vertragsstrafe in dreifacher Höhe des festgestellten Beitragsunterschieds vom Versicherungsnehmer zu erheben;
   b) in der Fahrzeugversicherung nur den Teil der Leistung zu tragen, der dem Verhältnis zwischen dem gezahlten Beitrag und dem Beitrag, der bei ordnungsgemäßer Meldung hätte gezahlt werden müssen, entspricht.
   In der Fahrzeugversicherung besteht für Schäden, die ein nicht angezeigtes Fahrzeug oder ein Fahrzeug mit nicht angezeigtem Probefahrtkennzeichen betreffen, kein Versicherungsschutz.
   Die Rechtsfolgen treten nicht ein, wenn der Versicherungsnehmer nachweist, daß die Anzeige ohne ein von ihm zu vertretendes Verschulden unterblieben ist.

2. Erläuterungen

1. Der Handel mit Kraftfahrzeugen sowie die in Werkstätten vorzunehmenden Reparaturen von Kraftfahrzeugen bringen es mit sich, daß den Bedürfnissen von Handel und Handwerk mit Bezug auf die Pflichtversicherung der von ihnen in Betrieb oder in Obhut zu nehmenden Fahrzeuge nur entsprochen werden kann, wenn zusätzliche Sonderbedingungen sicherstellen, daß jedes der in Frage kommenden Kraftfahrzeuge pflichtversichert ist. Die Versicherung im Kraftfahrzeug-Handel und -Handwerk ist auf Grund der VO PR Nr. 15/19

(vgl. S. 116) im **Einheitstarif für Kraftfahrtversicherungen 1960** neu geregelt worden, vgl. §§ 2, 4 Abs. 1 Ziff. 3 der VO, Kennziffern 091—092 des Tarifs (S. 33 ff. des K-Tarifbuches 1960) und die oben abgedruckten Sonderbedingungen.

Die vom Versicherungsschutz erfaßten Kraftfahrzeuge

2. Die Versicherung für Kraftfahrzeug-Handel und -Handwerk bezieht sich global auf eine unbestimmte Zahl von Fahrzeugen. Auf Grund von Abs. 1 der Sonderbedingungen sind vom Versicherungsschutz erfaßt (Haftpflicht, Fahrzeugvoll- oder Teildeckung):

A. **Eigene Fahrzeuge** des Versicherungsnehmers. Sie sind immer mitversichert, ohne daß es auf Obhut oder Besitz ankäme (Abs. 1 Nr. 1). Als eigene Fahrzeuge werden auch behandelt

a) Fahrzeuge, die einem anderen sicherungsübereignet worden, aber im Besitz des Versicherungsnehmers geblieben sind;

b) auf Antrag Fahrzeuge, die leitenden Angestellten oder angestellten Verkäufern des Versicherungsnehmers gehören, solange sie auf den Namen des Versicherungsnehmers zugelassen sind.

B. **Fremde Fahrzeuge,** aber nur, wenn und solange sie sich in der **Obhut des Versicherungsnehmers** oder einer von ihm beauftragten oder bei ihm angestellten Person befinden und der Zweck der Obhut mit dem Wesen eines Kraftfahrzeug-Handels oder eines Kraftfahrzeug-Werkstattbetriebs zusammenhängt. Insoweit handelt es sich um eine Versicherung für fremde Rechnung (§§ 74 ff. VVG; BGHZ Bd. 30 S. 40 = VersR 1959 S. 500 = NJW 1959 S. 1221). Der Zweck der Obhutbegründung und der eingetretene Schaden müssen in einem ursächlichen Zusammenhang miteinander stehen. Entscheidend ist mithin, ob der Zweck, der mit der Inobhutnahme verfolgt wird, in dem Handel- oder Werkstattbetrieb begründet ist (OLG Düsseldorf 3. 12. 1957 VersR 1958 S. 314 unter Aufhebung des Vorderurteils VersR 1957 S. 609). Dies ist z. B. der Fall, wenn abgesehen von Probefahrten (s. u.) der zum Kauf angebotene Wagen vor dem Verkaufsladen auf der Straße steht oder der Motor oder die Räder in der Werkstatt überprüft werden und sich hierbei Schäden ereignen. Auf den Umfang der Reparaturarbeiten kommt es nicht an, auch nicht darauf, ob diese an einem Werktag oder an einem Sonn- oder Feiertag ausgeführt werden (vgl. OLG Düsseldorf a. a. O.). Auch Probefahrten in Verbindung mit dem Verkauf oder mit der Reparatur eines Kraftfahrzeugs (s. auch u.) fallen unter den Begriff der zu Zwecken des Handels oder des Reparaturhandwerks begründeten Obhut, selbst wenn sie einmal nicht notwendig erscheinen sollten oder länger ausgedehnt werden, als unbedingt erforderlich (OLG Düsseldorf a. a. O.).

Dagegen ist Obhut nicht mehr gegeben, wenn das Fahrzeug veräußert und dem Käufer endgültig ausgehändigt worden ist (OLG Düsseldorf 13. 10. 1959 VersR 1960 S. 122, 123). Die Frage, ob die Obhut des Werkstattinhabers nicht gleichwohl solange aufrechterhalten bleibt, als er ein ihm zur sorgsamen Verwendung anvertrautes rotes Kennzeichen dem Käufer geliehen hat, was das OLG Düsseldorf verneint hatte, ist durch die unten zu behandelnde neue Nr. 3 des Abs. 1 der Sonderbedingungen geklärt (vgl. u. zu C).

Hat der Versicherungsnehmer unter Vorbehalt seines Eigentums Kraftfahrzeuge verkauft und übergeben, so gelten diese vom Tage der Übergabe ab nicht mehr als eigene Kraftfahrzeuge des Versicherungsnehmers, obwohl der Versicherungsnehmer juristisch noch Eigentümer ist. Sie werden als fremde Kraftfahrzeuge vom Versicherungsschutz nach Abs. 1 Ziff. 2 erfaßt, wenn sie trotz der Übergabe an den Käufer aus irgendeinem Grund (wieder) in der Obhut des Versicherungsnehmers sind.

Über einen Vertrag, auf Grund dessen ein dem Händler gehöriges Kraftfahrzeug einem Dritten entgeltlich zu Besitz und Gebrauch, nicht zu Eigentum oder bedingtem Eigentum überlassen worden ist, – Kaufmietvertrag – vgl. LG Freiburg 27. 9. 1955 VersR 1956 S. 759, 760.

Aus Abs. 1 Nr. 1 a und Nr. 2 ergibt sich, daß der **wirtschaftliche Zweck** der Handel- und Handwerkversicherung über den Versicherungsschutz **entscheidet,** nicht das dingliche Eigentum (ebenso OLG Düsseldorf 13. 10. 1959 VersR 1960 S. 122, 123). Daher besteht Versicherungsschutz auch dann, wenn der Versicherungsnehmer das Kraftfahrzeug für seinen Geschäftsbetrieb erworben, der Verkäufer jedoch sich das Eigentum vorbehalten hat (OLG Hamburg 8. 1. 1957 VersR 1957 S. 646).

Durch das Zusammentreffen der Händlerversicherung mit Bezug auf ein fremdes Kraftfahrzeug und der Halter- oder Eigentümerversicherung dieses Fahrzeugs ist die Möglichkeit einer Doppelversicherung gegeben.

C. **Kraftfahrzeuge,** wenn und solange sie **mit** einem dem Versicherungsnehmer von der Zulassungsstelle zugeteilten **Probefahrtkennzeichen** versehen sind. Diese Ergänzung der Sonderbedingungen ist vorgenommen worden, um Versicherungsschutz auch dann zu gewährleisten, wenn das Fahrzeug zwar aus dem Gewahrsam des Versicherungsnehmers, etwa durch Übergabe an einen Käufer, entlassen worden ist, der Versicherungsnehmer, in dem hier unterstellten Falle also der Autohändler, ihm aber das rote Kennzeichen zur Überführung des Wagens (mit dem möglicherweise anschließend noch zusätzliche Fahrten ausgeführt worden sind) geliehen hat. Vgl. den in Anm. 2 a. E. angeführten Vorgang, bei dem zweifelhaft sein konnte, ob das Kraftfahrzeug durch die Übergabe zusammen mit der Überlassung des roten Kennzeichens schon als aus der Obhut des Versicherungsnehmers entlassen angesehen werden konnte. Zur Frage Haltereigenschaft und rotes Kennzeichen vgl. noch LG Lüneburg ZfV 1951 S. 325 u. LG Berlin VersR 1958 S. 493.

3. Soweit der Händler oder Handwerker Halter des versicherten Fahrzeugs ist, ist die Haftpflichtversicherung eine Pflichtversicherung. Dies gilt für eigene Fahrzeuge des Händlers oder Handwerkers; für fremde Kraftfahrzeuge, wenn sie noch nicht zugelassen sind (vgl. Taube VersR 1957 S. 630 ff.).

Der Umfang des Versicherungsschutzes

4. Der Versicherungsschutz erstreckt sich auf Antrag auf die **Haftpflichtversicherung** oder die **Fahrzeugversicherung** oder auf beide Versicherungszweige. Es gelten die AKB (Abs. 2 Nr. 1).

Die **Haftpflichtversicherung** wird im gleichen Umfang wie beim Einzel-Haftpflichtversicherungsvertrag entsprechend den §§ 10, 11 AKB gewährt (Nr. 2 a). Die auf S. 408 und S. 424 gemachten Ausführungen gelten auch hier. Der Schaden muß durch den „Gebrauch" des Fahrzeugs verursacht worden sein (vgl. S. 197). In Nr. 2 b ist aus § 11 AKB Ziff. 6 unter besonderer Erwähnung der Kraftfahrzeuge herausgehoben worden, wonach Haftpflichtansprüche wegen Beschädigung, Zerstörung oder Abhandenkommens von in Obhut des Versicherungsnehmers oder seiner Angestellten befindlichen Kraftfahrzeugen oder sonstigen Sachen vom Versicherungsschutz ausgeschlossen sind. Doch besteht die Möglichkeit, solche Schäden durch eine Fahrzeugversicherung nach § 12 AKB einzuschließen.

5. Der neu geschaffene Abs. 2 Ziff. 2 c regelt die bisher unklar gewesene **Haftung des Versicherers ähnlich § 158 c** VVG, wenn ein Kraftfahrzeug aus dem nach Abs. 1 Ziff. 1 und 2 (vgl. o. Anm. 2 A u. B) vom Versicherungsschutz erfaßten Kreis durch Verkauf und Übergabe oder durch Erledigung der Reparaturarbeiten und Übergabe ausgeschieden ist. Hier gewährt der Versicherer dem Dritten Entschädigung gegen Abtretung seiner Ersatzansprüche gegen den Fahrer, den Halter oder sonstige Ersatzpflichtige, wenn der Dritte auf andere Weise und von anderer Stelle keinen Schadenersatz verlangen kann. Die Haftung ist durch die amtlich festgesetzte Mindestversicherungssumme der Höhe nach begrenzt.

6. Der Versicherungsschutz in der **Fahrzeugversicherung** ist für eigene Fahrzeuge des Versicherungsnehmers in der gleichen Weise wie in den §§ 12 bis 15 AKB geregelt (Abs. 2 Ziff. 3 a). Ist das eigene Kraftfahrzeug nicht zugelassen, so ist für dieses stets eine Fahrzeugvollversicherung ohne Selbstbeteiligung abzuschließen; gleich-

gültig ist, welche Art der Fahrzeugversicherung für die übrigen Fahrzeuge gewählt worden ist (Abs. 2 Ziff. 3 c).

Handelt es sich um ein im Rahmen der Handel- und Handwerksversicherung fremdes Fahrzeug nach Abs. 1 Nr. 2, dann kann die Versicherung als **eingeschränkte** oder **uneingeschränkte** Fahrzeugversicherung genommen werden. Die eingeschränkte Fahrzeugversicherung erstreckt sich nur auf Schäden, für die der Versicherungsnehmer (nicht der Halter oder Eigentümer des Fahrzeugs) gesetzlich haftbar gemacht wird, im allgemeinen aus Verschuldenshaftung. Wünscht der Versicherungsnehmer in jedem Falle vollen Versicherungsschutz in der Fahrzeugversicherung nach den §§ 12 bis 15 AKB, insbesondere aus Verschulden, dann muß er die uneingeschränkte Fahrzeugversicherung wählen. Für ein nicht zugelassenes fremdes Kraftfahrzeug ist stets eine Fahrzeugvollversicherung ohne Selbstbeteiligung zu nehmen (vgl. o.).

7. **Von der Versicherung ausgeschlossen** sind die in den besonderen Bedingungen unter Abs. 3 aufgeführten Fahrzeuge. Es handelt sich hierbei um einen echten Risikoausschluß, nicht um eine Obliegenheit, was durch die Fassung von Abs. 3 im Gegensatz zu Abs. 4 nunmehr klargestellt ist. Auf der „rechtlichen Beziehung" der Unterbringung eines Fahrzeugs in einer Garage (vgl. Abs. 3 Ziff. 2) würde ein Schadenfall beruhen, wenn das Fahrzeug in der Garage untergebracht ist oder untergebracht werden soll, weil ein Garagenmiet- oder Leihvertrag besteht, nicht auch dann, wenn der Wagen lediglich zur Reparatur in die Werkstatt gekommen ist und im Rahmen der Werkstattsobhut in einer Garage dort abgestellt ist (vgl. auch OLG Düsseldorf 3. 12. 1957 VersR 1958 S. 314, 315).

8. Der Versicherer ist **von der Verpflichtung zur Leistung frei** in den in Abs. 4 Ziff. 1 und 2 genannten Fällen: Entgeltliche Beförderung von Personen oder Gütern oder Mitnahme von mehr als acht Fahrgästen auf Güterfahrzeugen; gewerbsmäßige Vermietung eines Fahrzeugs ohne Gestellung eines Fahrers (auf Grund der alten Fassung „von der Versicherung ausgeschlossen" vom OLG München 14. 8. 1957 VersR 1958 S. 313 als echter Risikoausschluß angesehen). Es handelt sich hier um Obliegenheiten. Wegen der Folgen im Falle einer Verletzung vgl. S. 383, bei der Pflichtversicherung in Ansehung des Dritten S. 264 f.

9. Abs. 5 der Sonderbedingungen sichert durch ein **Meldeverfahren** mit 1/4jährlicher Anzeige insbesondere der vorhandenen unter die Versicherung fallenden eigenen und fremden Kraftfahrzeuge (mit Ausnahme der fremden in Werkstattobhut), der ständigen Probefahrtkennzeichen, der nicht zugelassenen eigenen und fremden Kraftfahrzeuge sowie der im Werkstattbetrieb handwerksmäßig be-

schäftigten Personen. Im einzelnen wird auf Abs. 5 Ziff. 1 bis 3 verwiesen. Hervorzuheben ist, daß bei unrichtigen Angaben zum Nachteil des Versicherers der Versicherungsnehmer in der Haftpflichtversicherung eine Vertragsstrafe zu zahlen hat. In der Kaskoversicherung gewährt der Versicherer keinen Versicherungsschutz, wenn ein nicht angezeigtes Fahrzeug oder ein Fahrzeug mit nicht angezeigtem Probefahrtkennzeichen einen Schaden verursacht; im übrigen leistet der Versicherer nur im Verhältnis des gezahlten Beitrags zu dem bei ordnungsmäßiger Meldung fälligen Beitrag. Rechtsfolgen treten nicht ein, wenn der Versicherungsnehmer nachweist, daß er das Unterbleiben der Anzeige nicht zu vertreten hat.

10. Aus dem **Schrifttum** vgl. Lindemann VW 1955 S. 36; Stelzer VersR 1960 S. 388 u. VW 1960 S. 564; Taube VersR 1957 S. 630 ff.; Wussow VersR 1959 S. 587 (für die alte Fassung der Sonderbedingungen).

V. Schadenteilungsabkommen

Zwischen den Auto-Kasko-, Auto-Haftpflichtversicherern und zwischen diesen und den allgemeinen Haftpflicht-, aber auch Krankenversicherern bestehen vielfach Abkommen, um durch die Teilung der dem einzelnen Versicherer entstehenden Aufwendungen aus Anlaß eines Schadenfalles Auseinandersetzungen über schwierige Rechts- und Tatfragen zu vermeiden. Es handelt sich hierbei um gegenseitige Rahmenverträge zur vergleichsweisen Regelung künftig durch Schadenfälle entstehender Rechtsverhältnisse (BGHZ VersR 1951 S. 65 u. a.). Den gleichen Zweck verfolgen die Regreßverzichtsabkommen zwischen Autohaftpflicht- und Autokaskoversicherern. Die dabei entstehenden Rechtsfragen sind zahreich.

Allgemein zusammenfassende Darstellungen finden sich bei Clasen: Teilungs- und Regreßverzichtsabkommen mit Haftpflichtversicherern (1958) und bei W. und H. Wussow: Teilungsabkommen zwischen Sozialversicherern und Haftpflichtversicherern. Eine gute Zusammenstellung des Schrifttums und der Rechtsprechung findet sich bei Prölss § 67 Anm. 10.

Sachverzeichnis

(Die Zahlen geben die Seiten an)

Die Zahlen geben die Seiten an

W

Kolibri 360 GmbH
Ferdinand-Jühlke-Straße 7
99095 Erfurt, Deutschland
produktsicherheit@kolibri360.de